FAKTEN FOCUS

# Glaube in Deutschland

Das Lexikon zu Religionen
und Glaubensgemeinschaften

FAKTEN FOCUS

## In derselben Reihe sind erschienen:

FOCUS Fakten **Selbstständig mit Zukunft**
Das Lexikon für Existenzgründer

FOCUS Fakten **350 deutsche Kliniken im Test**
Die FOCUS-Klinikliste mit dem Lexikon für Patienten und ihre Angehörigen

FOCUS Fakten **Naturkatastrophen**
Das Lexikon zu ihren Ursachen und Folgen

FOCUS Fakten **Ernstfall Erbfall**
Das Lexikon zum Erben und Vererben

FOCUS Fakten **Die Börse – Geld verdienen an Börse und Finanzmärkten**
Das Lexikon für Börsenneulinge

FOCUS Fakten **Das Wichtigste der Weltgeschichte**
Das Lexikon zur Allgemeinbildung in Geschichte und Politik

FOCUS Fakten **Der Euro**
Das Lexikon zur neuen Währung

FAKTEN FOCUS

# Glaube in Deutschland

## Das Lexikon zu Religionen und Glaubensgemeinschaften

Herausgegeben von Meyers Lexikonredaktion
in Zusammenarbeit mit der
FOCUS Magazin-Verlag GmbH, München

Bearbeitet von Hanspeter Oschwald

MEYERS LEXIKONVERLAG

**Redaktionelle Leitung:** Klaus M. Lange

Der Text des ersten Teils beruht auf einem Artikel aus dem Magazin FOCUS aus Heft 14 (1999) und einer von FOCUS in Auftrag gegebenen Umfrage des Marktforschungsinstituts DataConcept Dr. Unger OHG, Herford.

Das gesamte Werk wurde in neuer Rechtschreibung verfasst.



Die Deutsche Bibliothek – CIP-Einheitsaufnahme
Ein Titeldatensatz für diese Publikation ist bei Der Deutschen Bibliothek erhältlich.



**Typographie:** Norbert Wessel
**Herstellung:** Nicole Rieser
**Umschlaggestaltung:** Hans Helfersdorfer, Heidelberg
**Infografiken:** Uschi Kostelnik

**Druck und Bindearbeit:** Franz Spiegel Buch, Ulm
Printed in Germany
ISBN 3-411-07971-1 E D C B A

# Vorwort

Die Umfrage »Glaube in Deutschland« gibt gewiss Wirklichkeit wieder, soweit diese überhaupt messbar ist. Die Individualisierung und Pluralisierung des religiösen Verhaltens ist weiter fortgeschritten. Dieser Grundzug unserer gesellschaftlichen Situation schwächt notwendig die Kirchen, offenbart aber auch die Schwächen einer kirchlich kaum oder gar nicht gebundenen Religiosität. +++

+++ Auf Anhieb klingt es gut, dass zwei Drittel der Bundesbürger an so etwas wie »Gott« glauben. Auch viele Konfessionslose sind keineswegs Atheisten. Das sicher etwas diffuse Bedürfnis nach einem letzten Grund aller Wirklichkeit ist also stärker lebendig, als es die übliche Säkularisierungsthese vermuten lässt. Allerdings ist das Gottesverständnis recht vage. Dies sieht man am besten daran, dass jeder Dritte, der sich für gläubig und zugleich gebildet einschätzt, sogar mehrere Götter zulässt. Im Osten erklären sich freilich nur drei von zehn Bürgern als gläubig. +++

Der Mainzer Bischof Karl Lehmann ist seit 1987 Vorsitzender der Deutschen katholischen Bischofskonferenz. Im Januar 2001 wurde er zum Kardinal erhoben.

+++ Der Glaube der Christen offenbart in der Umfrage eigentümlich widersprüchliche Struktur. 70 bis 80 % erblicken in Jesus Christus Gottes Sohn, glauben an die Auferstehung und die Himmelfahrt, aber nur gut die Hälfte der Christen glaubt an ein Leben nach dem Tod. Merkwürdigerweise nehmen aber 80 % von ihnen an, dass es eine Hölle gibt. Vieles klingt mir etwas formelhaft, verlegen und traditionell: Acht von zehn Christen bekennen sich zu einem Schutzengel – die Boten Gottes sind modern! Über die Hälfte bekennt sich zu Maria als der Mutter Gottes, über die Hälfte, ja im Osten drei Viertel, wollen der Lehre der Kirche folgen. Fast unglaublich! +++

+++ Die katholische Kirche kommt relativ gut weg, wenn es um die Festigkeit der Glaubensüberzeugungen geht. Aber sie erhält besonders schlechte Noten im Blick auf den Papst. Wenn 75 bis 80 % den Papst als moralische Instanz ablehnen, dann offenbar weitgehend wegen der Lehre über die Sexualität. Hätte man anstelle der Frage nach dem Papst als einer »Instanz der Weltpolitik«, die sich überall einmischt, nach dem Papst als moralischem Gewissen in der Welt gefragt, wäre sicher ein besseres Ergebnis herausgekommen. Hier gibt es Verzerrungen durch die Fragestellung. +++

+++ Nur 43 % der Bundesbürger halten die katholische Kirche für glaubwürdig, freilich 77 % der katholischen Gottesdienstbesucher. Hier ist die Schere groß. Aber das nahe gelegte Verständnis von »glaubwürdig« gerät immer wieder in die zwiespältige Nähe von »zeitgemäß«. Die Kirche muss zwar auf die Fragen und Nöte des Menschen eingehen, aber »glaubwürdig« als Kirche ist sie nur, wenn sie dem Evangelium Jesu Christi und ihrer großen Überlieferung treu bleibt. Dies geht nicht ohne Umkehr und wohl auch Ärgernis im biblischen Sinne. Würde man in diese Richtung fragen, kämen andere Ergebnisse zutage:
Glaubwürdigkeit, nicht Angepasstheit. Meine Alltagserfahrung zeigt mir, dass das Ringen der katholischen Kirche zwischen Treue zum Glauben und Auseinandersetzung mit der Moderne viel besser eingeschätzt wird.
Alarmierend ist der Tiefstand religiöser Kenntnisse im Elementarbereich: Nicht einmal die Hälfte der Bundesbürger ist mit den Zehn Geboten vertraut. Bei der Bergpredigt sind es nur 17 %. Hauptschüler sind hier manchmal besser als die so genannten Gebildeten. Vor vielen Antworten hat man also keinen so großen Respekt.
Die Untersuchung zeigt vor allem von der ersten bis zur letzten Frage, dass die Teilnahme am Gemeindeleben und am Gottesdienst ein entscheidendes Kriterium darstellt. Wer teilnimmt, kennt sich besser aus, identifiziert sich erst einmal mit Kirche und hat dennoch nicht einfach Scheuklappen, wie die Antworten im Spiegel der Auswertung im Blick auf die »Treuen« manchmal nahe legen. Es ist auch klar: »Wer um die Kirche einen Bogen macht, bewertet Kirche nicht positiv.«
Die ganze Auswertung wird sicher noch viel zu denken geben. Jetzt schon werden einige Konsequenzen noch stärker sichtbar: mehr Vertiefung der religiösen Kenntnisse, mehr missionarisches Zeugnis, mehr Sorgfalt für die Vorbereitung von Predigt und Gottesdienst, mehr Zuwendung zu jungen Menschen, viel höherer Einsatz im Osten unseres Landes. +++

# Die demoskopische Analyse der Umfrage

## Assoziationen zu Gott

Die Vielzahl der Antworten auf die Frage »Was verbinden Sie mit Gott?« macht deutlich, dass die Deutschen durchaus keine einheitliche Vorstellung davon haben, wer oder was Gott eigentlich ist. Wichtige Dimensionen sind u. a., dass es sich hier eher um ein übersinnliches Wesen handelt (6 %), um eine höhere Macht (6 %), einen allmächtigen Herrscher (5 %) und um den Schöpfer der Welt (4 %). Ebenso häufig wird Gott ganz allgemein mit Religion, Kirche und dem Christentum in Verbindung gebracht. Nur in wenigen Fällen nimmt Gott die Gestalt eines Menschen an, und zwar in Form eines alten Mannes mit weißem Bart (2 %). Zahlreiche Assoziationen beziehen sich jedoch nicht auf die konkrete Person oder Gestalt Gottes, sondern eher auf die Symbolik, durch die das ›Göttliche‹ zum Ausdruck kommt. So äußern sich viele Menschen dahingehend, dass Gott für Liebe, Barmherzigkeit und Hoffnung steht (3 %), dass er eine (nicht fassbare) positive Kraft oder Energie verkörpert (3 %).

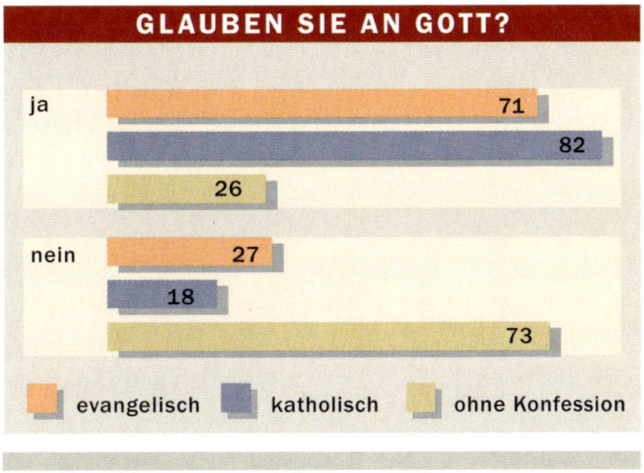


+ + + Es fällt auf, dass bei dieser Frage auch spontan der eigene Glaube bzw. Unglaube thematisiert wird. Gefragt nach ihren Assoziationen zu Gott geben beispielsweise 17 % der ostdeutschen Bürger an, nicht an Gott zu glauben. Damit geben sich schon bei dieser einleitenden Frage in den neuen Bundesländern sehr viel mehr Bürger als Atheisten zu erkennen als in den alten Bundesländern (4 %). Dieser Unterschied dürfte darauf zurückzuführen sein, dass der Kirche ebenso wie der christlichen Erziehung zu DDR-Zeiten eine eher untergeordnete Bedeutung zukam. + + +

+ + + Immerhin 22 % der Deutschen geben an, keine Vorstellungen von Gott zu haben, und können diese Frage nicht beantworten. Weitere 5 % machen hierzu keine Angabe, sodass nahezu drei von zehn Bundesbürgern zum Thema GOTT passen müssen. Diesbezüglich gibt es übrigens keine signifikanten West-Ost-Unterschiede. Der Anteil der Unsicheren ist bei den 14- bis 29-Jährigen mit 35 % übrigens besonders hoch. Bildungsspezifische Zusammenhänge treten hier nicht auf, wie überhaupt systematische Einflüsse der soziodemographischen Strukturen bei dieser Frage nur schwer feststellbar sind. +++

+++ Aufschlussreiche Erkenntnisse über den Glauben lassen sich aus den Korrelationen zwischen Konfession und der geäußerten Vorstellung von Gott gewinnen: So ist die Vorstellung von Gott als einem übersinnlichen Wesen, als allmächtigem Herrscher, als Schöpfer und Beschützer der Menschen stärker bei Bürgern mit katholischer Konfession vorhanden. Evangelische Gläubige bringen Gott überdurchschnittlich mit der Natur in Verbindung. +++

+++ Wer nie bzw. nur äußerst selten zur Kirche geht, hat häufiger keine genaue Vorstellung von Gott (37 % weiß nicht + keine Angabe). Dies und der nicht vorhandene Glaube (14 %) sind als Hintergrund für die unterlassene Teilnahme am Gottesdienst zu sehen. +++

## Glaube an Gott

Zwei Drittel der Deutschen glauben an Gott – dieses Bekenntnis sollte den Kirchenvätern in Deutschland Mut machen, denn in Anbetracht der zahlreichen Kirchenaustritte und der verringerten Resonanz der christlichen Botschaft in der modernen Gesellschaft dürfte eher ein gegenteiliger Eindruck entstanden sein. Vor allem in den alten Bundesländern ist der Anteil der Gläubigen hoch: Hier bekennen sich drei Viertel zum Glauben an Gott. Im Osten stellt sich das Verhältnis umgekehrt dar: Lediglich drei von zehn Bürgern bezeichnen sich als gläubig, die große Mehrheit der Ostdeutschen (69 %) jedoch glaubt nicht an Gott.

+++ Frauen glauben mit 71 % deutlich häufiger an Gott als Männer (58 %). Zudem ist eindeutig ein Zusammenhang zwischen der Hinwendung zu Gott und dem Alter zu erkennen: So liegt der Anteil der Gläubigen unter Jugendlichen mit 56 % merklich niedriger als unter Senioren (76 %). Ein deutlicher

Schnitt ist bei einer Altersgrenze von 50 Jahren auszumachen, denn ab diesem Alter steigt die Zahl der Gläubigen signifikant an. Vermutlich verleitet der Eintritt in das letzte Lebensdrittel stärker zum Nachdenken über den Sinn des Lebens, über die Vergänglichkeit und den Tod, was in vielen Fällen zu einer intensiveren Auseinandersetzung mit Gott und dem christlichen Glauben führt. +++

+++ Auch die Bildung ist nicht ohne Einfluss auf den Glauben an Gott; so kann festgestellt werden, dass mit steigendem Grad der Schulbildung der Anteil der Gläubigen geringer wird. Es ist denkbar, dass Personen mit niedrigerer Bildung generell eher bereit sind, die unbewiesene Existenz eines allmächtigen Gottes zu akzeptieren, während höher gebildete Menschen diesbezüglich vielleicht durch eine etwas kritischere Herangehensweise zu charakterisieren sind. Bezeichnend ist darüber hinaus das feststellbare Nord-Süd-Gefälle, das in dem Spitzenwert von 88 % Gläubigen in Bayern resultiert. +++

+++ Mit abnehmender Frequenz des Kirchganges nimmt erwarteterweise auch die Zahl der Gläubigen ab; dieser Zusammenhang ist leicht nachvollziehbar, denn schließlich stellt der Glaube an Gott in der Regel die Voraussetzung und die Motivation für die Teilnahme am Gottesdienst dar. Dementsprechend hoch ist unter den eifrigsten Kirchgängern der Anteil derer, die an Gott glauben (97 %). Umgekehrt bezeichnen sich jedoch immerhin auch 39 % derjenigen Bürger, die praktisch nie einen Gottesdienst besuchen, als gläubig, was darauf hinweist, dass sie andere Wege gefunden haben, um ihren Glauben zu praktizieren. +++

+++ Nicht zuletzt spielt auch die Konfession eine Rolle: So bekennen sich Katholiken mit 82 % deutlich häufiger zu Gott als evangelische Bürger (71 %). Interessant ist darüber hinaus, dass immerhin noch ein Viertel der Konfessionslosen an Gott glaubt. +++

## Vorstellungen zu Gott

Für drei Viertel aller Gläubigen ist Gott etwas nicht Fassbares, doch immerhin 18 % stellen sich unter Gott eine konkrete Person vor. Vor allem Frauen tendieren dazu, Gott mit einer Gestalt zu assoziieren (22 %; Männer 14 %). 6 % der bekennenden Christen in Deutschland denken hingegen bei Gott eher an Vergleiche und Bilder, betonen also das sinnbildliche Verständnis Gottes.

+++ Die Vorstellung von Gott als personifiziertem Allmächtigen, als himmlischem Herrscher in Person ist vor allem unter katholischen Gläubigen verbreitet; jeder Vierte äußert sich in diesem Sinne. Und: Je seltener der Gottesdienst aufgesucht wird, desto stärker tendieren die Christen zu der Vorstellung von Gott als etwas nicht Fassbarem. Besucht man den Gottesdienst regelmäßig mindestens einmal pro Monat, so steigt der Anteil der Personenassoziation auf 29 %. +++

## Glauben an Gott als Schöpfer

Trotz anders lautender wissenschaftlicher Forschungen über die Entstehung der Erde glauben sieben von zehn deutschen Gläubigen daran, dass Gott die Erde und den Menschen erschaffen hat. Diesbezüglich sind sich die bekennenden Christen in beiden Landesteilen weitgehend einig, und auch zwischen katholischen und evangelischen Gläubigen bestehen hier keine meinungsmäßigen Differenzen. Interessant: Auch 55 % der konfessionslosen Gläubigen stimmen dieser Aussage zu!

+++ Frauen unterstützen diese Aussage mit 75 % deutlich häufiger als Männer (65 %), ebenso Personen ab 60 Jahren: In dieser Altersgruppe sehen sogar 83 % Gott in der Rolle des Schöpfers. +++

GLAUBEN SIE AN GOTT ALS SCHÖPFER?

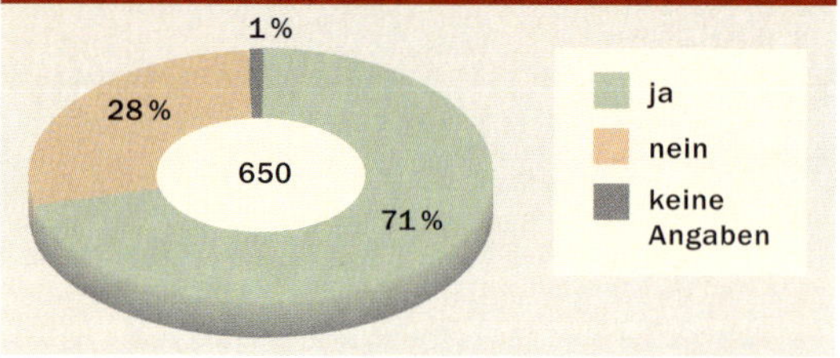


+++ Der bereits zu den vorangegangenen Themen konstatierte Zusammenhang zwischen der Frequenz des Kirchganges und der Einstellung zu Gott beweist sich hier aufs Neue: Je seltener der Gottesdienst besucht wird, desto geringer ist die Akzeptanz Gottes als Schöpfer der Erde und des Menschen. So sind 88 % der regelmäßigen Kirchgänger von der Richtigkeit dieser Annahme überzeugt, während der Anteil unter denjenigen Gläubigen, die praktisch nie in die Kirche gehen, lediglich 55 % beträgt. +++

## Assoziationen zu Hölle

Die Existenz der Hölle wird von den Gläubigen nur von einer Minderheit bestritten: Lediglich gut ein Fünftel glaubt, dass es keine Hölle gibt. Fast ebenso viele haben allerdings keine genaue Vorstellung von diesem unwirtlichen Ort (19 %). Dieser Anteil liegt bei geringerer Bildung höher.

+++ Diejenigen Attribute, welche besonders häufig mit diesem Begriff in Verbindung gebracht werden, beziehen sich fast alle auf Feuer, Hitze und Verdammnis: Jeder elfte bekennende Christ in Deutschland glaubt, dass die Hölle ein Ort zur Verbüßung der Sünden sei, weitere 7 % behaupten, die Hölle sei für schlechte Menschen bestimmt. Das Bild vom im Fegefeuer schmorenden Sünder kommt 5 % spontan in den Sinn, ähnlich häufig werden Begriffe wie Feuer (4 %) und Teufel (3 %) genannt. +++

+++ Es fällt auf, dass Frauen die Existenz der Hölle häufiger bestreiten als Männer: Jede vierte Gläubige meint, es gebe keine Hölle (Männer 18 %). Zu dem Sinnbild der Hölle als Ort zur Verbüßung der Sünden tendieren vor allem jüngere Gläubige (14 bis 39 Jahre) sowie jene mit Abitur oder Hochschulbildung. Ältere Menschen sowie jene mit dem niedrigsten Bildungsniveau assoziieren die Hölle eher mit dem, was täglich auf Erden geschieht. +++

+++ Konfessionsbedingte Abweichungen sind nur schwach feststellbar, doch führt ein mindestens monatlicher Kirchgang verstärkt zu konkreten Vorstellungen von der Hölle. +++

## Glaube an Schutzengel

Acht von zehn bekennenden Christen in der Bundesrepublik glauben daran, dass Schutzengel Menschen vor

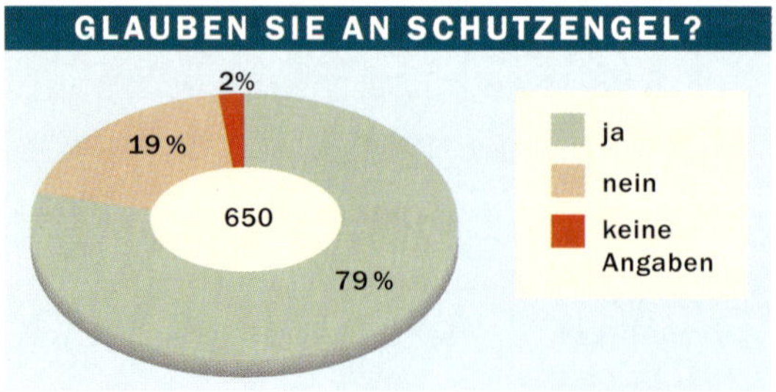


Schaden und Gefahren bewahren können. Diese Ansicht wird verstärkt von Frauen vertreten (85 %; Männer 71 %). Darüber hinaus ist ein deutlicher Zusammenhang mit dem Bildungsgrad feststellbar: Je höher der Grad der Schulbildung ist, desto seltener wird der Glaube an Schutzengel zugegeben. Eine altersmäßige Korrelation lässt sich hingegen ebenso wenig feststellen wie ein Zusammenhang zwischen der Konfession und dem Glauben an Schutzengel. Auch korreliert diese Einstellung nicht mit der Frequenz des Kirchgangs.

## Apostolisches Glaubensbekenntnis

Die inhaltliche Auslegung des christlichen Glaubens wird von den Gläubigen offenbar nicht in allen Punkten gleichermaßen akzeptiert, sondern differenziert bewertet. So glauben z. B. nur 89 % der bekennenden Christen in Deutschland persönlich an die Kreuzigung Jesu, lediglich 81 % sehen in Jesu Gottes Sohn. Noch geringer ist die persönliche Zustimmung im Hinblick auf die Auferstehung Jesu (75 %), die Vergebung der Sünden (71 %), die Himmelfahrt Jesu (69 %) sowie die Anwesenheit Jesu im Himmel (63 %). An das ewige Leben bzw. die Auferstehung von den Toten mag sogar nur gut die Hälfte der Christen glauben.

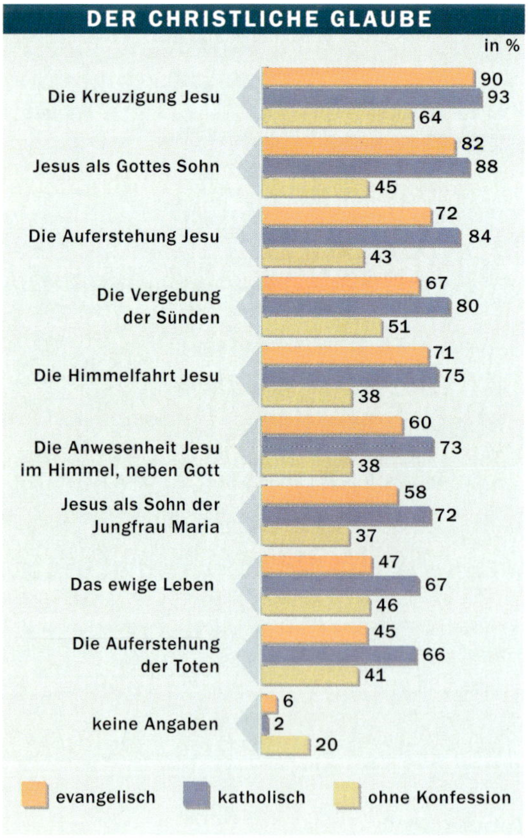


+++ Mit Ausnahme der Kreuzigung Jesu bekennen sich Frauen in sämtlichen Punkten persönlich häufiger zum Inhalt des Glaubensbekenntnisses als Männer. Dies trifft in erhöhtem Maße auch auf Katholiken zu; diese verstärkte persönliche Hinwendung der katholischen Gläubigen zu den Inhalten des Glaubensbekenntnisses ist möglicherweise dadurch bedingt, dass die tradierten Werte der katholischen Glaubenslehre eher vorschreibenden Charakter haben und somit stärker als verpflichtend angesehen werden als dies bei anderen christlichen Kirchen der Fall ist. +++

+++ Die Akzeptanz der inhaltlichen Momente ist allerdings in vielen Fällen um so geringer, je höher der Grad der schulischen Bildung ist. Offensichtlich neigen höher gebildete Gläubige eher dazu, die entsprechenden Inhalte kritisch zu hinterfragen, anstatt sie in ihrer überlieferten Form pauschal zu verinnerlichen +++

+++ Eifrige Kirchgänger äußern häufiger Übereinstimmung ihrer persönlichen Glaubensdimensionen mit der christlichen Lehre als jene, die selten oder praktisch nie in die Kirche gehen. Eben darin mag der Grund für die regelmäßigere Teilnahme am kirchlichen Gottesdienst liegen. Steht der persönliche Glaube jedoch – wenn auch nur teilweise – im Widerspruch zur christlichen Lehre, werden verständlicherweise andere Mittel und Wege gesucht, um den eigenen Ansprüchen und Bedürfnissen des Christseins gerecht zu werden. +++

## Glaubensaussagen

Um einzelne Glaubensdimensionen konkret und ausdrücklich zu überprüfen, wurden die Befragten mit vier Aussagen konfrontiert und nach ihrer Zustimmung bzw. Ablehnung gefragt.

GLAUBENSAUSSAGEN

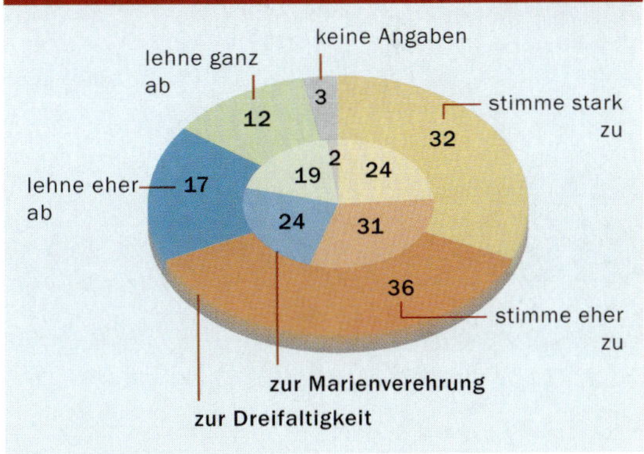


**»Ich glaube an die heilige Dreifaltigkeit – an Vater, Sohn und den Heiligen Geist.«**
Gut zwei Drittel der bekennenden Christen in Deutschland, nämlich rund 68 %, glauben an die Existenz der Heiligen Dreifaltigkeit. Differenzen zwischen den östlichen und den westlichen Bundesländern ergeben sich diesbezüglich kaum, es lassen sich jedoch auffällige geschlechts- wie auch altersspezifische Unterschiede feststellen. So ist der Grad der Zustimmung zu dieser Aussage unter weiblichen Gläubigen größer als unter männlichen (72 % zu 62 %). Personen ab 60 Jahren sind ebenfalls überdurchschnittlich stark vom Glauben an die Heilige Dreifaltigkeit geprägt (76 %). +++

+++ Mit steigendem Bildungsgrad vertreten die gläubigen Bundesbürger diese Meinung jedoch immer seltener. Auch die Konfessionszugehörigkeit scheint nicht ohne Einfluss auf die Einstellung zu der betreffenden Glaubensaussage zu sein, denn mit 78 % (darin 45 % »stimme stark zu«) ist die Zustimmung unter Katholiken deutlich weiter verbreitet als unter evangelischen Gläubigen (68 %, darin nur 26 % »stimme stark zu«). +++

+++ Große Einigkeit herrscht hinsichtlich dieser Aussage unter jenen Gläubigen, die regelmäßig, d. h. mindestens einmal pro Monat, einen Gottesdienst besuchen: 91 % glauben an die Heilige Dreifaltigkeit. +++

**»Die Verehrung der Jungfrau Maria als Mutter Gottes ist gerechtfertigt.«**
Hinsichtlich der Verehrung der Jungfrau Maria als Mutter Gottes ist die Meinungslage unter Deutschlands Gläubigen nicht ganz so eindeutig: Zwar stimmt die Mehrheit dieser Aussage zu, doch fällt das Ergebnis mit 55 % Zustimmung ziemlich knapp aus. In den neuen Bundesländern sieht nur jeder zweite Gläubige die Verehrung Marias als Mutter Gottes als gerechtfertigt an. +++

+++ Die bereits hinsichtlich der Heiligen Dreifaltigkeit getroffenen Aussagen (siehe oben) kommen größtenteils auch hier zur Anwendung: So ist die Zustimmung relativ groß unter Personen ab 60 Jahren sowie bei niedrigstem Bildungsgrad. +++

UNBEFLECKTE EMPFÄNGNIS

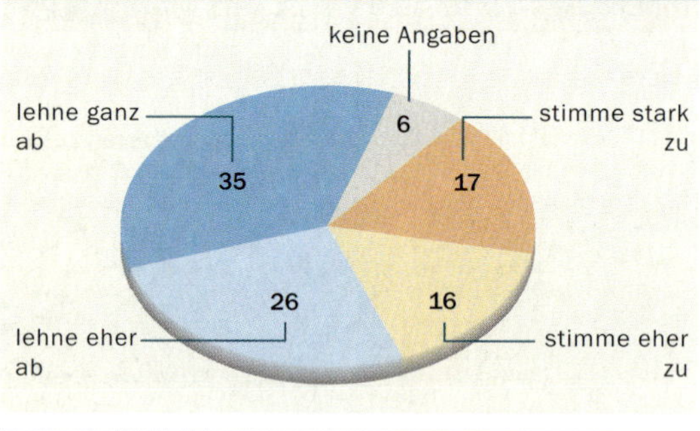


+++ Dass katholische Gläubige die Verehrung der Jungfrau Maria sehr viel vehementer rechtfertigen als evangelische Gläubige – 78 % der Katholiken sehen sie als gerechtfertigt an (evangelische Konfession: 42 %) – zeigt, dass der Jungfrau Maria in ihrer Rolle als Mutter Gottes in der katholischen Glaubenslehre eine höhere Bedeutung zukommt. +++

**»Ich glaube an die unbefleckte Empfängnis der Jungfrau Maria.«**
Der Glaube an die unbefleckte Empfängnis findet in der deutschen Christengemeinde insgesamt wenig Anklang. Lediglich jeder dritte Gläubige mag sich hier wieder finden. Leicht erhöht ist die Quote allerdings in den östlichen, neuen Bundesländern, wo mit 39 % die Gläubigen stärker an die unbefleckte Empfängnis glauben als in den alten Bundesländern (33 %). +++

+++ Während geschlechtsspezifisch weitestgehend Einigkeit herrscht, machen sich in Abhängigkeit vom Alter mehr oder weniger deutliche Meinungsverschiedenheiten bemerkbar. Die größte Skepsis signalisieren die 40- bis 49-Jährigen: Hier glaubt nur jeder Vierte der Gläubigen an die unbefleckte Empfängnis, während die ab 60-Jährigen mit 39 % einen leicht überdurchschnittlichen Anteil aufweisen. +++

+++ Unter denjenigen mit dem geringsten Bildungsgrad ist die Zahl der Christen mit Zustimmung in dieser Frage nahezu doppelt so hoch (54 %) wie in der Gruppe der Gläubigen mit mittlerem (26 %) oder höchstem Bildungsniveau (28 %). +++

+++ Die Zugehörigkeit zur katholischen Konfession erweist sich erneut als Indikator für eine erhöhte Akzeptanz von Glaubensaussagen, d. h. Katholiken glauben deutlich häufiger an die unbefleckte Empfängnis (47 %) als evangelische Gläubige (26 %). +++

**»Im Großen und Ganzen befolge ich, was die Kirche lehrt.«**

Die christliche Lehre hat nach eigenen Angaben mehr als die Hälfte der Gläubigen (57 %) verinnerlicht. Im Osten der Republik leben sogar drei Viertel aller Gläubigen im Einklang mit den christlichen Werten, im Westen können dies lediglich 56 % von sich selbst behaupten. +++

GEHORCHEN SIE DER KIRCHE?

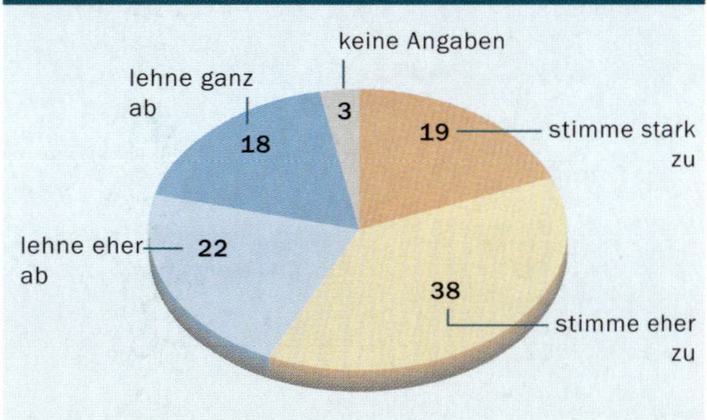


+++ Die bereits mehrfach konstatierte Abhängigkeit der christlichen Einstellung vom Alter sowie von der Bildung der Gläubigen spiegelt sich auch hier in den Ergebnissen wider. Im Gegensatz zu den vorangegangenen Aussagen machen sich hier jedoch erstmals keinerlei Differenzen hinsichtlich der Konfession bemerkbar, d. h., die kirchliche Lehre hat für evangelische ebenso wie für katholische Gläubige verbindlichen Charakter.

Ein mit den Grundsätzen der Kirche in Einklang stehender Lebenswandel wird mit abnehmender Frequenz des Kirchganges immer unwahrscheinlicher. Wer jedoch häufig oder regelmäßig am Gottesdienst teilnimmt, tendiert stärker dazu, die christliche Lehre zu befolgen. +++

## Glauben an mehrere Götter

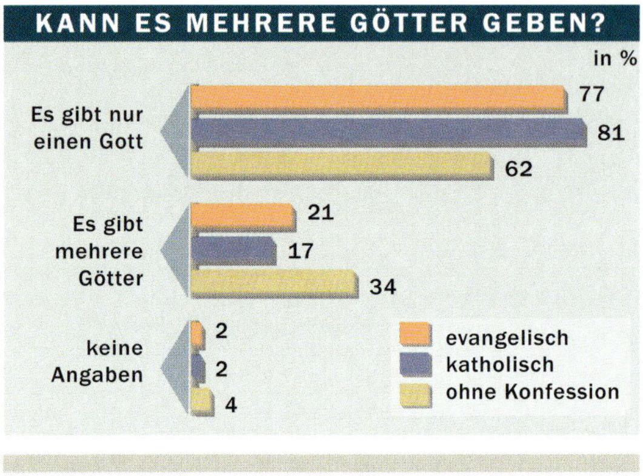


Das im Alten Testament formulierte Gebot »Du sollst keine anderen Götter haben neben mir« – hat nur für 78 % der Gläubigen verpflichtenden Charakter. Vor allem in den neuen Bundesländern hält man sich an dieses Gebot, denn dort vertritt man mit 87 % der Gläubigen deutlich stärker diese Ansicht in der Glaubensgemeinde als in den alten Bundesländern. Ein Fünftel der bekennenden deutschen Christen glaubt, dass es mehrere Götter geben kann. Zu dieser Erkenntnis tendieren besonders stark die unter 40-Jährigen (27 %). Personen ab 60 Jahren sind indes besonders stark davon überzeugt, dass es nur einen Gott geben kann (87 %). Als Beispiele für andere Götter wurden u. a. folgende Antworten gegeben:

+++ Allah / Mohammed / der Mensch hat sich die Götter selbst geschaffen / aus verschiedenen Glaubensgemeinschaften, Moslems in der Türkei, Buddha / christlicher Gott und die Götter der anderen Religionen / jedem einen Gott, an den er glaubt / Sterngötter / Buddha / jede Religion hat ihren eigenen Gott / Werte, Liebe, Frieden, Freundschaft / Es gibt insgesamt mehrere Gottheiten, z. B. einen Gott für die Liebe / nur Kraft, Hilfestellung / Jeder Glauben hat seinen eigenen Gott / Jede Religion hat ihre eigene Vorstellung von Gott / kommt auf Erziehung an / andere Länder, andere Sitten / islamischer Glaube, hinduistischer Glaube, buddhistischer Glaube usw. / in China gibt es einen Gott / Shiwa +++

+++ Die Auffassung, es könne mehrerer Götter geben, wird umso häufiger vertreten, je höher der Grad der schulischen Bildung ist. So sprechen sich beispielsweise drei von zehn Gläubigen mit Abitur oder Hochschulbildung für die Existenz mehrerer Götter aus. Bei denjenigen mit Hauptschulbildung (ohne Ausbildung/Lehre) sind es hingegen nur 3 %. Die Gründe für diese schon mehrfach konstatierte größere Offenheit der höhergebildeten Gläubigen wurden bereits angesprochen. +++

+++ Der Anteil der Gläubigen, die die Existenz mehrerer Götter ausschließen, ist am höchsten unter den regelmäßigen

Kirchgängern (90 %), und sie nimmt mit sinkender Frequenz kontinuierlich bis auf 66 % ab. Wenngleich Interdependenzen nicht auszuschließen sind, könnte auch hier das geringe Interesse am Gottesdienst auf die mangelnde Identifikation bzw. die Nichtübereinstimmung mit den Werten der christlichen Lehre zurückzuführen sein. Wer sich mit der exklusiven Verehrung nur eines Gottes nicht einverstanden erklären mag, bleibt der Kirche eben fern. +++

## Kenntnis dreier Grundprinzipien christlichen Lebens

Um die Kenntnis der grundlegenden Prinzipien der christlichen Lehre ist es in Deutschland schlecht bestellt: Nicht einmal die Hälfte der Bundesbürger (42 %) ist nach eigenen Angaben gut bzw. sehr gut mit den Inhalten der Zehn Gebote vertraut, der Inhalt der Bergpredigt ist gar nur 17 % gut bekannt. Ermutigender ist da schon die Tatsache, dass drei von vier Deutschen wenigstens das Vaterunser gut oder sehr gut zu kennen glauben. Frauen verfügen übrigens ausnahmslos über bessere Kenntnisse dieser drei Grundprinzipien als Männer.

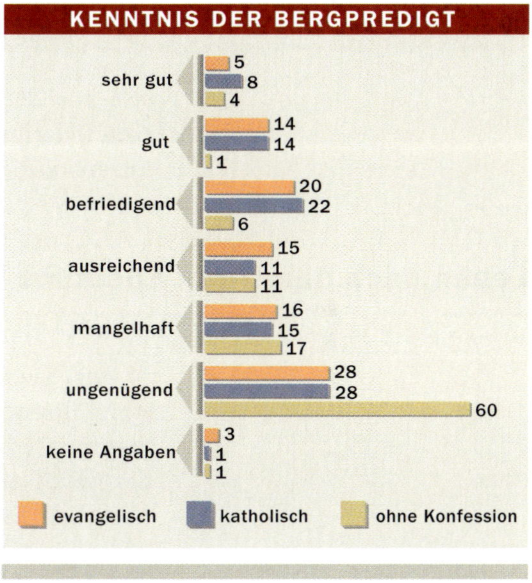


+++ Dass eine hohe Schulbildung nicht automatisch mit fundierten Kenntnissen der christlichen Grundwerte einhergeht, lässt sich anhand der Ergebnisse ebenfalls feststellen: So kennen jene mit Hauptschulbildung z. B. die Bergpredigt besser (30 %) als jene mit Abitur oder Hochschulbildung (19 %). +++

+++ Signifikante Unterschiede ergeben sich diesbezüglich zwischen den Bewohnern der alten und der neuen Bundesländer: Während sich immerhin 45 % der Westdeutschen über die Zehn Gebote gut informiert fühlen, liegt der entsprechende Anteil im Osten bei 34 %. Noch tiefer ist die Kluft im Hinblick auf die Kenntnis des Vaterunsers: 81 % der westdeutschen, doch lediglich 46 % der ostdeutschen Bürger geben an, mit dem Inhalt des Gebets vertraut zu sein. Der Bekanntheitsgrad der Bergpredigt liegt im Westen bei 19 %, im Osten bei 10 %. Diese Ergebnisse machen deutlich, dass der Glaube und die christliche Erziehung in der ehemaligen DDR einen sehr viel geringeren Stellenwert einnahmen, als dies im Westen der Fall gewesen ist. So ist die Vermittlung der christlichen Grundprinzipien im Westen seit jeher Bestandteil des schulischen Religionsunterrichtes. In der sozialistischen Gesellschaft wurde darauf jedoch kaum Wert gelegt. +++

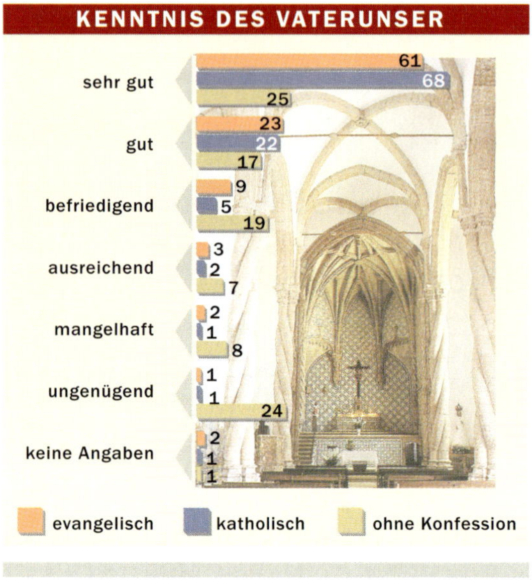


+++ Bürger, die an Gott glauben, zeichnen sich erwartungsgemäß durch bessere Kenntnisse in der christlichen Lehre aus als jene, die sich nicht zum christlichen Glauben bekennen: So sind die Zehn Gebote jedem zweiten Gläubigen, aber nur jedem vierten Nichtgläubigen vertraut (Noten »gut« und »sehr gut«). Ähnlich verhält es sich mit dem Vaterunser (87 % zu 50 %) sowie der Bergpredigt (23 % zu 5 %). +++

+++ Wer regelmäßig am Gottesdienst teilnimmt, verfügt diesbezüglich erwartungsgemäß über einen Wissensvorsprung, denn je seltener der Kirchgang stattfindet, desto geringer ist der Anteil derjenigen, die den Inhalt der Zehn Gebote, des Vaterunsers oder der Bergpredigt kennen. +++

## Leben nach dem Tod / Ehe auf Lebenszeit

Jeder zweite Deutsche glaubt an ein Leben nach dem Tode. Während sich im Westen sogar 53 % der Bewohner mit diesem Gedanken trösten, ist im Osten die große Mehrheit der Bevölkerung (74 %) davon überzeugt, dass das Ende der irdischen Existenz auch gleichzeitig das Ende allen Lebens bedeutet. Männer vertreten diese Meinung stärker als Frauen, denn sie glauben nur zu 42 % an ein Leben nach dem Tod (Frauen 56 %). +++

+++ Alter und Bildung sind im Wesentlichen ohne Einfluss auf diese Fragestellung, denn es lassen sich hier kaum konsistente Zusammenhänge feststellen. Überdurchschnittliche Zustimmung äußern die bekennenden Christen in der Bundesrepublik: 62 % derjenigen, die an Gott glauben, halten auch ein Leben nach dem Tod für wahrscheinlich (25 % der Nichtgläubigen). Katholiken sind im Vergleich zu evangelischen Bürgern von dieser Aussage deutlich stärker überzeugt:

immerhin glauben 61 % an ein Leben nach dem Tod (Evangelische 48 %). +++

+++ Mit abnehmender Häufigkeit des Kirchganges schwindet allerdings auch der Glaube an das ewige Leben: So stimmen zwar mehr als drei Viertel der monatlichen Gottesdienstbesucher dieser Aussage zu, doch jene, die praktisch nie ein Gotteshaus betreten, schließen sich dieser Auffassung nur in 36 % der Fälle an. +++

LEBEN NACH DEM TOD

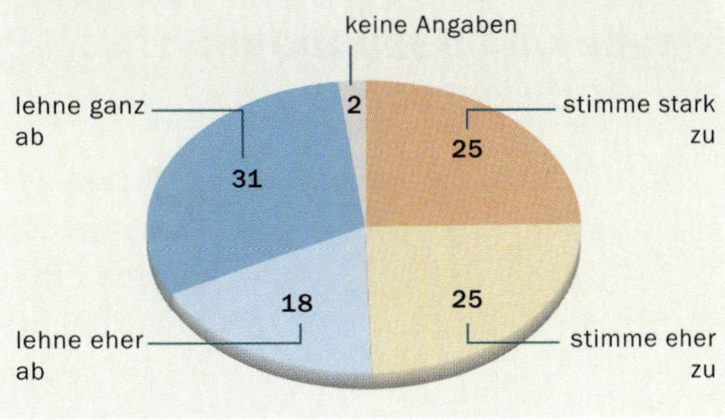


+++ Dass eine kirchlich geschlossene Ehe nur durch den Tod geschieden werden sollte, steht für 45 % der Deutschen außer Frage (»stimme stark zu« + »stimme eher zu«). Im Westen ist die Achtung vor dem Bund der Ehe etwas stärker ausgeprägt als im Osten, denn hier sind nur 37 % der Ansicht, dass »der Mensch nicht scheiden soll, was Gott zusammengeführt hat« (West 46 %). Mit 49 % demonstrieren Männer diesbezüglich größere Zustimmung als Frauen (40 %). +++

+++ Erwartungsgemäß respektieren ältere Bürger (59 % der ab 60-Jährigen) die Forderung, in guten wie in schlechten Tagen zusammenzuhalten, eher als jüngere Menschen (42 % der 14- bis 29-Jährigen), welche diese Verpflichtung möglicherweise als nicht mehr zeitgemäß betrachten. Doch die größte Ablehnerquote findet sich nicht etwa unter Jugendlichen, sondern in der Altersgruppe der 40- bis 49-Jährigen: Hier sind lediglich drei von zehn Bürgern der Ansicht, dass eine kirchlich geschlossene Ehe auf Lebenszeit gilt. +++

EHE AUF LEBENSZEIT

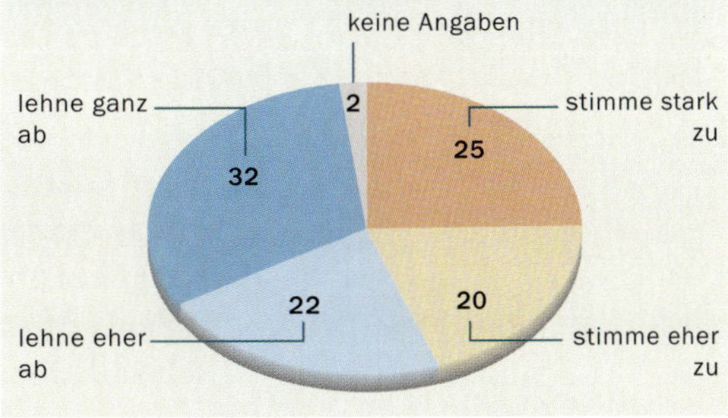


+++ Je höher der Grad der Schulbildung, desto häufiger äußert man sich ablehnend gegenüber dem Anspruch der Ehe auf lebenslange Gültigkeit. Während Personen mit der geringsten schulischen Bildung in 56 % der Fälle für die Ehe auf Lebenszeit plädieren, tut dies lediglich jeder dritte Deutsche mit Abitur oder Hochschulbildung. +++

+++ Durch eine vergleichsweise pragmatische Einstellung zum lebenslangen Bund der Ehe zeichnen sich auch evangelische Bürger aus: Sie stimmen dieser Aussage nur zu 43 % zu, unter Katholiken beträgt der Zustimmungsgrad hingegen 58 %. Hierin äußert sich erneut die erhöhte Bereitschaft katholischer Glaubensbrüder und -schwestern, den Grundsätzen der christlich-katholischen Lehre gerecht zu werden bzw. im Einklang mit ihnen zu leben. +++

## Glaube und Sexualleben

Etwa 47 % der Deutschen vertreten die Ansicht, dass der christliche Glaube das Sexualleben der Menschen heutzutage einengt, darin verspürt jeder Zehnte gar eine starke Beeinträchtigung. Immerhin zeigt sich das Land in dieser Frage erstaunlich einträchtig: In Ost und West sieht jeder Zweite die Trennung von Bett und Kirche vollzogen. Auch hinsichtlich Alter und Geschlecht ergeben sich kaum signifikante Unterschiede in der Beurteilung dieser Frage.

**SEXUALLEBEN**

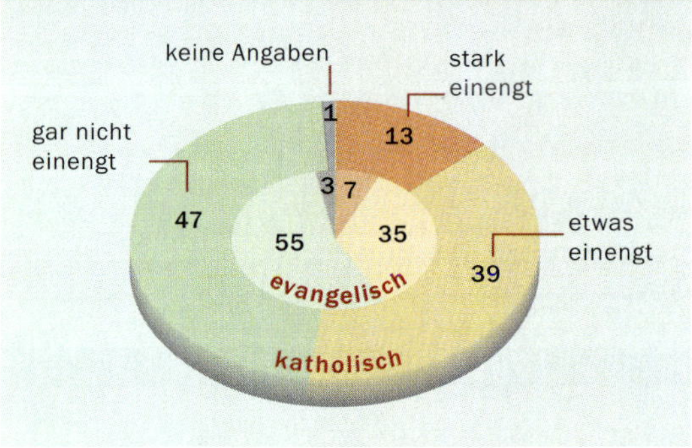


+++ Mit höherer Bildung nimmt jedoch auch der Anteil derer zu, die dem Glauben eine stark einengende Bedeutung hinsichtlich des Sexuallebens beimessen. Sehen nur 7 % der Hauptschulabsolventen ohne Lehre gravierende Beeinträchtigungen, meinen immerhin 13 % der Deutschen mit Abitur oder Hochschulbildung, dass das Kreuz der Sexualität stark im Wege steht. +++

+++ Gläubige beurteilen die einengende Rolle des Glaubens etwas stärker (51 %) als Nichtgläubige (41 %), und auch der Katholizismus erfüllt seine Rolle als »Wächter über die Züchtigkeit« offenbar besser (52 % der Katholiken) als die evangelische Glaubensgemeinschaft (42 %). +++

## Assoziationen zu Kirche

Eingangs des neuen Millenniums strahlt die Kirche schon lange kein einheitlich positives Bild mehr aus. Jeder Zehnte bewundert die kirchliche Gemeinschaft (10 %) und das Engagement für sozial Schwächere (9 %), doch nur 7 % assoziieren ihren Glauben zu Gott auch mit der Institution

Kirche. Auch das Vertrauen in die Aufrichtigkeit der Institution scheint nicht vorhanden zu sein: Lediglich drei Prozent der Bundesbürger billigen der Kirche noch eine Rolle als Vermittler christlicher Werte zu oder suchen in ihr einen Ansprechpartner in der Not.

+++ Der Glaube an Gott spielt in puncto Gemeinschaft natürlich eine zentrale Rolle. 13 % der Gläubigen assoziieren mit der Kirche auch die Gemeinschaft, während nur 4 % der Nichtgläubigen diese Ansicht teilen. Darüber hinaus bewertet jeder fünfte regelmäßige Kirchgänger (mindestens einmal pro Monat) die kirchliche Gemeinschaft positiv. +++

+++ Interessant erscheint der Aspekt, dass das soziale Engagement der Kirche stärker von Personen mit höherer Bildung hervorgehoben wird als von den Bildungsschwächeren. So assoziieren 13 % der Abiturienten und Hochschulabsolventen Engagement für sozial Schwächere und eine soziale Einstellung positiv mit der Kirche. Von den Hauptschülern ohne Lehre erkennen dagegen lediglich 3 % das kirchliche Bemühen um sozial Schwache an. +++

+++ Knapp jeder fünfte Deutsche (18 %) sieht an der Institution Kirche nichts herausragend Positives, weitere 12 % können hierzu keine Angaben machen. Diese Einstellung wandelt sich jedoch mit zunehmendem Alter und steigendem Bildungsgrad. Hegen noch 31 % der 14- bis 29-Jährigen keine positiven Assoziationen zur Kirche, sinkt dieser Anteil bei den über 60-Jährigen auf 24 %. Gut jeder dritte Deutsche mit Hauptschulbildung ohne Lehre (35 %) kann der Kirche nichts Positives abgewinnen, während sich dieser Anteil unter den Abiturienten und Hochschulabsolventen nur noch auf 20 % beläuft. +++

+++ Auch der prinzipielle Glaube an Gott und die Teilnahme am gemeindlichen Geschehen entscheiden darüber, wie positiv die Kirche wahrgenommen wird. 23 % der Gläubigen haben keine positiven Assoziationen zur Kirche, bei den Nichtgläubigen sind es gar 41 %. Nur jedem achten regelmäßigen Kirchgänger (einmal pro Monat und mehr) fällt nichts Gutes zur Kirche ein, während 40 % derjenigen, die um die Kirche einen Bogen machen, diese Institution nicht positiv bewerten. +++

+++ Auch bei den Kritikpunkten setzt sich kein spezielles Item explizit ab, die ablehnenden Meinungen sind ebenso vielfältig wie die Zustimmungen. +++

+++ 11 % der Deutschen halten die Institution Kirche für unzeitgemäß, veraltet und weltfremd, 10 % für zu konservativ. Auffällig ist, dass 16 % der Katholiken ihre Kirche als zu konservativ und 14 % als zu unzeitgemäß, veraltet und weltfremd einstufen, gegenüber jeweils 9 % der evangelischen Bundesbürger, die diese Ansichten teilen. Die anderen demographischen Gruppen zeigen kaum Auffälligkeiten. +++

+++ Immerhin noch 8 % der Bundesbürger stören sich daran, dass die Kirche den Steuerzahlern in die Tasche greift, wobei der Ärger darüber bei den ab 50-Jährigen deutlich abflaut. Wer oft in die Kirche geht, zeigt in diesem Punkt größeres Verständnis. Nur 2 % der Deutschen, die mindestens einmal im Monat ein Gotteshaus von innen sehen, stören sich an den Kirchensteuern, während sich jeder Zehnte, der praktisch nie in die Kirche geht, am fiskalischen Aderlass stößt. +++

+++ 25 % der Bundesbürger nennen der Kirche gegenüber keine negativen Assoziationen; in den neuen Bundesländern scheint diesbezüglich das Klima sogar noch etwas freundlicher zu sein. Hier hat jeder Dritte an der Institution nichts auszusetzen (was aber auch auf eine gewisse Gleichgültigkeit hindeuten kann), während sich im Westen lediglich 23 % nicht negativ äußern mögen. Auch scheinen die Frauen der Kirche gegenüber etwas wohlgesonnener zu sein, 28 % haben keine negativen Assoziationen, bei den Männern beträgt der Anteil lediglich 21 %. +++

+++ Mit zunehmendem Bildungsgrad fallen den Deutschen offenbar auch mehr Punkte auf, die an der Kirche zu kritisieren sind. Hat noch jeder zweite Hauptschüler ohne Lehre (51 %) keine negativen Assoziationen, ist nur noch jeder sechste Abiturient oder Hochschulabsolvent (16 %) frei von jeglicher Kritik an der Kirche. +++

+++ Auch die Frequenz des Kirchgangs determiniert die Kritikneigung. Jeder Dritte derjenigen, die mindestens einmal pro Monat den Gottesdienst besuchen, kann an der Kirche nichts Schlechtes finden, wohingegen nur 22 % derjenigen, die die Gotteshäuser meiden, nichts Schlechtes über sie sagen mögen. +++

## Glaubwürdigkeit der Kirchen

Lediglich 43 % der Bundesbürger halten die katholische Kirche für glaubwürdig bezüglich der Umsetzung der christlichen Werte, jeder Zweite (49 %) begegnet ihr mit Misstrauen. Der Osten zeigt sich in dieser Frage sehr skeptisch. Nur gut jeder Vierte (28 %) möchte der katholischen Kirche Glaubwürdigkeit attestieren, 53 % halten sie für unglaubwürdig, und fast jeder Fünfte gar kann sich nicht entscheiden. Im Westen hat die katholische Kirche einen etwas besseren Stand, immerhin trauen ihr hier 46 %.

+++ Unter der weiblichen Bevölkerung hält sich das Vertrauen ebenfalls eher in Grenzen, 38 % billigen der Kirche Glaubwürdigkeit zu, 52 % bestreiten dies. Männer geben sich etwas wohlwollender, immerhin sehen 46 % christliche Werte durch die katholische Kirche glaubwürdig vertreten. +++

+++ Gottgläubigkeit erleichtert den Glauben an die katholische Kirche, denn 52 % der Gläubigen schenken der Kirche ihr Vertrauen, während nur ein Viertel der Nichtgläubigen dem beipflichtet. Wenig verwunderlich ist es, dass die evangelischen Bundesbürger der katholischen Kirche indifferenter gegenüberstehen (36 %) als die katholischen Glaubensbrüder und -schwestern (63 %). Auch der regelmäßige Kirchgang (mindestens einmal im Monat) steigert das Vertrauen in die Glaubwürdigkeit (77 % gegenüber 23 % bei den Nichtkirchgängern). +++

+++ Die evangelische Kirche wirkt auf die Bundesbürger wesentlich glaubwürdiger als die katholische, wenn es um die Umsetzung christlicher Werte geht. Zwei von drei Deutschen (65 %) schreiben der evangelischen Kirche eine entsprechende Glaubwürdigkeit zu (43 % der katholischen Kirche). Doch auch hier zeigt sich in den neuen Bundesländern eine gehörige Portion Skepsis: Nur jeder Zweite

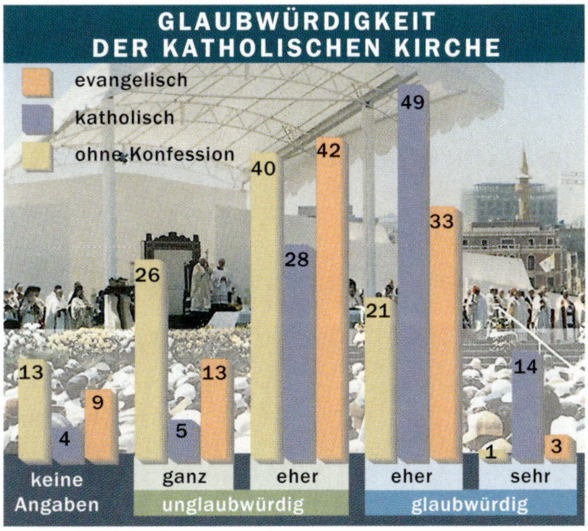

(52 %) bringt das Attribut Glaubwürdigkeit mit der evangelischen Kirche zusammen, in den alten Ländern sind es immerhin 68 %. Besonderes Vertrauen bringen die über 60-Jährigen der evangelischen Kirche entgegen: Drei von vier Senioren (76 %) halten die Kirche für glaubwürdig. +++

+++ Sogar jeder zweite Nichtgläubige hat augenscheinlich seinen Frieden mit der evangelischen Kirche gemacht, bei den Gläubigen beträgt der Anteil gar 73 %. Selbst die Katholiken halten die Fremdinstitution für glaubwürdiger (66 %) als ihre eigene Kirche (63 %). Unter der evangelischen Bevölkerung schätzen gut drei von vier Bürgern ihre Konfession als glaubwürdig ein. 81 % der regelmäßigen Kirchgänger attestieren der evangelischen Kirche Glaubwürdigkeit, und noch jeder zweite Nichtkirchgänger (51 %) pflichtet dem bei. +++

## Beurteilung der Rolle des Papstes

Für vier Bereiche wurde die Bewertung der heutigen Rolle des Papstes erfragt, um zu ermitteln, inwieweit die Bundesbürger diese heutzutage als zeitgemäß empfinden.

**Stellvertreter Gottes auf Erden**

Das Bild des Heiligen Vaters hat im Laufe der Jahrzehnte erheblich an Glanz eingebüßt. Zu diesem Schluss muss man angesichts der Erkenntnis gelangen, dass drei Viertel der Bundesbürger (77 %) das Bild des Papstes als Stellvertreter Gottes auf Erden als nicht mehr zeitgemäß einstufen. Diese Position

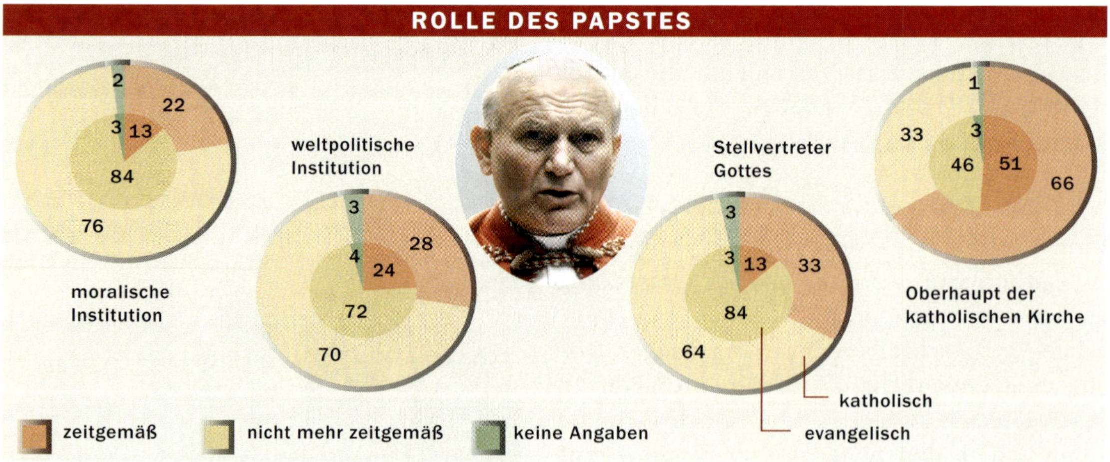

wird im Osten (82 %) noch etwas schärfer vertreten als im Westen (76 %). Mit zunehmendem Bildungsgrad lehnen die Bundesbürger den Papst als Stellvertreter Gottes auch stärker ab. 70 % der Hauptschüler ohne Lehre halten das Stellvertreterbild für nicht zeitgemäß, unter den Deutschen mit Abitur oder Hochschulbildung sind es sogar 83 %. +++

+++ Von den Nichtgläubigen akzeptiert nur noch jeder Zehnte dieses Bild, genauso verhält es sich mit den Konfessionslosen. Von den Katholiken sieht ein Drittel noch im Papst Gottes rechte Hand auf Erden, was in der Umkehrung heißt, dass 64 % die Stellvertreterrolle kritisieren. Dieser Prozentsatz beträgt in der evangelischen Bevölkerung sogar 84 %. Die regelmäßigen Kirchgänger urteilen in dieser Frage am mildesten, 41 % sehen das Stellvertreterbild als zeitgemäß an. +++

**Oberhaupt der katholischen Kirche**

Den Papst als Kirchenoberhaupt können schon mehr Bundesbürger akzeptieren, 54 % halten diese Sicht für zeitgemäß. In den höheren und mittleren Bildungsschichten liegt die Akzeptanz diesbezüglich höher als bei Personen mit Hauptschulbildung. +++

+++ Zwei Drittel der Katholiken sehen im Heiligen Vater den zeitgemäßen Religionsvorsteher, gut die Hälfte der evangelischen Bevölkerung (51 %) pflichtet dem bei. Anders ausgedrückt: Ein Drittel der Katholiken akzeptiert den Papst als Oberhaupt nicht! Auch in dieser Frage setzen die regelmäßigen Gottesdienstbesucher (mindestens einmal im Monat) klare Zeichen: Drei Viertel von ihnen (74 %) akzeptieren den Papst als Kirchenoberhaupt, während nur 44 % der Kirchenabstinenzler dem zustimmen. +++

**Moralische Instanz**

In diesem Punkt ist die Aussage klar: Vier von fünf Deutschen wollen den Papst als moralische Instanz (z. B. im Bereich Sexualität) nicht mehr akzeptieren. Besonders hoch ist dieser Anteil bei den unter 50-Jährigen sowie bei mittlerer und höherer Bildung. Ähnlich deutlich verhält es sich bei den Konfessionslosen: 89 % nehmen den Papst als moralische Instanz nicht mehr an. Selbst die Katholiken geben zu 76 % ihre Ablehnung zu Protokoll. Lediglich der regelmäßige Kirchgang (mindestens einmal pro Monat) besänftigt ein bisschen: 34 % jener Deutschen akzeptiert den Papst in dieser Funktion. +++

### Instanz der Weltpolitik

Regelmäßig ruft der Papst zu mehr Frieden und Gerechtigkeit in der Welt auf und schaltet sich mitunter in weltpolitische Fragen ein. Wie steht es um die Akzeptanz dieses Verhaltens? Drei Viertel der Deutschen (74 %) halten dies für überkommen. Mit zunehmendem Bildungsgrad steigt der Anteil derer, die päpstliche Stellungnahmen zu weltpolitischen Themen für nicht zeitgemäß halten. Vertreten knapp zwei Drittel der Hauptschulabsolventen ohne Lehre (65 %) diese Position, sind es bei den Angehörigen des höheren Bildungsniveaus 81 %. +++

Das Papsttum – eine Instanz der Weltpolitik? Die Umfrage des Magazins FOCUS zeigt, dass diese Meinung nur noch wenig akzeptiert wird. Papst Johannes Paul II. besuchte im Januar 1998 das kommunistische Kuba.

+++ Die Konfession hat keine besondere Relevanz hinsichtlich der Haltung gegenüber päpstlicher Weltpolitik, lediglich die Konfessionslosen legen ihre Abneigung überdurchschnittlich (85 %) deutlich dar. Auch in diesem Fall stimmt jedoch der regelmäßige Kirchgang vergleichsweise milde. 36 % der Bundesbürger, die mindestens einmal im Monat den Gottesdienst besuchen, achten den Papst als Instanz der Weltpolitik (bei 60 % Ablehnung), 84 % der Nichtkirchgänger hingegen lehnen dies ab. +++

+++ Zusammengefasst folgt hier noch einmal der Anteil derjenigen Katholiken, die den Papst in seinen verschiedenen Funktionen als nicht mehr zeitgemäß ablehnen:

76 % als moralische Instanz (Sexualität etc.);
70 % als Instanz der Weltpolitik;
64 % als Stellvertreter Gottes auf Erden;
33 % als Oberhaupt der katholischen Kirche. +++

## Einstellungen zum Zölibat

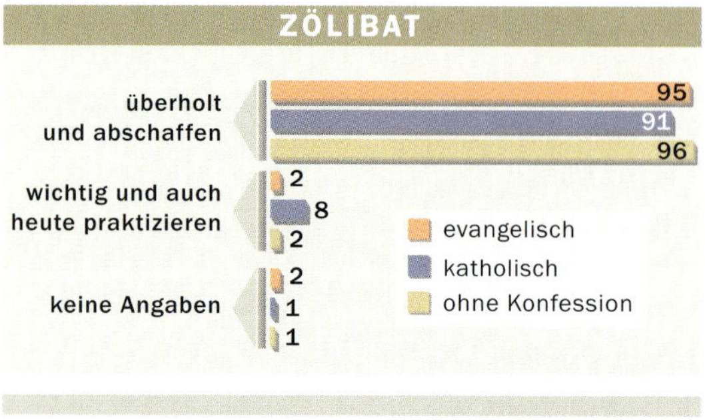


Während die katholische Kirche noch zäh an der ehernen Regel des Zölibats festhält, ist die Meinung der Deutschen zu diesem Thema klar und eindeutig: 93 % sprechen sich für eine Abschaffung des Zölibats aus, weil sie ihn für überholt ansehen. Das Votum ist quer durch die demographischen Gruppen eindeutig und nahezu einheitlich, sogar bei den Katholiken selbst (91 %). Lediglich die regelmäßigen Kirchgänger äußern ihre Ablehnung mit 87 % vergleichsweise milde. +++

## Gesprächspartner in Glaubensfragen

Jeder dritte Deutsche (32 %) wendet sich in Glaubensfragen an den Partner; in den neuen Bundesländern halten die Menschen ihren Lebensgefährten allerdings nur in 21 % der Fälle für einen kompetenten Gesprächspartner in Glaubensfragen (West 35 %). Fast ebenso häufig (31 %) wird über dieses Thema mit Freunden geredet. 8 % der Bundesbürger besprechen dieses Thema am liebsten innerhalb der Familie, also mit den Eltern oder Geschwistern. Mit dem Pfarrer – als kirchlicher Würdenträger eigentlich die nächstliegendste Adresse – würden sich lediglich 7 % über Fragen des Glaubens und der Kirche unterhalten.

+++ Vor allem Frauen schenken ihren Freunden oder Freundinnen größeres Vertrauen, wenn es um die Kirche oder den Glauben geht (35 %), Männer hingegen wenden sich in erster Linie an den Partner (39 %). Jugendliche unterhalten sich über dieses Thema verständlicherweise ebenfalls am liebsten mit ihren Freunden (41 %) – in diesem Alter die wichtigste Bezugsgruppe Heranwachsender. Später übernimmt dann der Partner diese Rolle als Vertrauter in Glaubensfragen. +++

+++ Der Freundeskreis wird in Glaubensfragen umso häufiger konsultiert, je höher der Bildungsgrad der Befragten ist. So stehen Glaube und Kirche lediglich bei 21 % der Deutschen mit Hauptschulabschluss (ohne Lehre) im Beisammensein mit Freunden zur Diskussion; unter Abiturienten und Hochschulabsolventen ist dieser Anteil mit 39 % fast doppelt so hoch. Personen mit niedriger Bildung (insbesondere jene ohne Berufsausbildung) wenden sich indes deutlich eher an Familienmitglieder oder an den Pfarrer. +++

+++ Von überdurchschnittlicher Wichtigkeit in Glaubensfragen ist der Partner für Katholiken (40 %); evangelische bzw. konfessionslose Bürger wenden sich hingegen verstärkt an ihre Freunde (33 bzw. 32 %). Interessant ist, dass der Pfarrer unter evangelischen Bürgern mit 12 % sogar noch vor der Familie (9 %) rangiert. Zudem wenden sich Angehörige des evangelischen Glaubens doppelt so häufig an den Kirchenrepräsentanten wie Katholiken (6 %). +++

## Häufigkeit des Kirchgangs

Obwohl zwei Drittel der Deutschen an Gott glauben, besuchen 40 % praktisch nie einen Gottesdienst. Weitere 20 % gehen nur an hohen kirchlichen Feiertagen (wie Weihnachten oder Ostern) in die Kirche. Offensichtlich ist der regelmäßige Gang zur Kirche für viele Menschen nicht zwingender Bestandteil der Ausübung ihres Glaubens, denn lediglich jeder Elfte reiht sich fast jeden Sonntag in die Gemeinde der Kirchgänger ein. Weitere 9 % lauschen immerhin ein- bis zweimal im Monat den Worten des Pfarrers, ein Fünftel tut dies mehrmals im Jahr.

+++ Auch hier lassen sich signifikante Unterschiede zwischen ost- und westdeutschen Gewohnheiten feststellen: Während sich im Westen gut ein Drittel praktisch nie in der Kirche blicken lässt, beträgt der Anteil der »Verweigerer« im Osten sogar 57 %! Regelmäßig – d. h. jeden Sonntag – nimmt immerhin jeder zehnte Westdeutsche am Gottesdienst teil, unter Ostdeutschen ist dieser Anteil mit 3 % verschwindend gering. Mehrmals pro Jahr besuchen nur 16 % der Ostdeutschen die Kirche, im Westen beträgt dieser Anteil 44 %! Entsprechend locken hohe kirchliche Feiertage wie z. B. Ostern und Weihnachten stärker ostdeutsche Bürger in die Gotteshäuser (25 %; West 19 %). +++

+++ Den größten Teil der treuen Gottesdienstbesucher stellen die Frauen: Jede zehnte geht sonntags regelmäßig, weitere 11 % ein- bis zweimal im Monat in die Kirche (Männer 7 % bzw. 8 %). Eifrige Kirchgänger finden sich vor allem in der Altersgruppe der ab 60-Jährigen: Mit 18 % nehmen die Senioren doppelt so häufig fast jeden Sonntag am Gottesdienst teil wie der Bevölkerungsdurchschnitt. Mit 27 % vergleichsweise gering ist die Zahl der älteren Bundesbürger, die praktisch nie ein Gotteshaus betreten; unter den 14- bis 29-Jährigen outet sich hingegen jeder Zweite als Abtrünniger. +++

+++ Eine leicht erhöhte Neigung zum regelmäßigen Kirchgang geht zudem einher mit einer niedrigen Schulbildung, d. h., Personen mit Hauptschulbildung (ohne Lehre) finden sich mit 18 % deutlich häufiger sonntags zum Gottesdienst ein als der deutsche Durchschnittsbürger. +++

+++ Dass der Gottesdienst auch auf konfessionslose Bürger sowie auf jene, die nicht an Gott glauben, einen gewissen Reiz ausübt, mag zunächst überraschen: So besucht jeder zehnte ›Ungläubige‹ mehrmals pro Jahr einen Gottesdienst, weitere 17 % gehen zu den hohen Feiertagen in die Kirche. Häufig ist dies jedoch nicht als tief empfundenes Bedürfnis nach Gottes Segen zu verstehen, sondern – und dies trifft vor allem auf traditionelle Feste wie Ostern und Weihnachten zu – der Kirchgang dient eher als ein Ritual zur feierlichen Einstimmung auf die Bescherung. +++

+++ Hervorzuheben ist darüber hinaus die deutlich überdurchschnittliche Frequenz des Kirchgangs bei den Katholiken: 19 % von ihnen gehen fast jeden Sonntag zur Kirche, was nur 3 % der evangelischen Bürger tun. Betrachtet man den Zeitraum mindestens einmal im Monat, so vergrößert sich der Abstand: 34 % der Katholiken sind mindestens einmal monatlich in der Kirche anzutreffen im Vergleich zu nur 14 % der Protestanten. +++

## Konfession

Von den Bundesbürgern bekennen sich 38 % zum evangelischen Glauben, 34 % sind Angehörige der katholischen Gemeinde, 22 % bezeichnen sich als konfessionslos und 4 % gehören einer anderen Konfession an. In den neuen Bundesländern ist die Zahl der Bürger ohne Konfession mit 56 % extrem höher; Katholiken finden sich hier nur zu 4 %. +++

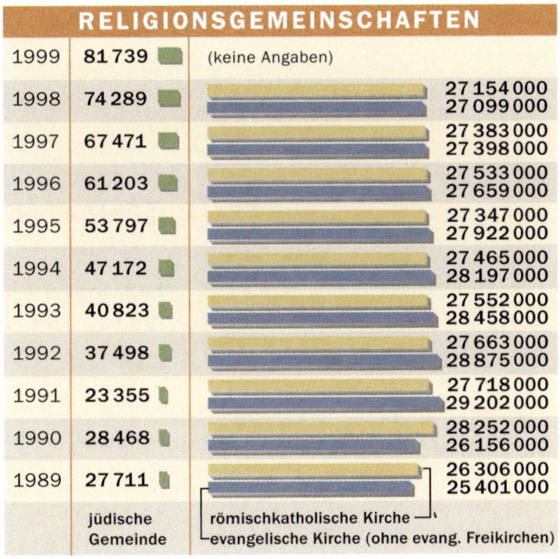


+++ Konfessionslose finden sich überdurchschnittlich häufig bei den unter 50-Jährigen (zwischen 26 % und 31 % in den drei Altersgruppen 14 bis 29, 30 bis 39 und 40 bis 49 Jahre), ebenso bei den Deutschen mit mittlerer und höherer Bildung (28 bzw. 30 %). +++

+++ Hervorzuheben ist noch das Ergebnis, dass 9 % der Gottgläubigen keiner Konfession angehören, während andererseits 50 % der Ungläubigen durchaus einer Glaubensgemeinschaft zuzurechnen sind. +++

# Jeder zimmert sich seinen eigenen Glauben

*Christliche Erziehung, Umwelt, Erfahrung und Versatzstücke aus religiösem Wissen formen den individuellen Glauben*

Wenn zwei Deutsche sich freundlich »Grüß Gott« sagen, dann meint jeder, wenn er überhaupt darüber einen Gedanken verliert, einen anderen Gott. Auch der Fluch »Geh zur Hölle!« lässt sich keineswegs als halbwegs gesicherte Zielvorstellung identifizieren. Himmel und Hölle und alles, was mit Glauben zusammenhängt, malt sich fast jeder Deutsche anders aus. Mit dem christlichen Glauben hat dieses persönliche Gottesbild kaum mehr etwas gemein.

Dieser Befund ist nicht völlig neu. Der Verlust des wahren Glaubens lässt schon seit Jahren, wie ein Vertreter der »charismatischen Erneuerung« drohte, eine Großoffensive des Satans befürchten, die »in der Kirche Mitteleuropas alles hinwegfegt, was nicht in Gott tief verwurzelt ist und aus seiner übernatürlichen Gnade lebt«.

Eine thematisch breite demoskopische Untersuchung des DataConcept-Instituts aus Herford im Auftrag von FOCUS beweist, dass die Diagnose vom unchristlichen oder nur noch formal christlichen Deutschland zutrifft. Die Therapie entfernt sich jedoch weit vom missionarischen Eifer der Charismatiker.

Der wirkliche Glauben: 65 Prozent der Deutschen bekennen sich zu einem irgendwie gearteten Glauben an Gott. Die Antworten auf die Aufforderung: »Denken Sie mal an Gott. Was fällt Ihnen dazu ein? Wie stellen Sie sich Gott vor?« fallen so vielfältig aus, dass die Folgerung nahe liegt: »Jeder zimmert sich seinen Gott selber zusammen.«

Der individuell Glaubende befindet sich durchaus auf gesichertem theologischem Boden. Die Theologen sprechen von der Lebenserfahrung, aus der das Gottesbild entsteht. Selbst der Glaubenswächter der katholischen Kirche in Rom, Joseph Kardinal Ratzinger, gestand auf eine Interviewfrage zu, dass es »so viele Wege zu Gott gibt, wie es Menschen gibt«.

Von dieser Vielfalt, die selbst der so genannte Hüter der Wahrheiten jedem einzelnen Menschen zubilligt, auch wenn er sich dadurch aus der offiziellen Gemeinschaft der Katholiken ausschließt, machen die Deutschen reichlich Gebrauch. Sie scheinen sich keinen Deut um die amtlichen Vorgaben von Altar und Kanzel zu kümmern. Dennoch bekennen sich zwei von drei Deutschen als gottgläubig. Nur 18 % dieser Zweidrittelmehrheit finden eine Definition für ihren Gott, die noch mit dem christlichen Gott-Vater-Sohn-Heiliger Geist, mit einem personalen Gott, zur Deckung zu bringen wäre. Auf die Gesamtbevölkerung hochgerechnet, glauben gerade noch 12 % an einen im weitesten Sinn personalen, christlichen Gott.

Weitaus mehr, fast 80 % aller Gottgläubigen, vertrauen dagegen auf ihren persönlichen Schutzengel. Mehr als die Hälfte (52 %) der gesamten Bevölkerung über 14 Jahre sucht bei ihm Trost, Sicherheit, Geborgenheit, Schutz und damit all das, was traditionell sozusagen die Aufgabe Gottes war.

Der Schutzengel, so die soziologische Erklärung, löst den personalen Gott ab. An dessen Stelle tritt der individuelle, mir allein verfügbare Beschützer.

Der Widerspruch zwischen geringem Christusglauben und hohem Schutzengelbedürfnis löst sich in dieser Rolle als Ersatz für den diffus gewordenen Gott auf.

So viel Zustimmung wie der Schutzengel kann Gott bei den gläubigen Deutschen nur noch in seiner Rolle als Schöpfer finden. Trotz naturwissenschaftlicher Zweifel meinen sieben von zehn Gottgläubigen, dass Gott die Erde und den Menschen erschaffen habe.

Das übrige Gottesbild zerfließt in zwei Dutzend verschiedene Aussagen, sobald bei der Umfrage nicht gezielt nach Ja oder Nein zu Gott gefragt worden ist. 2 % hängen noch dem kindlichen Bild vom alten Mann mit Bart an. Ähnlich viele sinnieren über eine höhere Macht, über einen Beschützer der Menschen, über Liebe, Barmherzigkeit und Hoffnung.

Eine Fiktion, Lebensinhalt, Universum oder schlichtweg Himmel fällt anderen ein, wenn sie nach Gedanken an Gott gefragt werden.

»Die Erschaffung des Menschen« – das Fresko Michelangelos in der Sixtinischen Kapelle beruht auf der Vorstellung, dass Gott der Schöpfer der Welt sei.

Christus als personaler Gott, so fand vor drei Jahren der damals in Berlin lehrende Religionssoziologe Klaus-Peter Jörns heraus, wird selbst von jenen nur noch beschränkt wahrgenommen, die ihn predigen sollen. Nur zwei von drei Pfarrerinnen und Pfarrern geben »Jesus Christus als Gottesnamen« an. Ihre Zweifel an dem auferstandenen Christus lassen sie dadurch erkennen, dass sie nur noch allgemein von Gott reden, wenn sie Jesus meinen.

Der christliche Gottesglaube erscheint bei der FOCUS-Umfrage nur, wenn nicht allgemein nach Gott, sondern direkt nach Jesus gefragt wird. Von den Gläubigen erkennen dann 81 % Jesus als Gottes Sohn an, seine Auferstehung aber nur 75 %, die Himmelfahrt 69 %. Für 89 % dagegen ist die Kreuzigung wahr, ein historisches Ereignis.

Genauso vielfältig wie Gott und Himmel präsentiert sich das Bild von der Hölle. 7 % sind sich einig, dass dort schlechte Menschen enden. In der Hölle brennt nach allen Aussagen, die in diese Richtung tendieren, nur für 18 % noch ein Feuer. Ansonsten reicht das Angebot an Höllenbildern von Verdammnis bis Elend, Not und Strafe.

Der an der Katholischen Fachhochschule in Freiburg und an der Universität Konstanz lehrende Soziologe Michael N. Ebertz, von FOCUS um eine Bewertung der Umfrage gebeten, führt das verwirrende und bunte Gottesbild nicht auf einen satanischen Großangriff, wie ihn die Sekten unterstellen, zurück, sondern auf eine Veränderung der Gesellschaft mit durchweg irdischen Ursachen.

Er zweifelt überhaupt, ob es je anders war mit dem Glauben der Deutschen. Im Rahmen der Lebenserfahrung und der Erkenntnisfähigkeit habe schon immer das persönliche Gottesbild dominiert. Nur könne man es heute offen bekennen, ohne dass man gesellschaftlich geächtet oder gar von fundamentalistischen Fanatikern gefoltert und verbrannt werde. Mit anderen Worten: Der eigene Befund über Glauben, Aberglauben oder individuelle Gottesvorstellungen darf heute offen zugegeben werden.

Die Lebenserfahrungen erwirbt der Mensch heute eben nicht mehr aus einer kleinen, real und geistig eng begrenzten Welt, deren Denken und Handeln sie unentrinnbar ausgesetzt oder unterworfen sind. Die Menschen reisen, lernen andere Kulturen kennen. Das Fernsehen leuchtet alle Winkel und Existenzprobleme aus. Fremde Religionen wandern ein. Und die Deutschen entdecken, »dass man alles so, aber auch ganz anders sehen kann«, so Ebertz.

Diese Relativität und die Aufspaltung der Gesellschaft in Daseinsbereiche, wo Kirche nur noch einer von vielen ist, för-

dern die Individualisierung des Glaubens, seinen Zuschnitt nach persönlichen Bedürfnissen.
Ist die Summe dieser Gottesbilder, sozusagen Deutschlands religiöse Landschaft, aber noch christlich zu nennen? Die Kernfrage spitzt sich darauf zu: Leben wir in einer christlichen Gesellschaft ohne Christen? Die Antwort holt sich der Religionssoziologe Ebertz aus dem Vergleich mit einem absolut nicht christlichen Land, etwa einem islamischen oder buddhistischen. Wer von dort heimkehrt, entdeckt in der vorübergehend verlassenen Heimat zahllose prägende Zeichen einer christlichen Gesellschaft: Formal christlich begrüßt man sich nicht nur in Bayern, und nicht nur dort erhitzt der Streit um das Kruzifix in der Schule die Gemüter. »Der größte Teil unserer Kultur, unseres Alltags ist christentümlich.« Genauso wie volkstümlich nicht unbedingt Identität des Volkes ist, Deutschtümelei auch nicht wirklich Deutschsein bedeutet. Man tut nur so. Man wahrt die Form. Man tümelt. Nach der Umfrage räumen die Deutschen Idealen, die aus dem Christentum kommen, noch immer hohen Stellenwert ein. Der Unauflöslichkeit der Ehe stimmen 45 % zu. Christliche Werte prägen anscheinend noch immer die Grundlagen der Gesellschaft, auch wenn sie ihre Herkunft ignoriert.

Im katholisch geprägten Bundesland Bayern empörte sich die Bevölkerung über das Urteil des Bundesverfassungsgerichts, mit dem die Kreuze aus den Unterrichtssälen der staatlichen Schulen verbannt wurden.

Das Wort »christentümlich« zieht sich durch Ebertz' Analyse wie ein roter Faden. Das nahe liegende Substantiv Christentümelei bedeutet, wie jede Tümelei, dass man unabhängig vom Inhalt »so tut«.
Christentümliches Verhalten könnte begründen, warum trotz der – inzwischen wieder abebbenden – Austrittswelle die große Mehrheit der Deutschen in ihren Kirchen bleibt. Ebertz ist sich sicher, dass nur die großen Kirchen »etwas bieten, was sonst keiner hat«.
Irgendwie beschleiche jeden, der austritt, ein schlechtes Gewissen. Umfragen im persönlichen Umfeld bestätigen leicht diese Beobachtung. So ist es mehreren Katholiken ähnlich ergangen, nachdem sie vor dem Amtsgericht oder beim

Standesamt ihren Austritt erklärt hatten. Beim Verlassen des Gebäudes wunderten sie sich, dass sie nicht auf der Treppe stolperten, ein Ziegel auf sie fiel oder sie einen Verkehrsunfall bauten. Die eingeimpfte Rache des strafenden Gottes machte sich auch dann noch bemerkbar. Strenge Erziehung, die das Evangelium von der Frohbotschaft in die Drohbotschaft manipulierte, um gefügiger und folgsamer zu machen, war eben auch von Erwachsenden nicht so ohne weiteres abzuschütteln.

Wiederum scheuen die meisten vor der Trennung zurück, wenn sie in Konflikt mit ihrem Umfeld geraten oder beispielsweise ihren Eltern damit weh tun würden. Die Christen würden in eine »Gnadenanstalt« Kirche hineingeboren und blieben in ihr, weil sie heute in den Kirchen »denken und glauben können, was sie wollen«, meint Ebertz. Außerdem erleichtere die Kirchensteuer das soziale Gewissen, weil die Kirchen schließlich alte Menschen und Kranke pflegen, Kinder behüten und Randgruppen betreuen. Diese Dienstleistungen prägen das positive Image der Kirchen.

KENNTNIS DER ZEHN GEBOTE

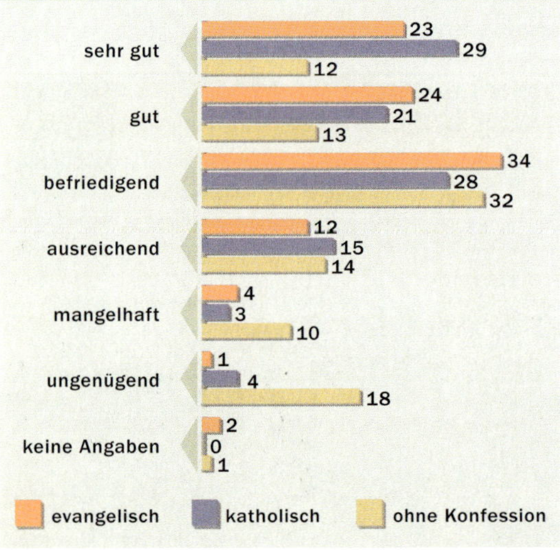


Sekten eröffnen dagegen keinerlei Alternativen, jedenfalls nicht für die überwältigende Mehrheit. Sie lassen keinen Platz für die liberale Gläubigkeit der Deutschen, wie sie die Umfrage bescheinigt. In Sekten wäre undenkbar, was offensichtlich selbst den christlichen Kirchgängern kein Problem bereitet. Bei einer Befragung nach den Gottesdienstbesuchen gestanden 30 % der Kirchgänger offen ein, dass sie nicht an ein ewiges Leben glauben, aber an die Reinkarnation, an die Wiedergeburt als anderer Mensch.

Das erste der biblischen Zehn Gebote: »Du sollst keine anderen Götter neben mir haben« interpretieren die Christentümlichen nach eigenem Gusto. In der Umfrage forschte DataConcept nicht ausdrücklich nach den Neigungen zu anderen Religionen wie Islam oder Buddhismus. Ein bis drei Prozent definieren jedoch ihren Gott als Universum, Weite oder positive Kraft. Diese kleine Minderheit assoziiert ihr Gottesbild doch schon deutlich mit fernöstlicher Religiosität. Das Liebäugeln mit fremden Göttern empfinden sie aber nicht als Widerspruch zu ihrer christlichen Praxis, denn für 78 % gibt es nur den einen Gott.

Unterstützung könnte das Projekt Weltethos des Ökumenikers Hans Küng beisteuern. Es offenbart ganz nebenbei, dass

selbst der Eingottglauben (Monotheismus wie Christentum, Judentum und Islam) viele Gemeinsamkeiten mit Buddhismus oder Hinduismus aufweist, wenn man die religiösen Inhalte vergleicht und die Analogien beim Christentum sucht.
Was sagt das Umfrageergebnis den Kirchen? Klaus Unger von DataConcept folgert, dass es ihnen Mut machen müsse, wenn 65 % der Deutschen noch an Gott glauben, auch wenn es im Osten nur 30 % gegenüber 74 % im Westen sind. Der Religionssoziologe Ebertz teilt diesen Optimismus, auch wenn er es für illusorisch hält, zu glauben, Deutschland ließe sich inhaltlich rechristianisieren.
Nicht die Vielfalt sei entscheidend, sondern der hohe Anteil der Gottesgläubigen belege die Chance der christlichen Kirchen. Sehnsucht lässt sich erkennen: In Spitzenzeiten der Ferienreisewellen zünden allein in der Autobahnkapelle von Baden-Baden Autoreisende, die sonst keine Kirche betreten, täglich bis zu 900 Kerzen (für zwei Mark das Stück) an. In das offene Buch schreiben sie Bitten wie »Lass alles wieder gut werden« oder »Bring uns unseren Sohn Michael zurück«. Wenn keiner mehr helfen kann, dann bleibt nur Gott.
In den heimischen Pfarrkirchen würde denselben Gläubigen so etwas nie einfallen. Am ehesten erleben solche anonymen Glaubensbekenntnisse noch Wallfahrtskirchen oder Kirchen in Ferienorten. Die Autobahnkapelle hat nichts von dem. Sie besuchen auch Vorbeiziehende, die von den Kirchen nicht mehr erfasst werden. Ebertz fordert deshalb die Kirchen auf, sich in der Kommunikationswelt Neues einfallen zu lassen. »Warum nicht eine Kapelle im ICE?«
Geringe Kenntnis scheint eines der größten Hindernisse für den Glauben zu sein. 42 % kennen die Zehn Gebote gut bis sehr gut, das Vaterunser 74 %. Bei der Bergpredigt passen 51 %, nur 17 % kennen sie gut bis sehr gut.
Erstaunlicherweise genießt die evangelische Kirche selbst bei Katholiken mehr Glaubwürdigkeit. Der Papstanhang scheint vor größeren Hindernissen zu stehen als Luthers Enkel. Das fest gefügte katholische Lehrgebäude mit seinen Dogmen provoziert nach Ebertz' Ansicht Widerspruch, Ablehnung ebenso wie Zustimmung und damit Spannungen.
So lehnt in wesentlichen Fragen wie Moral und Politik die Mehrheit der Deutschen Papst Johannes Paul II. ab. Am Abend seines Pontifikates hat »Das Bild des Heiligen Vaters ... im Laufe der Jahrzehnte erheblich an Glanz eingebüßt«, interpretiert Klaus Unger die Umfrage. Drei Viertel der Bundesbürger (77 %) stufen den Anspruch des Papstes als Stellvertre-

Der katholische Theologe Hans Küng stieß mit seinen Thesen auf den Widerspruch der römischen Kurie. 1979 wurde ihm die kirchliche Lehrerlaubnis entzogen.

ter Gottes auf Erden als nicht mehr zeitgemäß ein, wobei nach Veröffentlichung dieser Zahl konservative Kirchenkreise geradezu wütend protestierten. Bei Gott, Glauben, Papst und Kirche könne es nie darum gehen, ob sie zeitgemäß seien, sondern stets um die Verteidigung ewiger Wahrheiten.

Woher sie (in bekannter katholischer Tradition) diesen Anspruch nehmen, stellte von diesen katholischen Fundamentalisten keiner zur Diskussion. Auch hier stellte sich heraus, dass Kirchengeschichte und theologische Forschung von Kernteilen der Kirchentreuen ignoriert wird. Folge dieser vom Glauben angeblich diktierten Intoleranz: Je besser die Befragten ausgebildet sind, desto weniger akzeptieren sie diese Papstrolle. Die Ablehnung steigt bis zu 83 %. Als der Stellvertreter Gottes auf Erden spricht der Papst naturgemäß primär die Gläubigen an. Doch selbst als rein moralische Instanz nehmen bis zu 89 % der Deutschen je nach Alter und Bildung den Papst nicht mehr an. Regelmäßig ruft der Papst zu mehr Frieden und Gerechtigkeit in der Welt auf. Als Instanz der Weltpolitik halten ihn jedoch 74 % der Deutschen für überholt. Als Kirchenoberhaupt wird der Papst immerhin von 54 % aller Deutschen als zeitgemäß akzeptiert. Aber nicht einmal seine eigene Herde folgt ihm geschlossen. Von den Katholiken lehnen 33 % zumindest Johannes Paul II. als Kirchenoberhaupt ab. 64 % der Katholiken zweifeln an seinem Anspruch als Stellvertreter Gottes auf Erden. 70 % empfehlen ihm, sich aus der Weltpolitik herauszuhalten. Unerwartet stark lehnen ihn selbst Katholiken als moralische Instanz ab: 76 %. Der Vorsitzende der katholischen Deutschen Bischofskonferenz, der Mainzer Bischof Karl Lehmann, begründet dieses schlechte Ergebnis als Reaktion auf die Sexuallehre. Die Demoskopen formulieren es krasser: »Die Trennung von Kirche und Bett ist vollzogen.«

Immer wieder ruft der Papst zu mehr Gerechtigkeit in der Welt auf und mahnt die Einhaltung von Menschenrechten an. Im März 1999 traf er mit dem iranischen Staatspräsidenten Sajid Mohammed Chatami zusammen.

Die weniger dogmatische evangelische Kirche kommt der »Individualisierung des Glaubens« mehr entgegen. Vor allem die Kirche als Institution spielt für Protestanten nicht die Rolle wie für Katholiken, wo sie sich stets als Mittlerin zwischen den Einzelnen und Gott schiebt. Der Protestant steht allein vor seinem Gott.

Im tiefsten Innern spüren selbst hohe Amtsträger der katholischen Kirche Unbehagen an der dominierenden Stärke ihrer Kirche. Seit dem 2. Vatikanischen Konzil bekennt sie sich zur Religionsfreiheit und akzeptiert so, dass sie nicht mehr die allein selig machende ist. Ebertz konstatiert: »Seither wird sie auch still und heimlich etwas protestantisch.« Will sagen: lässt mehr Freiheit zu. In diesem Sinn nähert sie sich de facto dem real existierenden Katholiken an.

Vor dem Konzil sangen die Erstkommunikanten noch voller Inbrunst: »Fest soll meinTaufbund immer stehen, ich will die Kirche hören. Sie soll mich allzeit gläubig sehn und folgsam ihren Lehren. Nie will ich von ihr weichen.« In den heutigen Gesangbüchern fehlt der einstige Ministrantenhit entweder ganz oder erscheint mit neuem Text. Jetzt wollen die Katholiken Gott hören und folgsam seinen Lehren sein.

»Die Botschaft hör ich wohl, allein mir fehlt der Glaube«, lässt Johann Wolfgang Goethe seinen Faust resignieren. Die christliche Botschaft hat es heute noch schwerer, gehört zu werden, weil ihre Stimme schwächer geworden ist. Wird ihr noch weniger geglaubt?

Wer nur Antworten befehlen will, wie es lange kirchliche Verkündigungspraxis war, wird schnell von der Lebenserfahrung der Anzusprechenden widerlegt. Selbst die biblischen Texte sind entweder zu wenig bekannt oder haben die Jahrzehnte historischer Bibelkritik nicht heil überstanden. Jörns: »Damit schwindet auch die Glauben normierende Kraft, die von der Bibel bisher ausgegangen ist.« Ebertz empfiehlt deshalb: »Die Kirche sollte wieder mehr fragen, mehr suchen.« Dann wäre sie eine Gemeinschaft der Fragenden, in der jeder seinen Platz hat.

Vielleicht fände sie wieder die verlorene Mystik. Die könnte jene bestärken, die sich von der Dienstleistungskirche innerlich verabschiedet haben und nur noch bleiben, weil sie wissen, dass »ich alles selber tun kann, nur nicht den Deckel auf dem eigenen Sarg schließen«. Ans ewige Leben glauben immerhin noch 47 % der Protestanten und 67 % der Katholiken. +++

Joseph Kardinal Ratzinger gilt als engster Mitarbeiter des Papstes. Seit 1981 ist er Präfekt der Kurienkongretgation für die Glaubenslehre und damit oberster Hüter des katholischen Glaubens.

# A–Z

**Abendländisches Schisma,** die Kirchenspaltung der lateinischen Kirche von 1378 bis 1417. Das Abendländische Schisma wurde durch die Doppelpapstwahl von 1378 (Urban VI. in Rom, Klemens VII. in Avignon) ausgelöst und hatte zur Folge, dass

**Abendländisches Schisma:** Das Schisma förderte zwar die Ausbildung eines Landeskirchentums, doch sollte es auch überwunden werden. Diesem Wunsch verlieh der Maler der Miniatur aus dem »Decretum cum glossa« Ausdruck, als er die Rivalität zweier Kirchenfürsten darstellte, von denen einer handgreiflich verstoßen wird (14. Jh., Neapel, Nationalbibliothek).

die abendländische Kirche durch zwei Päpste regiert wurde, die in Rom (Urban VI., Bonifatius IX., Innozenz VII., Gregor XII.) und Avignon (Klemens VII., Benedikt XIII.) residierten. Das 1409 zur Beendigung des Schismas einberufene Konzil von Pisa setzte Benedikt XIII. und Gregor XII. ab und wählte Alexander V. zum Papst, der sich jedoch nicht gegen sie durchsetzen konnte. Zur Wiederherstellung der kirchlichen Einheit veranlasste König Siegmund 1414 die Einberufung des Konzils von Konstanz. Die gegenüber allen drei Päpsten erhobene Rücktrittsforderung wurde unterschiedlich aufgenommen: Zunächst zum Rücktritt bereit, verweigerte Johannes XXIII., der Nachfolger Alexanders V., diesen, worauf er am 29. 5. 1415 abgesetzt wurde; Gregor XII. erklärte am 4. 7. 1415 seinen Amtsverzicht; Benedikt XIII. wurde nach erfolglosen Verhandlungen am 26. 7. 1417 abgesetzt. Mit der Wahl Martins V. am 11. 11. 1417 war das Abendländische Schisma im kirchenrechtlichen Sinn beendet.

**Abendmahl,** das letzte Mahl Jesu mit seinen Jüngern am Abend vor seiner Gefangennahme. Das Abendmahl ist in fünf Texten des Neuen Testaments überliefert (Mk. 14, 12–25; Mt. 26, 17–29; Lk. 22, 7–23; Joh. 13, 1–30; 1. Kor. 11, 23–26), deren Zentrum (außer bei Joh.) die Einsetzungsberichte mit den ›Einsetzungsworten‹ Jesu über Brot und Wein (bzw. über den Kelch) bilden (Mk. 14, 22–24; Mt. 26, 26–28; Lk. 22, 19f. und 1. Kor. 11, 23–25). Hinsichtlich ihres Grundbestandes geht die Forschung von echten Jesusworten aus und nimmt zwei eigenständige Überlieferungsstränge an, die aus ihrem liturgischen Gebrauch in den urchristlichen Gemeinden erwachsen sind. Die stark stilisierte Matthäusfassung ist literarisch von der Fassung des Markus abhängig; die Lukasfassung steht in literarischer Nähe zur Fassung des Paulus im 1. Korintherbrief.

Historisch steht das Abendmahl in der Tradition des Passah und den mit diesem Fest verbundenen Festmahlssitten (Tischgebet, Brotbrechen, Dankgebet über dem das Passahmahl beschließenden Segensbecher). Die Besonderheit des Abendmahls Jesu besteht in der Deutung von Brot und Wein (Kelch) durch Jesus, der Prophezeiung seines nahen Todes und, nur bei Paulus überliefert, der Aufforderung an die Jünger, das Mahl ›zu seinem Gedächtnis‹ zu wiederholen.

Theologisch wird das Abendmahl als vorweggenommenes messianisches Mahl beschrieben (Mk. 14, 25), in dem Jesus als der Auferstandene die besondere Gemeinschaft mit seiner Gemeinde fortführt.

*Die kultische Wiederholung des letzten Mahles Jesu im christlichen Gottesdienst:* Das Abendmahl wurde bereits in den urchristlichen Gemeinden gefeiert und schloss neben dem Gedächtnis an den Tod Jesu als Herrenmahl (kyriakon: 1. Kor. 11, 20) die Verkündigung Christi als des kommenden Herrn ein. Zunächst war das Abendmahl mit dem abendlichen Gemeinschaftsmahl der Christen (Agape) verbunden. Anfang des 2. Jh. wurde das sakramentale Abendmahl davon abgetrennt und mit dem sonntäglichen Gebetsgottesdienst vereinigt; ein dem Abendmahl vorangestellter Wortgottesdienst ist erstmals um 150 durch Justin bezeugt (1. Apologie). Die um 215 verfasste ›Apostolische Überlieferung‹ des Hippolyt enthält das erste vollständige Formular einer liturgischen Abendmahlsfeier (Eucharistie). Deren Grundgestalt wurde bis zum 4. Jh. ausgebildet und fand in den folgenden Jahrhunderten in den Liturgien der Ostkirchen und der lateinischen Kirche endgültige Gestaltungen. Die Kirchen der Reformation nahmen für die Feier der Eucharistie den ursprünglichen Begriff Abendmahl wieder auf.

**Abendmahl:** »Das letzte Abendmahl« Fresko von Leonardo da Vinci im Refektorium des Klosters.

**Abendmahlsgemeinschaft,** die gemeinschaftliche Teilnahme von Christen bekenntnisverschiedener Kirchen an einer Abendmahlsfeier. Volle Abendmahlsgemeinschaft einschließlich der Beteiligung von Geistlichen der anderen Kirche an der Leitung des Gottesdienstes und der Austeilung des Abendmahls **(Interzelebration)** besteht zwischen Kirchen gleicher Konfession. Zwischen konfessionsverschiedenen Kirchen wird die Abendmahlsgemeinschaft **(Interkommunion)** in folgenden Formen praktiziert: Zulassung von Angehörigen anderer Kirchen zum Abendmahl (Eucharistie), die im Gottesdienst anwesend sind (offene Kommunion); gastweise Zulassung aufgrund (gegenseitiger) Einladung (gegenseitige offene Kommunion); Zulassung in (schweren) Notlagen und Todesgefahr (begrenzte offene Kommunion).

Mit der Leuenberger Konkordie wurde die volle Abendmahlsgemeinschaft zwischen den lutherischen, reformierten und unierten Kirchen Europas hergestellt. Das katholische Kirchenrecht ermöglicht seit dem 2. Vatikanischen Konzil unter bestimmten Bedingungen die Abendmahlsgemeinschaft mit den orthodoxen und orientalischen Kirchen **(Sakramentengemeinschaft)**. In Deutschland besteht seit 1987 zwischen der VELKD und den Kirchen der Arnoldshainer Konferenz und der Evangelisch-methodistischen Kirche Kanzel- und Abendmahlsgemeinschaft; zwischen der EKD und der Alt-Katholischen Kirche in Deutschland wurde 1985 eine »Vereinbarung über die gegenseitige Einladung zur Teilnahme an der Feier der Eucharistie« geschlossen.

**Aberglaube,** im 15. Jh. aufgekommener, seit dem 16. Jh. allgemein verbreiteter (abwertender) Begriff für ›falsche‹, d. h. von den offiziellen christlichen Glaubenslehren abweichende Glaubensinhalte und -formen, die als Bestandteil vorchristlicher Religionen und vom christlichen Standpunkt als überwunden galten; nach heute üblicher Definition Bezeichnung für einen zu allen Zeiten und bei allen Völkern verbreiteten, in seinen Inhalten stark wechselnden Glauben an die Wirkung magischer, naturgesetzlich unerklärter Kräfte und damit verbundene illusionäre Praktiken, z. B. Wahrsagen, Orakel, Beschwören, Zauberbräuche. – Begriff und Sache waren im Europa des Spätmittelalters und der frühen Neuzeit zunächst kirchlich geprägt. Neben der bis in die Gegenwart als Volksfrömmigkeit ›stillschweigend‹ geduldeten Verquickung von kirchlichen und abergläubischen Vorstellungen (z. B. die vielfältigen Formen der Heiligenverehrung) stand immer auch die Bekämpfung des Aberglaubens als Häresie, wie es sich z. B. in den durch die Theologie der mittelalterlichen Kirche (Teufelspakt, u. Ä.) mitverursachten Hexenverfolgungen im 15.–17. Jh. zeigte. Erst im Zeitalter der Aufklärung wurde Aberglauben zum Gegensatz vernünftigen Wissens erklärt und damit als ein historisches und soziales Bildungsproblem angesehen.

Gründend in einer magischen Weltanschauung, in der der Mensch meint, durch außergewöhnliche Handlungen Einfluss auf übersinnliche Mächte

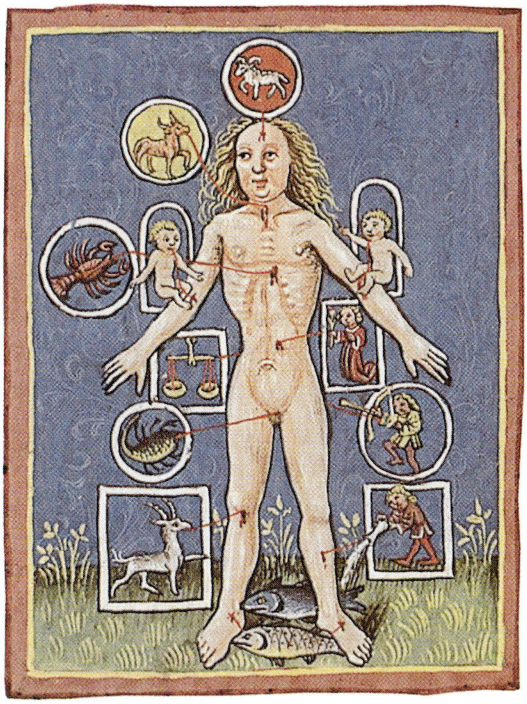

**Aberglaube:** Der Glaube an den Einfluss der Sterne auf den Menschen hat lange Tradition. Den Körperteilen des »Tierkreiszeichenmannes« in der Miniatur wurden bestimmte Sternbilder zugeordnet (Zürich, Zentralbibliothek).

nehmen zu können (meist verbunden mit animistischen Ansichten), und im Wunsch des Menschen nach äußerer und innerer Sicherheit im alltäglichen Leben, sind viele Bräuche auf das Erreichen bestimmter Ziele (Abwehr oder Herbeizaubern von Schaden bzw. Heil, Schutz vor Gefahren bzw. Krankheiten, Bann von Angst, Unglück oder Tod) oder auf die Befragung der Zukunft (Horoskop, Bleigießen, Kartenlegen u. a.) ausgerichtet. Deshalb vermag sich der Aberglaube auch im modernen Leben lebendig zu erhalten: Wo der Mensch in Gefährdungen, Notsituationen und Gewissensentscheidungen wissenschaftlich-rationaler Erklärung bzw. Orientierungshilfe entbehrt, ›flüchtet‹ er zuweilen auch noch heute in die ›Beratung‹ von Hellsehern, Astrologen u. Ä. oder erhofft ›Segen‹ von allerlei vermeintlichen Glücksbringern; das gegen Ende des 20. Jh. zunehmende Interesse für Esoterik und die ›Geheimwissenschaften‹ des Okkultismus ist in diesem Zusammenhang zu nennen. – Aktuelle Problematik erhält der Aberglaube durch das Aufkommen moderner Kulte, wie z. B. den Satanskult.

Zu den sozialen Auswirkungen des Aberglaubens gehört die Vorurteilsbildung. In seinen modernen Konsumformen (z. B. Zeitungshoroskop) kann er der unterschwelligen Beeinflussung dienen.

**Ablass,** lat. Indulgentia, *katholisches Kirchenrecht:* der ›Nachlass zeitlicher Strafen vor Gott für Sünden, deren Schuld schon getilgt ist‹ (c. 992 CIC). Er wird formal außerhalb des Bußsakraments gewährt und ist an folgende Bedingungen gebunden: Taufe, Freisein von Exkommunikation und die Absicht, Ablass zu erlangen, sowie Beichte, Kommunion, Gebet und die Erfüllung des mit dem Ablass versehenen Werkes. Die Gewährung kann als Teilablass oder vollkommener Ablass erfolgen, je nachdem, ob der Ablass teilweise oder ganz von der zeitlichen Sündenstrafe befreit. Der Gläubige kann diese Ablässe für sich selbst gewinnen oder fürbittweise Verstorbenen zuwenden. Die Vollmacht, Ablass zu gewähren, liegt beim Papst; beschränkte Ablassvollmachten haben die Diözesanbischöfe, Metropoliten, Patriarchen und Kardinäle.

Theologischer Hintergrund des Ablasses ist die katholische Bußlehre mit ihrer Unterscheidung zwischen Sündenschuld und Sündenstrafe, wobei zwischen zeitlicher und ewiger Sündenstrafe (▸ Hölle) unterschieden wird. Im Bußsakrament werden die Sündenschuld und die ewige Sündenstrafe (mit einem Teil der zeitlichen) vergeben; der noch ausstehende Teil der zeitlichen Strafe muss noch im irdischen Leben (durch auferlegte Bußwerke) oder im Fegefeuer ›abgebüßt‹ werden. Ersatzweise kann die Kirche kraft ihrer Verfügungsgewalt über den Kirchenschatz diesen Teil für die Sünder ›bezahlen‹. Die neuere katholische Theologie (K. Rahner) interpretiert den Ablass v. a. geistlich-personal als Hilfe der Kirche zur intensiveren Buße, die neue Chancen christlicher Lebensgestaltung eröffnen hilft.

Der Ablass entstand auf dem Boden der frühmittelalterlichen Bußpraxis in der lateinischen Kirche und wurde erstmals im 11. Jh. in Frankreich gewährt. Zunächst noch mit dem Bußsakrament verbunden, wurde er im 13. Jh. von diesem abgetrennt und in der Folge oft als ›Bußersatz‹ missverstanden. Die Kommerzialisierung des Ablasses (Verkauf von Beichtbriefen) setzte im 14. Jh. ein und erreichte am Anfang des 16. Jh. im planmäßigen, von der Kirche geförderten Ablasshandel ihren Höhepunkt. Gegen diese Praxis trat Luther 1517 mit seinen 95 Thesen gegen den Ablass auf; der Missbrauch wurde jedoch erst durch das Konzil von Tri-

**Ablass:** Scharfe Kritik am Handel mit Ablassbriefen führte u.a. zur Reformation. Der Holzschnitt Hans Holbein d. J. zeigt Papst Klemens VII. mit Ablasshändlern (um 1524).

ent (1545–63) abgestellt. Die 1967 erfolgte Neuordnung des Ablasswesens durch Papst Paul VI. betont den Ablass v. a. als jurisdiktionellen Hoheitsakt der Kirche.

Die Ostkirchen kennen den Ablass nicht. Die evangelischen Kirchen lehnen ihn als unzulässigen Eingriff in Gottes Gnadenhandeln, der nicht mit der Bibel begründet werden kann, ab.

**Absolutheitsanspruch,** *Religionswissenschaft:* ein Begriff, der auf G. F. W. Hegels Charakterisierung des Christentums als ›absoluter Religion‹ zurückgeht und mit dem dieser behauptete, alle nicht christlichen Religionen seien Vorstufen und unvollkommene Ausdrucksformen von Religion, während das Christentum alle Möglichkeiten von Religion in ihrer Vollkommenheit enthalte und damit Schluss- und Höhepunkt der Religionsgeschichte sei. Im allgemeinen Sprachgebrauch bedeutet Absolutheitsanspruch, dass Religionen jeweils beanspruchen können, ausschließlich und uneingeschränkt wahr und allgemein und für immer gültig zu sein. Ein solcher Absolutheitsanspruch ist in den verschiedenen Religionen in unterschiedlicher Weise ausgeprägt und wird unterschiedlich begründet. Gestiftete Religionen (z. B. Christentum, Islam, Manichäismus, Buddhismus) neigen eher dazu, die vorgefundenen Religionen durch die Stiftung der eigenen Religion für überwunden zu erklären, während z. B. deren jeweilige mystische Ausprägungen (Mystik) dazu neigen, Grenzen zwischen gegebenen Religionen zu negieren oder für irrelevant zu erklären und damit etwaige Abgrenzungen aufzuheben. In der interreligiösen Auseinandersetzung stellt sich oft das Problem von einander ausschließendem Absolutheitsanspruch und damit verbunden die Frage nach der Fähigkeit von Religionen zur Toleranz.

**Absolution,** *christliche Kirchen:* die (gottesdienstliche) Lossprechung von Sünden; in der katholischen Kirche und den Ostkirchen über den geistlichen Bezug hinaus der formale Rechtsakt im Rahmen des Bußsakraments; in den evangelischen Kirchen der v. a. seelsorgerlich verstandene fürbittende Zuspruch der Sündenvergebung im Anschluss an die gottesdienstliche (allgemeine) und individuelle Beichte.

**Abt,** das geistliche Vaterschaft und rechtliche Leitung verbindende Amt des Klostervorstehers in den älteren katholischen Orden (Benediktiner mit Abzweigungen, Regularkanoniker, einzelne unierte Orden). In den Ostkirchen entspricht dem Abt der Archimandrit (auch Hegumenos). Der vom Konvent (Priester- und Laienmönche) auf Lebenszeit gewählte regierende Abt hat Jurisdiktion über die Angehörigen seiner Abtei oder auch über ihr Gebiet. In einzelnen evangelischen (-lutherischen) Anstalten, die auf ehemalige Klöster zurückgehen, blieb der Titel eines Abts erhalten (Loccum, Bursfelde).

**Äbtissin,** Vorsteherin einer Abtei weiblicher Religiosen, besonders benediktinischer Tradition, oder eines Kanonissenstiftes (Kanonissen).

**Adam,** im A. T. Name des ersten Menschen.

**Advent,** *christliche Kirchen:* die seit dem 5. Jh. bezeugte Zeit des Fastens und der Vorbereitung auf das Fest der Geburt Christi und auf seine endzeitliche Wiederkunft. Die liturgische Farbe des Advents ist Violett. Mit dem 1. Advent, dem 4. Sonntag vor Weihnachten, beginnt in den westlichen Kirchen auch das Kirchenjahr.

Die Adventszeit ist reich an Volksbräuchen, die sich auf die Ankunft des Erlösers beziehen, auch auf die Jahreswende, für die im Mittelalter die Nacht vor Lucia als längste des Jahres galt.

Seit dem Ersten Weltkrieg bürgerte sich in Norddeutschland, um 1930 im ganzen deutschen Sprachraum der Adventskranz aus Tannengrün mit vier Kerzen ein, vereinzelt war er schon um 1850 (Hamburg, ›Rauhes Haus‹; J. H. Wichern) üblich.

**Adventisten,** Selbstbezeichnung eines kleinen Zweiges des Protestantismus, der aus einer endzeitlichen Erweckungsbewegung in den USA hervorgegangen ist. Der baptistische Prediger William Miller (* 1782, † 1849) hatte aus der Bibel die ›Zweite Ankunft des Herrn‹ und damit das Ende dieser Weltzeit für 1843/44 berechnet. Nach der ›großen Enttäuschung‹ blieben verschiedene adventistische Splittergruppen übrig, von denen nur die 1863 gegründete Gemeinschaft der **Siebenten-Tags-Adventisten** Bedeutung erlangte. Diese ist nach synodal-repräsentativem Prinzip aufgebaut und hat ihre Zentrale in Washington, D. C. Unterstützt von der visionär begabten Ellen G. White, die ihnen als Prophetin galt, entwickelte sich der spezifische Glaube der Siebenten-Tags-Adventisten. Seine Grundelemente sind: Heiligung des Sabbats (Samstag), des siebten Wochentages (daher ihr Name) als Hauptunterscheidungsmerkmal, strenger Bibelglaube, baptistische Taufpraxis (Wiedertaufe), stark entwickeltes Gesetzes- und Ordnungsdenken (Speise- und Lebensvorschriften), Endzeitbewusstsein (gemäß apokalyptischem Heilsplan soll Christus 1844 im ›Himmlischen Heiligtum‹ das ›Untersuchungsgericht‹ begonnen haben), Selbstverständnis als (einzige) biblische Endzeitgemeinde, starke missionarische Aktivität. Ein ungewöhnliches Engagement auf sozialem und humanitärem Gebiet (Reformbewegung, Wohlfahrts-, Gesundheits-, Erziehungs- und Bildungswerk) und eine gründliche theologische Ausbildung der Prediger bewirken eine fortschreitende Öffnung der Siebenten-Tags-Adventisten nach außen. Weltweit unterhalten die Adventisten über 5 800 Bildungseinrichtungen; in Deutschland ein Schulzentrum mit Gymnasium bei Darmstadt und ihre erste und einzige theologische Hochschule in Europa in Friedensau bei Magdeburg.

**Agape,** *die,* 1) das Liebesmahl im frühen Christentum; die Bezeichnung des Abendmahls als Agape ist im N. T. nur im Jud. 12, sonst z. B. bei Ignatius von Antiochia belegt, sie bezieht sich auf den ursprünglich auch sozialen Aspekt dieser Feier. Mit dem sakramentalen Genuss von Brot und Wein (Eucharistie) war, ähnlich wie beim jüdischen Passahmahl, anfangs eine sättigende Mahlzeit verbunden (vgl. Didache 10,1), zu der die Wohlhabenden Lebensmittel mitbrachten; auch Almosen wurden bei dieser Gelegenheit ausgeteilt (vgl. Apg. 6,1 f.). Erst wegen der Entartung der Mahlfeier (1. Kor. 11,20–22; Jud. 12) empfiehlt Paulus die Trennung des Sättigungsmahls von der sakramentalen Feier (1. Kor. 11,34). In vielen christlichen Gemeinden gewinnt zurzeit die Agape wieder an Bedeutung als Gemeinschaftsmahl im Anschluss an einen Gottesdienst.

2) Die (Nächsten)liebe als wichtigste Grundforderung der christlichen Ethik (1. Kor. 13, 13).

**Agnostiker,** *der,* Anhänger, Verfechter des Agnostizismus.

**Agnostizismus,** *der,* von T. H. Huxley 1869 geprägte Bezeichnung für die Überzeugung, dass die metaphysische Frage nach Gott unlösbar sei; allgemein Sammelbezeichnung für religiöse und philosophische Lehren, die zwar die Erkennbarkeit transempirischer Realitäten leugnen, nicht aber, wie etwa der Atheismus, deren Existenz. Als philosophische Grundeinstellung setzt der Agnostizismus somit erkenntnistheoretisch-realistische Grundannahmen voraus, indem er es für sinnvoll halten muss, von einer erkenntnis- und sprachunabhängigen Wirklichkeit überhaupt zu sprechen. Jene Einstellung, die das Wesen der Dinge für unerkennbar hält – so I. Kants Beschränkung auf die Erscheinungen (Kritizismus), lässt die Berechtigung metaphysischer Fragen bestehen und lehnt nur ihre theoretische Lösung ab. Der Positivismus, der nur die unmittelbaren Erfahrungsgegebenheiten und deren Gesetze zulässt, hält auch die metaphysischen Fragen selbst für sinnlos und damit unzulässig.

**Allah,** nach islamischem Verständnis und dem Wortsinn nicht Eigenname eines spezifisch islamischen Gottes, sondern Bezeichnung für Gott schlechthin, wie ihn auch Juden und Christen verehren. Bereits die vorislamischen Araber kannten Allah, aber nicht als einzigen Gott, sondern als Hochgott, der, obgleich Schöpfer der Welt, im Kult hinter anderen Göttern zurücktrat. Im Islam ist Allah Schöpfer und Erhalter der Welt und Richter der Menschen am Jüngsten Tag. Ihm allein gebühren Anbetung und Ergebung (arabisch ›islam‹) der Menschen.

**Allegorie,** *die,* verstandesmäßig fassbare Darstellung eines abstrakten Begriffs oder Vorgangs, oft in Form der Personifikation (z. B. ›Gerechtigkeit‹, ›Tod‹). Im Unterschied zum ›sinnenfälligen‹ Symbol enthält die Allegorie eine gedanklich-konstruktive Beziehung zwischen dem Dargestellten und dem Gemeinten. Ihr Sinn muss durch Deutung der oft versteckt gegebenen Hinweise erschlossen werden (im Unterschied zur Metapher).

**Allegorie:** Die Darstellung der »Melancholia« von Albrecht Dürer (1514, Schweinfurt, Privatsammlung).

**Allerheiligen,** *katholische Kirche:* festlicher Gedächtnistag aller Heiligen, in der lateinischen Kirche seit Ende des 8. Jh. am 1. 11. gefeiert (zuerst in England und Irland); entwickelt aus dem später allgemein kirchlich begangenen Fest der Weihe des Pantheon als christliche Kirche zu Ehren Marias und aller Märtyrer; *Vorläufer:* der heute noch in den orthodoxen Kirchen des byzantinischen Ritus am 1. Sonntag nach Pfingsten begangene ›Herrentag aller Heiligen‹.

**Allerheiligen:** »Allerheiligenbild« von Albrecht Dürer (1511, Wien, Kunsthistorisches Museum).

**Allerheiligstes,** *katholische Liturgie:* die konsekrierten Hostien (Konsekration), die im Kelch (Ziborium) im Tabernakel aufbewahrt und bei bestimmten Anlässen ausgestellt werden **(Aussetzung des Allerheiligsten).**

*Altes Testament:* innerster Raum der Stiftshütte, danach auch Bezeichnung des würfelförmigen, westlichen Hinterraumes im salomonischen Tempel. Aufbewahrungsort der Bundeslade; er galt als der Erscheinungsort Gottes und durfte nur vom Hohen Priester am Versöhnungstag betreten werden.

**Altar,** *der,* Sammelbezeichnung für eine erhöhte Opfer- und Ritualstätte, die in den meisten Religionen vorkommt und nach örtlichen Gegebenheiten und kultischen Bedürfnissen unterschiedlich gestaltet wird.

Im *Christentum* entwickelte sich der Tisch des Abendmahls der Urgemeinde (1. Kor. 10, 21) aufgrund der theologischen Entfaltung des Opfergedankens zum Altar; seit etwa 110 n. Chr. in den christlichen Kirchen so bezeichnet. Er besteht aus der meist rechteckigen Platte (Mensa) und dem Träger (Stipes). Die Entwicklung brachte vier Typen

**Altar:** Altartisch in einer protestantischen Kirche.

hervor: den noch auf vorkonstantinische Zeit zurückgehenden **Tischaltar,** den besonders in Italien gebräuchlichen **Kastenaltar** (sein Inneres ist hohl und bietet damit Zugang zu dem darunter befindlichen Reliquiengrab oder Reliquiar), den seit der karolingischen Zeit v. a. üblichen **Blockaltar** mit massivem Stipes und den seit dem Barock häufigen **Sarkophagaltar.** Eine Sonderform bilden seit dem 12. Jh. die kleinen **Tragaltäre (Portatile).**

**Altar:** Bühnenaltar, Hochaltar mit der Darstellung des hl. Georg von Egid Quirin Asam (1721, Kirche des Benediktinerklosters Weitenburg, Niederbayern).

In der *katholischen Kirche* führten die liturgischen Reformen seit dem 2. Vatikanischen Konzil dazu, dass der Altar von der Rückwand des Kirchenbaus getrennt wurde und nun zentraler aufgestellt wird, z. B. auf einer Altarinsel in der Mitte des Raumes. Damit wurde die vorher geübte Praxis aufgegeben, die Messe mit dem Rücken zur Gemeinde zu zelebrieren. Weitere Vorschriften des neuen Kirchenrechts von 1983 knüpfen an die kirchliche Tradition an: Der Altar bedarf als heiliger Ort der Weihe, er soll als fester Altar eine Tischplatte haben, die i. d. R. aus einem einzigen Naturstein angefertigt ist, er soll Reliquien von Märtyrern in sich bergen, unter dem Altar darf kein Leichnam aufbewahrt werden. Bewegliche oder Tragaltäre müssen geweiht oder gesegnet sein. Kreuz, Leuchter und Blumenschmuck dürfen auf dem Altar stehen, Heiligenbilder und -figuren nicht.

Die *evangelischen Kirchen* kennen seit der Reformation grundsätzlich nur den Altartisch als Abendmahlstisch. Im Unterschied zu den reformierten Kirchen behielt die lutherische Kirche die schon bestehenden Altäre meist bei. Der Schmuck neuerer Altäre war meist spärlich und auf einfache Symbolik beschränkt.

In den *Ostkirchen* ist der Altar durch die Bilderwand **(Ikonostase)** vom Gemeinderaum getrennt. Es handelt sich um einen frei stehenden **Steinaltar,** der aus einer quadratischen (selten rechteckigen) Steinplatte besteht, die auf einem kubischen Block ruht.

Das Kirchenrecht der Ostkirchen und der evangelischen Kirchen lässt in altkirchlicher Tradition nur einen Altar pro Kirche zu. Das katholische Kirchenrecht lässt neben dem **Hauptaltar** einer Kirche auch **Nebenaltäre** zu, von deren Neuerrichtung jedoch nach Möglichkeit Abstand genommen werden sollte.

**Altkatholiken, Alt-Katholiken,** Katholiken, die sich wegen der Dogmatisierung der päpstlichen Unfehlbarkeit und des päpstlichen Jurisdiktionsprimats durch das 1. Vatikanische Konzil (1870) von der katholischen Kirche getrennt und selbstständige Bistümer in Europa und Nordamerika gebildet haben. Sie bekennen sich zum Glauben der alten ungeteilten Kirche des 1. Jt. (Anerkennung des Ehrenprimats des Bischofs von Rom, Festhalten an den dogmatischen Aussagen der ersten sieben Konzile, Anerkennung der Siebenzahl der Sakramente; Ablehnung des Pflichtzölibats für Diakone, Priester und Bischöfe). Laien haben Mitspracherecht auf der Veranstaltungsebene von Pfarrgemeinde und Diözese. Volle Sakramentsgemeinschaft besteht seit

1931 mit der Anglikanischen Kirchengemeinschaft, seit 1965 mit der ›Philippinischen Unabhängigen Katholischen Kirche‹, mit der ›Lusitanisch-Katholischen Kirche‹ Portugals und mit der ›Spanischen Reformierten Episkopalkirche‹; mit der Evangelischen Kirche in Deutschland (EKD) wurde 1985 eine ›gegenseitige Einladung‹ zum Abendmahl vereinbart. 1994 beschloss die deutsche Synode als erste altkatholische Synode die grundsätzliche Zulassung von Frauen zum geistlichen Amt (Diakonen-, Priester-, Bischofsamt).

**Altes Testament,** ▸ Bibel.

**Amen,** die aus dem A. T. in das N. T., in die christlichen Liturgien und auch in den islamischen Kult übernommene Zustimmungsformel der Gemeinde zu Rede, Gebet und Segen; dann auch Gebetsschluss, sinngemäß: So sei es.

**Amt,** *Kirchenrecht:* ▸ Kirchenamt.

**Anbetung,** *Religionsgeschichte:* eine Form des Gebets, deren Objekte Manifestationen göttlicher Wirklichkeit (Naturgegenstände, Götterbilder, hl. Personen, Herrscher, Hohepriester, Ahnengeister) sind, an die nicht in erster Linie Bitten gerichtet werden, sondern denen gegenüber sich der Mensch im Bewusstsein seiner eigenen Unterlegenheit und Abhängigkeit wie gegenüber einem Herrscher verhält. Die Religionen kennen eigene Gesten der Anbetung: zusammengelegte Hände, Verbeugung, Knien usw., und pflegen vielfach neben dem anbetenden Lobpreis das hl. Schweigen, wie es an den Höhepunkten des Kultes (z. B. bei dem Emporheben von Brot und Wein – nach der Konsekration – in der katholischen Messfeier) und in der mystischen Versenkung oder der Kommunikation des Mystikers mit seiner Gottheit auftritt.

**Andacht,** allgemein das innere Gesammeltsein zur Aufnahme heiliger oder erhabener Inhalte, die als Symbol erlebt werden; das Aufmerken auf die Gegenwart Gottes als besonderes Kennzeichen des Gebets.

*Christentum:* die Feier, in der Andacht geübt wird, sei es im Familienkreis, in Bruderschaften oder geistlichen Gemeinschaften. In der katholischen Kirche sind Andachtsübungen (pia exercitia) insbesondere eine Ergänzung der amtlichen Liturgie und werden hinsichtlich ihrer Formen und Formulare von den Bischöfen im Rahmen der teilkirchlichen ›Diözesanliturgie‹ geregelt.

**anglikanische Kirche, The Church of England,** die englische Staatskirche (Kirche von England). Sie ist (seit dem 16. Jh.) die Mutterkirche der meisten zur Anglikanischen Kirchengemeinschaft gehörenden Kirchen.

**Anglikanismus,** der, Lehre und Ordnung der englischen Staatskirche.

**anonymes Christentum,** von dem katholischen Theologen Karl Rahner geprägte Formel, der zufolge alle Menschen (auch außerhalb des Christentums) aufgrund des für alle geltenden Heilswillens Gottes (1. Tim. 2,4) als ›anonyme Christen‹ anzusehen sind, wenn sie in Selbstlosigkeit und Liebe und damit – ihnen selbst unbewusst – in einer Art Nachfolge Christi leben. Als eine mögliche Deutung des allgemeinen Heilswillens Gottes ist diese Auffassung nicht unbestritten geblieben. Das 2. Vatikanische Konzil erkennt in der dogmatischen Konstitution über die Kirche ›Lumen Gentium‹ (Licht der Völker) die (religiösen) Erfahrungen jener Nichtchristen ausdrücklich an, ›die das Evangelium noch nicht empfangen haben‹, aber – als Angehörige anderer Religionen – Gott suchen bzw.

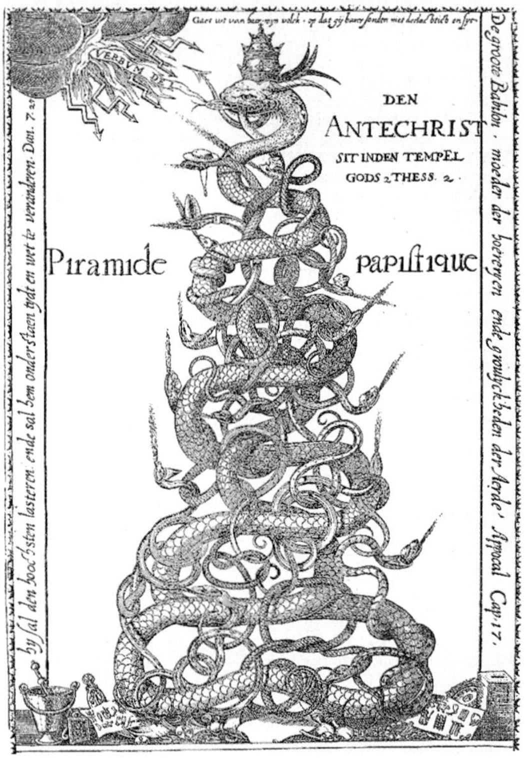


**Antichrist:** Die Vorstellung eines »Antichrists« als Gegenspieler des Rechtgläubigen wurde v. a. in den religiösen Auseinandersetzungen des 16. Jh. polemisch genutzt (Kupferstich, 1580).

ihrem Gewissen folgen, hält jedoch an der Heilsnotwendigkeit der Kirche und ihrer Pflicht zur christlichen Mission fest.

**Antichrist, Widerchrist,** bei M. Luther **Endchrist,** nach altjüdischen und christlichen Vorstellungen der Ankunft des Messias (griech.: Christos) vorausgehender teuflischer Gegenspieler, von den Juden (als Antimessias) zumeist mit einem heidnischen Herrscher gleichgesetzt (z. B. Antiochus IV. Epiphanes). Die griechische Bezeichnung ›antichristos‹ findet sich im N. T. nur in den Johannesbriefen (1. Joh. 2, 18. 22; 4, 3; 2. Joh. 7); wer die Messianität und Leiblichkeit Jesu leugnet, ist ein Antichrist. Im Lauf der Zeit ist der Antichrist mit vielen Erscheinungen und Personen identifiziert worden: mit Nero, Mohammed u. a., dem reich und politisch mächtig gewordenen Papst als Person, so von den Franziskanerspiritualen u. a. Oppositionsgruppen des Mittelalters (J. Wiclif, J. Hus), und dem das Evangelium unterdrückenden und sich über Gott stellenden Papsttum als Institution (so von Luther und der Reformation). Ob die neutestamentlichen Autoren mit dem Antichrist eine Figur ihrer Zeit meinten, ist unsicher.

**Antisemitismus,** *der,* seit etwa um 1880 verbreiteter politisch-ideologischer Begriff, bezeichnet sowohl die Abneigung oder Feindseligkeit gegen Juden als auch (nationalistische) Bewegungen mit ausgeprägten judenfeindlichen Tendenzen; heute v. a. als Sammelbegriff zur Kennzeichnung unterschiedlich motivierter individueller und kollektiver antijüdischer Einstellungen und Handlungen verwendet. Von dem Publizisten Wilhelm Marr (* 1819, † 1904) 1879 ursprünglich im Rahmen einer Ideologie der Zurückdrängung des jüdischen Einflusses im öffentlichen und wirtschaftlichen Leben geprägt und gebraucht, knüpft die Bezeichnung Antisemitismus sprach- und sachlogisch an den Begriff Semitismus an, der, aus der theologisch-historischen Literatur kommend, im 19. Jh. Eingang v. a. in Sprachwissenschaft und in Völkerkunde fand (Semiten) und sich im weiteren Sprachgebrauch verselbstständigte. Er wurde vielfach mit einem stark negativen Akzent versehen und als abwertende Bezeichnung für Geist und Lebensart des Judentums gebraucht, die es im Zeichen eines ›Anti-Semitismus‹ zu bekämpfen gelte.

Bereits in der Spätantike, besonders jedoch im Hoch- und Spätmittelalter, lösten das aus dem Anspruch der Juden auf Exklusivität (Auserwähltheit des Volkes Israel; auserwähltes Volk) erwachsende innerjüdische Zusammengehörigkeitsgefühl sowie ihre Bemühungen, als Minderheit ihre kulturelle, v. a. religiöse Identität in Abgrenzung gegen die nicht jüdische Umwelt auch in der Diaspora zu bewahren, Diskriminierungen und Verfolgungen aus; religiöser Fanatismus christlicher Eiferer, die, unter Berufung auf verschiedene Bibelstellen (z. B. 1. Thess. 2, 15; Joh. 8, 44) in den jüdischen Zeitgenossen die Nachfahren derer sahen, die Jesus Christus getötet haben, und sie kollektiv dafür verantwortlich machten (›Gottesmord‹-Vorwurf), provozierten in mehreren Ländern Europas starke

**Antisemitismus:** Antisemitische Pogrome endeten oft mit der Verbrennung von Juden auf dem Scheiterhaufen (Holzschnitt von Michael Wolgemut in der Schedelschen Weltchronik, 1493).

Wellen des Judenhasses, die sich oft zu Pogromen und Vertreibungen steigerten (Judenverfolgung). Im Prinzip richtete sich die Judenfeindlichkeit gegen das religiös-kulturelle Sonderdasein der Juden in christlichen und in geringem Maße auch in muslimischen Kulturen; der Jude, der sich taufen ließ, wurde daher als vollgültiges Mitglied der Kirche anerkannt. Die traditionelle, vom modernen (politischen) Antisemitismus zu unterscheidende Judenfeindschaft **(Antijudaismus)** blieb durch die Jahrhunderte geprägt vom ›Gottesmord‹-Vorwurf der christlichen Theologie und Kirche sowie dem von den Kirchenvätern mitgeschaffenen Bild vom ›verstockten‹, ›verderbten‹ Juden, symbolisiert in der Gestalt des Ahasver, bzw. vom ›verworfenen Gottesvolk‹. Der solcherart von mannigfachen Quellen gespeiste christlich-jüdische Antagonismus führte zu vielfältigen Formen der Diffamierung der Juden (u. a. Anschuldigungen der Brunnenvergiftung, der Hostienschändung oder des

Blut- und Ritualmordes), zu Ausgrenzungen (u. a. Isolierung durch Getto, Judenkennzeichen, mindere rechtliche Stellung, mitunter aufgehoben durch Schutzbriefe) und schließlich zu ihrer Dämonisierung (personifizierter Teufel bzw. Antichrist; Teufelssohnsschaft), verbunden mit vielfältigen abergläubischen Vorstellungen (Verteufelung des Talmud, der Kabbala usw.).

In der zweiten Hälfte des 19. Jh. (Übergang zur entstehenden modernen Industriegesellschaft, Erstarken des Nationalstaats, verschärfter Nationalismus) entstand eine neue, stärker politische Form der Judenfeindschaft. Dieser moderne (völkisch-rassistische) Antisemitismus ist die säkular gewordene Form der traditionellen Judenfeindschaft und ihre Ideologie; sie richtet sich primär gegen den Menschen jüdischer Herkunft, erst sekundär gegen den Angehörigen der jüdischen Religion. Auch ein zum Christentum übergetretener Angehöriger der jüdischen Religion gilt im modernen Antisemitismus weiterhin als Jude.

Der Genozid am europäischen Judentum, den der Nationalsozialismus in Europa in Gang setzte, führte zu einer weltweiten Ächtung des Antisemitismus. Er wird heute als Vorurteil gewertet, das in schwerwiegender Form gegen die Menschen- und Bürgerrechte verstößt, so wie diese v. a. in der Charta der UNO und in der ›Europäischen Menschenrechtskonvention‹ niedergelegt sind.

Im Stuttgarter Schuldbekenntnis (1945) erklärte der Rat der Evangelischen Kirche in Deutschland (EKD) die Mitschuld der evangelischen Christenheit in Deutschland an den Vorgängen in der Zeit des Nationalsozialismus. Für die katholische Kirche verwarf das Plenum auf dem 2. Vatikanischen Konzil (1962–65) in der Erklärung ›Nostra aetate‹ vom 28. 10. 1965 den Antisemitismus. – Einen bedeutenden Beitrag zur Überwindung religiös begründeter antijüdischer Vorurteile leistet seit 1946 der zwischen christlichen Kirchen und der jüdischen Religionsgemeinschaft geführte christlich-jüdische Dialog.

**Apokalypse des Johannes, Offenbarung des Johannes, Geheime Offenbarung,** Abk. **Apk.**, das letzte Buch des Kanons des N. T. In ihm gibt der erhöhte Christus dem Seher von Patmos eine Anweisung an sieben kleinasiatische Gemeinden, die ›Sendschreiben‹ (Kap. 2–3), und ein Bild der kommenden Schreckenszeit, der Herrschaft des Antichrists und seiner Anhänger sowie seiner Überwindung durch die Herrschaft Gottes. In ihren sprachlichen Bildern steht die Apokalypse des Johannes in der Tradition der Apokalyptik: Drei Visionsgruppen zu je sieben Akten (Siegel-, Posaunen- und Schalenvision) sind kunstvoll miteinander verwoben. Ihnen folgen Bilder der Hure Babylon (gemeint ist Rom), der Braut und der Messiasschlacht gegen den Drachen. Sie umreißen das Drama von Vernichtung und Neuwerdung der Welt; Tausendjähriges Reich, Totenauferstehung und Gericht sind seine Zielpunkte.

**Apokalypse:** »Die vier apokalyptischen Reiter«, Holzschnitt von Albrecht Dürer (1498, Florenz, Uffizien).

Sprache und Gedankenwelt der Apokalypse des Johannes sind dem A. T. verpflichtet, übernehmen aber auch Denkvoraussetzungen und Darstellungsmittel der jüdischen Apokalyptik; iranische Einflüsse sind umstritten. Entstanden ist die Apokalypse des Johannes um 96 n. Chr. zur Zeit der Verfolgung unter Domitian. Auf ihn und besonders den Kaiserkult, der in Ephesos ausgeübt wurde, beziehen sich viele Anspielungen der Schrift (v. a. in Kap. 13). Der Verfasser nennt sich Johannes. Schon im 2. Jh. wurde er mit Johannes, dem Jünger Jesu, identifiziert. Mit dem Verfasser des Johannesevangeliums ist er nicht identisch, besonders wegen starker Abweichungen in Sprache und Anschauungen.

**Apokalypsen,** allgemein prophetische Schriften über das Weltende.

*Theologie:* Schriften, die, mit Ausnahme der Apokalypse des Johannes und einiger Texte des A. T., nicht in den Kanon der Bibel übernommen wurden. Ihnen sind die folgenden Merkmale gemeinsam: Die Form der Darstellung der Apokalypsen ist gewöhnlich die, dass der Seher (Verfasser des Buches) im Traum oder in der Entrückung himmlische Geheimnisse schaut. Ein himmlisches Wesen gibt ihm die Deutung, die so gehalten sein kann, dass die Bilder (mythische Tiere wie Drachen, Sternensymbolik, verschlüsselte Zahlen) nur Eingeweihten verständlich sind (Apokalyptik).

Die *jüdischen* Apokalypsen stehen oft unter alten Namen, deren Autorität den Eindruck des Gesagten unterstützen soll (Daniel, Esra, Henoch, Baruch, Abraham, Elias, Mose, Jesaja, die zwölf Patriarchen). Die *altchristlichen* Apokalypsen(2.–7. Jh.) schließen sich geistig und literarisch an die jüdischen Apokalypsen an, mit besonderer Ausmalung von Antichrist, Wiederkunft, Himmel und Hölle. Hierher gehören: Hirt des Hermas, Apokalypse des Petrus, Paulus, Thomas, Bartholomäus, christliche Sibyllen u. a. 1945/46 wurden in Ägypten (Nag Hammadi) gnostische Apokalypsen entdeckt.

**Apokalyptik,** *die,* allgemein eine religiös begründete Sonderform der ▸Eschatologie, in deren Mittelpunkt die kosmischen Ereignisse am Ende der Welt oder einer Weltperiode stehen. Diesen Anschauungen liegt eine negative Wertung der gegenwärtigen Welt zugrunde, deren Untergang herbeigesehnt wird. Meist wird der Begriff Apokalyptik eingeschränkt gebraucht zur Bezeichnung einer im nachexilischen Judentum (von etwa 200 v. Chr. bis in frühchristliche Zeit) entstandenen Geisteshaltung, die – mit Auswirkungen auf das frühe Christentum – eine Literaturgattung, die Apokalypsen, hervorgebracht hatte. Die Eigenart der Apokalyptik liegt darin, dass in ihr mehr oder weniger deutlich erkennbar eine Entsprechung von Urzeit und Endzeit mit der Erwartung einer neuen Schöpfung nach dem Ende der alten vorausgesetzt wird. Mit dieser Erwartung ist oft die Hoffnung auf ein irdisches Reich des Friedens und der Gerechtigkeit verbunden (Chiliasmus). Beispiele für Apokalyptik finden sich außerhalb von Judentum und frühem Christentum u. a. in der iranischen Religionsgeschichte (Saoschyant), im Islam (z. B. Suren 81, 82 und 99 des Koran) und in der germanischen Religion (Ragnarök, Völuspá).

**Apologetik,** *die,* allgemein: Rechtfertigung eines Bekenntnisses, einer Anschauung oder Lehre.

Im *Christentum* theologisches Lehrfach, das die Glaubwürdigkeit der christlichen Offenbarung nachzuweisen sucht. Momente der Apologetik finden sich bereits im N. T. und in der alten Kirche; ihre stärkste Ausbildung erhielt sie im 19. Jh. als Instrument zur konfessionellen Abgrenzung. – In der neueren katholischen Theologie wird ihre ursprüngliche Aufgabe im Rahmen der Fundamentaltheologie wahrgenommen.

Im *Judentum:* Rechtfertigung der eigenen Besonderheit gegenüber der nichtjüdischen Umwelt. In der Antike geschah dies teils in Form von Geschichtsschreibung (besonders durch Josephus Flavius), teils als direkte Widerlegung judenfeindlicher Schriften. In Mittelalter und Neuzeit entstanden antichristliche (seltener antiislamische) theologische Werke, vorrangig zu internem Gebrauch, seltener im Zusammenhang mit (meist erzwungenen) Disputationen.

**Apostel,** 1) im N. T. gebräuchliche Bezeichnung der ›Zwölf‹ (1. Kor. 15, 7), d. h. der von Jesus berufenen (Mk. 3, 13–19 mit den Parallelen Mt. 10, 1–4; Lk. 6, 12–16; vgl. Apg. 1, 13) und zu eschatologischen ›Richtern‹ der wieder hergestellten zwölf Stämme Israels bestimmten (Mt. 19, 28; Lk. 22, 30) Jünger: Simon Petrus, Andreas, Jakobus d. Ä. (Zebedäi), Johannes, Philippus, Bartholomäus, Matthäus, Thomas, Jakobus d. J. (Alphäi), Thaddäus, Simon (Zelotes) und Judas Ischariot. Mit Thaddäus ist möglicherweise identisch der in Lk. 6, 16 und Apg. 1, 13 genannte Judas (Jakobi); Joh. 1, 45–49 und 21, 2 begegnet noch Nathanael, der vielleicht mit Bartholomäus oder, wegen der Bedeutungsgleichheit des Namens, mit Matthäus gleichgesetzt werden darf. Nach Verrat und Tod des Judas Ischariot wird der Zwölferkreis durch Matthias ergänzt (Apg. 1, 26). Während Lukas den Aposteltitel den vom irdischen Jesus berufenen Zwölfen vorbehält, nimmt ihn gerade der vom Auferstandenen berufene Apostel Paulus für sich in Anspruch (Röm. 1, 1; 1. Kor. 1, 1; Gal. 1, 1).

Das Apostelamt ist ein Amt (Predigt, Mission, Ordination) der nachösterlichen Gemeinde. Auf dem Fundament der ›zwölf Apostel‹ sieht die nachapostolische Zeit die Kirche begründet (Apk. 21, 14); indem die Kirche ihr Bischofs- oder Priesteramt über die Ordination auf die Apostel selbst

zurückführte, entwickelte sie die Lehre von der apostolischen Nachfolge (▸ Sukzession).
2) christlicher Sendbote, Missionar, z. B. Bonifatius, der Apostel der Deutschen, die Slawenapostel Kyrillos und Methodios; auch *ironisch* für: übereifriger Vertreter einer (neuen) Lehre.

**Apostelgeschichte,** Abk. **Apg.**, im N. T. der zweite Teil des Evangelium und Apostelgeschichte umfassenden ›lukanischen Doppelwerks‹, um 85 n. Chr. entstanden. Als Verfasser gilt der Arzt Lukas (Kol. 4, 14; 2. Tim. 4, 11), der Reisebegleiter des Paulus. Die Apostelgeschichte beschreibt eigentlich nicht eine Geschichte ›der‹ Apostel, sondern allenfalls der Apostel Petrus (Kap. 1–12) und Paulus (Kap. 13–28); v. a. aber schildert sie den Weg der Christusbotschaft von Jerusalem (Kap. 1) in die Welthauptstadt Rom (Kap. 28). Eigenart, Herkunft und Abgrenzung der von Lukas benutzten Quellen (Wirbericht, Itinerare u. a.) sind umstritten. Obgleich die Apostelgeschichte nicht frei ist von theologisch oder auch schriftstellerisch bedingten Verzeichnungen, besitzt sie doch einen außerordentlich hohen Wert für die Kirchen- und Missionsgeschichte des 1. Jh.; die Chronologie des Paulus wäre ohne die Apostelgeschichte unmöglich.

**Apostolisches Glaubensbekenntnis, Apostolikum, Apostolicum,** das der katholischen Kirche und den evangelischen Kirchen (einschließlich der anglikanischen Kirche) gemeinsame Bekenntnis. Es ist eines der ältesten christlichen Bekenntnisse und soll nach einer bei Rufinus überlieferten Legende auf die Apostel selbst zurückgehen. Historisch fußt das Apostolische Glaubensbekenntnis jedoch vermutlich auf frühchristlichen Glaubensformeln, zu denen sich der Taufbewerber vor der Taufe bekennen musste. Wahrscheinlich seit dem 2. Jh. wurden diese Formeln zu Texten zusammengefasst, die die wesentlichen Aussagen des christlichen Glaubens beinhalteten. Als solches wird das Apostolische Glaubensbekenntnis erstmals in einem Brief der Synode von Mailand (390) an Papst Siricius erwähnt. In der Folge fand es Eingang in die westliche Kirche und wurde unter Karl d. Gr. offizielles Taufbekenntnis im Fränkischen Reich. Die östliche Kirche dagegen hat das Bekenntnis nicht übernommen. Heute löst das Apostolische Glaubensbekenntnis in der Sonntagsliturgie meist das längere Nicänische Glaubensbekenntnis ab. 1971 wurde für die katholische Kirche, die altkatholische Kirche und die evangelischen Kirchen des deutschen Sprachraums ein (mit einer Ausnahme) einheitlicher Text eingeführt.

**apostolische Sukzession,** ▸ Sukzession.

**Arianismus,** *der,* frühes Christentum: erstmalig bei Gregor von Nazianz belegte Bezeichnung für die Lehre des Arius und deren Fortentwicklung während der Glaubensstreitigkeiten um die göttliche Dreifaltigkeit (Trinität). Die Frage, wie der Glaube an einen einzigen Gott in Einklang zu bringen sei mit der Vorstellung von Christus als einem (weiteren) göttlichen Wesen, hatte Arius in seiner Schrift ›Thalia‹ (Gastmahl) mit der Aussage beantwortet, Gott im Vollsinne sei nur *Einer*, er sei ungeworden und unteilbar; der Sohn sei ein durch göttlichen Willen vor aller Zeit aus dem Nichts geschaffenes Wesen, er sei deshalb dem Vater wesensfremd und *unähnlich* (griech. anhomoios). Damit wurde das mit der Menschheit Gottes begründete Heil für die Menschen verringert. Der Streit brach offen aus, als Alexander, der Patriarch von Alexandria, 318 Arius exkommunizieren ließ. Um diesen **Arianischen Streit** zu beenden, berief Kaiser Konstantin das erste ökumenische Konzil nach Nicäa (325). Obwohl der überwiegende Teil der 318 Konzilsväter einen abgemilderten Arianismus vertrat, wonach der Sohn dem Vater *wesensähnlich* (griech. homoiusios; die Anhänger dieser Formel werden dementsprechend ›Homöer‹ genannt) sei, beschloss man die Formel, Vater und Sohn seien *wesensidentisch* (griech. homousios). Damit waren alle Formen des Arianismus abgewiesen.

**Aschermittwoch,** lat. Feria quarta cinerum, *katholische Kirche:* der erste Tag der vierzigtägigen Fastenzeit, an dem der Priester die Asche der Palmen vom Palmsonntag des vergangenen Jahres weiht **(Aschenweihe)** und sie als Zeichen der Buße auf Scheitel oder Stirn der Gläubigen streut. Der Brauch des Aschenkreuzes ist in der katholischen Kirche seit dem Ende des 11. Jh. üblich. Im 15. und 16. Jh. war der Aschermittwoch ein Höhepunkt der erst mit dem Sonntag darauf beendeten Fastnacht mit Rats- und Zunftgelagen, bei denen häufig die Frauen von den Männern bewirtet wurden, mit Umzügen und Schautänzen, Umkehrung des Machtverhältnisses zwischen Untertanen und Obrigkeit (spielmäßiges Erstürmen von Rathaus, Pfarrhof u. Ä.), mit Reinigungsbräuchen, die dem kirchlichen Sinn des Aschermittwochs entsprachen, und Scherzstrafen. Heute wird am Aschermittwoch die Fastnacht ›begraben‹.

**Atheismus,** *der,* die Leugnung Gottes, einer göttlichen Weltordnung oder auch nur des geltenden Gottesbegriffs (im Gegensatz zum Theismus,

Polytheismus und Pantheismus). Atheismus ist nicht unbedingt gleichzusetzen mit Unglauben und zu unterscheiden vom Agnostizismus, der die Frage der Existenz Gottes offen lässt.

Aus allgemeinen und erkenntnistheoretischen Erwägungen, der wissenschaftlichen Beanstandung der Gottesbeweise, einer absoluten Wissenschaftsgläubigkeit oder einer Betonung der Würde und Freiheit des Menschen, mit der eine Gottesvorstellung unvereinbar sei, zieht der **theoretische Atheismus** die Folgerung, dass es Gott nicht gebe. Der meist unphilosophische **praktische Atheismus** nimmt an, dass Gott mit weltlichen Dingen nichts zu tun habe, oder allgemeiner, dass die menschliche Existenz von der Gottesfrage nicht berührt wird. Als **kämpferischer Atheismus** versteht sich die Lehre, die jede Religion als für das Glück der Menschen schädliche Verirrung begreift.

In der *Religionswissenschaft* wird die Frage diskutiert, ob zum Begriff Religion notwendig der Glaube an einen persönlich gedachten Gott oder an persönlich gedachte Götter gehöre. Bekanntestes Beispiel für eine Religion, die zwar die Existenz persönlich gedachter Götter annimmt, diesen aber die Eigenschaften von absoluten und transzendenten Wesen bestreitet, ist der ältere Buddhismus, dem deshalb gelegentlich die Qualität einer Religion abgesprochen wird.

Schon im A. T. begegnet die Abwehr atheistischer Anschauungen (Ps. 14,1; 53,2) und ihre Qualifizierung als ›Torheit‹. ›Atheoi‹ nannten die alten Griechen jene Bürger, die nicht dem öffentlichen Kult zugeneigt waren.

Im christlichen Mittelalter galt Atheismus als Häresie und wurde entsprechend geahndet. In der neueren Zeit forderte P. Bayle Toleranz jedem Atheismus gegenüber. Es sei ein Irrtum, das Verhalten der Menschen auf theoretische Ideen, etwa die Gottesvorstellung, zurückzuführen. Sittlichkeit sei ohne den Glauben an die Existenz Gottes möglich. Die Französische Revolution proklamierte schließlich als Göttin die Vernunft.

Im 19. Jh. suchte man in den verschiedensten Formen den Atheismus zu begründen: als Bejahung des vom Gottesglauben emanzipierten Daseins (F. Nietzsche und zahlreiche Nachfolger); als Desillusionierungsanspruch: Gottesidee und Jenseitsvorstellungen werden als Projektionen menschl. Wünsche und Ängste gedeutet (L. Feuerbach: Das Wesen des Christentums, 1841); als historischer Materialismus: Die Religion wird als Bedürfnis der ausgebeuteten Volksmassen (›Opium des Volkes‹) und als ideologisches Mittel der Manipulierung und Rechtfertigung der bestehenden Zustände durch die herrschenden Klassen hingestellt (K. Marx; Vorstufe: die französische Aufklärung, besonders P. d'Holbach); als absoluter Pessimismus (A. Schopenhauer): die Welt als Überfluss eines bösen Willens, die keinen Platz für Gott habe; oder als Freidenkertum in organisierten Verbänden, das unter Berufung auf die moderne Naturwissenschaft ein religiöses Verhalten als Mangel an wirklichem Aufgeklärtsein ablehnte. Ende des Jahrhunderts verkündete E. Haeckel, ausgehend vom Darwinismus, eine atheistische Naturreligion als Ergebnis der Wissenschaft.

Von den heutigen Strömungen neigt der Existenzialismus, besonders in seiner französischen Form, stark zum Atheismus. Nach J.-P. Sartre (›L'existentialisme est un humanisme‹, 1946) ist freie menschliche Existenz nur möglich, wenn es keinen Gott gibt.

**Auferstehung Christi,** grundlegendes Bekenntnis des christlichen Glaubens: Gott hat Jesus von den Toten auferweckt (Röm. 10, 9); Jesus ist gestorben und auferstanden (1. Thess. 4, 14). Als erster bezeugt Paulus, dass der Gekreuzigte nicht im Tode geblieben, sondern, nach seiner Auferweckung am dritten Tage (1. Kor. 15, 4), in verschiedenen Visionen den Auferstehungszeugen erschienen sei (1. Kor. 15, 5–8). Die Evangelien berichten dann gleichfalls von Erscheinungen des Auferstandenen (Mt. 28, 9 f.; Lk. 24, 13 ff. u. a.), aber auch von der Auffindung des leeren Grabes (Mk. 16, 1–8 mit Parallelen). Auch das Damaskuserlebnis des Paulus (Apg. 9, 3–9) ist nach 1. Kor. 15,8 eine Ostervision. Im strengen Sinne ›historisch‹ – im Gegensatz. etwa zur apologetischen Legende von den Grabeswächtern (Mt. 27, 62–66) – sind an der Auferstehung Christi lediglich die Visionen des auferstandenen Christus; als deren Augenzeugen versteht das N. T. v. a. die Apostel (Apg. 1, 22), doch gehörten zu ihnen auch Skeptiker, wie Jakobus, der Bruder Jesu (Joh. 7, 5) und ursprüngliche Gegner Jesu, wie Paulus (1. Kor. 15, 7 f.), sodass man die Entstehung des Osterglaubens nicht aus dem Wunschdenken der Jünger erklären kann. Aus der Auferstehung Christi leiten die Christen die Gewissheit ihrer eigenen Auferstehung vom Tode ab (Röm. 8, 11; 1. Kor. 15, 20–22; 1. Thess. 4, 14).

Die Historizität der Auferstehung Christi ist seit der Aufklärung, v. a. innerhalb der Leben-Jesu-Forschung, u. a. mit Hinweis auf bestimmte Bibelstellen (Mt. 27, 64 und 28, 12 ff., Leichendiebstahlshypothese), von verschiedenen protestantischen Theologen bestritten und als lediglich geglaubter ›Sachverhalt‹ (Archetypus, Mythos, Vision) beschrieben worden; zuletzt 1994 von Gerd Lüdemann (* 1946) im Zusammenhang mit der Diskussion um das (leere) Grab Jesu.

**Auferstehung:** »Auferstehung Christi«, Altarbild von Jörg Rathgeb (rechter Außenflügel des »Herrenberger Altars«, 1518–19, Stuttgart, Staatsgalerie).

**Auferstehung der Toten,** die Vorstellung, dass am Weltende alle verstorbenen Menschen mit Leib und Seele zu neuem, nicht mehr endendem Leben auferstehen. Diese Anschauung impliziert den Glauben an die Unzerstörbarkeit der Person, deren Leben sich in einer dem irdischen Leben vergleichbaren oder ihm ähnlichen Weise fortsetzt (häufig verbunden mit Jenseitsvorstellungen) und die in einem eschatologischen Gericht zur Verantwortung für die irdischen Taten gezogen werden kann (z. B. neben Christentum, Judentum und Islam auch im Parsismus und in der ägyptischen Religion). Begrifflich davon zu scheiden ist der Glaube an die Unsterblichkeit der Seele (der sich gleichwohl mit dem Glauben an die Auferstehung der Toten verbinden kann), die z. B. der indischen Vorstellung vom Kreislauf der Wiedergeburten zugrunde liegt, bei der (besonders im Buddhismus) die personale Identität aufgehoben gedacht sein kann.

Für das *Christentum* ist die Auferstehung der Toten Gegenstand der christlichen Hoffnung, die im letzten Satz des Apostolischen Glaubensbekenntnisses ihren Ausdruck findet. Sie gründet sich auf die Auferstehung Christi, als Verheißung für jeden Menschen. Nach katholischer Glaubenslehre werden am Jüngsten Tag alle Toten in ihrem ›Fleisch‹ auferstehen, und dieser Auferstehungsleib ist als Leib der unsterblichen Seele der gleiche wie ihr irdischer, wenn er auch nunmehr unsterblich und unverweslich ist. Die evangelische Theologie versteht die Auferstehung der Toten als Bewahrung der Persönlichkeit in neuer Gestalt und als ihre Vollendung in der Gemeinschaft mit Gott.

**Augsburger Religionsfriede,** am 25. 9. 1555 nach Verhandlungen zwischen König Ferdinand I. und den Reichsständen auf dem Augsburger Reichstag als Reichsgesetz für das Hl. Röm. Reich verkündet. Den Anhängern des Augsburgischen Bekenntnisses wurden der Friede und der gegenwärtige Besitzstand gesichert. Den weltlichen Reichsständen wurde die Religionsfreiheit gestattet; sie entschieden zugleich für die Untertanen, denen das Recht auf Auswanderung eingeräumt wurde (Cuius regio, eius religio). Die Reformierten erhielten erst im Westfälischen Frieden 1648 die Gleichberechtigung mit den Katholiken und Lutheranern, doch wird der Augsburger Religionsfriede im Allgemeinen als Abschluss des Reformationszeitalters in Deutschland betrachtet.

**Augsburgisches Bekenntnis,** lat. **Confessio Augustana,** Abk. **CA,** die grundlegende Bekenntnisschrift der lutherischen Kirche; handelt im ersten Teil (Art. 1–21) von Glauben und Lehre der evangelischen, im zweiten (Art. 22–28) von abgestellten Missbräuchen der katholischen Kirche. Sie wurde als Vorschlag zur Verständigung mit den Katholiken von P. Melanchthon lateinisch und deutsch verfasst und am 25. 6. 1530 in deutscher Sprache vor dem Reichstag verlesen und Kaiser

Karl V. von den Protestanten überreicht. Melanchthon änderte mehrfach den Text des Augsburgischen Bekenntnisses in den späteren Drucken; dogmatisch bedeutsam wurden die Änderungen in der lateinischen Ausgabe von 1540 (›Confessio Augustana variata‹, kurz ›Variata‹), in der v. a. Art. 10 vom Abendmahl eine der reformierten Auffassung angenäherte Formulierung enthielt, in der aber auch in anderen Artikeln die Auffassung Luthers gelockert wurde. Erst seit dem Naumburger Fürstentag (1561) griff die lutherische Orthodoxie auf das unveränderte Augsburgische Bekenntnis (›Confessio Augustana invariata‹) als den allein gültigen Ausdruck der neuen Lehre zurück und erklärte die veränderte Fassung für ungültig. In der Konkordienformel von 1577 erlangte das Augsburgische Bekenntnis offizielle Anerkennung und wurde in das Konkordienbuch (1580), die bis heute gültige Sammlung lutherischer Bekenntnisschriften, aufgenommen. Die Anerkennung der ›Confessio Augustana variata‹ durch Calvin (1541) ermöglichte es andererseits, im Westfälischen Frieden (1648) auch die Reformierten als ›Augsburgische Konfessionsverwandte‹ anzuerkennen.

**Augustiner,** zusammenfassende Bez. für zahlreiche nach der Augustinusregel lebende männliche und weibliche Ordensgemeinschaften, besonders für: Augustiner-Chorherren, auch Regularkanoniker des hl. Augustinus genannt (lat. Canonici Regulares Sancti Augustini, Abk. CSA). Zur Zeit der Kirchenreform des 11. Jh. führten viele Dom- und Stiftskapitel das gemeinsame Leben auf der Grundlage der Augustinusregel ein; aus ihren Zusammenschlüssen entstanden die Augustiner-Chorherren. Sie verbinden das klösterliche Gemeinschaftsleben mit dem priesterlichen Dienst. Anfang des 16. Jh. erreichten sie ihre größte Verbreitung.

**Augustinismus,** *der,* Richtung der mittelalterlichen Philosophie und Theologie, die an dem durch die Gedanken des Augustinus geprägten Lehrsystem festhielt. Kennzeichnend sind: die Höherbewertung des Willens und der Liebe gegenüber dem bloßen Verstandesdenken (Voluntarismus gegen Intellektualismus), die Rückführung aller Wahrheitserkenntnis auf eine Erleuchtung durch die Ideen im Geist Gottes, die relative Eigenständigkeit der Seele gegenüber dem Leib, die Auffassung von Materie als schon immer durch Formen (›Keimkräfte‹) strukturiert, womit eine Entwicklungstheorie begründet wird, die gegenseitige Durchdringung von Glaube und Wissen. In der Theologie vertritt der Augustinismus den später von M. Luther und auch vom Jansenismus aufgenommenen Gedanken der Unwiderstehlichkeit und Unverdienbarkeit der göttlichen Gnade. Hauptvertreter des Augustinismus waren u. a. Roger Bacon und die ältere und mittlere Franziskanerschule. Auch in der Neuzeit zeigt sich der Einfluss der augustinischen Tradition, z. B. bei den Reformatoren und im Humanismus, bei R. Descartes (›Die Vorstellung Gottes ist irgendwie früher als die meiner selbst‹, Meditation III, 24), bei B. Pascal (›Logik des Herzens‹) und in der Religionsbegründung bei M. Scheler.

**Augustinus, Aurelius,** lateinischer Kirchenlehrer des christlichen Altertums, * Tagaste (Numidien) 13. 11. 354, † Hippo Regius 28. 8. 430.

**Augustinus:** »Der Teufel zeigt dem hl. Augustinus das Buch der Laster«, Altarbild von Michael Pacher (rechter Außenflügel des »Kirchenväteraltars«, 1480–83, München, Alte Pinakothek).

Die Theologie und Philosophie des Augustinus hat sich in seinen über hundert Werken (autobiographische, dogmatische und exegetische Schriften, Dialoge, Selbstgespräche und philosophische Traktate) niedergeschlagen. In der 386 entstandenen (der ersten erhaltenen) Schrift ›Contra academicos‹ wandte sich Augustinus gegen den Skeptizismus der mittleren Akademie mit der These, dass das Wahrscheinliche als ein dem Wahren Ähnliches notwendig das Wahre als sein Maß voraussetze;

Nichtzweifeln lasse sich am eigenen Leben gewinnen (›De beata vita‹, 386), und das Sich-irren-Können sei das sicherste Zeichen für die Evidenz des eigenen Seins (›De libero arbitrio‹, 388–395). In seiner heute wohl bekanntesten Schrift, den ›Bekenntnissen‹ (›Confessiones‹, 397–398), legt Augustinus Zeugnis ab über seinen Lebensweg, seine Irrtümer, Sünden und seine Suche nach göttlicher Wahrheit. Gegen den Vorwurf der Manichäer, der christliche Glaube entbehre vernünftiger Gründe und basiere auf bloßer Autorität und Wunderglauben, berief sich Augustinus auf eine neuplatonisch inspirierte, Wissen und Glauben dialektisch vermittelnde Erkenntnislehre, für die er in den ›Sermones‹ (418?) die berühmt gewordene Formel prägte: ›Crede ut intelligas; intellige, ut credas‹ (Glaube, um zu erkennen; erkenne, um zu glauben). Die Seele des Menschen ist durch göttliche Erleuchtung (Illumination) zur Erkenntnis befähigt und von der Erleuchtung in der Weise abhängig wie das Auge vom Licht. In der Auseinandersetzung mit dem Pelagianismus hat Augustinus Ursünde und Erbsünde und die Wirkung der göttlichen Gnade und Auserwählung in einer z. T. übersteigerten Prädestinationslehre hinsichtlich der menschlichen Willensfreiheit bisweilen einseitig gesehen. Der allgemeine Heilswille Gottes gegenüber der schuldigen Menschheit steht bei Augustinus nicht im Vordergrund. Gott schenkt, wem er will, göttliche Liebe, die die Begierlichkeit der Welt überwindet und durch die der Glaube des Menschen erst seine Rechtfertigung erhält. Die in Adam schuldig gewordene Menschheit steht der in Christus erlösten gegenüber. Die Gemeinschaft der Erlösten ist die Kirche, die mit Christus einen Leib bildet. Außerhalb dieser einen Kirche gibt es kein Heil. In ihr leben Heilige und Sünder. Liebe zu Gott und zum Mitmenschen sind entscheidend für den Christen.

Augustinus hat für seine Zeit und für die nachfolgenden Jahrhunderte nicht nur für die Kirche, sondern für das gesamte Abendland besonders durch seine Geschichtsphilosophie und Geschichtstheologie größte Bedeutung erlangt. Das geschichtsphilosophische Modell, das er in ›De civitate Dei‹ (413–426), der letzten großen christlichen Apologie der Antike, entwickelte, ist gekennzeichnet durch den Gegensatz und den Kampf zwischen der ›Civitas Dei‹, der Gemeinschaft der Erwählten, der Gottesbürger, und der ›Civitas terrena‹, der ›irdischen Bürgerschaft der Selbstliebe‹. Die Weltgeschichte wird nicht in antiker Sicht als ein sich ewig wiederholender Kreislauf interpretiert, sondern als Abfolge von sechs heilsgeschichtlichen Perioden mit einem sich sukzessiv verschärfenden Kampf zwischen den beiden ›Reichen‹ mit dem Ziel der Trennung im göttlichen Endgericht. Augustinus' Gedanken prägten im starken Maße die scholastische Theologie (Augustinismus) und beeinflussten wesentlich den Staatsbegriff der abendländischen Kirche.

**Augustinusregel, Augustinerregel,** eine Ordnung des Klosterlebens (Armut, Gehorsam, Verzicht auf Ehe). Sie ist überliefert in drei Texten, die mindestens bis ins 6./7. Jh., in Teilen vielleicht bis auf Augustinus selbst zurückreichen. Die Augustinusregel ist von zahlreichen anderen Ordensgemeinschaften als Grundlage der eigenen Konstitutionen übernommen worden, z. B. von den Prämonstratensern und Dominikanern.

# B

**Bann,** *katholisches Kirchenrecht:* die Exkommunikation, der Ausschluss aus der kirchlichen Gemeinschaft. *Religionsgeschichte:* 1) allgemein das Anathema. 2) *Bannfluch* (hebr. cherem), im A. T. Aussonderung für Jahwe. Zur Vernichtung unterliegen ihm die Kriegsbeute (Menschen und Vieh, 1. Sam. 15,3) und die Götzendiener (5. Mos. 13, 13–18), zur dauernden Weihung Menschen, Vieh, Sachen (3. Mos. 27, 28). Im späteren Judentum umfasst der Bann (hebr. cherem) vier Grade, vom Verweis bis zum Verbot des privaten und geschäftlichen Verkehrs sowie Ausschluss aus dem Gemeindegebet außer am Versöhnungstag.

**Bannbulle,** *katholische Kirche:* nach früherem Recht das in feierlicher Form ausgestellte päpstliche Schreiben, durch das die Exkommunikation unter Angabe von Gründen angedroht oder verhängt wurde (z. B. gegen M. Luther).

**Barmherzigkeit,** der den Gefühlsantrieb des Mitleids aufnehmende Ausdruck der christlichen Nächstenliebe. Barmherzigkeit gründet auf die von Jesus für das Reich Gottes erhobene Forderung (Mt. 9,13; 23,23).

**Basilika,** *die,* ein im Römischen Reich spätestens Anfang des 2. Jh. v. Chr. entstandener Bautypus. Die römische Basilika diente profanen Zwecken, dem Markt- und Börsenverkehr, Gerichtsverhandlungen, Ämtern und Behörden. Als große Marktbasilika war die antike Basilika eine lang gestreckte Halle mit oft überhöhtem Mittelschiff (für Fenster zur Belichtung) und rings umlaufenden oder nur an den Langseiten befindlichen, durch Säulen oder Pfeiler vom Hauptraum getrennten Seitenschiffen. Der Haupteingang lag meist an der Schmalseite, am gegenüberliegenden Ende bildete eine Rundmauer den Abschluss, sodass eine Apsis entstand, bevorzugter Platz des Richters oder Herrschers (Thronsaal) oder auch zur Aufstellung eines Bildwerks.

Das Christentum übernahm seit dem 4. Jh. in modifizierter Form die Anlage der profanen Basilika als Sakralraum; charakterisiert durch das erhöhte Mittelschiff, die Belichtung durch Fenster im Lichtgaden, durch von Säulen und Pfeilern abgetrennte Seitenschiffe und Apsis. Aus liturgischen Gründen erfolgte die Aufteilung des Innenraums in einen Bezirk für den Klerus (Presbyterium, Sanktuarium) und einen Versammlungsraum für die Gemeinde. Das Mittelschiff endete in der Apsis mit dem Bischofsstuhl (Kathedra), unter der Apsis lag zuweilen eine Krypta; der Altar stand in frühchristlicher Zeit im Mittelschiff.

Allgemein beschränkte sich die Einrichtung auf die Kathedra des Bischofs in der Apsis und Bänke für das Presbyterium, den Altar und z. T. einen Ambo (vielfach doppelt). Aus den in das Schiff hineinreichenden Altarschranken (Cancelli) entwickelte sich der Vorchor. Während sich im griechischen und slawischen Raum seit dem frühen Mittelalter mit wenigen Ausnahmen der Zentralbau (Kreuzkuppelkirche) durchsetzte, blieb die Basilika im Westen die bevorzugte Grundform des mittelalterlichen Kirchenbaus.

Nach *katholischem Kirchenrecht* ist eine Basilika eine liturgisch privilegierte Kirche. Unterschieden werden *Basilicae maiores*, z. B. die fünf röm. Patriarchalbasiliken, und *Basilicae minores*, bedeutende Kirchen innerhalb und außerhalb Roms, in Deutschland u. a. Kevelaer, Altötting und St. Hedwig in Berlin. Der Titel Basilica minor wird seit der zweiten Hälfte des 18. Jh. als Ehrentitel durch den Papst verliehen.

**Basilika:** Die dreischiffige Basilika Santa Sabina auf dem Aventin in Rom (um 422–432).

**Befreiungstheologie,** v. a. von katholischen Theologen entwickelte Theologie in Lateinamerika und anderen Ländern der Dritten Welt. Seit Beendigung der Epoche des Kolonialismus emanzipieren sich die Christen der Dritten Welt zunehmend von der europäischen oder westlichen ›Missionarstheologie‹ und suchen eigene Wege. Hierbei geht es zum einen um eine ›Inkulturation‹ des Christentums, d. h. ein Verständnis und eine Praxis auf der Basis der eigenen, oft jahrtausendealten kulturellen und religiösen Traditionen. Zum anderen geht es um eine angemessene Reaktion auf die gegenwärtige Situation der Dritten Welt, die geprägt ist von Armut, Hunger, Überbevölkerung, ökonomischer und politischer Ausbeutung. Eine Anpassung der Theologie an die Traditionen der eigenen Kultur bliebe archivarisch, wenn sie diese Unrechtsstrukturen überginge; gefordert wird daher eine ›kontextuelle Theologie‹, die sowohl die Eigenart der alten Kulturen wie die spezifische Situation der Dritten Welt berücksichtigt.

*Die Befreiungstheologie in Lateinamerika:* Seit den 1960er-Jahren bildeten sich in Lateinamerika kleine Gruppen, die die Ausbeutung der Massen für eine ›zynische Beleidigung Gottes‹ hielten und davon ausgingen, dass Jesus ein ganz anderes Modell von Leben, nämlich die Gemeinschaft gerade mit den Schwachen, verwirklicht habe. Sie schlossen sich zu solidarischen Gruppen, Basisgemeinden, zusammen und fanden zunehmend Theologen, die diese Sicht und Praxis des Christentums programmatisch vertreten. Der Name ›Befreiungstheologie‹ hat sich seit den Veröffentlichungen des Theologen Gustavo Gutiérrez aus den frühen 1970er-Jahren eingebürgert. In vielen ihrer Motive wurde die Befreiungstheologie schon auf der Zweiten Generalversammlung des Lateinamerikanischen Episkopats in Medellín (Kolumbien) 1968 kirchenamtlich rezipiert. Entstanden unter den Katholiken Lateinamerikas europäischer Herkunft, hat die Befreiungstheologie auch in die evangelischen Kirchen Einlass gefunden und sich unter Indios sowie in Afrika und Asien verbreitet. Sie ist heute ein wesentlicher Aspekt des Christentums der Dritten Welt.

In den 1980er-Jahren kam es mehrfach zu ernsten Spannungen zwischen der Befreiungstheologie und dem kirchlichen Lehramt. Rom nahm sowohl an der Übernahme von Elementen der marxistischen Gesellschaftsanalyse als methodischem Instrumentarium als auch an der Kritik der (als undemokratisch beschriebenen) kirchlichen Strukturen durch Vertreter der Befreiungstheologie Anstoß (1981 Publikationsverbot für L. Boff).

Die ›*Schwarze Theologie*‹: Eine weitere Variante der Befreiungstheologie stellt die ›Schwarze Theologie‹ dar. Sie ist beheimatet in den Ländern, in denen die schwarze Bevölkerung von Weißen unterdrückt und diskriminiert wurde und wird (bis Anfang der 1990er-Jahre v. a. in der Republik Südafrika). Diese Situation ließ als ersten und wichtigsten Inhalt der Befreiung die Überwindung des menschenunwürdigen Rassismus erscheinen. Es entstanden ein ›Schwarzes Bewusstsein‹ **(Blackconsciousness)**, das ausging vom humanen Wert des Schwarzseins, sowie die Bewegung der ›Schwarzen Macht‹ **(Blackpower)**, die die Repression mit Gewalt ändern wollte. Auch Christen wurden von diesen Bewegungen erfasst; unter ihnen formte sich, seit etwa 1970 v. a. in Südafrika, die ›Schwarze Theologie‹.

**Begierdetaufe,** *katholische Theologie:* Begriff zur Kennzeichnung einer von der Kirche als objektive Hinwendung zu Christus und der durch sein Heilshandeln vermittelten Gnade verstandenen Lebensführung eines Nichtgetauften, die damit auch unausgesprochen den Wunsch nach der Taufe einschließt; daneben auch das ausdrückliche Verlangen nach Empfang der sakramentalen Taufe, etwa bei Katechumenen. Besteht nicht die Möglichkeit, die christliche Offenbarung kennen zu lernen, führt die Begierdetaufe auch ohne sakramentale Taufe zur Rechtfertigung.

**Beichte,** das Bekenntnis der Sünden, um ihre Vergebung zu erlangen. Viele Religionen kennen das öffentliche oder geheime Bekenntnis von Verfehlungen, häufig nach einem ›Sündenregister‹ vom Kultteilnehmer abgefragt. Auch ohne Bitte um Vergebung soll das Aussprechen der Verfehlung ihre Reduktion oder Aufhebung bewirken und für den folgenden Kultakt Reinheit herstellen.

**Beichte:** Beichtszene von Alberto di Arnoldo (Florenz, Dommuseum).

In der *katholischen Kirche* ist die Beichte das persönliche und geheime Aussprechen eigener Schuld, deshalb auch ›Sündenbekenntnis‹ genannt, im Beichtstuhl – oder auch in einem Aussprachezimmer – vor einem bevollmächtigten katholischen Priester **(Beichtvater)**, um Lossprechung **(Abso-**

**lution)** zu erlangen; sie ist Teil des Bußsakramentes. In den *Ostkirchen* gilt die Buße wie in der katholischen Kirche als Sakrament, sie kennen die Beichte (Sündenbekenntnis und Absolution) als Teil des Bußsakraments. Verhängte Bußstrafen haben erzieherischen Charakter, die Beichte ist nicht an den Kirchenraum gebunden. Die Entwicklung der Beichte ist stark durch das Mönchtum mitbestimmt worden.

Die *evangelischen Kirchen* kennen die Beichte als gottesdienstliche Handlung zur Vorbereitung auf das Abendmahl. Neben Bußliedern und -gebeten besteht sie aus dem allgemeinen Sündenbekenntnis und der Absolution. Diese ist an keine Bußleistung gebunden. M. Luther verwarf den Beichtzwang, forderte aber, der Christ solle sein Leben lang beichten, d. h. Gott seine Sünden bekennen und Gnade begehren.

In der *reformierten Kirche* wurde von Anfang an die Einzelbeichte durch die allgemeine Beichte ersetzt. Der den persönlichen Zuspruch der Vergebung Begehrende wird auf die private Aussprache mit dem Seelsorger verwiesen, doch ist die allgemeine Beichte in der offenen Schuld erhalten. Die *anglikanische Kirche* kennt eine allgemeine Beichte mit Absolution (in Wunschform) bei der Kommunionfeier.

**Beichtgeheimnis,** *katholisches Kirchenrecht:* die durch schwerste Kirchenstrafen (Exkommunikation) gesicherte Pflicht des Beichtvaters, über das durch eine sakramentale Beichte Erfahrene Stillschweigen zu bewahren (cc. 983 und 1388 CIC). Auch der etwaige Dolmetscher und heimliche Zuhörer sind daran gebunden. Nur der Beichtende selbst kann den Beichtvater von der Geheimhaltungspflicht entbinden; selbst dann kann der Beichtvater vor einem kirchlichen Gericht darüber nichts aussagen. Jeder Gebrauch des aus der Beichte gewonnenen Wissens, der für den Beichtenden belastend wäre, ist dem Beichtvater streng verboten. Das staatliche Recht in Deutschland sichert das Beichtgeheimnis als Teil des priesterlichen Berufsgeheimnisses durch ein Zeugnisverweigerungsrecht und Freistellung von der Anzeigepflicht drohender Verbrechen.

**Bekehrung,** lat. **Conversio**, innere Wandlung, Sinnesänderung; Übertritt zu einem anderen Glauben. Die Bekehrung im religiösen Sinn kann augenblicklich oder allmählich erfolgen, nach nüchterner Überlegung oder unter stärksten seelischen Erschütterungen.

In den eher mystisch geprägten Religionen, so etwa im Buddhismus, geschieht die Bekehrung durch ein geheimnisvolles inneres ›Aufgehen des Wahrheitsauges‹ unter dem Eindruck der Lehrverkündigung und nach Beschreiten des Heilsweges. In eher prophetisch geprägten Religionen dagegen wird die Bekehrung als Werk Gottes oder der in seinem Auftrag erfolgenden Predigt des göttlichen Wortes aufgefasst.

Das A. T. spricht in seinen älteren Teilen nicht von der Bekehrung des Einzelnen, sondern des Volkes, das sich von der Verehrung fremder Götter (›Götzendienst‹) und Ungerechtigkeit ab- und Jahwe wieder zuwenden soll (5. Mos. 5, 1–10; Jes. 52, 8). Im N. T. ist Bekehrung ›metanoia‹, d. h. Umwendung des Sinnes von egoistischer Selbstbehauptung zu vertrauendem Glauben an den väterlichen Gott (Gleichnis vom verlorenen Sohn, Lk. 15). Diese Bekehrung ist nach neutestamentlicher Lehre Gottes Werk und keine Eigenleistung des Menschen. Nach katholischer Auffassung schließt dies jedoch die Mitwirkung des Menschen ein, während nach Auffassung der evangelischen Kirchen die Bekehrung Gottes Tat ist, doch so, dass sie gleichzeitig auch ganz des Menschen persönliche Entscheidung ist. V. a. im Pietismus kommt der Bekehrung als individueller geistlicher ›Wiedergeburt‹ eine große Bedeutung zu.

**Bekennende Kirche,** seit 1934 die Bewegung innerhalb der evangelischen Kirche Deutschlands, die der nationalsozialistisch bestimmten Haltung der Deutschen Evangelischen Kirche und den von dieser gestützten Deutschen Christen entgegentrat. Hervorgegangen ist sie aus dem von M. Niemöller 1933 in Berlin-Dahlem gegründeten ›Pfarrernotbund‹, der verfolgte Pfarrer unterstützte, seine Mitglieder zur alleinigen Bindung an die Bibel und die Bekenntnisse verpflichtete und die Sammlung von Laien in ›Bekennenden Gemeinden‹ begann. Die Bekennende Kirche konstituierte sich auf der 1. Bekenntnissynode der Deutschen Evangelischen Kirche in Barmen im Mai 1934 (Barmer Theologische Erklärung). Auf der 2. Bekenntnissynode in Berlin-Dahlem im Oktober 1934 wurden der Notstand der Kirche erklärt, ein Notkirchenregiment begründet und den ›Bruderräten‹ die wichtigsten Aufgaben der Kirchenleitung übertragen. Damit entstand eine sich allein für bekenntnis- und damit rechtmäßig erklärende Bekennende Kirche, die den Macht- und Rechtsanspruch der Reichskirche verneinte. Die Bekennende Kirche wandte sich v. a. gegen den Arierparagraphen und die Gewalttaten des Nationalsozialismus. Ihre Haltung wurde vom nationalsozialistischen Regime als politische Reaktion verstanden, sie hielt aber trotz Drohungen und Verfolgungen den Widerstand aufrecht und wuchs über die Bedeutung einer rein kirchlichen Bewegung hinaus. Nach 1945 wirkte die Bekennende Kirche führend bei der Neuordnung der Evangelischen Kirche in Deutschland mit.

**Bekenntnis,** 1) die Bezeugung der eigenen Anschauung, als religiöses Bekentnis des persönlichen Glaubens oder des Glaubens einer religiösen Gemeinschaft; 2) die dem eigenen Identitätsbewusstsein und der Abwehr von Irrlehren dienende Zusammenstellung von Glaubensinhalten, im Christentum besonders die ökumenischen Glaubensbekenntnisse und sonstigen Bekenntnisschriften; 3) die Zugehörigkeit zu einer Religionsgemeinschaft (Konfession).

**Bergpredigt,** im N. T. (Mt. 5–7) mitgeteilte und auf einen nicht näher bezeichneten Berg in Galiläa verlegte Rede Jesu. Matthäus hat die Bergpredigt aus Sprüchen Jesu nach einer älteren Quelle zusammengestellt. Die Rahmenrede, eingeleitet durch die Seligpreisungen und beschlossen durch das Doppelgleichnis vom klugen und törichten Baumeister, findet sich auch bei Lukas (Lk. 6, 20–49) als *Feldrede,* während Lukas den übrigen Inhalt der Bergpredigt auf andere Zusammenhänge verteilt. Die Bergpredigt beschreibt in den Seligpreisungen die Art derer, die am Gottesreich teilhaben, um dann Jesu Stellung zum Gesetz und den Propheten, die vollkommene Gerechtigkeit und die rechte Frömmigkeit – hier wird das Vaterunser eingeschoben – darzulegen; daran schließen sich Mahnungen zum Aufgeben der Sorge um das Irdische und sonstige Spruchgruppen.

Grundsätzlich muss für ein Verständnis der Bergpredigt der eschatologische Charakter der Verkündigung Jesu allgemein berücksichtigt werden; dennoch kann sie nicht als Ethik angesehen werden, die nur angesichts des nahen Gottesreiches gültig ist (›Interimsethik‹). Während die Reformatoren die Unerfüllbarkeit der in der Bergpredigt ausgesprochenen Ethik betonten (Vorschriften, an denen das menschliche Scheitern deutlich werden soll), hält die katholische Theologie zum einen die Bergpredigt grundsätzlich als ethische Norm für verpflichtend, zum anderen geht sie davon aus, dass ihre vollständige Erfüllung nur Jesus gelang.

**Berufung,** der Vorgang, in dem Gott den Menschen anspricht und ihn zu sich ruft, um ihm einen bestimmten Auftrag zu geben. Was in der Berufung der Propheten geschieht (z. B. Jer. 1, 4–10), gilt im christlichen Verständnis grundsätzlich für jeden Gläubigen: Er ist in der Taufe bei seinem Namen gerufen, d. h. von Gott angenommen. In den Gaben und Talenten, die ihm vom Schöpfer gegeben sind, kommt die Berufung konkret zum Ausdruck; sie befähigt ihn, eine ihm zugedachte Aufgabe im Leben zu erfüllen. Das 2. Vatikanische Konzil spricht von einer eigenen Berufung jedes Christen. Christliches Leben besteht demnach für jeden darin, seine individuelle Berufung wahrzunehmen und ihr zu folgen. Im katholischen Sprachgebrauch ist Berufung auch die Wahl eines geistlichen Berufs (z. B. Kleriker oder Mönch bzw. Nonne), sofern sie kirchlich geprüft und gebilligt wurde.

**Beschneidung,** *Religionsgeschichte* und *Völkerkunde:* rituell vollzogener Eingriff an den äußeren Geschlechtsteilen von Knaben oder jungen Männern, meist Entfernen der Vorhaut (Zirkumzision), Einschneiden der Vorhaut (Inzision) oder Aufschneiden der Harnröhre (Subinzision), auch vollzogen an Mädchen (Entfernen der Klitoris oder der kleinen Schamlippen, Verschließen des größten Teils der Scheide, Infibulation, auch pharaonische Beschneidung). Die Beschneidung an Knaben ist weltweit verbreitet. Die Beschneidung an Mädchen beschränkt sich weitgehend auf Afrika, wo sie in 20 (v. a. islam.) Ländern praktiziert wird, in jüngster Zeit jedoch v. a. wegen der oft schlechten hygienischen Bedingungen ihrer Durchführung, aber auch als mit der Würde der Frau unvereinbar der weltweiten Kritik ausgesetzt ist. Vereinzelt kommt sie auch in Malaysia und Indonesien vor.

Die Juden vollziehen die Beschneidung am achten Tage nach der Geburt als Symbol des von Gott mit Abraham geschlossenen Bundes (1. Mos. 17, 10 ff.). Als Ritus der Aufnahme in den Bund Gottes mit Israel gilt sie auch für strenge Proselyten, für Knechte und Schutzverwandte. – Die Beschneidung geschieht in der Regel durch eigens darin geübte Männer (Mohel, ›Beschneider‹), jetzt häufig durch den Arzt.

Das Fest ›Beschneidung Christi‹ wurde in der katholischen Kirche seit dem 6. Jh. gefeiert, und zwar am achten Tag nach Weihnachten (1. Januar; vgl. Luk. 2, 21); seit 1969 ist das liturgische Fest der Beschneidung Christi durch das Hochfest der hl. Gottesmutter Maria (1. Januar) ersetzt, an diesem Tag wurde auch die ›Oktav der Geburt des Herrn‹ angesetzt.

**Besessenheit,** ausgeprägter psychophysischer Erregungszustand. Er wird in der *Religionswissenschaft* als der Zustand bezeichnet, der als Inbesitznahme (griech. katokoche, lat. possessio, dt. Lehnübersetzung ›Besessenheit‹) der betroffenen Person durch einen Gott, Dämon oder Geist gedeutet wird. Die Verhaltensänderungen der besessenen Person werden somit auf das Eindringen eines fremden Geistwesens zurückgeführt; von der religiösen Wertung des betreffenden Geistwesens hängt die Bewertung der Besessenheit ab: als durch Kultakte (Exorzismus) zu beseitigender Zustand oder als Zustand der ›Gottesfülle‹ (Enthusiasmus). Der der Besessenheit korrespondierende Zustand des ›Außer-sich-Seins‹ wird mit Ekstase bezeichnet; auffallende Zustandsveränderungen einer Person werden hier als ein Verlassen des Körpers durch die ›Seele‹ gedeutet. Als Kennzeichen des Zustandes der Besessenheit werden z. B. Veränderungen der Mimik, der Sprechweise, persönlichkeitsfremd scheinendes Verhalten (z. B. Umsichschlagen) angesehen. Der Besessene ist meist in Trance und sich seines Zustandes nicht bewusst, kann seine Besessenheit jedoch auch in einer Art Doppelbewusstsein als vermeintliches Wirken eines fremden Geistes in ihm erleben *(luzide Besessenheit).*

In Europa wurden in der Volksmedizin bis ins 19. Jh. physische und psychische Krankheiten, besonders epileptische und hysterische Anfallsleiden, auf Besessenheit des Kranken durch einen bösen Dämon zurückgeführt. Zur Heilung von Besessenheit sollten Exorzismen, d. h. Geisteraustreibung, z. B. durch Aderlass, Lärm oder durch die Übertragung auf ein anderes Lebewesen, z. B. ein Tier, dienen. – Im ausgehenden Mittelalter gewann der Besessenheitsglaube, z. T. mit dem Teufels- und Hexenglauben verbunden, Verbreitung. – Noch bis in die Gegenwart finden sich Exorzismen als Austreibungen eines Krankheitsdämons im Heilungsritual einiger traditioneller (z. B. afrikanischer) Kulturen.

In Religionen, in deren Mittelpunkt der Glaube an die Existenz von Geistern Verstorbener steht und die vom europäischen Spiritismus beeinflusst sind (v. a. in der brasilianischen Umbanda), wird Besessenheit von dazu ausgebildeten Medien kultisch bewirkt und beendet, wobei die Menschen mit den in den Medien anwesenden Geistern kommunizieren. Im *Christentum* wurden verschiedene Krankheitsbilder und Erregungszustände unter Berufung auf neutestamentliche Berichte (Mk. 3, 20–30; 5, 1–20; 9, 14–29 u. a.) als Besessenheit aufgefasst, ihre Heilung dementsprechend als Austreibung von Dämonen. Aus der auch den Jüngern gegebenen Vollmacht, Besessene durch Dämonenaustreibung zu heilen (Mk. 3, 15; Lk. 10, 17–20), haben später die christlichen Kirchen ihrerseits eine Vollmacht zum Exorzismus abgeleitet. In der katholischen Kirche wurde dessen auch heute noch grundsätzlich mögliche Ausübung an strenge Prüfung und ausdrückliche Erlaubnis des Bischofs gebunden (c. 1172 des CIC von 1983).

**Bettelorden, Bettelmönche, Mendikanten,** katholische Mönchsorden, in denen im Unterschied zu den ›Besitzorden‹ nicht nur der einzelne Mönch, sondern auch die Gemeinschaft auf Besitz verzichtet und sich durch Arbeit oder Betteln erhält. Die Bettelorden entstanden im 13. Jh. als Abwehr der Verweltlichung der Kirche. Sie unterscheiden sich von den alten Mönchsorden durch die grundsätzliche Verbindung des klösterlichen Lebens mit seelsorgerischer Betätigung und durch die zentralisierte Verfassung, die keine selbstständigen Klöster kennt. Als Bettelorden im ursprünglichen Sinn gelten die Franziskaner und Dominikaner, später wurden auch die Augustiner, Karmeliten und einige kleinere Orden zu ihnen gezählt.

**Bibel,** zusammenfassende Bezeichnung für die beiden Textsammlungen des ›Alten Testaments‹ **(A. T.)** und des ›Neuen Testaments‹ **(N. T.)**, Offenbarungsurkunde (›Heilige Schrift‹, nach Röm. 1,2) für alle christlichen Kirchen und Gemeinschaften, die hebräische Bibel (von den Christen A. T. genannt) auch für das Judentum.

Über den Schriftenbestand des A. T. sind die christlichen Kirchen untereinander und mit dem Judentum nicht völlig einer Meinung, während das N. T. in allen christlichen Kirchen den gleichen Schriften- und Textbestand hat. Der unterschiedliche Bestand des A. T. erklärt sich aus seiner Geschichte. Es ist, mit wenigen aramäischen Ausnahmen in den Büchern Daniel und Esra, hebräisch geschrieben, lief zur Zeit der Entstehung der christlichen Kirche aber in griechischer Übersetzung **(Septuaginta)** um. In dem Maße, wie die Christen die Septuaginta übernahmen, trennten sich die Juden von ihr, bis von ihnen am Ende des 1. Jh. der Kanon ebenso wie der Text des A. T. abschließend festgestellt und der Gebrauch der Septuaginta schließlich untersagt wurde. Die alte Kirche las die Septuaginta, übersetzte sie im Abendland dann ins Lateini-

**Bibel:** Titelblatt der »Vollbibel« von 1534, einer Übersetzung des Alten und des Neuen Testaments.

sche und hielt so den Unterschied des Schriftenbestandes zum Judentum auf die Dauer fest.
*Neues Testament:* Auch neben den heute in allen christlichen Kirchen als kanonisch anerkannten Schriften des N. T. hat ursprünglich eine Fülle von Schriften aller Gattungen (Evangelien, Apostelgeschichten, Apostelbriefe, Apokalypsen) gestanden, die z. T. bis ins 4. Jh. und darüber hinaus in weiten Gebieten der Kirche anerkannt waren und erst nach und nach aus inhaltlichen Gründen diese quasikanonische Anerkennung verloren. Die ältesten Bestandteile des N. T. sind die *Paulusbriefe* (entstanden in den Jahren 50–64); sie sind noch im 1. Jh. zu einer Sammlung zusammengefasst worden, die mit Sicherheit nicht alle Briefe des Paulus umfasst, aber doch schon für die alte Kirche den einzigen Zugang zum Schrifttum des Paulus bedeutete. Die *Evangelien* sind älter, insofern die ihnen zugrunde liegenden Quellensammlungen bis in die Zeit vor dem Beginn der Missionstätigkeit des Paulus zurückgehen (schon Paulus führte eine Sammlung von Aussprüchen Jesu mit sich); jünger sind sie insofern, als ihre Zusammenfassung zur heutigen Gestalt in die Zeit nach Paulus gehört (das älteste Evangelium, das Markusevangelium, gehört kurz vor das Jahr 70, das späteste, das Johannesevangelium, in die Mitte der 90er-Jahre). Die zeitlich letzten Schriften des N. T. stellen (nach nahezu einhelliger Meinung der Forschung) der *Judasbrief* und der *2. Petrusbrief* dar, deren Entstehung ins beginnende 2. Jh. bzw. dessen zweite Hälfte zu verlegen ist. Das N. T. ist v. a. im 1. Jh. entstanden; schon am Ende des 2. Jh. war es in seinem Bestand im Wesentlichen abgeschlossen. Einzelne Teile (*2. Petrusbrief, 2./3. Johannesbrief, Jakobusbrief, Judasbrief*) hatten länger um ihre gesamtkirchliche Anerkennung zu kämpfen, insbesondere sind Westen und Osten getrennt in der Anerkennung oder Verwerfung der *Apokalypse des Johannes* (im Westen anerkannt, im Osten verworfen) und des *Hebräerbriefes* (im Westen verworfen, im Osten anerkannt). Erst in der Mitte des 4. Jh. begann der Ausgleich. Von da an bis heute hat die christliche Kirche, von Sondergruppen abgesehen, ein einheitliches Neues Testament.
Für das Judentum ist die hebräische Bibel, für das Christentum die ganze Bibel Urkunde der Offenbarung Gottes, Zeugnis des Handelns Gottes mit der von ihm erwählten Gemeinde. Über die Irrtumslosigkeit der Bibel, die in früheren Zeiten unbestreitbar feststand, oft bis in den Buchstaben hinein (Inspiration), ist erbittert gestritten worden. Dass sie als historisch gewordene Urkunde zu verstehen ist, theologisch als Zeugnis kollektiver und individueller Gotteserfahrung, ist heute überwiegend anerkannt, ebenso, dass die einzelnen Schriften theologisch unterschiedlich zu werten sind.

**Bibelerklärung,** ▸ Exegese.

**Bibelkritik,** ▸ Exegese.

**Bibelgesellschaften,** Vereine zur Herstellung, Übersetzung und Verbreitung von Bibeln und Bibelteilen, die aus dem Pietismus und der Erweckungsbewegung hervorgegangen sind. Ihrer Zielsetzung nach sind zu unterscheiden:
*Missionarische* Bibelgesellschaften stellen die Verbreitung von Bibeln in den Dienst der Mission, ihre Ausgaben erscheinen daher in vielen Sprachen.
*Volkskirchliche* Bibelgesellschaften dienen im Wesentlichen dem Bedarf an Bibeln im eigenen Lande. In Deutschland bestehen 29 Bibelgesellschaften; von ihnen ist die von Cansteinsche Bibelanstalt (gegründet 1710) die älteste Bibelgesellschaft überhaupt. Sie sind seit 1981 bzw. 1991 in der

Deutschen Bibelgesellschaft (Evangelisches Bibelwerk in der Bundesrepublik Deutschland), Sitz: Stuttgart, zusammengeschlossen.

In der *katholischen Kirche* hat sich die ursprünglich kritische Haltung den Bibelgesellschaften gegenüber seit dem 2. Vatikanischen Konzil gewandelt. Auf die Initiative v. a. des Kardinals Bea hin wurde 1968 eine Vereinbarung über die Zusammenarbeit der katholischen Kirche mit den Bibelgesellschaften getroffen. So gibt es neben katholischen Bibelgesellschaften (in Deutschland Katholisches Bibelwerk) auch eine ökumenische Zusammenarbeit bei wissenschaftlichen Bibelausgaben und bei Übersetzungen.

**Bibelforscher, Ernste Bibelforscher,** die ▸Zeugen Jehovas.

**Bibelwissenschaft,** zusammenfassende Bezeichnung für die Wissenschaft vom Alten und Neuen Testament (Exegese); Teildisziplin der christlichen Theologie.

**Bilderstreit:** Kaiser Leon V. (?) befiehlt die Zerstörung von Heiligenbildern, obwohl ihn hohe Geistliche warnen (links). Drei Geistliche übermalen eine Christusikone (rechts; 1066, Handschrift in der British Library, London).

**Bilderstreit,** theologische Auseinandersetzung des 8. und 9. Jh. um die Verehrung von Bildern religiösen Inhalts, die vornehmlich in der Ostkirche ausgefochten wurde und 726 damit begann, dass Kaiser Leon III. Predigten gegen die Bilder hielt und für ein Gesetz sorgte, das ihre Beseitigung forderte. 754 erklärte die Synode von Hieria Herstellung und Verehrung von Bildern für häretisch. Die theologisch bedeutsamste Gegenantwort erteilte Johannes Damascenus. Erheblicher Widerstand ging von den Mönchen aus. Auf dem 7. ökumenischen Konzil (2. Konzil von Nicäa 787) wurde dann die Bilderverehrung zum Dogma erhoben. Unter Leon V. kam es noch einmal zu bilderfeindlichen Entscheidungen (Synode von Konstantinopel 815). 843 wurde auf einer weiteren Synode in Konstantinopel für die Ostkirche die Bilderverehrung endgültig durchgesetzt und ist seitdem Bestandteil ihrer Frömmigkeit.

**Bischof,** nach *katholischer* Lehre Nachfolger der Apostel und Gesandter Jesu Christi, der als Träger der kirchlichen Jurisdiktions-, Lehr- und Weihegewalt in besonderer Weise am Hirten-, Lehr- und Priesteramt der Kirche teilhat. Seine Vollmacht wird in der Bischofsweihe begründet und ihre Ausübung kirchenrechtlich näher bestimmt. Bischof im Vollsinn ist nur der (Diözesan-)Bischof, der einer Diözese vorsteht **(Ordinarius)**. Er besitzt in seiner Diözese alle Vollmacht, soweit nicht um der Einheit der Kirche willen der Papst sich eine Sache vorbehalten hat (Reservationen), und übt sie gemäß der kirchlichen Rechtsordnung aus in Gesetzgebung, Rechtsprechung und Verwaltung. Hierbei unterstützen ihn die Diözesankurie, kollegial strukturierte Beratungsgremien und besonders die Priester seiner Diözese. Der Papst kann dem Diözesanbischof zur Unterstützung Weih- und Koadjutorbischöfe zuordnen. Zur Amtstracht des Bischofs gehören (bei feierlichen Gottesdiensten) Bischofsring, Brustkreuz, Stab und Mitra. I. d. R. ernennt der Papst die Bischöfe frei aufgrund periodisch ihm von den Bischofskonferenzen eingereichter Listen geeigneter Kandidaten. In Deutschland haben gemäß den Länderkonkordaten in den außerbayerischen Diözesen die Domkapitel ein Wahlrecht aus einem päpstlichen Dreiervorschlag. In Bayern haben die Domkapitel nur das Recht, einen unverbindlichen Dreiervorschlag für die Bischofsbestellung abzugeben. In Österreich hat das Domkapitel von Salzburg das Wahlrecht aus einem päpstlichen Dreiervorschlag. In der Schweiz haben die Domkapitel von Basel, St. Gallen und Chur das Bischofswahlrecht, Chur aus einem päpstlichen Dreiervorschlag. In den übrigen österreichischen und schweizerischen Diözesen gilt das freie Ernennungsrecht des Papstes. Mit Vollendung des 75. Lebensjahres sind die Bischöfe gehalten, ihren Amtsverzicht einzureichen.

In den *Ostkirchen* ist das Bischofsamt durch die apostolische Sukzession und das auf ihr fußende Rechtsverständnis bestimmt. Anders als der verheiratete Priester einer Gemeinde kommt der Bischof aus dem Mönchtum. Die Wahl des Bischofs erfolgt i. d. R. durch das mit dem leitenden Bischof (Erzbischof, Patriarch, Katholikos) zusammenwirkende Leitungsgremium (Synod) der selbstständigen Kirche. Grundsätzlich bestehen keine Unterschiede zwischen den Bischöfen (Betonung der Würde der lokalen Kirche).

**Bischof:** Die Amtstracht eines Bischofs der römisch-katholischen Kirche:Mitra, Stab, Brustkreuz, Bischofsring

Die Bischöfe der *anglikanischen Kirche* stehen nach ihrer Auffassung durch die Weihe von M. Parker (* 1504, † 1575) im Jahre 1559 in der apostolischen Sukzession; die katholische Kirche dagegen hält die anglikanischen Weihen für ungültig (Entscheidung Leos XIII., 1896). Der anglikanische Bischof wird von anderen Bischöfen geweiht. Nur ihm steht das Recht zu, Priester in ihr Amt einzuführen, Kirchen zu weihen und die Firmung zu spenden.

Die *altkatholische Kirche* erkennt dem Bischofsamt die gleiche grundsätzliche Bedeutung zu wie die katholische Kirche; ihre Bischöfe stehen in der apostolischen Sukzession.

Der oberste Geistliche einer *evangelischen Landeskirche* wird in Deutschland und Österreich vielfach Bischof genannt. Sein Amt hat der Bischof nur nach menschlichem, nicht nach göttlichem Recht. Von den ihm unterstellten Pfarrern ist er weder durch ›höhere Weihen‹ noch durch größere Lehrgewalt unterschieden; er wird daher oft zum Pfarrer einer Gemeinde seines Amtssitzes mit geordneter Predigttätigkeit bestellt. Im Allgemeinen wird der evangelische Landesbischof von der Landessynode auf Lebenszeit gewählt; die Landesregierung hat hierbei aufgrund von Staatsverträgen ein gewisses Mitspracherecht. Seine Aufgaben sind v. a. geistlicher Natur (u. a. Seelsorge). Der Bischof führt ferner den Vorsitz in der obersten Kirchenbehörde. Zu seiner Amtstracht gehört ein goldenes Bischofskreuz, das auf der Brust getragen wird.

Das Bischofsamt wurde ausschließlich von Männern ausgeübt, bis 1989 in der Episkopalkirche (Diözese Massachusetts) mit Barbara Harris (* 1930) zum ersten Mal in der Kirchengeschichte eine Frau zur **Bischöfin** einer christlichen Kirche gewählt wurde. Im selben Jahr kam es zur Wahl einer protestantischen Bischöfin in Indonesien, 1990 einer anglikanischen Bischöfin in Neuseeland. Die erste lutherische Bischöfin wurde 1992 Maria Jepsen.

**Bischofskollegium,** *katholisches Kirchenrecht:* die Gemeinschaft aller Bischöfe der katholischen Kirche. Als Nachfolger der Apostel bilden sie wie diese ein Kollegium, das im Bischof von Rom (Papst) als Nachfolger des Petrus sein Haupt hat. Das Bischofskollegium ist Träger der höchsten und vollen Gewalt in der Kirche, die es in feierlicher Weise auf dem ökumenischen Konzil ausübt; außerhalb des Konzils geschieht dies dann, wenn der Papst die Bischöfe zu einer kollegialen Handlung zusammenruft oder ein gemeinsames Handeln der Bischöfe billigt und sich (nachträglich) zu Eigen macht (cc. 336 f. CIC).

**Bischofskonferenz,** *katholische Kirche:* der Zusammenschluss der Bischöfe eines Landes oder einer Region (cc. 447 ff., 433f. und 459 CIC). Die Bischofskonferenz wurde durch das 2. Vatikanische Konzil als hierarchische Zwischeninstanz zwischen dem Papst und den einzelnen Bischöfen geschaffen, nachdem sich in verschiedenen Ländern bereits freiwillige Zusammenkünfte zu gemeinsamer Beratung bewährt hatten. 1848 tagte die erste deutsche Bischofskonferenz in Würzburg. Beschlüsse der Bischofskonferenzen sind rechtsverbindlich, wenn sie im Rahmen ihrer Zuständigkeit liegen, mit Zweidrittelmehrheit ihrer Mitglieder beschlossen und vom Apostolischen Stuhl überprüft wurden. Außer der Vollversammlung kennt die Bischofskonferenz einen ständigen Rat, ein Sekretariat und verschiedene Kommissionen. Zum Vorsitzenden wird ein Diözesanbischof auf bestimmte Zeit gewählt. In Deutschland besteht neben der Deutschen Bischofskonferenz die Bayerische Bischofskonferenz als ein reines Beratungsorgan.

**Bischofssynode,** *katholisches Kirchenrecht:* das 1965 von Papst Paul VI. eingerichtete Organ der Gesamtkirchenleitung. Die Bischofssynode ist eine Versammlung von Vertretern der Bischofskonferenzen der einzelnen Länder und der Ordensgemeinschaften. Sie hat keine Entscheidungsbefugnis, wodurch sie sich vom allgemeinen Konzil unterscheidet. Als Forum der gegenseitigen Information und Beratung unterstützt die Bischofssynode den Papst bei der Bewahrung der Einheit der Gesamtkirche. Ihre Einberufung erfolgt durch den Papst; in Angelegenheiten der Gesamtkirche als ordentliche oder außerordentliche Generalversammlung; in Angelegenheiten einer oder mehrerer Regionen (Teilkirchenverbände) als besondere Versammlung. Der Papst leitet die Bischofssynode selbst oder durch einen Delegierten und bestimmt den Gegenstand der Beratungen. Der Bischofssynode beigeordnet ist ein aus 15 Mitgliedern bestehendes ständiges Generalsekretariat unter Leitung eines vom Papst ernannten Generalsekretärs (cc. 342–348 CIC).

**Bischofsring, Pastoralring, Pontifikalring,** ein goldener, mit einem Edelstein versehener, sehr oft kunstvoll ziselierter Ring, der dem Bischof bei seiner Weihe zusammen mit den anderen Bischofsinsignien übergeben wird; seit dem 10. Jh. allgemein gebräuchlich, symbolisiert der Bischofsring die geistliche Vermählung des Bischofs mit der Kirche. Der Bischofsring wird am Ringfinger der rechten Hand getragen, beim Pontifikalamt über dem Handschuh.

**Bischofsstab, Hirtenstab, Krummstab,** etwa bis zur Schulterhöhe reichender Stab, unten mit Eisenspitze, oben mit Krümme (Kurvatur) und Knauf, aus Metall oder Bein, reich verziert; in Spanien seit dem 7. Jh. nachweisbar, seit dem 10. Jh. allgemein gebräuchlich; Sinnbild der bischöflichen Gewalt. Bischöfe und Äbte bedienen sich seiner bei Pontifikalgottesdiensten.

**Bistum,** Gebiet eines Bischofs (Diözese).

**Bittprozessionen, Bittgänge,** i. w. S. die Prozessionen der katholischen Kirche und der Ostkirchen mit Bitt- und Bußcharakter, die in Notzeiten abgehalten werden. – I. e. S. sind Bittprozessionen die Litaniae maiores am 25. April, in denen das alte römische Fest der ›Robigalia‹ fortlebt, und die Flurumgänge an den Bitttagen, die Litaniae minores.

**Bitttage,** *katholische Kirche:* die drei Tage vor Christi Himmelfahrt. Gebetsanliegen sind besonders die Früchte der Erde und die menschliche Arbeit; im Messbuch für die deutschsprachigen Bistümer mit eigener Bittmesse. Im 5. Jh. in Gallien eingeführt und mit ▸Bittprozessionen verbunden, fand die Feier der Bitttage erst um 800 Eingang in die römische Liturgie, mit der sie sich in der ganzen lateinischen Kirche verbreitete.

**Blasius,** Bischof von Sebaste (Armenien), Märtyrer, † um 316. – Heiliger (Tag: 3. 2.). – Der **Blasiussegen**, eine auch in deutschen Diözesen weit verbreitete Segnung gegen Halsübel, ist entstanden aus der Legende, dass Blasius einen Knaben durch seinen Segen vor dem Ersticken an einer Fischgräte gerettet habe. Er wird (über zwei gekreuzten brennenden Kerzen) am Fest des hl. Blasius oder am folgenden Sonntag gespendet. Blasius ist u. a. Patron der Ärzte und ein Wetterheiliger; er gehört zu den 14 Nothelfern.

**Blasphemie,** *die,* höhnende, verletzende Äußerung über etwas Heiliges, ▸Gotteslästerung.

**Blut,** lat. **Sanguis**, von alters her ist über die ganze Erde der Glaube verbreitet, Blut sei Sitz der Seele oder des Lebens. Seine Heil- und Zauberkraft wurde in China und Ägypten gegen Erkrankungen angewendet; man trank das Blut des erschlagenen Kriegers, um dessen Kräfte zu gewinnen, jugendliches Blut sollte Greisen neues Leben schenken, der Seher gewann durch Bluttrank mantische Kräfte. Die Griechen glaubten die Schatten ihrer Toten wieder zu beleben, indem sie in ihr Grab Blut als Opfer fließen ließen. Bei menschlichen Gemeinschaften trat oft die bindende Kraft des Bluts hervor: so bei der Blutsbrüderschaft, wobei zwei (oder mehr) Menschen gegenseitig von ihrem Blut tranken und dadurch wie Brüder aneinander gebunden wurden.

Auch zwischen Mensch und Gott sollte Blut eine Bindung herstellen: Der Altar wurde mit Blut bestrichen, das Opfertier sakramental verspeist, um das in ihm anwesende Mana zu erlangen. Auf der anderen Seite wurden mit Blut befleckte Menschen mit besonderem Ritual umgeben und mussten gereinigt werden: Mörder, Krieger nach der Schlacht, Frauen nach der Geburt eines Kindes oder nach der Menstruation. Im A. T. war der Genuss von Blut und das Vergießen von Menschenblut streng verboten. Das Blut galt als Sitz der Seele (3. Mos. 17, 11) und hatte sühnende und Schaden abwehrende Kraft (2. Mos. 12, 22 ff.). Im Christentum lebt diese Anschauung von der heiligenden und sühnenden Kraft des Blut in der Hochschätzung des ›Blutes Christi‹ (1. Petr. 1, 19) fort: Christus hat die Menschen mit seinem Blut entsühnt (Röm. 3, 25; 1. Joh. 1, 7) und für Gott erworben (Apk. 5, 9). In der Kirche des Westens hat sich daraus im Mittelalter ein besonderer Kult des ›kostbarsten Blutes‹ entwickelt.

**Blutwunder,** *katholische Volksfrömmigkeit:* blutungsähnliche Erscheinungen an konsekrierten Hostien, an Bildern Christi, auch Wiederverflüssigung von Blutreliquien. – Der Glaube an blutende Hostien, hervorgerufen durch theologische Sakramentsstreitigkeiten und Wunderglauben, breitete sich besonders im 14. und 15. Jh. aus. Bekannte Beispiele sind die Blutwunder von Bolsena, Walldürn, Wilsnack und das Blutwunder des hl. Januarius in Neapel, die zu Wallfahrten Anlass gaben. Die Blutwunder sind historisch nicht erwiesen und/oder naturwissenschaftlich nicht einwandfrei festgestellt. Bei den blutenden Hostien handelt es sich meist um das auf organische Substanzen, z. B. feuchtem Brot, manchmal auftretende und sich stark ausbreitende Bakterium ›Serratia marcescens‹ (Hostienpilz), das einen roten Farbstoff (Prodigiosin) ausscheidet.

**Bonifatius,** ursprünglich Winfried, angelsächsischer Benediktiner und Missionar, * im Königreich Wessex 672/673, † bei Dokkum (Friesland) 5. 6. 754; 716 wirkte Bonifatius als Missionar in Friesland, verließ 718 England für immer und wurde in Rom von Papst Gregor II. 719 unter Verleihung des Namens Bonifatius mit der Germanenmission (daher der Beiname ›Apostel der Deutschen‹) beauftragt. 747 erhielt er mit dem Titel eines persönlichen Missionserzbischofs das Bistum Mainz. Seine Hauptfürsorge widmete er nun der Ausgestaltung des 744 gegründeten Klosters Fulda. 754 begann er nochmals die Friesenmission; dabei wurde er von heidnischen Friesen erschlagen. Sein Grab ist im Dom zu Fulda. – Heiliger (Tag: 5. 6.).

**Brautexamen,** *katholische Kirche:* kirchenrechtlich vorgeschriebene Prüfung vor einer Eheschließung. Ein trauungsberechtigter Pfarrer muss die Personalien der Brautleute, ihre Freiheit von Ehehindernissen und den Ehewillen nach einem kirchenamtlichem Formular feststellen. Ferner ist damit i. d. R. eine religiöse Unterweisung über Ehe und Ehesakrament, der **Brautunterricht**, verbunden.

**Brevier, Breviarium,** *das,* in der katholischen Kirche ursprünglich ein kurzes Verzeichnis aller Teile des kirchlichen Stundengebets (Offizium), in das später auch die entsprechenden Gesänge, Psalmen und Gebete selbst nach der Ordnung des Kirchenjahres aufgenommen wurden. Neben dem allgemeinen Brevier gibt es Eigenbreviere einiger Orden, z. B. der Benediktiner und Franziskaner.

**Brot,** eines der wichtigsten Nahrungsmittel, das zu einem großen Teil den Bedarf an den für die Ernährung des Menschen notwendigen Nährstoffen deckt. Ursprünglich wurde grob gemahlenes, mit Wasser angerührtes Getreide (Emmer, Hirse, Hafer, Gerste, Roggen, Weizen) roh, später erhitzt genossen. Als der Mensch dann den Getreidebrei mit weniger Wasser anknetete und den Teig in der heißen Asche oder auf heißen Steinen, Tonplatten und auch schon in Backöfen gar machte, entstand der Fladen. Durch Stehenlassen des Teigs trat eine Gärung ein, die den Teig lockerte. Das aus solchem Teig gewonnene Sauerteigbrot war bereits bei den alten Kulturvölkern im Orient bekannt.

Bei allen Ackerbau treibenden Völkern gilt das Brot als heilig. Hierauf weisen die zahlreichen Festgebäcke (v. a. ›Gebildbrote‹) ebenso hin wie die früher nach strengen Regeln vorgenommenen Handlungen wie Backen, Anschneiden, Hinlegen und Aufbewahren des Brots, von denen einige heute noch üblich sind, z. B. (im christlichen Kulturbereich) das Kreuzzeichen über dem Brot vor dem Anschneiden. In der *christlichen Symbolik* ist Christus das Brot des Lebens. Die Brotvermehrung durch Jesus wurde Vorbild für mittelalterlichen Brotwunderlegenden.

**Brot für die Welt,** Leitwort einer seit 1959 (seit 1961 jährlich) durchgeführten Sammelaktion der Evangelischen Kirche in Deutschland in Gemeinschaft mit den evangelischen Freikirchen. Hauptanliegen von Brot für die Welt ist die Verbesserung der Lebensbedingungen sozial benachteiligter Bevölkerungsschichten in Afrika, Asien und Lateinamerika durch gezielte Förderung von Projekten der ›Hilfe zur Selbsthilfe‹ (z. B. bäuerliche und handwerkliche Kleinbetriebe, Ausbildungsstätten, Einrichtungen der medizinischen und sozialen Grundversorgung). Einen zweiten Arbeitszweig bildet die humanitäre Hilfe in Katastrophen- und politischen Krisengebieten.

**Brotvermehrung,** biblischer Wunderbericht; im A. T. die in 2. Kön. 4, 42 ff. von Elisa, im N. T. die in allen Evangelien von Jesus (Mk. 6, 31 ff.; Mt. 14, 13 ff.; Lk. 9, 10 ff.; Joh. 6, 1 ff.) berichtete wunderbare Brotvermehrung und Speisung (der 5000); vielleicht als Wanderlegende auf Jesus übertragen. In ihr ist das Verständnis der nachösterlichen Gemeinde für die Tischgemeinschaft mit Jesus und seine Sorge um die äußere Not der Menschen enthalten. Das Motiv ist von der abendländischen Legende wie vom Märchen oft übernommen worden.

**Bruder,** i. e. S. der männliche Teil einer Geschwisterreihe (mit gemeinsamen Eltern). Ist nur Vater oder Mutter gemeinsam, so spricht man von **Halbbruder**. Der **Stiefbruder** ist der Bruder des Kindes aus einer früheren Ehe des Stiefelternteils. In alten Kulturen findet sich die Auffassung, dass die Abstammung von derselben Mutter stärkere Bindung bewirke als die vom selben Vater, nicht nur in mutterrechtlichen, sondern auch in vaterrechtlichen Kulturen, z. B. im alten Israel (1. Mos. 20, 12).
Das Verhältnis des Bruders zum Bruder galt von Urzeiten an als besonders geschützt, jede Verletzung als verwerflich.
Die Bruderschaft im übertragenen Sinn wird ursprünglich magisch begründet: durch wechselseitiges Trinken vom Blut des anderen oder gemeinsames Eintauchen der Hand in Tierblut (Blutsbruderschaft), gemeinsame Mahlzeiten (›Bruderschaft trinken‹) u. Ä.
Daneben tritt eine ethisch gerichtete, in gemeinsamer Zugehörigkeit zu einem Volk oder durch gleiche Gesinnung begründete Bruderschaft (Volks-, Stammesgenosse, aber auch der dem gleichen Meister Folgende, das gleiche Ideal Anstrebende). Im Christentum wird diese Bruderschaft zugleich ethisch und religiös-mystisch unterbaut (Brüderlichkeit) und umschließt alle Menschen, im Besonderen alle Christen als ›Kinder Gottes und Brüder Christi‹ (Tertullian). In der katholischen Kirche ist Bruder die amtliche Bezeichnung aller Angehörigen einer klösterlichen Gemeinschaft (bei den Dominikanern) oder wenigstens der Laienmitglieder (bei den übrigen Gemeinschaften). Als Säkularisierung des christlichen Brudergedankens ist das Bruderverhältnis in der Freimaurerei anzusehen.

**Brüdergemeine, Evangelische Brüder-Unität, Herrnhuter Brüdergemeine, Unitas fratrum, Moravian Church,** eine aus dem Pietismus hervorgegangene Religionsgemeinschaft, die in ihrer Kirchenordnung (›Grund der Unität‹) persönlichen Glauben und Gemeinde als Bruderschaft und Dienstgemeinschaft betont. Sie geht auf die Böhmischen Brüder zurück, die sich seit 1722 auf dem Gut Berthelsdorf (Oberlausitz) des Grafen Zinzendorf niederließen. Die daraus hervorgehende Siedlung erhielt den Namen Herrnhut. 1727 von den Einwohnern dieses Ortes angenommene Statuten verpflichteten zur Bruderliebe, die an die Stelle von Religions- und Glaubensstreitigkeiten treten sollte. Die neue Gemeinschaft verstand sich als Teil der lutherischen Kirche, doch erweckten ihre besonderen Einrichtungen und Lebensformen das Misstrauen und die Gegnerschaft der Kirche.
Für die Brüdergemeine ist eine persönliche Glaubensbeziehung zu Jesus Christus kennzeichnend, die anfänglich Ausdrucksformen übertriebener Gefühlsfrömmigkeit fand, ferner die Liebe zu Brüdern und Schwestern, die neue Formen des christlichen Gemeinschaftslebens schuf (›Versammlungen‹, Banden und Chöre, Gemeindezucht, Singstunde, Losung und Lehrtext als tägliche biblische Besinnung), und nicht zuletzt die 1732 beginnende umfangreiche Missionstätigkeit, durch die die Brüdergemeine heute in fast allen Erdteilen vertreten ist. – An der Spitze der Brüdergemeine steht die Unitätssynode, zu der im Abstand von sieben Jahren Vertreter aller Unitätsprovinzen einberufen werden. Die Bischöfe üben ein seelsorgerliches Amt aus und nehmen i. A. keine Leitungsaufgaben wahr.

**Brüder Jesu, Herrenbrüder,** im N. T. mehrfach (z. B. Mk. 6, 3) genannte Personen: Jakobus, Joses bzw. Joseph, Judas und Simon. Außerdem wird von Schwestern Jesu gesprochen, die jedoch nicht namentlich genannt sind. Ihre Erwähnung widerspricht zunächst dem katholischen Dogma von der immer währenden Jungfräulichkeit Marias; die Richtigkeit von Interpretationen, die dieser Schwierigkeit Rechnung tragen (die Brüder Jesu seien Söhne Josephs aus einer ersten Ehe oder sie seien entferntere Verwandte), lässt sich vom Text her nicht erweisen.

**Brüderlichkeit,** die Gesinnung, durch die sich die Mitglieder einer menschlichen Gruppe untereinander zur tätigen Hilfe verpflichtet fühlen, ohne dass diese Verpflichtung formell, z. B. rechtlich, fixiert ist und ohne dass an eine Aufrechnung der gegenseitigen Leistungen gedacht wird. Das Verhältnis zwischen leiblichen Geschwistern gilt dabei als Vorbild. In der religiös bestimmten Ethik, besonders der christlichen, ergibt sich das Gebot der Brüderlichkeit aus dem Gedanken der Gotteskindschaft aller Menschen als dessen Entsprechung (▸ Bruder). In erster Linie wird dabei meist an das Verhältnis der Gemeindemitglieder zueinander gedacht, so etwa in den Apostelbriefen, in denen die Formel ›liebe Brüder‹ die typische Anrede und die Mahnung zur Brüderlichkeit innerhalb der Gemeinde eines der Leitmotive ist. Als weitere theologische Begründung des Gebots der Brüderlichkeit tritt der Gedanke hinzu, dass Gott die Menschen zu Brüdern gemacht habe, indem er sie alle von einem einzigen Menschen abstammen ließ.

Die Idee, dass die Menschheit eine große Familie bilde, sodass alle Menschen ›Brüder‹ seien, hat ihren Ursprung in der spätantiken Philosophie, besonders in der Stoa. Die Stoiker haben daher die Sklaverei bekämpft und v. a. die (z. B. von Aristoteles vertretene) Lehre abgelehnt, dass der Sklave von Natur ein anderes Wesen sei als der Freie. Die europäische Aufklärung nahm beide Gedankenströme, den antik-stoischen und den christlich-theologischen, in ihre Ethik und Naturrechtslehre auf, den Letzteren, indem sie ihn säkularisierte; damit rückte der Akzent von dem Gebot einer dem Nächsten geschuldeten brüderlichen Liebe auf den Gedanken, dass jedem Menschen die gleichen unveräußerlichen Rechte angeboren seien, die seine Menschenwürde begründen. Die Gesetzgebung der Französischen Revolution hat den Begriff Brüderlichkeit programmatisch zu einem der Leitbegriffe der demokratischen Ideologie gemacht.

**Bruderschaften,** in der *katholischen Kirche* Vereine zur Förderung der Frömmigkeit, Nächstenliebe und des öffentlichen Gottesdienstes. Eine Bruderschaft, die ermächtigt ist, sich gleichartige Bruderschaften anzugliedern, heißt **Erzbruderschaft**. Bekannte Bruderschaften sind die Herz-Jesu-Bruderschaften und die Rosenkranz-Bruderschaften. – In den *evangelischen Kirchen* ▸ Kommunitäten.

**Buddhismus,** die von Buddha im 6. oder 5. Jh. v. Chr. im nördlichen Vorderindien gestiftete Religion.

Der Buddhismus war eine Reformbewegung, die eine Wandlung der alten brahmanischen Kultur Indiens erstrebte. Der Gegensatz zum Brahmanismus ergab sich aus der Tatsache, dass Buddha das Kastensystem und damit die Herrschaftsvorrechte der Brahmanen sowie die Autorität des Veda ablehnte. Trotz dieser Position ist der Buddhismus immer tolerant geblieben, indem er den Brahmanismus als Religion ebenso wenig bekämpfte wie die Glaubensformen, die er als missionierende Weltreligion in anderen Ländern Asiens, von Ceylon (Sri Lanka) bis Tibet und von Afghanistan bis Japan, vorfand. Die Hindugötter und das Kastensystem hatten nur im eigenen Mönchsorden keine Bedeutung, aber für die Laien wurden die Volksreligionen als eine Vorstufe zur höheren Weisheit des Buddhismus aufgefasst.

**Buddhismus:** Thronender Buddha in der Tempelanlage von Wat Mathahat.

Alle irdischen, unter- und überirdischen Wesen unterliegen gleicherweise dem Gesetz der kausalen Vergeltung aller guten und bösen Taten **(Karma)**, sodass im Kosmos ein dauerndes Geborenwerden und Sterben herrscht, bei dem die einzelnen Wesen ihre Existenzweisen ständig ändern. Die Welten mit Ausnahme der oberen Himmel befinden sich in ständigem Wechsel von Werden und Vergehen; ist eine Welt untergegangen, so bleibt an ihrer Stelle nur ein leerer Raum. Aus ihm geht infolge des Karmas der Bewohner der früheren Welt wieder eine neue Welt hervor. Dieser Vorgang setzt sich so lange fort, bis alles Karma beseitigt ist (d. h. alle Wesen die vollkommene Erkenntnis und Freiheit von allen Begierden erlangt haben).

Im Unterschied zu anderen Religionen lehrt der Buddhismus, dass es keine ewigen, unvergänglichen Substanzen gibt: weder Materie noch eine dauerhafte Seele oder Persönlichkeit, weder einen persönlichen Weltenherrn noch ein unpersönliches Absolutes, das den Urgrund der Welt bildet. Vielmehr kommt jedes Individuum und die von ihm erlebte Welt nur durch Daseinsfaktoren (Sanskrit: **Dharma**, Pali: Dhamma) zustande, die in funktioneller Abhängigkeit voneinander gesetzmäßig entstehen und wieder vergehen. Die Dharmas sind nicht mehr reduzierbare, dinglich vorgestellte Kräfte, die durch ihr Zusammenwirken die

Einzelwesen und die von ihnen wahrgenommene Welt hervorbringen. Stirbt ein Individuum, so löst sich die Verbindung der Dharmas, die es gebildet hatten; die Samskaras (Triebkräfte) von moralisch guter oder schlechter Bedeutung, d. h. die Willensimpulse, die zu Karma wurden, werden zur Basis eines neuen Wesens, das für die guten oder schlechten Werke des Gestorbenen Lohn oder Strafe empfängt. Der Buddhismus lehrt also keine ›Seelenwanderung‹, sondern das Hervorwachsen eines neuen Wesens aus dem Karma des Dahingeschiedenen. Dies wird im Einzelnen durch den berühmten Lehrsatz vom ›Entstehen in Abhängigkeit‹ (Sanskrit: Pratityasamutpada, Pali: Paticcasamuppada) verdeutlicht, dessen zwölf Glieder nach allgemein buddhistischer Tradition das kausal bedingte Werden einer Persönlichkeit in aufeinander folgenden Existenzen darstellen; dabei erscheint als letzte Ursache des Leidens und der Verstrickung in den Geburtenkreislauf das Nichtwissen (Avidya).

Symbol der verschiedenen Daseinsformen, die der Erlösung bedürfen, ist das Rad **(Cakra)**. Nach der Lehre des Buddhismus geht seit anfangsloser Zeit das Wieder-geboren-Werden und Wieder-sterben-Müssen vor sich, solange der Mensch nicht erkennt, dass alles ›vergänglich, ohne beharrende Substanz und deshalb leidvoll‹ ist. Leid (Sanskrit: Duhkha, Pali: Dukkha) ist im Buddhismus das Unheil, das in der Tatsache der individuellen Existenz liegt. Es wird offenbar im physischen und im seelischen Schmerz. Von dieser leidvollen Erfahrung spricht die erste der **›vier edlen Wahrheiten‹:** Die Daseinsfaktoren des einzelnen Lebewesens (›alles Wirkliche ist individuell‹) sind danach überhaupt voller Leid und Unheil. Die Ursache des Leidens ist nach der ›zweiten edlen Wahrheit‹ der ›Durst‹ (Sanskrit: **Trishna**, Pali: Tanha), die Begierde, der Lebenswille. Er wird überwunden, wie die ›dritte edle Wahrheit‹ sagt, in dem ›Erlöschen des Durstes‹, der Abtötung der Begierde und aller Leidenschaften (v. a. Gier, Hass und Verblendung). Die ›vierte edle Wahrheit‹ endlich zeigt den ›edlen achtfachen Weg‹, der zur Aufhebung der Ursache des Leidens führt: rechte Anschauung und Gesinnung, rechtes Reden, Handeln und Leben, rechtes Streben, Denken und Sichversenken. Verschiedene dieser Begriffe sind gleichbedeutend, der Heilsweg kann daher auf drei Stufen zurückgeführt werden: Sittlichkeit (tugendhaftes Verhalten in Gedanken, Worten, Taten), Versenkung und erlösende Erkenntnis. Diese ist nicht das Ergebnis rationalen Denkens, sondern tiefgründiger Einsicht; sie hat wiederum drei Glieder, ist ›dreifaches Wissen‹: Erinnerung an die eigenen früheren Existenzen, Erkenntnis des Karma-Gesetzes, Erkenntnis der ›vier edlen Wahrheiten‹. Damit schließt sich der Kreis, denn die vierte dieser Wahrheiten zeigt den Weg, der zur Aufhebung des Leidens führt; ihn hat der Mönch bereits aufgrund von Belehrung beschritten. Die Aufnahme der Lehre weitet sich nun zu intuitiver Schau. So

**Buddhismus:** Der Dalai-Lama, das geistliche Oberhaupt des Lamaismus, der tibetanischen Form des Buddhismus, besitzt hohe moralische Autorität.

»... wird (der) Geist befreit vom Wahn des Begehrens, des Weltenseins, des Nichtwissens; dem Erlösten wird die Erkenntnis: die Erlösung ist vollzogen, entwurzelt die Geburt, vollendet der heilige Wandel, ... nicht gibt es eine weitere Geburt« (Dighanikaya 2, 98). In der gegenwärtigen, noch bis zum Tode fortdauernden Existenz ist damit schon das **Nirvana**, das ›Verwehen‹, ›Verlöschen‹, erreicht, dem nach dem Tod das ›vollkommene Nirvana‹ (Sanskrit: Parinirvana, Pali: Parinibbana) folgt. Ewig und unabhängig ist im Buddhismus nur das Nirvana. Die Götter bedürfen neben Menschen, Tieren, hungrigen Geistern und Dämonen ebenfalls der Erlösung und sind wie diese dem Kreislauf der Geburten unterworfen.

Die Ethik des Buddhismus ist ganz auf Selbstentäußerung gerichtet. Für den Laien sind die fünf Verpflichtungen bindend: nicht zu töten, nicht zu stehlen, nicht zu lügen, nicht die Ehe zu brechen und keine berauschenden Getränke zu genießen. Die Mönche und Nonnen haben dieselben Gebote in verschärfter Form (völlige Keuschheit) einzuhalten: Sie dürfen außer ihren Gewändern, einer Almosenschale, einem Schermesser, einer Nadel und einem Wassersieb nichts ihr Eigen nennen und müssen auf jeden Luxus verzichten. Das Endziel der Mönche des Hinayana ist es, in dieser oder in einer späteren Verkörperung ein Heiliger (Arhat) zu werden, der sich der Versenkung hingibt, um schließlich in das Nirvana einzugehen. Dem Mahayana erschien die Selbsterlösung ein zu niedriges, weil egoistisches Ziel. Nach seiner Lehre soll der Mensch danach streben, ein **Bodhisattva**, ein Erleuchtungswesen, zu werden, der darum bemüht ist, anderen Wesen zu helfen und sie zur Erleuchtung zu führen.

Da der Buddhismus von seinen Anhängern nicht den Austritt aus anderen Kultgemeinschaften verlangt, bestand für ihn in der ältesten Zeit kein Grund, für die Laien einen eigenen buddhistischen Kultus zu schaffen. Da Buddha nach der Auffassung des Hinayana im Nirvana der Welt vollkommen entrückt ist, hat der Kultus im südlichen Buddhismus heute nur noch das Ziel, das Herz des Verehrers durch den Verehrungsakt zu läutern; will ein Frommer um irdische Güter bitten, so kann er sich an die vielen vergänglichen Götter des Volksglaubens wenden.

In Tibet, wohin der Buddhismus vom 7. Jh. an aus Bengalen gelangte, wurde er in der Gestalt des **Lamaismus** Grundlage eines Mönchsstaates. Von hier aus sind 1577 die Mongolen bekehrt worden, die dann im 17. Jh. die Lehre den Burjaten und Kalmücken vermittelten.

**Bund,** in der Bibel die gesellschaftliche und rechtliche Wirklichkeit eines Vertrages, und zwar Vertragsabschluss wie Vertragsverhältnis. Zwar kann es einen Bund zwischen einzelnen Menschen, Stämmen, König und Volk sowie mit den Nachbarvölkern geben, im A. T. dient Bund aber vorwiegend der Bezeichnung des Verhältnisses von Gott mit Israel. Der Bund sichert den **Schalom**, den friedlichen Rechtszustand, der Voraussetzung für das Wohlergehen ist, doch verlangt er auch angemessenes Verhalten wie Anerkenntnis, Treue und Liebe. Nichterfüllen des Gotteswillens und Abfall von dem einzigen Gott führen zum Bruch des Bundes und werden entsprechend bestraft. Während das Judentum den von Gott mit Israel am Sinai geschlossenen Bund (2. Mos. 19–34) weiterhin für wirksam ansieht, glaubt das Christentum an einen neuen Bund Gottes mit allen Völkern in Jesus Christus (Hebr. 8, 6–10; 9, 14–18; 12, 24).

**Bußdisziplin, Bußzucht,** die Regelung der öffentlichen Buße in der alten Kirche. Für die schwersten Sünden (Glaubensabfall, Unzucht, Mord u. Ä.) wurde eine öffentliche Buße für einen langen Zeitraum, in den ersten Jahrhunderten oft auf Lebenszeit, auferlegt. Die Wiederaufnahme der Büßer in die Kirche, die später am Gründonnerstag vollzogen wurde, musste, besonders für Rückfällige, in heftigen Auseinandersetzungen mit rigoristischen Bußauffassungen durchgesetzt werden. Die dem Bischof unterstellte Einrichtung der Bußdisziplin verschwand im Orient im 5. Jh.; im Abendland traten die private Beichte und die vom Bußsakrament abgelöste Auferlegung öffentlicher Bußen durch die geistlichen Gerichte an ihre Stelle.

**Buße,** *Religionsphänomenologie:* das Bemühen, ein durch menschliches Vergehen (Sünde) gestörtes Verhältnis zwischen Gott, den Göttern bzw. der als heilig verehrten Macht wiederherzustellen. Buße findet sich in allen Religionen und hat unterschiedliche Formen der Bußpraxis hervorgebracht. So kennen viele Völker eine ▸Beichte mit anschließender Waschung oder innerer Reinigung durch Einnahme eines Brechmittels, um damit der Sünden ledig zu werden. Oft wird dem Sünder als Buße auch etwas Blut entnommen, bei den Azteken etwa demjenigen, der sich auf sexuellem Gebiet verging. Der allgemeinen Sündenvergebung dienen besondere öffentliche Bußtage, z. B. im Judentum der ›Versöhnungstag‹ (Jom Kippur) gemäß 3. Mos. 16, 29 ff. Eine große Rolle spielt die Buße in stark durch das Mönchtum geprägten Religionen. So ist die Bußpraxis der taoistischen und jainistischen Mönche durch strenge asketische Übungen gekennzeichnet.

Die christliche Theologie hebt im Anschluss an das N. T. (Mk. 1, 15) die Buße v. a. als persönliche Umkehr, Neubestimmung der gesamten Existenz auf Gott hin hervor (Metanoia).

Nach evangelischer Auffassung ist Buße Gesinnung der Umkehr, die im Leben als ›Frucht der Buße‹ wirksam wird. Sie ist keine Leistung (Genugtuung), auch kein Sakrament (Beichte), vielmehr Reue über die Sünde und Glauben an Gottes Vergebung. Pietismus, Methodismus und Erweckungsbewegungen haben die Buße als individuelle geistliche ›Wiedergeburt‹ (Bekehrung) in die Mitte ihrer Auffassung des Christentums gestellt, die Bußpraxis allerdings z. T. psychologisch übersteigert. In der katholischen Kirche ▸ Bußsakrament.

**Bußgottesdienst,** *katholische Kirche:* die einige Male im Jahr, besonders in der Advents- und Fastenzeit gefeierten Gottesdienste zur Vorbereitung des Empfangs des Bußsakraments, seit 1974 offizieller Teil der Liturgie. Die Teilnahme am Bußgottesdienst ersetzt nicht die ▸ Beichte.

**Bußsakrament,** *katholische Kirche:* das Sakrament, das die nach der Taufe begangenen Sünden durch die Lossprechung des Priesters tilgt, wenn der Sünder durch Reue und Sündenbekenntnis mitwirkt. Das Bußsakrament wird biblisch besonders auf Mt. 18,18 und Joh. 20, 21–23 zurückgeführt. Es ist ein Gerichtsverfahren mit den Akten der Anklage (Beichte), Reue und Genugtuung seitens des Sünders und der Lossprechung (Absolution) durch einen Priester (Beichtvater). Die **Reue** ist die innere Haltung, begangene Sünden abzulehnen, verbunden mit dem Vorsatz, nicht mehr zu sündigen. Wenn sie aus der vollkommenen Gottesliebe erwächst (vollkommene Reue, Kontrition) und mit dem Vorsatz verbunden ist, den Empfang des Bußsakraments nachzuholen, tilgt sie die Sünden und die ewige Strafe schon vor der Beichte. Zum gültigen Empfang des Bußsakraments genügt jedoch die unvollkommene Reue, die hauptsächlich aus der Furcht vor Gottes Strafe hervorgeht. Durch die Lossprechung werden alle Sünden und die ewige oder Höllenstrafe erlassen; die zeitlichen Sündenstrafen werden durch das vom Beichtvater bei der Lossprechung auferlegte sakramentale Genugtuungswerk, durch gute Werke oder auch durch ▸ Ablass abgetragen. Das Kirchenrecht schreibt dem zur Gewissenserforschung fähigen Gläubigen wenigstens einmal im Jahr das Bekenntnis begangener schwerer Sünden (Todsünden) und den Empfang des Bußsakraments vor, wobei auch das Bekenntnis der lässlichen Sünden empfohlen wird (cc. 988f. CIC); außerdem ist der Empfang dann vorgeschrieben, wenn jemand nach schwerer Sünde kommunizieren will (c. 916 CIC). Heilsnotwendig ist das Bußsakrament nach schwerer Sünde in Todesgefahr, wenn ein Priester erreichbar ist (c. 986 CIC).

Die *Ostkirchen* kennen ebenfalls das Bußsakrament, dessen Zentrum die persönliche, vor einem Priester abgelegte Beichte ist. Unterschiede zwischen den einzelnen Kirchen bestehen in seiner äußeren Gestaltung (den Bußriten); z. T. erfolgt die Lossprechung erst nach Ableistung der auferlegten Bußwerke.

**Bußtage, Bettage,** *Religionsgeschichte:* in den Religionen bestimmte, der (öffentlichen) ▸ Buße gewidmete Tage. In der *katholischen Kirche* ist jeder Freitag, auf den kein kirchlich vorgeschriebenes Fest fällt, ein Bußtag, und der erste Tag der Fastenzeit, also der Aschermittwoch; als Bußzeit gilt die gesamte Zeit der Fasten (c. 1250 CIC). In den *evangelischen Kirchen* wurde der erste Bußtag 1532 in Straßburg eingeführt. Ihm folgten Bußtage in den einzelnen Landeskirchen, die an unterschiedlichen Tagen begangen wurden. Seit 1934 wird in Deutschland der *Buß- und Bettag* einheitlich am Mittwoch vor dem letzten Sonntag im Kirchenjahr begangen (bis 1994 gesetzlicher Feiertag, seit 1995 nur noch in Sachsen; in Bayern und Thüringen geschützter Feiertag).

# C

**Calvin, Johannes,** eigentlich Jean Cauvin , französisch-schweizerischer Reformator, * Noyon 10. 7. 1509, † Genf 27. 5. 1564. 1535 ließ er sich zunächst in Basel nieder, wo er sein 1536 veröffentlichtes Hauptwerk, die ›Christianae Religionis Institutio‹ (›Unterricht in der christlichen Religion‹), vollendete.

Aufgezeichnet in der ›Institutio‹, entwickelte Calvin v. a. den Gedanken der Prädestination, der jedoch nicht zur Passivität führt, sondern zur rastlosen Tätigkeit treibt: Aus dem Erfolg des Menschen könne auf seine Erwählung geschlossen werden. Calvin vermittelte in der Abendmahlslehre zwischen M. Luther und U. Zwingli. Über Genf hinaus hat Calvin an der Durchsetzung der Reformation in ganz Europa mitgewirkt, besonders durch seinen ausgedehnten Briefwechsel.

Für den von Calvin beeinflussten Protestantismus **(Kalvinismus)** wurde Genf für die nun überall in Europa entstehende reformierte Kirche zum Beispiel eines nach der göttlicher Offenbarung gestalteten Gemeinwesens. In der Folge beeinflusste der Kalvinismus wesentlich die wirtschaftliche und soziale Entwicklung in Westeuropa und Nordamerika.

**Calvin:** Der Genfer Reformator Johannes Calvin auf dem Gemälde eines flämischen Meisters (16. Jh.. Genf, Bibliothèque publique et universitaire).

**Caritas,** ▸ Karitas.

**Caritas Internationalis,** Abk. **CI**, Dachorganisation nationaler Caritasverbände.

**Charisma,** *das,* die als übernatürlich empfundene oder außerhalb des Alltags stehende Qualität eines Menschen, die ihn in seiner Gruppe als gottgesandt, gottbegnadet erscheinen lässt (Zauberer, Propheten, Kriegshelden). In der charismatischen Herrschaft sah Max Weber (neben der ›traditionalen‹ und der ›legalen‹) einen eigenen Typus der Herrschaft (Gottesgnadentum). Von anderen Herrschaftsformen unterscheide er sich nicht nur durch die Art seiner Legitimierung, sondern auch etwa durch die Auslese des Herrschaftsstabes (Jünger, Gefolge, erste Anhänger). Doch zeige er meist die Tendenz, im Laufe der Zeit in andere Formen überzugehen (›Veralltäglichung des Charismas‹). Bleiben dem Träger des Charismas die erwarteten Erfolge dauernd versagt, so pflegt seine charismatische Autorität zu schwinden. In Zeitaltern und Kulturen, die an die Wirksamkeit übernatürlicher Kräfte nicht glauben, kann die persönliche Ausstrahlungskraft eines Menschen und seine in außergewöhnlichen Erfolgen bewährte Führungsgabe eine Autorität charismatischen Charakters begründen.

*Religionsgeschichte:* In Natur- und Volksreligionen ist vielfach die Fähigkeit zu herrschen ein substanzielles Charisma. Die Gottheit verleihe dem Häuptling oder König eine geheimnisvolle Macht, die Bedürfnisse ihrer Stämme und Völker zu befriedigen, ihre Werke zu vollenden. Gelingt ihnen dies nicht, so werden sie dafür verantwortlich gemacht; ihr Charisma ist geschwunden.

Im N. T. sind mit Charisma besondere Geistes- und Gnadengaben zum Dienst an der Gemeinde (1. Kor. 12–14) gemeint: etwa die Unterscheidung der Geister, die Prophetie und das auffällige Zungenreden **(Glossolalie)** mit der Gabe seiner Deutung.

**charismatische Bewegung,** innerhalb des Protestantismus entstandene Glaubensbewegung, die die urchristlichen Gnadengaben wie Zungenreden, Prophetie und Krankenheilung in den Kirchen wieder zur Geltung bringen will. Sie geht auf den Einfluss der Pfingstbewegung zurück und hat ihren Ursprung in Van Nuys (Kalifornien), wo der Pfarrer der Episcopal Church Dennis Bennett 1960 das Erlebnis einer geistlichen Erweckung hatte, das er seiner Gemeinde als ›Geistestaufe‹ beschrieb, die er zusammen mit der Gabe des Zungenredens erhalten habe. In der Folge breitete sich die Bewegung – die Struktur einzelner, sich zum gemeinsamen Bibellesen und Gebet versammelnder Gruppen ausbildend – bald über die USA hinaus innerhalb der anglikanischen, lutherischen, reformierten und methodistischen Kirchen aus; seit 1966 auch in der katholischen Kirche. In Deutschland ist sie seit 1963 bekannt. Durch Handauflegung in einer Gebetsversammlung empfangen die Gläubigen die von Zungenreden begleitete Geistestaufe. Theologisch gehört die charismatische Bewegung zur evangelikalen Richtung. Sie verzichtet im Unterschied zur Pfingstbewegung auf die Bildung eigener Gemeinden und versteht sich als vom Hl. Geist geleitete *charismatische Erneuerung* des geistlichen Lebens innerhalb der einzelnen Kirchen. Trotz der Gefahr spiritualistischer Übersteigerung besteht ihre ökumenische Bedeutung darin, dass durch sie als die einzelnen christlichen Konfessionen übergreifende Glaubensbewegung ein die Grenzen kirchlicher Hierarchie und Tradition überspringender Diskurs über die biblischen Grundlagen der Lehre vom Hl. Geist entsteht.

**Choral,** *der,* seit dem Spätmittelalter gebrauchte Bezeichnung für die einstimmigen liturgischen Gesänge der katholischen Kirche, also für den gregorianischen Gesang und seine verwandten Formen, in Unterscheidung zur mehrstimmigen Mensural- oder Figuralmusik.

Im Bereich der evangelischen Kirche bezeichnet Choral seit dem 16. Jh. das von der Gemeinde gesungene, meist strophische Kirchenlied. Der Name Choral besagt hier, dass diese Lieder ursprünglich ›choraliter‹, d. h. wie der altkirchliche gregorianische Gesang unbegleitet, unisono und im Rhythmus und Akzent des Verses gesungen wurden. Später wurde der Begriff auch auf die vierstimmig homophone Aussetzung der Choralmelodie bezogen.

**Chrisam, Chrisma,** *das* oder *der,* geweihtes Salböl, das in der katholischen und orthodoxen Liturgie v. a. bei Taufe, Firmung, Bischofs- und Priesterweihe verwendet wird.

**Christ,** *der,* Anhänger des Christentums.

**Christentum,** Bezeichnung für die Gesamtheit der Anhänger des auf Jesus Christus zurückgehenden ›christlichen‹ Glaubens sowie für diesen Glauben selbst. Der Begriff ›Christentum‹ (griech. christianismós) findet sich erstmals in einem Brief des syrischen Bischofs Ignatius von Antiochien († zwischen 107 und 117).

*Wesen des Christentums:* Die Frage nach dem ›Wesen‹ des Christentums wird ausdrücklich erst seit der Reformationszeit (M. Bucer) gestellt, hat aber immer schon die christlichen Theologen beschäftigt, wenn sie sich mit anderen Religionen (z. B. Judentum, Islam), geistigen Strömungen (z. B. Hellenismus, Marxismus) oder politischen Mächten (z. B. Römisches Reich) auseinander gesetzt haben. Die Bestimmung des Christentums fiel je nach Fragestellung verschieden aus. Von den Anfängen an aber gibt es Konstanten: den Monotheismus, das Bekenntnis zu Jesus Christus, die Nachfolge Jesu und eine aus ihr resultierende Gemeinschaft (Gemeinde/Kirche), einige zeichenhafte Vollzüge (Sakramente; v. a. Taufe, Eucharistie, Buße), spezifische ethische Normen (z. B. Nächstenliebe), die Hoffnung auf eine ohne Vorbedingungen geschenkte Erlösung.

Seit seiner Entstehung begreift das Christentum Jesus als von Gott gesandt, schon in vorpaulinischer Zeit als auf Erden erschienenen Gott (Phil. 2,6–11) oder als Fleisch gewordenes ›Wort‹ Gottes (Joh. 1, 1 ff.) und sich selbst somit als basierend auf göttlicher Offenbarung und positivem Heilswillen Gottes (Offenbarungsreligion, ›absolute Religion‹). In der dialektischen Theologie des 20. Jh. wird diese These durch die Bestreitung der Gültigkeit des Begriffs ›Religion‹ für das Christentum weitergeführt: Das Christentum soll keine Religion (d. h. Produkt menschlichen Bemühens), sondern nur göttliche Offenbarung sein. Da jedoch jede Religion für ihre Mitglieder ›absolute Religion‹ ist, muss das ›Wesen‹ des Christentums von seiner religionsgeschichtlichen Eigenart her bestimmt werden.

Das Christentum, hervorgegangen aus dem Frühjudentum, sieht die Frage nach dem Sinn des Lebens in Leben, Lehre und Gestalt des jüdischen Wanderpredigers Jesus aus Nazareth in einer radikalen Form gestellt und – auf Hoffnung hin – beantwortet. Das Spezifische des Christentums ist also die strenge Orientierung an Jesus als ›Heilsmittler‹.

*Entstehung und Ausbreitung des Christentums:* Als sicher gilt heute, dass der historische Jesus weder eine neue Religion noch eine universale Kirche gründen wollte. Vielmehr verstand er sich als Reformer Israels, auf dessen 12 Stämme er mit der

**Christentum:** Das Sakrament der Taufe ist grundlegend für das Christentum. Die Taufe des Frankenkönigs Chlodwig I. war Voraussetzung für die Christianisierung Europas (Elfenbeinrelief, 9. Jh., Amiens, Musée de la Picardie).

Berufung von zwölf Aposteln Anspruch erhob; auch seine Naherwartung **(Parusie)** verhinderte eine weitere Perspektive, sodass die frühesten palästinischen Christen sich zunächst als Juden verstanden und an Gesetz und Tempelkult festhielten. Dennoch muss die Entstehung des Christentums als eine innere Konsequenz des Wirkens und Lebens Jesu angesehen werden. Zwar war Jesus in allem, was er tat und lehrte, jüdisch geprägt, aber er hat die aus der jüdischen Tradition übernommenen Motive in seiner Predigt so verändert und zugespitzt, dass es sich dabei der Sache nach nicht mehr um Judentum handelte: Er verkündete – entsprechend der jüdischen Apokalyptik und im Gefolge der Predigt Johannes des Täufers – die Königsherrschaft Gottes; diese aber war nach seinen Worten in ihm schon angebrochen. So war die Zukunftsoffenheit der jüdischen Geschichtsdeutung aufgehoben, das Ende hatte schon begonnen. Jesus selbst verstand sich deswegen nicht als einen der gottgesandten Männer oder Propheten in einer endlosen Kette, vielmehr sollte er diese Reihe abschließen und in seiner Person das Ende herbeiführen. Dieser Anspruch, die ›endzeitliche‹ Gestalt zu sein, äußerte sich zwar nicht in Selbstprädikationen, wohl aber in der Radikalität der Nachfolgeansprüche, in der Souveränität gegenüber Gesetz und Tempel, in dem besonderen Gottesverhältnis, in der Freiheit der Tradition gegenüber, in seiner Bereitschaft zum Tod.

*Ausbreitung:* Keimzelle des Christentums waren neben der Jerusalemer Urgemeinde auch palästinische Christengruppen in Judäa und Galiläa. Bedingt durch das Ausweichen der Christen vor Verfolgungen durch die jüdischen und römischen Behörden (z. B. Stephanus), kam es zu einer ersten Missionswelle und in deren Gefolge zur Taufe von Samaritanern, Diasporajuden, Proselyten und Heiden. Einen gewaltigen Aufschwung nahm die Ausbreitung des Christentums allerdings erst durch die gezielte Arbeit einiger Missionare (›Apostel‹), unter denen Paulus die größte Bedeutung gewinnen konnte. Programmatisch betrieb er die ›Heidenmission‹ und begründete sie theologisch, sodass sich der Kern der neu entstehenden Christengruppen aus Heidenchristen rekrutierte. Deren Anteil verstärkte sich bald immer mehr, und entsprechend ging der Einfluss eines lebendigen Judenchristentums (spätestens ab 150) zurück. Begünstigt durch die Bedingungen des Römischen Reiches, drang das Christentum auch in Städte des Landesinnern und bis nach England vor und repräsentierte z. Z. der ›konstantinischen Wende‹ (311/313) im Römischen Reich einen (geschätzten) Bevölkerungsanteil von etwa 15 %; während der Antike tritt uns das Christentum als Stadtreligion entgegen.

Während sich das Griechisch sprechende (christliche) oströmische Kaisertum (Byzantinisches Reich) auch in den Wirren der Völkerwanderung behaupten und dabei ein Staatskirchentum (Cäsaropapismus) etablieren konnte – erst mit dem Vordringen des Islams (ab dem 7. Jh.) verschwand das Christentum in diesen Gebieten weitgehend –, wurde der Westen des Römischen Reiches härter von der Völkerwanderung in Mitleidenschaft gezogen; 476 geriet Rom endgültig unter germanische Herrschaft. Die Germanenstämme haben nach der Eroberung christlicher Gebiete weitgehend das Christentum angenommen, aber in seiner arianischen Gestalt (▸ Arianismus). Erst mit der Taufe des fränkischen Königs Chlodwig I. 498/499 in Reims zum katholischen Glauben war eine für die Zukunft Europas wichtige Entscheidung gefallen; von jetzt an konnte sich die lateinische Form des antiken Christentums zunehmend unter den germanischen Stämmen Zentraleuropas verbreiten. Die Christianisierung erfasste schließlich auch den Norden und die östlichen Teile Zentraleuropas.

Die islamische Expansion im 7./9. Jh. brachte das Christentum in Nordafrika und weiten Teilen Spaniens zum Verschwinden; erst nach jahrhundertelangen Kämpfen (Reconquista) wurde der Islam von der iberischen Halbinsel verdrängt.

Der größte Teil der slawischen Völker wurde vom 9. bis 11. Jh. missioniert und lehnte sich an Byzanz und das griechische Christentum an.

Mit Beginn der Neuzeit geriet erstmals die ganze Erde in den Blick Europas und des Christentums, das nun in anderen Kontinenten Fuß fasste. Dieser Prozess ging einher mit negativen Begleiterscheinungen: Lange Zeit war die Mission Sache der Kolonialmächte (z. B. Patronatsmission der spanischen und portugiesischen Könige), in Amerika und Australien war die (völlige) Christianisierung mit der Dezimierung der einheimischen Bevölkerung verbunden, in Afrika und Asien wurde eine europäische Form des Christentums etabliert. Im Ergebnis dieser systematischen Mission gibt es in Schwarzafrika einige Länder mit christlichen Bevölkerungsmehrheiten, in den meisten Staaten sehr dynamische Minoritäten. In Asien ist nur ein Land (Philippinen) mehrheitlich christlich, aber auch hier finden sich in beinahe allen Staaten kleine, aber aktive christliche Kirchen. Die Inselwelt Ozeaniens ist fast gänzlich christianisiert.

Das Christentum in der Moderne ist mit einem radikalen Säkularisierungsprozess konfrontiert, der sich nach Anfängen im Mittelalter in der Aufklärung verstärkte und schließlich seit dem 19. Jh. dominierend wurde.

Die mit der Entstehung der modernen Industriegesellschaften aufgeworfene soziale Frage wurde von den Kirchen mit Verzögerung aufgegriffen, weshalb ihnen große Teile der Arbeiterschaft entfremdet wurden. Erst mit der Zeit wurden christliche Soziallehren entwickelt, die im katholischen Bereich in den Sozialenzykliken der Päpste ihren Ausdruck fanden. Die ökumenische Bewegung stellte sich der sozialen Frage erstmals auf der Weltkonferenz für Praktisches Christentum 1925 in Stockholm, später besonders in Uppsala 1968.

*Gegenwärtige Lage:* In der Gegenwart scheint das Christentum sich v. a. mit drei Problemen auseinander setzen zu müssen. Einmal geht es um eine Überwindung des Konfessionalismus. Angesichts der fundamentalen Gemeinsamkeit des Christentums verlieren im Bewusstsein der Christen die konfessionellen Unterschiede an Bedeutung. Hieraus resultieren die verschiedenen Initiativen der ökumenischen Bewegung, die allerdings auch, v. a. in den Amtskirchen, Ängste hervorrufen. Ebenso wirkt ein weltweit anzutreffender charismatischer Aufbruch von interkonfessionellem Charakter. Daneben finden sich anonyme Christen ohne kirchliche Bindung, deren christliche Gesinnung in Wort und Tat gleichwohl augenfällig ist. Das zweite Problem ist die Auseinandersetzung mit dem in der Alten und Neuen Welt verbreiteten säkularisierten Denken. Das dritte Problem stellt sich durch die Tatsache, dass eine wachsende Mehrheit der Christen in der Dritten Welt lebt. Daraus ergibt sich die Aufgabe, Formen zu finden, die auf deren Bedingungen eine Antwort geben (Befreiungstheologie/Basisgemeinden), und sich einem Inkulturationsprozess in Asien und Afrika zu öffnen, dessen Ziel noch nicht abzusehen ist. Hier steht der Dialog mit den Weltreligionen an, ebenso eine Neubesinnung auf das Verhältnis zum Judentum.

**Christenverfolgungen,** in der Antike die Versuche der römischen Kaiser, Statthalter oder örtlichen Instanzen, das Christentum als staatlich nicht anerkannten Kult einzudämmen oder gar auszurotten. Christenverfolgungen gibt es vom Beginn des Christentums an. Im N. T. werden sie bereits vorausgesetzt und theologisch reflektiert (Mt. 5,10 f. und Joh. 15,20). Zunächst auf den jüdischen Einflussbereich beschränkt (Apg. 6,8 ff.; 8,1; 9,1), greifen sie mit dem Vordringen des Christentums in die römisch-hellenistische Welt auch hierhin über: Die (überaus lückenhaften) Quellen berichten über (lokal begrenzte) Christenverfolgungen durch Nero (64 n. Chr.) und Domitian.

Reichsweit geregelt wurde die Verfolgungsfrage erstmalig 112 durch ein Reskript Kaiser Trajans: Nach Christen soll nicht gefahndet werden; wer angezeigt und überführt wird, Christ zu sein, ist (mit dem Tode) zu bestrafen; Abkehr vom Christentum soll Straffreiheit nach sich ziehen; anonyme Anzeigen bleiben unberücksichtigt. Diese Regelung ist für lange Zeit Grundlage des staatlichen Umgangs mit den Christen geblieben (sofern lokale Willkür sie nicht durchbrach).

Ein grundlegender Wandel ergab sich durch das Opferdekret des Decius (249–251), das der gesamten Reichsbevölkerung ein (den Christen unmögliches) Bittopfer für die Götter Roms bei Todesstrafe bindend vorschrieb. Die Situation wurde durch Erlasse Valerians (253–259) noch verschärft (Unterbindung kirchlichen Lebens, Beschlagnahme kirchlichen Vermögens). Nach dessen Tod willigte Gallienus 260 mit zwei Toleranzedikten in die vorläufige Duldung der Christen ein. Diese Verfolgungspause endete 303, als Diokletian in drei Edikten erneut eine blutige Christenverfolgung in Gang setzte. Ein viertes Edikt (304) verschärfte die Lage, da es für den gesamten Osten übernommen wurde. Im Westen endete die Verfolgung bereits 311 (Toleranzedikt von Serdica, 313 in Mailand erneuert), während sie im Osten erst nach dem vollständigen Sieg Konstantins d. Gr. 324 endete. Die Herrschaft Julians (361–363) brachte noch einmal die Christen diskriminierende Unterdrückungsmaßnahmen.

**Christkatholische Kirche der Schweiz,** ▸Altkatholiken.

**christliche Symbole,** Sinnbilder des Glaubens, die in frühchristlicher Zeit als Verhüllung des Bekenntnisses in einer feindlichen Umwelt und geheimes Mittel der Verständigung entstanden. Zu den christlichen Symbolen gehören v. a. das Kreuz und das Christusmonogramm. Im Einzelnen erscheint Christus im Symbol des Guten Hirten, als Fischer (Symbol des Menschenfischers: Angler), als Philosoph (Symbol des Lehrers). Die rettende Kraft Gottes wird im Bild des Jona (auch Symbol der Auf-

**christliche Symbole:** Das »Auge Gottes« ist ein altes Symbol für die Dreifaltigkeit.

erstehungshoffnung) u. a. dargestellt. Die Christen erscheinen als ›Oranten‹ (Anbetende), ihr Bekenntnis kommt im Symbol des Fisches zum Ausdruck (griech. ichthys = Iesus christos theou yios soter ›Jesus Christus Gottes Sohn Retter‹). Als christliche Tiersymbole gelten Lamm, Taube, Hirsch (nach Ps. 42/41, 2), Pfau (Paradieseshoffnung), Phönix (Auferstehung); dazu treten Sachsymbole (Anker, Schiff u. a.).

Im Mittelalter wurde die Symbolsprache immer reicher, die Zahl der christlichen Symbole nahm ebenso zu wie ihre Vieldeutigkeit. Die allegorische Deutung der Bibel führte zu neuen Sinnbildern für die Inhalte und Hauptgestalten des Glaubens (Maria u. a.), eindeutiger sind die Attribute der Heiligen, da sie dem Bericht über ihr Martyrium entnommen sind. In den Kirchen der Reformation nahm die Bedeutung der christlichen Symbole ab; eine neue Fülle von Symbolen findet sich im katholischen Barock, so das Dreieck als Sinnbild der Dreifaltigkeit (mit Auge Gottes oder Tetragramm).

**Christologie,** *die,* die dogmatische Lehre von der Person Jesu Christi, wie sie im N. T. angelegt und von der Kirche entfaltet worden ist. Im Gefolge der Trinitätslehre ergab sich für das altkirchliche Denken die Aufgabe zu beschreiben, wie Jesus Christus zugleich Gott und Mensch sein konnte.

Die Lehre entwickelte sich im Spannungsfeld entgegengesetzter Extreme. Die Ebioniten lehrten, Jesus sei bloß Mensch. Erst bei seiner Taufe habe er eine besondere Würde empfangen, indem der Christus auf ihn herabgestiegen sei (ähnlich der Adoptianismus und der Arianismus). Der **Doketismus** meinte: Jesus, der Erlöser, der Lichtbringer, könne nicht ›Fleisch‹ sein. Was an ihm als menschliches Leben und Sterben wahrnehmbar ist, könne nur Schein sein. Das Göttliche ›absorbiere‹ alles Menschliche. Die Großkirche hielt beide Auffassungen für häretisch. Ihr galt die göttliche und die menschliche Natur in Christus zu einer Einheit verbunden. Strittig war zunächst nur die begriffliche Erfassung dieser Glaubensaussage. Die antiochenische Schule suchte mit dem Gedanken der ›Zusammenhaftung‹ der Naturen eine rational einsichtige Lösung. Sowohl das Göttliche als auch das Menschliche sollen ungeschmälert bleiben. Zwar lehrte man nicht zwei Söhne Gottes, jedoch war die Einheit nicht als substanzielle gedacht und somit die Tendenz zu einer ›Trennungs-Christologie‹ angelegt **(Nestorianismus)**. Die alexandrinische Schule sprach dagegen dem Menschsein Jesu keine eigene Wesenhaftigkeit zu. Dieses bleibt zwar unangetastet, wird aber von der Gottheit gleichsam umgriffen.

Nach einer Reihe heftiger, auch (kirchen-)politisch geprägter Auseinandersetzungen kam es auf dem 4. ökumenischen Konzil in Chalkedon (451) zu einer Vermittlung. Die Beschlüsse der vorausgegangenen Konzile wurden aufgenommen und weitergeführt im so genannten ›Chalkedonense‹, der wichtigsten Entscheidung im Rahmen kirchlicher Christologie überhaupt. Dieses Dogma behauptet sowohl die *Einheit* der Person Jesus Christus als auch seine *Wesensgleichheit* **(Homousie)** als Gott-Sohn mit dem Vater wie als Mensch mit den Menschen. Christus wird in zwei Naturen unvermischt, unverwandelt, ungetrennt und ungesondert erkannt. Mit den vier Negativbegriffen wurden Einseitigkeiten in beiden Richtungen ausgegrenzt.

In der frühen Neuzeit überwog immer mehr das Interesse am historischen Jesus. Die Aufklärung in ihrer frühen (Sozinianer) und späteren Gestalt (H. S. Reimarus) nährte damit ihre Skepsis gegen die kirchliche Christologie; Christus wird unter Absehung von aller metaphysischer Religion zum ersten zuverlässigen, praktischen Lehrer der Unsterblichkeit (G. E. Lessing). Die Leugnung der Geschichtlichkeit Jesu (A. Drews) bildete in der radikalen Kritik eine seltene Ausnahme.

In den orthodoxen Kirchen wird im Rahmen der Bildertheologie die Ikone Christi als die abschließende Vollendung der Christologie geehrt.

Der moderne Protestantismus ist in seiner positiven Bemühung um eine Neufassung verschiedene Wege gegangen. F. E. D. Schleiermacher setzte sich von einer rationalistischen Theologie, die in Jesus nur ein moralisches Vorbild sah, bewusst ab. Entgegen der Tradition lag ihm aber nichts an der personalen Identität Jesu mit Gott. Vielmehr ist Jesus für ihn *urbildlich* Mensch, eine schöpferische Neusetzung Gottes. Er erlöse, indem er den Menschen aus seiner Gottvergessenheit befreit und in die Kräftigkeit seines Gottesbewusstseins aufnimmt.

Die gegenwärtige Problematik der Christologie ist dadurch gekennzeichnet, dass man sie entweder als Rechenschaft des kritischen modernen Denkens über den Glauben an Jesus versteht oder als den Inbegriff christlicher Theologie überhaupt, sodass die Lehre von Gott, von der Schöpfung, vom Menschen wie auch die Ethik von der Christologie her entfaltet wird.

**Christus,** die Übersetzung des hebräischen Messias. Im N. T. ist Christus der Würdename, der Jesus von Nazareth als den im A. T. verheißenen Messias kennzeichnet; er wird schon in den Apostelbriefen zum Eigennamen. Über die Bedeutung im A. T. ▸ Messias, im N. T. ▸ Jesus Christus.

**Christusmonogramm, Christogramm,** symbolisches Zeichen für den Namen und die Person Christi, auch für das Christentum überhaupt. Das Christusmonogramm findet sich schon vor Konstantin d. Gr., der es unter Berufung auf seine Kreuzvision zu öffentlichen Ehren brachte. Es wurde auf den Feldzeichen angebracht und zierte Sarkophage, Gefäße, Amulette u. a. Durch Münzen ist es seit 324 n. Chr. belegt. In verschiedener Weise wird das Christusmonogramm aus den griechischen Anfangsbuchstaben des Namens Christus: X (Chi) und P (Rho) gebildet, oft unter Hinzufügung des ersten und letzten Buchstabens des griechischen Alphabets A und Ω, nach Apk. 1, 8. In frühchristlicher Zeit hat man häufig das Andreaskreuz in Form des griechischen X für den Namen Christi verwendet. Im Mittelalter kommt die Form IHS (griech. Jes; volkstümlich u. a. gedeutet als: Jesus, Heiland, Seligmacher) auf; sie wurde besonders von Bernhardin von Siena verbreitet und in das Wappen des Jesuitenordens übernommen. – Das Christusmonogramm hat sich bis in die christliche Kunst der Gegenwart erhalten.

**Christusmythe,** religionswissenschaftlicher Begriff, mit dem behauptet wurde (A. Drews), Jesus sei keine geschichtliche Person, sondern ein Gott im Sinne vieler anderer leidender, sterbender und wieder auferstehender Heilandsgestalten der vorderorientalischen Mythologie gewesen.

**Codex,** *der,* Abk. **Cod., Codex Iuris Canonici**, Abk. **CIC**, das Gesetzbuch des kanonischen Rechts, Grundlage und Hauptquelle des geltenden Rechts der katholischen Kirche des lateinischen Ritus. Nachdem das kirchliche Recht lange Zeit nur in voluminösen Sammlungen verschiedenartiger Gesetze vorgelegen hatte (Corpus Iuris Canonici), gab Pius X. 1904 den Auftrag zur Erarbeitung eines modernen kirchlichen Gesetzbuches, das Pfingsten 1918 in Kraft trat. Es enthielt 2 414 Canones in fünf Büchern. V. a. durch das 2. Vatikanische Konzil und die nachfolgende päpstliche Gesetzgebung wurden Teile daraus durch neues Recht ersetzt, das meist in den neuen CIC einging. Die von einzelnen Arbeitsgruppen erarbeiteten Teilentwürfe wurden 1972–77 den Bischöfen und kirchlichen Organen zugesandt. Der 1980 erstellte Gesamtentwurf wurde nach gründlicher Prüfung verkündet und mit Wirkung vom 27. 11. 1983 in Kraft gesetzt. Inzwischen liegt der CIC in approbierten Übersetzungen in allen wichtigen Sprachen vor. Amtlicher Text ist jedoch nur die lateinische Fassung.

Dieser neue CIC besteht aus 1752 Canones (Abk. cc.) in sieben Büchern. Das 1. Buch enthält die allgemeinen Normen einschließlich der Bestimmungen über die Ausübung der Leitungsgewalt und über die Kirchenämter (cc. 1–203). In das mit ›Volk Gottes‹ betitelte 2. Buch (cc. 204–746) sind die meisten Neuerungen durch die Ekklesiologie des 2. Vatikanischen Konzils eingegangen. Zuerst handelt es von den Gläubigen allgemein, ihren Rechten und Pflichten und dem Vereinsrecht; dann von der hierarchischen Verfassung der Kirche, den Rechten und Pflichten der Amtsträger auf den verschiedensten Ebenen, vom Papst und allgemeinem Konzil über die Bischöfe und Pfarrer bis zum Kaplan; schließlich folgt das Recht der geistlichen Gemeinschaften (Ordensrecht). Was im alten CIC unter ›Sachenrecht‹ zusammengefasst war, wird jetzt theologisch zutreffender in drei Büchern geboten: Auf das relativ kurze 3. Buch (cc. 747–833) mit den

Normen über den Verkündigungsdienst (Predigt und Katechese, Schulen und Universitäten, soziale Kommunikationsmittel) folgt das 4. Buch über den Heiligungsdienst der Kirche (cc. 834–1253), in dem die Normen über die sieben Sakramente (mit einem detaillierten Eherecht) am ausführlichsten sind. Im kürzesten 5. Buch über das Kirchenvermögen (cc. 1254–1310) wird nur ein Rahmen abgesteckt, der vom partikularen Gesetzgeber (Ortsbischof) unter Berücksichtigung des weltlichen Rechts ausgefüllt werden soll. Die kirchlichen Strafbestimmungen (cc. 1311–1399) kennen nach wie vor einige Strafen, die man sich bereits durch Begehen einer schweren Straftat zuzieht, z. B. Exkommunikation wegen Glaubensabfalls oder Abtreibung, i. d. R. jedoch durch den Bischof oder durch Richterspruch zu verhängen sind. Das Prozessrecht (cc. 1 400–1 752) regelt außer dem allgemeinen Streitverfahren noch besonders den Eheprozess, den Strafprozess und einige Verwaltungsverfahren. Bei der Interpretation und Anwendung aller Normen ist das ›Heil der Seelen‹ zu beachten, ›das in der Kirche immer das oberste Gesetz sein muss‹ (c. 1 752).

**Codex Vaticanus, Vaticanus,** Sigel B, wichtigste und bedeutendste Pergamenthandschrift (Unziale/Majuskel) der Bibel, wohl um 350 in Ägypten entstanden, die fast vollständig das griech. A. T. (Septuaginta) und N. T. enthält; seit 1475 im Besitz der Vatikanischen Bibliothek (daher der Name).

**Credo, Kredo,** *das,* das mit diesem Wort beginnende Nicänische Glaubensbekenntnis; wird in der katholischen Messe als 3. Teil des Ordinarium Missae an allen Sonntagen und bestimmten Feiertagen gebetet. Sein Text ist in seiner heutigen Gestalt seit dem 4. Jh. bekannt. Ursprünglich Taufbekenntnis, wurde das Credo im 6. Jh. zunächst in die orientalischen Messliturgien, 589 in die mozarabisch (altspanische), um 800 durch Karl d. Gr. in die fränkische und 1014 auf Drängen Heinrichs II. in die römische Liturgie übernommen.

# D

**Dämonen,** Singular Dämon, *der,* bei Homer ursprünglich die Götter (unter Betonung ihrer übermenschlichen Wirksamkeit), später (seit Hesiod) Zwischenwesen zwischen Göttern und Menschen, die auf die menschliche Geschicke in gutem oder bösem Sinne einzuwirken vermochten. Die *Religionswissenschaft* bezeichnet als Dämonen numinose, übermenschliche, aber nicht göttliche Mächte, die zuweilen dem Menschen helfen, ihn meist aber bedrohen oder schädigen. In den Naturreligionen spielt der Glaube an Dämonen eine außerordentliche Rolle. Fast alle Krankheiten, Naturkatastrophen und Unglücksfälle, aber auch deren Heilung und Abwendung werden hier auf Dämonen zurückgeführt. Teile dieses Glaubens haben sich in manchen Kulturreligionen, häufig in der Gegenüberstellung von Schadensgeistern (z. B. Teufel) und ihren schützenden Gegenspielern (z. B. Engel), auch im Volksglauben (Märchen und Sagen) und im Aberglauben erhalten.

**Dämonismus,** *der,* der Glaube an die Erfülltheit der Welt von numinosen Geistwesen dämonischer Art. Dieser Religionstypus stellt eine Fortbildung des Animismus dar. Er hat darin seine charakteristische Eigenart, dass im Unterschied zum Dynamismus, dem Glauben an eine unpersönliche ›Macht‹ (Mana), die Begegnung mit dem Numinosen hier in personalen Kategorien eines Willens, wenngleich eines unberechenbaren, dämonisch erfahren wird. Damit ist der Dämonismus Vorstufe des religiösen Götterglaubens.

**Dämonologie,** *die,* die Lehre von den Dämonen.

**Dank,** wohlwollende Erwiderung empfangener Hilfe, Gefälligkeiten, auch selbstverständlicher Leistungen, in Wort und Tat; gilt als eine allgemeine ethische Forderung an den Menschen. Der Ausdruck Dank reduziert sich vielfach auf eine bloße Formel, deren Gebrauch die Gesellschaft indessen trotzdem als Höflichkeit honoriert.

Die **Dankbarkeit** als Eingedenksein empfangener Wohltaten und positive Vergeltung, seit der Antike allgemein geschätzte Haltung, war ungeschriebenes, überall gültiges Gesetz. Dabei wurde der sittliche Wert der zugrunde liegenden Gesinnung beigemessen, nicht der pflichtmäßigen Ableistung einer Gegengabe. Thomas von Aquino definierte die Dankbarkeit als Tugend, I. Kant als Tugend und eine ›heilige Pflicht‹. Sie wird als eine Art

Anstandspflicht gewertet (z. B. Dankbarkeit der Kinder gegenüber den Eltern). Die Auffassung der Dankabstattung als eine Unterordnung des Dankenden unter den Bedankten führt häufig zu einer Scheu, sich durch Annahme von Wohltaten zum Dank verpflichten zu lassen. Frei von einer solchen Betrachtungsweise ist die Dankbarkeit gegen Gott, die in der Bibel gefordert wird (Dankopfer, Dankpsalmen im A. T., ständige Mahnung zur Dankbarkeit im N. T.). Die Dankbarkeit gegen den Mitmenschen wird im Christentum zu einer Sonderform der allgemeinen Nächstenliebe.

**Deismus,** *der,* die Anschauung der Aufklärung, dass Gott nach der Schöpfung keinen Einfluss mehr auf die Welt nehme und zu ihr auch nicht in Offenbarungen spreche. Damit steht der Deismus zwischen dem Theismus, der einen immer wirkenden, persönlichen Gott annimmt, und dem Atheismus, der die Existenz eines – wie immer zu deutenden – göttlichen Weltprinzips überhaupt ablehnt. Kennzeichnend für den Deismus ist die Vorstellung einer natürlichen Religion als Inbegriff und Maßstab aller Weltreligionen.

**Dekalog,** *der,* die Zehn Gebote.

**Dekan,** *Kirchenwesen:* **Dechant, Erzpriester, Landdekan**, Zwischeninstanz zwischen Bischof und Pfarrer, entstanden aus dem Amt des Archipresbyters, im Mittelalter auch zwischen Archidiakon und Pfarrer, soweit nicht, wie besonders im Byzantinischen Reich, die Archidiakone so zahlreich waren, dass sich ein besonderes Amt des Dekans zunächst nicht bildete. In der *katholischen Kirche* wird der Dekan nach Anhörung der Priester des Dekanats vom Bischof ernannt; er beaufsichtigt in dessen Auftrag seinen Amtsbezirk, das **Dekanat**, eine ebenfalls vom Bischof gebildete Zusammenfassung mehrerer Pfarreien, versammelt die Geistlichen des Dekanats zu Dekanatskonferenzen, koordiniert deren Tätigkeit und visitiert die Pfarreien (cc. 553–555 CIC). Die Bildung von Dekanaten ist gemeinrechtlich vorgeschrieben; eine partikularrechtliche Weiterbildung in Deutschland ist die Zusammenfassung der Dekanate einer Stadt zu einem Stadtdekanat oder mehrerer Dekanate zu einer Region. – Den Titel Dekan führen ferner der Vorsitzenden des Kardinalskollegiums (Kardinaldekan), der Vorsitzende der Rota Romana (i. d. R. der dienstälteste Richter) und vielfach Dignitäre der Dom- und Kollegiatkapitel (Domdekan, Stiftsdekan).

In den *evangelischen Landeskirchen* von Baden, Bayern, Hessen und Nassau, Kurhessen-Waldeck, der Pfalz und Württemberg ist Dekan die Amtsbezeichnung für einen Geistlichen, der neben seiner Aufgabe in der Kirchengemeinde auf der Ebene der kirchlichen Mittelstufe (Kirchenkreis, Dekanatsbezirk) Aufgaben der Aufsicht und seelsorgerlichen Betreuung gegenüber den Pfarrern wahrnimmt.

**Dekanat,** *das,* Dienststelle, Amtszeit und Amtsbezirk eines Dekans.

**Dekret,** *das,* Entscheidung, Erlass, Verordnung. Im römischen Recht eine Anordnung oder Entscheidung der Oberbeamten oder des Kaisers im Prozess, später eine Willensäußerung der Staatsorgane.

**Dekretalen,** Singular Dekretale, *die,* lat. Decretales epistolae, Decretales litterae, altkirchliche und mittelalterliche Papstbriefe, die selbstständig neben den Konzilsbeschlüssen gemeinkirchliches Recht setzten. Die ersten Dekretalen stammen von Papst Siricius (384–399). Sie wurden häufig in Sammlungen zusammengefasst, besonders seit dem Ende des 12. Jh.; ein erstes umfassendes, amtliches Gesetzbuch stellen die Dekretalen Gregors IX. von 1234 dar.

**Delegation,** *katholisches Kirchenrecht:* die Übertragung kirchlicher Amtsbefugnisse (Jurisdiktionsgewalt) ohne das Amt.

**Demokratisierung,** ein vielschichtiger politisch-gesellschaftlicher Begriff mit unterschiedlichen Aspekten, bedeutet 1) einem Staat eine demokratische Verfassung geben; 2) in bereits demokratisch verfassten Staaten die Elemente der politischer Demokratie verstärken (Verfassungsreform): z. B. die Ergänzung der Wahlakte der ›repräsentativen Demokratie‹ durch Verfahren der ›direkten Demokratie‹ (Volksabstimmung, Volksbegehren); 3) darüber hinaus im gesellschaftlichen Bereich demokratische Verfahren der Willensbildung und Beschlussfassung anwenden, um eine möglichst weitgehende Beteiligung von Bürgern an der Entscheidungsbildung in der Gesellschaft zu erreichen. In diesem Falle ergänzen sich Partizipation und Demokratisierung als subjektiver und objektiver Ausdruck derselben Bemühungen. Die Demokratisierung im gesellschaftlichen Bereich bezieht u. a. ein: die Wirtschaft (Betriebe, Unternehmen, Konzerne), das Verbandswesen, die öffentliche Verwaltung, das Bildungssystem (Schul- und Hochschulwesen) und die Familie.

Es gibt grundsätzlich zwei Formen, Demokratisierung durchzusetzen: durch Bildung einer Gegenmacht die Regierenden zur Revision der politischen oder gesellschaftlichen Strukturen zu zwingen (Revolution) oder durch die Institutionalisierung von Mitbestimmung sich das Recht der Teilhabe am Entscheidungsprozess zu erkämpfen. In der katholischen Kirche werden demokratische Prozesse überwiegend als Widerspruch zu Hierachie und Papsttum abgelehnt.

**Demut,** in der Antike die ehrfurchtsvolle Selbstbescheidung des Menschen gegenüber den Göttern und dem Schicksal; im A. T. der geforderte Ausdruck der grundsätzlichen Abhängigkeit des Menschen von seinem Schöpfer. Im N. T. und im Christentum orientiert sich die Demut als christliche Grundhaltung (Tugend) an der Selbsterniedrigung Jesu: In der Demut akzeptiert der Mensch seine eigenen Grenzen und stellt sich unter das Gebot der Gottes- und Nächstenliebe. Demut ist somit von serviler Gesinnung ebenso abzuheben wie von Minderwertigkeitsgefühlen; sie ist vielmehr Ausdruck für das Bewusstsein von der Würde des Menschen.

**Devotionalien,** *katholische Kirche:* der persönlichen Andacht dienende Gegenstände der Volksfrömmigkeit, z. B. Rosenkränze, Heiligenbildchen.

**Diakon,** *der,* kirchlicher Amtsträger, der für bestimmte liturgische, karitative und seelsorgerische Dienste in einer Kirchengemeinde tätig ist.

In der alten Kirche konnte das Wort Diakon jeden bezeichnen, der irgendeinen Dienst leistete; als Amtsbezeichnung kam es nur vereinzelt vor (Phil. 1, 1; 1. Tim. 3, 8 und 12). Die Zurückführung der Diakone auf die sieben Helfer, die nach Apg. 6, 1–6 den Aposteln zur Unterstützung beigegeben wurden, ist nicht begründet. Die Diakone waren im besonderen Gehilfen des Bischofs, v. a. beim Abendmahl, und Mitarbeiter der Gemeinde (karitative Tätigkeit). Später übernahmen sie, v. a. der Archidiakon, immer mehr Verwaltungsaufgaben. Seit dem 11. Jh. nahm die Bedeutung ihres Amtes jedoch ab, am Ende des 15. Jh. hatten sie bereits etwa die heutigen Aufgaben.

In der *katholischen Kirche* ist der Diakon ein Kleriker, der die Diakonatsweihe empfangen hat. In der *lateinischen Kirche* wird i. d. R. nur der zum Diakon geweiht, der Priester werden will (Mindestalter 22 Jahre). Seit dem 2. Vatikanischen Konzil besteht aber auch die Möglichkeit, Nichtkleriker zu Diakonen zu weihen (cc. 236 und 1 031 CIC). Diese ständigen Diakone (künftige Priester sind Diakone auf Zeit) bilden zwei Gruppen: Die Diakone der einen müssen mindestens 25 Jahre alt sein und eine vorbereitende, i. d. R. dreijährige Ausbildung absolviert haben; bei den anderen wird ein Mindestalter von 35 Jahren, verbunden mit einem zur Zeit der Weihe schon seit mehreren Jahren bewährten christlichen Lebenswandel, jedoch keine bestimmte Form oder Dauer der Vorbildung vorausgesetzt. Zum Zölibat sind auch die ständigen Diakone verpflichtet, jedoch besteht die Möglichkeit, schon Verheiratete in die zweite Gruppe aufzunehmen, wobei die Zustimmung der Ehefrau erforderlich ist. Die ständigen Diakone dürfen einen bürgerlichen Beruf ausüben; widmen sie sich ganz der kirchlichen Tätigkeit, haben sie gegenüber der Kirche Anspruch auf die finanzielle Absicherung ihrer und der Lebensführung ihrer Familien. Die Befugnisse des Diakons sind: liturgischer Dienst (Taufe, Kommunionspendung, Assistenz bei der Eheschließung; Spendung der Sakramentalien; Begräbnis; Mitwirkung bei der Messfeier), kirchlicher Unterricht, Karitas- und Verwaltungsarbeit.

In den *Ostkirchen* bildet der Diakon die unterste Stufe der dreigegliederten Hierarchie (Diakon, Priester, Bischof). Der Diakon leistet seinen Dienst beim Vollzug der Sakramente. Er kann – wie der Priester – als Verheirateter geweiht werden, darf jedoch nach der Weihe keine Ehe mehr eingehen.

*Evangelische Kirchen:* In den reformatorischen Kirchen galt die diakonische Tätigkeit von jeher als notwendige christliche Lebensäußerung. Das Amt des Diakons als gemeindliches Ehrenamt hat sich in einzelnen reformierten Kirchen eingebürgert, weil die von J. Calvin empfohlene Kirchenverfassung dieses Amt ausdrücklich vorsah. Unter dem Einfluss der Erweckungsbewegung im 19. Jh. kam es zu einer neuartigen Ausprägung des Amtes des Diakons als eines fachlich ausgebildeten und hauptberuflich tätigen kirchlichen Mitarbeiters. Diakone dieser Art wurden zuerst in dem von J. H. Wichern gegründeten ›Rauhen Haus‹ (1833) ausgebildet. Seither entstanden zahlreiche Diakonieanstalten und wurden zum Mittelpunkt von Bruderschaften. Ihre Mitglieder wurden als Anstaltsdiakone in Einrichtungen der Krankenpflege oder der sozialen Betreuung oder als Gemeindediakone in einzelne Gemeinden entsandt. Heute erstreckt sich die Tätigkeit der Diakone auf den sozialen Bereich, auf die Jugendpflege und einzelne Bereiche der Gemeindeverwaltung. Ihre Ausbildung erfolgt weitgehend im Rahmen kirchlicher Fachschulen und Fachhochschulen. Sie haben vielfach die Qualifikation von Sozialarbeitern mit Fachhochschulabschluss. **Diakonissen**, die in Mutterhäusern ausgebildet und von diesen entsandt wurden, hatten namentlich in der Krankenpflege ihr Wirkungsfeld. Heute stehen Ausbildung und Beruf des Diakons auch Frauen offen; sie tragen die Berufsbezeichnung **Diakonin**.

In der *anglikanischen Kirche* nimmt der Diakon den untersten Rang der kirchlichen Amtsträger ein; er nimmt teil an der Arbeit des Pfarrers, tauft, teilt die Eucharistie aus und assistiert bei der Eheschließung. Niemand kann Priester werden, ohne Diakon gewesen zu sein.

**Diakonat,** *das,* auch *der,* Amt, auch [Dienst-]Wohnung des Diakons.

**Diaspora,** *die,* aus der hellenistisch-jüdischen Literatur übernommene Bezeichnung für eine konfessionelle und/oder nationale Minderheit sowie deren Situation, z. B. das Diasporajudentum als die Gesamtheit der dauernd außerhalb des jüdischen Staates (auch des modernen Israel) lebenden Juden.

**Didache, Apostellehre, Zwölfapostellehre,** *die,* älteste urchristliche ›Gemeindeordnung‹ mit Bestimmungen über Leben, Gottesdienst und Leitung der Gemeinde. Das griechische Original entstand wohl in der ersten Hälfte des 2. Jh. im Grenzland von Syrien und Palästina.

**Diözese,** *die,* in der *evangelischen Kirche* früher der Bezirk eines Superintendenten (Dekans); heißt jetzt Kirchenkreis, auch Dekanat.

**Diözese, Bistum,** *lateinische Kirche:* Regelform einer Teilkirche, aus altrömischen Verwaltungsbezirken übernommene Bezeichnung. Die Diözese ist ein bestimmter Teil der Kirchenangehörigen, der dem Bischof in Zusammenarbeit mit dem Presbyterium zur Seelsorge anvertraut ist (c. 369 CIC). Sie wird in der Regel durch territoriale Abgrenzung gebildet und ist so die Grundlage der kirchlichen Gliederung. Die Diözese ist in Pfarreien aufgeteilt, von denen eine bestimmte Anzahl jeweils zu einem Dekanat zusammengefasst ist. Für die Errichtung neuer Diözesen (Zirkumskription) ist der Papst zuständig. Innerhalb der Diözese unterstehen alle Katholiken dem Diözesanbischof, wenn nicht ausnahmsweise für die Katholiken eines bestimmten Ritus eine eigene Diözese errichtet ist, z. B. für die katholischen Ukrainer in den USA.

*Ostkirchen:* im Byzantinischen Reich der Distrikt eines Patriarchen, heute das Bistum. An der Spitze steht der Bischof, dem zuweilen ein Vikarbischof zugeordnet ist. Bistumssynoden bestehen in den einzelnen Kirchen mit unterschiedlicher Zusammensetzung und verschiedenen Rechten. Zwischen Bischof und Priestern gibt es Propsteibezirke unter Erzpriestern (Pröpsten). Alle Klöster eines Bistums mit Ausnahme der Stauropegialklöster sind dem Bischof untergeordnet.

**Diözesankurie, Ordinariat, Generalvikariat,** *katholisches Kirchenrecht:* Bezeichnung für Einrichtung und Personen, die dem Bischof bei der Leitung der Diözese helfen (c. 469 CIC). **Generalvikar** und **Bischofsvikar** helfen dem Bischof als seine Vertreter bei der Verwaltung, der **Offizial** (Gerichtsvikar) sorgt mit seinen Mitarbeitern für die kirchliche Rechtsprechung, der **Ökonom** (Finanzchef) mit einem Vermögensverwaltungsrat für die Finanzen. Während nach dem allgemeinen Kirchenrecht der Kanzler als weiterer Mitarbeiter vorgesehen ist, sieht das deutsche Partikularrecht eine Gliederung der Kurie in sieben Hauptabteilungen vor, denen je ein Referent im Auftrag des Bischofs vorsteht, darunter Personalabteilung, Schule, theologische Erwachsenenbildung. Als Beratungsorgane des Bischofs nennt das Kirchenrecht in seiner Neufassung von 1983 den Priesterrat, das Konsultorenkollegium sowie den Pastoralrat.

**Diözesansynode,** *katholisches Kirchenrecht:* repräsentative, vom Diözesanbischof einberufene und geleitete Versammlung von Vertretern der Geistlichen und Laien der Diözese. Sie soll den Bischof in den für die Diözese wichtigen Fragen beraten und bischöfliche Entscheidungen vorbereiten helfen. Bestimmte Mitarbeiter des Bischofs gehören ihr kraft Amtes an (neben dem Generalvikar und den Weihbischöfen z. B. die Mitglieder des Domkapitels, des Priesterrates und die Dekane), andere durch Wahl. Die Diözesansynode wird einberufen, wenn es der Bischof nach Beratung mit dem Priesterrat für zweckmäßig hält.

**Dogma,** *das,* allgemein die lehrhafte Formulierung von Grundwahrheiten, feststehenden Lehrsätzen oder -systemen, deren Voraussetzungen außerhalb der Möglichkeit wissenschaftlicher Nachprüfung liegen. Doch sind auch innerhalb dogmatischer Systeme (z. B. im positiven Recht) wissenschaftliche Untersuchungen möglich. – Gewöhnlich versteht man unter Dogma religiöse Glaubenssätze und -systeme, v. a. im Christentum. – Im übertragenen Sinn gilt als Dogma auch eine Grundüberzeugung, die gegen Zweifel nicht durch Beweis, sondern nur durch autoritative Erklärung gesichert ist **(Dogmatismus)**.

Im Sprachgebrauch der katholischen Kirche und der katholischen Theologie heißt Dogma jede von

Gott in der Bibel und durch die Überlieferung geoffenbarte Wahrheit, soweit sie vom kirchlichen Lehramt als geoffenbart verkündigt wird. Diese Verkündigung begründet die Unabänderlichkeit des Dogma und die Glaubenspflicht der Mitglieder der Kirche. Die Formulierung eines Dogmas hat an dessen Unabänderlichkeit nicht teil und kann dem jeweiligen kulturellen Wandel angepasst werden, sofern der Inhalt des Dogmas der gleiche bleibt. Ein Dogma vermag die Offenbarung selbst nie auszuschöpfen; es kann daher grundsätzlich ergänzt oder genauer gefasst werden (Dogmenentwicklung).

**Dogma:** »Himmelfahrt Mariens in den Himmel«, Gemälde von Tizian (1516–18, Venedig, Santa Maria dei Frari), das Dogma verkündete Papst Pius XII. 1952.

Das Dogma kommt zustande durch die verbindliche Lehre der Kirche. Diese kann durch das ordentliche, allgemeine Lehramt erfolgen, also durch das einhellige Zeugnis aller Bischöfe, oder durch einen außerordentlichen Akt seitens des Bischofskollegiums, des Papstes (›Ex-cathedra-Entscheidung‹) bzw. eines Konzils (**Definition** eines Dogma bzw. **Dogmatisierung**). Die katholische Kirche ist der Überzeugung, dass ihr bei der Verkündung der Dogmen der von Jesus verheißene Hl. Geist beisteht und ein im Wesentlichen irrtumsloses Zeugnis ermöglicht (›Unfehlbarkeit‹).

In den von Rom getrennten orthodoxen Kirchen gelten als Dogma nur Lehrentscheidungen der ersten sieben ökumenischen Konzilien (325–787); die nicht chalkedonensischen (›monophysitischen‹) Kirchen haben die Dogmenbildung nur bis zum Konzil von Chalcedon 451 (ausschließlich) mitvollzogen. Die weitere Dogmenbildung der westlichen Kirche wird abgelehnt, weil sie nicht als ›ökumenisch‹, d. h. alle umfassend, betrachtet wird.

Nach Auffassung der reformatorischen Kirchen ist Dogma ein kirchlich verbindlicher Lehrsatz, der für die Verkündigung fundierende Bedeutung hat. Im Unterschied zu der katholischen Auffassung kennt die evangelische Kirche jedoch keine Lehrautorität, die Dogmen verpflichtend definieren oder gar eine neue Erkenntnis zum Dogma erklären könnte, sodass Glaube und Glaubensbekenntnis stets an dem einzigen Offenbarungszeugnis, der Bibel, auszurichten sind. Dennoch fanden Luther und Calvin in den Hauptaussagen der altkirchlichen Konzilien den Inhalt der Schrift zutreffend ausgesprochen und haben deshalb die altkirchliche Bekenntnisschriften (auch in ihrer Heilsnotwendigkeit) verteidigt.

Die nicht christlichen Religionen kennen keine kirchenartige Lehrinstitution mit dem Anspruch der Autorität, also auch kein eigentliches Dogma; wohl gibt es Lehrtraditionen, die auf hl. Schriften beruhen und von Schulen und theologischen Lehrern vertreten werden, so etwa in Indien die sechs orthodoxen Systeme des Hinduismus. Als dogmaähnliche Lehre kennt der Buddhismus die vier hl. Wahrheiten vom Leiden, im Islam ist – dem Dogma ähnlich – verbindlich das Glaubensbekenntnis ›Es gibt keinen Gott außer Allah‹.

**Dogmatik,** *die,* im 17. Jh. entstandene Bezeichnung für die Lehre von den Dogmen, eine wissenschaftliche Disziplin, z. B. die Rechtsdogmatik oder praktische Rechtswissenschaft, d. h. die Erkenntnis des geltenden Rechts in seiner maßgeblichen Bedeutung (Auslegung) und in seinem systematischen Zusammenhang.

Im üblichen Sprachgebrauch ist die Dogmatik das theologische Fach, das den Gesamtinhalt der christlichen Glaubenslehre wissenschaftlich, d. h. methodisch-systematisch, auszulegen sucht. In ihrer Bindung an die Offenbarung Gottes bildet die Dogmatik als Glaubenswissenschaft die Mitte der

Theologie; sie unterscheidet sich dadurch von den ›frei‹ forschenden Religionswissenschaften. Weil das Wort ›Dogmatik‹ inhaltliche Beschränkung auf dogmatisierte Kirchenlehre und die methodische Gefahr des Dogmatismus anzuzeigen scheint, sprechen evangelische Theologen lieber von **systematischer Theologie**.

**Drei Könige, Dreikönige, Heilige Drei Könige,** ursprünglich die Magier oder Weisen, von denen Matth. 2, 1–12 berichtet, sie seien, von einem Stern aus dem Osten geführt, zur Anbetung des Jesuskindes gekommen; seit dem 5. Jh. hat man sie sich, von der Dreizahl der Gaben her, in der Dreizahl und (nach Psalm 72, 10) als Könige vorgestellt.
Die spätere Legende gab ihnen etwa im 8. Jh. die Namen Caspar, Melchior und Balthasar. Die Anschauung, dass einer, meist Caspar, ein Schwarzer sei, verbreitete sich erst im 14. Jh.; die Ankunft in Bethlehem wurde als ein erstes Aufleuchten der Gottesherrlichkeit (griech. epiphaneía) des neugeborenen Erlösers verstanden; mittelalterliche Volksfrömmigkeit missverstand das Herrenfest als Heiligentag und nannte ihn ›Dreikönigstag‹; daher ist der 6. 1. auch Namenstag für die Träger der drei Namen.
Sehr weite Verbreitung erlangten seit der Mitte des 16. Jh. Auftritte von Dreier- oder Vierergruppen in der Kostümierung als Drei Könige mit einem Sternträger **(Sternsingen)**. Nur in gläubigen Familien war es allgemein üblich am Vorabend des Dreikönigstags Wohnräume und Ställe mit Weihrauch zu durchschreiten und zu segnen sowie an den Türen das Dreikönigszeichen **(C + M + B)** mit Kreide anzubringen.

**Dritter Orden,** Abk. **DO**, lat. Tertius Ordo, Vereinigung von Laien, die im Geiste eines kirchlichen Ordens nach Vollkommenheit streben und sich der Leitung dieses Ordens durch Angliederung unterstellen. Die Dritten Orden bildeten sich im 13. Jh. im Anschluss an die Bettelorden und traten zu deren männlichen (1. Orden) und weiblichen (2. Orden) klösterlichen Zweig hinzu. Man unterscheidet weltliche und klösterliche Dritte Orden (eigene Klostergenossenschaften der **Tertiarier**). Die bekanntesten Dritten Orden sind die weltlichen Dritten Orden der Franziskaner und Dominikaner.

# E

**Ebenbild Gottes,** *biblische Theologie:* die Gottebenbildlichkeit, Imago Dei.

**Ecce-Homo** [nach dem Ausruf des Pilatus (Joh. 19, 5), mit dem er den gegeißelten und dornengekrönten Jesus dem Volke vorstellte], *das,* in der Kunst wurde die Zurschaustellung Christi erst seit dem Spätmittelalter, das sich allen Stationen der Passion zuwandte, dargestellt.
Jesus mit Dornenkrone und Spottmantel kommt entweder als Einzelfigur oder von den spottenden Juden umgeben vor. Die Szene betont das Unmenschliche des Vorgangs: Jesus erscheint erbarmungswürdig, das Volk als höhnender Pöbel.

**Egoismus, Selbstsucht,** *der,* die Gesamtheit der Antriebe und Strebungen, die von der eigenen Person ausgehen und diese in den Mittelpunkt stellen; Gegensatz: Altruismus. Im übertragenen Sinne wird auch von Gruppenegoismus gesprochen.

**Ehebruch,** der Beischlaf eines Ehegatten mit einer dritten Person während bestehender Ehe. Ehebruch galt in patriarchalischen Gesellschaften, in denen die Frau Eigentum des Mannes war, als Vergehen der Frau und wurde nur an ihr bestraft (u. a. Todesstrafe im römischen und germanischen Recht; Abschneiden der Haare und Ausstoßung bei den Germanen; Verstümmelung bei manchen Naturvölkern). Im Mittelalter wurde auch der Ehebruch des Mannes bestraft (Verbannung, Geldstrafe).

**Ehe,** auf Dauer angelegte Lebensgemeinschaft zweier (Monogamie) oder mehrerer (Polygamie) Menschen verschiedenen Geschlechts, die im Allgemeinen (jedoch nicht notwendigerweise) zugleich auch durch Zeugung von Kindern eine neue, selbstständige Familie begründen. Im *deutschen Recht* bedeutet Ehe, die von der (staatlichen) Rechtsordnung anerkannte Verbindung eines Mannes und einer Frau zu dauernder Lebensgemeinschaft. – Die Ehe gilt als naturgegebene, unabhängig vom Recht bestehende Gemeinschaft, wird aber im Unterschied zu anderen derartigen Gemeinschaften (z. B. eheähnliche Lebensgemeinschaft) vom Gesetz anerkannt und geregelt.

*Christliches Eheverständnis:* In der Entwicklung des biblischen Glaubens ist das Bild der Ehe als Symbol auf die Beziehung des Bundesgottes zum Bundesvolk übertragen worden (Hosea, Ezechiel). Im Verständnis des Gottesbundes als Ehebund bricht sich vielmehr ein ›transsexuales‹ Verständnis von Ehe Bahn, das in Versprechen und Treue, in personaler Beziehung der Partner sein Wesen hat. Damit setzt eine Entwicklung zur Verinnerlichung und zur Monogamie ein, an deren Ende das Zeugnis Jesu (Matth. 5, 27 ff. und 19, 1 ff.) steht: Die persönliche Treuebeziehung der Partner wird als eigentliche Basis der gottgeschenkten und damit unauflöslichen Lebensgemeinschaft gesehen, das sexuelle Leben dient nun umgekehrt als Ausdruck dieser durch Gottes Stiftung und Gebot gegründeten Gemeinschaft.

Die Wandlung der sozialen Wirklichkeit der Ehe von diesem christlichen Verständnis her hat sich in einem lang dauernden Prozess und niemals abschließend vollzogen. Erst das neuzeitlich bürgerliche Verständnis der Ehe bringt den Gedanken der persönlichen Partnerschaft der Ehegatten zur vollen Auswirkung. Im N. T. wird die vollkommene persönliche Treue geradezu als Auswirkung der Heilsgemeinschaft begriffen. Die Kirche macht den Versuch, dieses Ethos der unbedingten Treue in gesellschaftliche Institutionen gesetzlich zu stabilisieren. Die außerordentliche Schwierigkeit dieser pädagogischen Aufgabe begründet eine (in der Bibel gerade nicht vorhandene) fortschreitend asketische Einstellung zur Sexualität überhaupt. Dies führt zur Abwertung der Ehe gegenüber der Virginität und Unterordnung unter die Lehre von den Ehezwecken (Ehe als Institution der Fortpflanzung und Heilmittel gegen die Libido). Die Reformation hat zwar die Ehe gegenüber dem Virginitätsideal grundsätzlich aufgewertet, es gelang ihr aber ebenso wenig wie dem Pietismus, die asketische Einstellung abzubauen. Dies geschieht erst in der bürgerlichen Kultur der neueren Zeit, die es auch der christliche Lehre ermöglicht, im Rückgriff auf die ursprünglich biblischen Motive ein neues Verständnis der Ehe zu entwickeln.

Die Ehe wird nun verstanden als die von Gott eingesetzte umfassende Lebensgemeinschaft von Mann und Frau. In ihren einzelnen Lebensäußerungen wie Geschlechtsgemeinschaft, Wohngemeinschaft, Wirtschaftsgemeinschaft, gegenseitiger Fürsorge und Elternschaft verwirklicht sich die Zusammengehörigkeit der Ehegatten (1. Kor. 7, 3). Indem beide, Mann und Frau, einander annehmen, kommt zugleich jeder zu seinem besonderen Wesen, zu sich selbst.

Im Eherecht der *römisch-katholischen Kirche* ist das Wesen der Ehe aufgrund der Aussagen des 2. Vatikanischen Konzils zu bestimmen als die ganzheitlichen Verbindung eines Mannes und einer Frau zu ungeteilter und unteilbarer Liebes- und Lebensgemeinschaft (in personal geprägter Partnerschaft), die wesensgemäß auf Zeugung und Erziehung der Kinder hingeordnet ist. Die Ehe hat sakramentalen Charakter.

Im Eheverständnis der *evangelischen Kirchen* hat die Ehe, hierin den Reformatoren folgend, keinen sakramentalen Charakter. Die Eheschließung wird als ein Vorgang im Rahmen der staatlichen Rechtsordnung angesehen (Zivilehe), die kirchliche Trauung als Proklamation der Ehe vor der christlichen Gemeinde und geistlichen Zuspruch an die Brautleute verstanden, wobei die Kirchen davon ausgehen, dass diese ein durch christliche Grundsätze geprägtes gemeinsames Leben führen wollen.

Die Theologie der *orthodoxen Kirchen* versteht, wie auch die katholischen Theologie, die Ehe als eine mit der Schöpfungsordnung gegebene ›Ordnung von Anfang an‹. Die Ehe hat sakramentalen Charakter und wird in Bezug auf ihre geistliche Dimension unter Hinweis auf Eph. 5, 31 f. als Abbild des geistlichen Bundes Christi mit der Kirche beschrieben.

**Ehelosigkeit,** deutsche Bezeichnung für den kirchenrechtlichen Begriff ▸ Zölibat.

**Eid,** feierliche Bekräftigung einer Aussage. Als Wahrheitsversicherung unter Anrufung einer verehrten Macht ist der Eid ein Urphänomen, das in die frühgeschichtliche Zeit zurückreicht; in China und im Alten Orient ist er ebenso zu finden wie in den mittelmeerischen Kulturen (Israel, Griechenland, Rom), bei den Kelten und Germanen. Die Formen des Eids waren vielfältig ritualisiert: Erheben der Hand oder einzelner Finger, Berühren von Körperteilen oder gewisser, meist sakraler Gegenstände (Eidring, Steine, Reliquien, bei Buchreligionen Berühren der hl. Schriften), zuweilen auch verbunden mit einem Opfer. Als religiöse Handlung hatte der Eid den Bezug zu übernatürlichen oder magischen Mächten: Man schwor bei den Elementen oder bei Gott als letzter Berufungsinstanz. Mit dem Eid war die Vorstellung verknüpft, dass dem wahrheitsgemäß Schwörenden die Elemente (v. a. Feuer, Wasser) oder ein Gott nicht schaden würden, wohl aber dem unehrlich Schwörenden, Vorstellungen also, die später auch das Gottesurteil prägten. Seinem Inhalt nach war der Eid Aussageeid (in Bezug auf die Wahrheit einer Aussage) oder Versprechenseid (zur Bekräftigung der Ehrlichkeit einer Zusage).

Die *Theologie* sieht den Eid als eine – unter Verwendung bestimmter Zeichen und Formeln vollzogene – Anrufung Gottes zum Zeugen der Wahrheit; durch ihn wird die Wahrheit einer Aussage oder die Aufrichtigkeit eines Versprechens (Aussage- und Versprechenseid) bekräftigt; der neue Verpflichtungsgrad zu unbedingter Wahrhaftigkeit und Aufrichtigkeit ergibt sich für den Gläubigen daraus, dass im Eid sein persönliches Verhältnis zu Gott tangiert ist.

**Einheit,** *Philosophie* und *Religionsgeschichte:* mit dem Begriff des Einen seit Parmenides in der Geschichte der Metaphysik häufig als Eigenschaft des Seienden auftretender oder mit dem Begriff des Seienden identifizierter Begriff. Dabei spielt auch die synthetische Einheit einer unterschiedenen Mannigfaltigkeit in einem gegebenen Ganzen eine wichtige Rolle (Monade, Monismus). Als Zahlwort hatte bei den Griechen das Eine als Einheit eine besondere Stellung, weil es als Maß für alle anderen Zahlen aufgefasst wurde. Bei Platon stehen die Ideen als ideelle Einheit der Vielheit den sinnlich wahrnehmbaren Dinge gegenüber. Im Spätwerk J. G. Fichtes, bei F. W. J. Schelling und bei Hegel, der ›die ganze Philosophie als das Studium der Bestimmungen der Einheit‹ erkennt, wird die Philosophie mit der Theorie der Einheit identifiziert. – In der Religionsgeschichte erscheinen Einheitsbegriffe und Einheitspostulate zunächst im Kontext theologisch-philosophischer Systematisierungen polytheistischer Religionsformen. Vielheit der Erscheinungen und Vielheit der Götter werden auf einen gemeinsamen Ursprung oder eine gemeinsame Seinsgrundlage zurückgeführt (z. B. bei den Vorsokratikern).

**Einsiedlerorden,** nicht offizielle Bezeichnung für Orden, die entweder aus Einsiedlervereinigungen hervorgegangen sind und später klösterliche Gemeinschaft aufgenommen haben, wie die Augustinereremiten, oder deren Mitglieder in einzelnen Klausen innerhalb eines Klosters wohnen, wie die Kartäuser und Kamaldulenser. Außerdem gab es seit dem Mittelalter zahlreiche Einsiedlervereinigungen von Laienbrüdern.

**Eisheilige,** volkstümliche Bezeichnung für die Tage der von Norden nach Süden vordringenden Kaltlufteinbrüche Mitte Mai. In Norddeutschland rechnet man mit den Eisheiligen vom 11. bis 13. Mai (mit den Tagesheiligen Mamertus, Pankratius, Servatius), in Süddeutschland, Österreich und der Schweiz vom 12. bis 15. Mai (Pankratius, Servatius, Bonifatius und ›Kalte Sophie‹).

**EKD,** Abk. für **E**vangelische **K**irche in **D**eutschland.

**Empfängnis, Konzeption, Conceptio,** Befruchtung der Eizelle durch eine Samenzelle, die i. d. R. zur Schwangerschaft führt.

**Empfängnisverhütung, Schwangerschaftsverhütung, Konzeptionsverhütung, Antikonzeption, Kontrazeption,** Maßnahmen zum Zweck der Familienplanung bzw. Geburtenregelung durch Verhinderung des Eisprungs, der Befruchtung der Eizelle oder der Einnistung des befruchteten Eies in die Gebärmutterschleimhaut. Empfängnisverhütung kann erfolgen durch natürliche Methoden, mechanische und lokale chemische Methoden sowie Hormone oder operative Eingriffe. Die Anwendung der verschiedenen Methoden hängt wesentlich von geographischen, ethnischen, religiösen und sozialen Gegebenheiten ab.

In der Tradition biblischer Verkündigung, die die Fruchtbarkeit des Menschen als Segen und Verheißung Gottes begreift (1. Mos. 1, 28 u. a.), hat die Kirche die Zeugung neuen Lebens von jeher als unverzichtbares Sinnziel der Ehe verstanden und aus diesem Grund die Empfängnisverhütung abgelehnt. Angesichts verminderter Kindersterblichkeit, der mit der wachsenden Weltbevölkerung verbundenen Ressourcenproblematik und auch in Anbetracht der Wahrnehmung neuer Sinndimensionen der Sexualität auf der Ebene personaler Begegnung und Liebe stellte sich die Frage nach der Erlaubtheit der Empfängnisverhütung im 20. Jh. neu. Die Lambethkonferenz (Zusammenschluss aller anglikanischen Kirchen) von 1930 versuchte, auf die neue Situation mit Konzessionen einzugehen. Die kurz darauf erschienene Enzyklika ›Casti connubii‹ Pius' XI. erneuerte die traditionelle Lehre der katholische Kirche (die jeden Geschlechtsakt primär als einen Zeugungsakt definiert) und verbot jede Form künstlicher Empfängnisverhütung, ließ aber erstmals die Zeitwahlmethode zu. Das 2. Vatikanische Konzil stellte die personalen Sinnwerte der Ehe heraus und sprach von verantworteter Elternschaft: Die Eltern selbst treffen in eigener Verantwortung die Entscheidung über die Zahl ihrer Kinder. Die Enzyklika ›Humanae vitae‹ Pauls VI. (1968) und das Rundschreiben ›Familiaris consortio‹ Johannes' Pauls II. (1981) bestätigen diese Lehre und lehnen weiterhin jede künstliche Methode der Empfängnisverhütung ab. Diese Lehräußerungen gelten in der Kirche nicht als Dogma; die deutschen Bischöfe haben die Möglichkeit nicht ausgeschlossen, dass der Katholik in seinem Gewissen in diesen Fragen zu einer anderen Überzeugung kommen kann. Kirchlich kritisiert wird die gesellschaftliche Praxis der Empfängnisverhütung in den westlichen Industriestaaten. Diese wird u. a. in der Enzyklika ›Evangelium vitae‹ Johannes' Pauls II. (1995) aus moraltheologischer Sicht angesprochen. Die Enzyklika sieht dabei einen Zusammenhang zwischen der modernen Praxis der Empfängnisverhütung und einer weit verbreiteten hedonistischen Freiheits- und Moralauffassung gegeben, die in vielen Fällen die mit der Sexualität verbundene Verantwortung gegenüber dem Leben, das aus der geschlechtlichen Begegnung hervorgehen könnte, ablehne und dieses als Behinderung der eigenen Persönlichkeitsentwicklung begreife.

Die Theologie der *reformatorischen Kirchen* im 20. Jh. (u. a. K. Barth, E. Brunner) lehrt bezüglich der Empfängnisverhütung, dass die personale Sichtbarmachung der ehelichen Liebe über der Zeugung neuen Lebens stehe und unter Umständen von dieser getrennt werden könne. Die Frage nach Mitteln der Empfängnisverhütung sei sittlich irrelevant.

**Endlichkeit,** die räumliche, zeitliche oder zahlenmäßige Begrenztheit von Dingen, Personen, Mengen, kosmischen Systemen u. a. im Gegensatz zur Unendlichkeit.

Im *metaphysischen* Sinne meint Endlichkeit das Relative, Nichtabsolute, Begrenzte, das nicht durch sich selbst Bestimmte. *Theologisch* gesehen resultiert die Endlichkeit aus der Geschaffenheit durch einen unendlichen Schöpfergott. Im *anthropologischen* Sinne bezeichnet Endlichkeit ein Wesensmerkmal des Menschen, ist Ausdruck seiner Sterblichkeit und seines geschichtlichen Existierens in der Zeit. In *erkenntnistheoretischer* Hinsicht bei R. Descartes und I. Kant besagt Endlichkeit die Begrenztheit und Abhängigkeit des Erkennens im Unterschied zum absoluten Erkennen Gottes. Der menschliche, diskursive Verstand bleibt in seiner Spontaneität immer an Rezeptivität gebunden. Der deutsche Idealismus versuchte, über die Endlichkeit des Verstandes und die damit verbundene Trennung von Anschauung und Begriff hinauszugehen, um schließlich bei G. W. F. Hegel zu einer Synthese von Endlichem und Unendlichem zu gelangen. S. Kierkegaard dagegen sah in dem Streben des endlichen Selbstseins nach Unendlichkeit ein unauflösbares Paradoxon. Nach J.-P. Sartre ist der Mensch endlich, weil er sich durch seinen Entwurf endlich macht. F.-J. von Rintelen kritisierte in seiner ›Philosophie der Endlichkeit‹ ($^2$1960) die Existenzphilosophie als Grundstimmung der Gegenwart, der ein echter Bezug zur Transzendenz fehle.

**Endzeit,** die religiöse Vorstellung vom Ende der bisherigen Welt, meist mit Vorstellungen über den Anbruch einer neuen Welt verbunden (Eschatologie).

**Endzeitgemeinden,** *Kirchengeschichte*: aus dem Christentum hervorgegangene Sondergemeinschaften, die, in eschatologischer Naherwartung lebend, die Wiederkunft Christi als den Anbruch des Reiches Gottes **(Parusie)** oder seiner tausendjährigen Herrschaft **(Chiliasmus)** noch zu ihren Lebzeiten erwarten und diese Erwartung mit dem Anspruch verbinden, allein die Gemeinschaft der vor Gott Gerechten und in seinem Gericht Erretteten zu repräsentieren. Endzeitgemeinden gab es bereits z. Z. der frühen Kirche (Montanisten); heute gelten v. a. die ▸ Adventisten und die Zeugen Jehovas als stark endzeitlich ausgerichtete Gemeinschaften. – Im Judentum entstanden Endzeitgemeinden bzw. endzeitliche Bewegungen in Verbindung mit der Vorstellung des apokalyptischen Endkampfes bzw. mit der unmittelbaren Erwartung des Messias (Qumran-Leute, Sabbatianismus).

**Engel,** Begriff, der Mittler zwischen der Gottheit und den Menschen bezeichnet. In der *Religionsgeschichte* findet sich die Engelvorstellung v. a. in monotheistischen Religionen. – Der Engelglaube des A. T. hat seine Ursprünge im altkanaanäischen Volksglauben, in babylonischen und spätiranischen (parsistischen) Vorstellungen und in fremden Gottheiten besiegter Völker. Engel traten auf als Boten und Söhne Gottes, als Heilige und Wächter, als himmlisches Heer und als Helfer des Menschen (Schutzengel). Allmählich entstanden für einige Engel Namen: Michael, Gabriel, Raphael und Uriel. – Im N. T. treten Engel hauptsächlich als Boten Gottes (Luk. 1, 26 u. a.), aber auch als böse Geister (z. B. Matth. 25, 41) auf. In der Apokalypse des Johannes spielen Engel eine wichtige Rolle als Ausführer von Gottes Aufträgen. – Die christliche Lehre von den Engeln **(Angelologie)** sieht in den Engeln geistig-personale Mächte und Gewalten, die Gottes Willen auf Erden vollziehen. Ihre Klassifizierung in eine

**Engel:** Engelschöre, Ausschnitt aus dem Gemälde »Geburt Christi« von Johann Korbecke (1457, Nürnberg, Germanisches Nationalmuseum).

dreistufige Hierarchie von neun Chören durch Dionysius Areopagita (Engel, Erzengel, Fürstentümer; Mächte, Kräfte, Herrschaften; Throne, Cherubim, Seraphim) ist willkürlich und theologisch unverbindlich.

Die *katholische Kirche* glaubt an die Existenz guter Engel, aber auch böser Dämonen, die von Gott gut erschaffen, sich von ihm aber abwendeten und verdammt wurden (2. Petr. 2,4; Jud. 6; Engelsturz; im Volksglauben gilt der ›gefallene‹ Engel Luzifer als Fürst der Dämonen). Sie zählt die Erschaffung, die Geistigkeit und die allgemeine Schutzherrschaft der Engel zum Glaubensgut. Dagegen gilt die Auffassung, dass jeder Christ einen eigenen Schutzengel hat, nur als sichere theologische Meinung. Die katholische Kirche billigt den Engeln einen relativen Kult zu. In den *Ostkirchen* ist der Glaube an Engel und ihre Einwirkung stark ausgeprägt. Die Engel zelebrieren die ›himmlische Liturgie‹ (Jes. 6). *Evangelische Kirche:* Im Altprotestantismus galten die Engel dem biblischen Text folgend als Gegenstand der Besinnung auf Gottes Fürsorge, doch waren sie ohne Bedeutung für die Vermittlung des Heils. In der modernen evangelischen Theologie werden sie unter dem Einfluss des neuzeitlichen Weltbildes immer mehr als mythische Vorstellungen verstanden.

In der *Religionsgeschichte* werden Engel auch als seelische Manifestationen einer Gottheit oder eines Menschen angesehen. Im *Parsismus* wird der Gott Ahura Masda ursprünglich von sieben ihm dienenden Geistern, personifizierten Idealen (den Amescha spentas), umgeben gedacht; die spätere Lehre stellte den Engeln böse Dämonen entgegen. Die christlich und jüdisch geprägte Engellehre im *Islam* kennt Gott lobpreisende und in Gehorsam dienende Engel; 19 Engel bewachen die Hölle. An der Spitze der Engel steht Gabrail, von dem Mohammed seine Sendung und die Offenbarung Gottes empfing und der ihn durch die sieben Himmel führte; neben ihm die Engel Mikail, der Herr der Naturkräfte, Israfil, der beim Jüngsten Gericht die Posaune blasen und am Auferstehungstage die Toten wieder auferwecken soll, und der Todesengel.

**Enzyklika,** *die,* lat. Epistula encyclica oder Litterae encyclicae, *katholisches Kirchenrecht:* gedrucktes Rundschreiben des Papstes. In der alten Kirche hießen die Rundschreiben der Bischöfe, die heutigen Hirtenbriefe, Enzyklika; auf päpstliche Schreiben wurde der Ausdruck seit dem 7. Jh. angewandt und ist seit dem 18. Jh. für sie üblich. Die Enzyklika, früher an die Bischöfe gerichtet, wird heute an die Bischöfe und an die Gläubigen adressiert; seit Johannes XXIII. wird bei Enzykliken mit allgemeinem Inhalt die Adressierung an ›alle Menschen guten Willens‹ hinzugefügt. Die amtliche Erstfassung der Enzyklika ist meist in lateinischer Sprache gehalten (Ausnahme z. B. ›Mit brennender Sorge‹, 1937), Übersetzungen in die wichtigsten modernen Sprachen werden gegeben. Die Enzyklika wird nach den Anfangsworten zitiert; sie behandelt theologische und philosophische Hauptfragen, seelsorgliche Aufgaben, die katholische Staats-, Wirtschafts- und Soziallehre. Die Enzykliken sind nach wie vor bedeutsame Dokumente der kirchlichen Verkündigung (z. B. ›Humanae vitae‹, 1968, ›Laborem exercens‹, 1981, ›Veritatis splendor‹, 1993).

Eine Enzyklika besitzt i. d. R. nur eine disziplinäre, keine unfehlbare Lehrautorität; ausgenommen wäre nur der bisher noch nicht eingetretene Fall, dass der Papst in einer Enzyklika ›ex cathedra‹ sprechen würde.

**Epiphanie,** *die,* das unmittelbare Erscheinen einer Gottheit in eigener Gestalt oder einer besonderen Manifestation **(Theophanie)**.

Im *Christentum* ist Epiphanie das Fest der *Erscheinung des Herrn* (6. 1.). Das Fest entstand im 4. Jh. in der Ostkirche und sollte vermutlich das Fest eines heidnischen Gottes verdrängen. Festgedanken waren die Geburt Jesu mit der Anbetung der Weisen (Mt. 2, 1–12) und das Hochzeitswunder von Kana (Joh. 2, 1–11), später v. a. die Taufe Jesu im Jordan (Mt. 3, 13–17). Die abendländische Kirche, die Jesu Geburt zu Weihnachten beging, übernahm gegen Ende des 4. Jh. vom Osten das Epiphaniefest, feierte jedoch statt der Geburt die ›drei Wunder‹ der Anbetung der Weisen, der Taufe im Jordan und der Hochzeit zu Kana. Mit der Einfügung von Weihnachten in den Festkalender der Ostkirche (Ende des 4. Jh.) ist Epiphanie auch dort nicht mehr Geburtsfest Jesu, sondern nur noch Tauffest. Mittelalterliche Volksfrömmigkeit missverstand Epiphanie als das Fest der Heiligen Drei Könige, eine Auffassung, die allerdings nie in die kirchliche Festfeier eindrang. In der erneuerten Liturgie der katholischen Kirche wird der Sonntag nach Epiphanie als Tauffest Jesu gefeiert, danach beginnen die Sonntage im Jahreskreis.

In den *evangelischen Kirchen* wird Epiphanie (hier **Epiphanias** genannt) als Fest nicht begangen. Vielfach wird jedoch am Sonntag danach des Epiphanietages gedacht und jener meist als Missionsfest gefeiert.

**Episkopalkirche,** die Protestant Episcopal Church.

**Episkopat,** *der* oder *das,* 1) ohne Plural, Amt, Würde eines Bischofs; 2) die Gesamtheit der Bischöfe (eines Landes).

**Erbsünde,** lat. Peccatum originale, nach christlicher Lehre die durch den Sündenfall der ersten Menschen bewirkte Sündhaftigkeit des Menschengeschlechts.

Nach *katholischer Glaubenslehre* ist das Wesen der Erbsünde der angeborene Mangel an heilig machender Gnade, der durch ›Adam‹ verschuldet und durch die Abstammung von ihm auf jeden Menschen übergegangen ist. Als ihre Folge gelten der Verlust der leiblichen Unsterblichkeit und die Schwächung der natürlichen Fähigkeit zum Guten, besonders durch die sinnliche Leidenschaft (Konkupiszenz). Die erbsündliche Ungerechtigkeit ist von der durch eigene Todsünde bewirkten verschieden. Ausgenommen von der Erbsünde blieben nur Jesus und Maria. Die Erbsünde wird durch die Taufe getilgt. Diese überkommene Lehre von der Erbsünde hat das 2. Vatikanische Konzil in ihren Grundzügen bestätigt und besonders ihre anthropologische Bedeutung (sittliche Schwächung, Neigung zu falscher Auffassung Gottes, der menschlichen Natur, der Grundsätze des Sittlichen) hervorgehoben.

Nach *evangelischer Auffassung* wird die Erbsünde nicht durch die Taufe getilgt, sondern ist als Hang zur Sünde (Konkupiszenz) in jedem Menschen wirksam, Ursprung der aktuellen Sünden und echte Schuld. Freilich ist in diesem Zusammenhang das Moment der Vererbung einer Schuld problematisch und Gegenstand theologischer Kritik. Die Vorstellung entstand aus dem Gedanken der Vererbung unserer ›Natur‹, die für jeden Menschen den Hang zur Sünde mit sich führt. Danach ist die Sünde also unausweichlich und nicht aus einem moralischen Zustand des sündigen Menschen zu erklären.

**Erkenntnis,** *Philosophie:* eine Art und Weise, wie sich das Denken auf Gegenstände (im weitesten Sinne) beziehen kann; Einsicht in die Tatsächlichkeit eines Sachverhaltes; auch gleichbedeutend mit Wissen. Platon definierte Wissen als ›wahre, mit Begründung versehene Meinung‹. Damit wurde das Erkenntnisproblem eng mit dem Wahrheitsproblem verknüpft. Bei der weiteren Entwicklung des Erkenntnisproblems unterscheiden sich folgende Ansätze: Der idealistische Vorschlag betont die Wichtigkeit des subjektiven Anteils am Erkenntnisprozess und schwächt die Bedeutung der anderen Dimensionen ab bis hin zur Leugnung ihrer Existenz **(Solipsismus)**. Dem steht die realistische Position gegenüber, die die Wichtigkeit der vom erkennenden Subjekt unabhängigen Sachverhalte betont. Erst das 20. Jh. entdeckt die Bedeutung der dritten, intersubjektiven Dimension. Der Pragmatismus macht diese zur ausschlaggebenden Instanz des Wissens bis hin zur Definition von Wahrheit als Konsens.

*Religiöse Erkenntnis* meint nicht in erster Linie das rationale Erfassen religiöser Lehren, sondern ist zunächst – v. a. in der Mystik – ein zentraler seelischer Vorgang erkennenden Erlebens numinoser Wirklichkeit. In Indien etwa ist daher der ›Weg der Erkenntnis‹ (Sanskrit: yanana marga) eines der wichtigsten Mittel zum Heil. – Erkenntnis von Gut und Böse ist – nach der Erzählung vom Garten Eden (1. Mos. 2,17; 3,5) – Wirkung der Frucht vom verbotenen Baum und bedeutet eine neue Stufe des Menschseins. Damit hat der Mensch den paradiesischen Zustand des Einssein mit der Natur verlassen und durch das Unterscheidungsvermögen die Eigenverantwortlichkeit für sein Tun gewonnen.

**Erlöser,** ▸ Heiland.

**Erlösung,** lat. Redemptio, *Religionswissenschaft:* die Befreiung von religiös als Übel angesehenen Umständen oder Zuständen der Gemeinschaft oder des einzelnen Menschen. – Die frühen Volksreligionen kennen keine Erlösung des Einzelnen, wohl eine Erlösung des Volkes – so etwa in Israel, das den Messias als Erlöser des Volkes von der Fremdherrschaft erwartete. In den Universalreligionen dagegen findet der Einzelne sich in einem Zustand existenziellen Unheils, aus dem er erlöst zu werden wünscht. Den mystischen Religionen des Brahmanismus, Buddhismus, Hinduismus, den hellenistischen Mysterienreligionen sowie den gnostischen Religionsformen geht es daher – bei aller Verschiedenheit – darum, den Menschen aus seiner existenziellen Gebundenheit an die körperliche, individuelle, vergängliche und bisweilen geradezu als irreal angesehene Welt zu befreien und zum Aufgehen in einer überpersönlichen heiligen Wirklichkeit oder zur Einheit mit Heilsgottheiten zu führen. Die prophetischen Religionen des Christentums und des Islams sehen dagegen das Unheil in einer vom persönlichen Gott abgewandten Selbstbehauptung. Erlösung geschieht im Islam durch gesetzmäßiges Handeln und das Erbarmen Allahs, im Christentum durch das Heilswerk Christi und den Glauben. In der *christlichen Theologie* ist Erlösung die Errettung der Welt von der Sünde durch Jesus Christus (M. 1, 21; Joh. 3, 17). Jesus ist ›um unseres Heiles willen‹ Mensch geworden (Nicänisches Glaubensbekenntnis) und hat durch seinen Opfertod am Kreuz die Menschen aus der Verstrickung in die Sünde Adams (Erbsünde) erlöst; die Erlösung wurde durch seine Auferstehung und seine Himmelfahrt vollendet. Diese objektive Erlösung muss dem Menschen durch die Rechtfertigung (subjektive Erlösung) zugewendet werden; aus eigener Kraft kann er sich nicht von der Sünde freimachen.

**Erstkommunion,** die erste, meist in einem festlichen Gemeindegottesdienst empfangene Kommunion.

**Erwählung,** der Gedanke, aus Gnade zum Heil oder zur Gotteserkenntnis bestimmt zu sein; er findet sich bereits in den Upanishaden Indiens, ebenso in den Gnadenreligionen des Shiva- und Vishnu-Glaubens. Die Erwählung kann sich – wie in Israel – auf ein ganzes Volk beziehen (auserwähltes Volk), auf besondere schöpferische Einzelne wie etwa die Propheten, die dann, wie Moses, Jesaja und Jeremia, aber auch wie Mohammed, ihre Berufung erleben. Erwählung kann sich auch allgemein auf die Fähigkeit des Glaubens beziehen (M. 20, 16): ›Viele sind berufen, wenige aber sind auserwählt‹ oder im Koran (6, 125): ›Wen Gott leiten will, dem öffnet er die Brust zum Islam, und wen er irregehen lassen will, dem macht er eng das Herz und dumpf‹; Gegensatz Verdammnis. Zur *christlichen Dogmatik* ▸ Prädestination.

**Erweckungsbewegung,** aus der methodisch betriebenen Erweckungspredigt entstandene innerprotestantische Erneuerungs- und Frömmigkeitsbewegung des 18./19. Jh., deren gemeinsames Element die Besinnung auf den biblische Offenbarungsglauben und die spirituelle Opposition gegen den Rationalismus der Aufklärung ist. Die gefühlsbetonte Frömmigkeit der Erweckungsbewegung äußert sich v. a. in Strenge der Lebensführung, Lektüre und Verbreitung der Bibel (Bibelgesellschaften), Konventikelbildung und Missionseifer, was oft zu Abspaltungen von der Kirche führte.

**Erweckungsbewegung:** Die für die Pfingstbewegungen charakteristische Ekstase bei den Predigten waren den Zeitgenossen suspekt, wie die Karikatur auf eine Methodistenpredigt zeigt.

**Eschatologie,** *die, Religionsgeschichte:* die in verschiedenen prophetischen Religionen zentrale Lehre von einem am Ende der Weltgeschichte und nach einem Untergang der bisher bestehenden Welt (Weltende) neuen Zustand der Welt und des

Menschen, die verschieden erwartete Erfüllung der religiösen Hoffnung: als ›Wunderbarmachung‹ der Welt (Zarathustra), als messianisches Reich (Propheten Israels, Judentum), Eintritt des Gottesreiches (Christentum), als Paradies (Islam), als verbessertes Weltzeitalter (Welterneuerung; bei der Annahme aufeinander folgender Weltperioden). Häufig besteht die Vorstellung, dass ein unmittelbar bevorstehendes Ende sich durch Zeichen andeutet (Endzeit). Eine Sonderform der Eschatologie bildet die ▸ Apokalyptik. Am Übergang in die neu erwartete Welt steht meistens ein Weltgericht, auch ein Götterkampf, eine Naturkatastrophe, z. B. Einsturz des Himmels, Herabfallen der Gestirne, Weltbrand.

*Christliche Theologie:* die Lehre von der Vollendung des Einzelnen und der ganzen Schöpfung. Die prophetische Eschatologie des A. T. ist als Heilsweissagung und Ankündigung des messianischen. Friedensreiches Urbild der christlichen Eschatologie. – Die *katholische* Theologie hat früher die Eschatologie des N. T. vor allem als Lehre von den letzten Dingen behandelt und sie als Eschatologie des Einzelnen und der Schöpfung dargestellt, während die irdische Wirksamkeit der Kirche fast unverknüpft neben der Eschatologie stand. Die Wiederentdeckung der eschatologischen Wurzeln des Evangeliums durch die heutige Exegese hat jedoch bewirkt, dass das 2. Vatikanische Konzil der irdischen Kirche ein neues Selbstverständnis gegeben hat. Sie sieht sich nicht mehr v. a. als den von der Welt geschiedenen mystischen Leib Christi, sondern als das Gottesvolk, das dem eschatologischen Ziel auf dieser Erde entgegenwandert, ohne es je voll und endgültig zu erreichen. Innerhalb der irdischen Geschichtszeit bleibt unaufhebbar die Spannung von schon angebrochenem und noch nicht vollendetem Gottesreich. – Auch die *evangelische* Theologie betont auf der Grundlage der modernen Exegese den eschatologischen Charakter der Verkündigung Jesu (A. Schweitzer, R. Bultmann). Die tragenden Begriffe des Evangeliums: ›Reich Gottes‹, ›neue Gerechtigkeit‹, ›Heil‹, ›Lohn‹ u. a., sind eschatologisch, d. h. auf die Endzeit bezogen. Mit dem Erlöschen urchristlicher Naherwartung des Endes rückte die Eschatologie in die Ferne der Endgeschichte.

Die neuere Theologie sucht das Geschichts- und Weltbild der Apokalyptik für ein aktualisiertes Verständnis des Bezuges zwischen Offenbarung und Welt zu nutzen. Dieser Ansatz richtet sich besonders gegen die Reduktion der Hoffnungsinhalte auf die gegenwärtige Entscheidung des Menschen und betont demgegenüber die Universalität der Offenbarung und des Handelns Gottes in der Geschichte. – In der *orthodoxen* Theologie gewann zeitweilig die Lehre von der Apokatastasis (der ›Wiederbringung Aller‹) einen gewissen Einfluss, wurde jedoch nicht Bestandteil der Kirchenlehre im dogmatischen Sinn. Eschatologie wird als die von Gott allein bewirkte Vollendung einer neuen unvergänglichen Schöpfung gelehrt. Auftrag der Kirche ist es nach orthodoxem Verständnis, für alle Menschen (die Lebenden und die bereits Verstorbenen) zu beten, dass Gott sie in seine ewige Gemeinschaft aufnehme.

Seit alters hat die Eschatologie durch Sonderlehren zu Auseinandersetzungen Anlass gegeben: Der Gedanke eines tausendjährigen Friedensreiches vor der Parusie hat in alter und neuer Gestalt das christliche Denken beschäftigt und die kirchliche Lehre zur Abwehr gerufen.

**Essener, Essäer,** von Philo von Alexandrien und Flavius Josephus beschriebene jüdische Gemeinschaft von ordensähnlicher Verfassung. Sie entstand in der Zeit der Makkabäer (um 150 v. Chr.) und bestand bis zum Jüdischen Krieg (70 n. Chr.). Ein Teil ihres Schrifttums wurde am Toten Meer (▸ Qumran) entdeckt. Die Essener hielten den Tempel- und Opferdienst in Jerusalem für entartet. Es herrschte Gütergemeinschaft, für die engere Gemeinde auch Ehelosigkeit. Das Leben war bestimmt durch rigorose Disziplin, tägliche Waschungen, regelmäßigen Rhythmus von Gebet, Schriftauslegung, Mahlzeiten kultischen Charakters und Arbeit. Das Weltbild war dualistisch und eschatologisch: Gott und Belial, die Kinder des Lichts und der Finsternis, liegen im Kampf. Der letzte Krieg steht bevor, in dem die Macht Belials gebrochen wird.

**Ethik,** *die,* die philosophische Wissenschaft vom Sittlichen, die in engem Zusammenhang mit den durch Herkunft erworbenen Regeln des Handelns und Verhaltens steht. Die feststellbare Diskrepanz zwischen dem durch Tradition Gesicherten und seiner Kritik führt zur Entstehung der Ethik als philosophischer Disziplin, die nach dem Maß des guten menschlichen Lebens, Handelns und Verhaltens fragt und dieses auf der Grundlage verschiedener Methoden zu bestimmen versucht.

*Wesen der Ethik:* Die gesamte traditionelle Ethik beschäftigt sich überwiegend mit folgenden drei

Problemfeldern: 1) mit der Frage nach dem ›höchsten Gut‹; 2) mit der Frage nach dem richtigen Handeln; 3) mit der Frage nach der Freiheit des Willens. Als Hauptgegenstand der Ethik gelten den meisten Philosophen die menschlichen Handlungen und die sie leitenden Handlungsregeln (selbst gesetzte Maximen oder gesellschaftlich vorgegebene Normen), wobei sie entweder auf die Gesinnung sehen, aus der die Handlung hervorgeht **(Gesinnungsethik)**, oder auf die Wirkungen, die diese erzeugt (**Erfolgs**- oder **Verantwortungsethik**). Im weiteren Sinn lassen sich drei Typen ethischer Theorie unterscheiden:

1) **deskriptive Ethik**, die sich als empirische Untersuchung, Beschreibung und ursächliche Erklärung von Normensystemen versteht, ohne selbst Normen setzen zu wollen;

2) **normative Ethik** (Ethik im eigentlichen Sinn), die bewusst normative Aussagen macht, sei es, dass sie ein formales Prinzip herausstellt, woran sittliches Handeln zu messen ist (formale Ethik), sei es, dass sie sich an bestimmten absoluten oder relativen Wertinhalten orientiert (materiale Wertethik);

3) **Metaethik**, die wertneutral den sprachlich-logischen Status moralischer Begriffe analysiert und sich v.a. mit der Bedeutung ethischer (z.B. ›richtig‹, ›falsch‹) und verwandter (z.B. ›Gewissen‹, ›Handeln‹) Begriffe, der Verwendung ethischer Begriffe in moralischen Sätzen und der Frage nach der Begründbarkeit von Werturteilen beschäftigt. – Die normative Ethik lässt sich weiter differenzieren nach der Weise der Begründung in apriorische und empirische Ethik, nach dem Ursprung der Verpflichtung in autonome und heteronome Ethik, nach dem Einbezug bzw. Nichteinbezug des geschichtlichen Wandels in Situationsethik und Wesensethik, nach der Weite des Feldes ethischer Bedeutsamkeit in Individual- und Sozialethik, nach der Ausrichtung des Handelns in deontologische Ethik (maßgebend sind Handlungsmaximen) und teleologische Ethik (die Motivation ist durch das Ziel begründet).

**Eucharistie,** *die,* seit Ausgang des 1. Jh. sich durchsetzender Begriff für das Abendmahl der Kirche, der im Bereich der *ostkirchlichen* und *katholischen Theologie* (hier auch: Altarsakrament) bis heute bestimmend ist (für die *evangelischen Kirchen* ▸ Abendmahl). Der Begriff knüpft an die jüdische Tischdanksagung, den dankenden Lobpreis Gottes für Brot und Wein, an, geht dann aber vom Gebet auf die ganze Handlung und besonders auf die gesegneten Gaben Brot und Wein über. Die Eucharistie ist eine liturgische Doppelhandlung: Segnung sowie Austeilung und Genuss von Brot und Wein; sie war ursprünglich mit einem Sättigungsmahl verbunden. Das eucharistische ›Hochgebet‹, an dem nur die getauften Gemeindemitglieder teilnehmen durften, wurde vom Vorsteher der Gemeinde in freier charismatischer Rede formuliert. Erst seit dem 4. Jh. bildeten sich, v.a. an den Patriarchatssitzen, feste liturgische Typen (Ritus) heraus. Inhalt des *eucharistischen Hochgebets* (ostkirchlich: Anaphora, westkirchlich: Kanon) ist der Lobpreis der Erlösung, sein Höhepunkt der Einsetzungsbericht vom Abendmahl Jesu mit der Konsekration der eucharistischen Gaben. Darauf folgt die *Anamnese*, die nach katholischer Auffassung zum Ausdruck bringt, dass die Eucharistie wesentlich Gedächtnis des Erlösungswerkes Christi und das durch die Darbringung der Kirche vergegenwärtigte Opfer Christi (daher auch ›Messopfer‹ als Bezeichnung für die Eucharistie) ist. Meist schließt sich die Epiklese an. Es folgen die Brechung des Brotes und die Austeilung der Elemente. In den Ostkirchen und den Kirchen der Reformation werden beide Elemente ausgeteilt (wie in der Urkir-

**Eucharistie:** Bischof der orthodoxen Kirche beim eucharistischen Hochgebet.

che), in der lateinischen Kirche seit dem Hochmittelalter nur die Hostie; seit dem 2. Vatikanischen Konzil ist auch hier die Kommunion unter beiderlei Gestalten wieder möglich.

Die katholische Eucharistielehre sieht in der Eucharistie die in der Eucharistiefeier mittels der Konsekration erwirkte, als wahrhaft, wirklich und wesentlich verstandene Gegenwart des erhöhten Gottmenschen Jesus Christus mit Leib und Blut unter den Gestalten von Brot und Wein, und zwar ganz unter jeder Gestalt. In der Gegenwart treten neue dogmatische Theorien der Wandlung auf (Transsignifikation [Bedeutungswandel der Elemente], Transfinalisation [Bestimmungswandel der Elemente], die durch die Konsekration an Brot und Wein vollzogen werde). Papst Paul VI. hat jedoch in der Enzyklika ›Mysterium fidei‹ (1965) erneut betont, dass die Lehre von der Wesenswandlung den Katholiken dogmatisch verpflichte.

Die Realpräsenz des Leibes und Blutes Christi wird in der griechischen Patristik als sakramentale Inkarnation des Logos in den Elementen Brot und Wein, in der lateinischen Scholastik als Transsubstantiation oder Wesenswandlung der Gaben in Jesu Leib und Blut, von den Lutheranern als ›Konsubstantiation‹ oder ›Koexistenz‹ des Leibes und Blutes in, mit und unter den Gestalten Brot und Wein erklärt.

Die Heilskraft der Eucharistie wird den Gläubigen schon durch die Teilnahme an der Messe zugewendet, v. a. aber durch den Genuss der Eucharistie in der Kommunion. In ihr bewirkt das durch Jesus Christus beim letzten Abendmahl eingesetzte äußere Zeichen die innere Gnade, sodass die Eucharistie auch ein Sakrament ist, und zwar das zentrale Sakrament des christlichen Kultes. Nach katholischer Auffassung werden die eucharistischen Gestalten mit der Konsekration zu einem fortdauernden Sakrament (Altarsakrament), das auch außerhalb der Messe durch den Kultus der Anbetung geehrt werden muss und empfangen werden kann.

**Eucharistische Kongresse,** internationale katholische Tagungen zur Verehrung der Eucharistie und zur Förderung ihres Kultes (seit 1881). Seit 1945 fanden regelmäßig Eucharistische Kongresse statt, zuerst 1952 in Barcelona, 1997 in Breslau.

**Eva,** in der Vulgata Heva, beim Jahwisten (1. Mos. 3, 20; 4, 1) der kollektiv zu verstehende Name der Frau des ersten Menschen Adam, der Mutter Kains und Abels und Stammmutter des Menschengeschlechts. Der biblische Schöpfungsbericht erzählt Evas Erschaffung aus dem Mann, d. h. das Einssein von Mann und Frau, die Verführung beider durch das Böse und ihre Bestrafung.

**Eva:** »Adam und Eva am Baum der Erkenntnis« – Lucas Cranach d. Ä. vereint in seinem Bild Erkenntnisfähigkeit, Moral und Schuld.

**Evangeliar, Evangeliarium,** *das,* Bezeichnung für das liturgische Buch mit dem vollständigen Text der vier Evangelien. Besonders aus dem frühen Mittelalter ist eine Reihe prachtvoll geschmückter Evangeliare erhalten, z. B. die Adahandschrift (um 800; Trier, Stadtbibliothek), das von der Reichenauer Malerschule angefertigte Evangeliar Ottos III. (um 1000; München, Bayerische Staatsbibliothek) und der Codex aureus Epternacensis (Datierung umstritten: zwischen 983 und 991 oder um 1030; Nürnberg, Germanisches Nationalmuseum).

**Evangelien,** Bezeichnung für die vier ersten Schriften des N. T.: Matthäus-, Markus-, Lukas-, Johannesevangelium.

**evangelikal,** 1) dem Evangelium gemäß; 2) auf die unbedingte Autorität des N. T. (des Evangeliums) vertrauend, das meist als von Gott unmittelbar und wortwörtlich gegebene Handlungsanweisung zur Gestaltung des eigenen Lebens und des Lebens der christlichen Gemeinde interpretiert wird.

**evangelische Bruderschaften,** ▸ Kommunitäten.

**Evangelische Kirche in Deutschland,** Abk. **EKD,** auch (selten) **EKiD,** der rechtliche Überbau, zu dem sich 24 lutherische, reformierte und unierte Kirchen in Deutschland zusammengeschlossen haben. Zur EKD gehört weiterhin als 25. Gliedkirche die Evangelische Kirche der Union (EKU). Ihr angeschlossen sind die ›Evangelische Brüder-Unität in Deutschland‹ (Brüdergemeine) und der ›Bund evanglisch-reformierter Kirchen Deutschlands‹. Die EKD ist ein Kirchenbund, dessen rechtliche Grundlage die am 3. 12. 1948 in Kraft gesetzte *Grundordnung* bildet.

Die Gliedkirchen der EKD lassen sich in drei Gruppen zusammenfassen: *Lutherische Gliedkirchen:* Evangelisch-Lutherische Kirche in Bayern, Evangelisch-lutherische Landeskirche in Braunschweig, Evangelisch-lutherische Landeskirche Hannovers, Evangelisch-Lutherische Landeskirche Mecklenburgs, Nordelbische Evangelisch-Lutherische Kirche, Evangelisch-Lutherische Landeskirche Sachsens, Evangelisch-Lutherische Landeskirche Schaumburg-Lippe, Evangelisch-Lutherische Kirche in Thüringen – diese acht Kirchen sind zusammengeschlossen in der Vereinigten Evangelisch-Lutherischen Kirche Deutschlands (VELKD) –, Evangelisch-lutherische Kirche in Oldenburg, Evangelische Landeskirche in Württemberg. – *Unierte Gliedkirchen:* Evangelische Landeskirche Anhalts, Evangelische Kirche in Berlin-Brandenburg, Pommersche Evangelische Kirche, Evangelische Kirche im Rheinland, Evangelische Kirche der Kirchenprovinz Sachsen, Evangelische Kirche der schlesischen Oberlausitz, Evangelische Kirche von Westfalen – diese sieben Kirchen gehören zur Evangelischen Kirche der Union (EKU) –, Evangelische Landeskirche in Baden, Bremische Evangelische Kirche, Evangelische Kirche in Hessen und Nassau, Evangelische Kirche von Kurhessen-Waldeck, Evangelische Kirche der Pfalz (Protestantische Landeskirche). – *Reformierte Gliedkirchen:* Lippische Landeskirche (mit einer lutherischen ›Klasse‹, d. h. einem lutherischen Anteil), Evangelisch-reformierte Kirche (Synode evangelisch-reformierter Kirchen in Bayern und Nordwest-Deutschland). – *Zusammenschlüsse von Gliedkirchen innerhalb der EKD* sind neben VELKD und EKU u. a. die Arnoldshainer Konferenz und der Reformierte Bund.

Die EKD und ihre Gliedkirchen verstehen sich als Volkskirche, d. h. als Kirche, in der die Bevölkerung zum überwiegenden Teil nach Herkommen und Gewohnheit der Kirche angehört und sich die Verkündigung und insgesamt die Arbeit der Kirche auf diesen Großteil der Bevölkerung richtet. Die EKD ist im Verhältnis zu ihren Gliedkirchen mit relativ geringen Kompetenzen ausgestattet, insbesondere sind alle Glaubens- und Bekenntnisfragen den Gliedkirchen vorbehalten. Hauptaufgabe der EKD ist es, die Gemeinschaft unter den Gliedkirchen zu fördern. Sie vertritt die gesamtkirchlichen Anliegen gegenüber allen Inhabern öffentlicher Gewalt und arbeitet in der ökumenischen Bewegung mit. Gesetzliche Bestimmungen mit Wirkung für die Gliedkirchen kann die EKD nur mit deren Zustimmung erlassen.

*Organe:* Die *Synode der EKD* hat 160 Mitglieder, von denen 134 durch die Synoden der 24 Gliedkirchen gewählt und 26 vom Rat der EKD berufen werden. Sie hat die Aufgabe, kirchliche Gesetze zu beschließen, Stellungnahmen zu kirchlichen und gesellschaftlichen Fragen abzugeben und dem Rat der EKD Richtlinien zu geben. Im Einzelnen wird die Sacharbeit durch ständige Ausschüsse wahrgenommen, (1996) neun: ›Schrift und Verkündigung‹, ›Diakonie, Mission und Ökumene‹, ›Recht‹, ›Kirche, Gesellschaft und Staat‹, ›Erziehung, Bildung und Jugend‹, ›Haushalt‹, ›Europa‹, ›Umwelt‹, ›Nominierung‹. Die Synode tritt i. d. R. einmal jährlich zu einer ordentlichen Tagung zusammen. Ihre Legislaturperiode dauert sechs Jahre. – Die *Kirchenkonferenz* wird von den Kirchenleitungen der Gliedkirchen gebildet. In ihr haben Gliedkirchen mit mehr als 2 Mio. Kirchenmitgliedern zwei Stimmen, die anderen Gliedkirchen eine Stimme. Die Kirchenkonferenz hat die Aufgabe, die Arbeit der EKD und die gemeinsamen Anliegen der Gliedkirchen zu beraten und Vorlagen oder Anregungen an die Synode und den Rat zu geben. Sie wirkt bei der Gesetzgebung mit und wählt gemeinsam mit der Synode den Rat. Vorsitzender der Kirchenkonferenz ist stets der Ratsvorsitzende. – Der für die Dauer von sechs Jahren gewählte *Rat der EKD* leitet die EKD und vertritt sie nach außen. Ihm gehören 19 Mitglieder (Laien und Theologen) an. 18 werden von der Synode und der Kirchenkonferenz auf sechs Jahre gewählt; 19. Mitglied ist der Präses der Synode kraft seines Amtes. Der Rat nimmt in verschiedenen Formen – z. B. Denkschriften und öffentlichen Erklärungen – zu Fragen des religiösen und gesellschaftlichen Lebens Stellung. Dabei bedient er sich der Beratung durch Kammern und Kommissionen, die aus sachverständigen kirchlichen Persönlichkeiten gebildet werden.

Die Verwaltung der EKD erfolgt durch das *Kirchenamt der EKD*, das seinen zentralen Sitz in Hannover hat und von einem Kollegium unter dem Vorsitz eines Präsidenten geleitet wird.

*Kirchenmitgliedschaft:* Der einzelne evangelische Christ ist Mitglied seiner Gemeinde und seiner Landeskirche (Mitglied der EKD sind allein die Gliedkirchen). Die Mitgliedschaft ist an Taufe und Wohnsitz geknüpft: Wer in einer evangelischen Kirche die Taufe empfangen und seinen Wohnsitz im Bereich einer EKD-Gliedkirche hat, ist damit automatisch Mitglied dieser Kirche. Verlegt er seinen dauernden Wohnsitz in das Gebiet einer anderen EKD-Gliedkirche, so wird er dort Kirchenmitglied. Im Unterschied zu den Freikirchen erheben die Gliedkirchen der EKD von ihren Mitgliedern Kirchensteuer.

**Evangelisch-Lutherische Freikirche,** ▸ Altlutheraner.

**evangelisch-reformiert,** Konfessionsbezeichnung der Glieder reformierter Kirchengemeinschaften. (reformierte Kirchen)

**Evangelium,** *das,* die biblische Lesung in der christlichen Liturgie, die i. d. R. als letzte Lesung den Lesegottesdienst abschließt.

**Evolution,** *die,* langsame, kontinuierlich fortschreitende Entwicklung (v. a. großräumiger Zusammenhänge); allmähliche, friedliche Fortentwicklung im Geschichtsablauf.

*Kosmologie* und *Kosmogonie:* Nach den heutigen Auffassungen der Kosmologie setzte vor etwa 10–20 Mrd. Jahren mit dem Urknall eine allgemeine Expansion des Weltalls ein. Die zeitliche Änderung seines physikalischen Zustandes (kosmologische Evolution), die von einem singulären Zustand mit unendlich hoher Energiekonzentration (kosmologische Singularität) ausging, war und ist noch immer durch eine stetige Abnahme der Energiedichte (Temperatur) gekennzeichnet (thermische Evolution). Bei der Bildung der Sonne mitsamt dem Planetensystem vor 4,6 Mrd. Jahren betrug der Masseanteil der Elemente schwerer als Helium in der Ausgangsmaterie, dem Sonnennebel, etwa 2 %. Sie bildeten das Material, aus dem zunächst Staubteilchen, später größere Festkörper und schließlich Planeten wie die Erde entstanden. Diese wiederum durchlief eine geologische Evolution mit der Bildung von Mineralen und Gesteinen sowie der Ausgasung heißer magmatischer Schmelzen, was die Entstehung einer Uratmosphäre ermöglichte. Im Verlauf dieser Entwicklung traten vor etwa 3 Mrd. Jahren auf der Erde solche Verhältnisse ein, dass sich in chemischen Reaktionen hochmolekulare, später für Lebewesen charakteristische Verbindungen bilden konnten.

In der *Biologie* bezeichnet Evolution den Wandel in der stammesgeschichtlichen Entwicklung der Organismen (Phylogenie); sie beginnt mit der einfachsten Lebenserscheinung und setzt sich mit den daraus entstandenen, abgewandelten Organismen in ihrem Artenreichtum fort.

*Geschichte des Evolutionsgedankens:* Evolutive Vorstellungen, die das Entstehen von Arten aus anderen Arten beinhalten, sind aus der Antike überliefert, aber erst im 19. Jh. wurde begonnen, aufgrund der damaligen wissenschaftlichen Erkenntnisse die Deszendenz der Arten als einen historischen Ablauf zu sehen und dieses durch entsprechende Theorien zu untermauern. Hemmnisse für das Verbreiten von Gedanken über einen Evolutionsprozess waren der dazu im Widerspruch stehende Glaube vieler Religionen an eine Schöpfung und die Annahme, die pflanzlichen und tierischen Geschöpfe seien seit dem Schöpfungsakt unverändert geblieben.

Auch der Mensch ist ein (zufälliges) Ergebnis der Evolution. Es vereinbart sich jedoch meist nicht mit seinem Selbstgefühl, ›dass er mit allen seinen Belangen dem kosmischen Geschehen so absolut gleichgültig ist‹ (K. Lorenz, 1983). Daher ist es verständlich, wenn in Abwehr gegen die nicht auf die Besonderheiten des Menschen gerichtete Erkenntnis von der Evolution andersartige Vorstellungen vertreten werden. So lehrt der v. a. aus dem christlichen Sektenwesen in den USA stammende Kreationismus die Schöpfung der Arten, weil sie durch die Schöpfungsgeschichte in der Bibel verkündet wird. Die naturwissenschaftlichen Axiome werden für die Vergangenheit geleugnet, da in dieser ihre Gültigkeit nicht überprüft werden könne. So bleibt allein die göttliche Offenbarung der Bibel als Antwort auf die Frage nach dem Ursprung. Evolution und (christlicher oder biblischer) Glaube von heute gültigen Lehren der verschiedenen Religionen sind aber keine Gegensätze. Die Frage nach dem Ursprung ist letztlich eine Glaubensentscheidung.

Entweder stehen am Anfang des irdischen und/oder kosmischen Seins allein die Gesetze, nach denen sich Energie und Materie verhalten, oder ein Schöpfer (ein Gott) hat sie erschaffen und wacht über die Einhaltung der ihnen verliehenen Gesetzmäßigkeiten. Mit letzterer Auffassung kann die Evolution der Schöpfung gleichgesetzt werden (M.-J. P. Teilhard de Chardin), und jeder Evolutionsschritt ist ein vom Schöpfer bestimmter Akt.

**ewige Anbetung, ewiges Gebet,** *katholische Kirche:* Tag und Nacht fortgesetzte Verehrung des ausgesetzten ▸ Allerheiligsten. Sie entstand in der heutigen Form im 16. Jh. und wird v. a. von Klostergenossenschaften (Eucharistiner, Picpus-Genossenschaft u. a.) gepflegt.

**ewiges Leben,** ▸ Unsterblichkeit.

**ewiges Licht, ewige Lampe,** in katholischen Kirchen ein mit Öl oder Wachs gespeistes (nur im Notfall elektrisches) Licht vor jedem Tabernakel, in dem das Allerheiligste aufbewahrt wird, als Zeichen der Gegenwart Christi in der Eucharistie (seit dem 17. Jh.).

**Ewigkeit,** *Religionsgeschichte:* eine Kategorie, die sehr oft, jedoch nicht unbedingt, primär der Existenz der Götter zugeordnet ist. Für die Menschen verbindet sich mit dem Begriff Ewigkeit der Glaube an Auferstehung und jenseitiges Leben. Religiöse Werte und Manifestationen besitzen, wenn ihnen Ewigkeit zugesprochen wird, absolute, ›ewige‹ Gültigkeit. Dies betrifft religiöse Wahrheiten und ihre Offenbarung, den Mythos, hl. Texte (besonders den ›Koran‹), ethische Normen, oft auch kultische Handlungen. – In der *christlichen Glaubenslehre* kommt Ewigkeit im eigentlichen Sinn als Sein über der Zeit ohne Anfang und Ende (lat. aeternitas) nur Gott zu. Ewigkeit im Sinn von Dauer ohne Ende nach einem Anfang (lat. sempiternitas) kommt den menschlichen Seelen und den reinen Geistern zu (ewiges Leben, Unsterblichkeit). Die übrige Schöpfung ist endlich und damit Wandel und Auflösung unterworfen.

**Exegese,** *die,* Auslegung von Texten, besonders von Gesetzestexten und der biblischen Schriften. Die biblische Exegese zielt darauf, Bedeutung und Sinn des in den Texten Gemeinten zu verdeutlichen. Hauptprobleme dieser Bemühung sind zum einen der überlieferte normative Charakter der biblischen Schriften als Hl. Schrift (die Texte gelten als Offenbarung und sprechen damit für sich selbst, bedürfen also keiner Auslegung), zum anderen die hermeneutische Problematik, dass die Texte Zeugnis für eine bestimmte geschichtliche Situation sind, gleichwohl für allgemein gültig gehalten werden, d. h. auch für alle Zeiten in gleicher Weise verbindlich (Hermeneutik). Obwohl schon im A. T. Aufnahme und Neuinterpretation älterer Traditionen nachweisbar sind, bildete erst das nachbiblische Judentum eine Schriftauslegung aus. Dabei kam es zur Verfestigung bestimmter Regeln, die die als göttliche Offenbarung verstandenen hl. Schriften einerseits vor Willkür schützten, sie andererseits in den sich wandelnden Verhältnissen verstehbar machen sollten. Grundsätzlich kannte die jüdische Exegese v. a. die wörtliche und die allegorische Schriftdeutung (Schriftsinn). In den Methoden der Exegese schloss sich das Urchristentum an das Judentum an, sah aber im A. T. Weissagungen Jesu Christi sowie Vorabbildungen endzeitlicher, in der christlichen Gemeinde eingetroffener Ereignisse.

In der Neuzeit wurde die **historische Exegese** entwickelt. Auf der Grundlage textkritischer und einleitungswissenschaftlicher Arbeiten stellte J. S. Semler das historische gegen das dogmatische Bibelverständnis. Diese Unterscheidung befreite die Bibelwissenschaft von der Dogmatik. Das in der Aufklärung entwickelte historische Wahrheitsbewusstsein führte in der Exegese zur Kritik der Bibel und ihrer Quellen (z. B. in der Leben-Jesu-Forschung).

Die moderne Exegese setzte ein mit der konsequenten historischen Erforschung des N. T. durch F. C. Baur, der infolge seines an G. W. F. Hegel orientierten Geschichtsschematismus die literarhistorischen Verhältnisse allerdings nicht erkannte. Das Scheitern der Leben-Jesu-Forschung und die Erkenntnis der religionsgeschichtlichen Schule von der Bedingtheit des A. T. durch die altorientalische Religionsgeschichte, des N. T. durch die spätantike Religionsgeschichte bereiteten den Boden für die Formgeschichte. Sie zeigte, dass die literarkritisch erschlossenen Quellenstücke aus der Theologie der sie tradierenden Gruppen, ihrer jeweils gegenwärtigen Problemlage und ihren eigentümlichen Institutionen (›Sitz im Leben‹) zu verstehen sind. Die literarische Endgestalt, die ihrerseits Zeugnis einer bestimmten historischen Lage war, wurde jedoch weithin vernachlässigt. Erst die Redaktionsgeschichte wandte sich programmatisch der Überlieferung und Auslegung der Quellenstücke in den Gesamtwerken zu. Die gegenwärtige **historisch-kritische Exegese** basiert in ihrem Methodenpluralismus auf der Geschichte der neuzeitlichen Exegese. Ihre Einzelmethoden sind auch unter den Konfessionen unumstritten. Strittig sind jedoch in und zwischen den Konfessionen die hermeneutischen Grundlagen. Dabei geht es grundsätzlich um das Verhältnis von Schrift und Offenbarung und deren geschichtliche Vermittlung.

**Exkommunikation,** *die,* im *katholischen Kirchenrecht* eine Beugestrafe, der strafweise, aber keineswegs totale Ausschluss eines Kirchenangehörigen aus der Gemeinschaft der Gläubigen (nicht aus der Mitgliedschaft der Kirche) mit kirchenrechtlich im einzelnen geregelten Wirkungen v. a. geistlicher Art (z. B. Ausschluss vom Gottesdienst und von den Sakramenten). Die Exkommunikation (Anathema) ist immer einstweilig, da der Exkommunizierte nach Aufgabe seiner ›verstockten‹ Haltung einen Rechtsanspruch auf Lossprechung von der Exkommunikation hat.

**Exkulpation,** *die,* bildungssprachlich für: (Selbst-) Entlastung vom Vorwurf des Verschuldens; Rechtfertigung.

**Exodus,** *Theologie:* in der griechischen Bibel Name des zweiten Buches des Pentateuch (2. Mos.). Der Exodus gliedert sich in: Geschichten von Moses' Jugend und seiner Berufung (2. Mos. 1–4); ägypt. Plagen, Passah, Auszug der Israeliten aus Ägypten und Zug durchs Schilfmeer (2. Mos. 5–15); Wüstenwanderung (2. Mos. 16–18) und Bundesschluss mit Gesetzesoffenbarung am Horeb/Sinai (2. Mos. 19–40).

**Exorzismus,** *der,* die Beschwörung von Dämonen und Geistern durch Wort und Geste, um sie herbeizuholen, aber auch um sie fern zu halten oder aus von ihnen besessenen Menschen auszutreiben. Der Exorzismus will auch Orte und Gegenstände von Dämonen reinigen. Die magische Praxis des Exorzismus wird meistens ausgeübt von Medizinmännern und Priestern **(Exorzisten)**. Alle Volksreligionen, aber auch die Universalreligionen kennen den Exorzismus.

Die *katholische Kirche* übt bis heute den Exorzismus bei der Taufe, wenn auch bei Nachholung der Taufzeremonien die Taufexorzismen durch die Liturgiereform seit dem 2. Vatikanischen Konzil sehr eingeschränkt sind. Ferner kennt sie kleine Exorzismen bei der Weihe von Öl, Salz und Wasser, um diese jeglicher Unterworfenheit unter dämonische Mächte zu entziehen. Während diese Exorzismen von jedem Kleriker vollzogen werden können, der die feierliche Taufe oder solche Weihungen vornehmen darf, ist der Exorzismus bei ▸ Besessenheit nur mit Erlaubnis des zuständigen Bischofs gestattet; sie darf nur einem Priester gegeben und der Exorzismus nur bei erwiesener dämonischer. Besessenheit ausgeübt werden (c. 1172 CIC).

In den *orthodoxen Kirchen* wird der Exorzismus in der Vollmacht des priesterlichen Amtes ausgeübt.

# F

**Fasten,** *Religionsgeschichte:* ein alter, vorzugsweise religiöser Brauch, eine Form der Askese, wobei zwischen dem eigentlichen Fasten als einer zeitweiligen, völlig oder teilweise durchgeführten Enthaltung von Nahrung und dem vorübergehenden oder ständigen Verzicht auf bestimmte Speisen, v. a. Fleisch, Fisch, Wein, aufgrund von Speiseverboten unterschieden werden muss. Motive für das Fasten können sein: Schutz vor der Aufnahme schädlicher Kraftausstrahlungen mit der Nahrung (d. h. vor Tabukräften, Mana); Reinigung des Körpers; Sammlung von Willenskräften (durch Fasten in kritischen Zeiten, z. B. bei Krieg oder Jagd, um Glück und Beute zu gewinnen); auch Reinigung vor (oder nach) bestimmten Handlungen, z. B. bei Wallfahrten (im Hinduismus und Jainismus) sowie bei Initiationsriten, anderen religiösen Zeremonien und Festen (so fasteten die Knaben bei einigen Indianerstämmen vor ihrer Aufnahme in die Stammesordnung); persönliche Opfer oder eine Sühne (z. B. Reue für falsches Handeln), die den Göttern dargebracht wird (Alt-Ägypten, Babylon sowie im Islam). Fasten ist Mittel, um Zustände der Ekstase, Visionen und besondere Träume herbeizuführen, die einen direkten Kontakt mit dem Göttlichen herstellen und zu außergewöhnlichen Leistungen befähigen sollen.

Bei den großen Weltreligionen ist das Fasten meist an bestimmte Tage oder Perioden gebunden: Der *Islam* schreibt das Fasten im 9. Monat Ramadan jeweils von Sonnenaufgang bis Sonnenuntergang vor. Im *Buddhismus* lehrte Buddha selbst weitgehend Mäßigung im Fasten, doch entwickelte sich dort die Fastenaskese besonders streng.

Im A. T. galt das Fasten als Akt der Demut und Buße, nicht um durch Askese Vollkommenheit zu erlangen, sondern um den zornigen Gott zum Mitleid zu stimmen (1. Kön. 21, 27) und die Folgen seines Zornes abzuwenden. Man fastete deshalb besonders bei schweren Heimsuchungen. In nachexilischer Zeit gab es Pflichtfasten am großen Versöhnungstag und an vier Fastentagen zur Erinnerung an nationale Katastrophen. Die Veräußerlichung der Fastenpraxis, schon von den Propheten getadelt (Jer. 14, 12), erreichte ihren Höhepunkt bei den von Jesus scharf angegriffenen Pharisäern (Matth. 6, 16–18).

*Christliche Kirchen:* Das junge Christentum behielt das Fasten bei. Früh kam im Anschluss an die jüdische Sitte das Wochenfasten auf, das die Christen auf den Mittwoch und den Freitag (Todestag Jesu) legten; dazu kam in Rom der Samstag, der später den Mittwoch ersetzte.

Das Fasten- und Abstinenzgebot in der *katholischen Kirche* wurde 1966 neu geregelt. Bußzeit ist die **Fastenzeit** vor Ostern (Quadragesimalzeit, dauert von Aschermittwoch bis zur Osternacht), Bußtage für die ganze Kirche sind der Aschermittwoch und alle Freitage des Jahres, die keine Feiertage sind. An den gebotenen Bußtagen darf der Katholik kein Fleisch warmblütiger Tiere essen **(Abstinenzgebot)**. Am Aschermittwoch und Karfreitag darf er nur eine Hauptmahlzeit zu sich nehmen (morgens und abends ist eine kleine Stärkung erlaubt). Das Abstinenzgebot verpflichtet vom 14. Lebensjahr an, das Fastengebot vom vollendeten 18. bis zum Beginn des 60. Lebensjahres.

Die jeweiligen Bischofskonferenzen haben für Deutschland, Österreich und die Schweiz das Abstinenzgebot in ein allgemeines ›Freitagsopfer‹ umgewandelt, das nach Wahl des Einzelnen oder der Gemeinschaft in einem Werk der Nächstenliebe, einer Tat der Frömmigkeit (z. B. Mitfeier eines Gottesdienstes, Lesung der Hl. Schrift) oder einem spürbaren Verzicht, z. B. auf Alkohol, Tabak oder Fleischspeisen, besteht.

Die Fastengebote in den *Ostkirchen* sind streng. Das Fasten besteht in der Abstinenz von Fleisch, Eiern, Milchprodukten, Fisch, Öl und Wein. Eine Beschränkung in der Qualität der erlaubten Speisen gibt es nicht. Aber auch in den orthodoxen Kirchen wird das Halten des Fastens je nach ihrer Lebenswelt nicht mehr so rigoros gehandhabt wie früher.

**Fastentücher,** die ▸ Hungertücher.

**Fastenzeit,** ▸ Fasten.

**Fátima,** katholischer Wallfahrtsort in Mittelportugal, im Distrikt Santarém, zwischen Batalha und Tomar. – Drei Kinder hatten hier 1917 jeweils am 13. der Monate Mai bis Oktober Marienerscheinungen, die 1930 von der katholischen Kirche für glaubwürdig erklärt wurden. Am Erscheinungsort entstand ab 1928 in historisierendem Stil die Basilika Unserer Lieben Frau, um die seitdem ein sehr umfangreicher Heiligtumskomplex errichtet wurde. Die so genannten drei geheimen Prophezeiungen von Fátima wurden im Sommer 2000 nach einem Papstbesuch gelüftet. Neben der Weltkriegs-Vorhersage sollen sie die Bekehrung Russlands beinhalten und das Attentat auf Papst Johannes Paul II. 1981. Der befürchtete Weltuntergang steht in dem bis dahin verheimlichten dritten Geheimnis nicht.

**Fegefeuer, Fegfeuer,** lat. Purgatorium, *katholische Glaubenslehre:* seit dem Mittelalter übliche Bezeichnung für den Zustand der Läuterung des Menschen nach dem Tode. Die Lehre vom Fegefeuer geht davon aus, dass im Tod endgültig über das Schicksal des Menschen entschieden wird, und löst die Spannung zwischen einer möglichen Vollendung und der tatsächlichen Unfertigkeit des Menschen durch den Glauben, dass die in der Gnade Gottes Sterbenden durch ein von der Sühnetat Christi und der Fürbitte der Kirche getragenes Leiden gereinigt und vollendet werden (arme Seelen). Die Lehre vom Fegefeuer kann nicht direkt aus der Bibel begründet werden. Die *Reformatoren* haben sie wegen damit verbundener Missbräuche im Ablasswesen, v. a. aber aus ihrem anders gearteten Erlösungsverständnis heraus scharf abgelehnt. Auch die *orthodoxe Theologie* kennt keine Lehre vom Fegefeuer. Die neuere katholische Theologie lehnt z. T. das Wort ›Fegefeuer‹ ebenso wie die Bezeichnung ›arme Seelen‹ als missverständlich ab und spricht vom ›Reinigungszustand‹.

**feministische Theologie,** seit den 1960er-Jahren in Nordamerika und Europa von v. a. christlicher (auch jüdischer) Theologinnen vertretener theologischer Neuansatz auf der Grundlage des Feminismus. Impulse erhielt die feministische Theologie v. a. durch die Frauenbewegung, die ökumenische Bewegung und den Aufbruch in der katholischen Theologie (2. Vatikanisches Konzil). Der Versuch einer feministisch-theologischen Systematik wurde erstmals von Rosemary R. Ruether (* 1936) unternommen. Ausgehend von der patriarchalischen und androzentrischen Prägung der Kulturen (und damit auch des Christentums) sieht demnach die feministische Theologie die menschliche Unheilssituation wesentlich im Sexismus und der daraus resultierenden Unterdrückung, Marginalisierung und Diskriminierung der Frauen begründet, denen damit die Möglichkeit zum ›vollen Menschsein‹ (›full humanity‹) genommen oder vorenthalten wird; Sexismus wird als individuelle und strukturelle ›Sünde‹ verstanden, die zu der allen anderen Entfremdungen des Menschen zugrunde liegenden ›Entfremdung und Entstellung der menschlichen Beziehungsstrukturen‹ geführt hat. Soteriologisches Ziel ist die Überwindung des Sexismus und ein neues Verhältnis der Geschlechter zueinander, das allen in umfassender Weise die Entwicklung ihres vollen Menschseins (als ›Ebenbild Gottes‹) ermöglicht (Ruether). Feministische Theologie versteht sich dabei als kontext- und erfahrungsbezogene Theologie (von daher auch der Befreiungstheologie vergleichbar), die speziell von der (vom Sexismus geprägten) Frauenerfahrung ausgeht und von ihr aus die herkömmliche (klassische und gegenwärtige) Theologie als eine Theologie kritisiert, die nur auf männlicher Erfahrung beruht, jedoch vorgibt, allgemein menschlich gültige Aussagen zu machen. Dieser feministisch-theologischen Kritik werden alle Bereiche der Theologie unterzogen. Feministische Theologie ist daher nicht eine theologische Disziplin neben anderen, sondern soll alle Disziplinen (sowie die kirchliche Praxis) durchdringen und verändern.

Ungeachtet des gemeinsamen feministischen Ansatzes lassen sich verschiedene, z. T. stark divergierende Strömungen unterscheiden, die je andere Schwerpunkte setzen oder das Christentum ganz hinter sich gelassen haben (›postchristian‹; Mary Daly [* 1928]). Während etwa der Gleichheitsfeminismus die Gleichheit von Männern und Frauen als wesentlich begreift und die Verschiedenheit als sekundär, so sieht der gynozentrische Feminismus die Verschiedenheit als wesentlich an und möchte die Gleichheit sozial realisieren. Die jeweilige feministische Theologie will stärker spezifisch ›weibliche‹ Züge in der Theologie zur Geltung bringen (z. B. in der Gotteslehre durch die Betonung ›weiblicher‹ Eigenschaften Gottes oder den Rückgriff auf matriarchale Mythen und die ›Göttin‹, in der Christologie durch die Vorstellung eines androgynen Christus, in der Sündenlehre durch den Aufweis vornehmlich weiblicher Untugenden wie falsch verstandener Demut, Passivität und Selbstverleugnung), oder sie betont die ganzheitliche und gleichwertige Natur und Persönlichkeit aller Menschen und bemüht sich auch in den theologischen Aussagen um die Überwindung von Dualismen, hin auf eine ganzheitliche, nicht sexistische Sicht. Neben der Arbeit auf der Theorieebene wächst zunehmend das Bedürfnis nach frauengerechten Ausdrucksgestaltungen des Religiösen im Rahmen einer feministischen Spiritualität.

**Feuerbestattung,** Form der Totenbestattung.

**Firmung,** lat. Confirmatio, mit Aussagen aus dem N. T. (Apg. 8, 14–17) begründetes Sakrament der katholischen, der anglikanischen und der Kirchen der Utrechter Union sowie der Ostkirchen (hier: *Myronsalbung, Hagion Myron*), das Kindern im Alter von 7–12 Jahren vom Bischof, Weihbischof, einem beauftragten Abt, in außerordentlichen Fällen auch vom Gemeindepfarrer durch Handauflegung, Salbung, Gebet und einem leichten Backenstreich gespendet wird. Im kirchlichen Verständnis ergänzt und vollendet die Firmung die Taufe, gliedert den Gläubigen in vollkommener Weise in die Kirche ein und stattet ihn mit einer besonderen Kraft des Hl. Geistes aus, die ihn befähigt, seinen Glauben in Wort und Tat zu bekennen und zu verteidigen. Taufe und Firmung als Sakramente der Initiation waren in der alten Kirche miteinander verbunden. Der in den Ostkirchen noch heute bestehende Brauch, die Kleinkinder unmittelbar nach der Taufe zu firmen (Spender der Myronsalbung ist hier der Priester), wurde in der Kirche des Westens seit dem 12. Jh. aufgegeben.

Die Kirchen der Reformation lehnen die Firmung als Sakrament ab. Der Gedanke der Firmung lebt jedoch weiter in der Konfirmation.

**Fluch,** im Affekt des Zorns gesprochenes Kraftwort oder ausgesprochener Unheilswunsch, der einem Menschen oder einer Sache Schaden oder Vernichtung bringen soll; meistens über einen längeren Zeitraum oder wiederholt auftretendes, als Strafe Gottes aufgefasstes Unheil (›ein Fluch lastet auf der Familie‹).

In der *Religionsgeschichte* die von einem Unheilswunsch begleitete Unterstellung eines Menschen oder auch einer Sache unter die Gewalt einer Gottheit; als Verwünschen Grundbestand archaischer Gebetswünsche. Der Fluch ist wie sein Gegenstück, der Segen, ursprünglich Zauberwort, mit dem die Vorstellung verbunden ist, dass es aus eigener Kraft wirkt, einmal ausgesprochen, nicht zurückgenommen werden kann und auch über die Lebenszeit des Fluchenden hinaus wirksam bleibt. Zu feierlichem Ritual erhoben, wächst aus dem Fluch die öffentliche Verdammung, etwa im Anathema des kirchenrechtlichen Bannes. Im vorstaatlichen Rechtswesen spielte die bedingte Verfluchung als Strafandrohung und als Selbstverfluchung eine Rolle (Eid). – In Erregung oder Verblüffung ausgesprochene Kurzformen von Flüchen (z. B. ›Potz Sapperment‹, ›Jessas‹) sind häufig verfremdete Teile von Gebetsformeln.

**Fluchpsalmen,** Psalmen (z. B. Ps. 109) und Teile von Psalmen (z. B. Ps. 119, 21), in denen der Fluch Jahwes auf die Feinde Israels oder auf persönliche Gegner herabgerufen wird. Der Fluch wirkt hier nicht magisch aus eigener Kraft, sondern wird als Appell an die Gerechtigkeit Jahwes ausgesprochen.

**Franziskaner,** die Mitglieder aller Ordensgemeinschaften, die Franz von Assisi als Gründer verehren. Solche Gemeinschaften existieren auch außerhalb der katholischen Kirche (z. B. anglikanische Franziskaner seit etwa 1900, ›Evangelische Franziskaner-Bruderschaft der Nachfolge Christi‹ seit 1927). I. e. S. sind Franziskaner die Mitglieder des ›Ordens der Minderen Brüder‹ (lat. Ordo Fratrum Minorum, Abk. OFM), die nach der 1223 von Papst Honorius III. bestätigten Regel leben. Sie gehören zur Gruppe der Bettelorden; Ordenskleid: brauner Habit mit Kapuze, weißem Strick und braunem Umhang.

Nach der Regel des Franz von Assisi sollte die Gemeinschaft der Minderbrüder ihr Leben nach dem Evangelium führen, auf jeglichen persönlichen und gemeinsamen Besitz verzichten, sich zum Dienst an den Menschen durch Arbeit jeder Art und Predigt verpflichten. Auseinandersetzungen um die Auslegung der Ordensregel, die in der Spannung zwischen dem ursprünglichen Wollen des Gründers und der jeweils notwendigen Anpassung an die sich wandelnde Zeit ihren Ausdruck fanden, führten bereits im 13. Jh. zur Entstehung von drei Richtungen, den Spiritualen, die auf wörtliche Regelbeobachtung drangen, den Konventualen, die eine Angleichung an die alten Orden erstrebten, und einer mittleren Richtung, die unter größtmöglicher Treue zum ursprünglichen Ideal zu notwendigen Zugeständnissen bereit war **(Armutsstreit)**. Trotz der internen Streitigkeiten breitete sich der Orden sehr rasch in ganz Europa aus. Die Franziskaner arbeiteten in der städtischen Seelsorge, an den Universitäten (Franziskanerschule) und in der Mission. Parallel zu innerkirchlichen Reformansätzen wuchs im Franziskanerorden eine Reformbewegung heran (die Observanz). 1517 wurden die reformierten Franziskaner (als Observanten) und die nicht reformierten (als Konventualen, in Deutschland Minoriten genannt) zu getrennten und selbstständigen Ordensfamilien erklärt, aus denen sich im 17. Jh. die Reformgruppe der **Kapuziner** verselbstständigte. Die Observantenfamilien konnten 1897 wieder zu einer einheitlichen Ordensgemeinschaft, die jetzt allein Franziskaner (OFM) heißt, vereinigt werden. Der Orden ist in Seelsorge, Schule, Wissenschaft und Mission tätig. An der Spitze des Franziskanerordens steht der auf zwölf Jahre gewählte Generalminister; regional ist der Orden gegliedert in Provinzen (geleitet von Provinzialministern). Mit weltweit rd. 18 100 Mitgliedern in 113 Provinzen und 2 749 Niederlassungen sind die Franziskaner nach den Jesuiten der größte Orden der katholischen Kirche. Die Konventualen (OFMConv), auch Minoriten, zählen rd. 4 500 Mitglieder in 70 Provinzen mit 762 Niederlassungen. Den Kapuzinern (OFMCap) gehören rd. 11 100 Mitglieder in 89 Provinzen mit 1 661 Niederlassungen an. – Der Zweite Orden geht auf die hl. Klara von Assisi **(Klarissen)** zurück. – Um die Franziskaner haben sich franziskanische Laiengemeinschaften gebildet.

**Franz von Assisi, Franziskus, Franz,** italienisch Francesco d'Assisi, latinisiert Franciscus, eigentlich Giovanni Bernardone, Ordensstifter, * Assisi 1181 oder 1182, † ebd. 3. 10. 1226; stammte aus wohlhabender Kaufmannsfamilie. Nach Krankheit und Bekehrungserlebnissen verzichtete er auf Beruf und bürgerliches Leben, lebte seit 1208 als Bettler und Wanderprediger und widmete sich der Pflege der Aussätzigen. 1209 schlossen sich ihm die ersten Gleichgesinnten an. Die schnell wachsende Anhängerschaft verband Franz von Assisi zum ›Orden der Minderen Brüder‹ (► Franziskaner) und verpflichtete sie in einer ersten, auf Texten des N. T. basierenden Regel zu einem Leben in Armut und Buße im Dienst an den Menschen und an der Kirche. 1212 schloss sich die adlige Klara von Assisi der Bewegung an und begründete mit den Klarissen den weiblichen Zweig der franziskanischen Gemeinschaft. Franz von Assisi selbst trat 1220 von der Leitung des Ordens zurück (Rückzug auf den Monte Alverno). Die Leiden seiner letzten Lebensjahre

**Franz von Assisi:** »Der heilige Franziskus predigt den Vögeln«

verstand er als Nachfolge des Gekreuzigten. Seine Stigmatisation 1224 ist der erste belegte Fall dieses Phänomens. Die Frömmigkeit Franz von Assisis wurde stark durch Einfühlsamkeit und Gebet, weniger durch theologische Gelehrsamkeit bestimmt. Als Beispiel dafür gilt neben seinen Gebeten besonders der Sonnengesang (1224). – Bereits zwei Jahre nach seinem Tod wurde Franz von Assisi von Gregor IX. heilig gesprochen.

**Freiheit,** Grundbegriff der praktischen Philosophie und der Politik. Aus den vielfältigen Definitionsversuchen, die dem Begriff Freiheit zuteil wurden, lassen sich zwei grundlegende Aspekte herauslösen:

1) Freiheit kann verstanden werden als Abwesenheit äußerer Zwänge und Bindungen. Diese können naturhaft (etwa körperliche Bedürfnisse) sein oder ihren Ursprung in der Gesellschaft haben (z. B. Normen und Konventionen). Hierbei wird Freiheit negativ charakterisiert. Es handelt sich um ›Freiheit von‹, die v. a. politisch, sozial und historisch von Interesse ist.

2) Freiheit kann auch als die Fähigkeit aufgefasst werden, seinem eigenen Wollen eine Richtung geben zu können. Man spricht dann von Entscheidungs- oder Willensfreiheit; diese ist eine ›Freiheit zu‹ und somit positiv zu bestimmen. Diese Freiheit war und ist Gegenstand vieler philosophischer und theologischer Bemühungen. Im politisch-sozialen Sinn kann es durch Beseitigung von Zwängen Befreiung geben – heute oft als ›Emanzipation‹ bezeichnet –, im philosophischen Sinne dagegen nicht. Bei dieser Freiheit handelt es sich um eine von äußeren Einflüssen unabhängige Eigenschaft, die man oft ›Autonomie‹ genannt hat.

Der Begriff der Freiheit zählt zu den Grundwerten abendländischen (politischen) Denkens, der über Europa weltweite Rezeption erfuhr. Als Willensfreiheit und Gewissensfreiheit wurde die ›Idee der Freiheit‹ eine der zentralen Kategorien im Selbstverständnis des neuzeitlichen Menschen. Neben dem philosophisch-theologischen Bezug lassen sich somit auch eine gesellschaftliche (Freiheit als Ergebnis des Wandels sozialer Beziehungen) sowie eine historische Komponente (Weg von der Aufhebung der Sklaverei, der Leibeigenschaft bis zur Herausbildung des freiheitlichen Rechtsstaats) unterscheiden.

Nach christlichem Verständnis ist dem Menschen in der Schöpfung eine relative Freiheit gegeben. Wieweit diese von der göttlichen Allmacht abhängig ist und es dem Menschen zusteht, sein eigenes Heil zu wirken, ist in der Theologiegeschichte umstritten. Theologisch wird Freiheit als Frucht der Befreiung (Erlösung) vom (alttestamentlichen) Gesetz gesehen, dessen Herrschaft durch das ›Gesetz des Geistes und des Lebens in Christus Jesus‹ (Röm. 8, 2) abgelöst ist. In diesem Sinne ist Freiheit das entscheidende Thema der Erlösungslehre: Erlösung besteht darin, dass der Mensch erst in ihr zu seinem eigenen Selbstsein ermächtigt wird. Darin eingeschlossen liegt die (sittliche) Entscheidungsfreiheit des Menschen, die allerdings ohne die Notwendigkeit des Wählens zwischen dem ›Guten‹, dem ›Tun der Wahrheit‹ (Joh. 3, 21), und dem ›Bösen‹, dem ›Niederhalten der Wahrheiten‹ (Röm. 1, 18), nicht auskommt. – Thomas von Aquino stellte menschliche Freiheit (›liberum arbitrium‹) in Bezug auf die Wahl der Mittel und Unterzweckbestimmungen fest. Das letzte Ziel – das Gute – verfolgt der Mensch von Natur. Das letzte Prinzip, nach dem der Mensch wählt, ist nicht von ihm selbst hervorgebracht und in die menschliche Freiheit gestellt, sondern von Gott eingegeben, der damit zur transzendentalen Quelle aller menschlichen, so letztlich nur abgeleiteten Freiheit wird. Das auf Luther zurückgehende reformatorische Freiheitsverständnis, das die ›Freiheit eines

Christenmenschen‹ im christlichen Glauben und dem in diesem Glauben gebundenen Gewissen begründet, wurde zu einer der Wurzeln der neuzeitlichen Glaubens-, Gewissens- und Bekenntnisfreiheit.

**Freikirche,** im Unterschied zur Staats- oder Volkskirche eine frei konstituierte Kirche, die unabhängig ist von staatlichen Einflüssen und deren Mitglieder nur aufgrund ausdrücklicher Willenserklärung, verstanden als bewusste individuelle Glaubensentscheidung, aufgenommen werden. Die Finanzierung einer Freikirche erfolgt ausschließlich über freiwillige, teilweise weit über der Höhe der Kirchensteuer liegende Beiträge ihrer Mitglieder. Die meisten Freikirchen unterhalten eigene theologische Ausbildungsstätten. Glaubensgrundlage einer Freikirche ist die Bibel in der Gesamtheit ihrer Aussagen. Darin ist, im Gegensatz zur selektiven Schriftauslegung der Sondergemeinschaften (Sekten), theologisch ihr ›Kirche sein‹ begründet. Die ersten Freikirchen entstanden durch das Täufertum der Reformation, sofern es auf eine revolutionäre Herbeiführung des Reiches Gottes auf Erden verzichtete. In England führte im 17. Jh. die Abspaltung der Presbyterianer, Kongregationalisten und Baptisten, seit dem 18. Jh. außerdem der Quäker und Methodisten von der ›Established church‹ zur Bildung von Freikirchen. Als Begriff taucht Freikirche (Free Church) erstmals 1843 in Schottland auf. Heute sind besonders in Großbritannien und den USA die meisten Kirchen als Freikirche organisiert.

In Deutschland entstanden Freikirchen und freikirchliche Zusammenschlüsse seit dem 19. Jh., u. a. aus Protest gegen die staatlich verordneten Kirchenunionen, aber auch den theologischen Rationalismus in den Landeskirchen (Altlutheraner). Zu den Freikirchen gehören heute in Deutschland u. a. die Altkatholische Kirche, die Altreformierte Kirche in Niedersachsen, der Bund Evangelisch-Freikirchlicher Gemeinden in Deutschland (Baptisten), der Bund Freier evangelischer Gemeinden, die Evangelische Brüder-Unität (Herrnhuter Brüdergemeine), die Evangelisch-methodistische Kirche, die Selbständige Evangelisch-Lutherische Kirche und die Arbeitsgemeinschaft Mennonitischer Gemeinden in Deutschland.

**Freimaurerei,** eine international verbreitete, in den einzelnen Ländern in Logen organisierte Bewegung (Bruderschaft), die sich einer humanitären, auf Toleranz und Achtung vor der Menschenwürde beruhenden Geisteshaltung verpflichtet fühlt, die in den Logen in rituellen ›Arbeiten‹ vermittelt wird. Auf dieser Grundlage treten die Logenmitglieder (Freimaurer) für freie Entfaltung der Persönlichkeit, Hilfsbereitschaft, Brüderlichkeit und ein friedliches, sozial gerechtes Zusammenleben der Menschen ein. Grundlage freimaurerischen Selbstverständnisses ist die Überzeugung, dass alle Konflikte ohne zerstörerische Auswirkungen ausgetragen werden können, wenn ein ausreichendes Vertrauensverhältnis zwischen allen Menschen geschaffen werden kann. Die in der brüderlichen Gemeinschaft in Tempelarbeiten gewonnene Selbsterkenntnis soll zugleich Gewissen und Verantwortungsgefühl gegenüber Staat und Gesellschaft schärfen.

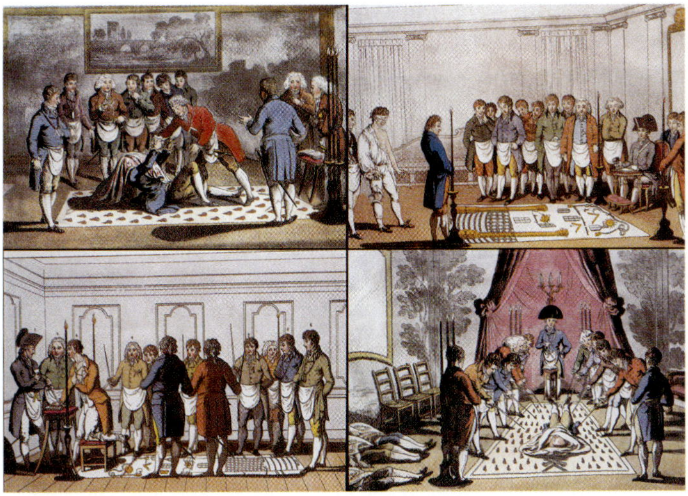

**Freimaurerei:** Verschiedene Riten bei der Aufnahme eines neuen Bruders (Stahlstich, 19. Jh.).

Das (außerhalb der Freimaurerei nicht bekannte eigentliche) Ritual der Freimaurer, das in seinen wesentlichen Bestandteilen überall auf der Erde gleich ist, kann als ein dynamisches Symbol des kosmischen Geschehens gedeutet werden. Das teilnehmende Logenmitglied ordnet sich mithilfe der Symbolik der rituellen Handlungen bewusst in die Gesetzmäßigkeit des Universums ein und soll durch diese lebendige Beziehung lernen, sein Leben in immer zunehmenderem Maß aus einem übergeordneten Bewusstsein heraus zu gestalten. Jede Arbeit besitzt den Charakter einer Feier; zu Beginn wird ein Gebet oder ein Sinnspruch gesprochen und zum Ausklang symbolisch die Kette gebildet. Das Brauchtum der Freimaurer wurzelt in den mittelalterlichen Bauhütten. Die Freimaurerei stellt im Verständnis der Freimaurer eine sinnbildliche Baukunst dar; Gegenstand dieses Bauens ist der einzelne Mensch und über ihn hinaus die gesamte Menschheit. Die Arbeiten werden in drei Graden abgehalten, dem des Lehrlings, des Gesellen und des Meisters, und erfassen das gesamte Leben des Mannes. Die Freimaurer verwenden besondere Zeichen und tragen zu ihren Arbeiten Abzeichen, Schurz und weiße Handschuhe.

Zu den *geistigen Grundlagen* der Freimaurerei zählen Urkunden wie die ›Alten Landmarken‹ und die ›Alten Pflichten‹. Erstere stammen z. T. bereits aus dem 14. Jh. und verlangen die Anerkennung eines ›Großen Baumeisters aller Welten‹, das Auflegen der Bibel bei den freimaurerischen Arbeiten, die Eigenschaft des freien Mannes von gutem Ruf für die Mitglieder, die Loge als reinen Männerbund. Diese Grundlagen wurden 1723 von dem englischen Geistlichen James Anderson (* 1680, † 1739) in die von ihm verfassten ›Alten Pflichten‹ (›The Constitutions of the Freemasons‹) übernommen, auf die damalige Zeit übertragen und gelten noch unverändert.

Die Freimaurerei besitzt keine über die ganze Erde reichende, zusammenhängende *Organisation.* Die Vereinigungen der Freimaurer, die *Logen*, sind innerhalb des Staates, in dem sie arbeiten, in mindestens einer *Großloge* zusammengeschlossen und rechtlich i. d. R. nach dem Vereinsrecht organisiert. Die Mitglieder einer Loge wählen in freier Wahl ihren Vorsitzenden, den Meister vom Stuhl oder Logenmeister. Die Logenmeister wählen auf dem Großlogentag den Großmeister und dessen Mitarbeiter in der Führung der Großloge. Auch die Großlogen sind eingetragene Vereine oder Körperschaften des öffentlichen Rechts. In Deutschland besteht ein von allen Logen gemeinsam getragenes ›Freimaurerisches Hilfswerk‹ und in Bayreuth das Deutsche Freimaurer-Museum mit Bibliothek.

In allen autoritär regierten Staaten ist die Freimaurerei verboten. Die Freimaurerei erregte von Anfang an auch das Missfallen der katholischen Kirche, die sie zwischen 1738 und 1918 in 12 päpstlichen Stellungnahmen verurteilte und die Freimaurer wegen antiklerikaler Ziele und humanistisch-deistischer Weltanschauung exkommunizierte. Der 1972 begonnene offizielle Dialog zwischen der katholischen Kirche und der Freimaurerei, der dazu geführt hatte, dass die von selbst eintretende Exkommunikation der Freimaurer in der Praxis nicht mehr generell vorausgesetzt wurde – allerdings ohne dass die entsprechende Bestimmung des Kirchenrechts geändert worden wäre –, ist seit 1980 (eingeleitet durch eine Erklärung der Deutschen Bischofskonferenz) durch die erneute restriktive Auslegung dieser Bestimmung wieder abgebrochen worden. Auch das In-Kraft-Treten des neuen Codex Iuris Canonici (1983), der den Begriff Freimaurerei an keiner Stelle mehr erwähnt, auch nicht im Zusammenhang der mit Exkommunikation belegten Delikte, änderte nichts an dieser Praxis. Dabei wird die kirchenrechtliche Bestimmung über ›gegen die Kirche gerichtete Vereinigungen‹ (c. 1374 CIC) von der Deutschen Bischofskonferenz im Sinne einer grundsätzlichen Unvereinbarkeit von Freimaurerei und Kirchenmitgliedschaft ausgelegt.

**Frieden,** Zustand eines verträglichen und gesicherten Zusammenlebens von Menschen sowohl innerhalb sozialer Einheiten als auch im äußeren Verhältnis von Gruppen, Gesellschaften oder Organisationen. Im Gegensatz zum Frieden stehen der Krieg als ein Zustand fortwährender und Gewalt als eine z. T. temporäre Form der Lebensbedrohung. Da Frieden ohne ein Minimum an Ordnung und Einvernehmen nicht lange bestehen kann, ist der Begriff des Friedens eng mit dem des Rechts verknüpft, der seinerseits Freiheit voraussetzt. Strittig ist, ob Frieden nur das äußere, vor willkürlicher Gewalteinwirkung geschützte Verhältnis bezeichnet oder auch eine über die Friedfertigkeit hinausgehende innere Anteilnahme meint. Die indogermanische Wurzel des Wortes Frieden verweist sowohl auf den rechtlichen›Schutz‹ wie auf ›Liebe‹ und ›Freundschaft‹.

Frieden ist in keiner historisch bezeugten Gesellschaft von Natur aus gegeben. Stets ist er ein geschaffener Zustand, der mehr oder weniger ausdrücklich Sicherungen durch Macht und Vereinbarung bedarf (es entstehen Friedensräume und Friedenszeiten). Die Rechtfertigung für solche Vorkehrungen sucht man bis heute in umfassenden kosmologischen oder theologischen Konzeptionen der Welt. Die Harmonie der planetarischen Bewegung, die paradiesische Stimmigkeit der Schöpfung oder auch die Verträglichkeit der Artgenossen im Tierreich gelten seit der Antike als Vorbilder für eine humane Friedensordnung. Doch gerade solche Parallelen machen die unvergleichliche Lage des Menschen bewusst, der für den Krieg wie für den Frieden allein verantwortlich ist und für eine Leben und Freiheit sichernde Friedensordnung notfalls auch ohne Vorbild in der Natur zu sorgen hat.

Die christliche Botschaft ist in ihrem Ursprung gegen diesen imperialen Frieden der Pax Augusta gerichtet. Wenn Jesus als ›Friedensfürst‹ und sein Gott als ›Gott des Friedens‹ bezeichnet werden, so sind hier Formeln gebraucht, die im Römischen Reich für den Kaiser Augustus in Umlauf waren. Die mit dem ernsthaften, auf das Heil des einzelnen Menschen bezogenen christlichen Wortgebrauch verbundene Absage an die herrschende weltliche Macht schließt aber die Bejahung einer diesseitigen öffentlichen Ordnung nicht aus. Sie ist auch ausdrücklich auf das individuelle Wohlbefinden ausgerichtet. Auch die eschatologische Friedenserwartung im Johannesevangelium ist auf die Ruhe und die Gewissheit bezogen, die Jesus seinen Anhängern durch seine Botschaft gibt. Erst die Kirchenväter haben den Begriff des Friedens mit dem einer himmlischen Ordnung verknüpft und den Frieden zwischen Menschen (Pax humana) dem Frieden zwischen Gläubigen (Pax ecclesiastica) unterstellt, der wiederum dem Frieden Gottes (Pax divina) unterworfen ist. In diesem Rahmen entwickelt dann Augustinus eine umfassende Friedenslehre, die zwar den unendlichen Abstand zwischen göttlichem und irdischem Frieden deutlich macht, zugleich aber darzulegen versucht, dass auch unter weltliche Bedingungen letztlich alles auf den Frieden angelegt ist. So wie es auf Erden kein Wesen gibt, das nicht nach Glück trachtet, so gibt es auch keines, das nicht auf seine Art nach Frieden strebt.

**Friedhof, Kirchhof, Totenacker, Gottesacker,** abgesonderte Stätte, an der die Toten bestattet werden. Seit dem Neolithikum wurden Gräber in einem besonderen Bezirk (Gräberfeld, Reihengrab) angelegt.

*Christliche Friedhöfe:* Die ersten Christen bestatteten ihre Toten je nach dem Kulturkreis, dem sie angehörten, in Felsgräbern, auf freiem Feld oder in Katakomben. Der Wunsch, in der Nähe von Märtyrern bestattet zu werden, führte später zur Anlegung von Friedhöfen in der Nähe der Kirchen. In Italien geschah dies seit dem Ende des 13. Jh. in Form des Camposanto, wo die einzelnen Gräber übereinander in hohen, kreuzgangähnlichen Hallen untergebracht sind (z. B. Pisa, Ferrara, Genua). Das Recht der Bestattung innerhalb der Kirche wurde zunächst nur hoch gestellten Persönlichkeiten gewährt; im Spätmittelalter waren Grabplätze käuflich. Die Verbreitung von Pest und Seuchen führte im 16. Jh. zur Trennung von Pfarrkirche und Friedhof und zur Anlage von Friedhöfen außerhalb der Wohngebiete (Johannisfriedhof in Nürnberg, 1518). Die Friedhöfe erhielten eigene Kapellen, die meist dem hl. Michael als Seelengeleiter geweiht waren und häufig als Beinhaus (Karner) ausgebaut wurden. Ab 1750 wurden die Friedhöfe unter englischem Einfluss gärtnerisch und parkähnlich gestaltet. Die Friedhöfe des 19. Jh. sind geprägt durch Familiengrüfte, aufwendige Grabmonumente und Skulpturen (›Père Lachaise‹ in Paris, 1803; Zentralfriedhof in Wien, 1874). Richtungweisend für Friedhofsanlagen des 20. Jh. in Deutschland wurden der Parkfriedhof. in Hamburg-Ohlsdorf (1877) und der Waldfriedhof in München (1907). Heute werden einfache Grabsteine und Grabkreuze bevorzugt. Größere Friedhöfe haben meist eine Feierhalle und eine Schauhalle sowie die Möglichkeit, anonyme Bestattungen durchzuführen. Eine Sonderform bilden die Soldatenfriedhöfe, die oft nach einem monumentalen Entwurf angelegt sind.

Der *jüdische Friedhof* kennt keinen Grabschmuck, die Gräber sind mit ursprünglich liegenden, später auch aufrecht stehenden Grabsteinen gekennzeichnet. Berühmte jüdische Friedhöfe sind der alte jüdische Friedhof in Prag und in Worms (ältester Grabstein aus dem Jahr 1044).

**Frömmigkeit,** komplexe seelisch-geistige Grundhaltung und Gestimmtheit des (religiösen) Menschen in Ehrfurcht, Verehrung und Hingabe dem Göttlichen (Numinosen) gegenüber, die sein Denken, Handeln und Fühlen prägt. Als allgemeinste Bestimmung von Frömmigkeit erscheint in den verschiedenen Religionen ›den Göttern das Ihre geben‹, eine äußere rituelle Konformität. Die Begriffe ›pietas‹ (lat.) und ›eusébeia‹ (griechisch) meinen zugleich auch das angemessene Verhältnis zu den Eltern. Äußere Symbole der Frömmigkeit veräußerlichen und erstarren leicht, sodass Außenstehende leicht die ›innere‹ Religiosität darin vermissen. Die prophetische Frömmigkeit, etwa der griechischen Weisen (z. B. Sokrates) oder der Propheten des A. T., appelliert an die Innerlichkeit des Menschen, verwirft die Berufung auf Gesetz und

Kult allein als ungenügend und verlangt Gesinnungswandel und Umkehr zu Gott, um Rettung und Heil zu finden. Auch die Frömmigkeit Jesu ist prophetische Frömmigkeit (z. B. Mk. 12, 28–31). Die Religionswissenschaft sieht die Entwicklung einer nicht nur rituell definierten Frömmigkeit auch an die Entwicklung eines Begriffs von Individualität und Persönlichkeit gebunden. So entstand zu Beginn des 19. Jh. im Rahmen der protestantischen Theologie (F. Schleiermacher) ein Begriff der Frömmigkeit, der sich auf ein besonderes Gefühl und unmittelbares Selbstbewusstsein stützt.

Da Frömmigkeit die subjektive Seite der Religion ist, ergeben sich verschiedene Frömmigkeitstypen nach Religion, Konfession, Zeit, Nationalität, Temperament, Alter, Geschlecht, Stand, Beruf und den jeweiligen entsprechenden Lebens- und Geisteswerten, die Gegenstand der Religionspsychologie sind. Unterschieden werden u. a.: schlichte Glaubensfrömmigkeit im Sinne vertrauender Hingabe; Observanzfrömmigkeit, bestimmt durch religiös-sittliche Gebote; Kultfrömmigkeit als rituelle Verehrung Gottes oder der Götter; Werkfrömmigkeit als Erstreben des Heils durch gute Werke; asketische Frömmigkeit etwa im Mönchtum; mystische Frömmigkeit im Sinne der Vereinigung mit dem Göttlichen; rationale und emotionale Frömmigkeit je nach Vorherrschen des Denkens, Wollens oder des Gemüts.

**Fronleichnam,** Fest der katholischen Kirche zur Verehrung der Eucharistie am Donnerstag nach dem Dreifaltigkeitsfest (1. Sonntag nach Pfingsten), heute auch Hochfest des Leibes und Blutes Christi, nachdem das Anliegen des bis 1970 eigenständigen und in zeitlichen Nähe zu Fronleichnam gefeierten ›Festes des kostbaren Blutes‹ (1. 7.) integriert wurde. Fronleichnam entstand im Spätmittelalter im Zusammenhang mit einer stark anwachsenden Verehrung des Altarsakraments, wobei man jedoch die Feier der Messe mehr als ein ›Schauspiel‹ (Betrachtung des Lebens und Leidens Jesu Christi in der konsekrierten Hostie) ansah und der Mahlcharakter der Eucharistie weitgehend aus dem Bewusstsein geschwunden war. Den äußeren Anstoß gaben die Visionen der hl. Juliana von Lüttich (* um 1192, † 1258). 1246 wurde das Fest in Lüttich eingeführt, 1264 schrieb es Urban IV. für die ganze Kirche vor. Höhepunkt des Festes ist die **Fronleichnamsprozession**, bei der seit der Mitte des 14. Jh. das Allerheiligste, meist sichtbar in der Monstranz, durch die Straßen getragen wird. An vier Altären werden Texte aus den vier Evangelien gesungen, und nach Gebet wird der Segen erteilt. Als Reaktion auf die Reformation und ihr Verständnis des Abendmahls wurde das Fronleichnamsfest mit seiner prunkvollen Prozession eine öffentliche Demonstration katholischen Eucharistieverständnisses. Das von liturgischer Bewegung und nachkonziliarer Erneuerung geprägte Eucharitieverständnis hat neuere Formen v. a. der Prozession entstehen lassen, z. T. die Prozession ganz abgeschafft.

**Frühchristentum,** Periodisierungsbegriff für die erste Epoche des Christentums von der Zeit der Urgemeinde bis zur rechtlichen Anerkennung der christlichen Religion 313 im Römischen Reich (Toleranzedikt von Mailand). Die jüngere Forschung differenziert die Epoche des Frühchristentums stärker in Urgemeinde, Urchristentum, alte (altchristliche) Kirche und schließt die Zeit der Völkerwanderung und die (Anfänge der) Christianisierung der Germanen (bis zum 7. Jh.) ein.

**Fundamentalismus,** der Begriff Fundamentalismus gewinnt erst seit kurzem über die Grenzlinien seiner unterschiedlichen religiösen und nicht religiösen Deutung hinweg eine fest umrissene Bedeutung und wird dabei meist als Strukturbegriff verwendet, der eine bestimmte Form willkürlicher Selbstabschließung von Denk- oder Handlungssystemen gegen Kritik und Alternativen bezeichnet. Mittlerweile steht er nach einem verbreiteten Konsens des Sprachgebrauchs für theoretische Orientierungen und praktische Organisationsformen eines umfassenden oder selektiven kulturellen und politischen Antimodernismus.

Das Wort Fundamentalismus tritt zuerst im Zusammenhang mit einer religiösen Schriftenreihe in Erscheinung, die in den Jahren 1910–15 unter dem Titel ›The fundamentals‹ in den USA erschien. Sie trug den aufschlussreichen Untertitel ›A testimony to truth‹ (›Ein Zeugnis der Wahrheit‹). 1919 gründeten die protestantischen Christen, die die Reihe herausgegeben hatten, eine weltweit tätige Organisation, die ›World's Christian Fundamentals Association‹. Damit war die Bezeichnung für diese Art christlicher Gläubigkeit geboren und hat sich für sie sowohl im Allgemeinen wie im wissenschaftlichen Sprachgebrauch rasch durchgesetzt. Erst in jüngerer Zeit wurde sie dann auf vergleichbare Erscheinungen in anderen Religionen und schließlich auch auf gleichartige Organisations- und Orientierungsformen nichtreligiöser

Art übertragen, die ihrerseits auf längere Traditionen zurückblicken.
Es waren v. a. vier unverrückbare ›Grundwahrheiten‹ (›fundamentals‹), die diese Bewegung charakterisierten: 1) die buchstäbliche Unfehlbarkeit der Hl. Schrift und die unbeirrbare Gewissheit, dass die Hl. Schrift keinen Irrtum enthalten könne; 2) die Nichtigkeit aller modernen Theologie und Wissenschaften, soweit sie dem Bibelglauben widersprechen; 3) die Überzeugung, dass niemand, der vom fundamentalistischen Standpunkt abweicht, ein wahrer Christ sein könne, und 4) in der Praxis der Bewegung schärfer als in ihren Schriften die Überzeugung, dass die moderne Trennung von Kirche und Staat immer dann zugunsten einer religiösen Bestimmung des Politischen aufgehoben werden muss, wenn politische Regelungen mit fundamentalen religiösen Überzeugungen kollidieren.
In der Sache hat es den Fundamentalismus schon seit dem frühen 19. Jh. gegeben. Er entstand in Europa als Gegenbewegung gegen den mit der von I. Kant eingeleiteten bewusstseinsphilosophischen Wende in der Philosophie erstarkenden Modernismus in Religion und Theologie. Die modernistischen Positionen, gegen die sich der protestantische und alsbald auch der katholische Fundamentalismus wandten, verkörpern das Eindringen des Geistes der Aufklärung in Theologie und Religion: die historische und literarische Bibelkritik, die kantische Begrenzung der Religion auf die Rolle des Garanten moralischer Motive, die wissenschaftliche Idee einer natürlichen Evolution der Menschengattung und sogar der konkreten Ausformungen der Religionen selbst.
Der religiöse Fundamentalismus stellt den Versuch dar, die generalisierte Ungewissheit aller Erkenntnisansprüche und die generelle Offenheit aller sozialen Systeme für Alternativen, die der Prozess der Modernisierung mit sich brachte, mit willkürlichen Dogmatisierungen aus der Religion fern zu halten und bestimmte Fundamente künstlich gegen alle Zweifel und Kritik zu immunisieren. Fundamentalismus bedeutet daher zunächst einen willkürlichen Abbruch der gemeinsamen Deutungspraxis religiöser Überlieferung, um selbsterkorene absolute Gewissheiten jeder offenen Deutung und Infragestellung zu entziehen.
Die religionshistorischen Studien von H. Küng haben gezeigt, dass vergleichbare Prozesse der Modernisierung, wenn auch nicht überall in derselben Konsequenz und in denselben Formen, spätestens seit dem 19. Jh. in allen Weltreligionen zu beobachten waren. Überall hat es als Reaktionsbildung auf diesen Öffnungsprozess die Erscheinung eines Fundamentalismus gegeben. Fundamentalismus ist in dieser historischen Perspektive der Versuch, ein älteres Paradigma der Selbstauslegung einer Religion gegenüber allen jüngeren absolut verbindlich zu machen. Jüngere wissenschaftliche Studien haben buddhistische, islamische, hinduistische, konfuzianische, jüdische u. a. Formen des Fundamentalismus als jeweilige Reaktionsbildungen auf religionsimmanente Öffnungsbestrebungen beschrieben. Die Erfolge des Fundamentalismus bei der Bekämpfung modernerer Deutungen der jeweils eigenen religiös-kulturellen Traditionen sind in den einzelnen Kulturen höchst unterschiedlich und historischen Schwankungen unterworfen. Der Kernpunkt ist stets die Trennung von Staat und Religion. Für den Fundamentalismus als eine politische oder politisch fungierende Ideologie ist immer ein bestimmter, unterschiedlich weit gehender Anspruch auf die Einheit von Staat und Religion kennzeichnend.
Fundamentalismus bietet sich in vielen Formen als Lösung der Widersprüche an, die im Prozess der Modernisierung aufbrechen. Er ist eine Ausschließungshaltung, die Geborgenheit, Gewissheit und allem Zweifel entrückte Orientierung an die Stelle der unvermeidlichen Ambivalenzen und Unsicherheiten der modernen Existenz zu setzen verspricht. Fundamentalismus ist jedoch nicht das Kennzeichen bestimmter Religionen oder Weltanschauungen, sondern eine sozialpsychologisch bedingte Weise ihrer Auffassung und Anwendung. Fundamentalismus bedeutet die Handhabung bestimmter Erkenntnisansprüche als allem Zweifel entzogen und daher außerhalb jedes Dialogs angesiedelt. In seinen kämpferisch-politischen Formen wird das auf diese Weise immunisierte Fundament des Fundamentalismus als Legitimation für Vormachts- oder Herrschaftsansprüche gegenüber Abweichenden in Anspruch genommen. Dies schließt i. d. R. die Bereitschaft zur Verweigerung von Menschenrechten und demokratischen Entscheidungsregeln ein.
Die geschlossenen Glaubenssysteme fundamentalistischer Prägung übernehmen den Anspruch öffentlicher Herrschaft und schließen Kritik, Alternativen, Zweifel, den Dialog über ihre

Erkenntnisansprüche von Gleich zu Gleich aus. Die gänzliche oder selektive Missachtung von Menschenrechten, Pluralismus, Toleranzgebot, Mehrheitsprinzip im Namen der vermeintlich absoluten eigenen Glaubenswahrheit, die sich allein im Besitz des jeweiligen Fundamentalismus befänden, sind Folgen seines sich nach außen wendenden absoluten Gewissheitsanspruchs.

Papst Pius X. hat für die katholische Kirche in seiner Enzyklika ›De Modernistarum Doctrinis‹ 1907 die modernisierenden Strömungen im Katholizismus auf ähnliche Weise identifiziert und verurteilt wie die protestantischen Fundamentalisten kurz danach. Dieses Dokument kann daher zur Legitimation eines katholischen Fundamentalismus herangezogen werden, als dessen Träger nach dem 2. Vatikanischen Konzil verschiedene, durch ein eher vorkonziliar-restauratives Kirchenverständnis geprägte ›traditionalistische‹ (nach eigenem Verständnis traditions- und papsttreue) geistliche Bewegungen innerhalb der katholischen Kirche gelten; u. a. die – seit 1988 durch Schisma von der Kirche getrennte – ›Internationale Priesterbruderschaft des Hl. Pius X.‹, die Bewegung ›Una voce‹ und das ›Engelwerk‹.

Aufsehen erregt hat seit den 1970er-Jahren in Europa v. a. der *islamische* Fundamentalismus, weil er unter der geistlich-politischen Führung des schiitischen Religionsführers R. M. Khomeini 1979 mit einer kämpferisch antiwestlichen Einstellung im Iran an die Macht gelangte und seither in einer zunehmenden Reihe islamisch geprägter Länder eine erhebliche politische Rolle spielt. Geprägt durch eine islamistische Ideologie, daher im westlichen Sprachgebrauch seit Anfang der 1990er-Jahre auch **Islamismus** genannt, wird der islamische Fundamentalismus in starkem Maße durch islamische Bruderschaften (Ägypten, Sudan) und islamistische Parteien, Bewegungen und Gruppen (Algerien, Palästina) getragen, die oftmals die terroristische Gewalt als ein Mittel zur Durchsetzung ihrer in erster Linie politischen Ziele betrachten.

Erklärungsansätze für das Aufkommen und die Verbreitungschancen von religiösem oder nichtreligiösem politischem Fundamentalismus können auf individualpsychologischer, soziologischer, politikwissenschaftlicher und kulturphilosophischer oder sogar anthropologischer Ebene ansetzen. Wenn Fundamentalismus als die Zuflucht zu willkürlich immunisierten absoluten Gewissheiten unter der modernen Bedingung prinzipieller Ungewissheit gilt, so können Motive und Bedingungen dafür auf *psychologischer Ebene* gefunden werden, nämlich die Unfähigkeit zum Aushalten offener und mehrdeutiger Situationen, auf *soziologischer Ebene*, nämlich die Unfähigkeit, soziale Identität in einer pluralisierten Gesellschaft zu sichern, auf *politischer Ebene*, nämlich die mangelnde Bereitschaft, sich mit dem politischen Relativismus der Demokratie zu arrangieren, auf *kulturphilosophischer Ebene*, nämlich die Unfähigkeit, sich in der metaphysischen Heimatlosigkeit der Moderne einzurichten, und auf *anthropologischer Ebene*, nämlich in der Annahme, der Mensch könne ohne einen Grundbestand letzter Gewissheiten nicht existieren.

**Fundamentaltheologie,** systematische Disziplin der *katholischen Theologie*, die seit dem 19. Jh. die Apologetik ablöste. Sie untersucht nicht einzelne Glaubensinhalte, sondern die Prinzipien der Theologie (die Bedingungen der Möglichkeit von Theologie), die Möglichkeit des Glaubens und der ihn begründenden Offenbarung sowie den Wissenschaftsanspruch der Theologie, ihre Methoden und ihr Verhältnis zu anderen Wissenschaften. – In jüngerer Zeit wird auch im Rahmen der evangelischen systematischen Theologie eine ›evangelische Fundamentaltheologie‹ gefordert (z. B. G. Ebeling), in der sich die Theologie in Auseinandersetzung mit der Neuzeit Rechenschaft über ihr eigenes Wesen geben soll.

**Fürbitten,** *christliche Liturgien:* das allgemeine Gebet im christlichen Gottesdienst, in dem der Liturg oder auch Gemeindeglieder in liturgisch gebundener oder freier Form die zentralen Gebetsanliegen (Fürbitten) der Gemeinde formulieren. Diese umfassen drei Gruppen: Gebete für die Kirche (v. a. für ihre Einheit), für die Gemeinschaft des Staates, des Heimatortes und der Familie und für Menschen in besonderer Verantwortung und in besonderen Lebenssituationen (Papst, Bischöfe, Regierende, Kranke, Gefangene, Alleinstehende, Menschen in Not). Die Fürbitten bilden den Abschluss des Wortgottesdienstes.

In der *katholischen Kirche* entwickelten sich im Anschluss an die Liturgiereform des 2. Vatikanischen Konzils, die die Fürbitten als wesentliches Element des Gottesdienstes betonte, neue liturgische Formen. Die *Ostkirchen* praktizieren die gottesdienstlichen Fürbitten in der Form der Ektenie.

**Fußwaschung,** Reinigungssitte im Alten Orient und im Mittelmeerraum, die, da man normalerweise barfuß oder in offenen Sandalen ging, vor der Mahlzeit üblich war. Die Fußwaschung galt als Sklavenarbeit. Nach Joh. 13,1–17 wusch Jesus seinen Jüngern die Füße als Zeichen vorbehaltloser, demütiger Dienst- und Liebesbereitschaft am Nächsten. Die Fußwaschung ging in das Brauchtum der Klöster ein (hier lat. mandatum ›Auftrag‹ genannt). Von hier übernahmen Bischöfe und Fürsten den Brauch, am Gründonnerstag (zwölf) Armen oder Alten die Füße zu waschen. Die Reform der Karwochenliturgie der katholischen Kirche (1956) hat die Fußwaschung als (fakultativen) liturgischen Akt in den Gründonnerstagsgottesdienst eingefügt.

# G

**Gabe,** *Religionswissenschaft:* aus ethischen und religiösen Motiven entrichtetes Geschenk an eine Gottheit, ein übernatürliches Wesen, einen Menschen oder eine Gemeinschaft. Zu den Gaben zählen die Almosen (im Islam als Armensteuer, Zakat), das kultische Opfer, u. a. das Opfer der ersten Früchte einer Ernte oder des erstgeborenen Viehs (Erstlinge), des zehnten Teiles von Besitz oder Gütern **(Zehnt)**.

**Gabriel,** einer der Erzengel, der (zuerst Dan. 8,16 ff., 9,21 ff.) den Menschen göttliche Botschaft bringt und sie auslegt; in Luk. 1,26 ff. der Engel der Verkündigung der Geburt Jesu; gilt im Islam unter der arabischen Namensform **Djabrail** oder **Djibril** als der höchste Engel, von dem Mohammed die Offenbarung des Korans empfing. Daneben ist er in der jüdischen Apokalyptik der Straf- und Todesengel, auch Herr des Paradieses. – Fest: 29. 9.

**Galaterbrief,** Abk. **Gal.**, (unbestritten echter) Brief des Apostels Paulus (wohl um 53–55) an die Christen in Galatien. Paulus wendet sich im Galaterbrief stark polemisch an die aus dem Heidentum stammenden galatischen Christen, die u. a. die Beschneidung forderten und den Besitz des Heiligen Geistes betonten. Die Grundfrage des Briefes ist die nach dem Heilscharakter des Gesetzes und nach dem Verhältnis von Gesetz und Evangelium, wobei Paulus die Freiheit des Christen vom Gesetz betont.

**Gebet,** in den Religionen die mit Worten und begleitenden Handlungen verbundene Anrede einer als Person vorgestellten Gottheit durch den Menschen, im Unterschied zur Anbetung, die sich verschiedenartigen Objekten und Personen zuwenden kann. Das Gebet ist Ausdruck des Glaubens und der Frömmigkeit. Seine früheste Form ist der unmittelbare Gebetsruf (Anrufung), der durch menschliche Not und Gefahr, aber auch durch ein überwältigendes religiöses Erlebnis veranlasst sein kann. Diesem spontanen Gebet steht das gebundene Gebet gegenüber, dem feststehende Gebetstexte zugrunde liegen. Es tritt in der Form des Einzelgebets sowie des mit dem regelmäßigen Kult verbundenen Gemeindegebets auf. – Zu den Gebetsinhalten zählt zunächst die Bitte, die irdische Güter, aber auch sittliche Werte wie Gerechtigkeit, Friedfertigkeit, Reinheit, Treue gegenüber göttlichen Geboten betreffen kann; das Gebet soll häufig auch unmittelbaren Gefühlen (Angst, Hoffnung, Liebe) Ausdruck verleihen. Es kann Dank (Dankgebet), Lobpreis Gottes (Lobgebet) oder ▸ Fürbitte zum Inhalt haben. Sündenbekenntnis und Vergebungsbitte kennzeichnen das Bußgebet. Bestandteil des Gebets ist häufig das Bekenntnis des eigenen Glaubens. Es enthält eine Opferformel, wenn es mit der Darbringung von Gaben für die Gottheit verbunden ist. Das mystische Gebet ist eine Erhebung des Geistes zu Gott oder (wie im Buddhismus) eine meditative Versenkung, die in verschiedenen Stadien zur Erleuchtung oder (wie im ostkirchlichen Mönchtum das Jesusgebet) zur ›Unio mystica‹ führen soll.

Zu den äußeren Formen des Gebets gehört eine bestimmte Gebetshaltung, die im Aufrechtstehen, Niederknien oder im Niederwerfen des ganzen Körpers (Proskynese), im Hocken (in Indien übliche Meditationshaltung), im Erheben, Kreuzen der Arme oder im Falten der Hände besteht. Die Blickrichtung des Betenden kann durch Naturobjekte bestimmt sein, unter denen die Sonne (z. B. Wendung nach Osten) sowie Berggipfel vorrangige Bedeutung besitzen. In Religionen, die vergöttlichte Ahnen verehren, kann sich der Blick auf deren Gräber oder auf Ahnentafeln richten. Die Hinwen-

**Gebet:** »Der hl. Benedikt von Nursia im Gebet«, Altarbild des Meisters von Meßkirch, um 1536–40, Stuttgart, Staatsgalerie).

dung zu hl. Stätten als Gebetsrichtung ist charakteristisch für die Muslime, die sich nach Mekka wenden, für die Juden mit der Richtung nach Jerusalem; die Römer wandten sich betend zum Jupitertempel auf dem Kapitol.

Die Verrichtung der Gebete ist häufig an die Befolgung bestimmter Gebetszeiten gebunden. Ein Beispiel dafür ist der Islam, der zwischen dem für alle Gläubigen obligatorischen fünfmal täglich zu verrichtenden rituellen Gebet (Salat) und dem freien Bittgebet, das zusätzlich in den verschiedensten Alltagssituationen und Lebenslagen gepflegt wird, unterscheidet. – Begleitgegenstände des Gebets sind im Islam der Gebetsteppich, im Judentum die aus Gebetsmantel und Gebetsriemen bestehende Gebetskleidung, im Buddhismus und in der katholischen Kirche der Rosenkranz. Die lamaistischen Gebetsmühlen verfolgen den Zweck eines mechanischen Gebetsersatzes.

Im *Christentum* wird das Gebet aus der Bibel, z. B. den Psalmen und den neutestamentlichen Lehren Jesu über das Beten, v. a. aus dem Vaterunser, begründet. Das A. T. (v. a. die Psalmen) und das N. T. bieten zahlreiche Beispiele des ›richtigen‹ Betens. Jesus betet selbst (Mt. 11,25–27; Mk. 1,35, 6,46, 14,32 f.; Lk. 6,12, 23,34 und 46) und belehrt seine Jünger, wie man richtig betet bzw. wie man nicht beten soll (Mt. 6,5–13; Lk. 11,1–4). – Letzter vom Christentum immer und in allen Konfessionen und Denominationen festgehaltener Sinn des Gebets ist die Antwort auf die als Anrede (Wort Gottes) verstandene Offenbarung, die in personaler Begegnung von Betendem und Gott geschieht, wobei das Gebet immer auch als Quelle und Vergewisserung christlichen Handelns verstanden wird.

**Gebetbuch,** Sammlung von Gebetstexten für den individuellen oder gottesdienstlichen Gebrauch. In der alten Kirche war der Psalter bis in die karolingische Zeit das bevorzugte Gebetbuch, ab dem 9. Jh. kamen die Stundenbücher hinzu. Heute ist in der *katholischen Kirche* das Sonntagsmessbuch (A. Schott) am verbreitetsten; in den *evangelischen Kirchen* sind verschiedene Gebetbücher in Gebrauch.

**Gebetsmühlen, Gebetsräder,** im *Lamaismus* sakrale Geräte, die aus einem Metall- oder Holzzylinder und einer durch Boden und Deckel des Zylinders gehenden Achse bestehen; die Achse läuft in einem Handgriff aus. Der Zylinder ist mit Papierstreifen gefüllt, die meist mit der Gebetsformel »Om mani padme hum« beschrieben sind. An der Wandung des Zylinders befindet sich eine Schnur oder Kette mit einem kleinen Gewicht, das beim Schwenken des Gerätes den Zylinder mit seinem Inhalt in Drehung versetzt. Nach lamaistischem Glauben entspricht jede Umdrehung einer Rezitation der in der Gebetsmühle enthaltenen Gebetsformeln. Es gibt größere Gebetsmühlen, die in eigenen Gebäuden untergebracht sind, auch solche, die durch Wind- oder Wasserräder angetrieben werden.

**Gebetsteppich,** *Islam:* kleiner Teppich, der dem Muslim als Unterlage beim Gebet dient. Kennzeichen ist das eingeknüpfte Motiv einer Nische oder Spitze (Mihrab), die beim Gebet nach Mekka zeigen muss; in Moscheen liegen Reihengebetsteppiche (Vielnischenteppiche). Der Gebetsteppich ist seit dem 10. Jh. in der Literatur bekannt, die ältesten erhaltenen Stücke stammen aus dem 15. Jahrhundert.

**Gebot,** *Ethik:* jede verpflichtende Willensäußerung (z. B. elterliches Gebot). Ein Gebot setzt eine zu seiner Verordnung befugte Autorität voraus. Diese kann auch wie bei I. Kant ein abstraktes Prinzip sein

(›Gebot ist die Vorstellung eines objektiven Prinzips, sofern es für einen Willen nötigend ist‹).

**Gebot,** *Religionswissenschaft* und *Theologie:* ▸ Zehn Gebote.

**Gefangenenseelsorge, Gefängnisseelsorge,** spezifische, rechtlich geregelte Form der religiösen Betreuung von Gefangenen im Strafvollzug. Religiöse Schriften und Gegenstände des religiösen Gebrauchs sind dem Gefangenen zu belassen. Er hat das Recht zur Teilnahme an religiösen Veranstaltungen.

**Geheime Offenbarung, Offenbarung des Johannes,** deutsche Bezeichnung für die ▸ Apokalypse des Johannes.

**Gehorsam,** beim Menschen Ausführung oder Unterlassung einer Handlung aufgrund eines Gebotes oder Verbotes. Zu unterscheiden ist zwischen freiwilligem (›bedingtem‹) Gehorsam, der Autorität voraussetzt, und erzwungenem (›unbedingtem‹) Gehorsam, dessen Voraussetzung Macht ist.

Gehorsam als Korrelat zu Autorität spielt in den *Religionen* eine nicht unbedeutende Rolle. In den einfacheren Religionen wird fast nur kultischer Gehorsam gefordert (Erfüllung der kultischen Vorschriften). In den Hochreligionen steht der Gehorsam der Gottheit gegenüber insofern im Mittelpunkt des religiösen Verhaltens, als er als Anspruch des ›Heiligen‹ und als Unterwerfung unter den Willen Gottes auftritt. Im A. T. ist Gehorsam die Unterwerfung unter den Willen Jahwes, der sich in Gebot und Gesetz äußert. Deshalb ist Ungehorsam das Wesen der Sünde (z. B. 1. Mos. 3). – Im N. T. sind gegenüber dem Gehorsam Glaube und Liebe stärker akzentuiert. Dennoch stellt Jesus nach den synoptischen Evangelien sein Leben unter den Gehorsam gegen den Vater (z. B. Matth. 26, 39), der im Philipperbrief zum Grundmotiv von Jesu erlösendem Handeln wird. Der Gehorsam des Christen ist frei von Legalismus, nur das Gewissen entscheidet, wie das Gesetz zu befolgen ist. – Auf der Bibel aufbauend, versteht die *christliche Theologie* Gehorsam als Bereitschaft, den Willen Gottes zu erfüllen. Gehorsam ist eine Tugend. – Im katholischen Ordenswesen ist der Gehorsam Gegenstand der Ordensgelübde.

**Gelübde,** lat. **Votum**, in den Religionen ein feierlich Gott oder bei Gott gegebenes Versprechen, in dem sich der Gelobende zu etwas verpflichtet, besonders beim Eintritt in eine religiöse Gemeinschaft. – In der *katholischen Kirche* ist ein Gelübde (zeitlich begrenzt oder lebenslänglich bindend) ein Gott gegebenes Versprechen, ein Leben in besonderer Verantwortung vor Gott bzw. in authentischer christlicher Existenz zu führen, realisiert v. a. im Mönchtum und Ordensleben, als dessen verbindliche Kerngelübde seit dem Mittelalter Gehorsam, Armut und Ehelosigkeit (so genannte Evangelische Räte) gelten, an denen sich auch die Konstitutionen der weltlichen Institute ausrichten. Die *evangelischen Kirchen* betonen die Erfüllung der allgemeinen christlichen Pflichten als Grundlage für das Leben jedes Christen, kennen in den Kommunitäten auch besondere geistliche Versprechen, jedoch keine Gelübde im kirchenrechtlichen Sinn.

**Gemeinde, Kirchengemeinde,** in den christlichen Kirchen die kleinste Einheit kirchlicher Gliederung meist auf regionaler Ebene (Pfarrei, Pfarrgemeinde), seltener auf der Ebene von Standes- oder Berufsgemeinschaften (Personalpfarrei, z. B. Studentengemeinde, Schiffergemeinde).

**Gemeindediakon,** *evangelische Kirchen:* Beruf mit vier- bis fünfjähriger Ausbildung (Fachhochschulabschluss oder höhere Fachschule mit berufseinführendem Praktikum). Die Gemeindediakone werden als Katecheten in der Schule, in der Kirchengemeinde oder in der kirchlichen Sozialarbeit eingesetzt. – Die weibliche Entsprechung ist die *Gemeindediakonin.*

**Gemeindehelfer,** früherer Beruf in den *evangelischen Kirchen;* heute der ▸ Gemeindediakon.

**Gemeindekirchenrat, Kirchengemeinderat, Kirchenvorstand,** griechisch-lateinisch **Presbyterium**, in den *evangelischen Kirchen* das kollegiale Organ der Selbstverwaltung der Kirchengemeinde, bestehend aus den (gewählten) Kirchenältesten und den Pfarrern einer Gemeinde.

**Gemeindereferentin,** in der *katholischen Kirche* Beruf mit dreijährigem Fachhochschulstudium oder zweijähriger Fachschulausbildung mit anschließendem berufseinführendem Jahr; seit 1979 auch Ausbildungsberuf für Männer **(Gemeindereferent)**. Der Beruf entwickelte sich aus dem der **Seelsorgehelferin**. Die Arbeit der Gemeindereferentin dient der allgemeinen Unterstützung des kirchlichen Amtes, ihr Einsatzbereich ist im Unterschied zu dem des Pastoralreferenten die Pfarrei. Gemeindereferentinnen nehmen Aufgaben im Rahmen der Glaubensverkündigung, der Liturgie und der Diakonie wahr. In einigen Bundesländern ist auch eine hauptberufliche Tätigkeit als Katechet (Religionsunterricht) möglich.

**Glaube,** *Philosophie:* ein Überzeugtsein nach der Art festen Vertrauens, das im Verhältnis zum Wissen im neuzeitlichen Sinn als bloß subjektives Für-wahr-Halten betrachtet wird.

*Theologie:* auf Gott gerichtetes, festes und überzeugtes Vertrauen; Grundelement des religiösen Lebens, das für die Existenz des religiösen Menschen schlechthin entscheidend ist. Das deutsche Wort ›Glaube‹ hat vorchristliche Wurzeln im Bedeutungsumkreis von ›gern haben‹, ›vertrauen‹, ›sich auf jemanden verlassen‹, ist jedoch entscheidend durch die christliche Missionssprache geprägt worden. Hier hatte es die Bedeutungsimplikate von ›sich auf Gott verlassendem Vertrauen‹ und ›Überzeugtsein von der Heilsoffenbarung Gottes in Christus‹.

Grundlegend sind alttestamentliche Aussagen wie Jes. 7, 9 ›glaubt ihr nicht, so bleibt ihr nicht‹, die im N. T. in Ausführungen wie Hebr. 11, 1, der Glaube sei ›eine gewisse Zuversicht des, das man hofft, und ein Nichtzweifeln an dem, das man nicht sieht‹, aufgenommen worden. Jesus selber sprach vom ›Berge versetzenden‹ Glauben (z. B. Mt. 17, 20). Während in der frühchristlichen Auseinandersetzung mit der religiös-philosophischen Strömung der Gnosis (Erkenntnis) an der entscheidenden Bedeutung des Glaubens festgehalten wurde, trat danach im christlichen Glaubensverständnis das Moment intellektuellen Für-wahr-Haltens geoffenbarter, in der Kirche zusammenfassend formulierter und überlieferter Glaubenswahrheiten in den Vordergrund. Die mittelalterliche Hochscholastik (Thomas von Aquino) versteht unter Glaube einerseits eine das Erlangen der göttlichen Gnade vorbereitende Akzeptanz überlieferter Heilstatsachen, andererseits eine mit der Gnade erlangte übernatürliche Tugend, die darin zur Gänze gelangt, dass sie als Gottes- und Menschenliebe gestaltet wird. Unter den protestantischen Reformatoren hat M. Luther den Glauben als ›Christus ergreifende‹ Heilszuversicht mit dem Grundcharakter des Vertrauens (lat. fiducia) charakterisiert. Der Glaube wird hier als festes Zutrauen zum verkündigten und überlieferten Verheißungswort verstanden, das nicht eigentlich aus menschlichem Vermögen, sondern als voraussetzungslose Gabe der göttlichen Gnade zustande kommt.

Eine Definition des katholischen Glaubensverständnisses ist durch das 1. Vatikanische Konzil (1870) erfolgt. Danach ist der Glaube als ›Anfang des menschlichen Heils‹ eine ›übernatürliche Tugend, durch die wir auf Antrieb und Beistand der Gnade Gottes glauben, dass das von ihm Geoffenbarte wahr ist‹. Dies geschieht nicht ohne gewisse, der Vernunft zugängliche ›äußere Erweise‹ der göttlichen Offenbarung, letztlich jedoch ›auf die Autorität des offenbarenden Gottes selbst hin‹. In der nachfolgenden theologischen Diskussion tritt im katholischen Bereich ein Glaubensverständnis in den Vordergrund, das den Gnadencharakter des Glaubens hervorhebt und den Glauben als einstimmendes und zustimmendes personales Heilsvertrauen ansieht.

Das christliche Glaubensverständnis betrachtet insgesamt den Glauben als festes, überzeugtes Vertrauen zur göttlichen Heilsoffenbarung in Jesus Christus. Der Glaube wird dabei als Gabe der göttlichen Gnade angesehen, durch die Zustimmung und Zutrauen erweckt werden. Glaube hat eine primär personale Komponente im Sinne eines ›glaubenden‹ Glaubens (Fides qua). Damit verbunden hat er eine mehr inhaltliche Komponente im Sinne eines ›geglaubten‹ Glaubens (Fides quae), der sich auf die Wahrheit der göttlichen Offenbarung richtet und deren Zusammenfassung im kirchlichen Glaubensbekenntnis (altkirchliche bzw. reformatorische Bekenntnisse, Dogmen der allgemeinen Konzile usw.) mit umschließt.

**Glaubensartikel,** Bezeichnung für einzelne Abschnitte des Glaubensbekenntnisses.

**Glaubensbekenntnis,** formelhafte Zusammenfassung der wesentlichen Aussagen der *christlichen Glaubenslehre.* Besondere Bedeutung haben das Apostolische Glaubensbekenntnis in den westlichen Kirchen und das im Ergebnis der dogmatischen Auseinandersetzungen des 4. und 5. Jh. entstandene Nicänokonstantinopolitanum in den östlichen (orthodoxen) Kirchen erlangt. In der alten Kirche ursprünglich das Taufbekenntnis, ist das Glaubensbekenntnis heute konstitutiver Bestandteil des christlichen Gottesdienstes.

**Glaubensgehorsam,** *katholisches Kirchenrecht:* die von jedem Glied der Kirche (Gläubigen) geforderte Zustimmung zur kirchlichen Glaubensverkündigung. Sie wird verlangt, auch wenn die eigene Erkenntnis einer Glaubenswahrheit fehlt (insoweit ist sie Gehorsam), und zwar unbedingt für das Dogma (c. 750 CIC), unter Freigabe der theologischen Erörterung für die nicht definitiv verpflichtende (Lehr-)Verkündigung (c. 752 CIC).

**Glaubenskongregation,** inoffizielle Bezeichnung für die 1965 ›Kongregation für die Glaubenslehre‹ benannte Kurienkongregation.

**Gleichnis,** *Religionswissenschaft:* In der originalen Verkündigung der Religionsstifter (Buddha, Jesus und Mohammed), aber auch in hl. Schriften (in den Veden, im A. T. und N. T.) dienen die Gleichnisse der Verdeutlichung der Lehre oder dem Gegenteil, der Geheimhaltung vor der breiten Öffentlichkeit. Die biblischen Gleichnisse sind bildhafte Vergleiche oder Parabeln, die religiöse Wahrheiten durch Vorgänge und Erzählungen aus Natur und Menschenleben veranschaulichen. Die ältesten Beispiele sind die Fabel des Jotham (Ri. 9,7–15) und die Parabel des Nathan (2. Sam. 12,1–12). Gleichnisse in großer Zahl sind v. a. von Jesus überliefert.

**Glocke,** hohler, meist konkav gewölbter, nahezu kegelstumpfförmiger, aus Metall gegossener Klangkörper, der von innen mit einem frei beweglich aufgehängten, metallischen Klöppel (›Läuten‹) oder von außen mit einem Hammer (›Schlagen‹) angeschlagen und zu Eigenschwingungen angeregt wird. Von Vorderasien aus, wo man zuerst Glocken zu gießen verstand (das älteste erhaltene Exemplar stammt aus dem 9. Jh. v. Chr.), verbreitete sich die Glocke im 6.–8. Jh. n. Chr. nach Europa. Bereits im 7. Jh. ist die Vereinigung mehrerer Glocken zu einem Glockenspiel bekannt. Seit dem 8. Jh. dient sie in erster Linie als Kirchenglocke, hat aber bis heute noch gelegentlich magische Aufgaben, z. B. im ›Wetterläuten‹. In den Ostkirchen kennt man die Glocke seit 896. Ihr Gebrauch ist hier auf die hohen Festtage beschränkt, in der römisch-katholischen Kirche schweigen die Glocken dagegen nur von Gründonnerstag bis zur Ostervigil.
Glockengeläut regelt den Ablauf des Arbeitstages (Vesperglocke, Feierabendglocke), lädt zu kirchlichen Feiern und verkündet Ereignisse, die das profane und religiöse Leben der Gemeinde betreffen (Markt-, Gerichts-, Feuer-, Sturm-, Notglocke; Beicht-, Mess-, Bet-, Armsünder-, Brautglocke); ferner soll es Unheil abwehren und vertreiben (Pest-, Wetterglocke). Glockenweihe (Glockentaufe), Glockeninschriften (Heiligennamen, Psalmen, Segens- und Bannsprüche), Schmuckelemente und bildliche Darstellungen auf Glocken (Schlangen, Drachen, Hähne, Pilgerzeichen) verstärken und spezifizieren die apotropäische Kraft der Glocken gegen dämonische Macht.

**Glockenturm,** neben der Kirche stehender oder in den Baukörper integrierter Turm, der die Glockenstube mit den Glocken aufnimmt. Der frei stehende Glockenturm kommt zuerst bei frühchristlichen Basiliken Italiens vor (Campanile) und erscheint wieder häufiger im modernen Kirchenbau des 20. Jh.; nördlich der Alpen wurden Turm und Kirchengebäude seit karolingischer Zeit i. d. R. miteinander verbunden. Glockentürme sind beim Kirchenbau allgemein üblich. Eine Ausnahme bilden die Kirchen der Zisterzienser und der Bettelorden, die nur einen Dachreiter besitzen.

**Gnade,** *Religionswissenschaft:* die Hilfe (eines) Gottes; in den prophetischen Religionen Judentum, Christentum, Islam vornehmlich die Zuwendung Gottes zu den Menschen und unverdiente Vergebung menschlicher Sünde; in den Religionen indischer Herkunft in erster Linie die Erlösung aus dem ewigen Kreislauf der Wiedergeburten. – Im A. T. erfährt Israel Gottes Gnade v. a. in der grundlosen Auserwählung zum Bundesvolk und in der alle Gerechtigkeit überbietenden Treue, die Gott auch seinem untreuen Volk gegenüber beweist. – Im N. T. bezeugt Jesus selbst in den Gleichnissen und in seinem Verhalten den gnädigen Vatergott. Das Evangelium der Gnade (Charis) steht im Mittelpunkt der paulinischen Theologie. Der Sünder wird nach Paulus (Röm. 3,24) allein durch Gottes Gnade ohne eigenes Verdienst gerechtfertigt und mit neuem Leben beschenkt.

**Gnadenbild,** im katholischen Verständnis das an Wallfahrtsorten (Gnadenorten) verehrte gemalte oder plastische Bild von Christus oder von Heiligen, v. a. von Maria. – Bekannte Gnadenbilder befinden sich u. a. an den Wallfahrtsorten Altötting, Einsiedeln, Guadalupe (Spanien), Kevelaer, Lucca, Mariazell, Montserrat, Rosenthal (Oberlausitz), Tschenstochau, Wies.

**Gnadenorte,** Wallfahrtsorte, an denen sich im Verständnis der Gläubigen Wunder (Mirakel) ereigneten und Gebete für sie sichtbar erhört wurden.

**Gnadenwahl,** *Theologie* und *Religionswissenschaft:* ▸ Prädestination.

**Gnosis,** *die,* im heutigen Sprachgebrauch eine esoterische Philosophie, Weltanschauung oder Religion. Die Griechen verstanden unter Gnosis Erkenntnis überhaupt. Das N. T. bezeichnet oft mit Gnosis die christliche Erkenntnis als Heilswahrheit (z. B. 1. Kor. 1,5) und nennt die Irrlehren eine falsche Gnosis (1. Tim. 6,20). Schon im späten Hellenismus und besonders dann im Frühchristentum differenzierte sich aber die ursprüngliche allgemeine Bedeutung in eine Reihe von verschiedenen Variationen. Gnosis in diesem Sinne (auch **Gnostizismus** genannt) dient als zusammenfassende Bezeichnung einer Reihe spätantiker religiöser

dualistischer Bewegungen, die im N. T. wie in vielen altchristlichen Gruppen nachweisbar sind.
Die Ursprünge der Gnosis und das Vorhandensein einer vom Christentum unabhängigen heidnischen oder jüdischen Gnosis sind umstritten. Die Gnosis schließt von der Erlösungsbedürftigkeit des Menschen auf den Satan oder das böse Prinzip als ›Herrn der Welt‹, da der gute Gott für sie nicht verantwortlich gemacht werden kann. Grundlegend ist die Vorstellung von einem Sturz der Seele in die niedere, materielle Welt, die nicht vom höchsten, sondern von einem niederen Gott (Demiurg) geschaffen ist und als aktive, böse Macht vorgestellt wird: Die Materie ist gottfeindlich und zu überwinden (Dualismus). In dieser Welt sind Teile des jenseitigen Lichts eingeschlossen, die erlöst werden müssen. Das Licht schickt Gesandte, die die zerstreuten Lichtteile erwecken, sammeln und in die Lichtheimat zurückführen. Erlöser ist v. a. Christus, dessen Ruf jedoch nur die den ›Geist‹ (griech. pneuma) besitzenden ›pneumatischen‹ Naturen folgen. Andere, in nichtgnostische Gemeinden verharrende, gelangen nur bis zum ›Glauben‹ statt zur wahren, vollen ›Erkenntnis‹ oder verharren völlig im Sinnlichen. Im Hintergrund dieser Erlösungslehre steht die Vorstellung von den Stufen oder Sphären der Welt und ihren dämonischen Herrschern, die den Aufstieg der Erlösten hindern und sie verführen. Gott wurde als überweltlicher, transzendenter Urgrund gedacht, der nur negativ oder durch Metaphern wie ›Licht‹, ›Geist‹ beschrieben werden kann. Er ist von ewigen Wesen (Äonen), Emanationen und Aspekten Gottes, umgeben, die in hierarchischer Ordnung Teile der Gottheit in ihrer Fülle sind.

**Gnostiker,** *der,* Anhänger der ▸Gnosis und des Gnostizismus. – *gnostisch,* die Gnosis oder den Gnostizismus betreffend.

**Gott,** in der *Religionsgeschichte* heilige, transzendente und unendliche Macht in personaler Gestalt. Gott wird erfahren und gelehrt als Schöpfer und damit Ursache allen Naturgeschehens, als Herr über Leben und Tod, der in die Welt eingreift, das Schicksal der Menschen lenkt (in geistiger Form, durch Boten, z. B. Engel, oder indem er irdische Gestalt annimmt) und als Richter am Ende der Zeiten auftritt, als erhaltender Urgrund von allem, was ist, als normativ für das sittliche Verhalten der Menschen, als Gegensatz zum Irdischen, das schlechthin Andere. Viele zur Charakterisierung des Göttlichen gewählte Bestimmungen (›Person‹, ›männlich‹, ›weiblich‹ u. a.) sind den menschlichen Verhältnissen nachgebildet (anthropomorph) und gelten daher nur metaphorisch. Gott wird ›gerufen‹, Formen seiner Präsentation sind sein als heilig geltender Name sowie häufig auch sein Bild. Die Fülle göttlicher Qualitäten und Prädikate vereinigt der Monotheismus auf eine einzige Gottheit, während der Polytheismus die göttlichen Funktionen als auf verschiedene Gottheiten verteilt annimmt.
Polytheistische Götter genießen seitens des Menschen keine einheitliche, sondern eine sehr differenzierte Verehrung. Häufig findet sich innerhalb des Polytheismus ein subjektiver Monotheismus, der dem Gläubigen, v. a. beim Gebet, den von ihm verehrten Gott als alleinigen erscheinen lässt, auf den er die Attribute anderer Götter überträgt. Diese Erscheinung wird als **Henotheismus** bezeichnet. Die Geschichte Gottes vermittelt in den polytheoistischen Religionen der Mythos, im Monotheismus verleihen die hl. Schriften der göttlichen Offenbarung Ausdruck, durch sie werden die Geschichte und der Wille Gottes mit und für den Menschen erfahrbar.
Der **Gottesglaube** ist kennzeichnend und von zentraler Bedeutung für die Vorstellungswelt fast aller Religionen. Die Frage nach dem Ursprung von Gottesvorstellungen wird im Allgemeinen mit der Frage nach dem Ursprung der Religion gleichgesetzt und hat in der Geschichte der Religionsforschung zu unterschiedlichen Hypothesen geführt.
Der Gottesbegriff der *Bibel* ist monotheistisch, unterscheidet sich vom religionsgeschichtlichen Monotheismus jedoch durch eine Transzendenz, die alles Räumliche, Zeitliche, überhaupt Welthafte übersteigt. Gott ist der absolute Schöpfer und Herr des Kosmos, eine Theogonie ist undenkbar. Kenntnis von Gott gewinnt der Mensch ausschließlich aus der sich in Schöpfung und Geschichte erschließenden Selbstmitteilung (Offenbarung) Gottes; erst die jüdischen Scholastiker wie Maimonides, Abraham Ben David Ibn Daud u. a. hielten Gottes Dasein, Einheit und Unsterblichkeit für beweisbar. Das jüdische Gottesverständnis wird v. a. durch die Aussagen über Gott in 2. Mos. 3,14, der Selbstoffenbarung seines Namens (hebräisch Jahwe: ›ich werde sein, der ich sein werde‹) und in 2. Mos. 20,1–7, der Gesetzgebung im Sinai, bestimmt (Gott ist der Herr, der Heilige, der Eine, der Barmherzige, der Zornige. Der Mensch soll und kann sich kein Bild von ihm machen). Gott

wird als der Gott Israels bezeugt. Nach christlichem Gottesverständnis hat sich Gott als der Gott aller Völker in einmaliger und vollkommener Weise in Jesus Christus offenbart. Dieser ist nach neutestamentlichem Verständnis das alleinige Bild Gottes (Kol. 1,15), nur in ihm kann der Mensch Gott erkennen; in Christus ist Gott Mensch (›Fleisch‹) geworden (Joh. 1,14). Von zentraler Bedeutung für das christliche Gottesverständnis ist die Aussage ›Gott ist Liebe‹ (1. Joh. 4,8. 16.), die in ihrer Entfaltung Gott als den liebenden Vater beschreibt, der denen, die an ihn glauben, durch seinen Sohn Jesus Christus das ewige Leben schenken wird.

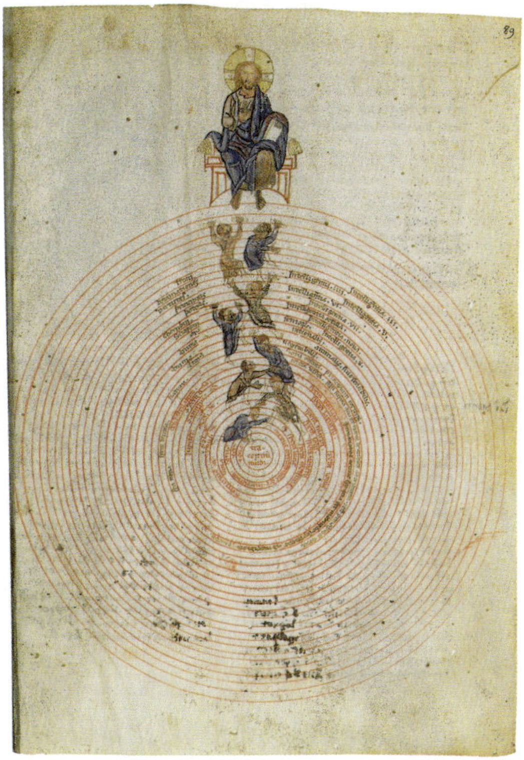

**Gott:** »Aufstieg der Seelen zum Schöpfer« (aus einer Handschrift des 13. Jh., Paris, Bibliothèque Nationale).

Die *katholische Theologie* hat (auf der Grundlage der Hellenisierung des frühen Christentums) durch den Versuch, Gott und Gotteserfahrung mit den Mitteln der v. a. platonisch-aristotelischen Philosophie zu verstehen, vieles von der dynamisch-geschichtlichen Gottesvorstellung der Bibel an ein philosophisches Seinsdenken verloren. Obwohl die Kirche schon in den christologischen Auseinandersetzungen des 4. Jh. (▸Christologie, ▸Jesus Christus) die maßgebliche Gestalt ihrer Gotteslehre mit den Aussagen über Gottes dreifaltiges Wesen und Wirken in Schöpfung, Erlösung, Heiligung und Vollendung gefunden hatte, blieb die Trinität (v. a. in der westlichen Kirche) als Ursprung der Heilsgeschichte weitgehend von den philosophischen Systembildungen über Gott als das ›Sein an sich‹ (›ens a se‹), das dem geschaffenen Sein (›ens ab alio‹) als ›das ganz andere‹ gegenübersteht, und über seine philosophische Beweisbarkeit verdeckt. Erst die katholische Gegenwartstheologie besinnt sich wieder stärker auf die existenziellen Aussagen der Bibel über Gott (›Gott hilft‹, ›Gott ist da‹ usw.).

Die Gotteslehre und -anschauung der *reformatorischen Kirchen* sind im Wesentlichen ein Spiegelbild der verschiedenartigen Theologien der drei Hauptreformatoren Luther, Calvin und Zwingli. Gemeinsam ist ihnen der Ausgangspunkt in der Christologie. – Für Luther ist Gott in der Natur und dem Gesetz verborgen (Deus absconditus), dagegen offenbart er sich im paradoxen Geschehen des Leidens und Sterbens seines Sohnes am Kreuz (Deus revelatus; Theologia Crucis). Luther betont deshalb in bewusstem Gegensatz. zur katholischen Tradition die existenzielle Bedeutung von Gnade, Macht und Wirksamkeit Gottes. – Nach Calvin vermag der Mensch Gott nicht adäquat zu erkennen, wenn dieser sich ihm nicht in seinem Wort (d. h. in Jesus Christus) erschließt. Gottes Handeln geschieht um seiner eigenen Ehre und Selbstverherrlichung willen, die sich sowohl in erwählender Liebe als auch in strafender Verdammung (Prädestination) manifestieren kann. – Zwingli bezeichnet zwar Gott im Sinne der scholastischen Tradition als Summum Bonum (höchstes Gut), betont aber v. a. die sich dem Menschen zuwendende Güte Gottes in Jesus Christus. Für ihn kann nur Gott durch seine Gnade kirchliche und politische Missstände beseitigen. Darum trägt Zwinglis Gottesbild mehr als das Luthers und Calvins Züge, die ins Politische und Soziale hineinreichen.

Der *Atheismus des 19. Jh.* sieht Gott als Selbstprojektion des Menschen (L. Feuerbach) bzw. als Ausdruck eines verkehrten Weltbewusstseins und der Protestation gegen das Elend der entfremdeten Existenz an (K. Marx); einzelne Entwürfe der Existenzphilosophie des 20. Jh. verzichten ganz auf Gott und sehen den Menschen in unbegrenzter Freiheit ins (unbehauste) Sein geworfen (J.-P. Sartre).

**Gottesbeweise,** die auf verschiedenen Wegen intellektueller Reflexion unternommenen Versuche, das Dasein Gottes ohne Rückgriff auf die Offenbarung allein aus Gründen der Vernunft zu beweisen. Gottesbeweise sind keine Beweise im naturwissenschaftlichen Sinn. Sie nehmen die natürliche Erkennbarkeit (Vernunfterkenntnis) Gottes an und schließen aus der Bewegung, der zweckmäßigen (vernünftigen) Ordnung der Welt und dem Vorhandensein von Gottes- und allgemeinen Moralvorstellungen in allen Völkern (einem allgemeinen moralischen Gesetz) auf Gott. Ihre geistesgeschichtlichen Wurzeln haben die Gottesbeweise in der Suche nach (den) als göttlich qualifizierten letzten Gründen des Seins, die bereits bei den Vorsokratikern ein wesentliches Moment der griechischen Philosophie bildete. Bei Platon ist jener Grund aller Gründe die ›Idee des an sich Guten‹, die ›Erzeugerin‹ von allem Seienden, Wahren und Guten ist.

Die Gottesbeweise gehören nach *katholischer Lehre* zur natürlichen oder Vernunfterkenntnis Gottes, die außer seinem Dasein auch seine Personalität und andere Eigenschaften erfasst und ebenso zu ihm als Schöpfer der Welt und Begründer des natürlichen Sittengesetzes vordringt und damit den übernatürlichen oder Offenbarungsglauben an Gott vorbereitet. – In der *evangelischen Theologie,* soweit sie sich Kants Kritik angeschlossen hat, spielen die Gottesbeweise nur noch eine historische Rolle.

**Gottesdienst,** *Religionsgeschichte:* allgemeine Bezeichnung für die durch bestimmte Formen geprägte Gottesverehrung (Kult). Im christlichen (v. a. protestantischen) Sprachgebrauch bezeichnet Gottesdienst die liturgisch ausgeformte gemeinschaftliche Gottesverehrung mit den Elementen Anrufung, Lob und Danksagung Gottes, Lesung und Predigt des Wortes Gottes, Bekenntnis des Glaubens an Gott und Feier der Eucharistie (des Abendmahls). In der *katholischen Kirche* ist die Bezeichnug ›Heilige Messe‹ (Messe), in den Ostkirchen die Bezeichnung ›Göttliche Liturgie‹ (Liturgie) für den Gottesdienst üblich.

Im Verständnis der *reformatorischen Kirchen* ist Gottesdienst jede Versammlung von Gläubigen, in der Gottes Wort als Schriftlesung oder -auslegung und/oder im Sakrament verkündigt wird und die Gemeinde im Gebet antwortet. Gottesdienst gehört neben Lehre, Seelsorge und Diakonie zu den konstitutiven Elementen der christlichen Gemeinde. Ziel des Gottesdienstes – neben dem Grundziel der Verherrlichung Gottes – ist in Bezug auf den Menschen Lebenshilfe vom Evangelium her sowohl im Sinn von Akkommodation an die Situation (Trost, Erbauung, Stabilisierung) als auch mit der Absicht, die Situation zu assimilieren (Buße, Umkehr; daraus folgend soziales und politisches Engagement). Gottesdienst im weitesten Sinn ist das Leben selbst, wenn es unter Gottes Geboten

**Gottesdienst:** Reformationsgottesdienst in der Schlosskirche zu Wittenberg am 31. Oktober 1996.

steht. Neben der wichtigsten Form, dem sonntäglichen Hauptgottesdienst, gibt es auch den Predigtgottesdienst und liturgisch geprägte Gebetsgottesdienste, deren Mittelpunkt oft ganz bestimmte Gebetsanliegen bilden. Weiterhin werden Gottesdienste für bestimmte Zielgruppen angeboten: u. a. Jugend- und Kindergottesdienste (für die sich eigene Gottesdienstformen entwickelt haben) und Gottesdienste im Krankenhaus und in Vollzugsanstalten. Grundsätzlich ist der Ablauf des Gottesdienstes in den Agenden festgelegt. Neben dem agendarischen Gottesdienst werden jedoch heute vielfach auch neue Gottesdienstformen praktiziert, die zusammen mit der Gemeinde entwickelt wurden und diese an der Vorbereitung und Durchführung des Gottesdienstes beteiligen, z. B. Familiengottesdienst.

**Gotteskindschaft,** *Religionsgeschichte:* Bezeichnung für das (Verwandtschafts-)Verhältnis der Götter untereinander oder zwischen den Göttern und ausgewählten Menschen (Heroen); im christlichen Sprachgebrauch zentraler Begriff des N. T. zur Beschreibung des Gottesverhältnisses des durch Jesus Christus mit Gott versöhnten Menschen (u. a. Röm. 8,14–17; Gal. 4,6 f.).

**Gotteslästerung:** Szenen aus modernen Theaterstücken oder auch Büchern werden von strengen oder fundamentalistischen Gläubigen oft als Gotteslästerung empfunden.

**Gotteslästerung,** *Religionsgeschichte:* die Beschimpfung der Gottheit durch Wort, Bild oder sonstige Ausdrucksmittel; wurde in bestimmten Abschnitten der Rechtsgeschichte vieler Völker unter z. T. drakonische Strafen gestellt. So kannte das altisraelitische Recht für die Lästerung (des Namens) Gottes die Strafe der Steinigung (3. Mos. 24,10 ff.). Im N. T. sieht sich Jesus wegen seines Anspruchs, Sünden zu vergeben, seitens der ›Schriftgelehrten‹ dem Vorwurf der Gotteslästerung **(Blasphemie)** ausgesetzt (Mt. 9,3). Für das christliche Selbstverständnis besteht die eigentliche Gotteslästerung und ›Sünde gegen den Hl. Geist‹ darin, vom einmal gewonnenen Glauben an Jesus Christus als dem Erlöser wieder abzufallen. Diese wird nach neutestamentlichem Verständnis nicht vergeben (2. Petr. 2,20–22; Hebr. 6,4–6).

**Gottesmutterschaft,** Bezeichnung für den besonderen Charakter der Mutterschaft Marias (Gottesmutter, Gottesgebärerin, Mutter Gottes). Mit dem Begriff Gottesmutterschaft wird ausgesagt, dass Maria nicht nur Mutter der (seelisch-leiblichen) Menschheit Jesu Christi, sondern seiner ganzen gottmenschlichen Einheit ist. Im Zusammenhang der christologischen Auseinandersetzungen wurde Marias Gottesmutterschaft definiert auf den Konzilien von Ephesos (431) und Chalkedon (451); in der katholischen Kirche und in den orthodoxen Kirchen Dogma, Kern der Mariologie, Grundlage der Marienverehrung.

**Gottessohnschaft,** ▸ Sohn Gottes.

**göttliches Recht,** in der *katholischen Theologie* Bezeichnung für das Recht, das unmittelbar von Gott allein gesetzt ist, gegliedert in das natürliche göttliche Recht **(Naturrecht)** und das die unveränderliche, weil von Gott geoffenbarte Grundordnung der Kirche beschreibende und entfaltende positive göttliche Recht **(Kirchenrecht)**.

**Gott-ist-tot-Theologie,** v. a. auf das Buch ›The death of God‹ (1961) des amerikanischen reformierten Theologen Gabriel Vahanian (* 1927) zurückgehende zusammenfassende Bezeichnung für theologische (bzw. atheistische) Versuche, den Gottesbegriff aus seinen mythischen und metaphysischen Bindungen zu lösen und vor dem Hintergrund der politischen und sozialen Realitäten und der subjektiven Betroffenheit des Menschen neu zu verstehen. – Bereits Jean Paul, G. W. F. Hegel, F. Nietzsche u. a. hatten diese Formulierung verwendet.

**Gottesurteil, Gottesgericht, Ordal,** ein Urteil in Rechtsstreitigkeiten oder über Schuld und Unschuld durch ein Zeichen Gottes. Das Gottesurteil beruhte auf dem Glauben, dass der Unschuldige oder Gerechte in der Probe, die er zu bestehen hatte, von Gott als dem Hüter des Rechts geschützt werde. Solche Gottesurteile finden sich, im Orakel und Omen wurzelnd, d. h. auch ohne Zusammenhang mit einer persönlichen Gottesidee, schon bei den Naturvölkern, besonders häufig in Afrika; ebenso werden sie auch im A. T. und in persischen, griechischen und römischen Überlieferungen erwähnt. Das Gottesurteil wurde rechtlich als ein prozessuales Beweismittel dort benutzt, wo der Beweis durch Zeugen versagte; dem Beschuldigten stand die Reinigung von dem Schuldvorwurf durch Gottesurteil offen.

*Hauptarten* des Gottesurteils waren: das *Losordal* (das Los bestimmte, wer im Recht war); die *Feuerprobe* (der Beweispflichtige musste über glühende Pflugscharen schreiten [Pflugscharengang] oder ein glühendes Eisen in bloßer Hand tragen [Handeisen]); der *Kesselfang* (der Beschuldigte musste einen Gegenstand aus siedendem Wasser holen);

**Gottesurteil:** Die »Wasserprobe«, Holzschnitt.

die *Wasserprobe* (blieb der gefesselt ins Wasser Geworfene oben, so war er schuldig, da das reine Wasser ihn nicht aufnehmen wollte); der *Probebissen* (dem Beschuldigten wurde ein Stück vergiftetes Brot o. Ä. [Gottesurteilspflanzen] in den Mund gesteckt; musste er diesen Bissen wieder von sich geben, war er schuldig); die christliche Umbildung war die *Abendmahlsprobe*, die auf dem Glauben beruhte, dass ein Schuldiger nicht straflos das Abendmahl zu sich nehmen kann. Bei der *Kreuzprobe* mussten die Streitenden mit ausgebreiteten Armen vor einem Kreuz stehen, bis einer die Arme sinken ließ. Bei den Germanen war besonders der *Zweikampf* (bis zur Überwältigung des Gegners) als Gottesurteil verbreitet. Die *Blutprobe* (Bahrgericht) beruhte auf dem uralten Volksglauben vom Bluten des Leichnams in der Nähe des Mörders; seit dem Mittelalter wurde sie als eine Art Gottesurteil aufgefasst (z. B. Hagen an der Bahre Siegfrieds im ›Nibelungenlied‹).

**Grabtuch Jesu,** Leichentuch Jesu Christi, Reliquie der Grablegung Jesu (nach Mk. 15,46). Seit dem Mittelalter werden etwa 40 Exemplare des Grabtuchs Jesu, die den Abdruck seines Leichnams tragen sollen, verehrt. Das berühmteste ist das Turiner Grabtuch.

# H

**Habakuk,** hebräisch Havaqquq, einer der zwölf Kleinen Propheten des A. T. und Verfasser des gleichnamigen Buches. Das *Buch Habakuk* gilt in der Forschung als einer der rätselhaftesten Texte des A. T., in Deutung (Heils- und Kult- oder Gerichtsprophetie) und Datierung (vor 612, zwischen 612 und 538 oder um 330 v. Chr.) umstritten. Es enthält prophetische Klagen über ein nationales Unglück Israels, Gottessprüche, Fluchworte gegen einen Gottlosen und einen Psalm. Thema ist die Ankündigung von Gottes Gericht über die Gottlosen.

**Habit,** *der,* auch *das,* Amtskleidung, Ordenstracht.

**Hagia Sophia,** türkisch Ayasofya, Hauptkirche des Byzantinischen Reiches in Konstantinopel. Ein erster Bau wurde um 360 vollendet, 415 nach einem Brand (404) neu geweiht (Teile der angefügten Portikushalle ausgegraben), doch beim Nikaaufstand (532) wieder zerstört. Unter Justinian I. entstand im Laufe von fünf Jahren die heute noch erhaltene Hagia Sophia (Weihe am 27. 12. 537); nach Einsturz der Kuppel bei einem Erdbeben (558) wurde diese bis 563 erneuert (erhöht). Als Baumeister sind Isidor von Milet und Anthemios von Tralleis überliefert. Die innere Ausschmückung wurde erst in den Regierungsjahren Justins II. (565–578) abgeschlossen, ist aber weitgehend verloren und z. T. durch spätere Arbeiten ersetzt worden. Kunstgeschichtlich ist sie das bedeutendste erhaltene Bauwerk der frühbyzantinischen Kunst und war von Einfluss auf die Entfaltung der osmanischen Baukunst. – Nach der Eroberung Konstantinopels durch die Türken (1453) diente sie als Moschee. Seit 1934 ist sie Museum.

**Hagiographie,** *die,* Lebensbeschreibung der Heiligen und die wissenschaftliche Arbeit an Überlieferung, Geschichte und Kult der Heiligen. Die christliche Hagiographie hat sich im Altertum aus der Sammlung von Märtyrerberichten (Märtyrerakten) entwickelt und lieferte später die festen liturgischen Lesungen für den Gottesdienst. Sie ist daher in erster Linie erbaulich stilisiert und förderte die unkritische Legendenbildung, an deren Anfang die ›Vita Antonii‹ des Athanasius steht. Im Osten ist gegen Ende des 10. Jh. mit der großen, nach dem Heiligenkalender geordneten Sammlung des Symeon Metaphrastes ein gewisser Abschluss erreicht; im Westen gewinnt die volkstümlich-kritiklose ›Legenda aurea‹ weiteste Verbreitung. – Die historisch-kritische Hagiographie beginnt unter dem Einfluss des Humanismus und wird besonders durch die Ausgaben der Mauriner und die Forschungen der Bollandisten gefördert.

**Halleluja,** *das,* Aufruf zum Lob Gottes in der jüdisch-christlichen Tradition. In den meisten evangelischen Gottesdienstformen wird das Halleluja nach dem Evangelium oder nach der Epistel dreifach von der Gemeinde gesungen. – In der katholischen und ostkirchlichen Liturgie (hier: **Alleluja**) eine Akklamation, mit der Christus vor der Verkündigung des Evangeliums gehuldigt wird; während der Fastenzeit, an gewöhnlichen Werktagen und in Totenmessen nicht gebraucht.

**Handauflegung,** das Auflegen der Hände auf das Haupt eines Menschen oder auf eine Sache; in zahlreichen Religionen verbreitet, dient die Handauflegung generell der Übermittlung des Segens, aber auch der Heilung und der Weihe bei der Übertragung eines Priester- oder Herrscheramtes. – Das *A.T.* kennt die Handauflegung als Segensgestus (1. Mos. 48, 14f.) und als symbolischen Gestus der Übertragung von geistlicher Gewalt (4. Mos. 27,18 ff.) und von Schuld (3. Mos. 16,21f.), das *N.T.* als Segens- (Mk. 10, 16) und Heilungsgestus Jesu (Lk. 4,40) und als Weihegestus der Apostel (Apg. 6, 6). In den *christlichen Kirchen* ist die Handauflegung in der katholischen Kirche, den anglikanischen und den orthodoxen Kirchen die Übertragung des Hl. Geistes versinnbildlichendes äußeres Zeichen des Weihesakraments, in den evangelischen (v.a. lutherischen) Kirchen die Taufe, Konfirmation, Trauung und Ordination begleitende, als persönliche Zueignung von Fürbitte und Segen verstandene Handlung. Darüber hinaus kennt die katholische Kirche eine sakramentale, zur Gültigkeit des Sakraments erforderliche Handauflegung bei der Firmung und eine sehr vieldeutige, symbolische Handauflegung bei der Krankensalbung, bei Sachweihen (Taufwasser), Bußriten, Exorzismen und Sakramentalien.

**Hagia Sophia:** Die Innenansicht der Hagia Sophia, einst die größte Kirche der Christenheit.

**Häresie,** *die,* in der griechischen und hellenistischen Antike Bezeichnung für ein Bekenntnis religiösen oder politischen Inhalts und für eine wissenschaftliche Denkweise. Im *frühen Christentum* bezeichnete der Begriff seit dem 2. Jh. eine von den Normen der Orthodoxie abweichende theologische Auffassung und war im Mittelalter identisch mit dem Begriff der Ketzerei (▸Ketzer). – Das *katholische Kirchenrecht* (c. 751 CIC) definiert Häresie als ein Glaubensdelikt; das Leugnen oder Bezweifeln des kirchlichen Dogmas (nicht des christlichen Glaubens). – Im *protestantischen Verständnis* gilt als Häresie, was die Botschaft des Evangeliums entscheidend verkürzt oder entstellt.

**Häretiker,** *der,* Anhänger einer Häresie; Ketzer.

**Hass,** intensives Gefühl der Abneigung (Antipathie) und Feindseligkeit gegen Personen oder soziale Gruppen (Völker, Minderheiten u.a.), im Gegensatz zur Liebe. Hass kann sich bis zum Vernichtungswillen (tödlicher Hass) steigern; dabei werden Motive und Eigenheiten des Gehassten nicht mehr wahrgenommen (blinder Hass); insofern wird der Hass vom ›gerechten‹ Zorn unterschieden. Aus oft unangemessenem Anlass kann sich eine hasserfüllte Gestimmtheit in einen akuten Hassausbruch steigern. Die oft unbewussten Motive (Angst, verletztes Selbstgefühl, Indoktrination, Umschlagen von Liebe in Hassliebe als Ambivalenz) können bewusst gemacht und in einem Prozess der Selbstaufklärung seelisch verarbeitet werden.

**Hauptkirche,** nichtamtliche Bezeichnung für die älteste oder bedeutendste Kirche einer Stadt. Am geläufigsten ist die Verwendung des Begriffs für die Hauptkirchen Roms: San Giovanni in Laterano, San Pietro in Vaticano (Peterskirche), San Paolo fuori le mura, Santa Maria Maggiore, San Croce in Gerusalemme, San Sebastiano ad Catacumbas. – In den reformatorischen Kirchen regional (z.B. in Hamburg) noch bestehende Einrichtung von Kirchen mit Vorrangstellung; mit der Hauptkirche verbunden ist das Amt des *Hauptpastors* und des *Hauptpredigers.*

**Hebräerbrief,** in Briefform gekleidete, vor 95 n. Chr. entstandene Schrift des N. T. mit unbekanntem Verfasser und Adressaten; im 2. Jh. fälschlich Paulus zugeschrieben; wahrscheinlich eine niedergeschriebene Predigt (›Mahnrede‹). Eine christliche Gemeinde (oder Gruppe) wird bestärkt, im Glauben festzuhalten, wobei das A. T. auf Christus bezogen ausgelegt wird, der als der wahre Hohepriester und Mittler des neuen Bundes bezeichnet wird (Hebr. 9, 15). – Die nicht vom Verfasser stammende Überschrift ›An die Hebräer‹ ist bereits in der zweiten Hälfte des 2. Jh. bezeugt und beruht auf dem Irrtum, dass der Hebräerbrief eine an Juden gerichtete Missionspredigt sei.

**Heiden,** Begriff, der im christlichen Sprachgebrauch ursprünglich alle Menschen bezeichnete, die nicht die Taufe empfangen hatten und somit außerhalb der Kirche standen; seit Beginn der Neuzeit nur noch für Bekenner nichtmonotheistischer Religionen gebräuchlich (also nicht für Juden und Muslime angewandt), heute fast durchgängig durch den Begriff ›Nichtchristen‹ ersetzt.

**Heidenchristen,** im 1. Jh. Bezeichnung für die Christen nichtjüdischer Herkunft. Das Apostelkonzil (Apg. 15,1–29) klärte ihre Stellung zur judenchristlichen Jerusalemer Urgemeinde und verzichtete (bis auf ein Minimum an rituellen Forderungen) darauf, sie vor ihrer Aufnahme in die christliche Gemeinde auf das jüdische Gesetz zu verpflichten.

**Heil,** *Religionswissenschaft* und *Theologie:* Bezeichnung der Daseinsweise und/oder der über die (z. B. durch den Tod gesetzten) Grenzen der menschlichen Existenz hinausweisenden Dimension, die den Menschen individuell oder kollektiv durch die Religionen zugesagt und mit exklusivem Anspruch vermittelt wird (z. B. Befreiung von der Macht der Sünde, ein Bund mit Gott, ein endzeitliches Gottesreich, religiöse Erkenntnis, Erlösung, Glück, Gnade, Nirvana, Unsterblichkeit). Der Kontrastbegriff ist Unheil. Zur Erlangung des Heils können Heilsmittel (Gebet, Sakramente, gute Werke) sowie das Beschreiten eines Heilsweges (z. B. im Buddhismus) dienen. Heil wird aber auch als eine göttliche Gnadengabe angesehen, die den Menschen durch einen Heilbringer, einen Erlöser (Heiland) oder einen Messias vermittelt wird.

**Heiland,** im Christentum Bezeichnung Jesu Christi als des Erlösers, entspricht dem griechischen Begriff Soter im N. T., der lateinisch mit Salvator wiedergegeben wird.

**heilig,** Abk. **hl.**, in den *Religionen* Bezeichnung dessen, was einer Gottheit angehört und/oder ihrem Dienst geweiht ist (z. B. hl. Stätten und Schriften) und durch diese Beziehung auch Ausdruck der in der Gottheit selbst (dem Heiligen) repräsentierten Heiligkeit ist.

*Christliche Theologie:* Das christliche Verständnis von heilig knüpft an das des A. T. an; wie dort Gott, der Ort, an dem er erscheint, die Menschen, die ihm dienen, das Volk Israel heilig sind, so werden auch im N. T. Gott, Christus und die Gemeinde Jesu Christi als ›heilig‹ bzw. ›die Heiligen‹ beschrieben. Die Heiligkeit Gottes ist nach biblischem Verständnis nicht eine Eigenschaft neben anderen, sondern macht sein Wesen aus (z. B. Jes. 43, 3; Apk. 3, 7). Gleichzeitig hat die Theologie die schon im A. T. vorgebildete und im N. T. stark betonte Einbeziehung der ethischen Vollkommenheit in die Heiligkeit beim Gottesbegriff und beim Gottesvolk durchgeführt; die Heiligkeit ist eines der Kennzeichen der Kirche. Bei Anwendung des Prädikats heilig auf die einzelnen Christen führte diese Ethisierung bald zu einer Verengung. Während die an Jesus Christus Glaubenden im N. T. noch vielfach schlechthin ›die Heiligen‹ heißen, weil sie Gott durch die Taufe und das rechte Bekenntnis angehören, wurde die Bezeichnung heilig bald auf diejenigen Christen eingeschränkt, die ihren Glauben in einer ganz besonderen (vorbildlichen) Weise lebten. Da sie in vielen Fällen schon bald nach ihrem Tod in den christlichen Gemeinden verehrt wurden (erstmals im 2. Jh. die christlichen Märtyrer), wurde die Auffassung von der persönlichen Heiligkeit zur Wurzel der christlichen Heiligenverehrung.

**Heilige,** in den Religionen Menschen, die in besonderer Weise Vorbilder, Lehrer, Bekenner oder Märtyrer des Glaubens sind: im *Islam* ›Freunde Gottes‹ (Wali Allah); im *Buddhismus* die ›Erleuchteten‹ (Buddhas); im N. T. die Mitglieder der Gemeinde Jesu Christi (z. B. 1. Kor. 1, 2; Kol. 3, 12); im *frühen Christentum* die Märtyrer; seit dem 10. Jh. (993) in der *katholischen Kirche* die nach ihrem Tod und abgeschlossenem Heiligsprechungsprozess und päpstlicher Bestätigung (► Heiligsprechung) in der Gesamtkirche als Fürbitter bei Gott amtlich verehrten Zeugen des Glaubens (Heiligenverehrung); in den *Ostkirchen* die verstorbenen (›vor dem Thron Gottes stehenden‹) und in ihren Ikonen im Gottesdienst wirkmächtigen Zeugen des Glaubens (die Märtyrer, großen Kirchenväter und Asketen); in den *lutherischen Kirchen* in Anschluss an M. Luther Vorbilder des Glaubens zur Stärkung des eigenen Glaubens ohne besondere Verehrung. Die *reformierten Kirchen* lehnen jegliche Heiligenverehrung ab.

**Heilige der letzten Tage, Kirche Jesu Christi der Heiligen der letzten Tage,** die ▸ Mormonen.

**Heilige Nacht,** die Nacht der Auferstehung Jesu Christi (Ostern); im heutigen Sprachgebrauch vorwiegend die Nacht seiner Geburt (Weihnachten); seit dem 5. Jh. mit Vigilmessen begangen.

**Heiligenverehrung,** i. w. S. die in vielen Religionen verbreitete Verehrung geschichtlicher oder mythischer Persönlichkeiten, die als Heilige, Heiland, Heilbringer oder Heros gelten. Im engeren und eigentlichen Sinn die Verehrung der Heiligen im Christentum, besonders in der katholischen Kirche. Erste Ansätze einer Heiligenverehrung (als Märtyrerverehrung) finden sich bereits im 2. Jh., die schon bald in der jährlichen Feier des Todestags des Märtyrers feste Gestalt als **Heiligenfest** annahm. Die Heiligenverehrung mittels eines Heiligenbildes ist theologisch so zu verstehen, dass die Verehrung dem im Bild Dargestellten, nicht aber dem Bild selbst gilt, hat jedoch in der Geschichte oftmals Formen eines bloßen ›Bilderkultes‹ angenommen.

Die Problematik der Heiligenverehrung liegt von Anfang an in der Schwierigkeit der richtigen Zuordnung von Christus und Heiligen und in der Typisierung von Heiligen (Märtyrer, Asketen, Ordensgründer, Bischöfe, Missionare, Jungfrauen, Witwen), da die ursprüngliche Auffassung der Heiligenfeste als Folgeereignisse der Christusfeste im Lauf der Geschichte immer mehr von bloßen Heiligenfesten überwuchert wurde und die Typisierung der Heiligen eine starke Überbetonung des Heroischen in der Heiligenverehrung bedeutete, die die Motivation zur Nachahmung gar nicht erst aufkommen ließ. Beiden Fehlentwicklungen sucht die Kalenderreform (›Calendarium Romanum‹, 1969) Papst Pauls VI. zu begegnen, indem sie das ›Herrenjahr‹ in der Liturgie gegenüber dem ›Heiligenjahr‹ hervorhebt und betont, dass auch ›unheroisches‹ Leben Heiligkeit bedeuten könne.

**Heiliger Abend, Heiligabend,** der Abend vor ▸ Weihnachten.

**Heiliger Geist,** griech. Hagion pneuma, lat. Spiritus sanctus, biblische Bezeichnung des Geistes Gottes; beschreibt im A. T. die Schöpfermacht Gottes (1. Mos. 1,2), die Leben spendet und den Menschen mit Weisheit und Erkenntnis ausrüstet; im N. T. der ›Geist des Herrn‹, der zu einem neuen Leben im Glauben befreit (2. Kor. 3,17), die Kirche begründet (Apg. 2,33), sie leitet und ihr beisteht; in der *christlichen Theologie* neben dem Vater und dem Sohn die dritte Person der Trinität. – Systematisch wurde die Lehre vom Heiligen Geist in der Kirche ab dem 2. Jh. unter dem Einfluss der philosophisch-theologischen Erörterungen zum Begriff des Logos entwickelt. Die in diesem Prozess hervorgetretenen theologischen Lehrdifferenzen zwischen den westlichen und östlichen Kirchen bestehen z. T. bis heute. Die Theologie des Mittelalters vernachlässigte die Lehre vom Heiligen Geist durch Integration in die Gnadenlehre ebenso wie die reformatorische Theologie, die sie zu einem Bestandteil ihrer Lehre von Christus und von der Rechtfertigung machte. Diese Vernachlässigung der Lehre vom Heiligen Geist in den großen Konfessionen führte im Lauf der Geschichte immer wieder zu spiritualistischen ›Gegenbewegungen‹ (Schwärmer, Täufer). Im 19. und 20. Jh. sind die Pfingstbewegung und die charismatische Bewegung stark durch eine ›Theologie des Heiligen Geists‹ geprägt.

**Heiliger Rock,** der Leibrock Christi, der nach Joh. 19, 23 f. von den Soldaten unter dem Kreuz verloste, in einem Stück (ohne Naht) gewebte Leibrock Christi. Er galt bei den Kirchenvätern und den Theologen des Mittelalters als Symbol der Einheit von Kirche und Glauben. Im Mittelalter nahmen viele Städte seinen Besitz für sich in Anspruch (Rom, Konstantinopel, Wittenberg, Argenteuil).

Unter den Tuniken Christi, die gezeigt werden, nimmt die im Dom zu Trier eine hervorragende Stelle ein. Sie dürfte eine aus konstantinischer Zeit stammende Berührungsreliquie (Brandeum) sein, die in der Herrenmemoria des konstantinischen Trierer Doms untergebracht war und als Symbol des Leibrocks Christi galt, bis sie kurz nach 1100 in den ›Gesta Treverorum‹ als Leibrock Christi selbst und nicht nur als dessen Symbol angesprochen wurde. – Die Reliquie, 1196 nach der Erweiterung des Ostchores des Trierer Domes in dessen neuen Altar eingeschlossen, wurde 1512 erstmals öffentlich ausgestellt. Die damit begründete *Heilig-Rock-Wallfahrt* fand zunächst im Abstand von sieben Jahren, später in größeren unregelmäßigen Abständen statt. Im 20. Jh. wurde der Heilige Rock 1933, 1959 und 1996 gezeigt. An der letzten Wallfahrt nahmen im Rahmen eines ›Tages der Ökumene‹

(30. 4.) erstmals offiziell Vertreter evangelischer Landes- und Freikirchen teil.

**Heiliger Stuhl,** *Völkerrecht:* Bezeichnung des Oberhaupts der katholischen Kirche in seiner Eigenschaft als Völkerrechtssubjekt. Die Völkerrechtssubjektivität des Heiligen Stuhls ist nur historisch aus der Rolle, die das Oberhaupt der katholischen Kirche im Mittelalter spielte, zu erklären. Solange die Kirche auch über eine weltliche Macht in Form des Kirchenstaates verfügte, trat die Völkerrechtssubjektivität des Heiligen Stuhls nicht in Erscheinung. Sie zeigte sich aber in der Zeit, in der dem Papst kein Staatsgebiet zur Verfügung stand (1870–1929), in der aber dennoch zahlreiche Staaten diplomatische Beziehungen mit dem Heiligen Stuhl unterhielten. Durch die am 11. 2. 1929 zwischen dem Heiligen Stuhl und Italien abgeschlossenen Lateranverträge wurde der Staat der Vatikanstadt geschaffen, der als souveräner Staat eigene Völkerrechtssubjektivität besitzt. Sein verfassungsmäßiges Oberhaupt ist ebenfalls der Papst. Trotz dieser personellen Verbindung ist die Völkerrechtssubjektivität des Heiligen Stuhls streng von der Völkerrechtssubjektivität des Staates der Vatikanstadt zu unterscheiden. Nicht alle Staaten erkennen die Völkerrechtssubjektivität des Heiligen Stuhls an.

**Heilige Schrift,** zusammenfassende Bezeichnung für die Schriften des A. T. und des N. T., die ▸ Bibel.

**Heiliges Grab,** die Grabstätte Jesu, nach den Evangelien ein einzelnes Felsengrab vor den Toren Jerusalems (Mk. 16, 5f.; Mt. 27, 60; Lk. 23, 53; Joh. 19, 41f.); im 4. Jh. mit einer Höhle identifiziert, über der Konstantin d. Gr. die Jerusalemer Grabeskirche errichten ließ.

**Heiliges Jahr,** 1) im *Judentum* Jobeljahr; 2) in der *katholischen Kirche* ein Jahr (Jubiläums- oder Jubeljahr, Anno santo), das der inneren Erneuerung der Gläubigen dienen soll. Es wird seit 1300 in bestimmten Zeitabständen, seit 1475 alle 25 Jahre begangen. Das Heilige Jahr wird am Weihnachtsfest eingeleitet mit dem Öffnen der *Heiligen Pforte* in der Peterskirche durch den Papst und nach Ablauf durch deren Vermauerung wieder beschlossen. Das letzte Heilige Jahr war 2000.

**Heiliges Offizium,** ältere Bezeichnung für die Glaubenskongregation, die aus der Inquisition hervorgegangen ist. Das Offizium beansprucht, den wahren katholischen Glauben zu wahren.

**heilige Stätten,** 1) in den *Religionen* Bezeichnung für alle Bauten, Orte, Städte, Regionen und natürlichen Stätten (z. B. Bäume, Quellen, Höhlen, Berge) mit spezifisch religiöser Bedeutung, z. B. als Wohnorte der Gottheit, Orte der Gottesoffenbarung, geschehener Wunder oder bedeutender Ereignisse im Leben der Religionsstifter. Oft ist (geschichtlich) mit ihnen ein Asylrecht, häufig auch ein auf den Vorschriften der kultischen Reinheit bzw. der gebotenen Ehrfurcht vor der Gottheit beruhender Verhaltenskodex verbunden. Aus ihnen erklärt sich die Sitte, in Tempeln und Moscheen die Schuhe auszuziehen, in Kirchen die Kopfbedeckung abzunehmen oder – wie in der Synagoge – den Kopf zu bedecken oder zu verhüllen (ursprünglich in bewusstem Gegensatz zum barhäuptigen christlichen Gebet). – 2) im christlichen Sprachgebrauch sind heilige Stätten die mit dem Leben Jesu in Verbindung stehenden Orte in Palästina, die Ziel einer Wallfahrt sind. – 3) *im katholischen Kirchenrecht:* der formelle Oberbegriff für Kirchen, Oratorien, Friedhöfe.

**Heiliges Grab:** Die Grabeskirche in Jerusalem wurde über dem vermuteten Felsengrab Christi errichtet.

**heilige Woche,** die ▸ Karwoche.

**heilige Zeiten,** 1) in den *Religionen* Zeiten, die vom Alltag durch das Verbot der üblichen Tätigkeit und durch das Gebot besonderer Feste und Feiern, auch durch bloße Ruhe, Fasten usw., abgegrenzt sind. –

2.) *katholisches Kirchenrecht:* der formelle Oberbegriff für Sonn- und Fest-, Fast- und Abstinenztage.

**Heiligkeit,** *Religionsgeschichte:* Wesenseigentümlichkeit der Gottheit, heilig.

**Heiligsprechung, Kanonisation,** in der katholischen Kirche die auf der Grundlage eines abgeschlossenen Verfahrens (Heiligsprechungsprozess) in liturgischer Form erfolgende, seit 1234 dem Papst vorbehaltene feierliche Erklärung, durch die ein zuvor selig Gesprochener unter die Heiligen aufgenommen und damit seine amtliche Verehrung in allen Formen in der ganzen Kirche gestattet ist, wogegen die Verehrung eines Seligen nur für eine bestimmte Teilkirche oder kirchliche Gemeinschaft und nur in bestimmten Formen zugelassen ist. Die Durchführung des Seligsprechungs- und Heiligsprechungsprozesses wurde 1588 der Ritenkongregation übertragen, 1969 der Kongregation für die Heiligsprechung (Congregatio de Causis Sanctorum). Bis zur Neuordnung des Kirchenrechts 1983 im Codex Iuris Canonici (CIC) geregelt, ist das Verfahrensrecht für den Seligsprechungs- und Heiligsprechungsprozess nach dem neu gefassten kirchlichen Recht durch ein besonderes päpstliches Gesetz geregelt (c. 1403 CIC). Seither gelten die Verfahrensbestimmungen der Apostolischen Konstitution ›Divinus perfectionis magister‹ Johannes Pauls II. vom 26. 2. 1983, die die Diözesanbischöfe im stärkeren Maße als das alte Kirchenrecht in das Verfahren einbeziehen. – Im *Seligsprechungsprozess* geht es v. a. um die Prüfung der Schriften des selig zu Sprechenden und seiner Lebensführung sowie um die Untersuchung der ihm zugeschriebenen Wunder. Zur Heiligsprechung sind in einem neuen Prozess weitere, nach der Seligsprechung auf seine Fürbitte hin geschehene Wunder nachzuweisen.

**Heiligtum,** *Religionswissenschaft:* Bezeichnung für eine Kultstätte (heilige Stätten, Kulthaus, Schrein, Tempel).

**Heiligung,** *Christentum:* der Anspruch und das Bestreben, ein Leben als Christ zu führen, die sich für den Glaubenden aus dem ihm durch die unverdiente Zuwendung Gottes (Gnade) geschenkten neuen Leben ergeben; in der pietistisch und charismatisch geprägten Frömmigkeit die Vervollkommnung des Glaubens durch Bekehrung (›Wiedergeburt‹ im Hl. Geist) und die Geistesgaben (Pfingstbewegung).

**Heilsarmee, Salutisten,** englisch Salvation Army, evangelische Freikirche, hervorgegangen aus der von dem Methodistenpastor W. Booth und seiner Frau Catherine 1865 gegründeten ›Ostlondoner Christlichen Mission‹ (1878 in ›die Heilsarmee‹ umbenannt). Nach militärischem Muster organisiert, hatte die Heilsarmee zunächst v. a. wegen ihrer für viele ungewöhnlichen Predigt- und Arbeitsmethoden (u. a. Straßenmusik und -predigt) zahlreiche Gegner. Die Heilsarmee verbindet die evangelistische Tätigkeit mit einer umfassenden Sozialarbeit und sieht sich in ihrer Tätigkeit besonders den so genannten Randgruppen der Gesellschaft verpflichtet. In Deutschland ist die Heilsarmee seit 1886 tätig. – Das Internationale Hauptquartier befindet sich in London, Sitz des Nationalen Hauptquartiers in Deutschland ist Köln.

**Heiligsprechung:** Die Heiligsprechung des spanischen Priesters Echevierra durch Papst Johannes Paul II. auf dem Petersplatz in Rom.

**Heilsgeschichte,** Begriff der *christlichen Theologie* für das geschichtliche Heilshandeln Gottes am Menschen. Anknüpfend an das Geschichtsverständnis des A. T. und damit im Gegensatz zum mythisch-religiösen Denken beschreibt er Geschichte nicht als bloße Abfolge von zufälligen oder nur in sich selbst begründeten Ereignissen, sondern als den konkreten örtlichen und zeitlichen Raum, in dem sich Gottes Heilstaten für den Menschen erfahrbar ereignen (Schöpfung, Gottesbund, Kreuzigung und Auferstehung Jesu Christi, Wiederkunft Christi und Aufrichtung des Reiches Gottes), und als Prozess, der auf ein von Gott gesetztes Ziel hinläuft (Geschichtstheologie).

Im Glaubensverständnis der *katholischen Kirche* und der *Ostkirchen* findet die Heilsgeschichte ihren elementaren Ausdruck besonders in der Feier der Messe bzw. der Göttlichen Liturgie, wo sich für die

Gläubigen die Vergegenwärtigung der Heilstaten Gottes ereignet. Die von der *reformatorischen Theologie* entwickelte Auffassung der Heilsgeschichte als eine Abfolge von Bundesschlüssen zwischen Gott und Menschen (Föderaltheologie) wurde seit der Aufklärung mehr und mehr kritisiert und im Zusammenhang mit der Entmythologisierung der Hl. Schrift nahezu ganz aufgegeben.

**Heilsgewissheit,** nach *reformatorischer Auffassung* die persönliche Vergewisserung des Heils (Erlösung), das in der Rechtfertigung dem Menschen zuteil wird und sich in der Zuversicht auf Gottes Heilswillen (Prädestination) ausspricht. – Nach *katholischer Lehre* ist Heilsgewissheit nicht Gegenstand des Glaubens, sondern der Hoffnung.

**Heilsnotwendigkeit,** in der *katholischen Theologie* die Notwendigkeit der Verwirklichung bestimmter Sachen oder Handlungen als Voraussetzung zum Erreichen des Heils (der Erlösung). Heilsnotwendig sind v. a. der Glaube und die Kirchengliedschaft, die den Empfang der Sakramente einschließt.

**Heilsweg,** in Religionen das dem Menschen zur Erlangung des Heils gebotene und durch religiöse Vorschriften verbindlich vorgeschriebene Verhalten; als Begriff in der Religionswissenschaft besonders für die Erlösungswege der Religionen indischer Herkunft (Hinduismus [Bhakti], Buddhismus, Jainismus) gebraucht.

**Herz-Jesu-Verehrung:** Die Verehrung des Herzens Jesu hat im katholischen Raum eine lange Tradition (Holzschnitt von Lucas Cranach d. Ä.).

**Heimsuchung Mariä,** Marienfest orientalischer Herkunft zum Gedächtnis der in Lk. 1,39–56 geschilderten Begegnung der werdenden Mütter Maria und Elisabeth; seit dem 13. Jh. auch im Westen verbreitet (Tag: 31. 5., seit 1969; in den deutschsprachigen Diözesen wegen seiner Verankerung im Volksbewusstsein weiterhin am 2. 7.).

**Herr,** ursprünglich jeder Hochgestellte und Vorgesetzte, im frühen Mittelalter Standesbezeichnung für den Mann des reichsunmittelbaren und edelfreien sowie des mit Ritterschlag versehenen Adels. Seit dem 17. Jh. sank Herr zur Höflichkeitsbezeigung gegenüber allen Adligen, Ratsherren und Geistlichen herab, im 18. Jh. wurden auch alle bürgerlichen Honoratioren (Akademiker, Kaufleute) Herr genannt; mit dem Beginn des 19. Jh. ist Herr die Anrede für einen Mann gehobenen bürgerlichen, dann überhaupt jeden Standes geworden. – In der Bibel wird Gott als ›der Herr‹ bezeichnet.

**Herrenbrüder,** die Brüder Jesu.

**Herrenworte,** Aussprüche Jesu.

**Herz-Jesu-Verehrung,** *katholische Kirche:* eine Form der Jesusmystik, die das Herz Jesu als Symbol seiner Liebe zu den Menschen und seines stellvertretenden Opfers versteht. In Ansätzen bereits bei den Kirchenvätern vorhanden, prägte die Herz-Jesu-Verehrung im starken Maße die mittelalterliche Mystik und fand seit dem 16. Jh. durch die Jesuiten, die französischen Oratorianer (P. de Bérulle, Jean Eudes [* 1601, † 1680]), besonders aber durch die Visionen von Marguerite-Marie Alacoque eine starke Verbreitung. 1765 erkannte Papst Clemens XIII. die Herz-Jesu-Verehrung kirchlich an; 1856 führte Pius IX. das **Herz-Jesu-Fest** für die ganze katholische Kirche verbindlich ein. Es wird am Freitag nach dem 2. Sonntag nach Pfingsten gefeiert. Eine weitere Form der Herz-Jesu-Verehrung bildet die Feier der **Herz-Jesu-Freitage** am 1. Freitag eines jeden Monats. – Zahlreiche katholische Bruderschaften und Orden führen den Titel ›Herz Jesu‹ im Namen.

**Hierarchie,** *die, Religionsgeschichte:* in den Religionen die Rangordnung ihrer Repräsentanten (z. B. Priester, Mönche). Ihre Befugnisse erstrecken sich heute weitestgehend allein auf den religiösen Lebensbereich der Mitglieder der Religionsgemeinschaften, können aber darüber hinaus im Glaubensverständnis, dem religiösen Anspruch und in der politischen Praxis einzelner (z. B. islamischer) Staaten Bereiche umfassen, die der säkulare Staat westeuropäisch-nordamerikanischer Tradition primär als nichtreligiös ansieht (z. B. das Eherecht und die staatliche Rechtsordnung insgesamt). – Die Hierarchie in der katholischen Kirche wird durch den Klerus gebildet. Die hierarchische Ordnung der Kirche gilt als von Gott angeordnet und von Jesus Christus eingesetzt. Das katholische Kirchenrecht unterscheidet zwischen der **Weihehierarchie** der geistlichen Ämter (Bischofs-, Priester-, Diakonenamt), die zur Verwaltung der Sakramente berechtigen, und der **Jurisdiktionshierarchie** der Leitungsvollmachten (Papst, Bischöfe). Die Ostkirchen kennen nur die Weihehierarchie und leiten aus dem Bischofsamt die Funktionen zur Leitung der Gesamtkirche ab (Metropolit, Patriarch). Die protestantischen Kirchen halten theologisch an dem einen geistlichen Amt und der neutestamentlichen Identität von Pfarr- und Bischofsamt fest und kennen nur eine Hierarchie des Dienstes. In soziologischer Betrachtungsweise haben sich jedoch auch in ihnen hierarchische Ordnungen herausgebildet.

**Himmel, Himmelsgewölbe, Firmament,** das scheinbare Gewölbe, das sich über dem Horizont eines Beobachters aufspannt. *Religionsgeschichte:* Der Himmel ist bei vielen Völkern ein heiliges (ein Numen) oder göttliches Wesen (z. B. in China), wobei religiöse und astronomische Vorstellungen in der Frühzeit noch eng verbunden sind. Der Himmel gilt als Ort der Götter, von dem aus sie wirken und zu dem sich die menschliche Seele nach dem Tod erhebt, als (vorbildhaftes) Prinzip der Weltordnung (so in China); vielfach Symbol des Lichtes und des Guten. Im griechischen Mythos vereinen sich Himmel (Uranos) und Erde (Gaia) als erstes Paar und bringen die Titanen hervor (Kosmogonie). Im Kult jedoch ist Zeus (bei den Römern Jupiter) der Gott des Himmels und der atmosphärischen Erscheinungen (Gewitter). Es sind dies wohl Züge, die schon der indogermanische Himmelsgott zeigte.

Das A. T. kennt den Himmel als Wohnort Gottes, aber auch als Geschöpf seiner Macht. Das N. T. umschreibt mit den Begriffen Himmel und Himmelreich bildhaft die Art und Dimension des Göttlichen und den Zustand der unmittelbaren Gottesnähe.

**Himmelfahrt,** *Religionsgeschichte:* die Vorstellung eines Aufstiegs, oft auch einer langen Reise der Seele in den Himmel als Bild einer zeitlichen oder (nach dem Tod) ewigen Vereinigung mit den Seligen und dem Göttlichen; Bild eines ekstatischen Erlebnisses und Gegenstück zur Höllenfahrt. Als zeitliche Vereinigung können die Verzückung des Paulus (2. Kor. 12,2) und die Himmelfahrt des Propheten Mohammed angesehen werden. Die Seele der Toten bringt in der altindischen Religion der Feuergott Agni auf dem ›Götterweg‹ zum Himmel. Nach den Vorstellungen u. a. der Spätantike durchläuft die Seele nach dem Tod bei ihrer Reise durch die Himmelssphären einen Läuterungsprozess, bis sie am überhimmlischen Ort Ruhe findet. Der Himmelfahrt liegt die Vorstellung zugrunde, das Individuum oder die Seele (auch der Geist), gedacht als ein gleichsam vom Körper abtrennbares ›zweites Ich‹, könne an einen entfernten Ort versetzt werden und ein besonderes Wissen erwerben. – Von der Himmelfahrt zu unterscheiden ist die Aufnahme (lat. assumptio) bzw. Entrückung des ganzen Menschen (mit Leib und Seele) in den Himmel (z. B. Maria, Henoch, Elias).

**Himmelfahrt Christi,** *christlicher Glaube:* die Erhöhung des auferstandenen Jesus zur Teilhabe an der Existenzweise Gottes. Die Himmelfahrt Christi ist im N. T. durch den Evangelisten Lukas überliefert (Apg. 1,9–11; Lk. 24,51) und wird von ihm als für die Apostel sichtbarer Aufstieg Jesu Christi vom Ölberg in den Himmel vierzig Tage nach seiner Auferstehung geschildert. Sie ist Bestandteil des christlichen Glaubensbekenntnisses. – Das Fest *Christi Himmelfahrt* entstand im 4. Jh. und wird am 40. Tag nach Ostern gefeiert.

**Himmelfahrt Mohammeds, Himmelfahrt des Propheten, Mi'radj,** *der,* in der islamischen Überlieferung und andeutungsweise auch im Koran (Sure 17, 1) die Reise Mohammeds durch die sieben Himmel bis vor Gottes Thron. Begleitet vom Erzengel Gabriel, trifft Mohammed auf Adam und Moses und bekommt einen Einblick in Hölle und Paradies. Im Zwiegespräch mit Gott wird die Zahl der fünf Pflichtgebete festgelegt. Ausgangspunkt der Himmelfahrt Mohammeds ist Jerusalem, woraus sich die besondere Heiligkeit dieses Ortes für die Muslime ergibt. Voraus geht eine so genannte *isra* (arabisch ›Nachtreise‹) auf dem Pferd Burak von der Kaaba in Mekka nach Jerusalem. Die Muslime gedenken der Himmelfahrt Mohammeds am 27. Radjab des islamischen Kalenders.

**Himmelsleiter,** die ▸ Jakobsleiter.

**himmlisches Jerusalem,** im A. T. eschatologische Erhöhung des irdischen Jerusalem, Stadt der besonderen Erwählung Jahwes, Sitz des messianischen Davidssohns, Stadt der Gerechtigkeit, Ziel der großen Pilgerschaft der Völker; in der jüdischen Apokalyptik die von Gott erbaute Stadt, die auf die alte oder verwandelte Erde hinabsteigen wird, oder ein endzeitlicher Ort, an dem die Gerechten ewig sein werden. Im N. T. (Apk. 21,2–22,5) Bild für die Vollendung der Geschichte Gottes mit den Menschen.

**Hinduismus,** im Westen gebildete Bezeichnung für die traditionellen religiösen und gesellschaftlichen Strukturen und Institutionen der Inder. Der Hinduismus entstand aus der Verschmelzung der polytheistischen vedisch-brahmanischen Religion der arischen (indogermanischen) Einwanderer (zweite Hälfte des 2. Jt. v. Chr.) mit den nichtarischen Religionen des Industals, des dravidischen Südindien u. a. und wurde durch die Glaubensformen von Neueinwanderern und Nachbarvölkern ständig beeinflusst und erweitert. Hinduismus ist primär eine sozioreligiöse Bezeichnung des Lebens innerhalb der Kasten, das von zahlreichen Religionen bestimmt wird.

Im Unterschied zu anderen Hochreligionen kennt der Hinduismus keinen Stifter, kein allgemein verbindliches Bekenntnis und mindestens theoretisch keine individuellen Bekehrungen. Die indische Eigenbezeichnung für den Hinduismus ist die ›ewige Religion‹ (Sanskrit: ›sanatana dharma‹), die seit jeher bestand und immer wieder in neuen Formen von Heiligen, Sehern u. a., die z. T. als Avataras (göttliche Inkarnationen) gelten, verkündet wurde. Gemeinsam ist den Hindus die Anerkennung des Veda und der Glaube an die Wiedergeburt. Zur gesellschaftlichen Struktur gehört traditionell die von Geburt her vorgegebene unveränderbare Zugehörigkeit zu einer Kaste und damit der kollektive bzw. Stammescharakter des Hinduismus, der zumindest vor der weltweiten Verbreitung des Hinduismus individuelle Konversionen unmöglich machte.

Das religiös-soziale System des Hinduismus ist begleitet von der Anschauung, dass alle Lebewesen in dieser in ständigem Entstehen und Vergehen begriffenen Welt eine ›Hierarchie‹ des Seins bilden, die bei den Pflanzen beginnt und bei den höchsten Göttern endet. Die Menschheit wiederum als das Mittelstück in dieser Hierarchie zerfällt in zahlreiche Klassen, als deren oberste die Hindukasten gelten. Die Kastenzugehörigkeit beruht nicht auf Zufall oder dem unerforschlichen Willen eines Gottes, sondern ist gemäß den Lehren vom Kreislauf von Geburt, Tod und Wiedergeburt der individuellen Seele **(Samsara)** und von der Wirkung des Karmagesetzes durch die sittliche Weltordnung **(Dharma)** bedingt. Der ganze Kosmos wird beherrscht von der Vergeltungskausalität aller Taten **(Karma)**, die jedem Wesen, das geboren wird, seinen Platz aufgrund seiner guten oder bösen Handlungen in einer vorausgegangenen Existenz anweist. Die Lehre von der Seelenwanderung wird somit zur Grundlage des Kastenwesens. Die Seelenwanderung hat keinen Anfang; sie findet ein Ende nur dann, wenn eine Seele, nachdem sie in zahllosen Existenzen in Tier- und Menschengestalt, höllischen und himmlischen Existenzweisen geläutert worden ist, durch Weltentsagung, göttliche Gnade oder selbst erworbene Erkenntnis die endgültige Erlösung von allen Formen weltlicher Bindung erreicht **(Moksha)**. Diese ist ein unver-

**Hinduismus:** Sarasvati, die Göttin der Gelehrsamkeit (Tempel von Halebid, Südindien).

lierbarer Bewusstseinszustand der Seligkeit **(Nirvana)**, der von manchen Schulen als ein verklärtes individuelles Dasein, von anderen als ein Aufgehen des individuellen Selbst **(Atman)** in das unvergängliche Absolute, das **Brahman**, mit dem es ursprünglich identisch ist, aufgefasst wird. Die verschiedenen Wege zur Erlösung sind in der ›Bhagavadgita‹ beschrieben **(Bhakti)**.

Der Hinduismus kennt, verbunden mit der Verehrung der Götter, von Tieren (Kuh, Affe, Elefant, Schlange) und Naturelementen (u. a. Steine und Pflanzen, z. B. Lotos), eine Vielfalt von im Haus (Rites de Passage) und im Tempel verrichteten Kulten. In den Riten bestehen schon seit dem ältesten Hinduismus große lokale sowie an Familien- und Kastentraditionen gebundene Unterschiede. Zu Ehren der Götter werden Feste veranstaltet: die ›Nacht des Shiva‹ im Februar, Holi, eine Art Karneval, zum Frühlingsanfang, im Herbst Navaratri, das Fest der Tagundnachtgleiche, das Lichterfest Divali. Wie reiche Prozessionen mit Götterbildern und -statuen bilden auch Wallfahrten einen wesentlichen Bestandteil hinduistischer Religiosität. Besucht werden z. B. Mathura sowie Varanasi (Benares), wo ein Bad in dem als heilig verehrten Ganges von der Sünde reinigen soll. Während manche Kulte weltzugewandt sind, auch das Erotische einbeziehen und eine Rolle im religiösen Leben vieler Dörfer spielen (z. B. Shaktismus), tragen andere einen asketischen Charakter (Mönchsorden, Einsiedler) und legen das Hauptgewicht auf eine durch yogische Übungen (Yoga) angestrebte Läuterung.

Für den orthodoxen Hinduismus sind bestimmte *Bräuche* charakteristisch, so die Verbote der Wiederverheiratung von Witwen, selbst Kinderwitwen, der Tötung von Kühen u. a. Unter islamischem Einfluss entstanden seit dem 15. Jh. Reformbewegungen, die die bildlose Verehrung eines Gottes lehrten (Kabir, Sikhs). Diese haben sich aber gegenüber dem Gesamthinduismus ebenso wenig durchgesetzt wie die ähnliche Ziele verfolgenden Religionsgemeinschaften des *Neohinduismus* im 19. und 20. Jh. (Aryasamaj, Brahmasamaj, Ramakrishna-Mission).

**Hirtenamt,** *katholisches Kirchenrecht:* bildliche Bezeichnung für die der Kirche eigentümliche Vollmacht (Jurisdiktion), die in der sakramentalen Bischofs- und Priesterweihe übertragen und in der kanonischen Sendung **(Missio canonica)** rechtlich umschrieben wird. Das Hirtenamt bezieht sich auf die Bereiche des Wortes (Lehre), der Sakramente und des christlichen Lebens.

**Hirtenbrief,** *katholische Kirche:* ein zur Verlesung bestimmtes Rundschreiben des Bischofs an seine Diözese zu lehramtlichen, seelsorgerischen oder aktuellen kirchenpolitischen und Zeitfragen.

**Hochreligionen,** nicht eindeutig festgelegte Bezeichnung für die Religionen der Hochkulturen (Kulturreligionen); i. e. S. für die Weltreligionen.

**Hölle,** Bezeichnung für die in zahlreichen Religionen herrschende Vorstellung von der Unterwelt als Bereich des Todes, der Totengottheiten, unterweltlicher Dämonen, als Behausung der Toten; auch jenseitiger Vergeltungsort für die Bösen. – Im A. T. entspricht dem deutschen Begriff Hölle die Scheol. Im N. T. findet sich die Vorstellung eines Ortes eschatologischer Strafe nach dem Jüngsten Gericht für Leib und Seele der Verdammten, auch für die Dämonen und den Satan. – Die christliche Tradition bezeichnet mit Hölle diejenige Wirklichkeit, in der der Mensch nach Gottes Gericht das Heil nicht erlangt hat und die Strafe der Verdammnis erleidet. Die mittelalterliche Theologie hat die Existenz der Hölle, die ewige Dauer der Höllenstrafen und den sofortigen Eintritt der Strafe nach dem Tod definiert. Es gibt jedoch weder dogmatische Bestimmungen über die Art der Höllenstrafen (ob diese etwa metaphorisch oder realistisch zu verstehen sind), noch wird von einem bestimmten Menschen

**Hölle:** Höllenszene aus einem Bühnenbild von Ludovico Ottavio Burnacini (1666, Wien, Österreichische Nationalbibliothek).

ausgesagt, er sei in der Hölle (während sich die katholische Kirche jedoch in ihrem Glauben sicher ist, dass bestimmte Menschen, etwa die Heiligen, ›im Himmel‹ sind). Innerhalb der evangelischen Theologie bildet die Beschreibung der Hölle als Zustand der (endgültigen) Gottesferne und -verlassenheit, der durch die dem Menschen mögliche freie Willensentscheidung gegen Gott begründet werde, seit der Aufklärung ein weit verbreitetes Deutungsmuster. Die Kirche von England setzte 1996 mit der Annahme einer kirchlichen Lehrstudie zur traditionellen Höllenauffassung durch ihre Generalsynode die Lehren von Höllenfeuer und ewiger Bestrafung offiziell außer Kraft und definierte die Hölle als dem Himmel (dem ›Heil in Gott‹) entgegengesetzte Realität des ›Nichtseins‹ neu. – Die schon in den neutestamentlichen Texten vorhandene und seither die Theologiegeschichte durchziehende Spannung zwischen Aussagen über den allgemeinen Heilswillen Gottes und seine Barmherzigkeit einerseits und die ewige Hölle andererseits hat man theologisch auf verschiedene Weise zu lösen versucht (zeitweilige Erleichterung der Strafen, Linderung durch gute Werke der Hinterbliebenen), was jedoch nicht möglich ist. – Der Volksglaube hat v. a. die drastischen Vorstellungen eines unauslöschlichen Feuers (Mt. 3,12; 18,8) und großer Qualen (›Heulen und Zähneknirschen‹, Mt. 8, 12; 13, 42, 50 u. a.) aufgenommen.

**Höllenfahrt,** *Religionsgeschichte:* die mythische Vorstellung, dass Gottheiten, Heroen oder auch einzelne Menschen in die Totenwelt hinabsteigen und dort Auskunft über die Zukunft erhalten oder die Macht des Fatums und des Todes zu brechen suchen.

**Höllenfahrt Christi, Höllenabstieg Christi,** lat. Descensus Christi ad inferos, der Abstieg Jesu Christi in das Reich des Todes (Limbus Patrum), um den Verstorbenen das Evangelium zu verkünden (1. Petr. 3, 18 ff.; 4, 6), womit er nach christlicher Vorstellung den Tod als Ausdruck von Heillosigkeit und Gottesferne überwunden und den Verstorbenen durch seinen Tod und seine Auferstehung den Bereich der universalen Gottesherrschaft, das ›ewige Leben‹, eröffnet hat (Apk. 1,18). Die Höllenfahrt Christi ist Bestandteil des Apostolischen Glaubensbekenntnisses.

**Hungertücher, Fastentücher,** im Abendland seit Ende des 10. Jh. eine Sonderform der Altarverhüllung während der Fastenzeit; ursprünglich als symbolischer Ausschluss des sündigen Menschen vom Kultgeschehen gedacht, später mit Symbolen und Bildern vom Leiden Christi ausgestattet; der Brauch wurde Mitte der 1970er-Jahre von Misereor wieder belebt.

# I

**Ikone,** *die,* transportables Kultbild der Ostkirchen, auf denen Christus, Maria, andere Heilige oder biblische Szenen wiedergegeben sind. Wie auf dem 2. Konzil von Nicäa 787 in Überwindung des Ikonoklasmus und endgültig erst seit 842/843 theologisch definiert, steht den Ikonen Verehrung, nicht Anbetung zu, die sich auf die in ihnen dargestellten Urbilder bezieht, als deren authentische und gnadenhafte Abbilder die Ikonen verstanden werden. Die *Ikonenmalerei* gilt als liturgische Handlung (ursprünglich nur von Priestern ausgeübt) und ist hinsichtlich Komposition und Farbgebung sowie der Materialien genau festgelegt (Malerbuch vom Berge Athos). Die Vorbilder verschiedener Bildtypen galten als Acheiropoieta (›nicht von Händen gemacht‹), besonders drei Darstellungen (Abdrücke) vom Antlitz Christi (Kamulia, Mandylion und Keramidion). Der Darstellungstypus der Maria als Hodegetria, der zum vorherrschenden Bildtypus der Ostkirche wurde, zählte ebenfalls zu den Acheiropoieta. Man führte ihn wohl seit dem 11. Jh. in Byzanz auf jenes Bild zurück, das der Evangelist Lukas von der Gottesmutter gemalt haben soll.

Ikonen sind nach einem bestimmten Schema an der **Ikonostase** angebracht. Auf dem Pult (Proskynetarion) in der Mitte der Kirche wird jeweils die Ikone des Tagesheiligen oder -festes ausgelegt. In orthodoxen Häusern finden sich Ikonen als private Andachtsbilder.

Ikonen wurden meist auf Holz, das mit einem Malgrund bedeckt war, mit Mineralfarben (Eitempera) gemalt und mit einem Schutzfirnis aus gekochtem Leinöl überzogen. Für die Darstellung der göttlichen Personen, des Zyklus der 12 Feste (Verkündi-

gung, Geburt Christi, Darstellung im Tempel, Taufe Christi, Verklärung, Erweckung des Lazarus, Einzug in Jerusalem, Kreuzigung, Christus in der Vorhölle, Himmelfahrt, Pfingsten, Entschlafen Mariä) und einzelner Heiliger bildete sich ein fester Kanon heraus. Dieser wurde bei den göttlichen Personen sehr streng beibehalten, während die Darstellung der Szenen stärker von der Entwicklung der Wand- und Buchmalerei beeinflusst wurde.
Die Anfänge der Ikonenmalerei stehen wohl in der Tradition der spätantiken Porträtmalerei, v. a. Ägyptens. Die frühesten erhaltenen Ikonen (5.–7. Jh.) sind neben den koptischen die Sinai-Ikonen (im Katharinenkloster); sie waren meist in enkaustischer Technik hergestellt.

**Ikone:** »Verkündigung an Maria«, Ikone aus der Nowgoroder Malschule (12. Jh., Moskau, Tretjakow-Galerie).

**Inquisition,** *die,* nach dem Verfahren des Inquisitionsprozesses benannte, v. a. von kirchlichen Institutionen seit dem Mittelalter betriebene und meist mit staatlicher Hilfe durchgeführte Verfolgung von Häretikern.
Das kirchliche Vorgehen gegen Häretiker war ursprünglich Sache der Bischöfe. Seitdem das Christentum im Römischen Reich Staatsreligion war, konnten Häretiker (z. B. Donatisten und Manichäer) auch reichsgesetzlich verfolgt werden (Edikt Theodosius' I. von 380/381), wobei die Strafmaßnahmen von Güterkonfiskation, Aberkennung der bürgerlichen Rechte, Verbannung bis hin zur Todesstrafe reichten. Die Inquisition als eine eigene Behörde zur Aufspürung und Verfolgung der Häretiker bildete sich jedoch erst im Mittelalter im Zusammenhang mit der vermeintlichen Gefährdung der Kirche durch die so genannten Ketzer (Bogomilen, Albigenser, Katharer, Waldenser) heraus. Zunächst noch eine bischöfliche Einrichtung, geriet die Inquisition seit dem Ende des 12. Jh. zunehmend unter päpstliche Kontrolle. Ein erster Schritt war die von Alexander III. auf dem 3. Laterankonzil (1179) ausgesprochene förmliche Exkommunikation der Ketzer, die von Lucius III. 1184 wiederholt und von Kaiser Friedrich I. Barbarossa durch die Verhängung des Reichsbanns unterstützt wurde. 1215 forderte das 4. Laterankonzil die Auslieferung der verurteilten Ketzer an die weltliche Gewalt; das Konzil von Toulouse regelte 1229 das Verfahren und die Bestrafung. Kirchliche und weltliche Gewalt arbeiteten dabei Hand in Hand. Kaiser Friedrich II. hatte 1224 den Tod auf dem Scheiterhaufen als Strafe eingeführt und wies die weltlichen Gerichte an, die Vollstreckung von Todesurteilen für kirchliche Inquisitionsgerichte durchzuführen. Den Feuertod begründete man ›theologisch‹ (unter Berufung auf 1. Kor. 5,5) damit, dass auf diesem Weg wenigstens die Seele durch das Fürbittgebet der Kirche gerettet werden könne.
Unter Gregor IX. wurde 1231/32 die Inquisition in einer päpstlichen Behörde zentralisiert, die von **Inquisitoren**, vornehmlich Dominikanern (die man daher als ›domini canes‹, lateinisch für ›Hunde des Herrn‹ verspottete), verwaltet wurde. Das Inquisitionsverfahren hatte immer den gleichen Ablauf: Aufforderung an die Häretiker zur Selbstanzeige, an die Gläubigen zur Denunziation; Vorladung, ggf. Verhaftung zur Vorführung; Untersuchung mit dem Ziel des Schuldbekenntnisses, wobei weder die Namen von Denunzianten oder Zeugen genannt noch Verteidiger zugestanden wurden. 1252 erlaubte Innozenz IV. die Anwendung der Folter. Die Strafen reichten von Kirchenstrafen bis zum Tod durch Verbrennen.
Die Inquisition erreichte ihre Höhepunkte v. a. in Spanien, Italien und Frankreich. In Deutschland war schon 1227 der Prämonstratenser Konrad von

**Inquisition:** Bücherverbrennung unter Aufsicht eines Dominikaners, Miniatur aus der Enzyklopädie »Speculum maius« des Dominikaners Vinzenz von Beauvais (13. Jh., Chantilly, Musée Condé).

Marburg als päpstlicher Inquisitor eingesetzt worden, der rigoros und erbarmungslos gegen angebliche Ketzer, v.a. aus dem Adel, vorging. Seit der Mitte des 15. Jh. verband sich in Deutschland die Inquisition mit den Hexenverfolgungen. Von Anfang an waren mit der Ketzerverfolgung auch politische und wirtschaftliche Interessen verquickt; ganze missliebige Gruppen (z. B. der Templerorden) konnten so vernichtet werden. In Spanien war die Inquisition seit 1478, in Portugal seit 1536 eine staatliche Einrichtung unter einem **Großinquisitor** und ein wichtiges Instrument zur Verfolgung der Marranen, Morisken und Protestanten. Erster spanischer Großinquisitor und bedeutendster Organisator der Inquisition in Spanien war T. de Torquemada. Charakteristisch für die spanische und portugiesische Inquisition waren die **Autodafés**, denen in Spanien zwischen 1481 und 1808 rd. 31 000 Menschen zum Opfer fielen. Rd. 270 000 wurden in dieser Zeit zu Kerkerhaft und Vermögensentzug verurteilt.

Die neuzeitliche Trennung von Kirche und Staat sowie die Kritik an der Inquisition seitens der Aufklärung ließen Einfluss und Bedeutung der Inquisition allmählich zurückgehen. In einigen Ländern bestand sie jedoch bis ins 19. Jh. (Spanien bis 1834, Italien bis 1859, Kirchenstaat bis 1870). Die im Zuge der Gegenreformation 1542 von Paul III. errichtete oberste Instanz für alle Glaubensgerichte, die ›Congregatio Romanae et universalis inquisitionis‹ (Kongregation für römische und weltweite Inquisition; kurz: ›**Sanctum Officium**‹), wurde 1965 in die Kurienkongregation für die Glaubenslehre (›Glaubenskongregation‹) umgewandelt. Grundlegend für den damit gegebenen ›stillschweigenden Verzicht‹ auf die Inquisition war die Erklärung des 2. Vatikanischen Konzils über die Religionsfreiheit, in der das Konzil ausdrücklich ›das Recht der Person und der Gemeinschaften auf gesellschaftliche und bürgerliche Freiheit in religiösen Dingen‹ betonte.

**Interkommunion,** *christlicher Gottesdienst:* die zwischen konfessionsverschiedenen Kirchen vereinbarte gegenseitige Zulassung ihrer Mitglieder zum Abendmahl; ▸ Abendmahlsgemeinschaft.

**Islam,** die von Mohammed zwischen 622 und 632 in Medina (erste Gemeindeordnung) gestiftete monotheistische Weltreligion, zu der sich rd. 19 % der Weltbevölkerung bekennen. Der Begriff ›Islam‹ ist bereits im Koran, der hl. Schrift des Islam, enthalten und meint die unbedingte Ergebung in den Willen des einen Gottes Allah (›Gott‹). Die Anhänger des Islam bezeichnen sich selbst als **Muslime**. Die in Europa lange Zeit gebräuchliche Bezeichnung ›Mohammedaner‹ ist missverständlich, weil Mohammed für die Muslime nicht im selben Sinne Glaubensgegenstand ist wie Jesus Christus für die

**Islam:** »Der Erzengel Gabriel beruft Mohammed«, Miniatur aus einer persischen Weltchronik (Anfang 14. Jh., Edinburgh, Universitätsbibliothek).

Christen. Im Mittelpunkt des Heilsgeschehens steht der Koran, dem als Urkunde der Offenbarung Gottes und damit Quelle des Glaubens und Norm des Handelns in der islamischen Gemeinde **(Umma)** die höchste und absolute Autorität zukommt, wohingegen Mohammed nur als dessen menschlicher Überbringer gilt.

Grundlegend für den islamischen Glauben ist die Überzeugung, dass es nur einen Gott gibt. Die einzige Sünde, die Gott nicht vergibt, ist dem Islam zufolge die ›Beigesellung‹ (arabisch schirk), d. h. die Vielgötterei. Der Islam zeichnet sich durch einen besonders strikten Monotheismus aus. Nach der im Koran entfalteten islamischen Lehre ist Gott der Schöpfer und Erhalter aller Dinge; er ist allmächtig, allwissend und barmherzig. Im Laufe der Geschichte hat er zu den verschiedenen Völkern immer wieder Propheten gesandt; diese verkündeten in der jeweiligen Muttersprache geoffenbarte Botschaften. Deren Inhalt war im Wesentlichen immer der gleiche: Aufruf zum Glauben an den einen Gott, Mahnung zum Gehorsam gegen Gottes Gebote, Warnung vor den Strafen Gottes im Diesseits und Jenseits für fortgesetzt sündiges Handeln. Als Propheten werden auch Gottesmänner der biblischen Tradition anerkannt, so z. B. Adam, Noah, Abraham, Moses und Jesus Christus.

Da Judentum und Christentum nach koranischer Auffassung durch von Propheten überbrachte echte Offenbarungsbücher begründet wurden, genießen Juden und Christen den Sonderstatus der ›Schriftbesitzer‹, die nach islamischem Recht gegen Zahlung einer Sondersteuer ihre Religion auch unter muslimischer Herrschaft beibehalten dürfen. Nach koranischer Darstellung haben sie jedoch den Inhalt ihrer hl. Schriften nachträglich verfälscht. Abraham war dem Koran zufolge bereits Muslim und hat zusammen mit seinem Sohn Ismael das Heiligtum der Kaaba in Mekka nach einer Zeit der Zerstörung und Entweihung durch Götzendienst neu aufgebaut. Mohammed betrachtete sich nicht als Verkünder einer neuen Religion, sondern als Wiederhersteller der Religion Abrahams. Nach dem Koran, der den Muslimen als wörtlich inspiriert gilt, ist Mohammed das ›Siegel der Propheten‹, d. h. der Bestätiger aller früheren Offenbarungen und zugleich der Überbringer der letztgültigen und damit fortan für alle Menschen verbindlichen Offenbarung.

Der Mensch ist dem Koran zufolge von Gott mit einer besonderen Würde ausgestattet. Trotz häufig sündigen Handelns ist er keineswegs seiner Natur nach sündig oder verderbt. Daher bedarf er auch keiner Erlösung. Die islamische Ethik betont die unbedingte sittliche Verantwortlichkeit des Individuums, das beim Jüngsten Gericht von Gott zur Rechenschaft gezogen wird und je nach seinen Taten ins Paradies oder ins Höllenfeuer gelangt.

**Islam:** Einmal in seinem Leben soll der gläubige Muslim an einer Wallfahrt nach Mekka teilgenommen haben. Muslimische Pilger vor der Kaaba in Mekka, einem der zentralen muslimischen Heiligtümer.

Frauen haben im Islam – ungeachtet ihres untergeordneten rechtlichen und sozialen Status – grundsätzlich dieselben Heilsmöglichkeiten wie Männer. Nach geschehener Offenbarung sind alle Menschen gleichermaßen verpflichtet, ihr Leben nach Gottes Willen zu führen. Dabei kennt der Islam weder sakramentale Heilsvermittlung noch einen besonderen Priesterstand.

Die Gesamtheit der gottgewollten Verhaltensweisen, die in erster Linie aus dem Koran und der Prophetentradition (Hadith) entnommen wurden, ist im islamischen Recht **(Scharia)** niedergelegt worden. Dieses umfasst außer Rechtsnormen i. e. S. auch Kultvorschriften, ethische Normen und Etiketteregeln. Das Leben in genauer Übereinstimmung mit der Scharia stellte für Muslime des Mittelalters einen hohen Wert dar und wird auch heute noch von vielen Muslimen erstrebt. Dadurch erhielt der Islam weitgehend den Charakter einer Gesetzesreligion, wobei Rechttun höher bewertet wird als Rechtgläubigkeit. Wichtige ethische Normen sind Gerechtigkeit, Freigebigkeit, Gehorsam, Dankbarkeit, Geduld, Beharrlichkeit, Solidarität und Aufrichtigkeit.

**Islam:** Das Gebet gehört zum muslimischen Tagesablauf.

Unter den ›fünf Pfeilern‹ (arabisch arkan) des Islam versteht man die kultischen Pflichten, die jedem Muslim obliegen: das Aussprechen des Glaubensbekenntnisses (›Es gibt keinen Gott außer Gott, und Mohammed ist der Gesandte Gottes.‹), das fünfmal täglich zu verrichtende Ritualgebet **(Salat)**, Pflichtalmosen **(Zakat)**, Fasten im Monat Ramadan und Wallfahrt nach Mekka **(Hadjdj)**. Die Gläubigen haben das Ritualgebet im Zustand kultischer Reinheit zu verrichten und sich des Genusses von Schweinefleisch und Wein zu enthalten. Verboten sind auch Glücksspiel und Unzucht. Die Religionsausübung tendiert im Islam mehr zur Öffentlichkeit als zum Rückzug in die Innerlichkeit und ist zumeist stark auf die Gemeinschaft der Gläubigen bezogen.

Das erste islamische Gemeinwesen, dem Mohammed in Medina vorstand, war Glaubensgemeinschaft und Staat zugleich; so enthält der Koran u.a. auch politische Handlungsanweisungen und Regelungen des Familien-, Erb- und Strafrechts. Eine Trennung von Religion und Politik, Geistlichem und Weltlichem war insofern von den Ursprüngen des Islam her nicht gegeben. Die enge Verbindung von Staat und Religion blieb durch das islamische Mittelalter bestehen und wirkt in der islamischen Welt bis heute fort. Eine Säkularisierung der politischen und gesellschaftlichen Strukturen sowie des kulturellen Lebens hat in den mehrheitlich von Muslimen bewohnten Staaten bisher erst partiell stattgefunden; die Verbreitung des islamischen ▸Fundamentalismus seit den 1960er-Jahren, deren Folgen meist unter dem ungenauen Begriff ›Reislamisierung‹ zusammengefasst werden, gab antisäkularistischen Kräften neuen Auftrieb.

Eine organisierte *islamische Mission* entstand erst seit Anfang des 20. Jh. in Reaktion auf die christliche Mission. Sie widmet sich v.a. der gründlicheren Bekehrung bisher nur oberflächlich islamisierter Bevölkerungsgruppen an der Peripherie der islamischen Welt (z.B. in Indonesien, Schwarzafrika), ist aber neuerdings auch in Europa tätig. Ihr Erfolg in Schwarzafrika während der letzten Jahrzehnte beruht großenteils darauf, dass der Islam sich dort als zukunftweisende Religion der Dritten Welt und auch als Stütze für die durch den Kolonialismus gebrochene Identität der Einheimischen darstellt, das Christentum hingegen mit den europäischen Kolonialherren verbunden wird. Die geographische Verbreitung des Islam wurde in jüngerer Vergangenheit durch Migration großer muslimischer Bevölkerungsgruppen in nichtislamische Länder gefördert.

Die Neuzeit begann für die islamische Welt um die Wende zum 19. Jh., als sie sich angesichts der politischen und ökonomischen Übermacht europäischer Staaten, unter deren direkte Kolonialherrschaft sie nach und nach größtenteils geriet, der modernen westlichen Zivilisation öffnen musste. Damit kam ein Prozess weit reichender Verwestlichung von politischen und wirtschaftlichen Strukturen, Gesellschaft und Kultur in Gang, der bis heute anhält. Das traditionelle islamische Staatsverständnis, nach dem Gott der alleinige Gesetzgeber und der Herrscher der Vollstrecker der Scharia ist, wich zumeist dem Konzept der Volkssouveränität, und Verfassungen und politische Institutionen nach europäischen Vorbildern wurden zur Regel. Die Geltung des islamischen Rechts wurde fast durchweg auf das Familien- und Erbrecht beschränkt, während für andere Bereiche, z.B. das Strafrecht, säkulare Gesetze nach europäischen Vorbildern eingeführt wurden. Das herkömmliche religiöse Bildungswesen wurde durch ein säkulares ergänzt und von diesem schließlich weitgehend verdrängt oder marginalisiert. Die abendländische Wissenschaft gewann zunehmend Einfluss. Die überkommenen, vielfach religiös begründeten Familienstrukturen und sozialen Verhaltensmuster glichen sich besonders in den Städten an die europäischen an.

Die 1928 von Hasan al-Banna (* 1906, † 1949) in Ägypten gegründete Muslimbruderschaft, eine Massenorganisation, verfolgt das Ziel der Wiedererrichtung einer geschlossenen islamischen Staats- und Gesellschaftsordnung mit einer Gesetzgebung auf der Grundlage der Scharia unter Abwehr des Einflusses der für verderbt erachteten westlichen Zivilisation. Einen Schub gab hier insbesondere die erfolgreiche islamische Revolution in Iran. Das Ziel der ›Reislamisierung‹ ihrer Staaten verfolgend, sind die *fundamentalistischen Gruppen* durch

**Islam:** Die Gebetsnische, der Mirhab, in der Moschee ist meist prächtig geschmückt und zeigt immer nach Mekka.

gemeinsame Hauptmerkmale ihrer Lehre verbunden. So bestehen sie auf einem wörtlichen Verständnis von Koran und Hadith und auf der Anwendung der Scharia, wobei für sie die Anwendung der koranischen Kapitalstrafen und die Einrichtung eines aus dem koranischen Wucherverbot begründeten zinslos arbeitenden Bankwesens einen besonderen Symbolwert haben. Sie vertreten den Grundsatz, der Islam sei Religion und Staat, und bezeichnen häufig den Koran als Verfassung des von ihnen erstrebten Gemeinwesens, obgleich dieser keine einzige Verfassungsnorm im modernen Sinne enthält.

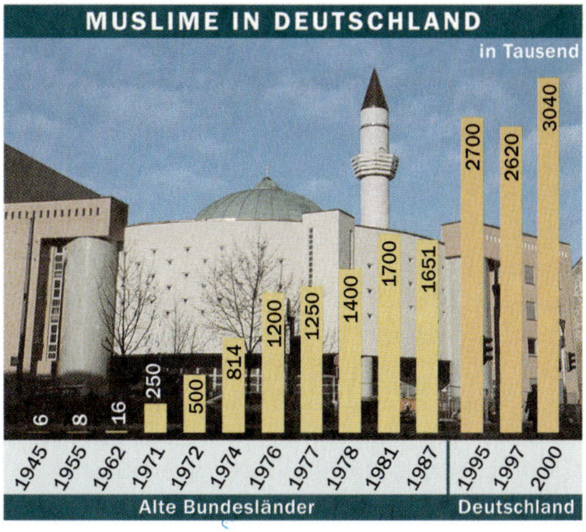


**Islam:** Die Zahl der Muslime in Deutschland wächst stetig; der Rückgang in den 1990er-Jahren ist mit der Rückkehr bosnischer und albanischer Bürgerkriegsflüchtlinge in ihre Heimat zu erklären.
(Quelle: Zentralinstitut Islam-Archiv Deutschland e.V.)

Hinter dem religiös begründeten System verbirgt sich häufig eine politische Ideologie mit totalitärem Machtanspruch, vielfach verbunden mit Terrormethoden der Durchsetzung; diese äußern sich auch in einer repressiven Behandlung von nicht islamischen oder weniger fundamentalistisch orientierten Minderheiten (z. B. der Kurden und Turkmenen in Iran, der Berber in Marokko und Algerien, der Kopten in Ägypten). Die Konsequenzen des islamischen Fundamentalismus für das Leben der Frauen sind zwiespältig; während unter seinem Einfluss einerseits eine Rückkehr zu traditionellen Formen der Geschlechtertrennung und die Verdrängung der Frauen aus bestimmten öffentlichen Ämtern (z. B. den Richterämtern in Iran) zu beobachten ist, lässt sich feststellen, dass andererseits unter dem Schutz der von den Fundamentalisten für Frauen gebilligten Verhaltensweisen und Institutionen nunmehr verstärkt Frauen aus traditionsgebundenen Kreisen in bisher Männern vorbehaltene Bereiche vordringen.

In Konkurrenz zum islamischen Fundamentalismus stehen heute Vertreter eines aufgeklärten, in erster Linie ethisch orientierten Islam, die den Säkularisierungsprozess bejahen und eine vor der Vernunft verantwortete Synthese von islamischer Tradition und moderner Intellektualität westlicher Prägung erstreben. Die stark mystisch orientierte islamische Volksfrömmigkeit steht der Intoleranz und dem Rigorismus der zeitgenössischen islamischen Fundamentalisten großenteils ablehnend gegenüber.

**Islamismus,** im westlichen Sprachgebrauch Bezeichnung für die dem islamischen ▸ Fundamentalismus zugrunde liegende Ideologie.

# J

**Jahwe,** nach der hebräischen Schreibweise in lateinischen Buchstaben *JHWH*, seit dem 12. Jh. auch als Jehova gelesen, Name des Gottes Israels. Herkunft und Bedeutung sind umstritten, wahrscheinlich heißt Jahwe ursprünglich ›Er ist‹ oder ›Er erweist sich‹ (entsprechend der Umformung in die 1. Person in 2. Mos. 3, 14: ›Ich bin [werde sein], der ich bin [sein werde]‹). Nach 2. Mos. 3 begegnet Jahwe zuerst Moses am Sinai. Auf diesen Ort, der als Wallfahrts- und Offenbarungsstätte schon vor Moses bekannt war, oder auf die umwohnenden Halbnomadenvölker der Edomiter, Midianiter oder Keniter geht die Jahweverehrung zurück. Spätestens seit dem 1. Jh. n. Chr. vermeiden die Juden das Aussprechen des Namens Jahwe und lesen stattdessen *Adonai* (hebr. ›mein Herr‹). Septuaginta und Vulgata übersetzen Jahwe mit ›Kyrios‹ und ›Dominus‹, die meisten deutschen Bibeln mit ›Herr‹.

**Jakob,** biblische Gestalt; zweiter Sohn des Isaak und der Rebekka; der dritte der Erzväter Israels. Jakob erkaufte sich nach 1. Mos. 25, 29–34 von seinem Zwillingsbruder Esau das Erstgeburtsrecht, erschlich sich den väterlichen Erstgeburtssegen (1. Mos. 27) und floh danach zu seinem Onkel, dem Aramäer Laban. Ihm diente er und heiratete dessen Töchter Lea und Rahel. Als reicher Mann zurückgekehrt, versöhnte er sich mit Esau und gelangte dann nach Sichem und Bethel. Die Josephsgeschichte bringt ihn mit Ägypten in Verbindung, wo er starb. Durch die Umbenennung zu **Israel** (1. Mos. 32, 23–33 und 1. Mos. 35, 9–13) gilt Jakob als Stammvater aller Israeliten, seine Söhne als Ahnherren der zwölf Stämme: Ruben, Simeon, Levi, Juda, Dan, Naphtali, Gad, Aser, Issakar, Zabulon, Joseph und Benjamin.

**Jakobsleiter, Himmelsleiter,** das von Jakob auf der Flucht vor Esau im Traum geschaute Symbol einer Theophanie (1. Mos. 28, 12): Engel stiegen auf einer Leiter zum Himmel auf und nieder; beliebtes Motiv der biblischen Ikonographie.

**Jakobsweg,** Bezeichnung für verschiedene Pilgerstraßen durch Frankreich und Spanien nach Santiago de Compostela zum Grab des hl. Jakobus d. Ä., die zugleich wichtige Handelsstraßen waren und wesentlich zur Vermittlung und Verbreitung burgundischer Architektur und Skulptur beitrugen. Im 12. Jh. hatten sich (nach dem ›Liber Sancti Jacobi‹, entstanden zwischen 1130 und 1140) in Frankreich vier Hauptwege herausgebildet, die von bedeutenden Wallfahrtsorten (Treffpunkten der

**Jakob:** Santiago de Compostela wurde im 9. Jh. zur Wallfahrtsstätte des heiligen Jakobus, im Bild die barocke Kathedrale.

von weither kommenden Pilger) ausgingen: Tours (oder auch bereits Saint-Denis bei Paris), Vézelay, Le Puy und Saint-Gilles-du-Gard bei Arles. Die drei westlichen Wege vereinigten sich in Ostabat, um über Saint-Jean-Pied-de-Port im Pass von Roncevalles die Pyrenäen zu queren. Der Weg von Arles benutzte den Pass von Somport weiter östlich und führte über Jaca und Monreal nach Puente la Reina, von wo aus der meistbegangene Jakobsweg über Burgos und León nach Santiago de Compostela führte. Entlang der Pilgerstraßen errichtete man neben Herbergen und Hospitälern für die Pilger unter dem Einfluss der Kluniazenser auch neue, den Bedürfnissen der Wallfahrt entsprechende Kirchen: weiträumig und mit Chorumgang (zur Reliquienverehrung); erste Kirche dieser Art war Saint-Martin in Tours.

**Jakobus,** ein Bruder Jesu (Mk. 6,3; Gal. 1,19). Nach Jesu Tod war er einer der führenden Männer der Jerusalemer Urgemeinde. Auf dem Apostelkonzil vertrat er die strenge Befolgung des jüdischen Gesetzes für die Judenchristen, gestand aber den Heidenchristen die Freiheit davon zu. Wegen seiner Frömmigkeit erhielt er den Beinamen ›der Gerechte‹. 62 starb er den Martertod durch Steinigung. Seit Hieronymus wurde er häufig mit Jakobus d. J. gleichgesetzt.

**Jakobusbrief,** Abk. **Jak.**, einer der katholischen Briefe. Verfasser ist nach 1,1 ›Jakobus, Knecht Gottes und des Herrn Jesus Christus‹. Der Brief scheint relativ spät geschrieben worden zu sein und wurde erst im 4. Jh. allgemein als kanonisch anerkannt. Er besteht v. a. aus Sprüchen und ethischen Ermahnungen. Theologisch bedeutsam ist die Auseinandersetzung mit der paulinischen Rechtfertigungslehre (2,14 ff.). Vers 5, 14 wurde später als Begründung für das Sakrament der Krankensalbung verwendet. Stil und Inhalt des Briefes lassen einen jüdischen Verfasser vermuten.

**Jakobusevangelium,** seit dem 16. Jh. Protevangelium des Jakobus, apokryphe neutestamentliche Schrift; verfasst nach 150 n. Chr. außerhalb Palästinas. Das Jakobusevangelium schildert die Kindheit Jesu, v. a. aber das Leben Mariens (wunderbare Geburt als Tochter von Anna und Joachim, Erziehung im Jerusalemer Tempel, Heirat mit Joseph, Geburt Jesu ohne Verletzung ihrer Jungfräulichkeit). Von daher wurde das Jakobusevangelium zur Quelle vieler Marienlegenden und beeinflusste maßgeblich die dogmatische Entwicklung in der Mariologie.

**Jehova,** um 1100 im Anschluss an den Bibeltext der Masoreten aufgekommene Lesart des Gottesnamens JHWH (▸ Jahwe), dessen Aussprache von den Juden aus Ehrfurcht grundsätzlich vermieden wurde.

**Jenseits,** in der religiösen Vorstellung Bezeichnung für jenen Bereich, der die sichtbare Welt und ihre Erfahrung übersteigt und dem irdischen ›Diesseits‹ meist unvergleichbar und transzendent gegenübersteht. Die Grenze bildet dabei der Tod, sodass Jenseits als ›jenseits des Todes‹ bestimmt wird. Welche Assoziationen damit verbunden werden, hängt ab von der jeweiligen Eschatologie und Erlösungshoffnung. Die Vorstellungen vom Jenseits reichen von Analogien zu den irdischen Verhältnissen bis zu abstrakten Vorstellungen von einem ganz anderen Seinszustand. Das Jenseits ist zunächst der Aufenthaltsort der Geister und Götter oder (in monotheistischen Religionen) des einen Gottes, dann aber auch das Reich der Toten. Sehr frühe Vorstellungen identifizieren das Jenseits mit dem Grab, in dem der Verstorbene sein irdisches Leben fortsetzt. In den *Weltreligionen* hat sich die Vorstellung von einer dreigeteilten Weltensphäre herausgebildet: die Erde als ›Diesseits‹ sowie ›unter‹ und ›über‹ ihr die Unterwelt (Schattenreich, Hölle) und der ›Himmel‹ (Paradies), Letzterer als Ort vollkommenen Heils. Voraussetzung ist dabei die Annahme, dass die Seelen der Menschen unsterblich sind und im Jenseits erlöst werden können, wobei es den lebenden Menschen möglich ist, durch bestimmte Riten (Gebet, sakrale Handlungen) den Weg der Verstorbenen ins Jenseits zu beeinflussen.

**Jesuiten, Gesellschaft Jesu,** lat. **Societas Jesu**, Abk. **SJ**, katholischer Regularklerikerorden. Der Ursprung liegt im Zusammenschluss des Ignatius von Loyola und einiger seiner Studiengefährten am 15. 8. 1534 in Paris zu einer religiösen Gemeinschaft. Sie gelobten, ›arm‹ und ›keusch‹ zu leben und nach Beendigung ihrer Studien von Venedig aus zur Mission in Palästina aufzubrechen; sollte dies nicht möglich sein, würden sie sich dem Papst für jegliches Apostolat zur Verfügung stellen. Als die Palästinamission tatsächlich nicht zustande kam, gingen sie nach Rom und sahen ihre vorrangige Aufgabe in der Glaubensunterweisung durch Predigt, Katechese und in der Spendung der Sakramente (v. a. Beichte, Eucharistie). Am 27. 9. 1540 wurde die erste Regel der Jesuiten (›Formula Instituti‹) von Papst Paul III. bestätigt (Bulle ›Regimini militantis ecclesiae‹), 1550 billigte Julius III. eine überarbeitete Fassung; ergänzt wurde sie durch die ›Konstitutionen‹ von 1558. Ziel der Jesuiten ist demnach ›die Verteidigung und Verbreitung des Glaubens‹ und die Hinführung der Menschen zu einem christlichen Leben durch Predigt, Vorträge, geistliche Übungen (Exerzitien), christliche Unterweisung insbesondere von Kindern und Jugendlichen, Spendung der Sakramente und jegliche Form der Seelsorge. Schwerpunkt wurde der schulische Unterricht, der 1599 durch die ›Studienordnung‹ (›Ratio Studiorum‹) inhaltlich und organisatorisch festgelegt wurde. Wichtige, durch Jesuiten gegründete Ausbildungsstätten sind bis heute das Germanicum und die Gregoriana in Rom.

**Jesuiten:** Die Figur des Ordensgründers der Jesuiten, Ignatius de Loyola, auf dem Hochaltar der Jesuitenkirche Il Gesú in Rom (Entwurf von Andrea Pozzi, 1696/1700).

Um sich die für ihre Tätigkeit notwendige Mobilität zu bewahren, leben die Jesuiten nicht wie monastische Orden in Klöstern (mit Klausur), sondern in offenen ›Häusern‹ und ›Kollegien‹; sie sind nicht zum gemeinsamen Chorgebet verpflichtet und tragen keine eigene Ordenskleidung. Innerhalb der Gemeinschaft gibt es vier verschiedene Stufen der Mitgliedschaft: ›Novizen‹, ›Scholastiker‹, die noch in der (wissenschaftlichen) Ausbildung stehen, ›Koadjutoren‹ (unterschieden in ›geistliche‹ und ›weltliche‹) und ›Professen‹ (nur sie können die höchsten Ämter innehaben). Die Koadjutoren (Ausbildungszeit: 10 Jahre) legen drei Gelübde ab (Keuschheit, Armut, Gehorsam), die Professen (Ausbildungszeit: 17 Jahre) als viertes ein besonderes Gehorsamsgelübde gegenüber dem Papst (in Bezug auf besondere Aufträge). Geistliche Koadjutoren und Professen sind zudem Priester.

Die Ordensgemeinschaft ist aufgeteilt in einzelne ›Ordensprovinzen‹ und zentralistisch organisiert; die Leitung liegt bei einem auf Lebenszeit gewählten Generaloberen (seit 1983: P.-H. Kolvenbach) mit Sitz in Rom, der von der ›Generalkongregation‹ gewählt, unterstützt und kontrolliert wird. Dieser gehören die Provinziale (Obere der Provinzen) und ein oder zwei gewählte Vertreter aus den einzelnen Provinzen an, sowie die Assistenten (Generalberater als Vertreter mehrerer zu einer Assistenz zusammengefassten Provinzen).

Die Jesuiten haben keinen weiblichen Ordenszweig; 1547 wurden sie auf Wunsch des Ignatius von jeglicher Verpflichtung zu einer regelmäßigen geistlichen Betreuung von Frauen entbunden. Parallel zum Orden der Jesuiten, aber formell unabhängig von ihm, entstanden jedoch zahlreiche Vereinigungen von Jesuitinnen.

Im 16./17. Jh. waren die Jesuiten der wichtigste Träger der katholischen Reform; sie breiteten sich in ganz Europa aus (seit 1540/44 durch P. Faber in Deutschland).

Im 17./18. Jh. gerieten die Jesuiten zunehmend in Misskredit. Ausschlaggebend waren dabei gleichermaßen theologische (der Konflikt mit dem Jansenismus; die Gegenposition der jesuitisch scholastischen Theologie zur Aufklärung) wie politische (der politische Einfluss der Jesuiten als geistliche Berater an den Königshöfen; die Verhältnisse in den Kolonien, wo sich die Jesuiten gegen die europäischen Machthaber stellten) Gründe. Nach Verboten in Portugal (1759), Frankreich (1762) und Spanien (1767) wurde der Orden 1773 durch den Papst formell aufgelöst. 1814 wurde die Aufhebung, die nur in Preußen und Russland unbeachtet geblieben war, durch päpstlichen Entscheid wieder zurückgenommen.

**Jesus Christus,** zentrale Gestalt des Christentums. Der Name setzt sich zusammen aus der griechischen Form des jüdischen Eigennamens Jeschua (Kurzform von Josua, hebräisch ›Jahwe ist Heil‹) und dem Beinamen Christus (griech. christos ›der Gesalbte‹; Übersetzung des hebräischen Messias), zunächst als Würdetitel, dann als fester Namensbestandteil. Das Bekenntnis zu Jesus als dem ›Christus‹ ist Mittelpunkt des christlichen Glaubens.

Wichtigste Quellen für Leben und Lehre Jesu sind die zwischen 65 und 100 n. Chr. in griechischer Sprache verfassten Evangelien des Neuen Testaments (Matthäus, Markus, Lukas, Johannes), deren Gegenstand jedoch weniger der ›historische Jesus‹, als vielmehr der ›Christus des Glaubens‹ ist. Nicht als historische Dokumente, sondern als Glaubenszeugnisse wollen sie die ›Gute Botschaft‹ (das Evangelium) von Leben, Tod und Auferstehung Jesu vermitteln. Sie spiegeln die Überzeugung der nach Jesu Tod entstandenen christlichen Gemeinden, in Jesus den Erfüller ihrer soteriologischen Hoffnungen erfahren zu haben.

Die Verfasser der Evangelien waren nicht selbst Zeugen des Geschehens um Jesus, sondern berufen sich auf eine längere mündliche Tradition und bieten insgesamt ein vielschichtiges Jesusbild. Matthäus (Mt.), Markus (Mk.) und Lukas (Lk.) weisen dabei in Textauswahl und Aufbau weitgehende Übereinstimmungen auf und lassen sich ›synoptisch‹ (Synoptiker) miteinander vergleichen (Zweiquellentheorie), während Johannes (Joh.) theologisch und literarisch eine Sonderstellung einnimmt. Allen gemeinsam ist ihr kerygmatischer Charakter: Die historischen Gegebenheiten werden theologisch interpretiert und in den Dienst der Verkündigung gestellt. Für eine Rekonstruktion des Lebens Jesu sind die Evangelien also nur unter diesem Vorbehalt zu gebrauchen (▸ Leben-Jesu-Forschung); sie sind jedoch die einzigen Quellen, aus denen sich überhaupt nähere Hinweise auf Leben und Wirken Jesu erschließen lassen. Außerbiblische Quellen liefern keine weiteren Erkenntnisse, belegen aber die historische Existenz Jesu. Tacitus berichtet in seinen ›Annalen‹ (Buch 15, 44) im Anschluss an die Darstellung des Brandes von Rom unter Nero (64 n. Chr.) über die christliche Gemeinde und ihren Gründer: ›Der Stifter dieser Sekte, Christus, ist unter der Regierung des Tiberius durch den Prokurator Pontius Pilatus hingerichtet worden.‹ Sueton (›Vita Claudii‹, Kapitel 25, 4) und Plinius d. J. (›Epistola ad Traianum‹, 94–97) erwähnen ebenfalls ›Christus‹ ohne biographische Einzelheiten.

**Jesus Christus:** Purpurseite mit dem Bildnis Jesu Christi aus dem Lorscher Evangeliar (8. Jh.).

Als Heimatort Jesu gilt das galiläische Nazareth (Mk. 1, 9; Mt. 2, 23; 4, 13; 21, 11; Lk. 1, 26; 2, 4.39.51); mehrmals wird Jesus ›Nazarener‹ genannt (Mk. 1, 24; 10, 47; 14, 67; 16, 6). Der Verweis der Kindheitsgeschichten auf Bethlehem als Geburtsort (Mt. 2, 1–12; Lk. 2, 1–20) ist nicht als geographische Ortsangabe, sondern als messianische ›Interpretation‹ zu verstehen, als Erfüllung der alttestamentlichen Prophezeiung in Micha 5,1: ›Du aber, Bethlehem in Ephrata, klein unter den Gauen Judas, aus dir soll einer hervorgehen, um Herrscher in Israel zu sein‹. Diesen messianischen Anspruch unterstreichen auch die beiden unterschiedlichen und nicht miteinander in Einklang zu bringenden Stammbäume Jesu (Mt. 1, 1–17; Lk. 3, 23–38), die die Abstammung Jesu auf David zurückführen. Mutter Jesu ist Maria; als Vater wird Joseph genannt (Mt. 13, 55; Joh. 6, 42). Auch Brüder und Schwestern Jesu werden erwähnt (Mk. 6, 3; Mt. 13, 55f.).

Als Geburtsdatum Jesu und als Beginn der christlichen Ära galt lange das Jahr 754 nach der Gründung Roms. Diese auf die Zeitrechnung des römischen Abtes Dionysius Exiguus (6. Jh.) zurückgehende Datierung ist rein fiktiv. Die Geburtsangabe in Lk.

1,5 nennt die Zeit des Königs Herodes (bis 4 v. Chr.). Die dabei erwähnte Volkszählung ist historisch nicht verifizierbar. Über die Zeit zwischen Kindheit und öffentlichem Auftreten Jesu findet sich im Neuen Testament lediglich die Geschichte vom zwölfjährigen Jesus im Tempel (Lk. 2,41–52), die jedoch theologisch motiviert ist und nicht als historische Information gelten kann.

Ein Datum für den Beginn des öffentlichen Wirkens Jesu ist die Mitteilung in Lk. 3,1f. vom Auftreten des Täufers Johannes: ›Es war im fünfzehnten Jahr der Regierung des Kaisers Tiberius; Pontius Pilatus war Statthalter von Judäa, Herodes Tetrarch von Galiläa, sein Bruder Philippus Tetrarch der Ituräa und Trachonitis…; Hohe Priester waren Hannas und Kajaphas‹. Rechnet man die Regierungszeit des Kaisers Tiberius von seiner Alleinherrschaft nach dem Tod des Augustus (14 n. Chr.) an, so bezeichnet Lukas mit seiner Zeitangabe die Jahre 28/29 n. Chr. Das Auftreten Jesu stand anfangs in engem Zusammenhang mit der Predigt und Tauftätigkeit des Johannes. Übereinstimmend berichten die Evangelien von einem Konkurrenzverhältnis zwischen Johannes dem Täufer und Jesus. Letzterer war zunächst offenbar ein Schüler des Johannes und ließ sich von ihm taufen (Mk. 1, 9–11; Joh. 1, 29–34). Fest steht, dass Jesus seine ersten Jünger aus dem Kreis um Johannes sammelte (Joh. 1, 35–51) und neben diesem wirkte (Joh. 3, 22–36; 4, 1f.).

Als historisch gesichertes Faktum gilt die Hinrichtung Jesu. Der Tod durch Kreuzigung entspricht dabei dem römischen Strafrecht für politische Verbrecher, die selbst nicht römische Staatsbürger waren. Als Grund der Verurteilung kann somit der im Prozess vor Pilatus ausgesprochene Vorwurf, Jesus habe als ›König der Juden‹ gelten wollen, angesehen werden (Mk. 15,2.9.12.18.; Mt. 27,11.29.37; Lk. 23,3.37f.; Joh. 18,33.37.39 und Joh. 19,3.12.14.). Das Todesjahr wäre je nach Datierung seines öffentlichen Wirkens etwa 29/31.

Was die Texte des N. T. vermitteln, ist die ›Sache Jesu‹, sein religiöser Anspruch und seine Botschaft, wie diese von seinen Anhängern erfahren und überliefert worden ist. Grundlegend ist dabei die Verwurzelung Jesu in der jüdischen Tradition. Er ist geprägt von der frühjüdischen Apokalyptik mit ihren messianischen Erwartungen und versteht sich als Reformer Israels. Zentrales Thema seiner Botschaft ist das ›Reich Gottes‹, die ›Königsherrschaft Gottes‹ (griech. basileia tou theou). Ähnlich wie Johannes der Täufer tritt Jesus als prophetischer Prediger auf; er geht jedoch über die jüdische Tradition hinaus, indem er die jüdischen Motive in seiner Predigt radikalisiert und sich selbst als eschatologische Gestalt, als endzeitlichen Prediger und Heilsmittler versteht. Es lassen sich jedoch keine messianischen Selbstbezeichnungen Jesu nachweisen, allenfalls hat er von sich in der dritten Person als ›dem Menschensohn‹ gesprochen.

Im Unterschied zu messianischen Strömungen im Judentum ist das von Jesus verkündigte ›Reich Gottes‹ keine politische Größe, sondern meint eschatologisches Heil im umfassendsten Sinn, all das, was die Menschheit als Friede und Glück ersehnt, das Ende des Bösen und den Beginn der Heilszeit. Dieses ›Reich Gottes‹ ist nicht rein zukünftig, sondern wird durch Jesus, in seiner Person und in seinem Wirken schon jetzt zur Geltung gebracht. Charakteristisch für die Verkündigung Jesu sind die zahlreichen Gleichnisse, in denen narrativ die Nähe des ›Reiches Gottes‹ beschrieben wird. Der demonstrativen Verstärkung dienen die Wunder Jesu. Über ihren historischen Kern gibt es in der exegetischen Forschung keinen Konsens.

Höchstes Prinzip der jesuanischen Ethik ist die Liebe, die Gottes- und die Nächstenliebe (Mt. 22, 35–40, Joh. 13, 34f.), die sich beide schon im Alten Testament finden (5. Mos. 6, 4f., 3. Mos. 19, 18), bei Jesus aber zum Angelpunkt jeglicher Frömmigkeit und Ethik werden. Maßstab für jedes ethische Handeln ist das Wohl des Menschen über alle Grenzen und Standesunterschiede hinweg (so etwa im Gleichnis vom barmherzigen Samariter; Lk. 10, 30–36). Konturen gewinnt diese Einstellung v. a. im Vergleich mit der alttestamentlich-jüdischen Gesetzesfrömmigkeit.

Das ›Gesetz‹ wird von Jesus nicht abgeschafft, sondern durch das Liebesgebot und eine strikte Orientierung am Menschen radikalisiert und damit erst ›erfüllt‹ (Mt. 5, 17; vergleiche die Bergpredigt, Mt. 5–7). Diese ›Verschärfung‹ des Gesetzes durch eine Reduktion auf das für den Menschen Wesentliche bildet die Voraussetzung für die im Frühchristentum dann vollzogene Emanzipation vom jüdischen Gesetz. Die ›Freiheit‹ vom Gesetz wird später ein zentrales Thema der paulinischen Theologie (z. B. Gal. 5, 1–6).

Die ersten Anhänger Jesu fühlten sich durch Jesus selbst und seine Botschaft in ihrem Innersten existenziell angesprochen, ›ins Herz getroffen‹ (Apg. 2, 37). Dieses Getroffensein reichte über den Tod Jesu hinaus: Trotz des Scheiterns Jesu verkündigten sie seine Sache weiter und bezeugten damit ihre Erfahrung der bleibenden Geltung der ›Sache Jesu‹. Der Glaube an die ›Auferstehung‹ (▸ Auferstehung Christi) brachte zum Ausdruck, dass für jene, die Jesus ›nachfolgten‹, die Geschichte Jesu nicht mit seinem Tod am Kreuz zu Ende war.

Unmittelbar nach Jesu Tod bildeten sich Gemeinden und begannen unter Juden, später dann auch unter Nichtjuden zu missionieren. Damit verbunden war zum einen die Entstehung und Pflege einer jesuanischen Tradition (zunächst durch die Sammlung von Jesusworten und Berichten über sein Auftreten, später durch deren literarische Fixierung), zum anderen die Herausbildung einer Christologie, in der das Bekenntnis zu Jesus als dem ›Heilsmittler‹ formuliert und reflektiert wurde. Die christologischen Ausdrucksformen entwickelten sich dabei in Abhängigkeit von den kulturell verschiedenen Heilsvorstellungen der Menschen, denen Jesus als Antwort auf ihre Heilsfrage vermittelt werden sollte **(Soteriologie)**.

Für die meisten Juden galt Jesus von Nazareth bis ins Mittelalter als ein Betrüger und Zauberer, der als Begründer einer götzendienerischen Religion zugleich auch ein Veranlasser der Judenfeindlichkeit gewesen sei. Eine neue Sichtweise setzte im 18. Jh. ein. Seither setzen sich jüdische Theologen mit der Person Jesu besonders unter dem Blickwinkel auseinander, dass sie seine jüdische Herkunft und den jüdischen Hintergrund seines öffentlichen Wirkens hervorheben. In dieser Betrachtungsweise erscheint Jesus als ein jüdischer Apokalyptiker, als Begründer einer jüdischen Sondergemeinschaft, aber auch (z. B. unter Verweis auf Mt. 5,17f.) als ein der Thora fest verbundener Gesetzeslehrer (Rabbi). Jüdischem Denken strikt entgegenstehend und nicht nachvollziehbar ist dagegen die christliche Auffassung von Jesus als dem Christus (Messias) und Erlöser und seine damit verbundene christologische Kennzeichnung als Sohn Gottes.

**Jesus Freaks,** evangelikal-charismatische Gruppe.

**Jesusgebet, Herzensgebet,** ein in den Ostkirchen, v. a. im Mönchtum übliches, gesprochenes oder auch stilles Gebet, das in seiner Grundform ›Jesus, erbarme dich meiner, des Sünders‹ lautet. Im Zusammenhang asketischer, mystischer Traditionen (Hesychasmus) und orthodoxer Frömmigkeit hat sich eine Theologie des Jesusgebets entwickelt.

**Johannes, Johannes der Evangelist,** Apostel, Bruder von Jakobus d. Ä., Sohn des Zebedäus. Er gehörte zu den Zwölf (den ›Aposteln‹) um Jesus und wird in der Tradition meist mit dem ›Lieblingsjünger‹ (Joh. 13, 23) gleichgesetzt. Nach Jesu Tod war er mit Petrus und Jakobus, dem ›Herrenbruder‹, einer der führenden Männer der Jerusalemer Urgemeinde (Gal. 2, 9).

**Johannes:** Die Mitteltafel des Johannesaltars von Hans Burgkmair d. Ä. zeigt den Evangelisten beim Abfassen der Apokalypse (1518, München, Alte Pinakothek).

Die altkirchliche Überlieferung berichtet, er sei (vermutlich nach 70) nach Ephesus gegangen, habe dort die Christengemeinde geleitet und sei unter Kaiser Domitian auf die Insel Patmos verbannt worden, wo er die ›Apokalypse des Johannes‹ verfasst habe; nach dem Tod Domitians sei er nach Ephesus zurückgekehrt und habe das Johannesevangelium geschrieben; um 100 sei er in hohem Alter gestorben.

Die Verfasserschaft des Johannesevangeliums wurde schon sehr früh Johannes zugeschrieben (Irenäus von Lyon mit Berufung auf Polykarp von Smyrna, † 150, der noch ein Schüler Johannes' gewesen sein soll). Nach den Erkenntnissen der exegetischen Forschung ist dies jedoch nicht haltbar, zumal ›Apokalypse‹ und Johannesevangelium sicher nicht vom gleichen Verfasser stammen.

**Johannesbriefe,** Abk. **Joh.**, drei Katholische Briefe, die theologisch dem Johannesevangelium nahe stehen. Inhaltlich setzen sich 1. und 2. Joh. v. a. mit der Abwehr von Irrlehren auseinander; 3. Joh. mahnt zur Gastfreundschaft gegenüber reisenden christlichen Predigern. 1. Joh., häufig als Mahnschreiben bezeichnet, ist der Form nach kein Brief, sondern eine selbstständige Schrift; seine Verfasserschaft ist ungeklärt. 2. und 3. Joh. stammen vermutlich vom selben, ebenfalls unbekannten Verfasser. Wahrscheinlich zwischen 100 und 150 verfasst, wurden die Johannesbriefe erst spät in den Kanon des N. T. aufgenommen. Die altkirchliche Tradition schrieb alle drei Johannesbriefe dem Apostel Johannes zu.

**Johannesevangelium,** Schrift des N. T.; das jüngste der vier kanonischen Evangelien; im neutestamentlichen Kanon an vierter Stelle stehend; seine Verfasserschaft sowie Ort und Zeit seiner Abfassung sind nicht sicher geklärt; wahrscheinlich entstand es zwischen dem Ende des 1. Jh. und 150 in Syrien (?) oder Kleinasien (?). Die in der kirchlichen Tradition seit Ende des 2. Jh. angenommene Autorschaft des Apostels Johannes hat die exegetische Forschung als unhaltbar erwiesen.

In seinem Aufbau und theologischen Gedankengang hebt sich das Johannesevangelium deutlich von den synoptischen Evangelien ab. Es ist nicht vorrangig an der Schilderung des Lebens Jesu interessiert, sondern an dessen theologischer Deutung. In seiner Terminologie und Gedankenführung sowohl vom griechischen Denken wie auch von einem Jesusbild beeinflusst, das Berührungspunkte mit der Gnosis aufweist, erscheint Jesus Christus als der Fleisch gewordene ›Logos‹ (Joh. 1,1–18), der die Herrlichkeit Gottes offenbart und zur Glaubensentscheidung auffordert. Typisch sind in diesem Zusammenhang die apodiktischen Offenbarungsreden Jesu mit ihren ›Ich-bin‹-Worten (z. B. Joh. 8,12; 14,6; 15,1), aber auch der das Evangelium durchziehende Gegensatz zwischen Glaube und Unglaube, der in dualistischen Wendungen (Licht – Finsternis, Wahrheit – Lüge, leben – in Sünde sterben usw.) erläutert wird.

**Juda,** biblischer Patriarch; nach 1. Mos. 29,35 der vierte Sohn des Jakob und der Lea; gilt in der jüdischen Tradition als der Ahnherr des gleichnamigen israelitischen Stammes.

**Judas, Judas Ischariot, Judas Iskarioth,** einer der zwölf Jünger (›Apostel‹) Jesu (Mk. 3,19). Der Beiname wird verschieden gedeutet: Angehöriger der Sikarier, einer militanten antirömischen Sekte, oder (wahrscheinlicher) ›Mann aus Karioth‹ (in Südjudäa). Aus historisch nicht geklärten Gründen verriet er Jesus an die jüdische Behörde; nach Mt. 27,3–5 erhängte er sich, als er die Folge seiner Tat erkannte. Über sein Ende, das schon früh legendarisch ausgeschmückt wurde (Judasbaum), berichten außerdem Apg. 1,15–20 und Papias.

**Judasbrief,** Abk. **Jud.**, einer der Katholischen Briefe. Verfasser ist nach Jud. 1 »Judas, Knecht Jesu Christi, Bruder des Jakobus«. An ›die Berufenen‹ gerichtet, ›die in Gott dem Vater geliebt und für Jesus Christus bewahrt sind‹ (Judenchristen?), warnt der Verfasser vor Irrlehrern, Spöttern und Lästerern Jesu Christi, die an den christlichen Liebesmahlen teilnahmen (Jud. 12). Der Judasbrief könnte im 1. Jh. (?) verfasst worden sein und ist inhaltlich mit dem 2. Petrusbrief verwandt.

**Juden,** zunächst Bezeichnung der Angehörigen des Stammes Juda, nach dem Babylon. Exil des Volkes Israel insgesamt; heute die Angehörigen der jüdischen Gemeinschaft in aller Welt (▸ Judentum).

**Judenchristen,** Christen, die sich unter Bewahrung ihrer jüdischen geschichtlichen und religiösen Identitität zu Jesus Christus als dem Messias bekennen. Mit der in der christlichen Kirchengeschichtsschreibung entstandenen Bezeichnung Judenchristen werden dort bis heute die Christen jüdischer Herkunft in der Urkirche bezeichnet, die an den Vorschriften des jüdischen Zeremonialgesetzes festhielten (Beschneidung, Sabbatheiligung, Speisegebote, Tempelbesuch u. a.). Gegenüber den Christen nichtjüdischer Herkunft (Heidenchristen) prägten sie zunächst die entstehenden christlichen Gemeinden. Seitens des Judentums wurden die Judenchristen Ende des 1. Jh. aus der jüdischen Synagogengemeinschaft ausgeschlossen.

Die christusgläubigen Juden, die ihre religiöse Selbstständigkeit bewahrt haben, bezeichnen sich heute selbst als **messianische Juden**. Seit dem 19. Jh. gründeten sie eigene Gemeinschaften. Die ab der zweiten Hälfte des Jahrhunderts in verschiedenen Ländern entstandenen nationalen judenchristlichen ›Allianzen‹ (erstmals 1866 in England) schlossen sich 1925 zur Internationalen Judenchristlichen Allianz (›International Hebrew Christian Alliance‹) zusammen, 1990 in ›Internationale Messianisch-Jüdische Allianz‹ (›International Messianic-Jewish Alliance‹) umbenannt. Nationale messianisch-jüdische Allianzen bestehen in 15 Ländern.

Die traditionellen jüdischen Feste werden als von Gott eingesetzte Feste gefeiert, wobei Bezug auf die Heilsgeschichte Jesu Christi genommen wird. Die wöchentliche Gottesdienstfeier findet am Sabbat statt. Glaubenssymbol in den Gottesdiensträumen ist i. d. R. die Menora anstelle des Kreuzes, das im jüdischen Bewusstsein, für messianische Juden als äußeres (nicht als theologisches) Symbol, untrennbar mit der geschichtlichen Judenverfolgung verbunden ist. Über die Verbindlichkeit der Einzelvorschriften des jüdischen Gesetzes gibt es unterschiedliche Auffassungen.

**Judentum,** Bezeichnung für die Religion des ›Volkes Israel‹ sowie für die Gesamtheit derer, die ihr als ethnischer und religiöser Gemeinschaft angehören. Der jüdische Glaube ist die älteste monotheistische Religion und Mutterreligion von Christentum und Islam.

In der Bibel werden mit dem hebräischen Wort ›jehudi‹ ursprünglich die Bewohner des Reiches Juda (z. B. 2. Kön. 16,6; Jer. 32,12) oder der Provinz Judäa (z. B. Esther) bezeichnet. Aufgrund der führenden Stellung Judäas nach dem Babylonischen Exil wurde **Jude** zur allgemeinen Bezeichnung für die Angehörigen Israels, Selbstbezeichnung blieb jedoch **Israel** und **Israelit** (so etwa in den biblischen Büchern Tobias, Judith, Sirach).

Der Begriff ›Jude‹ war zunächst nur bei Nichtjuden üblich und wurde erst in der Diaspora in Anpassung an den herrschenden Sprachgebrauch auch zur jüdischen Selbstbezeichnung. In der Diaspora kam zudem der Name **Hebräer** auf – allgemein als archaisierender Ehrenname der Juden, i. e. S. als Bezeichnung für die Aramäisch sprechenden Juden Palästinas im Gegensatz zu den Diasporajuden.

Nach *rabbinischer Tradition* ist Jude, wer von einer jüdischen Mutter abstammt oder nach orthodoxer Norm (›rite‹) zur jüdischen Religion übergetreten ist. Die Verbindung von Nationalität und Religion ist seit der Aufklärung nicht mehr unumstritten. Während bis heute liberalere Richtungen das Judentum lediglich als Religionsgemeinschaft verstehen, wurde v. a. in manchen zionistischen Kreisen der nationale Aspekt in den Vordergrund gestellt. Das heute in Israel dominierende konservative und orthodoxe Judentum vertritt die traditionelle Einheit von Nationalität und Religionszugehörigkeit.

Selbstverständnis der Juden und religiös-kulturelle Entwicklung des Judentums sind geprägt von der durch die Diaspora bedingten ständigen Existenz als Minderheit. Die dadurch notwendige Auseinandersetzung mit der nicht jüdischen Umwelt (als Abgrenzung oder Assimilation) brachte unterschiedliche Ausformungen des Judentums mit jeweils besonderen sprachlichen, kulturellen und

**Judentum:** Die Synagoge in Worms gehört zu den ältesten jüdischen Gebetshäusern in Deutschland; in den 1930er-Jahren wurde sie von den Nationalsozialisten zerstört aber nach dem Zweiten Weltkrieg nach den ursprünglichen Plänen wieder aufgebaut.

liturgischen Merkmalen hervor: Im Mittelalter bildete sich die heute noch bestehende Teilung in *orientalisches, aschkenasisches* (Mittel- und Osteuropa) und *sefardisches Judentum* (Spanien) heraus; eine Sonderstellung nehmen die isolierten jüdischen Gemeinschaften im Jemen, in Indien, China und Äthiopien (Falascha) ein. Im 19. Jh. kam es in Europa (sekundär auch in Zielländern europäisch-jüdischer Auswanderung) aufgrund der unterschiedlichen Haltungen gegenüber Emanzipation und Aufklärung zum Gegensatz zwischen *Westju-*

*dentum* und *Ostjudentum*, wobei sich das im Westen dominierende liberale *Reformjudentum* und im Sinne der Aufklärung für eine weitgehende Assimilation öffnete, während die in Osteuropa vorherrschende Orthodoxie an traditionellen Orientierungen und strikter Thorafrömmigkeit festhielt.

Das Judentum kennt keine dogmatische Normierung seines Glaubensgutes, besitzt jedoch normative *Glaubenslehren.* Grundlegend ist die Vorstellung von der Einheit und Einzigkeit Gottes, der der Welt seinen Willen durch die Offenbarung am Sinai kundgetan hat. Die Welt ist Schöpfung Gottes, ihr Sinn ist die Verwirklichung des Guten. Der Mensch steht Gott ohne Mittler gegenüber. Er besitzt die Freiheit, das Gute, d. h. den Willen Gottes, zu tun oder sich von ihm abzuwenden und zu sündigen. Durch bußfertige Umkehr vermag der Mensch sich der Verfallenheit an die Welt zu entziehen. Seine Aufgabe ist es, das gesamte Leben zu heiligen, sodass kein Unterschied zwischen religiösem und weltlichem Bereich besteht. Die Verwirklichung des ›Reiches Gottes‹ bedeutet das Kommen des Messias, der messianischen Zeit, die Errichtung eines allumfassenden Friedensreiches. Das traditionelle Judentum glaubt an eine jenseitige Vergeltung der guten und bösen Taten und an die Auferstehung der Toten. Wichtig ist jedoch die Bewährung im Diesseits. Glauben und Vertrauen genügen nicht, entscheidend für jüdische Frömmigkeit ist das Tun, der Gehorsam gegenüber dem göttlichen Gebot. Oberster ethischer Wert ist die Gerechtigkeit. Die sittlichen Pflichten sind in der Thora, in der Verkündigung der Propheten und in der Auslegung der Tradition (Talmud) festgelegt.

Das religiöse Leben bestimmen die in der Thora enthaltenen oder daraus abgeleiteten Gebote, von denen die Beschneidung und die Heiligung des Sabbats grundlegend sind. Von den humanitären Geboten heben sich die Reinheitsvorschriften und Speisegebote ab. Als rituell unrein gelten die Berührung mit Körperausscheidungen (v. a. Blut) sowie Gebrechen und Hautkrankheiten; die Reinigung geschieht durch ›lebendiges‹, nicht stehendes Wasser. Die Speisegebote verbieten den Verzehr von Schweinefleisch, jeglichen Blutgenuss (daher ist das Schächten als Schlachtmethode erforderlich) sowie die Aufbewahrung und Verarbeitung von ›Milchigem‹ zusammen mit ›Fleischigem‹.

Vom Reformjudentum werden die Reinheits- und Speisegebote heute nicht mehr streng befolgt. Im Staat Israel sind sie für öffentliche Einrichtungen jedoch verbindlich. Soweit das religiöse Leben an ein Datum geknüpft ist, wird es durch den jüdischen Kalender geregelt. – Ort gottesdienstlichen Handelns sind häuslicher Kreis und Synagoge. Im Mittelpunkt des synagogalen Gottesdienstes steht die Lesung der Thora im jährlichen Zyklus, die durch eine Prophetenlesung ergänzt wird. Predigt in der Landessprache ist heute üblich. Die ältesten und wichtigsten Gebete sind das **Schema** (›Höre Israel‹) und das **Schemone Esre** (›Achtzehngebet‹). Beim Gebet trägt der orthodoxe Jude Gebetsriemen **(Tefillin)** und Gebetsmantel **(Tallit)** sowie eine Kopfbedeckung **(Kippa)**. Zu einem Gottesdienst sind zehn religionsgesetzlich volljährige männliche Gemeindemitglieder nötig. Religionsgesetzlich volljährig und damit gebotspflichtig wird ein Knabe mit dem vollendeten 13. Lebensjahr. Grundsätzlich kann jedes männliche Gemeindemitglied alle Kulthandlungen übernehmen.

**Judentum:** Chanukka-Leuchter des Meisters Johann Valentin Schüler; beim achttägigen Chanukka-Fest zur Erinnerung an die Wiedereinweihung des Tempels in Jerusalem 164 v. Chr. werden vom Licht in der Mitte nacheinander seine acht Öllampen angezündet (1681, Frankfurt am Main, Jüdisches Museum).

Dem *Rabbiner* (hebr. rabbî ›mein Meister‹) sind keine besonderen Funktionen im Gottesdienst vorbehalten; seine vornehmste Aufgabe ist es, religionsgesetzliche Fragen zu entscheiden. Träger des religiösen Lebens ist die Gesamtheit der Gemeinde. Da es keine autoritative oberste Instanz gibt, ist jede Gemeinde in der Gestaltung ihres religiösen Lebens selbstständig. Zu ihren Obliegenheiten gehören der Gottesdienst in der Synagoge, Religionsunterricht, Sozialfürsorge sowie die Sorge dafür, dass denjenigen, die die Speisegesetze halten wollen, hierzu die Möglichkeit gegeben wird. Orthodoxe Gemeinden unterhalten das rituelle Bad **(Mikwe)** zur Befolgung der Reinheitsgesetze.

Höhepunkte des religiösen Lebens sind die *Feste.* In ihrem Mittelpunkt steht die Erinnerung an heilsgeschichtlich bedeutsame Ereignisse der jüdischen Vergangenheit: Passah erinnert an den Auszug aus Ägypten, Schawuot an die Sinai-Offenbarung, das Laubhüttenfest (eigentlich ein Erntedankfest) an das Wohnen in den Hütten nach dem Aufbruch aus Ägypten, Chanukka an die Wiedereinweihung des Tempels und das Purimfest an die Rettung der persischen Juden nach Est. 9,20–32; Jom Kippur ist als ›Versöhnungstag‹ Buße und Gebet gewidmet. Die Orientierung an der Geschichte, am Heilshandeln Gottes in der Geschichte bildet die Grundlage jüdischer Theologie und Religiosität. Umgekehrt hat sich die religiös-kulturelle Eigenart des Judentums im Verlauf der Geschichte und in Wechselwirkung mit den jeweiligen sozialen und politischen Gegebenheiten herausgebildet, sodass die politische Geschichte der Juden in Palästina und in der Diaspora sowie ihre religiöse Entwicklung eng miteinander verbunden sind.

**Jugendreligionen,** ▸ neue Religionen.

**Jungfrauenweihe,** Ritus der katholischen Kirche, der eine besondere Form des geweihten Lebens begründet. Zur Jungfrauenweihe zugelassen sind Nonnen (bei ihnen erfolgt die Jungfrauenweihe meist in Verbindung mit der Profess) sowie in der Welt lebende Frauen, die das Keuschheitsgelübde abgelegt haben (›virgines consecratae‹), um Christus in besonderer Weise als ihm mystisch Anverlobte nachzufolgen. Die Jungfrauenweihe zählt zu den Sakramentalien; Spender ist der Ortsbischof.

**Jungfräulichkeit, Jungfernschaft, Virginität,** physiologischer Zustand des geschlechtsreifen weiblichen Organismus, i. e. S. der weiblichen Geschlechtsorgane, vor dem ersten Geschlechtsverkehr (Defloration). Jungfräulichkeit gilt in manchen Familien- oder Gesellschaftsordnungen bei Eingang der Ehe als unerlässliches Gebot; sie muss vielfach durch Keuschheitszeichen aus der Hochzeitsnacht selbst vor der Öffentlichkeit bewiesen werden. Fehlt sie, ist der Brautpreis zurückzuerstatten; die Ehe kann sofort gelöst werden.

Im *Christentum* erhielt die Vorstellung einer Jungfräulichkeit in der Person der Mutter Jesu, Maria, eine besondere Bedeutung. Das Prädikat der Jungfräulichkeit bezeichnet nach den Glaubensbekenntnissen der alten Kirche die Zeit vor, in und nach der Geburt und bezieht sich auf die Kindheitsgeschichten Jesu. Die heutige Theologie versteht die Aussagen über Jungfräulichkeit nicht mehr als eine organisch-physische Zustandsbeschreibung, sondern primär heilsgeschichtlich-christologisch als Legitimierung der ›Gottessohnschaft‹ Jesu.

**Jüngstes Gericht:** »Das Große Jüngste Gericht«, Gemälde von Peter Paul Rubens (1616, München, Alte Pinakothek).

In der *Theologie* der christlichen (v. a. katholischen und orthodoxen) Kirche erfuhr die Jungfräulichkeit besondere Ausprägung und Wertschätzung. Maßgebend waren dabei die asketischen Ideale, die durch den Hellenismus auf das Christentum einwirkten. Erste Ansätze finden sich bereits im N. T. (Mt. 19, 12; 1. Kor. 7); in der alten Kirche bildeten die ›Jungfrauen‹ einen eigenen Stand, dessen geistlicher Anspruch an den zahlreichen Schriften der Kirchenväter über die Jungfräulichkeit erkennbar wird. Im Mönchtum wurde die Jungfräulichkeit im Sinne von Keuschheit und Ehelosigkeit zum ersten und wichtigsten Ordensgelübde. Für Frauen war dabei das Jungfräulichkeitsideal von besonderer Bedeutung. Nur durch die Verpflichtung zur Jungfräulichkeit (oder als Witwe zur Keuschheit) war es für sie möglich, ihre nach Auffassung der Theologen durch die ›Sünde Evas‹ gegebene Minderwertigkeit zu überwinden, ihr weibliches Geschlecht zu ›transzendieren‹ und ›männlich‹ zu werden. Als ›gottgeweihte Jungfrauen‹ konnten sie dann in der Kirche als den Männern annähernd gleichwertig anerkannt werden.

**Jüngstes Gericht, Endgericht,** auf die jüdische Apokalyptik zurückgehende und vom Christentum und Islam weiter ausgebildete Vorstellung von einem umfassenden endzeitlichen (im Jenseits stattfindenden) Gericht Gottes. Das Eingreifen Gottes in die Geschichte, ursprünglich gedacht als Segen und Rettung, wird im A. T. für den ›Tag Jahwes‹ erwartet. Seit Amos 5, 18 ff. wird dieser Tag als Tag des Gerichts (des Zornes Gottes über sein Volk) verstanden, der von Schrecken und Finsternis begleitet ist. Das Gericht erstreckt sich auf den gesamten Kosmos und bringt eine endgültige Bewertung des menschlichen Lebens, die Entscheidung über Heil oder Verwerfung. In den späten Texten des A. T. sowie im N. T. verbindet sich damit der Glaube an die Auferstehung der Toten (Dan. 12, 2f.; Apk. 20, 11–15). Nach neutestamentlicher Vorstellung wird Christus als der endzeitlicher Weltenrichter im Jüngsten Gericht die Gerechten von den Ungerechten scheiden (Mt. 25, 31).

# K

**Kalvarienberg,** ▸ Kreuzweg.

**Kanon,** *der,* im *Kirchenrecht:* Canon, Abk. C., c., Pl. canones, Abk. cc.; Rechtsvorschrift des altkirchlichen (z. B. Konzilsbeschlüsse) und des neuzeitlichen katholischen Kirchenrechts (v. a. die Einzelvorschriften des Corpus Iuris Canonici und des Codex Iuris Canonici); *Kanonsammlungen,* Sammlungen kirchlicher Rechtsvorschriften vor dem ›Decretum Gratiani‹.

**Kanon,** *Liturgie:* 1) eucharistisches Hochgebet, das Kernstück der römischen Messe, ursprünglich von der Präfation, später vom Gebet ›Te igitur‹ (nach dem Sanctus-Gesang) bis zum Amen vor dem Vaterunser. Der Text wurde zwischen dem 4. und 6. Jh. in lateinischer Sprache verfasst und seither nur wenig verändert. Das ›T‹ des ersten Kanongebetes ›Te igitur‹ wird später künstlerisch zu einem Kreuzigungsbild ausgestaltet **(Kanonbild)**, das schon früh in allen Missalien zur Ausstattung gehört. Seit dem 8. Jh. bis zur Liturgiereform des 2. Vatikanischen Konzils wurde der Kanon vom Priester still gebetet **(Kanonstille)**; heute wird er, meist in der Landessprache, laut vorgetragen. Seit 1968 stehen neben dem bisherigen Kanontext noch weitere ›eucharistische Hochgebete‹ zur Verfügung.

2) in Byzanz und den Ostkirchen eine Gattung des liturgischen Hymnengesangs. Als sein Begründer gilt Andreas von Kreta. Blütezeit der Kanondichtung war das 8. Jh., ihr größter Vertreter Johannes von Damaskus.

**Kanonisation,** *die,* die Heiligsprechung.

**kanonisches Recht,** ▸ Kirchenrecht.

**Kardinal,** in der katholischen Kirche die höchsten kirchlichen Würdenträger nach dem Papst, ausschließlich von ihm ernannt und seine engsten Mitarbeiter in der Leitung der Kirche (Kurienkongregationen, ▸ römische Kurie). Das vornehmste Recht der Kardinäle ist seit 1179 die Papstwahl (▸ Konklave). Die 1586 auf 70 festgelegte Zahl der Kardinäle wird seit 1958 überschritten, um Vertreter aller Erdteile in das Kardinalskollegium aufnehmen zu können.

Als Obergrenze der zur Papstwahl berechtigten Kardinäle legte Paul VI. die Höchstzahl 120 fest, die nicht älter als 80 Jahre sein dürfen. Wer zum Kardinal erhoben werden soll, muss die Priesterweihe empfangen haben und soll, wenn er noch nicht Bischof ist, die Bischofsweihe empfangen (c. 351 CIC). Kirchenrechtlich unterstehen die Kardinäle ausschließlich der Jurisdiktionsgewalt des Papstes.

Das **Kardinalskollegium** ist gegliedert in *Kardinalbischöfe* (die suburbikarischen Bischöfe und die zu Kardinälen ernannten Patriarchen der unierten Kirchen), Kardinalpriester und Kardinaldiakone; an seiner Spitze steht der von den Kardinalbischöfen gewählte Kardinaldekan. Besondere Kardinalsämter sind: *Kardinal-Großpaenitentiar,* der als Leiter der Apostolischen Paenitentiarie zuständig ist für Dispensen und Umwandlung von Verpflichtungen; *Kardinalstaatssekretär,* der Leiter des päpstlichen Staatssekretariats, und *Kardinalvikar,* Stellvertreter des Papstes im Bistum Rom. Die hauptamtlichen in der römischen Kurie tätigen Kardinäle heißen **Kurienkardinäle**.

**Kardinalshut,** Kopfbedeckung der Kardinäle. Der seit 1245 bekannte runde, rote Hut mit außergewöhnlich breiter Krempe und 15 Quasten (meist in der Titularkirche aufbewahrt und oft als Wappenzier verwendet) wurde 1969 abgeschafft und durch die Aufsetzung eines Pileolus (Kalotte) und eines Biretts in roter Farbe ersetzt.

**Karfreitag, Stiller Freitag,** der Freitag in der Karwoche, Todestag Jesu; gilt in den evangelischen Kirchen als höchster Feiertag; erst seit dem 2. Vatikanischen Konzil auch katholischer Feiertag; wird traditionell als Bußtag begangen (Fasten, keine Eucharistie). Karfreitag und Ostern als Erinnerung an Leiden und Auferstehung Jesu Christi wurden bereits seit Mitte des 2. Jh. feierlich ausgestaltet. Nach der lateinische Liturgie, in der sich noch alte Elemente erhalten haben (Schweigen von Glocken und Orgel; liturgische Farbe Rot und nicht mehr Schwarz), besteht die Feier am Nachmittag aus einem Wortgottesdienst, der der Johannespassion gewidmet ist, den ›großen Fürbitten‹ und der Enthüllung und Verehrung des Kreuzes, z. T. begleitet von ursprünglich orientalischen Gesängen (Improprien). In den Ostkirchen beziehen die Gottesdienste des Karfreitags u. a. die großen Horen und die Übertragung des Epitaphs Jesu Christi (Tuch mit der Darstellung Jesu im Grabe) vom Altar vor die Ikonostase ein.

**Karitas, Caritas,** *die,* im N. T. die umfassende Bezeichnung für die Liebe als Wesen und Handeln Gottes und als Lebensvollzug der Christen. Wirksam wird die christliche Karitas in der tätigen Nächstenliebe.

Maßgebend für die Soziallehre und Ethik der mittelalterlichen Theologie (Thomas von Aquino) war die Unterscheidung von sieben ›leiblichen‹ und sieben ›geistlichen‹ Werken der Barmherzigkeit. Die neuzeitliche Theologie versteht Nächstenliebe im Rückgriff auf das N. T. v. a. als ›Dienst‹ (griech. ›diakonia‹), der am Vorbild Jesu orientiert ist (Mk. 10, 45; 1. Joh. 4,7–11) und sich sowohl in individueller Hilfeleistung als auch im Einsatz für die solidariche und (sozial) gerechte Gestaltung der Gesellschaft - beides verbunden mit christlicher Verkündigung - verwirklicht. - Seine institutionalisierte Form fand der Gedanke der Karitas in der katholischen Kirche in den nationalen Caritasverbänden (in Deutschland der Deutsche Caritasverband e. V.) und ihrer 1951 gegründeten internationalen Dachorganisation Caritas Internationalis (Sitz: Rom). Institutioneller Träger der Karitas in den evangelischen Kirchen ist in Deutschland das Diakonische Werk der EKD.

**Karma, Karman,** *das,* zentraler Begriff des Hinduismus, Jainismus und Buddhismus; bezeichnet das universelle Gesetz, nach dem das Leben eines Menschen die Folge seiner Handlungen in einem früheren Leben darstellt, ebenso wie seine Handlungen in seinem gegenwärtigen Leben mögliche Ursache für die Form eines späteren Lebens sind. Die Lehre vom Karma findet sich erstmals in den älteren Upanishaden, wo sie etwa gleichzeitig mit der Lehre von der Wiedergeburt auftritt. Alle Wesen, auch die Götter, unterliegen dem Karma. Als Träger des Karma von Geburt zu Geburt wird meistens ein feinstofflicher Körper angenommen, der bei der Zeugung in den Mutterleib eingeht. – Alle drei Religionen lehren verschiedene Wege, dem durch das Karma bedingten Kreislauf von Geburt, Tod und Wiedergeburt (Samsara) zu entrinnen.

**Karmel,** *der,* hebräisch Har Karmel, horstartiger Gebirgszug im Norden Israels; reicht bis zur Mittelmeerküste und begrenzt die Bucht von Haifa im Südwesten. Die Spitze bildet das 546 m hohe *Kap Karmel.* Auf der Karmelspitze hat man das Baalsheiligtum anzusetzen, an dem sich nach 1. Kön. 18 die Auseinandersetzung des Propheten Elias mit den Baalspropheten zutrug. Klösterliche Niederlassungen sind seit dem 6. Jh. und v. a. in der Kreuzfahrerzeit bezeugt. 1767 wurde das heutige Karmeliterkloster errichtet, 1827–53 neu aufgebaut.

**Karmeliten, Karmeliter,** lat. Ordo Fratrum Beatae Mariae Virginis de Monte Carmelo, Abk. **OCarm**, katholischer Orden, im 12. Jh. im Gefolge der Kreuzfahrer von Einsiedlern gegründet, die sich nach der Eroberung des Karmelgebirges in Höhlen des Wadi es-Siah zurückzogen, um dort ein Leben in der Tradition der frühchristlichen Anachoreten zu führen. Ihre Spiritualität war bestimmt von einer ausgeprägten Marienfrömmigkeit, verbunden mit der im Karmel lokalisierten Verehrung des Elias. 1247 wurden sie rechtlich den Bettelorden eingegliedert. Mittelpunkt ihrer Tätigkeit war das Apostolat, v. a. die Volksseelsorge.

1452 gliederte Johannes Soreth (* 1394, † 1471) ein Frauenkloster an, aus dem heraus sich der weibliche Ordenszweig, die **Karmelitinnen**, entwickelte. Krisen führten 1432 zur Milderung der Ordensregel, hatten aber auch um strengere Observanz bemühte Reformbewegungen zur Folge. Die bedeutendste Reform, deren Grundlagen ein erneuertes Gemeinschaftsleben und eine am christlichen Humanismus orientierte Lebensführung waren, wurde von Theresia von Ávila durchgeführt. 1562 gründete sie in Ávila das erste reformierte Frauenkloster, 1568 entstand mithilfe des Johannes vom Kreuz in Duruelo (Provinz Ávila) ein entsprechendes Männerkloster.

In Anlehnung an die damaligen Ordensformen in Kastilien gingen die Ordensangehörigen barfuß in Sandalen, woraus sich ihr Name ableitete: **Unbeschuhte Karmeliten** (lat. Ordo Fratrum Discalceatorum Beatae Mariae Virginis de Monte Carmelo, Abk. OCD), korrekter jedoch **Teresianische Karmeliten.** Die bedeutendsten Karmelitinnen aus dem Teresianischen Karmel im 19. und 20. Jh. waren Theresia von Lisieux und Edith Stein.

Der Haupttätigkeitsbereich der Karmeliter ist auch heute die im kontemplativen Apostolat des OCD begründete Seelsorge; weitere Tätigkeitsfelder sind Unterricht und das Angebot geistlicher Übungen (Exerzitien, Meditation). Sitz des Generalpriors OCarm und des Generaloberen OCD ist Rom.

**Karneval,** *der,* Sonntag vor Aschermittwoch, ursprünglich der Tag vor der vorösterlichen Fleischenthaltung, dann auf eine längere Zeit gesteigerten Lebensgenusses vor dem Fasten erweitert.

**Kartause,** Kloster der Kartäuser. Die Einzelhäuser der Mönche (meist 12, in einer Doppelkartause 24), zu denen jeweils ein kleiner Garten gehörte, gruppierten sich regelmäßig um einen Kreuzgang. In der Hauptachse lagen die einschiffige Klosterkirche und das Haus des Priors.

**Kartäuser,** lat. Ordo Cartusiensis, Abk. **OCart**, kontemplativer Orden; gegründet von Bruno von Köln, der 1080 seine einflussreiche Stellung als Leiter der Kathedralschule und Kanzler des Erzbischofs von Reims aufgab, zunächst einige Zeit bei Robert von Molesme, dem Gründer der Zisterzienser, verbrachte und sich dann mit einigen Gefährten in die Einsamkeit zurückzog. Erzbischof Hugo von Grenoble (* 1053, † 1132) stellte ihm 1084 das Gebiet nördlich von Grenoble, die Chartreuse (lat. Cartusia), zur Gründung eines Klosters (Kartause) zur Verfügung. Die ersten Kartäuser lebten nicht nach einer bestimmten Regel; Maßstab waren die Hl. Schrift, die Wüstenväter sowie das Beispiel Brunos. Die ›Consuetudines‹ (Bräuche, Gewohnheiten) wurden 1127 aufgezeichnet und 1143 von Papst Innozenz II. gebilligt. Nach der Übernahme durch sämtliche Kartausen (38 bis zum Jahr 1200, davon zwei für Frauen) wurden sie zur Regel des neuen Ordens. In den folgenden drei Jahrhunderten erlebte der Orden ein fast ununterbrochenes Wachstum, bis er zu Beginn des 16. Jh. mit 195 Kartausen seine größte Ausdehnung erreichte. Die Priestermönche der Kartause leben in kleinen Einzelhäusern innerhalb der Kartause. Sie sind zu Einsamkeit und Schweigen verpflichtet.

**Karwoche, Stille Woche, Heilige Woche,** Woche vor Ostern von Palmsonntag bis Karsamstag, die in allen christlichen Kirchen dem Gedächtnis an Leiden und Sterben Jesu Christi gewidmet ist. Haupttage sind Palmsonntag, Gründonnerstag, Karfreitag und Karsamstag. Im Zentrum der Liturgie steht die Passionsgeschichte, die sonntags (nach Mt.), dienstags (Mk.), mittwochs (Lk.) und freitags (Joh.) verlesen wird. – Von Gründonnerstagabend bis zur Feier der Auferstehung Christi schweigen die Kirchenglocken. Ihr Läuten wird im Brauchtum durch Klappern oder Ratschen ersetzt (heute nur noch lokal gebräuchlich).

**Katakombe,** *die,* in vulkanischen Tuff o. Ä. eingeschnittenes unterirdisches Gräbersystem; in der Spätantike in der mediterranen Welt verbreitete, an den großen Ausfallstraßen gelegene Begräbnisstätte. In Rom wurden Katakomben v. a. im frühen Christentum angelegt.

Den Anfang der Katakomben bildeten (Beginn des 3. Jh.) in den Hang eines Hügels eingeschnittene Gänge mit seitlichen Nischen (Flaviergalerie der Domitillakatakombe) oder kleine Systeme von schmalen, niedrigen Gängen mit seitlich in die Wände eingetieften Gräbern (Lucinagruft in der Kallistuskatakombe, Domitillakatakombe). Der Leichnam wurde in Tücher gehüllt in die Nische (Loculus) gelegt und diese mit einer Platte oder einem Ziegel geschlossen. Eine eingemeißelte oder aufgemalte Inschrift nannte den Namen. In den Putz wurden oft kleine Erinnerungsstücke eingedrückt (Goldgläser, Münzen,

**Katakomben:** Die Kallistus-Katakombe in Rom, eine der Stätten, an denen die frühen Christen in Rom ihre Zusammenkünfte hatten.

Bronze- oder Elfenbeinfigürchen). Die Grüfte wurden durch Tieferlegung des Niveaus und durch Nebengänge erweitert. Besitzer einer Katakombe oder eines Coemeteriums war die Familie oder eine Berufsgruppe. Wenig später entstand eine erste Gemeindekatakombe, die Calixtus I. erweiterte (Kallistuskatakombe), ihr wurde die Gruft der Bischöfe des 3. Jh. angefügt. Die Blütezeit der Katakombenbestattung war die zweite Hälfte des 3. Jh. und die erste Hälfte des 4. Jh.

In der zweiten Hälfte des 4. Jh. wurden die Katakomben oft unter Zerstörung älterer Malereien von der ärmeren Bevölkerung neu mit Gräbern belegt. Die Märtyrergräber stattete man mit Inschriften (Damasus I.) und Marmorverkleidung aus. Außerdem schuf man rings um das verehrte Grab kapellenartige Erweiterungen (San Sebastiano, Santi Marcellino e Pietro) und legte Treppen an, die unmittelbar zu den Gräbern führten (Lucinagruft). Im 8. Jh. begann man mit der Überführung namhafter Märtyrer in Kirchen, die Katakomben gerieten in Vergessenheit und wurden erst Ende des 16. Jh. wieder entdeckt.

**Katechese,** *die,* die Vermittlung der christlichen Botschaft; i. w. S. jegliche Art von Glaubensverkündigung, i. e. S. die Weitergabe christlicher Lehre an neue Kirchenmitglieder. In der alten Kirche bezeichnet Katechese die Unterweisung erwachsener Taufbewerber **(Katechumenen)**, später auch den Unterricht getaufter Kinder. Besonders gefördert wurde die Katechese seit der Reformation (von M. Luther als Firmunterricht neu belebt) und der katholischen Reform.

Werkzeug der Katechese ist der Katechismus. Die Unterrichtsmethode bestand bis in die Neuzeit im Abfragen auswendig gelernter Sätze (Glaubensbekenntnis, Zehn Gebote, Gebete, kirchliche Lehren). Der gegenwärtige katechetische Unterricht legt demgegenüber Wert auf Textinterpretation (A. T., N. T.) und freies Gespräch.

**Katechetik,** *die,* die wissenschaftliche Theorie der Katechese. Die Katechetik ist als die Lehre vom kirchlichen Unterricht eine klassische Teildisziplin der praktischen Theologie, innerhalb derer sie heute ein Teilgebiet der umfassenderen Religionspädagogik bildet. Sie befasst sich mit der Reflexion über die Glaubensunterweisung und untersucht Inhalte (Materialkatechetik) und methodische Herangehensweisen (Formalkatechetik), die dem Gegenstand des christlichen Glaubens wie dem soziokulturellen Umfeld und der individuellen Situation der zu Unterrichtenden gerecht werden.

**Katechismus,** *der,* in der alten Kirche und im Mittelalter allgemeine Bezeichnung für christliche Glaubensunterweisung, seit dem 16. Jh. i. e. S. Bezeichnung für das dabei gebrauchte Buch, das in Frage und Antwort die wichtigsten christlichen Lehren zusammenstellt.

Schon aus der Zeit M. Luthers sind etwa 30 gedruckte Katechismen bekannt (u. a. einer von Erasmus von Rotterdam, 1512). Wegweisend für die weitere Entwicklung der Katechese wurden jedoch die Katechismen Luthers: der Große Katechismus ›an alle Pfarrherrn und Prediger‹ und der Kleine Katechismus an die ›–... Hausväter‹ (beide 1529). Sie behandeln u. a. die Zehn Gebote, Glaubensbekenntnis, Vaterunser, Taufe, Abendmahl, Beichte und Gebete. In Anlehnung an Luthers Katechismus entstanden der reformierte Heidelberger Katechismus (1563) und die Genfer Katechismen J. Calvins (1537 und 1545). Die katholische Kirche setzte ihnen den ›Catechismus Romanus‹ (1566) entgegen (eine umfassende Darstellung des Glaubensstoffes für die Pfarrer) sowie die Katechismen (Großer und Kleiner) des P. Canisius, bestimmt für die Gläubigen.

1992 präsentierte Papst Johannes Paul II. in Rom offiziell den neuen, auf der Grundlage eines Beschlusses der Sonderbischofssynode 1985 erarbeiteten ›Katechismus der katholischen Kirche‹ (›Weltkatechismus‹), der den Charakter eines grundlegenden Handbuches der katholischen Glaubens- und Sittenlehre hat und als gesamtkirchlicher Katechismus an die Stelle des ›Catechismus Romanus‹ tritt. Die deutschsprachige Ausgabe erschien 1993.

**Katechist,** *der,* einheimischer Helfer in den Missionsgebieten der katholischen Kirche bei Taufvorbereitung, Religionsunterricht, Gottesdienst und Leitung der Gemeinden.

**Katechumenat,** *das,* auch *der,* in der alten Kirche Bezeichnung für die Vorbereitungszeit von Taufbewerbern (Katechumenen). Als Institution um 200 ausgebaut, dauerte das Katechumenat 2–3 Jahre, wobei mehrere Stufen unterschieden wurden. Schon seit dem 4. Jh. wurde es in die Bußpraxis integriert, die Katechumenen im Gottesdienst den Büßerklassen zugeordnet und nicht zur Eucharistie zugelassen. Häufig blieb man Zeit seines Lebens Katechumene, um die einmalige Sündenvergebung der Taufe so weit wie möglich ans Lebensende zu rücken.

**Kathedrale,** *die,* Hauptkirche eines katholischen Bistums oder eines entsprechenden kirchlichen Territoriums mit Sitz des Bischofs, in Deutschland und Italien meist Dom genannt. Die Gotik suchte die Kathedrale zu einem realen ›Abbild‹ des Himmels zu machen.

**Katholikentag, Deutscher Katholikentag,** Bezeichnung für die vom Zentralkomitee der deutschen Katholiken (ZdK) organisierte Versammlung der deutschen Katholiken. Der erste Katholikentag fand 1848 in Mainz als ›Generalversammlung der Katholiken Deutschlands‹ statt und war mit der Gründung des ›Katholischen Vereins Deutschlands‹ als Gesamtorganisation der katholischen Vereine verbunden. Bis 1950 wurden (mit Unterbrechungen; u.a. in der ersten Phase des Kulturkampfes 1873/74 und 1933–47) Katholikentage jährlich, anschließend alle zwei Jahre abgehalten. Im Mittelpunkt steht die Erörterung aktueller religiöser, politischer und sozialer Fragen.

**katholische Kirche,** Selbstbezeichnung der vom Papst geleiteten christlichen Kirche, wobei das Attribut ›katholisch‹ in ihrem theologischen Selbstverständnis begründet ist; ihre konfessionskundliche Bezeichnung ist **römisch-katholische Kirche**, unter der sie seit dem 2. Vatikanischen Konzil auch offiziell am interkonfessionellen Gespräch teilnimmt. Die katholische Kirche ist die größte christliche Kirche und zählt weltweit über 1 Mrd. Mitglieder, darunter rd. 2,9 Mio. in den unierten orientalischen Kirchen, rd. 2,2 Mio. Maroniten und rd. 9,2 Mio. in den unierten Kirchen des byzantinischen Ritus (davon über 5 Mio. in der Ukraine). Die katholische Kirche ist territorial gegliedert in Patriarchate, Erzdiözesen, Diözesen, Apostolische Administraturen und Exarchate (der mit Rom unierten Ostkirchen) sowie Apostolische Vikariate und Präfekturen in Missionsgebieten. Die kleinste Struktureinheit bildet die Pfarrei.

*Verfassung:* Die katholische Kirche ist hierarchisch und episkopal verfasst. Die Grundlage ihrer inneren (Rechts-)Beziehungen bildet das katholische Kirchenrecht. Der Papst, Bischof von Rom und Haupt der Gesamtkirche, ist Träger des allgemeinen Jurisdiktionsprimates und (seit 1870) der unfehlbaren Lehrautorität in Glaubensfragen (Primat des Papstes; ▸ Unfehlbarkeit). Bei der Leitung der Gesamtkirche stehen ihm die Kardinäle (▸ römische Kurie) und das Kollegium der Bischöfe (als Vorsteher der Ortskirchen) zur Seite, deren Einfluss mit der Schaffung der Bischofssynode durch das 2. Vatikanische Konzil gestärkt werden sollte. Als Vertretung der Gesamtkirche tritt das Bischofskollegium im Rahmen eines Konzils auf.

Die *Zugehörigkeit* zur katholischen Kirche manifestiert sich für den einzelnen katholischen Christen im Empfang der Sakramente (Taufe, Firmung, Eucharistie, Buße, Krankensalbung, Weihe, Ehe), unter denen Taufe und Eucharistie besondere Bedeutung zukommt. Durch das Weihesakrament sind die Kleriker von den Laien unterschieden. Die Zusammengehörigkeit aller kirchlichen Aufgabenfelder wird durch die Dreizahl ›Liturgia‹ (Gottesdienst), ›Martyria‹ (Verkündigung), ›Diakonia‹ (Dienst am Nächsten in Kirche und Welt) oder die Zweizahl ›Communio‹ (Gemeinschaft) und ›Missio‹ (Sendung) bezeichnet. Diese Aufgabenbereiche beziehen sich nach katholischem Verständnis auf alle, die durch Glaube und Taufe ›Glieder des Volkes Gottes‹ sind, und betonen so theologisch wie rechtlich die fundamentale Gleichheit aller Gläubigen vor allen anderen Unterscheidungen in der Kirchenverfassung.

*Selbstverständnis:* Grundlage und Norm katholischen Selbstverständnisses ist zunächst die ›Hl. Schrift‹ (A. T. und N. T.). Jesus Christus, als dessen maßgebendes Zeugnis das N. T. interpretiert wird, gilt als definitive Offenbarung Gottes und ist Mittelpunkt des katholischen Glaubens. Darüber hinaus legitimiert nach katholischem Verständnis das N. T. auch die Ausbildung der Kirche und ihrer Einrichtungen sowie ihren Anspruch auf (allein) verbindliche Auslegung der ›Hl. Schrift‹ durch das kirchliche Lehramt. Theologisch versteht sich die katholische Kirche als *die heilige* (von Jesus Christus gestiftete), *apostolische* (in der Nachfolge der Apostel stehende) und *katholische* (weltumspannende) Kirche. Die Zugehörigkeit zur Kirche ist nach katholischer Auffassung heilsnotwendig (im traditionellen Sprachgebrauch ›allein selig machend‹). Der damit verbundene exklusive Anspruch der katholischen Kirche als *der* allein selig machenden Kirche wurde durch das 2. Vatikanische Konzil, dessen insgesamt 16 Dokumente die eingehendste amtliche Reflexion des heutigen Selbstverständnisses der katholischen Kirche darstellen, im ›Dekret über den Ökumenismus‹ dahingehend modifiziert, dass auch nichtkatholischen Kirchen theologisch das Kirche-Sein zugesprochen wird als den ›getrennten Brüdern‹, die im Hl. Geist an der einen christlichen Wahrheit und Heilszusage teilhaben.

Die *gegenwärtige Situation* der katholischen Kirche in Afrika, Asien und Lateinamerika, wo rund zwei Drittel aller katholischen Christen leben, ist nach wie vor durch große karitative, in einem neuen Maße aber auch durch theologische Herausforderungen geprägt. Faktoren, die die katholische Kirche in Westeuropa und Nordamerika maßgeblich beeinflussen, sind einerseits der gesellschaftliche Prozess der Säkularisierung und seine Folgen (›Entkirchlichung‹ weiter Teile der Gesellschaft; geringer werdender Einfluss der Kirchen im öffentlichen Bewusstsein u. a.), andererseits eine wachsende Zahl kritischer Laien in der Kirche, deren innerkirchliche Reformen anmahnende Anfragen an die ›Amtskirche‹ (Rolle der Frau, Zölibat, Bewertung von Sexualität) u. a. die Grundlage der 1995 in Österreich und in Deutschland durchgeführten ›Kirchenvolksbegehren‹ waren.

**Katholische Briefe,** Sammelbezeichnung für sieben Briefe des N. T. (Jak., 1. und 2. Petr., 1., 2. und 3. Joh., Jud.). Im Gegensatz zu den Paulusbriefen und den deuteropaulinischen Schriften sind sie nicht nach den Adressaten, sondern nach ihrem vermeintlichen Verfasser benannt. Wohl um bzw. (weit) nach 100 im 2. Jh. entstanden und inhaltlich sowie stilistisch sehr unterschiedlich (theologische Erörterung, Mahnung und Trost, Warnung vor Irrlehren, Befestigung im Glauben) war ihre Aufnahme in den neutestamentlichen Kanon z. T. lange umstritten. Die Bezeichnung ›katholisch‹ ist erstmals bei Eusebios von Caesarea belegt, ihre Bedeutung ist jedoch nicht sicher geklärt. Möglich wäre ›katholisch‹ im Sinne von ›kanonisch‹ oder aber im Sinne von ›allgemein‹, da die Briefe an einen breiteren, eher unbestimmten Leserkreis (die christlichen Gemeinden allgemein?) gerichtet waren.

**katholische Soziallehre,** die katholisch-theologische Reflexion der gesellschaftlichen Normen und Strukturen. Ziel der katholischen Soziallehre ist es, ausgehend von der christlichen Anthropologie, Orientierungs- und Handlungsnormen für die Gestaltung von Welt und Gesellschaft als menschlicher Gemeinschaft vorzugeben. Grundlegend für die katholische Soziallehre ist die Verpflichtung auf die naturrechtlichen Prinzipien der *Personalität, Solidarität* und *Subsidiarität.* Das Personalitätsprinzip sieht den Menschen, begründet in seiner Gottebenbildlichkeit und Gleichheit (1. Mos. 1,27; Röm. 10,12), als Träger einer von Gott verliehenen Individualität (›Person‹), deren Würde unantastbar ist. Er bildet die Mitte und das Ziel der gesellschaftlichen Ordnungen und ist daraufhin angelegt, sich in freiem, vor Gott verantwortetem Handeln zu seinem und zum Wohl der Gemeinschaft zu entfalten. Die beiden daraus abgeleiteten Prinzipien beschreiben die Pflicht des Menschen zum umfassenden Füreinandereinstehen **(Solidaritätsprinzip)** und zur Eigenverantwortlichkeit für sich und die ihm im Rahmen gesellschaftlicher Strukturen Zugeordneten (z. B. Familie; Arbeitnehmer), soweit diese in seinem Vermögen liegt **(Subsidiaritätsprinzip)**, wobei die Grundsätze der sozialen Gerechtigkeit, die Sozialpflichtigkeit allen Eigentums (insbesondere des Produktiveigentums) und der Rechtsanspruch eines jeden Menschen auf ein für ihn und seine Familie hinreichendes Eigentum bindend sind. Umstritten ist, inwieweit die katholische Soziallehre gesellschaftliche Strukturen verändern oder bewahren soll.

Die katholische Soziallehre hat sich im 19. Jh. als Reaktion auf die gesellschaftlichen Umbrüche und Konflikte im Kontext von Industrialisierung, sozialer Frage und Arbeiterbewegung entwickelt. Der Mainzer Bischof W. E. von Ketteler verband den Appell an die individuelle Gesinnungsethik mit Vorschlägen für eine sozialpolitische Reform. A. Kolping sah in Gesellenvereinen und einer berufs-

**Katholische Soziallehre:** Mit seiner Sozialenzyklika »Quadragesimo anno« legte Papst Pius XI. eine geschlossene katholische Gesellschaftslehre vor.

ständischen Ordnung ein geeignetes Mittel der Selbsthilfe. Die Amtskirche machte sich diese Auffassungen nach längerem Zögern in mehreren päpstlichen Sozialenzykliken zu Eigen, die sich mit der Arbeiterfrage (›Rerum novarum‹, 1891), den sozialen Verhältnissen (›Quadragesimo anno‹, 1931; ›Mater et magistra‹, 1961) und der Entwicklung der Völker (›Populorum progressio‹; 1967) befassten. Wegweisend war die Pastoralkonstitution des 2. Vatikanischen Konzils ›Gaudium et spes‹. Papst Johannes Paul II. veröffentlichte bisher drei Sozialenzykliken: ›Laborem exercens‹ anlässlich des 90-jährigen Jubiläums der Enzyklika ›Rerum novarum‹ (1981), ›Sollicitudo rei socialis‹ (Die soziale Sorge der Kirche; 1987) und ›Centesimus annus‹ (Das hundertste Jahr. Über die katholische Soziallehre; 1991).

In Deutschland wurde die katholische Soziallehre über Jahrzehnte durch die wissenschaftlichen Arbeiten O. von Nell-Breunings geprägt. Vor dem Hintergrund des wirtschaftlichen Strukturwandels, wachsender Arbeitslosigkeit, der Abnahme traditioneller sozialer Bindungen und damit verbunden einer befürchteten zunehmenden Entsolidarisierung weiter Teile der Gesellschaft rückten in den 1990er-Jahren die Themen Zukunft der Arbeitsgesellschaft, Perspektiven wirtschaftlicher Erneuerung, ökologische Verantwortung, Mitverantwortung für die weltwirtschaftliche Entwicklung, Reform und Konsolidierung des Sozialstaates, Stärkung von Ehe und Familie und Armut und Verarmung in der Wohlstandsgesellschaft ins Zentrum der Diskussion in Deutschland. Sie bilden auch die Ausgangsbasis des gemeinsamen kirchlichen ›Wortes zur wirtschaftlichen und sozialen Lage in Deutschland‹, den die Deutsche Bischofskonferenz und der Rat der EKD im Februar 1997 vorlegten.

**Katholizismus,** *der,* seit dem 18. Jh. übliche Bezeichnung der Gesamtheit der von der katholischen Kirche und ihrer Lehre im jeweiligen geschichtlichen Kontext inspirierten Anschauungen, Haltungen und Aktivitäten; erstmals im 16. Jh. bei P. van Marnix belegt, später häufig als Pendant zum Protestantismus verstanden. I. e. S. seit dem 19. Jh. in den katholischen Verbänden und Organisationen repräsentiert, wird der Katholizismus als kultureller, politischer und sozialer Katholizismus wirksam. Heute wird Katholizismus im allgemeinen Sprachgebrauch synonym mit katholische Kirche gebraucht.

**Kerygma,** *das,* allgemeine Bezeichnung für Botschaft und Predigt im N. T. Formal lassen sich dabei unterscheiden die Heilsbotschaft Jesu (Mt. 12, 41), die Verkündigung der nachösterlich ausgesandten Apostel (Lk. 24, 47), die auf eine – nach eigenem Verständnis – unmittelbare Offenbarung zurückgehende Predigt des Paulus (1. Kor. 15, 1f.) sowie i. w. S. die neutestamentliche Botschaft überhaupt. Die Einsicht, dass der die Heilsbotschaft verkündigende Jesus nach seinem Tod und seiner Auferstehung selbst zum verkündigten Heilsträger ›Christus‹ wurde, führte zu der für die historisch-kritische Exegese grundlegende Unterscheidung zwischen ›historischem Jesus‹ und ›kerygmatischem Christus‹ und zur Erkenntnis, dass anhand der weitgehend in (den Vorstellungen der Zeit entsprechende) ›mythische‹ Sprache gekleideten Texte des N. T. kein Zugang zum historischen Jesus, wohl aber zum eigentlichen Gehalt seiner Verkündigung möglich ist. Die dialektische Theologie und hier v. a. R. Bultmann unternahmen es, durch die ›Entmythologisierung‹ des N. T. das christliche Kerygma (als das sich immer neu ereignende und den Hörer treffende Wort Gottes) für das Selbstverständnis des heutigen Menschen fruchtbar zu machen. Diese (alleinige) Ausrichtung auf den kerygmatischen (= verkündigten) Christus war in der Konsequenz mit einer Abwertung des Interesses am historischen Jesus verbunden, was als theologisch nicht gerechtfertigt kritisiert worden ist.

**Kerze:** Der Gebrauch von Kerzen ist im Rahmen der christlichen *Liturgie* (Gottesdienst, Spendung von Sakramenten und Sakramentalien) vielfach üblich und vorgeschrieben. V. a. im Bereich des Totenkults war das Anzünden von Kerzen schon vorchristlicher Brauch, der von den Christen übernommen, mit der auf Jesus Christus bezogenen Lichtsymbolik (Jesus Christus als ›das Licht der Welt‹) verbunden. Im Mittelalter wurde das Aufstellen von Kerzen an Altären und Heiligenbildern, das Mittragen von Kerzen bei Prozessionen sowie die Taufkerze und (im katholischen Bereich) die Erstkommunionkerze, die später als Sterbekerze verwendet wurde, allgemein üblich. Die Osterkerze in der Osternachtfeier ist erstmals im 5. Jh., die Kerzenweihe in der katholischen Kirche (Lichtmess) seit dem frühen Mittelalter bezeugt. Das Kerzenopfer ist eine Zeremonie der katholischen Weiheliturgie: Der neu geweihte Kleriker, Bischof, Abt (Äbtissin) überreicht dem weihenden Bischof beim Offertorium eine brennende Kerze. Das Stiften von Opferkerzen ist in der orthodoxen Kirche weit verbreitet und bildet dort, wie auch in der katholischen Kirche, besonders ein Element der Marien- und der Heiligenverehrung.

**Ketzer,** im Spätmittelalter entstandene Bezeichnung für die Anhänger einer von der kirchlichen Lehre abweichenden Lehre (Häresie). Schon in der frühen Kirche wurden Häretiker (etwa seit der 2. Hälfte des 3. Jh.) von Synoden verhört und abgeurteilt. Zu einer breiten Ketzerbewegung kam es jedoch v. a. im Mittelalter mit der Entstehung einer religiösen Laienbewegung, zu der neben den Waldensern auch die (ebenfalls der Ketzerei verdächtigten) Beginen gehörten. Ihre Aufrufe zur Buße und Reinigung der Seelen gipfelten in dem Leitgedanken der ›Vita apostolica‹ (dem Ideal des apostolischen Lebens) als Vorbild und Norm wahrhaft christlichen Lebens, dessen Grundsätze sie in Predigten unter der Bevölkerung verbreiteten. Innerhalb der Ketzerbewegung gingen die Meinungen v. a. in der Frage auseinander, ob schon die Entscheidung für die ›Vita apostolica‹ zur Predigt – dem damaligen Medium schlechthin – ermächtige oder ob das kirchliche Amt, die Ordination, notwendige Voraussetzung dafür sei. Dem Papst und den Bischöfen galten unbefugte Predigt (Laienpredigt) und Widerspruch gegen die Sakramentenlehre durchgängig als Anzeichen für Ketzerei.

**Kirche,** 1) griech. Ekklesia, lat. Ecclesia, Kirche, Gebäude, in dem sich Christen zum Gottesdienst versammeln (Kirchenbau); nach katholischem Kirchenrecht ein durch Konsekration oder Benediktion dem öffentlichen (andernfalls nur Oratorium) Gottesdienst gewidmetes Gebäude (c. 1217 CIC).

2) Im Deutschen wird die Bezeichnung Kirche (wie im Englischen ›church‹) auch auf die Kirche als strukturierte Gestalt christlicher Religionsgemeinschaften übertragen; umgekehrt bezeichnen im Lateinischen und in den romanischen Sprachen das Fremdwort Ecclesia und seine späteren Varianten zunächst die Religionsgemeinschaft, dann auch das Gottesdienstgebäude. Die theologische Lehre von der Kirche wird als **Ekklesiologie** bezeichnet.

Begründung der Kirche im theologischen Sinn ist das in Apg. 2 geschilderte Pfingstwunder (Pfingsten), das sie als vom Hl. Geist gestiftet ausweist, der sie nach christlicher Auffassung auch leitet und ihr beisteht. Ihre Glieder, die Christen, verstehen sich als Jünger, die in der Nachfolge Christi stehen und die weltweite Gemeinschaft der an Jesus Christus Glaubenden bilden. Im traditionellen theologischen Sprachgebrauch wird dies ausgedrückt durch die vier Wesensmerkmale der Kirche: Einheit, Heiligkeit, Katholizität, Apostolizität. Die Zugehörigkeit wird durch die Taufe begründet (Kirchenmitgliedschaft) und in der christlichen Gemeinschaft gelebt. Ihre ersten geschichtlichen Ausprägungen fand diese in der Urgemeinde in Jerusalem und im Urchristentum.

Zu einer Kirchenbildung im eigentlichen Sinn kam es im 2. Jh. durch Zusammenschluss der Einzelgemeinden im Römischen Reich zur (früh-)katholischen Kirche. Die Verbindung miteinander manifestierte sich in der gemeinsamen Benutzung des A. T., neutestamentlichen Schriften und Bekenntnisformeln sowie in personellem Austausch und sozialer Unterstützung der Gemeinden untereinander. Seit dem 3. Jh. wurden die für alle Gemeinden verbindlichen so genannten ›Normen der Orthodoxie‹ (einheitliches Taufbekenntnis, Kanon des N. T., Bischofsamt [in apostolischer Sukzession]) festgelegt.

Die heutige *katholische Theologie* beschreibt die Kirche als das ›Volk Gottes‹; als solches ist Kirche die vom Hl. Geist gestiftete Gemeinschaft der Heiligen, vereint unter dem gleichen Bekenntnis, den gleichen Sakramenten und der in der apostolischen Nachfolge stehenden Hierarchie.

Die *orthodoxe Theologie* begreift Kirche besonders als den (mystischen) Leib Christi, der sich in der zeitlichen irdischen Kirche, die Abbild der ewigen himmlischen Kirche ist, in Raum und Zeit entfaltet.

**Kirche:** Der »Triumph der Kirche«, das Gemälde von Andrea de Firenze (14. Jh., Florenz, Santa Maria Novella) zeigt die Heilsordnung der Kirche.

Für das *lutherische Verständnis* ist Kirche ›die Versammlung der Glaubenden, in denen das Evangelium unverfälscht verkündet und die Sakramente (Taufe und Abendmahl) in rechter Weise verwaltet werden‹ (Augsburgisches Bekenntnis).

Für die *reformierten Kirchen* und die *Freikirchen* ist – in der Tradition des N.T. – die um Wort und Sakrament versammelte Gemeinde Kirche im vollgültigen Sinn. Grundlage aller Kirchen ist die in den gemeinsamen Wurzeln begründete christliche Glaubenslehre in ihrer Gesamtheit, wodurch sich die Kirche von den im Kontext des Christentums entstandenen und durch Sonderlehren und ›Neuoffenbarungen‹ geprägten Sekten mit ›christlichem‹ Selbstverständnis unterscheiden. Theologisch ist diese Abgrenzung allerdings in manchen Fällen, z.B. bei den unabhängigen Kirchen, schwierig durchzuführen.

*Religionssoziologisch* sind für Kirchen folgende Merkmale kennzeichnend: eine interne Rollendifferenzierung, v.a. die Differenzierung in geistliche Amtsträger (Kleriker) und Laien; der rationale Charakter ihrer Organisation, d.h. die weitgehende Eliminierung nichtrationaler, z.B. ekstatischer Elemente; eine religiöse Sozialisierung des Individuums während seines ganzen Lebens; ein universaler Geltungsanspruch, indem die Kirchen sich als Organisationsmöglichkeit prinzipiell jedes Individuums verstehen und die in ihnen herrschenden Normen als grundsätzlich allgemein gültig ansehen.

*Die Entstehung kirchlicher Ämter:* Die nach dem Tod Jesu entstandenen christlichen Gemeinden besaßen noch keine feste organisatorische Struktur. In der Gründungsphase der frühen Gemeinden entwickelten sich jedoch bald bestimmte, für das Gemeindeleben notwendige Ämter (1. Kor. 12,28–30): Apostel, die als Missionare das Christentum weiterverbreiteten, Lehrer, Propheten sowie Männer und Frauen, die Hilfs- und Verwaltungsdienste innehatten. Ein Amt der Gemeindeleitung bildete sich zunächst noch nicht heraus, da angesichts der nahen Erwartung des Reiches Gottes solche Überlegungen unnötig schienen. Erst mit dem Ausbleiben der Parusie trat das Problem der zukünftigen Gemeindeleitung in den Vordergrund. Modelle dafür fanden sich in der nichtchristlichen Umwelt (hellenistische Gemeinden mit ihren ›Vorstehern‹) sowie in den jüdischen Synagogengemeinden, die von einem Kollegium von Ältesten (griech. ›presbyteroi‹) geleitet wurden. In Anlehnung an die Synagogenverfassung setzte sich dann im letzten Drittel des 1. Jh. in vielen christlichen Gemeinden eine kollegiale Presbyterialverfassung durch. Dabei gewann der Sprecher oder Vorsitzende des Presbyterkollegiums, für den das Wort Episcopus (griech.: ›Aufseher‹; Bischof) gebräuchlich wurde, immer größere Bedeutung. In der Folge entwickelte sich ein ›monarchischer Episkopat‹, der im Laufe der Zeit (in Rom im 1. Drittel des 2. Jh.) die kollegiale Gemeindeleitung durch die Presbyter verdrängte, die jetzt mit den übrigen Gemeindeämtern dem Bischof unterstellt waren. Die Einsetzung in ein kirchliches Amt (Weihe) erfolgte in der im Römischen Reich verbreiteten Form der Handauflegung;

zunächst durch die Mitpresbyter, später durch den Bischof oder durch Nachbarbischöfe. Während es noch zur Zeit des Paulus üblich war, die Eucharistie im häuslichen Kreis zu feiern, wobei der Hausvater den Vorsitz übernahm, wurde die Leitung der Eucharistiefeiern jetzt ausschließlich Aufgabe der Priester und Bischöfe.

Mit zunehmender Ausbreitung bildete die Kirche eine komplexe organisatorische Struktur aus, die weitgehend der Verwaltungsstruktur des Römischen Reiches entsprach. Entsprechend der Verwaltungsstruktur des Römischen Reiches konnten die Bischofssitze größerer Städte kirchliche Mittelpunkte für eine Reihe umliegender Bistümer werden **(Metropolitansitze)**. Bischöfe in kulturellen und politischen Zentren (zuerst Antiochia, Alexandria, Rom, Jerusalem und später Konstantinopel) herrschten über große Provinzen (Patriarchate). Die konstantinische Wende (313) führte zur rechtlichen Gleichstellung des Christentums mit den übrigen Religionen.

Das wachsende Ansehen Roms als der führenden christlichen Gemeinde des Westens wurde gefestigt, als Kaiser Konstantin I. dem römischen Bischof den kaiserlichen Lateranpalast als Residenz schenkte. Die römische Kirche wurde mehr und mehr zum religiösen und – v. a. seit dem Zerfall des Römischen Reiches im 5. Jh. – auch politischen Zentrum des Westens. Innerhalb der abendländischen Kirche setzte sich die römisch-lateinische Theologie und Kirchenstruktur mit dem Primat des römischen Bischofs als ›Papst‹ unter den Germanen und (romanisierten) Kelten durch.

Das Bündnis des Papstes mit den fränkischen Königen führte zur Schaffung des Kirchenstaates und damit zur Sicherung einer weitgehenden politischen Unabhängigkeit Roms. In der Reformation zerfiel die Einheit der abendländischen Kirche. Ein eher zufälliger Anlass, die Ablasspredigt zur Finanzierung der Peterskirche in Rom, veranlasste M. Luther zu einer grundsätzlichen Kritik an der Kirche, die bald zur förmlichen Trennung, zur Entstehung von evangelischen Gemeinden und, ab 1525, zu lutherischen Landeskirchen führte. Das Konzil von Trient (1545–63) leitete eine theologische Neubesinnung und Reform in der katholischen Kirche ein und bekräftigte die Notwendigkeit eines besonderen Priestertums und die hierarchische Kirchenstruktur, die seither ein Spezifikum des katholischen Bekenntnisses ist und als auf ›göttliches Recht‹ gegründet angesehen wird.

Charakteristisch für die Kirche der Neuzeit ist ihre zunehmende Konfessionalisierung. Die einzelnen Kirchen gründen als Konfessionen auf ihren jeweiligen Bekenntnissen, die mit unterschiedlichen Kirchenverfassungen verbunden sind. Seit dem 16. Jh. haben sie – mit in den verschiedenen Epochen wechselnder Intensität – gerade die Unterscheidungslehren in den Mittelpunkt gestellt, während das Gemeinsame zurücktrat.

Die konfessionalistische Neubelebung im Protestantismus ist in besonderer Weise mit der im 18. Jh. einsetzenden Erweckungsbewegung verbunden, aus der heraus v. a. im englischen Sprachraum unabhängige Gemeinschaften entstanden (Methodisten, Adventisten, Katholisch-Apostolische Gemeinden, Mormonen) und sich zu eigenständigen Kirchen und Religionsgemeinschaften entwickelt haben. Im deutschen Protestantismus wurde der konfessionelle Gedanke besonders durch das Neuluthertum und die Altlutheraner repräsentiert.

*Neuere und gegenwärtige Entwicklungen:* Die Entwicklung der interkonfessionellen Beziehungen im 20. Jh. ist eng mit der der ökumenischen Bewegung verbunden, der die katholische Kirche – ungeachtet einzelner katholisch-ökumenischer Initiativen – bis in die 1950er-Jahre offiziell ablehnend gegenüberstand. Dabei wurde die theologische Berufung auf die Schlüsselgewalt Petri mit dem Anspruch verbunden, allein die zum Heil notwendige (›allein selig machende‹) Kirche zu repräsentieren. Die ökumenische Öffnung der katholischen Kirche wurde durch das 2. Vatikanische Konzil vollzogen und in ihren Grundsätzen im Dekret über den Ökumenismus formuliert. Auf seiner Grundlage begreift sich die katholische Kirche seither selbst als Teil der ökumenischen Bewegung. Auf institutioneller Ebene wurde 1960 das ›Päpstliche Sekretariat für die Einheit der Christen‹ geschaffen, aus dem der heutige ›Päpstliche Rat zur Förderung der Einheit der Christen‹ hervorgegangen ist. Dem vielfach geäußerten Wunsch nach größerer Kirchengemeinschaft und künftiger kirchlicher Einheit stehen als Hauptprobleme die unterschiedlichen Kirchenbegriffe und die Frage der gegenseitigen Anerkennung der Ämter, dabei v. a. der nach römisch-katholischem Verständnis mit dem römischen Bischofsamt verbundene Anspruch auf Unfehlbarkeit und Jurisdiktionsprimat, sowie die nach wie vor weiter bestehenden theologischen Lehrdifferenzen (z. B. Sakramentenverständnis, Frauenordination) entgegen. Die mögliche Bedeutung des Papstamtes in einer künftigen geeinten Kirche ist seit Mitte der 1990er-Jahre Gegenstand der ökumenischen Diskussion geworden und dabei im Grundsatz als ›Petrusdienst an der Einheit aller Getauften‹ beschrieben worden.

**Kirche des Reiches Gottes, Menschenfreundliche Gesellschaft e. V.,** auf einer eigenständigen Bibelauslegung beruhende weltanschauliche Gemeinschaft. 1920 von Alexandre Freytag (* 1870, † 1947), einem früheren Zeugen Jehovas, in Cartigny (bei Genf) gegründet, versteht sich die Kirche des Reiches Gottes als christliche Gemeinschaft, deren Mitglieder durch die Befolgung des Universalgesetzes (›Weltallgesetzes‹), das nach der Lehre Freytags die Grundlage des Evangeliums bildet, am Aufbau des Reiches Gottes auf Erden mithelfen wollen.

**Kirche Jesu Christi der Heiligen der letzten Tage,** Selbstbezeichnung der ▸ Mormonen.

**Kirchenamt,** in der *katholischen Kirche* ein auf Dauer eingerichteter kirchlicher Dienst mit bestimmten Aufgaben, der nach Maßgabe des kirchlichen Rechts von der zuständigen Autorität übertragen wird. Kirchliche Grundämter bedürfen neben der rechtlichen Einrichtung auch einer konkreten Errichtung (z. B. Pfarramt). Sie werden i. d. R. auf Lebenszeit übertragen.

In den *evangelischen Kirchen* ist Kirchenamt im ursprünglichen Kirchenverständnis der Reformation das ›geistliche Amt‹ der Wortverkündigung und Sakramentsverwaltung, das ungeachtet des allgemeinen Priestertums aller Gläubigen in besonderer Weise durch Pfarrer, Presbyter, Diakone und Lehrer getragen wird; i. w. S. gelten als Inhaber kirchlicher Ämter alle, die von der Gemeinde für bestimmte Tätigkeiten im Rahmen der der Kirche insgesamt obliegenden Aufgaben beauftragt werden.

**Kirchenaustritt,** die staatskirchenrechtlich gegebene Möglichkeit der Trennung des Einzelnen von der Kirche. Sie hat zur Folge, dass der Betreffende nicht mehr zur Kirchensteuer herangezogen und – sofern es sich um Schüler handelt – hinsichtlich des Religionsunterrichts nicht mehr seiner Kirche zugerechnet wird. Öffentlich-rechtlich wirksam wird der Kirchenaustritt durch eine Erklärung vor dem Amtsgericht oder Standesamt. Die Möglichkeit zum Kirchenaustritt ist mit der Religionsmündigkeit gegeben.

Nach katholischem Verständnis ist jedoch ein Kirchenaustritt ebenso wie der Ausschluss aus der Kirche weder theologisch noch kirchenrechtlich möglich. Er gilt innerkirchlich als gemeinschaftswidriges Verhalten und schwere Verfehlung, ggf. (im Einzelfall zu prüfen) als Apostasie, die die Exkommunikation nach sich zieht.

**Kirchenbann,** frühere Bezeichnung für Exkommunikation.

**Kirchenchor,** freie Sängervereinigung (meist gemischter Chor) zur Ausgestaltung oder direkten Mitwirkung bei der gottesdienstlichen Feier. Die Kirchenchöre entstanden im 19. Jh. im Zuge der Restauration und des Caecilianismus. Vorläufer waren einerseits die aus Klerikern gebildeten liturgischen Chöre (Schola Cantorum), andererseits die Schulchöre (Kurrende) und Kantoreien. In der katholischen Kirche vertritt der Kirchenchor die nicht singende Gemeinde, oder er singt im Wechsel mit ihr; auch in der evangelischen Kirche ist er Vertreter der Gemeinde oder übernimmt einen Teil der Wortverkündigung. Die Kirchenchorarbeit wird auf katholischer Seite im ›Allgemeinen Cäcilien-Verband für die Länder der Deutschen Sprache‹ (gegründet 1868), auf evangelischer Seite im ›Verband der evangelischen Kirchenchöre Deutschlands‹ (gegründet 1883) koordiniert.

In den *orthodoxen Kirchen* führte das Verbot der Instrumentalmusik im Gottesdienst zu verstärkter Bedeutung der Chöre bei der Feier der Liturgie. In den griechischen und orientalischen Kirchen werden die Chöre nur von Männern und Knaben gebildet (Ausnahmen sind die Chöre in Frauenklöstern). In der russisch-orthodoxen Kirche ist seit dem 19. Jh. auch der gemischte Chor durch das Aufkommen der Mehrstimmigkeit üblich geworden.

**Kirchengeschichte,** 1) die auf der Jüngerschaft Jesu und die Erfahrung seiner Auferstehung gründende und in der Jerusalemer Urgemeinde ihren Anfang nehmende Geschichte der Kirche und des Christentums;

2) die wissenschaftliche Erforschung dieser historischen Entwicklung. Ob die Kirchengeschichte eine genuin theologische Wissenschaft oder eher eine historische Teildisziplin ist, wird kontrovers diskutiert. Einzeldisziplinen der Kirchengeschichte sind u. a. Frömmigkeits-, Papst-, Reformations-, Missionsgeschichte, Kirchengeschichte der einzelnen Länder.

**Kirchengeschichtsschreibung,** die schriftliche Darstellung der Kirchengeschichte; theologisch verstanden als Darstellung der Wirkungen des Evangeliums in den jeweils konkreten gesellschaftlichen, politischen und kulturellen Zusammenhängen der Zeit. In der frühen Kirche unkritisch und apologetisch, nach der Reformation im Sinne des Konfessionalismus oft polemischen Charakters, ist die heutige Kirchengeschichtsschreibung meist um kritische (aus kirchlicher Sicht selbstkritische) Reflexion der historischen Entwicklung der Kirchen bemüht.

Die Konfessionalisierung im Gefolge der Reformation führte zur Herausbildung der Kirchengeschichtsschreibung im engeren Sinne; sie gewann im Zuge des Aufblühens der historischen Wissenschaft im 19./20. Jh. größeres Gewicht. Ein Schwerpunkt der Forschung beider Konfessionen war die Geschichte der frühen Kirche.

Die orthodoxe Kirchengeschichtsschreibung ist weitgehend von dem Gedanken bestimmt, dass an den Ergebnissen der ersten sieben ökumenischen Konzile festzuhalten sei, und lehnt alle späteren Neuerungen (Neoterismoi) gerade im Bereich der westlichen Kirchen ab. Im 19. und 20. Jh. hat sich die kirchengeschichtliche Arbeit v. a. in der russischen Orthodoxie verstärkt.

**Kirchengewalt,** in der *katholischen Kirche* die Vollmacht, die Kirche zu leiten (Jurisdiktionsgewalt) und die gottesdienstlichen Handlungen zu vollziehen, die eine sakramentale Weihe erfordern (Weihegewalt).

In den *evangelischen Kirchen* die Verwaltung des Kirchenamtes durch die dazu in besonderer Weise durch Ordination Beauftragten und die Befugnisse der Kirchenleitungen.

**Kirchenjahr,** seit dem 16. Jh. übliche Bezeichnung für die Gesamtheit der auf ein Jahr verteilten kirchlichen Feste. Grundlage des Kirchenjahrs ist das wöchentliche Gedächtnis des Todes und der Auferstehung Jesu Christi am Sonntag, dem ›Tag des Herrn‹, der schon von den ersten Christen als solcher gefeiert wurde. Seit dem 2. Jh. wird zusätzlich das Osterfest als Jahrgedächtnis begangen, das im 3. Jh. zu einem **Osterfestkreis** mit der Himmelfahrt Christi (40 Tage nach Ostern) und Pfingsten (50 Tage nach Ostern) als Abschluss und einer vorausgehenden Fastenzeit (Beginn: Aschermittwoch) erweitert wurde. Analog dazu bildete sich in der abendländischen Kirche mit der Einführung von Weihnachten und Epiphanie als Jahrgedächtnis der Geburt und Offenbarung Jesu im 3./4. Jh., denen seit dem 5. Jh. der Advent als weihnachtliche Vorbereitungszeit vorausgeht, ein eigener **Weihnachtsfestkreis** heraus. Das Kirchenjahr begann im Laufe der Kirchengeschichte zu verschiedenen Terminen (z. B. an Ostern). Gegenwärtig gilt in den Kirchen abendländischer Tradition der 1. Advent, in den Ostkirchen der 1. 9. (Indiktion [Gedenken an das erste Auftreten Jesu in Nazareth]) als Beginn des Kirchenjahres.

**Kirchenlehrer,** lat. Doctores Ecclesiae, im Unterschied zu den auf altchristliche Zeit beschränkten Kirchenvätern Bezeichnung für bestimmte normgebende (rechtgläubige) Theologen und dogmatische Autoritäten aus allen Zeiten der Kirche. Im Verlaufe der Lehrstreitigkeiten um Arianismus und Monophysitismus ging die Kirche erstmals dazu über, den Nachweis der Rechtgläubigkeit durch Zitatensammlungen von Kirchenlehrern zu erbringen. – Im 16. Jh. setzte vor dem Hintergrund der aufstrebenden theologischen Fakultäten und Orden eine vom Papsttum gesteuerte Reihe von Ernennungen von Kirchenlehrern als Repräsentanten kirchlicher Lehre ein (beginnend mit Thomas von Aquino, 1567). In neuester Zeit gab man die ehemalige Beschränkung des Titels auf Kleriker auf: 1970 wurden mit Theresia von Ávila und Katharina von Siena erstmals Frauen zu Kirchenlehrern erhoben. Gegenwärtig werden 33 Kirchenlehrer verehrt.

**Kirchenmitgliedschaft, Kirchengliedschaft,** die Zugehörigkeit zu einer Kirche; in ihrer theologischen Dimension die durch die Taufe begründete Zugehörigkeit zur universalen Kirche Jesu Christi; kirchenrechtlich die mit bestimmten Rechten und Pflichten verbundene Zugehörigkeit zu einer bestimmten christlichen Religionsgemeinschaft (Kirche). Die Kirchenmitgliedschaft im theologischen Sinn kann durch den Menschen nicht beendet werden; die Kirchenmitgliedschaft im kirchenrechtlichen Sinn wird durch Kirchenaustritt, Übertritt in eine andere christliche Kirche (Konversion) oder den Tod beendet. Nach katholischem Verständnis ist ein Kirchenaustritt auch kirchenrechtlich nicht möglich und wird als schwere Verfehlung, ggf. als Glaubensabfall (Apostasie) angesehen. Voraussetzungen für die Kirchenmitgliedschaft sind in der *katholischen Kirche* neben der Taufe das Bekenntnis des gleichen Glaubens, die Gemeinschaft der gleichen Sakramente und die Unterordnung unter die Hierarchie; in den *evangelischen Kirchen* das evangelische Bekenntnis, die Zugehörigkeit zu einer Landeskirche bzw. bei Freikirchen die Beitrittserklärung. Die Ostkirchen unterscheiden in frühchristlicher Tradition nicht zwischen der Kirchenmitgliedschaft im theologischen und kirchenrechtlichen Sinn. Die Kirchenmitgliedschaft in den *orthodoxen Kirchen* hat allein die Taufe und die unmittelbar mit ihr verbundene Firmung (Myronsalbung) zur Voraussetzung.

**Kirchenmusik,** die für den christlichen Gottesdienst bestimmte liturgische und außerliturgische Musik in ihrer Bindung an den Kirchenraum (im Unterschied zur geistlichen Musik). Sie bekundet sich in den Formen liturgischen Gesanges, des Kirchenlieds, vokaler und vokal-instrumentaler Mehrstimmigkeit wie auch reiner Instrumentalmusik (v. a. Orgelmusik).

Nach der Epoche der frühchristlichen Musik wurde mit der Ausbildung des einstimmigen Kirchengesangs im 4. bis 6. Jh. der gregorianische Gesang als Grundlage der katholischen Kirchenmusik geschaffen. Nach den früheren mehrstimmigen Vertonungen einzelner Messteile brachte das 14. Jh. die ersten vollständigen Kompositionen des Ordinarium Missae. Messe und Motette blieben die dominierenden kirchenmusikalischen Formen des 15. Jh.; als vorbildlich für die mehrstimmige katholische Kirchenmusik wurde der Stil G. P. da Palestrinas erklärt.

Die evangelische Kirchenmusik ist geprägt durch den hohen gottesdienstlichen Rang, den M. Luther der Musik eingeräumt hat. Im Mittelpunkt stehen hier der deutschsprachige Choral und der Gemeindegesang. Mit J. Walters ›Geystlichem gesangk Buchleyn‹ von 1524 und dessen Kompositionen über protestantische Kirchenliedmelodien begann die besonders für Deutschland bedeutende Tradition der evangelischen Kirchenmusik, die durch Luther ihre Wesensprägung erhielt. In ihren wechselnden Formen und Stilen stand das Kirchenlied im Mittelpunkt. Neben die traditionellen Formen (besonders die Motette) traten im neuen Generalbassstil des 17. Jh. die Formen von Kantate, geistlichen Konzert, Oratorium und Passion. Während sie im katholischen Süden zum Gegenstand prächtiger Klangentfaltung einer zunehmend konzertanten Kirchenmusik wurden, stand im protestantischen Deutschland (H. Schütz, D. Buxtehude, J. S. Bach) eine bewusste Bindung an das Wort im Vordergrund.

Die Publikation von Gesamtausgaben (v. a. J. S. Bach, Schütz, Palestrina) und die Bemühungen der Benediktiner von Solesmes um die Urgestalt des gregorianischen Gesangs schufen Voraussetzungen für die Erneuerungsbestrebungen seit dem beginnenden 20. Jh. Auf evangelischer Seite führten sie zu einer Orientierung der Kirchenmusik an der Reformation und zu einer Erneuerung des kirchenmusikalischen Amtes. Neben der Hinwendung zu den alten Meistern zeigen sich in beiden Konfessionen Bemühungen um eine den liturgischen Ansprüchen entsprechende zeitgenössische Kirchenmusik, die neben gottesdienstlicher Gebrauchsmusik auch Werke von künstlerischem Rang hervorgebracht haben. Im Mittelpunkt der zeitgenössischen evangelischen Kirchenmusik steht nach wie vor der Choral. Die Einführung von Jazz, elektronischer Musik, Rock- und Popmusik in den Kirchenraum wird diskutiert und erprobt.

**Kirchenordnungen,** in den christlichen Kirchen zur Regelung des Lebens in den Kirchengemeinden und des Gottesdienstes auf der Grundlage der Kirchenverfassungen erlassene Bestimmungen; schon früh zu Textsammlungen zusammengefasst.

Ansätze zu Kirchenordnungen finden sich bereits im N. T. (v. a. in den Pastoralbriefen). Von besonderem Einfluss waren die Didache, die von Hippolyt verfasste ›Traditio apostolica‹ (um 215), die Didaskalie und die ›Apostolische Kirchenordnung‹ aus dem 4. Jh. Aufgrund ihrer offensichtlich thematischen Überschneidungen wurden diese Texte zu Sammlungen kompiliert, deren bekannteste und umfangreichste die Apostolischen Konstitutionen sind. Die Kirchenordnungen wurden bald durch das synodale Recht der Bischofsversammlungen ersetzt.

Als Reaktion auf das kanonische Recht des Papsttums griff die Reformation auf deskriptive Kirchenordnungen zurück, um innere und äußere Verfassung der Gemeinde (Gemeindeleben, Bekenntnis, Kult, Schulwesen) zu regeln.

**Kirchenpräsident,** Bezeichnung für das geistliche Leitungsamt in den evangelischen Landeskirchen von Hessen-Nassau, der Pfalz und von Anhalt und Amtstitel ihrer Leiter.

**Kirchenpatron,** der Schutzheilige einer katholischen Kirche.

**Kirchenprovinz,** in der *katholischen Kirche* die Zusammenfassung mehrerer benachbarter Diözesen zu einem teilkirchlichen Mittelglied zwischen Gesamt- und Einzelkirche. Die Hauptdiözese einer Kirchenprovinz ist eine Erzdiözese, ihr Bischof ist Leiter der Kirchenprovinz (Metropolit).

In der *Evangelischen Kirche der altpreußischen Union* entsprachen die Kirchenprovinzen als regionale kirchliche Verwaltungseinheiten den staatlichen Verwaltungseinheiten der preußischen Provinzen; 1945 wurden die Kirchenprovinzen selbstständige Gliedkirchen (Landeskirchen) der EKD.

**Kirchenrecht,** 1) die *theologische Disziplin*, die die kirchlichen Rechtsordnung wissenschaftlich (historisch und systematisch) behandelt; in der katholischen Theologie auch *Kanonistik*.

2) lat. Ius ecclesiasticum, die Gesamtheit der von den christlichen Kirchen zur Regelung des innerkirchlichen Lebens erlassenen Vorschriften. Im Unterschied zum Staatskirchenrecht ist das Kirchenrecht eigenständiges (nicht staatliches) Recht. Vom Selbstverständnis der einzelnen Kirche abhängig, ist das Kirchenrecht unterschiedlich ausgestaltet und greift in den Einzelkirchen auf unterschiedliche Rechtsquellen zurück.

Das *katholische Kirchenrecht* **(kanonisches Recht)** wurde seit dem 2. Vatikanischen Konzil überarbeitet und liegt seit 1983 in der erneuerten Fassung des ▸ Codex Iuris Canonici vor. Quellen des katholischen Kirchenrechts sind außerdem die Acta Apostolicae Sedis sowie für das partikulare Kirchenrecht in Deutschland, Österreich und der Schweiz die Amtsblätter der einzelnen Diözesen. – Die Kodifizierung des Rechts der unierten Ostkirchen im Rahmen eines ostkirchenrechtlichen Gesamtkodex befindet sich im Stadium des abschließenden Konsultationsprozesses.

Das *evangelische Kirchenrecht* ist keine einheitliche Größe. Allgemein wird es bestimmt und begrenzt durch die im A. T. und N. T. als ›Gesetz und Evangelium‹ enthaltenen Weisungen. Konkretisiert wird es durch die Bekenntnisschriften und Ordnungen der Landeskirchen. Gesetze und Verordnungen der evangelischen Kirchen finden sich in Amtsblättern, Rechtssammlungen und Schreiben kirchlicher Behörden.

In den *Ostkirchen* ist das kanonische Recht vom Kirchenrecht zu unterscheiden. Ersteres erstreckt sich auf das innere Leben der Kirche, ihren Aufbau unbeschadet ihrer staatsrechtlichen Stellung, das Zweite betrifft die äußere Ordnung und ihre Stellung im staatlich-gesellschaftlichen Rahmen. Aus den einzelnen Kanones (kirchlichen Bestimmungen) entstand der griechische Nomokanon. Er bildete die Grundlage aller kirchenrechtlichen Einzelordnungen der verschiedenen orthodoxen Kirchen. Die Autokephalie der orthodoxen Kirchen bewirkt, dass es Rechtsquellen gibt, die der gesamten Orthodoxie angehören, andere dagegen, die nur für den Bereich einer einzelnen Kirche gelten.

**Kirchenspaltung,** ▸ Schisma.

**Kirchenstaat,** Bezeichnung für das ehemalige Herrschaftsgebiet des Papstes in Mittelitalien; seit dem 6. Jh. auch **Patrimonium Petri** (›Vermögen des Petrus‹) genannt. Kern war der Grundbesitz der Kirche in Rom und in anderen italienischen Gebieten, der aus Schenkungen und Vermächtnissen an die Kirche herrührte. Schon im 6. Jh. galt der Papst als Bischof von Rom mit einem 85 Quadratmeilen großen Gebiet als reichster Grundbesitzer in Italien. Papst Gregor d. Gr. richtete für den Gesamtbesitz eine zentrale Verwaltung ein.

Obwohl die römischen Bischöfe seit der Völkerwanderungszeit mehr und mehr öffentliche Aufgaben (z. B. Versorgung der Bevölkerung, militärische Verteidigung) übernahmen, erkannten sie bis zu Papst Hadrian I. (772–795) die byzantinische Oberhoheit an. Nach dem Zusammenbruch der byzantinischen Macht in Italien versuchten die Päpste, v. a. unter Berufung auf die Konstantinische Schenkung, ihre Macht- und Besitzansprüche durchzusetzen und die Oberhoheit der deutschen Kaiser abzuschütteln. Den Aufstieg des Papstes vom geistlichen Hirten zum Territorialfürsten förderte die Goldbulle von Eger (1213), in der König

**Kirchenstaat:** Kaiser Konstantin d. Gr. übergibt Papst Silvester I. die Insignien der kaiserlichen Gewalt über Rom und die umliegenden Gebiete (Konstantinische Schenkung; Ausschnitt aus einem Fresko, 1246, Rom, Oratorio di San Silvestro).

Friedrich II. den Kirchenstaat offiziell anerkannte, der sich aber wegen der 70-jährigen Abwesenheit der Päpste von Rom (Avignonesisches Exil) nicht konsolidieren konnte.

Die Wiederherstellung der päpstlichen Autorität gelang erst nach der Überwindung des ▸ Abendländischen Schismas. Papst Julius II. (1503–13), in dessen Zeit der Kirchenstaat die größte Ausdehnung –

wenn auch nur kurzfristig – erreichte, bemühte sich um eine zentralistische Organisation. Er wird als der eigentliche Begründer eines ›Staates‹ der Kirche angesehen.

Im Verlauf der Französischen Revolution und der napoleonischen Kirchenpolitik wurde der Kirchenstaat Ende des 18. Jh. zur Römischen Republik erklärt und 1809 dem Königreich Italien eingegliedert. Nachdem der Wiener Kongress (1815) ihn nochmals in den Grenzen von 1797 bestätigt hatte, er aber politisch, wirtschaftlich und militärisch unhaltbar war, wurde der Kirchenstaat 1860 auf das einstige Patrimonium Petri reduziert und 1870 dem italienischen Nationalstaat einverleibt, woraufhin sich Pius IX. (1846–78) als ›Gefangener des Vatikans‹ betrachtete. Die Römische Frage der päpstlichen Souveränität auf päpstlichem Territorium (Vatikanstadt) wurde erst in den Lateranverträgen 1929 gelöst.

**Kirchensteuer,** eine öffentlich-rechtliche Zwangsabgabe, die die als Körperschaften des öffentlichen Rechts anerkannten Religionsgemeinschaften zur Finanzierung ihrer Aufgaben von ihren Mitgliedern erheben. Rechtsgrundlagen für die Erhebung der Kirchensteuer sind in Deutschland Art. 140 GG in Verbindung mit Art. 137 Abs. 6 Weimarer Reichsverfassung, die Verfassung und Kirchensteuergesetze der Länder und die Konkordate und Kirchenverträge auf Bundes- und Landesebene. Kirchliche Rechtsquellen der Kirchensteuer (einschließlich der Steuersätze) sind v. a. die (staatlich anerkannten bzw. genehmigten) Kirchensteuergesetze und Verordnungen der Landeskirchen und Diözesen. Die Kirchensteuer wird fast durchweg als Zuschlag zu staatlichen Steuern (›Maßstabsteuern‹) erhoben, und zwar in erster Linie als Zuschlag zur Einkommen- bzw. Lohnsteuer in Höhe von (2000) 8 % oder 9 % (je nach Bundesland). Von der Möglichkeit der direkten Bemessung nach dem Einkommen mithilfe eines kircheneigenen Steuertarifs wird derzeit kein Gebrauch gemacht. Ferner besteht (außer in Bremen und Hamburg) die Möglichkeit, eine Kirchensteuer vom Grundbesitz nach Maßgabe der Grundsteuermessbeträge bzw. (Niedersachsen und Saarland) des Einheitswertes des Grundbesitzes zu erheben (›Kirchensteuer-Grundsteuer‹).

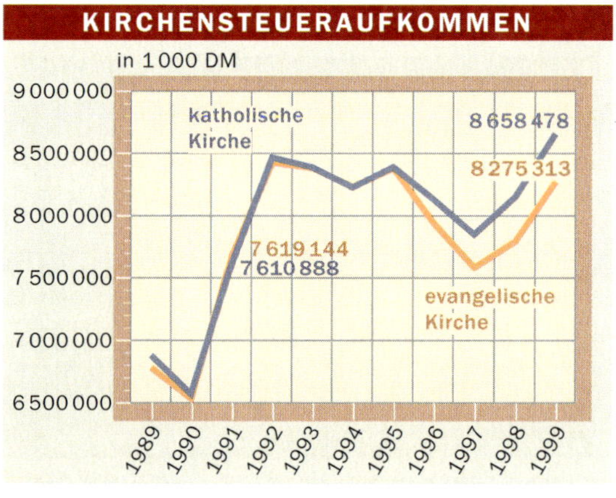


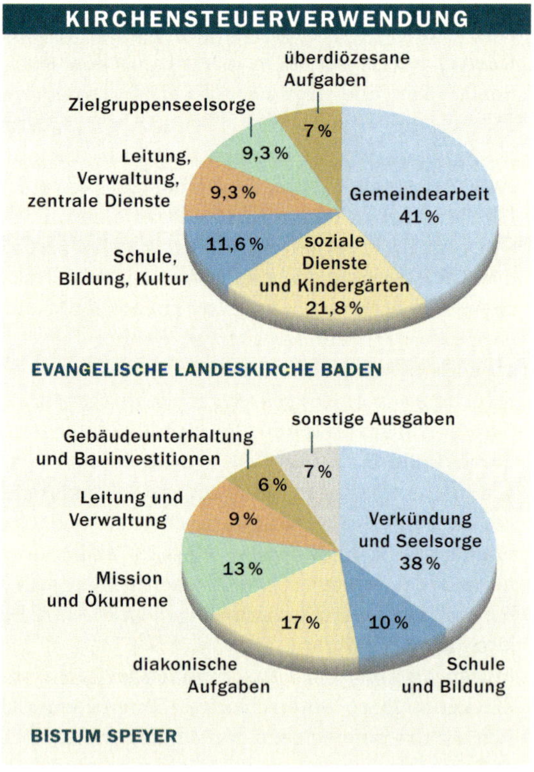


**Kirchensteuer:** Die Gesamteinnahmen aus der Kirchensteuer in Deutschland und ihre Verwendung im Bistum Speyer und in der Evangelischen Landeskirche Baden.

In allen Bundesländern ist in den Kirchensteuergesetzen überdies die Erhebung eines **Kirchgeldes** in Form eines festen oder gestaffelten Geldbetrages vorgesehen (v. a. bei glaubensverschiedenen Ehen). Die Kirchensteuer ist bei der Einkommensteuer unbeschränkt als Sonderausgabe abzugsfähig. Meist ist eine Begrenzung der Kirchensteuer auf einen bestimmten maximalen Prozentsatz (3 %, 3,5 % oder 4 %) des zu versteuernden Einkommens vorgesehen (Kirchensteuerkappung). Eine Kappung findet z. T. nur auf Antrag des Steuerpflichtigen statt.

Gläubiger der Kirchensteuer sind heute überwiegend die Landeskirchen bzw. Diözesen, seltener (v. a. in den evangelischen Landeskirchen Rheinland und Westfalen) die örtlichen Kirchengemeinden. Steuerpflichtig sind nur die Mitglieder der steuererhebenden Religionsgemeinschaft. Das bedeutet z. B., dass bei Ehepartnern, von denen nur einer einer steuererhebenden Kirche angehört, die Kirchensteuer sich nur nach dem Einkommen des kirchensteuerpflichtigen Ehepartners richtet. Eine dem einkommensteuerlichen Splitting entsprechende Halbteilung des ehelichen Gesamteinkommens findet bei derartigen glaubensverschiedenen Ehen also nicht statt, wohl aber bei Ehepartnern, die beide Mitglieder verschiedenen steuererhebender Religionsgemeinschaften sind (konfessionsverschiedene Ehen). Mit Ausnahme von Bayern wird die Verwaltung (Veranlagung, Einziehung, Zwangsbeitreibung) der Kirchensteuer-Einkommensteuer durch die staatlichen Finanzämter durchgeführt. Die staatliche Finanzverwaltungen erhalten dafür zwischen 2 % und 5 % des jeweiligen Kirchensteueraufkommens, das bei je knapp 9 Mrd. Mark für beide Kirchen liegt.

Viel beachtet wurde in der Kirchensteuerdiskussion in jüngster Zeit das 1990 in Italien eingeführte System der Teilzweckbindung der Einkommensteuer (ähnlich Spanien), bei dem der Steuerzahler wählen kann, ob ein Teil seiner Lohn- und Einkommensteuer entweder einem für soziale und humanitäre Zwecke bestimmten staatlichen Konto oder einem kirchlichen Konto gutgeschrieben wird.

**Kirchenstrafen,** Maßnahmen der Kirchenzucht.

**Kirchentag, Deutscher Evangelischer Kirchentag,** 1) Versammlung von Theologen und führenden Personen des kirchlichen Lebens mit dem Ziel, einen engeren Zusammenschluss der deutschen evangelischen Landeskirchen zu schaffen. Ein erster Kirchentag fand 1848 in Wittenberg statt, bis 1872 folgten 15 weitere. Der Kirchentag von 1919 (Dresden) bereitete die Gründung des Deutschen Evangelischen Kirchenbunds (1922) vor.

2) Bezeichnung für die seit 1949 (i. d. R. alle zwei Jahre, abwechselnd mit dem Katholikentag) stattfindenden Großveranstaltungen der evangelischen Christen in Deutschland. Rechtlich in der Trägerschaft des ›Vereins zur Förderung des Deutschen Evangelischen Kirchentags e. V.‹ organisiert, wurde die von R. von Thadden-Trieglaff begründete Kirchentagsbewegung zu einem wichtigen Teil der evangelischen Laienbewegung in Deutschland und versteht sich v. a. als offenes Forum für das Gespräch über theologische, gesellschaftspolitische und ökumenische Fragen der Zeit.

**Kirchentag:** An der Klagewand des Deutschen Evangelischen Kirchtags in Leipzig konnten die Besucher ihre Wünsche und Bitten niederschreiben.

**Kirchenväter,** seit dem 4. Jh. aufkommender Ehrentitel für zahlreiche Kirchenschriftsteller des 2. bis 7. Jh., die sich durch theologische Gelehrsamkeit und Rechtgläubigkeit auszeichneten und kirchliche Anerkennung erfuhren. Durch die Kirchenväter wurde die beginnende christliche Theologie dauerhaft mit dem Erbe der griechisch-römischen Kulturwelt verschmolzen. Ihre Autorität wurde – neben der Hl. Schrift – besonders im Mittelalter zur Untermauerung theologischer Thesen oder zum Erweis der Rechtgläubigkeit von Lehrinhalten herangezogen (Autoritätsbeweis) und bildet einen wesentlichen Pfeiler der kirchlichen – später katholischen – Lehre von der Tradition. Die Väterzeit endet im lateinischen Westen mit Isidor von Sevilla und Beda, im Osten mit Johannes von Damaskus.

**Kirchenverfassung,** die Grundordnung der christlichen Kirchen. Aufgabe der Kirchenverfassung in der *katholischen Kirche* ist die (immer auf die Heilszusage Gottes bezogene) rechtliche Ordnung des nach katholischem Verständnis in der katholischen Kirche sichtbar zusammengeschlossenen und vom Hl. Geist geleiteten ›Volkes Gottes‹ und seiner Charismen. Das Gottesvolk gilt aufgrund seines gemeinsamen Sendungs- und Zeugnisauftrages, des Priestertums der Gläubigen, vor allen Unterscheidungen in der Kirchenverfassung als priesterliche Gemeinschaft Gleicher, die von dem geistlichen Dienst geweihter Amtsträger (Klerus) geleitet wird. Die ›göttlich-rechtliche‹ Gebietseinteilung kennt nur die Diözesen und die Gesamtkirche; die Einzelgemeinden (Pfarreien) sind nur eine kirchlich-rechtliche Untergliederung der Diözese. Nach kirchlichem Recht stehen zwischen Gesamtkirche und Diözese noch Mittelgliederungen: die Kirchenprovinz, das Gebiet einer Bischofskonferenz, das (ostkirchliche) Patriarchat. Das kirchliche Recht kennt auch Vorformen einer Diözese (Apostolisches Vikariat, Präfektur, Administratur) sowie rein personal begründete Gliederungen wie Kirchen eines bestimmten Ritus (lateinisch, orientalisch), religiöse Gemeinschaften (z. B. Orden, Kongregationen) oder die Militärseelsorge.

Einzelinhaber kirchlicher Leitungsgewalt (Jurisdiktion) sind Papst, Bischöfe und die übrigen Ordinarien. Kollegiale Jurisdiktionsträger sind Konzilien, Synoden und die Bischofskonferenzen. ›Göttlich-rechtliche‹ Leitungsgewalt für die Gesamtkirche haben der Papst und das ökumenische Konzil sowie für die einzelnen Diözesen der jeweilige Bischof.

Charakteristisch für die Verfassung der *evangelischen Kirchen* war die Leitung und Verwaltung der Landeskirchen durch landesfürstliche Behörden. Unmittelbarer Leiter der Gemeinden war der Superintendent. Seit dem 19. Jh. wurde dieses Grundmodell konsistorialer Kirchenleitung durch synodale und episkopale Momente ergänzt. Nach 1945 erfolgte in den meisten evangelischen Landeskirchen eine Neuordnung der Kirchenverfassung; 1948 wurde die heute noch geltende Grundordnung der EKD verabschiedet. Den Synoden obliegen die Gesetzgebung, die Genehmigung neuer Agenden und Gesangbücher, die Mitwirkung bei der Wahl höherer kirchlicher Amtsträger und Finanzentscheidungen. Die geistliche Leitung der Landeskirchen liegt beim (Landes-)Bischof, Landessuperintendenten, Kirchenpräsidenten oder Präses.

**Kirchenverfolgung,** alle Maßnahmen zur Zerschlagung christlicher Kirchen oder zur Unterdrückung von Minderheitenkirchen, um ihren Einfluss auf Staat, Gesellschaft und Kultur auszuschalten. Die Unterdrückung nicht anerkannter christlicher Kirchen ist oft Begleiterscheinung des Staatskirchentums gewesen. Aus dem christlichen Altertum ist die Verfolgung der Donatisten, aus dem Mittelalter die Bekämpfung der Katharer und Waldenser zu nennen. Ebenso haben Reformation und Gegenreformation zu Kirchenverfolgungen geführt (u. a. Verfolgung der Täufer). Die radikal kirchenfeindlichen Tendenzen der französischen Aufklärung kamen in der Jakobinerherrschaft zum Tragen. In neuerer Zeit waren Urheber von Kirchenverfolgungen meist totalitäre Regierungen; so im Zeichen atheistischer Staatsideologien in besonders schwerer Weise in den 1930er-Jahren in der Sowjetunion, nach 1967 in Albanien und während der ›Kulturrevolution‹ (1966–69) in China.

**Kirchenvermögen, Kirchengut,** die Gesamtheit der im Eigentum kirchlicher juristischer Personen stehenden Vermögenswerte (Grundbesitz und Kapitalvermögen). Das Kirchenvermögen ist durch eine Garantie des staatlichen Verfassungsrechts (Art. 140 GG in Verbindung mit Art. 138 Abs. 2 Weimarer Reichsverfassung) vor Entzug und Zweckentfremdung gesichert. Es setzt sich zusammen aus Stiftungen, Pfründenvermögen, Kollekten, regelmäßigen – z. T. als Kirchensteuer erhobenen – Beiträgen sowie Staatsleistungen.

**Kirchenvertrag,** öffentlich-rechtlicher Vertrag zwischen einer oder mehreren evangelischen Kirchen und dem Staat. Kirchenverträge enthalten insbesondere Regelungen über Ämterbesetzungen, theologische Fakultäten, Religionsunterricht, Lehrerausbildung, Anstaltsseelsorge, Militärseelsorge, Rechtsform der Kirchen und ihrer Gliederungen, Staatsleistungen, Kirchensteuer. Die Kirchenverträge entsprechen ihrem Gegenstand nach vielfach den Konkordaten, haben aber keinen völkerrechtlichen Rang.

Als erstes neues Bundesland schloss Sachsen-Anhalt 1993 einen Kirchenvertrag mit den evangelischen Landeskirchen ab, deren Territorien in sein Gebiet hineinreichen. 1994 folgten Kirchenverträge in Mecklenburg-Vorpommern und in Sachsen. Der Kirchenvertrag in Brandenburg klammert ausdrücklich den Religionsunterricht aus (Lebensgestaltung – Ethik – Religionskunde).

**Kirchenvorstand,** das bei der Leitung und Verwaltung der Kirchengemeinde mitwirkende kollegiale Organ. Der Kirchenvorstand wird von den wahlbe-

rechtigten Gemeindemitgliedern gewählt.
In der *katholischen Kirche* ist er Beratungsorgan des Pfarrers; in Deutschland aufgrund des Staatskirchenrechts (auch **Kirchenverwaltung** genannt) unter Leitung des Pfarrers kollegiales Beschlussorgan über das Kirchenvermögen. Für Fragen der Seelsorge ist der Pfarrgemeinderat zuständig. – In den *evangelischen Kirchen* obliegt es dem Kirchenvorstand **(Gemeindekirchenrat, Presbyterium)**, in gemeinsamer Verantwortung mit dem Pfarrer die Kirchengemeinde zu leiten und das Ortskirchenvermögen zu verwalten.

**Kirche und Staat,** ▸ Staat und Kirche.

**Kirche unter dem Kreuz,** Bezeichnung für die ersten selbstständigen kalvinistischen Gemeinden am Niederrhein (seit 1566), die sich zu drei Synoden zusammenschlossen: der kleveschen, bergischen und jülichschen. Sie lebten meist in ›heimlichen‹ Gemeinden ›unter dem Kreuz‹, zeichneten sich durch intensives Gemeindeleben und eine presbyterial-synodale Verfassung aus.

**Kirchgeld,** ▸ Kirchensteuer.

**kirchliche Gerichtsbarkeit,** *katholisches Kirchenrecht:* die Entscheidung von Rechtsstreitigkeiten, an denen zur Kirche gehörende (auch juristische) Personen beteiligt sind und die geistliche (oder gemischte) Sachen, besonders Ehesachen, betreffen (Zivilgerichtsbarkeit); die Verhängung oder Feststellung von Kirchenstrafen (Strafgerichtsbarkeit); eine auf Kleriker beschränkte Verwaltungsgerichtsbarkeit. Für die Ausübung der kirchlichen Gerichtsbarkeit besteht ein kirchliches Gerichtswesen mit drei Instanzen: bischöfliches (Offizialat), Metropolitan- und päpstliches Gericht (Rota, Apostolische Signatur).
Das *evangelische Kirchenrecht* kennt gegenüber den Gemeindegliedern und Gemeinden keine kirchliche Gerichtsbarkeit, jedoch sehen die kirchlichen Grund- und Lebensordnungen Möglichkeiten der Kirchenzucht oder des Vorgehens auf dem Verwaltungswege vor. Für Lehrzucht- oder Disziplinarmaßnahmen sind bei der EKD und der EKU Disziplinarkammern und -höfe zuständig, bei der VELKD ein Senat für Lehrfragen und für innerkirchliche Streitfragen der Schiedsgerichtshof der EKD.

**kirchliche Hochschulen,** von den Kirchen errichtete und in ihrer Rechtsträgerschaft getragene Hochschulen zur Ausbildung von Geistlichen und auch von Laien in den theologischen und in anderen Wissenschaftsdisziplinen. Die ältesten kirchlichen Hochschulen sind die *päpstlichen Universitäten* in Rom, darunter am bedeutendsten die 1551 gegründete Gregoriana. Zu den ›Atenei Romani‹ (›Römische [kirchliche] Hochschulen‹) gehören weiterhin drei päpstliche Hochschulen, drei päpstliche theologische Fakultäten und vier päpstliche wissenschaftliche (Spezial-)Institute (Pontificio Istituto). Außerhalb Roms bestehen weltweit 51 päpstliche bzw. katholische Universitäten. Bekannte *katholische Universitäten* sind die Universität in Löwen (gegründet 1425) und in Paris (›Institut Catholique de Paris‹; 1875). Die katholische Universität Lublin (1918) konnte auch im kommunistischen Polen ihren Lehrbetrieb aufrechterhalten.
In Deutschland besteht seit 1980 eine katholische Universität in Eichstätt. *Katholische* kirchliche Hochschulen bestehen im *deutschen Sprachraum* in Frankfurt am Main (›Philosophisch-Theologische Hochschule St. Georgen – Theologische Fakultät SJ‹, kirchliche Hochschule der Jesuiten), Fulda, Paderborn, Trier, Erfurt (›Philosophisch-theologisches Studium‹); Linz; Chur und Luzern. Außerdem bestehen in Deutschland noch sechs *Ordenshochschulen*: der Jesuiten in München (›Hochschule für Philosophie – Philosophische Fakultät SJ‹), der Pallottiner in Vallendar, der Salesianer in Benediktbeuern, der Franziskaner und Kapuziner in Münster, der Redemptoristen in Hennef (Sieg) und der Steyler Missionare in Sankt Augustin.
Die älteste *evangelische* kirchliche Hochschule in Deutschland ist die Kirchliche Hochschule Bethel (1905 von F. von Bodelschwingh gegründet). Weitere evangelische kirchliche Hochschulen sind die ›Kirchliche Hochschule Wuppertal‹ (gegr. 1935 von den Bruderräten der Bekennenden Kirche) und die ›Augustana Hochschule‹ in Neuendettelsau (gegründet 1947). Die ›Selbständige Evangelisch-Lutherische Kirche‹ unterhält die ›Lutherische Theologische Hochschule‹ Oberursel (Taunus).

**kirchliches Begräbnis,** in den *christlichen Kirchen* die mit einer gottesdienstlichen Feier verbundene Bestattung eines verstorbenen Christen (in der katholischen Kirche die Exequien), wobei die Erdbestattung als der ›Normalfall‹ angesehen wird. Grundsätzlich haben alle verstorbenen Christen Anspruch auf ein kirchliches Begräbnis, das allerdings von den Kirchen unter bestimmten Voraussetzungen verweigert werden kann.
Das *katholische Kirchenrecht* sieht die Verweigerung für offenkundig vom Glauben Abgefallene,

für Häretiker und für Schismatiker sowie für diejenigen vor, die sich aus Gründen, die der christlichen Glaubenslehre widersprechen, für eine Feuerbestattung entschieden haben. Ebenso kann das kirchliche Begräbnis ›öffentlichen Sündern‹ (z. B. wieder verheirateten Geschiedenen) verweigert werden, wenn diese vor ihrem Tod keine Zeichen der Reue gezeigt haben bzw. wenn das Begräbnis nicht ohne öffentliches Ärgernis bei den Gläubigen gewährt werden kann. Getauften Nichtkatholiken kann das kirchliche Begräbnis in Ausnahmefällen gewährt werden (cc. 1176 ff. CIC).

Nach *evangelischem Kirchenrecht* wird das kirchliche Begräbnis unterlassen bei Verstorbenen, die sich bis zuletzt bewusst und eindeutig von der kirchlichen Gemeinschaft und vom christlichen Glauben abgewandt haben.

**kirchliche Schulen,** Schulen in kirchlicher Rechtsträgerschaft; sie haben in Deutschland den Status von Privatschulen. Katholische Schulen werden z. B. von Orden und Bistümern unterhalten, evangelische Schulen von Landeskirchen, Kirchenkreisen und Stiftungen.

**kirchliches Lehramt,** in der *katholischen Kirche* die ›Instanz‹, der als Verkörperung der Lehrautorität, die den Aposteln von Jesus Christus selbst zugesprochenen worden ist, die authentische Bewahrung, Weitergabe, Entfaltung und Auslegung der Glaubensinhalte in letzter Verbindlichkeit obliegt. Träger des kirchlichen Lehramts sind der Papst, das ökumenische Konzil und die regierenden Bischöfe, die es durch kirchliche Sendung **(Missio canonica)** auch an die mit Lehr- und Verkündigungsaufgaben Beauftragten delegieren (z. B. Priester, Theologieprofessoren, Katecheten). Zur Beratung des Hl. Stuhles in wichtigen Lehrfragen besteht seit 1969 bei der Glaubenskongregation und unter dem Vorsitz ihres Präfekten die ›Internationale theologische Kommission‹.

Das Selbstverständnis der *evangelischen Kirchen* schließt ein kirchliches Lehramt nach katholischem Verständnis aus. Richtschnur für Verkündigung und Erklärung der Lehre sind das Evangelium und die Bekenntnisschriften. Praktisch ist jedoch auch in den evangelischen Kirchen die Lehrverkündigung der Autorität der kirchenleitenden Organe (v. a. des Bischofs) unterworfen.

**Kirchweihe,** in der *christlichen Liturgie* die feierliche Handlung, mit der eine Kirche ihrer Bestimmung übergeben wird. In den ersten Jahrhunderten der Kirchengeschichte geschah die Kirchweihe allein durch die festliche Feier einer ersten Messe durch den Bischof (erstmals 314 für die Bischofskirche in Tyros durch Eusebios von Caesarea bezeugt). Mit der Ausweitung des Märtyrerkultes wurde es üblich (seit dem 8. Jh. verpflichtend), in oder unter dem Altar Reliquien zu bergen, deren Einholung und Beisetzung zur Voraussetzung, in einem nächsten Schritt zum Bestandteil einer Kirchweihe wurde. Durch Aufnahme gallischer Elemente in die römische Liturgie entstand um 1000 in der abendländischen Kirche ein äußerst komplizierter Kirchweihritus, der in der *katholischen Kirche* erst 1977 im Rahmen der Liturgiereform entscheidend vereinfacht wurde. Die erste Eucharistiefeier ist demnach wieder die wichtigste und allein notwendige Handlung der Weihe. Ein besonderes Weihegebet über Kirche und Altar, Salbung und Beräucherung des Altars und der Wände sowie das festliche Anzünden aller Lichter in der Kirche sollen die Bedeutung des Gebäudes hervorheben. Reliquien können, müssen aber nicht mehr unter dem Altar beigesetzt werden. Die Kirchweihe und ihr Jahrestag werden als liturgische Hochfeste begangen.

In der *orthodoxen Kirche* ist die Aufbewahrung von Reliquien im Altar bindende Voraussetzung für die Kirchweihe. Der ersten Feier der Göttlichen Liturgie gehen im Rahmen eines Morgengottesdienstes die Weihwasserbesprengung, Myronsalbung und Beräucherung des Altars und das feierliche Auflegen des Antimensions und des Evangelienbuches voraus.

In den *evangelischen Kirchen* erfolgt die Kirchweihe im Rahmen eines feierlichen Gottesdienstes anlässlich der Übernahme des Gebäudes durch die Gemeinde.

**Klagemauer, Westmauer,** frei liegende Wand des Jerusalemer Tempelplatzes; heilige Stätte des Judentums; 18 m hoch, ursprünglich 485 m lang, wovon 170 m bisher freigelegt sind. Die ersten sieben Steinlagen über dem Boden stammen aus herodianischer, die folgenden vier aus spätrömischer Zeit, die übrigen 15 aus späteren Epochen. Unter dem heutigen Niveau des Platzes reichen weitere 19 Steinlagen (21 m) in die Tiefe. Die Klagemauer ist Ort der Klage über die Zerstörung des Tempels und Stätte des Gottesdienstes und Gebets: Männern und Frauen ist dabei jeweils ein eigener, deutlich abgegrenzter Bereich zugewiesen. In den Fugen der Klagemauer stecken zahlreiche zusammengerollte Zettel mit den Gebeten und Bitten der Gläubigen. Der Zugang zur Klagemauer wurde den Juden immer wieder verwehrt, so z. B. nach dem Bar-Kochba-Aufstand (135), unter den Kreuzfahrern, zuletzt 1949–67 durch Verbot seitens der jordanische Behörden.

**Klause,** 1) Behausung eines Einsiedlers; 2) Klosterzelle; 3) kleinere Wohnung, Zimmer (als Ort der Ruhe, des Ungestörtseins).

**Klerus,** *der,* allgemein Bezeichnung für den geistlichen Stand; nach katholischem Kirchenrecht die Gesamtheit der Geistlichen (Kleriker), d. h. derjenigen, die nach früherem Recht durch die erste Tonsur, seit 1973 durch die Diakonatsweihe dem geistlichen Dienst geweiht sind. Die Aufnahme in den Klerus ist nur für Männer möglich. – Im 3. Jh. wurde Klerus zur Bezeichnung eines eigenen geistlichen Standes, der sich in Funktion und Machtbefugnis von den Laien absetzt. Die scharfe Differenz zwischen Klerus und Laien wurde auf dem Konzil von Trient (1545–63) gegen die reformatorische Behauptung eines allgemeinen Priestertums festgeschrieben und bis ins 20. Jh. beibehalten. Das 2. Vatikanische Konzil (1962–65) betonte demgegenüber die gemeinsame apostolische Sendung von Klerikern und Laien, wobei zwischen dem allgemeinen Sendungs- und Zeugnisamt der Laien und dem besonderen, in der Weihe verliehenen Priesteramt unterschieden, dabei jedoch die hohe Bedeutung des Laienapostolats ausdrücklich hervorgehoben wurde.

Mit der Aufnahme in den Klerus wird der Betreffende gleichzeitig einer Diözese oder Ordensgemeinschaft zugeordnet (Inkardination). Er ist zum Dienst in der Kirche und zu einer bestimmten Lebensweise verpflichtet (z. B. zu Stundengebet, Zölibat).

**Kloster,** lat. Monasterium, griech. Koinobion, der gegenüber der Außenwelt abgeschlossene Lebens- und Kultbereich einer Nonnen- oder Mönchsgemeinschaft. Als religionsgeschichtlich gewachsene Institutionen haben Klöster wie das Mönchtum überhaupt ihre Grundlage in dem Bedürfnis von Menschen, ein ausschließlich religiös ausgerichtetes Leben führen zu wollen. Dies soll durch ein der Askese verpflichtetes Leben erreicht werden, das für die Mitglieder der Klostergemeinschaften (Orden) durch verbindliche (kultisch-rituelle) Regeln geordnet ist. Der gegenüber der ›Welt‹ prinzipiell abgeschlossene Raum der Klöster dient dabei der geistlichen Konzentration auf die Aufgaben, die sich die Klostergemeinschaften (auch in der ›Welt‹) gewählt haben, und wird in dieser geistliche Funktion als ein gegen äußere Beeinflussungen (›Versuchungen‹) geschützter Raum verstanden.

Die christlichen Klöster haben ihre Wurzeln im frühchristlichen Mönchtum. Das Kloster im eigentlichen Sinn, als Mönchsgemeinschaft unter einer für alle verbindlichen Regel, wurde durch Pachomius begründet. Die wichtigsten Regeln wurden im Osten die des Basilius d. Gr. und im Westen die des Benedikt von Nursia (Benediktregel), die zur Hauptordnung der europäischen Klöster wurde. Vor allem im Mittelalter waren die Klöster kulturelle und wirtschaftliche Zentren und übten entscheidenden Einfluss auf die Entwicklung der sie umgebenden Regionen aus.

In der katholischen Kirche und in den orthodoxen Kirchen haben die Klöster auch heute nach wie vor eine große, v. a. geistliche, sozialdiakonische und missionarische Bedeutung. Innerhalb der abendländischen Kirche waren Klöster Ausgangspunkte kirchlichen Reformbewegungen (Cluny u. a.). Seit dem Hochmittelalter schlossen sich Klöster oft in größeren Kongregationen zusammen; es entstanden zentral geleitete Orden, in denen das Einzelkloster an Bedeutung verlor. Neben dem Leben im Kloster findet sich seit den Anfängen des Christentums auch die Askese (allein oder in Gruppen) ohne strengen Abschluss von der Welt. Diese

**Kloster:** Die Gebäude des ehemaligen Zisterzienserklosters in Maulbronn.

Lebensform gewann seit dem Spätmittelalter und v. a. durch die katholischen Reformorden des 16. Jh. (z. B. Jesuiten, Ursulinen) immer mehr an Gewicht. Die Reformation lehnte das Klosterwesen als unbiblisch ab und hob die Klöster in den evangelischen Gebieten nahezu vollständig auf. Dennoch gibt es heute auch im evangelischen Raum und in der anglikanischen Kirche klosterähnliche geistliche Gemeinschaften (Kommunitäten).

**Kollekte,** *die,* die Sammlung freiwilliger Gaben für kirchliche Zwecke im Gottesdienst.

**Kommunion,** *die,* allgemein Bezeichnung für eine Versammlung, im übertragenen Sinne auch für die einheitliche Gesinnung und Haltung der Versammelten. Davon ausgehend verbindet Kommunion als Begriff der *katholischen Theologie* zwei Ebenen: Durch die gemeinsame Teilhabe am Leib und am Blut Jesu Christi in der gottesdienstlichen Feier (Kommunion als Eucharistie) entsteht für die daran Teilnehmenden das Recht und die Pflicht zur Gemeinde- und Gemeinschaftsbildung (Kommunion als Kommunikation). Beide Ebenen sind schon im N. T. miteinander verbunden (1. Kor. 1,9; 10,16 ff.). Die Kommunion als gemeinsames eucharistisches Mahl war bei den ersten Christen integraler Bestandteil ihrer Versammlungen. Die weitere Entwicklung unterschied dann immer stärker zwischen der Teilnahme am sonntäglichen Gottesdienst und dem Empfang der Kommunion. Zu ihren Voraussetzungen gehören nach dem katholischen Kirchenrecht die Freiheit von schwerer Schuld sowie die rechte Absicht. Von der Kommunion ausgeschlossen sind mit den Kirchenstrafen der Exkommunikation und des Interdikts belegte Kirchenmitglieder. Kinder sind ab etwa sieben Jahren und nur nach ausreichender Vorbereitung durch Eltern oder Katecheten (Kommunionunterricht) zur Kommunion zugelassen. Der erstmalige Empfang der Kommunion **(Erstkommunion)** wird in der Regel am ›Weißen Sonntag‹ (1. Sonntag nach Ostern) feierlich begangen. Seit dem 2. Vatikanischen Konzil ist in der katholischen Kirche – ähnlich wie beim evangelischen Abendmahl und in der anglikanischen Tradition – die Kommunion ›unter beiden Gestalten‹ (Brot und Wein) erlaubt (Laienkelch). Ausgeteilt werden kann die Kommunion auch durch Laien (Kommunionhelfer). – Zur gegenseitigen Zulassung bekenntnisverschiedener Kirchen zur Kommunion ▸ Abendmahlsgemeinschaft.

**Kommunitäten,** Singular Kommunität, *die,* Bezeichnung für die Orden, Bruder- und Schwesternschaften in den evangelischen Kirchen. Trotz grundsätzlicher Kritik an Klöstern und Orden durch die Reformatoren entstanden auch im evangelischen Raum v. a. im 19./20. Jh. unter dem Einfluss des Pietismus und der hochkirchlichen Bewegung Gemeinschaften mit dem Ziel, nach dem Vorbild der Urgemeinde ein geistliches Leben in der Welt (nach einer Regel oder Gemeinschaftsordnung) zu führen. Teilweise verpflichten sich die Mitglieder entsprechend den traditionellen Ordensgelübden zu Ehelosigkeit, Armut bzw. Gütergemeinschaft und Gehorsam. Die Kommunitäten sind v. a. im deutschen Sprachraum, in Skandinavien, Frankreich, Schottland und den USA verbreitet. Zu ihnen gehören u. a. die Diakonissen, die Evangelischen Franziskaner-Tertiaren, der Evangelische Humiliatenorden, der Johanniterorden, die Evangelisch-ökumenische Johannes-Bruderschaft, die Evangelische Michaels-Bruderschaft, die Jesus-Bruderschaft Gnadenthal (bei Bad Camberg) und die Communauté de Taizé.

**Komplet,** *die,* Completorium, letzte Gebetszeit (Hore) des kirchlichen Stundengebets; Nachtgebet.

**Konfession,** *die,* ursprünglich Bezeichnung für den Bekenntnisakt eines Einzelnen oder einer religiösen Gemeinschaft (z. B. durch Taufe und Firmung); seit der Reformation Bezeichnung für die Bekenntnisschriften der verschiedenen evangelischen Kirchen (z. B. die ›Confessio Augustana‹ von 1530); davon abgeleitet, v. a. seit dem 19. Jh., auch Bezeichnung für die einzelnen christlichen Kirchen (als christliche Gemeinschaften, die ganz bestimmten Traditionen und Bekenntnisschriften verbunden sind). – Die katholische Kirche gebraucht zwar den Begriff ebenfalls zur Abgrenzung ihrer Einrichtungen (z. B. Konfessionsschule), verwendet ihn jedoch kaum in ihrem amtlichen Sprachgebrauch. Statt Konfession findet sich hier zur Beschreibung einer Sozialform der Ausdruck ›kirchliche Gemeinschaften‹, der individuelle Glaubensakt wird als ›professio‹ (Bekenntnis, Erklärung) bezeichnet.

**Konfirmation,** *die,* in den evangelischen Kirchen die feierliche Aufnahme junger Christen (meist im 12.–14. Lebensjahr) als Mitglieder der Gemeinde mit allen Rechten und Pflichten. Die Konfirmation setzt die Taufe und eine vorangegangene Unterweisung **(Konfirmandenunterricht)** voraus und erfolgt im Rahmen eines Gottesdienstes. Nach Glaubensbekenntnis und Gelöbnis der Konfirmanden wird unter Gebet und Handauflegung die ›Einsegnung‹, Zulassung zum Abendmahl und Erteilung kirchlicher Rechte vorgenommen. Theologisch wird die Konfirmation als persönlicher Bekenntnisakt beschrieben, mit dem sich der (i. d. R. als Säugling getaufte) Konfirmand zu seiner Taufe bekennt und seinen Willen erklärt, der Kirche als der Gemeinschaft der an Jesus Christus Glaubenden angehören zu wollen. Die Konfirmation wurde im 16. Jh. anstelle des von den Reformatoren abgelehnten Sakraments der Firmung eingeführt. Ihre volkskirchliche Bedeutung erlangte sie v. a. durch den Pietismus.

**Kongregation,** *die,* im *katholischen Kirchenrecht:* 1) Kurienkongregationen; 2) der Zusammenschluss mehrerer selbstständiger Klöster eines Ordens zu einem Klosterverband (monastische Kongregation); 3) Ordensgemeinschaft mit öffentlichen (lebenslang bindenden) Gelübden (religiöse Kongregation); 4) Selbstbezeichnung einzelner geistlicher Gemeinschaften ohne öffentliches Gelübde (z. B. die Gemeinschaften christlichen Lebens, bis 1967 ›Marianische Kongregationen‹).

**König,** nach dem Kaiser Träger höchster staatlicher Gewalt und höchster Repräsentant in der Monarchie. Solange weltliche und religiöse Institutionen, Staat und Kirche, nicht getrennt sind, gilt auch das Königtum als sakral **(Gottkönigtum)**. Ähnlich wie dem Häuptling eines Stammes religiöse Bedeutung zukommen kann, erscheint der König als Inkarnation, Sohn oder Beauftragter Gottes, sodass er religiös tabuiert oder sogar kultisch verehrt (Herrscherkult) und ihm ein besonderes Charisma zugeschrieben wird. Im Christentum hat sich trotz der Trennung von Staat und Kirche (seit dem Investiturstreit) lange die Vorstellung von einem Gottesgnadentum erhalten.

**Konklave,** *das,* im *katholischen Kirchenrecht:* eigentlich die Räume für die Papstwahl, i. w. S. Bezeichnung für die wahlberechtigte Kardinalsversammlung sowie für den Vorgang der Wahl. Das Konklave beginnt frühestens 15, spätestens 20 Tage nach dem Eintritt der Sedisvakanz und findet unter völligem Abschluss von der Außenwelt statt, früher im Palazzo del Quirinale, seit 1870 im Vatikan. Wahlberechtigt sind die Kardinäle, die das 80. Lebensjahr noch nicht erreicht haben. Als Obergrenze der zur Papstwahl berechtigten Kardinäle legte Paul VI. die Höchstzahl 120 fest. Die beteiligten Kardinäle müssen in einem Eid absolute Geheimhaltung über die Wahl und ihr Wahlverhalten zusichern.

**Konkordanz,** *die,* allgemein: Gleichmäßigkeit, Übereinstimmung; Gegensatz: Diskordanz.

**Konkordat,** *das,* allgemein eine Vereinbarung, i. e. S. ein zur Regelung grundsätzlich aller Gegenstände gemeinsamen Interesses zwischen dem Hl. Stuhl und einem Staat abgeschlossener Vertrag; i. w. S. jeder Vertrag zwischen der katholischen Kirche und einem Staat. Verträge mit dem Hl. Stuhl werden im Hinblick auf dessen Völkerrechtssubjektcharakter und die diplomatischen Abschlussformen überwiegend als völkerrechtliche oder völkerrechtsähnliche Verträge angesehen, obwohl sie der Sache nach öffentlich-rechtliche Verträge sui generis sind. Ihr echter Vertragscharakter ist heute durchweg anerkannt. Der rechtfertigende Sinn von Konkordaten wird heute in der Wahrung und Ausgestaltung der Kirchenfreiheit und der Zusammenarbeit zwischen Staat und Kirche gesehen. In *Deutschland* gibt es neben Konkordaten auch Verträge mit evangelischen Kirchen (▸ Kirchenvertrag); die staatliche Zuständigkeit zum Abschluss von Konkordaten liegt primär bei den Ländern.

Mit deutschen Ländern wurden Konkordate geschlossen: Bayern (1924, mehrfach geändert, zuletzt 1988), Preußen (1929), Baden (1932), ferner mit dem Deutschen Reich (Reichskonkordat) und Österreich (1933). Neben zahlreichen Sonderabkommen ist in Deutschland das niedersächsische Landeskonkordat von 1965 bedeutsam. In den neuen Ländern wurden parallel zu den Verhandlungen über die Kirchenverträge mit den evangelischen Kirchen auch Verhandlungen zwischen dem Hl. Stuhl und den Regierungen Mecklenburg-Vorpommerns, Sachsens, Sachsen-Anhalts und Thüringens über den Abschluss konkordatärer Vereinbarungen geführt. Der Freistaat Sachsen hat 1996 einen Staatsvertrag (im italienischen Vertragstext ›Accordo‹) mit der katholischen Kirche abgeschlossen; Thüringen und Mecklenburg-Vorpommern folgten 1997.

**Konkordienbuch,** Sammlung lutherischer Bekenntnisschriften, die am 25. 6. 1580 veröffentlicht wurde. Das Konkordienbuch enthält die drei altkirchlichen Glaubensbekenntnisse (Apostolisches, Nicänokonstantinopolitanisches und Athanasianisches), das ›Augsburgische Bekenntnis‹ mit P. Melanchthons Apologie, die Schmalkaldischen Artikel, Melanchthons ›Tractatus de potestate et primatu papae‹, M. Luthers ›Kleinen‹ und ›Großen Katechismus‹ sowie die Konkordienformel. Die Zusammenstellung des Konkordienbuchs erfolgte v. a. durch J. Andreä. In verschiedenen Ausgaben gibt es z. T. Zusätze und Veränderungen. Da einige evangelische Stände das Konkordienbuch nicht anerkannten, wurde es nicht für das gesamte Luthertum bindend.

**Konsekration,** *die,* lat. Consecratio, *katholische Kirche:* Bezeichnung für liturgisch vollzogene Handlungen, mit denen Personen zeichenhaft in ein besonderes (Dienst-)Verhältnis gegenüber Gott gestellt bzw. Gegenstände und Gebäude (Orte) zum ausschließlichen gottesdienstlichen Gebrauch bestimmt werden. Begrifflich unterscheidet das katholische Kirchenrecht dabei zwischen der Weihe von Personen (Consecratio) und Weihungen von Gegenständen und Orten (Dedicatio). In der Feier der Eucharistie bezeichnet Konsekration die Weihe von Brot (den Hostien) und Wein, bei der nach katholischem Verständnis ihre Wandlung in den Leib und das Blut Christi geschieht. – Das konsekrierte Brot wird als Allerheiligstes zu besonderen Anlässen (v. a. bei der Fronleichnamsprozession) auch außerhalb der Messe gezeigt und verehrt.

**Konstantinische Schenkung,** lat. Constitutum Constantini, Donatio Constantini, zwischen 750 und 850 entstandene Fälschung in Urkundenform. Der Urkunde zufolge soll Kaiser Konstantin I., d. Gr., (272–337) bei der Verlegung seiner Residenz nach Konstantinopel Papst Silvester I. und dessen Nachfolgern zum Dank für die Spendung der Taufe und die Heilung vom Aussatz (Silvesterlegende) kaiseriche Gewalt, Würde und Insignien verliehen und ihnen den Lateranpalast sowie die Herrschaft über Rom und alle Provinzen, Gebiete und Städte Italiens und über die Provinzen im Westendes Röm. Reiches überlassen haben. Anlass für die Abfassung der Urkunde war möglicherweise der Vertrag von Quierzy (Pippinsche Schenkung, 754) zwischen Papst Stephan II. und König Pippin oder der in der 2. Hälfte des 8. Jh. entstandene päpstliche Anspruch auf das Exarchat Ravenna und weitere italienische Gebiete. Nach vorübergehenden Zweifeln an ihrer Echtheit unter Otto III. diente die Fälschung v. a. Anfang des 13. Jh. Papst Innozenz III. zur Legitimierung und Verteidigung seiner Besitzansprüche auf den Kirchenstaat. Die Echtheit der Konstantinischen Schenkung wurde dann bis ins 15. Jh. nicht mehr infrage gestellt. Erst Humanisten des 15. Jh. wie Nikolaus von Kues und Lorenzo Valla bewiesen durch historisch-philologische Untersuchungen ihre Unechtheit. – Abb. S. 155

**Konstitution,** *die,* im *Kirchenrecht:* 1) Bezeichnung für Erlasse eines Papstes oder Konzils in der katholischen Kirche sowie für die Statuten eines Ordens; 2) kirchenrechtliches Sammelwerk, ▸ Apostolische Konstitutionen.

**Kontemplation,** *die,* konzentriert-beschauliches Nachdenken. In *Philosophie* und *Religionswissenschaft* ursprünglich die Beobachtung des Himmels durch die Auguren; kann seither als ein ganzheitliches Erfassen (Beschauung) oder ungeteiltes Sichvertiefen (Versenkung) sinnliche, geistige und religiöse Aspekte umfassen. Cicero übersetzte mit ›contemplatio‹ den griechischen Begriff ›theoria‹, worunter eher die allein geistige Schau der Welt in ihrem nicht den Sinnen zugänglichen Grund und in ihrer Ordnung verstanden wurde. Demgegenüber wurde die ›Praxis‹ als theorieunabhängige Regelung des guten Zusammenlebens in der Polis begriffen. Nur diejenigen, die von der Mitgestaltung des öffentlichen Lebens und den damit verbundenen Unannehmlichkeiten befreit waren, konnten sich der ›Theorie‹ bzw. Kontemplation hingeben. Vorbereitet durch die Kirchenväter und Plotin, galt die Kontemplation in der Mystik des Mittelalters als Schau Gottes als des Grundes der geschaffenen Wirklichkeit. Kontemplation ist danach die höchste Stufe der geistigen Anstrengungen des Menschen. Im Gegensatz zum spekulativen Denken, in dem die intellektuellen, diskursiven Fähigkeiten des Menschen aktiviert werden, wird die Kontemplation als Angleichung an und Prägung durch Gott mit Glückserfahrung (›beatitudo‹) und Ekstase verbunden. Andererseits galt die ›vita contemplativa‹ als Wegweisung für das tätige Leben (›vita activa‹). Kontemplation findet sich v. a. in der Lebensform der beschaulichen Orden der katholischen Kirche. Auch außerhalb der christlichen Religion, v. a. im Islam, Hinduismus und Buddhismus, sind kontemplative Praktiken bekannt und verbreitet. (▸ Meditation)

**Konvent,** *der,* im *Kirchenrecht: 1) evangelische Kirchen:* regelmäßige Zusammenkünfte von Pfarrern auf Kreis- oder Landesebene; auch Bezeichnung für Vereinigungen mit theologischen und kirchenpolitischen Zielsetzungen; *2) katholische Kirche:* Bezeichnung für die Gesamtheit der Angehörigen eines Klosters sowie für das Kloster selbst, i. e. S. die Versammlung aller stimmberechtigten Mitglieder des Klosters.

**Konzil,** *das,* christliche Kirchen: *Synode,* die Versammlung von kirchlichen Repräsentanten (v. a. von Bischöfen), zur Beratung und Entscheidung (gesamt-)kirchlicher Angelegenheiten. Eine be-

**Konzil:** Das 2. Vatikanische Konzil 1962–65 tagte in vier Sitzungsperioden und sorgte innerhalb der katholischen Kirche für eine Aufbruchstimmung.

sondere Bedeutung in der Kirchengeschichte haben die ersten sieben ökumenischen Konzile, deren Teilnehmer die noch ungeteilte Gesamtkirche repräsentierten und deren Beschlüsse auch heute von allen großen christlichen Kirchen anerkannt werden. Seit dem Morgenländischen Schisma wurden die Konzile mehr und mehr zu ›innerkatholischen Versammlungen‹. Die Frage, welche Kompetenz und Autorität dem Konzil gegenüber dem Papst zukomme, führte zur Auseinandersetzung um den ▸ Konziliarismus.

Nach *katholischem Kirchenrecht* (1983) hat ausschließlich der Papst das Recht, ein Konzil einzuberufen, zu leiten und aufzulösen sowie die Tagesordnung aufzustellen. Ebenso bedürfen die Beschlüsse eines Konzils seiner Billigung. Teilnahme- und Stimmrecht besitzen die Bischöfe, sonstige Teilnehmer muss der Papst berufen (ca. 338–341 CIC). Von den ökumenischen Konzilen (in der Neuzeit nach katholischem Verständnis bisher das Konzil von Trient sowie das 1. und 2. Vatikanische Konzil), deren Lehräußerungen Unfehlbarkeit zukommt, werden als legislative Organe der Teilkirche die **Partikularkonzile** unterschieden: das **Provinzialkonzil** der Bischöfe einer Kirchenprovinz und das **Plenarkonzil** von Bischöfen mehrerer Kirchenprovinzen (zunehmend durch die Bischofskonferenz ersetzt). Die seit 1965 stattfindenden Bischofssynoden haben nur beratende Funktion.

**Konziliarismus,** die Auffassung, dass ein allgemeines (ökumenisches) Konzil die höchste Instanz in der (katholischen) Kirche und damit auch dem Papst übergeordnet sei. In der Diskussion um den Konziliarismus wurden unterschiedliche Positionen vertreten, die von einer Anerkennung des Konziliarismus als legitimen Mittels zur Beseitigung eines Schismas oder, um aus zwingenden Gründen (z. B. wegen Geistesgestörtheit) einen Papst zu ersetzen, bis zur grundsätzlichen Kritik an einer hierarchisch-papalistisch ausgerichteten Kirchenstruktur reichen. Eine der Voraussetzungen des Konziliarismus war die von Kanonisten des 12. und 13. Jh. vertretene Auffassung, dass im Falle eines persönlichen Irrtums des Papstes das Konzil der maßgebliche Repräsentant der Kirche sei. Zu einer vertieften Diskussion darüber kam es seit dem Abendländischen Schisma (1378). Das 1. Vatikanische Konzil dogmatisierte dagegen die Lehre, dass der Papst allein oberster Hirte der Gesamtkirche und ohne ihn ein ökumenisches Konzil nicht möglich sei, während das 2. Vatikanisches Konzil auf Anliegen des Konziliarismus zurückgriff, indem es unter Wahrung der kirchenrechtliche Stellung des Papstes die Rolle des Bischofskollegiums bei der Leitung der Gesamtkirche herausstellte und mit der kirchenrechtliche Verankerung der Bischofskonferenzen und der Schaffung der Bischofssynode institutionalisierte.

**Kopten,** die christlichen Nachkommen der Ägypter des Altertums. Die Kopten sind in der Mehrzahl orthodoxe Christen und gehören der koptischen Kirche an.

**koptische Kirche, koptisch-orthodoxe Kirche,** die christliche Nationalkirche Ägyptens. Ihr Oberhaupt führt den Titel ›Papst von Alexandria und Patriarch des Stuhles des hl. Markus‹; Sitz des koptischen Papstes und Patriarchen ist seit 1971 Kairo. Liturgische Sprachen sind Koptisch und Arabisch; in der Diaspora wird die Liturgie in den jeweiligen Landessprachen gefeiert.

Die koptische Kirche führt ihre Tradition auf den Evangelisten Markus zurück und sieht ihr Oberhaupt in dessen direkter Nachfolge stehen. In dieser Sukzession ist Papst Shenouda III. (Nasir Gayid

**koptische Kirche:** Die koptische Kirche gehört zu den ältesten christlichen Kirchen, sie ist v. a. in Ägypten verbreitet. Im Bild die thronende Gottesmutter, ein Fries aus dem Sinaikloster (6. Jh.)

Rafail, * 1923), der die koptische Kirche seit 1971 leitet, der 116. Nachfolger des hl. Markus. Im frühen ägyptischen Christentum wurzelnd und in dieser Tradition bis heute stark durch das Mönchtum geprägt, entstand die koptische Kirche als eigenständige Kirche seit dem 1. Jh. Damit verband sich der nationale Widerstand der Kopten gegen den wachsenden kulturellen Einfluss des Hellenismus. Theologisch war der Vorwurf der byzantinischen Reichskirche, die koptische Kirche vertrete den Monophysitismus, ausschlaggebend. Obgleich nicht gerechtfertigt, bestand er seit dem Konzil von Chalkedon (451) fast 1 500 Jahre und konnte erst in den 1980er-Jahren ausgeräumt werden. Unter arabisch-islamischer Herrschaft (ab 5. Jh.) verlor die koptische Kirche viele Mitglieder, sodass der Anteil der Kopten an der Gesamtbevölkerung Ägyptens seit dem 16. Jh. etwa 10 % ausmacht.

Der Gottesdienst wird überwiegend nach der Basiliusliturgie gefeiert. Wie die katholische und die orthodoxe Kirche kennt die koptische Kirche sieben Sakramente. Die Frömmigkeit findet u. a. in zahlreichen Fastentagen ihren Ausdruck.

**koptische Kirche, katholisch-koptische Kirche,** die Gemeinschaft der mit der katholischen Kirche unierten Kopten; zurückgehend auf im 18. Jh. beginnende Unionsbestrebungen der katholischen Kirche. Diese führten 1761 zur Errichtung eines katholisch-koptischen Vikariats für die (wenigen) Kopten, die sich der Union angeschlossen hatten. 1895 errichtete Papst Leo XIII. das ›katholisch-koptische Patriarchat von Alexandria‹. Patriarch (mit Sitz in Kairo) ist seit 1986 Stéphanos II. Ghattas (* 1920).

**Koran,** das hl. Buch des Islam, nach muslimischem Glauben dem Propheten Mohammed von Gott wörtlich in arabischer Sprache geoffenbart. Es enthält die von Mohammed zwischen 609/610 und 632 als Gottesbotschaft verkündeten Texte, die zunächst nur mündlich tradiert, nach der Hidjra dann z. T. mitgeschrieben wurden. Der Koran zerfällt in 114 **Suren** (Abschnitte), die in Verse unterteilt sind. Die Suren haben bestimmte Überschriften (z. B. ›Joseph‹ [Sure 12], ›Die Pochende‹ [Sure 101]), die sich aus einem Schlüsselwort, einem Thema oder den ersten Worten der Sure ergeben. Sie sind mit Ausnahme der ersten (›Fatiha‹ [›Die Öffnende‹]) in etwa nach dem Prinzip der abnehmenden Länge angeordnet. Dies geht nicht auf Mohammed selbst zurück, sondern auf die Redaktion des Korans unter dem dritten Kalifen Othman (644–656), der aus einer von seinem Vorgänger Omar veranlassten Sammlung der Einzeloffenbarungen und mehreren anderen kursierenden Sammlungen eine offizielle Koranausgabe erstellen und abweichende Versionen vernichten ließ.

Anhand formaler und inhaltlicher Kriterien und der islamischen Überlieferung konnten die Texte des Korans verschiedenen Perioden von Mohammeds Wirken zugeordnet werden. In den am frühesten verkündeten Partien stehen die Ankündigung des Jüngsten Gerichts und die Botschaft vom gütigen Schöpfergott im Vordergrund. Später nehmen Erzählungen über frühere Propheten, die z. T. biblische Stoffe oder solche der außerbiblischen jüdischen und christlichen Tradition aufgreifen, breiten Raum ein. Weitere Inhalte sind u. a. die Auseinandersetzung mit heidnischen Mekkanern, Juden und Christen, Hinweise auf die Zeichen der Allmacht und weisen Fürsorge Gottes in Natur und menschlichem Leben sowie ethische und kultische Richtlinien. Nach der Hidjra traten in größerem Umfang ethische und praktische Vorschriften hinzu, die zur Hauptquelle des islamischen Rechts wurden.

Der Koran ist nach muslimischer Überzeugung ein unnachahmliches Wunderwerk Gottes, v. a. auch in sprachlicher Hinsicht, und daher nicht wirklich übersetzbar. Doch sind bei nicht arabischen Muslimen seit langem fremdsprachige Wiedergaben seines Textsinns in Gebrauch, freilich nicht für kultische Zwecke. Nach der Lehre der Sunniten ist das

**Koran:** Eine Seite aus einer Koranhandschrift des 16. Jh. mit einem Teil der 1. Sure: »Im Namen des barmherzigen und gnädigen Gottes. Lob sei Gott, dem Herrn der Menschen in aller Welt ...« (Berlin, Staatsbibliothek).

koranische Gotteswort unerschaffen, also mit Gott gleich ewig. Die Schiiten hängen mehrheitlich der ursprünglich von der Theologenschule der Mutasiliten vertretenen gegenteiligen Auffassung an. Die Offenbarung des Koran ist nach muslimischem Verständnis das zentrale Faktum der Heilsgeschichte.

Im islamischen *Frömmigkeitsleben* kommt dem Koran eine herausragende Bedeutung zu. Kurze Korantexte werden im täglichen fünfmaligen Ritualgebet (Salat) verwendet. Bis ins 19. und z. T. sogar 20. Jh. war in islamischen Ländern das Auswendiglernen des gesamten Korans der Hauptinhalt der Elementarbildung; noch heute praktizieren es viele Muslime. Einzelne Koranverse werden gern in der Literatur, aber auch im Alltag zitiert. Die Koranrezitation in gesungenem Vortrag hat sich zu einer hohen Kunst entwickelt. Koranexemplare werden mit großer Ehrfurcht behandelt.

Zeitgenössische islamische Fundamentalisten fordern meist die wörtliche Verwirklichung der koranischen Normen, besonders der strafrechtlichen, und bezeichnen den Koran – der keinerlei Verfassungsnormen im üblichen Wortsinn enthält – als die Verfassung des von ihnen erstrebten islamischen Staates. In der islamischen Theologie der Gegenwart ist eine historisch-kritische Exegese des Korans, als dessen alleiniger Urheber nach wie vor Gott gilt, noch unbekannt.

**Korintherbriefe,** Abk. **Kor.**, zwei im N. T. enthaltene Briefe des Paulus an die um 50 n. Chr. gegründete christliche Gemeinde von Korinth. Wahrscheinlich sind in sie mindestens vier verschiedene zwischen 54 und 56 abgefasste Briefe eingearbeitet worden; u. a. der ›Tränenbrief‹ (2. Kor. 10–13), in dem Paulus sein Apostelamt begründet und gegen persönliche Angriffe verteidigt. Schwerpunkte des 1. Korintherbriefes bilden der Erhalt der Einheit der jungen christlichen Gemeinde (1. Kor. 1–4) und sittliche Missstände in Korinth (1. Kor. 5–6). Weiterhin geht Paulus grundsätzlich auf Fragen ein, die ihm als Probleme der Gemeinde bekannt geworden bzw. mitgeteilt worden sind: Ehe und Ehelosigkeit, die Teilnahme an heidnischen Kulten und der damit verbundene Verzehr von Opfertieren und das Verhalten im Gottesdienst und bei der Feier des Herrenmahls.

**Krankensalbung,** früher **Letzte Ölung**, die durch einen Priester vollzogene liturgische Salbung von Alten und Kranken mit geweihtem Öl (Chrisam, Myron). In der katholischen und orthodoxen Kirche gilt die Krankensalbung als Sakrament. Ursprünglich unter Berufung auf Jak. 5,14 ff. kranken Gemeindemitgliedern mit der Absicht gespendet, für sie Genesung, geistliche Stärkung und Sündenvergebung zu erbitten, war sie seit dem 10. Jh. in der lateinschen Kirche, in enger Verbindung mit der Buße, als ›Letzte Ölung‹ den Sterbenden vorbehalten. Eine Rückbesinnung auf das biblische Verständnis erfolgte durch die liturgische Bewegung der Neuzeit; in der Folge wurde die Bezeichnung

›Letzte Ölung‹ durch die Bezeichnung ›Krankensalbung‹ ersetzt. Die geistliche Neubestimmung des Sakraments (Spendung auch bei schwerer Krankheit oder Altersschwäche) fand Eingang in die Konstitution über die hl. Liturgie (Art. 73) und in das Kirchenrecht (cc. 998–1007). – Ebenso ist die Kran-

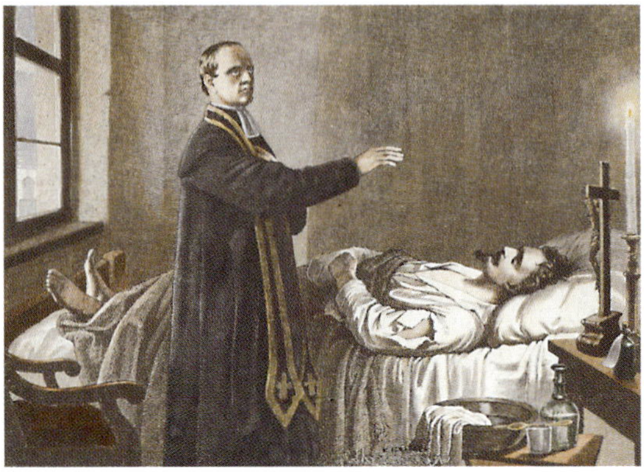

**Krankensalbung:** Bischof Ketteler spendet die Sterbesakramente.

kensalbung (Euchelaion) in den Ostkirchen nicht nur Sterbesakrament, sondern wird in der großen Fastenzeit (zur körperlichen und seelischen Heilung) allen Gläubigen gespendet, die darum bitten.

**Kräuterweihe, Wurzweihe, Wischweihe,** in der katholischen Kirche die Sitte, v. a. am Fest Mariä Himmelfahrt (15. 8.), ein Bund (auch Wurzwisch genannt) mit Heil- und Nutzkräutern, auch Kulturpflanzen und Blumen segnen zu lassen.

**Kreuz,** *Religionsgeschichte* und *Theologie:* eines der ältesten religiösen Symbole und Heilszeichen der Menschheit; als solches bereits in der vorchristlichen Welt bekannt. Im 1. Jt. v. Chr. findet es sich in Assyrien als Sinnbild der Sonne und in Ägypten in der Form des Henkelkreuzes als Symbol des Lebens. Das Heilszeichen des Radkreuzes (Swastika, Hakenkreuz) ist noch älter.

Im Christentum wurde das Kreuz zum Symbol und Zeichen des durch Gott im Kreuzestod und der Auferstehung Jesu Christi gewirkten Heils. Über die Form des Kreuzes Jesu Christi lassen die Passionsberichte der Evangelien keine eindeutigen Schlüsse zu; geschichtlich finden sich als Grundformen des christlichen Kreuzes schon früh das *griechische Kreuz* sowie das *lateinische Kreuz.* Bereits in frühchristlichen Schriften wurde eine *Kreuzestypologie* entwickelt und theologisch vertieft.

Die **Kreuzverehrung** wurde nach der Erhebung des Christentums zur alleinigen Staatsreligion öffentlich gefördert. Das älteste Kreuzfest, das Fest **Kreuzerhöhung,** verbreitete sich zunächst im Osten. In den Kirchen, die über eine Kreuzreliquie verfügten, wurde diese den Gläubigen in einer feierlichen Zeremonie gezeigt. Das Fest wird am 14. 9. gefeiert und ist eines der Hauptfeste des orthodoxen Kirchenjahres. Es geht zurück auf die erstmalige feierliche Darstellung des Kreuzes in der Grabeskirche am 14. 9. 335, dem Tag nach ihrer Weihe. Seit dem 7. Jh. wird es auch in der lateinischen Kirche gefeiert. Ebenfalls im 7. Jh. wurde in Rom die Kreuzverehrung in die Karfreitagsliturgie eingeführt.

Seit dem Mittelalter erscheint das Kreuz als Altarkreuz sowie als Vortragekreuz und Prozessionskreuz. Außerdem begegnet die Form des Kreuzes in den Gesten, die bestimmte Zeremonien begleiten, z. B. in den gekreuzten Händen beim Empfang des Abendmahls; z. T. verdrängte die Bekreuzigung die in der Urkirche übliche Handauflegung (z. B. bei Firmung, Buße und Krankensalbung). Als Geste des Segnens hat sich das Kreuzzeichen besonders in der katholischen. Kirche und in den Ostkirchen erhalten.

In der *christlichen Volksfrömmigkeit* findet sich das Kreuz z. B. als Hauskreuz, Grabkreuz, Wegekreuz,

**Kreuz:** Unter dem Schutz des Kreuzes fliehen 1995 christliche Hutu aus Ruanda vor den burundischen Tutsi nach Tansania.

das an Haus oder Stall angebrachte Kreuz oder das als Schmuck am Hals getragene Kreuz. Nicht selten wird es dabei zum magischen Zeichen.

**Kreuzerhöhung,** das älteste Kreuzfest der christlichen Kirche; ▸ Kreuz.

**Kreuzigung,** eine aus dem Orient stammende, bei vielen antiken Völkern übliche Art der Hinrichtung von Männern. In alter Zeit bestand sie oft im Aufspießen oder Aufhängen an einem einfachen Pfahl; bei den Römern, die die Kreuzigung wahrscheinlich von den Karthagern übernahmen, wurde sie meist durch Annageln und/oder Anbinden an Pfahl und Querholz vollzogen.

Die Kreuzigung galt bei den Römern (neben der Tötung durch wilde Tiere) als schändlichste Form der Todesstrafe. Sie wurde nur über Sklaven und nicht römische Freie wegen eines Schwerverbrechens wie Mord, Hochverrat oder Tempelraub verhängt. Der Verurteilte musste selbst das Querholz zur außerhalb der Stadt gelegenen Richtstätte tragen. Dort (oder auf dem Weg dorthin) wurde er in nacktem Zustand ausgepeitscht (gegeißelt) und mit ausgestreckten Armen an das Querholz angebunden, später immer häufiger angenagelt. Dieses zog man dann am (in der Regel ortsfesten) Pfahl hoch und befestigte es oben. Ein Holzklotz etwa in der Mitte des Pfahls stützte den hängenden Körper und verhinderte einen zu raschen Tod; das in der christlichen Kunst vom 6. Jh. an gezeigte Fußbrett ist vielleicht ein unhistorischer Ersatz für den schwer darstellbaren Sitzpflock. An der Spitze des Kreuzes wurde eine Tafel mit Namen und Schuld des Verurteilten angebracht. Das Exekutionskommando – in den Provinzen römische Soldaten – teilte den Nachlass des Gekreuzigten unter sich auf und blieb als Wache an der Richtstätte. Sollte der Tod des Verurteilten beschleunigt werden, zerschlug man ihm die Unterschenkel mit Keulen, oder sie wurden abgehauen. Der Tod trat in diesem Fall durch Verbluten, sonst durch Kreislaufkollaps und Herzversagen ein. Der Leichnam blieb meist hängen, bis er verwest oder eine Beute von Tieren geworden war. Der zuständige Magistrat konnte ihn aber gnadenweise zur Bestattung freigeben. Durch Kaiser Konstantin d. Gr. wurde die Kreuzigung um 315 abgeschafft.

*Kreuzigung Jesu Christi:* Der Verlauf der Kreuzigung Jesu Christi kann annähernd aus den Passionsberichten der vier Evangelien rekonstruiert werden. Ob die Hinrichtung Jesu an einem Pfahl oder an einem Pfahl mit Querbalken erfolgte, lässt sich nicht sicher sagen. Auf dem Weg zur Hinrichtungsstätte wird ein Zuschauer, Simon von Kyrene, gezwungen, Jesus den Querbalken (oder den Pfahl) abzunehmen. Der Ort der Kreuzigung wird mit Golgatha bezeichnet. Dort wurde Jesus nach jüdischem Brauch mit Myrrhe gewürzter Wein angeboten (Mk. 15,23; nach Joh. 19,29 ein Schwamm mit Essig), der eine schmerzlindernde Wirkung hatte.

**Kreuzigung:** G. Pisano, Kreuzigung, Relief an der so genannten Pisaner Kanzel (1302 – 11, Pisa).

Daraufhin wurde Jesus – offenbar zusammen mit zwei Verbrechern – gekreuzigt. Unter den anwesenden Zuschauern werden besonders Maria, Johannes, Maria Magdalena sowie weitere Frauen erwähnt. Die Verteilung der Kleider sowie die Anbringung der Tafel mit Namen und Hinrichtungsgrund (Joh. 19, 19: ›Jesus von Nazareth, der König der Juden‹) entsprachen römischem Brauch. Der Tod Jesu trat wahrscheinlich durch Kreislaufversagen ein. In Joh. 19, 34 heißt es, dass einer der römischen Soldaten mit seiner Lanze Jesus in die Seite stieß und Blut und Wasser herausflossen. Auf Anfrage des Joseph von Arimathaia, der gemäß jüdischem Gesetz (5. Mos. 21, 23) den Leichnam nicht über Nacht hängen lassen wollte, gab Pilatus diesen zur Bestattung frei. – Ablauf und Szenerie der Kreuzigung wurden in den Apokryphen des N. T. und in den mittelalterlichen Legenden mit weiteren Details breit ausgestaltet.

**Kreuzweg,** *katholische Kirche:* Andachtsform, bei der die Gläubigen den Leidensweg Jesu Christi über einzelne ›Stationen‹, an denen an Ereignisse aus der (z. T. legendarisch erweiterten) Passionsgeschichte erinnert wird – von der Verurteilung Jesu bis zu seiner Grablegung –, betend und betrachtend nachgehen. Die Kreuzwegandacht wurde angeregt durch die seit dem 14. Jh. beliebten ›geistlichen Wallfahrten‹ nach Palästina und die Nachahmung des Jerusalemer Pilgerbrauchs, den Kreuzweg Jesu Christi vom Haus des Pilatus (Burg Antonia) bis zur Hinrichtungs- und Begräbnisstätte Golgatha betend abzuschreiten und somit nachzuvollziehen. Nach diesem Vorbild wurden im Abendland an meist hügeligen Stellen in der Landschaft Kreuzwege **(Kalvarienberge)** nachgebildet. Die Anzahl der Stationen war unterschiedlich: In Deutschland waren lange Zeit ›sieben Fälle‹ üblich, seit etwa 1600 setzte sich die Zahl 14 der Stationen durch. Um 1700 begann man, auch im Kircheninnern Kreuzwegstationen zu errichten. Die einzelnen Stationen werden durch ein Kreuz sowie durch bildliche oder plastische Darstellungen des Stationsinhalts gekennzeichnet. Seit dem 17. Jh. sind die einzelnen Stationen mit folgenden Themen verbunden: Jesus wird zum Tode verurteilt (1), nimmt das Kreuz auf sich (2), stürzt zum ersten Mal unter dem Kreuz (3), begegnet seiner Mutter (4), wird von Simon von Kyrene unterstützt (5), erhält von Veronika ein Schweißtuch (6), stürzt zum zweiten Mal (7), tröstet die weinenden Frauen von Jerusalem (8), stürzt zum dritten Mal (9), wird seiner Kleider beraubt (10), wird ans Kreuz geschlagen (11), stirbt am Kreuz (12), wird vom Kreuz genommen (13), wird ins Grab gelegt (14).

**Kreuzzeichen,** in den *christlichen Kirchen* der Brauch, mit der Hand über sich selbst, andere Personen oder Sachen ein Kreuz zu zeichnen. In der frühen Kirche erstmals um 200 bezeugt, ging das Kreuzzeichen in die Liturgie der katholischen Kirche, der anglikanischen Kirche und der Ostkirche ein und ist als Gebärde des Gebets auch Bestandteil der persönlichen Frömmigkeit. Die Katholiken des lateinischen Ritus machen das Kreuzzeichen entweder mit dem Daumen auf Stirn, Mund und Brust (kleines oder deutsches Kreuzzeichen), oder man berührt mit der rechten Hand Stirn und Brust, hierauf die linke und die rechte Schulter (großes oder lateinisches Kreuzzeichen). Beim Kreuzzeichen wird die Trinität angerufen und die linke Schulter, als die Herzgegend, bei der Nennung des Hl. Geistes berührt, sodass sie bei der lateinischen Form zuerst, bei der griechischen Form zuletzt berührt wird. – In den Ostkirchen wird das Kreuzzeichen mit drei Fingern oder mit zweien (so bei den russischen Altgläubigen) geschlagen. – Die evangelischen Kirchen lutherischer Prägung üben das Kreuzzeichen als liturgische Segenserteilung bei den kirchlichen Amtshandlungen Taufe, Konfirmation, Trauung und Bestattung, beim Abendmahl und beim Schlusssegen im Gottesdienst.

**Kreuzzug:** Die christlichen Heere bauten sich gewaltige Burgen im Heiligen Land; im Bild der Krak de Chevaliers in Westsyrien (12./13. Jh.).

**Kreuzzug, Kreuzfahrt,** allgemein ein von der Kirche im Mittelalter geförderter Kriegszug gegen ›Ungläubige‹ (z. B. die heidnischen Prußen und Wenden) und Ketzer (z. B. die Albigenser, Stedinger) zur Ausbreitung bzw. Wiederherstellung des katholischen Glaubens; in engerem Sinne die kriegerischen Unternehmungen der abendländischen Christenheit zur Rückeroberung des Heiligen Landes (Palästina) vom Ende des 11. bis zum Ende des 13. Jahrhunderts.

In den Kreuzzügen verband sich der Gedanke der Pilgerfahrt und der zeitgenössischen Auslegung von Augustinus' ›gerechtem Krieg‹, den man v. a. als Kampf gegen die Heiden verstand, mit mannigfachen politischen, kulturellen, sozialen und wirtschaftlichen Interessen. Vorstufen waren die Kämpfe gegen die Araber in Spanien und Sizilien. Auf der Synode von Clermont (heute Clermont-Ferrand) rief Papst Urban II. am 27. 11. 1095 die Christenheit zum ›heiligen Krieg‹ gegen den Islam auf, als Antwort auf Hilferufe des byzantinischen Kaisers Alexios I. Komnenos gegen die türkischen Seldschuken. Die Kreuzpredigt des Papstes fand begeisterten Widerhall (›Gott will es‹). Die Kampfbereiten hefteten ein rotes Kreuz auf die Schulter, leisteten den Kreuzfahrereid und erhielten Nachlass der kanonischen Bußstrafen. Es entstand eine breite Kreuzzugsbewegung, die mit der Gründung neuer Orden (Ritterorden, Kreuzherren) und einer allgemeinen Aufwertung der Kreuzesfrömmigkeit verbunden war.

Durch die Kreuzzüge kamen Hunderttausende von Menschen ums Leben; es wurden keine anhaltenden politischen Erfolge erzielt, und auch die Vereinigung von lateinischer und byzantinischer Kirche konnte nicht erreicht werden. Allerdings sicherten die Kreuzzüge die Handelswege Venedigs und anderer italienischer Stadtstaaten im östlichen Mittelmeer für lange Zeit. Zudem schufen sie durch die Berührung mit Byzanz und der islamischen Welt die Voraussetzung dafür, dass griechisch-orientalische Geistesgut im Abendland bekannt werden konnte.

**Kulturkampf:** Eine Folge des Kulturkampfes war die Durchsetzung der Ziviltrauung durch staatliche Beamte.

**Krippe:** Als eigenständiger Typus ist die Krippe seit der Mitte des 16. Jh. zuerst in italienischen und spanischen, bald danach in süddeutschen Kirchen und an Fürstenhöfen nachzuweisen. Durch genrehaftes Beiwerk an Figuren und Baulichkeiten weitete sich die Darstellung aus, häufig auf einen dreistufigen Krippenberg. Ihren Höhepunkt erreichte die Krippenkunst in den Monumentalkrippen Neapels (2. Hälfte 18. Jh.); berühmt sind u. a. auch die Krippen der Provence. In Mitteleuropa blieb die Hauskrippe v. a. Mittelpunkt der ländlichen Weihnachtsfeier.

**Kruzifix,** *das,* die plastische Darstellung des gekreuzigten Christus, meist Skulpturen aus Holz, seltener aus Stein, auch Kleinplastiken aus Bronze, Gold, Silber, Elfenbein u. a. In der Kunstwissenschaft (Kruzifixus) auch auf gemalte Darstellungen bezogen. Der Körper Christi ist mit dem Lendentuch, selten mit einer Tunika bekleidet. Hände und Füße waren anfangs mit je einem Nagel durchbohrt, bis um 1200 durch Verschränkung der Beine die starre Haltung des Körpers aufgegeben wurde und beide Füße durch einen Nagel befestigt wurden.

**Krypta,** *die,* unterirdische Kammer, besonders Grabanlage. In frühchristlicher Zeit lag das Grab der Märtyrer in den ihnen geweihten Kirchen unter dem Altar, der unten kleine Öffnungen hatte, um das Grab sichtbar zu machen.

**Kulturkampf,** auf R. Virchows antikirchlichen Wahlaufruf von 1873 zurückgehende Bezeichnung für die Gesamtheit von rechtsstaatlich z. T. umstrittenen Maßnahmen, mit denen das Deutsche Reich, v. a. aber einzelne Länder, besonders Preußen, Bayern, Baden und Hessen, Vorstöße seitens der katholischen Kirche unter Papst Pius IX. abzuwehren suchten, die darauf zielten, die päpstliche Autorität in Glaubensfragen und die Bindung der nationalen Kirchen an Rom auszubauen. Die Ablehnung des Liberalismus schlechthin (1864 im Syllabus Pius' IX.) sowie die Verkündung des Dogmas der päpstlichen Unfehlbarkeit (1870) wurden sowohl als Herausforderung an den politischen Protestantismus als auch als Kampfansage an die mit diesem eng verbundene kleindeutsche Einigungsbewegung empfunden. In Preußen führten der Kultusminister A. Falk und Bismarck, gestützt auf die Liberalen, 1871–87 den Kampf mit der katholischen Kirche, wobei Bismarcks Bestreben einer Ausgrenzung des ursprünglich großdeutsch und weithin föderalistisch orientierten politischen Katholizismus auf eine schärfere Trennung von Staat und Kirche im Deutschen Reich zielte.

Die ersten staatlichen Kampfmaßnahmen waren als Reichsgesetze der ›Kanzelparagraph‹ (1871), der Geistlichen in Ausübung ihres Amtes die Behandlung staatlicher Angelegenheiten ›in einer den öffentlichen Frieden gefährdenden Weise‹ unter Strafandrohung untersagte, und das ›Jesuitengesetz‹ (1872), das neue Niederlassungen der Jesuiten verbot, die Auflösung bestehender bestimmte und den Ordensmitgliedern Aufenthaltsbeschränkungen auferlegte, sowie das preußische Gesetz von

1872, das die Schulaufsicht dem Staat übertrug. 1873 brachte Falk im preußischen Landtag die ›Maigesetze‹ durch, die u. a. die wissenschaftliche Vorbildung der Geistlichen regelten und ein staatliches ›Kulturexamen‹ vorschrieben, das staatliche Aufsichtsrecht über die Kirche verstärkten, den Gebrauch der kirchlichen Disziplinargewalt einengten und für die Anstellung von Geistlichen ein Einspruchsrecht der Oberpräsidenten festsetzten. Die Katholiken verweigerten den ›Maigesetzen‹ ihre Anerkennung. Darauf wurden viele Bischöfe und Geistliche abgesetzt, zu Geld- oder Gefängnisstrafen verurteilt. Zeitweilig waren alle preußischen Bistümer verwaist. 1875 folgten das ›Brotkorbgesetz‹, das die Einstellung aller staatlichen Leistungen an die katholische Kirche verfügte, und das ›Klostergesetz‹, das die Auflösung aller Klostergenossenschaften außer den krankenpflegenden in Preußen bestimmte, sowie die Einführung der Zivilehe.

Die Einsicht, dass der Kulturkampf sich zu einer Niederlage entwickelte, und die veränderte innenpolitische Konstellation (Bruch mit den Nationalliberalen) veranlassten Bismarck, mit Papst Leo XIII. (seit 1878) Ausgleichsverhandlungen einzuleiten. 1880 begann der schrittweise Abbau der Maigesetze. Die beiden Friedensgesetze von 1886 und 1887 hoben die meisten Bestimmungen der Kampfzeit auf. Das Jesuitengesetz wurde jedoch erst 1904 und 1917 in zwei Stufen aufgehoben. Zivilehe und Staatsschule blieben erhalten.

In Baden, Bayern und Hessen zogen liberale, den kirchlichen Einfluss v. a. im Schulwesen einschränkende Maßnahmen bereits in den 1860er-Jahren einen Kulturkampf nach sich.

**Kurie,** *die,* lat. Curia, *katholische Kirche:* ▸ römische Kurie.

**Kurienkongregationen,** früher **Kardinalskongregationen**, die für die gesamte katholische Kirche zuständigen höchsten Behörden der römischen Kurie. Kollegial verfasst, werden die Kurienkongregationen durch Kardinalpräfekten geleitet; Mitglieder sind Kardinäle und Diözesanbischöfe. Jeder Kurienkongregation ist außerdem ein Kreis von Konsultoren zugeordnet. Schwerwiegende und außergewöhnliche Entscheidungen der Kurienkongregationen bedürfen der Zustimmung des Papstes. Zurzeit bestehen neun Kurienkongregationen: die Kongregation für die Glaubenslehre, zuständig für Fragen der Glaubens- und Sittenlehre, ihr obliegt u. a. die Prüfung und ggf. Zurückweisung neuer Lehrmeinungen, die Verurteilung von Glaubensirrtümern sowie die Durchführung von Laisierungsverfahren; die Kongregation für die Ostkirchen, zuständig für Personalfragen, Disziplin und Ritus der mit der katholischen Kirche unierten Ostkirchen; die Kongregation für den Gottesdienst und die Sakramente, zuständig für Liturgie, Ritus, pastorale Fragen und Dispense; die Kongregation für die Evangelisation der Völker, zuständig für die Mission; ferner Kongregationen für die Bischöfe, den Klerus, die Ordensleute und Säkularinstitute, das katholische Bildungswesen und die Selig- und Heiligsprechungsverfahren.

**Küster, Kirchner, Glöckner,** in Süddeutschland **Mesner**, früher **Kustos**, kirchlicher Angestellter, dem die äußere Vorbereitung des Gottesdienstes und die Aufsicht über das Kirchengebäude obliegt.

**Kustos,** *der,* katholische Kirche: 1) *Domkustos*, der mit der Oberaufsicht über einen Dom beauftragte Domkapitular oder -vikar; 2) der Vorsteher einer Kustodie des Franziskanerordens.

**Kutte,** ursprünglich der grobe Wollstoff, aus dem das Mönchsgewand angefertigt wurde, dann dieses selbst.

**Kyrie eleison,** in der vorchristlichen Antike ein Huldigungsruf an den Herrscher oder eine Gottheit; wurde im Christentum durch den Jesus Chris-tus beigegebenen Titel ›Kyrios‹ zum Ruf der Gemeinde, mit dem das Bekenntnis zu Jesus als Herrn zum Ausdruck gebracht wurde. Das Kyrie eleison war zunächst nur im Osten als Antwort des Volkes bei den Ektenien, seit etwa 500 auch in Rom üblich. Im 6. Jh. wurde es von Gregor I. auf die Neunzahl der Rufe (je dreimal Kyrie, Christe, Kyrie eleison) beschränkt. Mit der Zeit verstand man die Kyrierufe zunehmend als Bittrufe, seit der Aufklärung, vor allem in der evangelischen Liturgie, als Bußgebet und Sündenbekenntnis. Heute ist das Kyrie eleison Bestandteil des Eröffnungsteils der Messe und des evangelischen Gottesdienstes. – Die Ostkirchen kennen die vierzig- und hundertfache Wiederholung des Kyrie eleison als Volksgebet.

**Landeskirche,** die auf ein bestimmtes Gebiet begrenzte und durch ein bestimmtes Bekenntnis geprägte evangelische Kirche einer Region in Deutschland und der Schweiz (dort als **Kantonalkirche** bezeichnet). Das Selbstverständnis der evangelischen Kirchen als Landeskirche hat seine Wurzeln im landesherrlichen Kirchenregiment, das unter den verfassungsrechtlichen Bedingungen des fürstlichen Absolutismus zu einer weitgehenden Integration des Kirchenwesens in den Staat führte. Das 19. Jh. brachte zwar Lockerungen und schließlich (1919) die Auflösung der institutionellen Bindungen zwischen Kirche und Staat, das landeskirchliche Prinzip blieb jedoch weiterhin bestimmend: Der Wirkungskreis einer Landeskirche ist auf ein bestimmtes Kirchengebiet beschränkt. Außerhalb dieses Gebietes wird die kirchliche Zuständigkeit anderer Landeskirchen anerkannt. Die Grenzen der Landeskirchen spiegeln die historischen Grenzen der Staaten des Deutschen Bundes und der preußischen Provinzen wider. Die Landeskirchen sind an ein bestimmtes Bekenntnis gebunden (lutherisch, reformiert) oder erkennen als unierte Landeskirche beide Bekenntnisse nebeneinander an. Die geistliche Leitung in den einzelnen Landeskirchen liegt beim Landesbischof, Bischof, Landessuperintendenten, Kirchenpräsidenten, Präses oder Präsidenten. Die obersten Verwaltungsbehörden tragen die Bezeichnungen Landeskirchenamt, Landeskirchenrat, Konsistorium, Oberkirchenrat, Kirchenamt, Kirchenverwaltung, Kirchenkanzlei oder Synodalrat. Oberstes gesetzgebendes Organ einer Landeskirche ist die Landessynode bzw. Synode. Die Landeskirchen in Deutschland haben sich in der Evangelischen Kirche in Deutschland zusammengeschlossen.

Die Landeskirchen haben in Deutschland nach staatlichem Recht gemäß Art. 140 GG in Verbindung mit Art. 137 Abs. 5 Weimarer Reichsverfassung die Rechtsform von Körperschaften des öffentlichen Rechts, obwohl ihr Handeln in eigenen Angelegenheiten nicht als Ausübung hoheitlicher Gewalt angesehen wird. Sie haben u. a. das Recht, Steuern zu erheben (▸Kirchensteuer), öffentliche Sammlungen durchzuführen sowie unter bestimmten Voraussetzungen kirchliche Schulen zu errichten. Evangelischer Religionsunterricht an öffentlichen Schulen muss in Übereinstimmung mit den Grundsätzen der zuständigen Verwaltung erteilt werden.

**Lateran, Lateranpalast,** italienisch Palazzo del Laterano, päpstlicher Palast an der Piazza San Giovanni in Laterano in Rom, an der Stelle eines ursprünglich der römischen Familie Laterani gehörenden Palastes; dieser wurde nach dem Sieg Konstantins d. Gr. an der Milvischen Brücke (312) aus dem Besitz seiner Gemahlin Fausta der Kirche geschenkt und war seitdem bis zum Brand von 1308 Residenz der Päpste. Mit dem Lateran verbunden ist die Lateranbasilika (San Giovanni in Laterano, die Bischofskirche des Papstes), eine fünfschiffige Basilika, deren Grundriss und Maße auf eine konstantinische Gründung zurückgehen. Mit der Kirche verbunden sind der Kreuzgang (um 1240 vollendet, mit farbigen Mosaikintarsien der Cosmaten) und das oktogonale konstantinische Baptisterium mit vier Nebenkapellen. – Lateran und Lateranbasilika sind exterritorial (Teil der Vatikanstadt).

**Laterankonzilien, Lateransynoden,** fünf im Lateran abgehaltene Konzilien der katholischen Kirche; sie gelten nach ihrem Verständnis als ökumenische Konzile.

*Lateranum I* (1123), einberufen von Papst Calixtus II.; bestätigte das Wormser Konkordat, erneuerte mehrere im Verlauf der gregorianischen Reform erlassene Verordnungen (z. B. gegen Simonie und Priesterehe) und sicherte den Kreuzfahrern Schutz sowie einen Ablass zu. Im Zusammenhang mit der Sakramentenspendung wurde die Autorität des Diözesanbischofs gegenüber Klerus und Mönchtum betont.

*Lateranum II* (1139), einberufen von Papst Innozenz II.; Anlass waren die Konflikte, die sich aus dem Pontifikat des Gegenpapstes Anaklet II. (1130–38) ergeben hatten. Das Konzil betonte die Einheit der Kirche und erklärte alle Entscheidungen, Ordinationen und Konsekrationen Anaklets und seiner Anhänger für nichtig.

*Lateranum III* (1179); seine Einberufung war im Frieden von Venedig 1177 nach den Auseinandersetzungen Papst Alexanders III. mit Kaiser Friedrich I. Barbarossa und Gegenpapst Calixtus III. verabredet worden, um die dort vereinbarten Maßnahmen zur Einigung zu ratifizieren, so u. a. der neue Modus der Papstwahl, für deren Gültigkeit von nun an eine Zweidrittelmehrheit erforderlich war. Außerdem wurde für Bischöfe ein Mindestalter von 30 Jahren sowie eheliche Abkunft gefordert und die Kumulation von Pfründen verboten. Die Lehre der Katharer wurde als Ketzerei verurteilt, die Predigttätigkeit der Waldenser unter Aufsicht der Bischöfe gestellt.

*Lateranum IV* (1215), einberufen von Papst Innozenz III.; die größte mittelalterliche Synode der lateinischen Kirche. Das Konzil verurteilte die Katharer und Waldenser sowie die Trinitätslehre des Joachim von Fiore als häretisch, es erklärte die Realpräsenz Christi in der Eucharistie (Transsubstantiation) zur verbindlichen Lehre und verpflichtete die Christen zur jährlichen Beichte und Kommunion. Außerdem wurde das Vorgehen der Inquisition festgelegt und die Diskriminierung der Juden forciert, indem für religiöse Minderheiten (Juden und Muslime) eine unterscheidende Kleidung vorgeschrieben, gegen den angeblichen Wucher der Juden vorgegangen und ihnen für die Kartage Ausgehverbot erteilt wurde. Zu den politisch bedeutsamen Entscheidungen gehörten die Bestätigung der Wahl Friedrichs II. zum Römischen Kaiser und die Verurteilung der Magna Charta.

*Lateranum V* (1512–17), einberufen von Papst Julius II. als Reaktion auf das konziliaristische Konzil von Pisa (1511–12), dessen Entscheidungen verurteilt wurden. Die wenigen Reformdekrete befassten sich mit der Auswahl der Bischöfe, der religiösen Unterweisung und dem Predigtwesen. Als Lehre definiert wurde die Individualität und Unsterblichkeit der menschlichen Seele; außerdem wurde die Lehre von der doppelten Wahrheit verurteilt.

**Lateranverträge,** am 11. 2. 1929 im Lateran zwischen dem Hl. Stuhl (Papst Pius XI.) und dem italienischen Staat (B. Mussolini) abgeschlossenes dreiteiliges Vertragswerk: Staatsvertrag (Trattato di Stato), Konkordat (Concordato) und Finanzabkommen (Convenzione finanziaria). Auf päpstlicher Seite war Kardinal P. Gasparri wesentlich am Zustandekommen der Verträge beteiligt. Die Lateranverträge sollten den Konflikt zwischen Kurie und italienischer Regierung über den Kirchenstaat lösen. Der Staatsvertrag garantierte die Souveränität des Hl. Stuhls auf internationaler Ebene mit der Vatikanstadt als neuem Staat und dem Papst als Staatsoberhaupt und bestätigte die römisch-katholische Religion als Staatsreligion Italiens. Andererseits erkannte der Hl. Stuhl Rom als Hauptstadt Italiens an. Im Konkordat wurde dem Hl. Stuhl die freie und ungehinderte Ausübung der geistlichen Gewalt zugestanden; u. a. sollte die kirchliche Eheschließung auch zivilrechtliche Gültigkeit besitzen. Im Finanzabkommen wurde der Hl. Stuhl für den Verlust des Kirchenstaates mit insgesamt 1,75 Mrd. Lire entschädigt; außerdem wurden ihm auch außerhalb der Vatikanstadt Kirchen und Paläste (z. B. der Lateranpalast und der päpstliche Bezirk Castel Gandolfo) als Besitz zugestanden. Die Lateranverträge wurden 1947 in die Verfassung der Republik Italien aufgenommen. Zunehmende Differenzen, zuletzt die Einführung der Zivilehe und der zivilen Ehescheidung (1970), machten eine Revision der Lateranverträge notwendig.

**Leben-Jesu-Forschung,** in der *Theologie* Bezeichnung für die von der Aufklärung inspirierte, seit dem Ausgang des 18. Jh. zunächst von evangelischen Theologen betriebene wissenschaftliche Untersuchung des Lebens Jesu anhand der biblischen und außerbiblischen Quellen. Die Klärung der Frage, inwieweit die Evangelien des N. T. als zuverlässige Quellen für eine Rekonstruktion des Lebens des historischen Jesus gelten können, war dabei von grundsätzlicher Bedeutung und führte in der Folge zur Entwicklung der Methoden der historisch-kritischen Exegese.

Die *religionsgeschichtliche Schule* fragte vor dem Hintergrund der zeitgenössischen religiösen Situation Jesu nach seinem Selbstbewusstsein. Man erkannte die Verwurzelung Jesu in der jüdischen Apokalyptik und die theologische Prägung auch des Markusevangeliums, die es als historische Quelle wiederum fragwürdig machte. Neue methodische Anstöße gab die Weiterentwicklung der historisch-kritischen Exegese durch die Formgeschichte (M. Dibelius, K. L. Schmidt, R. Bultmann) und Redaktionsgeschichte (H. Conzelmann, G. Bornkamm, E. Käsemann, W. Marxen).

Auf katholischer Seite finden sich bis in die erste Hälfte des 20. Jh. zwar zahlreiche historisierende Jesusbücher, die jedoch v. a. von pastoral-dogmatischen Intentionen bestimmt waren und den kritischen Fragen der Leben-Jesu-Forschung allenfalls apologetisch begegneten. Erst mit der 1943 von Papst Pius XII. veröffentlichten Enzyklika ›Divino afflante Spiritu‹ über die Aufgaben der Bibelwissenschaft eröffnete sich katholischen Exegeten der Weg zur modernen Jesusforschung.

**Leib Christi,** *christliche Theologie:* Bezeichnung für die Kirche (Corpus Christi mysticum). Auf die neutestamentliche Abendmahlsüberlieferung zurückgehende Bezeichnug des Brotes der Abendmahlsfeier.

**Litanei,** *christliche Liturgie:* ein Wechselgebet oder -gesang, bei dem die Anrufungen des Vorbeters mit einer gleich bleibenden Bittformel (›Erhöre uns‹, ›Bitte für uns‹) beantwortet werden. Sie geht zurück auf die ostkirchlichen Ektenien und das Kyrie eleison. In der römischen Liturgie wurde die ursprüngliche Anrufung Jesu Christi (›Herr, befreie uns, wir bitten dich, erhöre uns‹) mit Anrufungen der Heiligen verbunden (Allerheiligenlitanei). Wegen ihrer Verwendung bei Bittprozessionen übertrug man schon im 6. Jh. die Bezeichung Litanei auch auf die Bitttage und Bittgänge selbst. Im Hoch- und Spätmittelalter kam es zur Ausbildung zahlreicher neuer Litaneien., u. a. die Lauretanische Litanei, sodass im 16. Jh. etwa 80 Litaneien in Umlauf waren. 1601 wurde ihr Gebrauch von Papst Klemens VIII. stark eingeschränkt: Außer der Allerheiligen- und der Lauretanischen Litanei dürfen seither nur päpstlich approbierte Litaneien verwendet werden. Im kirchlichen Stundengebet werden in den Laudes und der Vesper die täglichen Fürbitten ebenfalls in der Form einer (kurzen) Litanei gesprochen. – M. Luther gestaltete 1529 die Allerheiligenlitanei in eine heiligenlose Litanei um, die Bestandteil der lutherischen Agenden blieb. Die reformierten Kirchen lehnen die Litanei ab. – In der anglikanischen Liturgie ist die Litanei als allgemeine Bittlitanei v. a. in der Fastenzeit und an Bitttagen erhalten geblieben.

**Liturgie,** *die,* im christlichen Sprachgebrauch Bezeichnung für Form und Inhalt der durch feste (rituelle) Handlungsvollzüge gekennzeichneten gottesdienstlichen Feier; in den Ostkirchen Bezeichnung für den Gottesdienst selbst (›Göttliche Liturgie‹), in den evangelischen Kirchen für die äußeren Formen seines Vollzugs (Gottesdienstordnung); neben Verkündigung (griech. martyria) und Dienst am Nächsten (griech. diakonia) einer der wesentlichen Lebensvollzüge der Kirche.

Theologisch lässt sich Liturgie als der durch Jesus Christus im Hl. Geist vermittelte Dialog zwischen Gott und der versammelten Gemeinde beschreiben. In der gemeinschaftlichen Feier antwortet die Gemeinde auf das durch Jesus Christus gewirkte Heilshandeln Gottes und öffnet sich zugleich in Anbetung, Lobpreis und Bitte für das je erneute Handeln Gottes in der Feier. Die katholische und die orthodoxe Theologie beschreiben die Liturgie als Vollzug des Priesteramtes Jesu Christi in Wort und Zeichen zur Heiligung des Menschen und Verherrlichung Gottes, die evangelische Theologie als Versammlung der Gemeinde um Gottes Wort und Sakrament. Im Mittelpunkt jeder Liturgie steht die Eucharistie bzw. das Abendmahl als Gegenwärtigsetzung der durch Tod und Auferstehung Jesu Christi gewirkten Heilstat. Das Handeln der Gemeinde kommt in Worten, Gebeten und Gesängen wie auch in zeichenhaften Handlungen zum Ausdruck. Im Vollzug der Liturgie betonen die evangelischen Kirchen besonders die Verkündigung des Wortes Gottes (Predigt). Für die Ostkirchen geschieht in der Feier der Liturgie im Angesicht des triumphierenden Christus die Vereinigung der irdischen mit der himmlischen Kirche.

Die Liturgie der *katholischen Kirche* erhielt ihre normative Gestalt nach dem Konzil von Trient durch die (an die römische Liturgie anschließende) Neubearbeitung von Brevier (1568), Missale (1570) und Pontifikale (1596). Die Liturgiekonstitution (›Sacrosanctum Concilium‹, 1963) des 2. Vatikanischen Konzils leitete eine Erneuerung der Liturgie im Sinne der liturgischen Bewegungen ein. Ziele waren die Rückbindung an die liturgische Überlieferung von N. T. und alter Kirche bei gleichzeitig größerem Gegenwartsbezug, die Einführung der Volkssprache, die Vereinfachung der Formen und Riten auf Verständlichkeit und Klarheit hin sowie eine größere Mitwirkung der Laien bei der Liturgie.

Die *reformatorische Liturgie* betonte gegenüber den mittelalterlichen Traditionen v. a. den Gemeinschaftscharakter der Liturgie und die zentrale Stellung der Verkündigung des Wortes Gottes. Wesentlich für die äußere Form des Gottesdienstes wurde die Einführung der Volkssprache (deutsche Messe). Einzelheiten wurden in den Kirchenordnungen festgelegt. Im 19. Jh. setzten Bemühungen um eine Liturgiereform ein, die in der Entwicklung neuer Agenden in den 1950er-Jahren ihren Ausdruck fand.

Maßgebend für die *anglikanische Liturgie,* die auf römische, reformatorische und altkirchliche Traditionen zurückgreift, ist das Common Prayer Book. Eine verstärkte Hinwendung zur katholischen Liturgie erfolgte im Ritualismus des 19. Jh.

In den *Ostkirchen* bezeichnet Liturgie den eucharistischen Gottesdienst (›Göttliche Liturgie‹), der rituell und musikalisch breit ausgestaltet wird. Am häufigsten wird die Chrysostomos-Liturgie gefeiert, die auf syrische Traditionen zurückgeht und ihre endgültige Gestalt in Konstantinopel im 14. Jh. erlangte. Sie ist erst spät und zu Unrecht Johannes Chrysostomos zugeschrieben worden. Sie besteht aus der Proskomidie (der ›Zurüstung‹ der Kleriker und der Gaben), der Katechumenenmesse, an der auch Nichtgetaufte (Katechumenen) teilnehmen dürfen, mit Gebeten, Schriftlesung (ggf. Predigt) und Entlassung der Katechumenen sowie der Gläubigenmesse mit großem Einzug, Cherubim-Hymnus, Anamnese, Konsekration der Gaben (Epiklese), Fürbittgebeten, Kommunion, Verteilung des nicht geweihten Brotes (Eulogie) und Entlassung. Die von Basilius d. Gr. bearbeitete Basilius-Liturgie weicht in einigen Gebeten von der Chrysostomos-Liturgie ab und stellt wohl den von dieser beeinflussten kleinasiatischen Typus der Liturgie dar. Sie wird im Laufe des Kirchenjahres nur an einigen Sonn- und Festtagen, v. a. in der großen Fastenzeit, gefeiert. Die ›Liturgie der vorgeweihten Gaben‹ (an Wochentagen der großen Fastenzeit) besteht aus dem Empfang der Kommunion mit den am voraufgegangenen Sonntag geweihten Gaben.

**Liturgiewissenschaft, Liturgik,** die historische und systematische Erforschung und die theologische Reflexion der Liturgie. In der katholischen Kirche ist die Liturgiewissenschaft eigenes Fach an den katholisch-theologischen Fakultäten; in den evangelischen Kirchen ist sie im Allgemeinen Teil der praktischen Theologie.

**liturgische Farben,** in den christlichen Kirchen die je nach Fest bzw. Zeit des Kirchenjahres wechselnden Farben der liturgischen Gewänder und Tücher (Paramente). In der *lateinischen Kirche* haben sich neben Weiß die Stufen der antiken Purpurfärbung zu liturgischen Farben ausgebildet: Grün, (Rot-)Violett, (Purpur-)Rot, Schwarz. Der Farbenkanon wurde aber erst im 12./13. Jh. entwickelt und (gegen einige Sondertraditionen der deutschen Kirchen) 1570 verbindlich. Danach war *Violett* Bußfarbe (Advent, Fastenzeit), *Grün* die Farbe der Sonntage außerhalb der Weihnachts- und Osterzeit, *Rot* die an Pfingsten und Märtyrerfesten, *Schwarz* die am Karfreitag und im Totenoffizium und *Weiß* die Festfarbe. Die Reform des Missale Romanum (1969) übernahm im Wesentlichen diese Einteilung, erlaubt aber auch eine Anpassung des Farbenkanons an das unterschiedliche Empfinden der einzelnen Kulturen; grundsätzlich ist Schwarz nunmehr zurückgedrängt (am Karfreitag jetzt Rot, bei Totenmessen Violett oder Schwarz).
In den *evangelischen Kirchen* ist als Kleidung ein schwarzer Talar üblich. Unter dem Einfluss der liturgischen Bewegung haben sich für die Textilien zur Bekleidung von Kanzel und Altar folgende Farben durchgesetzt: *Weiß* für alle Christusfeste; *Rot* für Pfingsten sowie Apostel- und Märtyrerfeste; *Violett* für die Advents- und Passionszeit sowie für Buß- und Bettage; *Schwarz* für Karfreitag, Karsamstag und die Trauertage; *Grün* für alle übrigen Tage des Kirchenjahres.
Die *Ostkirchen* kennen keinen verbindlichen Farbenkanon, knüpfen jedoch an die Farbensymbolik der frühen Kirche an: *Weiß* als Farbe der Auferstehung, *(Purpur-)Rot* als Farbe des Blutes Christi, zusammen mit *Blau* auch als Farbe der Märtyrer und *Schwarz* bis *Dunkelbraun* als Farbe des asketischen Mönchtums sowie der Trauer. In den *Kirchen des byzantinischen Ritus* ist *Rot* an Festtagen, *Dunkelblau* und *Violett* während der großen Fastenzeit vor Ostern, *Schwarz* am Karfreitag und *Weiß* im Zeitraum von Ostern bis zum Fest der Himmelfahrt Christi üblich. Bei den Gottesdiensten zum Begräbnis sind sowohl *Schwarz* wie auch *Weiß* möglich.

**liturgische Geräte, liturgische Gefäße,** die im Gottesdienst der christlichen Kirchen ausschließlich zu liturgischen Zwecken gebrauchten Geräte und Gefäße; in der *katholischen Kirche* die für die Eucharistie u. a. sakramentale Feiern gebrauchten Geräte, z. B. Ziborium, Custodia, Kelch, Patene, Monstranz, Ölgefäße, Taufgerät; in den *evangelischen Kirchen* das Abendmahlsgerät (Patene mit Hostienbehälter, Kelch und Kanne) und das Taufgerät (Taufschale und Taufkanne); in den *Ostkirchen* u. a. Kelch, Diskos, Heilige Lanze und das Taufgerät.

**liturgische Gewänder, Paramente,** die im Gottesdienst der christlichen Kirchen von den Geistlichen und den liturgischen Funktionsträgern getragene, von der des Alltags abweichende Kleidung; bereits in der alten Kirche war es Brauch, die Kleidung für den Gottesdienst aus besserem Material zu fertigen und sie festlich zu schmücken (›Paramente‹). Die liturgische Gewänder entwickelten sich aus der antiken Alltagsgewandung, die vom Klerus auch in der Völkerwanderungszeit beibehalten und allmählich mit sakraler Würde ausgestattet wurde. Schnitt und Stil der liturgischen Gewänder haben sich im Lauf der Jahrhunderte vielfach gewandelt.
In der *lateinischen Kirche* gehören zu den liturgischen Gewändern u. a. Albe, Stola, Zingulum,

Manipel (bis 1969), Kasel, Dalmatika, Birett und Mitra. – In den deutschen *evangelischen Kirchen* wird weithin der Talar mit Beffchen oder Halskrause und Barett getragen. In den nordischen lutherischen Kirchen und in den *anglikanischen Kirchen* sind die traditionellen liturgischen Gewänder noch üblich. – In den *Ostkirchen* gehören zu den liturgischen Gewändern der Priester Sticharion, Epitrachelion und die Epimanikien, zu denen des Bischofs Sakkos, Omophorion, Enkolpion und die Mitra.

**liturgisches Jahr,** in der katholischen Kirche gebräuchliche Bezeichung für ▸ Kirchenjahr.

**liturgische Sprache,** die in der christlichen Liturgie gebrauchte Sprache. Ursprünglich Volkssprache, stellt die liturgische Sprache heute häufig eine kunstvoll stilisierte, absichtsvoll mit archaischem Wortgut versehene Kultsprache dar. Die durch die Mission der *lateinischen Kirche* entstandenen Kirchen übernahmen die (lateinische) Sprache ihrer römischen Mutterkirche. Spätere Reformbewegungen – v. a. M. Luther – plädierten für den Gebrauch der Volkssprache. In der *katholischen Kirche* hat sich die volkssprachliche Liturgie erst seit dem 2. Vatikanischen Konzil durchgesetzt.
Die *Ostkirchen* haben immer das Prinzip der Volkssprache anerkannt, doch werden die liturgischen Texte in der Praxis weithin nicht verstanden – teils, weil sie eine Frühstufe der Sprachentwicklung bewahren (etwa Kirchenslawisch), teils, weil sie in einer den meisten heute nicht geläufigen Hochsprache verfasst sind.

# M

**Maria,** die Mutter Jesu Christi, im kirchlichen Sprachgebrauch auch ›Mutter Gottes‹, ›Unsere Liebe Frau‹; die wenigen historischen Angaben über Maria

**Maria:** Tod und Himmelfahrt Mariens, Marmortabernakel von Andrea Orcagna (1352–60, Florenz, Orsanmichele).

im N. T. (z. B. Frau des Joseph aus Nazareth, Lk. 2, 4f.) werden von der theologischen Deutung ihrer Gestalt überlagert. Am ausführlichsten berichten über sie die Kindheitsgeschichten. Das Matthäusevangelium erzählt von Marias Empfängnis Jesu ›durch das Wirken des Heiligen Geistes‹ sowie von ihrer Jungfräulichkeit (▸ Jungfrauengeburt) bis zur Geburt Jesu und deutet dies als Hinweis auf dessen Gottessohnschaft (ähnlich Lk. 1, 34f.). Im Lukasevangelium finden sich weitere Einzelheiten wie der Besuch Marias bei Elisabeth, der Mutter Johannes' des Täufers, und das Magnificat (Heimsuchung Mariä) oder die Reinigung Marias im Tempel (Lichtmess). Im Johannesevangelium ist nur von der Mutter Jesu ohne Nennung ihres Namens die Rede (z. B. Joh. 2, 1 ff.). Den neutestamentlichen Zeugnissen zufolge hatte Maria zunächst nur wenig Verständnis für das öffentliche Auftreten Jesu (Mk. 3, 31–35); sie war bei der Kreuzigung dabei (Joh. 19, 25ff.) und gehörte nach seinem Tod zur christlichen Gemeinde (Apg. 1, 14). Nach einer Legende soll Maria in Jerusalem, nach einer anderen Überlieferung in Ephesos gestorben sein. Seit dem 5. Jh. wurde des ›Heimgangs Mariä‹ gedacht (Himmelfahrt Marias). Im Mittelalter entwickelte sich die Auffassung von der Unbefleckten Empfängnis.
Im Koran wird Maria (arabisch Marjam) mehrfach erwähnt. Die dritte Sure betont Marias Zugehörig-

keit zum (von Mose abstammenden) ›Haus Imran‹ und beschreibt ihre göttliche Erwählung (Sure 3, 42ff.), wodurch sie in die Reihe der großen von Allah auserwählten Menschen gestellt (Sure 21, 91) und Beispiel für die Gläubigen (Sure 66, 12) wird. Die neunzehnte Sure trägt die Überschrift Maria (›Marjam‹) und schildert ebenfalls die Erwählung Marias (Verkündigung Mariä), wobei die Mutter Jesu wiederum ausdrücklich als Jungfrau gekennzeichnet wird. Der Widerspruch der jungfräulichen Geburt wird dabei als Ausdruck des souveränen Willens Allahs konstatiert (Sure 19, 20ff.), jedoch nicht im Sinne einer (im islamischen Denken unmöglichen) ›Gottessohnschaft‹ interpretiert.

**Marienerscheinungen,** das gegenüber einzelnen Menschen hörbare und/oder sichtbare ›Erscheinen‹ der Gottesmutter Maria. Die Kirchengeschichte kennt über 500 Marienerscheinungen; frömmigkeitsgeschichtlich sind sie v. a. in der katholischen Kirche von Bedeutung. Ihre kirchliche Prüfung erfolgt durch den für den Erscheinungsort zuständigen Ortsbischof, in besonderen Fällen auch durch den Papst. Zu den bekanntesten zählen die Marienerscheinungen von La Salette-Fallavaux (1846); Lourdes (1858), Fátima (1917) und Banneux (1933). Guadalupe in Mexiko, wo 1531 eine Marienerscheinungen stattfand, ist mit jährlich etwa 20 Mio. Wallfahrern der meistbesuchte Marienwallfahrtsort der Welt.

**Marienverehrung,** Sammelbezeichung für alle Formen der privaten oder öffentlichen Verehrung Marias, v. a. in der katholischen Kirche und in den Ostkirchen. Theologisch begründet und eingegrenzt wird die Marienverehrung von der Mariologie. In der katholischen Theologie kommt Maria eine von der Heiligenverehrung (Dulie) deutlich abgesetzte gesteigerte Verehrung (Hyperdulie) zu, die ihrerseits von der Anbetung Gottes (Latrie) unterschieden wird. In der (Volks-)Frömmigkeit verschwimmen jedoch diese Grenzen vielfach.

Ältestes Zeugnis (um 300) der Anrufung Marias ist das Gebet ›Unter Deinen Schutz‹. Eine eigentliche Marienverehrung entwickelte sich erst seit dem Konzil von Ephesos (431). Die ersten Marienfeste entstanden im 5. Jh. im Osten. In der westlichen Kirche wurden im 7. Jh. Verkündigung, Entschlafung, Geburt und Reinigung Marias gefeiert. Seit dem 11. Jh. war das Ave Maria das neben dem Vaterunser am weitesten verbreitete Gebet. Seit dem Hochmittelalter weitete sich die Marienverehrung aus, z. T. in Wechselwirkung mit der Entfaltung des Ideals der höfischen Minne (Mariendichtung) und in enger Verbindung mit der Mystik. Im Mittelpunkt standen die Heilsmittlerschaft Marias als Mutter Jesu Christi (›Mediatrix‹), die den bittenden Menschen Hilfe und Schutz in allen Lebensnöten gewährt, wie auch das mystische Nachempfinden der Freuden und Schmerzen, die Maria um ihres Sohnes willen erfahren hat. Als Formen der Marienverehrung entwickelten sich ein ausgedehntes Wallfahrtswesen sowie bestimmte Gebetsformen wie der Rosenkranz und die Verehrung von Marienreliquien.

**Marienverehrung:** In der Volksfrömmigkeit spielt die Marienverehrung ein große Rolle; im Bild eine Votivtafel aus dem Jahr 1748 (Berlin, Museum für Volkskunde).

Im 19. Jh. wurde das nach Marienerscheinungen wie in Lourdes oder Fátima entstandene Pilgerwesen sichtbarer Beweis für die Lebendigkeit der Marienverehrung. Ihren theologischen Ausdruck fand sie in den beiden marianischen Dogmen von 1854 (Erbsündenfreiheit/Unbefleckte Empfängnis) und 1950 (Aufnahme Marias in den Himmel).

Die *evangelischen Kirchen* betonen die alleinige Heilsmittlerschaft Jesu Christi und standen der Marienverehrung bis in die jüngste Zeit distanziert bis ablehnend gegenüber. Seit einigen Jahren ist jedoch ein wachsendes Interesse an der Person Marias festzustellen, das an M. Luthers Marienverständnis (als Vorbild des christlichen Glaubens) anknüpft.

Die Marienverehrung in den *Ostkirchen* drückt sich v. a. in zahlreichen Muttergottesdarstellungen und Hymnen aus. Die marianischen Dogmen der katholischen Kirche werden jedoch abgelehnt.

**Meditation,** *die,* eine in vielen Religionen und Kulturen praktizierte Besinnung oder Sammlung des Individuums; eine Abwendung von der Betriebsamkeit der Außenwelt hin zur Innerlichkeit mit dem Ziel, der wahren Wirklichkeit, des eigentlichen Grundes der wechselnden und zufälligen Erscheinungsvielfalt der Welt innezuwerden. Insofern dieser angestrebte Zustand oft mit Begriffen wie Kontemplation oder (mystischen) Ekstase bezeichnet wird, gewinnt die Meditation den Charakter einer Vorstufe (dieser Zustände), die teilweise noch Reste diskursiven Denkens oder Nachdenkens, andererseits aber auch eine ›überrationale‹ Bewusstheit ungegenständliche Art oder bildhafter Schau kennt, aber noch nicht das Stadium äußerster Identitätserfahrung erreicht hat. Ungeachtet ihres unterschiedlichen religiösen oder kulturellen Rahmens beinhaltet Meditation immer einen asketischen, menschliche Selbstdisziplinierung voraussetzenden Übungsweg und eine zu erlernende und in Stufen zu höherem Können führende Technik. Das Ziel wird einerseits in der Meditation an sich – als einer hohen Form menschlicher Lebensgestaltung – gesehen, andererseits in der Erfahrung einer außerhalb des gegenständlichen Bewusstseins liegenden transzendenten Wirklichkeit (bezeichnet als das ›Göttliche‹, das ›Eine‹ oder das ›Nichts‹), die als Grund auch der menschlichen Existenz angesehen wird. Dieses Ziel wird – häufig erst nach langjähriger meditativer Vorbereitung – ›plötzlich‹, in einer das Subjekt und die gesamte Weltwirklichkeit durchbrechenden Form als ›Erleuchtung‹ erfahren (z. B. im Christentum die Unio mystica, im Buddhismus und Hinduismus das Nirvana).

Zu den *Meditationstechniken* zählen Sitzhaltungen, Körperübungen, Atemkontrolle, Übungen der Konzentration (z. B. auf einen Gegenstand oder ein Wort, u. a. im Sinne einer systematisch fortschreitenden Abstraktion; auf eine sinnlos erscheinende Aussage, Koran; Wiederholung einer heiligen Silbe oder Formel, Mantra; Visualisierungen) und des Rückzuges von der Bilderwelt des Bewusstseins (ungegenständliche Meditation). Die Kontrolle des Körpers, der Seele und des Denkens soll zum ›Loslassen‹, zur ›Durchlässigkeit‹ des Meditierenden für die Erfahrung der Wahrheit führen.

Die unterschiedlichen *Formen* der Meditation lassen sich zwei Typen zuordnen, die sich wechselseitig beeinflusst und z. T. miteinander vermischt haben. In (pantheistisch-)monistischen Kontexten soll durch Meditation ein Weg zur Erfahrung einer letzten Identität des Menschen mit der Alleinheit (›Gott‹) beschritten werden, der aus der ablenkenden oder auch leidvollen Vielheit und der Bindung an die Geschichte herausführt. Diesen Typ bildeten v. a. die *östlichen Weltreligionen* aus: In der Upanishadentheologie Indiens ist Meditation unverzichtbar zur Überwindung des Kreislaufs der Existenzen und des Karmagesetzes (▸ Karma), sodass der Meditierende schließlich erfahren kann: ›Du bist das All.‹ Diese Tradition wurde im späteren Hinduismus in verschiedenen Schulen weitergepflegt und bald mit der Yogatechnik verbunden, die über eine völlige Beherrschung des Körpers und psychische Techniken zur Lösung von der Geschichte und zu einer Identitätserfahrung führen soll. Als siebte Stufe des ›achtteiligen Heilspfades‹ soll Meditation im Rahmen des buddhistischen Erlösungsweges zur Erkenntnis der ›vier edlen Wahrheiten‹, also der Notwendigkeit einer Lösung von allen Bindungen an das leidvolle Leben und besonders an die Scheinwirklichkeit des ›Ich‹, führen. Die Meditationsübungen gliedern sich in die Vorbereitung zur Meditation, die Überwindung der Hindernisse und die Erlangung vollkommener Sammlung (Samadhi) durch stufenweise meditative Versenkung (vier Jhana); geschult werden Achtsamkeit und Bewusstheit, die alles Tun und Lassen begleiten sollen.

Ein anderer Typ von Meditation hat sich in den monotheistischen Religionen ausgebildet, die in der Meditation eine Einheit des personalen Menschen mit dem personal gedachten Gott anstreben (ausgedrückt in den Bildern liebender Vereinigung partnerschaftlichen Art: ›Bund‹, ›Ehe‹, ›Gehorsam‹, ›Treue‹), dabei aber Geschichte und das individuelle Selbst nicht aufheben wollen. Deswegen spielt hier das Betrachten geschichtlicher Ereignisse oder von narrativen Stoffen (z. B. die Geschichte Israels, Jesu Christi, Mohammeds oder von Heiligen) eine größere Rolle.

In der christlichen Tradition haben sich beide Typen von Meditation miteinander verbunden: V. a. durch den (eher monistischen) Einfluss des neuplatonischen Denkens wurden – besonders im Mönchtum und in der Mystik – Motive der Abkehr von Welt und Leib mit der Meditation des Lebens Jesu Christi (und der Heiligen) verknüpft. Im katholischen Raum hat v. a. die Spiritualität der Jesuiten zu einer allgemeinen Verbreitung der Meditationspraxis beigetragen (Exerzitien), während sie in den evangelischen Kirchen erst in jüngerer Zeit Bedeutung gewonnen hat.

Meditation ist Bestandteil des Lebensalltags vieler alternativer Gruppen in den westlichen Industrienationen (New Age), wobei nicht nur an die christlichen Traditionen angeknüpft wird, sondern auch Impulse aus der Meditationspraxis östlicher Kulturen (z. B. Zen-Buddhismus) aufgenommen werden.

**Messias,** im *A. T.* und *Judentum:* ursprünglich der durch Salbung eingesetzte König, dem als Erwähltem Gottes auch kultisch-religiöse Bedeutung zukam. Zunächst mit dem Königtum Davids verbunden (2. Sam. 22, 51), wurde Messias nach dem Tod Salomos und dem Zerfall des Reiches zum Inbegriff des idealen Herrschers, von dem man sich im politischen und heilsgeschichtlichen Sinn die Wiederherstellung ganz Israels unter davidischer Herrschaft erhoffte. Über die politische Bedeutung hinaus erhielt die Messiaserwartung in der Verkündigung der Propheten (Jes. 11, Mi. 5), v. a. aber in der frühjüdischen Apokalyptik eine eschatologische Dimension, indem ein (endzeitlicher) Messias als Heilbringer und Erlöser erwartet wurde, der ein Reich der Gerechtigkeit und des Friedens errichten würde. Im Einzelnen verbanden sich damit unterschiedliche Vorstellungen; allen gemeinsam ist, dass der Messias immer als Mensch, wenn auch als ein von Gott besonders erwählter Mensch, gedacht wird. Der politische Aspekt rückte v. a. in der Zeit der Makkabäer in den Vordergrund und verstärkte sich – v. a. in Kreisen der Zeloten und später im Aufstand der palästinensischen Juden unter Führung Bar Kochbas (132–135). In Qumran erwartete man neben dem (politischen) davidischen Messias (›Gesalbter Israels‹) noch einen eschatologischen Hohen Priester aus dem Stamme Aarons (›Gesalbter Aarons‹) sowie einen endzeitlichen Propheten. Größere Bedeutung gewann die Messiasvorstellung wieder in der Spätkabbala und in den *messianischen Bewegungen* der Neuzeit (besonders im Sabbatianismus) und ist heute innerhalb des Judentums v. a. in chassidischen Kreisen verbreitet.

Das *N. T.* und das frühe *Christentum* sahen in Jesus Christus die im A. T. formulierten messianischen Erwartungen erfüllt. Als Messias wird Jesus im N. T. jedoch nur zweimal (Joh. 1,41; 4,25) bezeichnet, sonst meist in der griechischen Übersetzung als Christus.

Bis in die Neuzeit wurde mit der apokalyptischen Erwartung des Messias meist auch die Vorstellung eines Antichrists verbunden, der als Gegenspieler der Ankunft des Messias vorausgehen und erst von diesem besiegt werden würde.

**Metaphysik,** philosophische Grundwissenschaft und Erkenntnislehre von Gegenständen, die über die sinnlich-körperlich erfahrbare Welt hinausgehen (z. B. die Ideen Gott, Freiheit, Unsterblichkeit). Gegenüber der Physik, die die einzelnen Erscheinungen der natürlichen Welt nach Gesetzen bestimmt, strebt die Metaphysik ein System von Erkenntnissen an, die in ihrem rationalen Zusammenhang den inneren Möglichkeitsgrund der erfahrbaren Welt (als ein im menschlichen Bewusstsein geordnetes Ganzes) bedeuten. Demnach handelt die Metaphysik im weitesten Sinne von Gegenständen, die als regulative Ideen im Bewusstsein des Menschen die Funktion erfüllen, die einzelnen Erscheinungen in einen systematischen Zusammenhang zu bringen, um dadurch die Erfahrbarkeit der Welt überhaupt zu ermöglichen. Die Metaphysik ist – neben Logik und Ethik – somit nicht nur Hauptdisziplin der traditionellen Schulphilosophie, sondern (mit Aristoteles) eigentliche oder ›erste Philosophie‹ schlechthin. Allein die Begriffsgeschichte macht deutlich, wie uneinheitlich und kontrovers Anliegen und Wesen der Metaphysik beurteilt wurden.

Nach Kants bis heute repräsentativer Einteilung zerfällt die Metaphysik in einen theoretisch-speku-

**Michael:** Der Erzengel Michael gilt als Fürsprecher der Menschen vor Gott; das Fresko zeigt ihn als »Seelenwäger« (12. Jh., Vuc, Museu Arqueològico Artistic Episcopal).

lativen und in einen praktisch-ethischen Teil: in die ›Metaphysik der Natur‹ (Metaphysik im engeren Sinn) und in die ›Metaphysik der Sitten‹. Jene enthält alle Vernunftbegriffe a priori vom Erkennen aller Dinge, diese dagegen die Prinzipien, welche das Tun und Lassen a priori bestimmen.

**Metropolit,** *der,* in der *katholischen Kirche* Bezeichnung für den Leiter einer Kirchenprovinz; er ist zugleich Erzbischof der Hauptdiözese. In der Kirchenprovinz obliegt ihm die Oberaufsicht über die Lehrverkündigung und die kirchliche Ordnung; Missbräuche hat er dem Papst mitzuteilen. Außerdem kommen ihm bestimmte Ehrenrechte zu (z. B. das Tragen des Palliums) sowie das Recht, in der ganzen Kirchenprovinz geistliche Handlungen auszuüben.

In den *Ostkirchen* ursprünglich Bezeichnung für die Bischöfe der Provinzhauptstädte, heute für den leitenden Bischof einer autokephalen Kirche ohne Patriarchatsrang. Daneben ist Metropolit auch bloßer Titel, z. B. in der griechisch-orthodoxen Kirche für alle Bischöfe, in der russisch-orthodoxen Kirche für die Bischöfe besonders bedeutender oder traditionsreicher Bistümer.

**Michael,** einer der Erzengel; im A. T. (Dan. 12, 1), der Schutzengel Israels; im N. T. der Bekämpfer des Teufels (Jud. 9) und des endzeitlichen Drachens (Apk. 12,17). Die jüdische und christliche Tradition sehen in Michael den Anführer (›Bannerträger‹) der himmlischen Heerscharen, den Vertrauten Gottes und Fürsprecher der Menschen bei Gott und den Engel der Gerechtigkeit und der Gnade, der die Seelen der Verstorbenen in den Himmel vor das Gericht Gottes geleitet. Bereits früh in der christlichen Kirche verehrt, wurde Michael im Mittelalter als Heerführer der Engel zum Schutzpatron des Hl. Römischen Reiches, der Kirche und der christlichen Ritter und ist heute Patron zahlreicher Kirchen und Städte. – Fest (zusammen mit Gabriel und Raphael): 29. 9.

**Ministrant, Messdiener,** *der,* in der katholischen Kirche Knaben und junge Männer, zunehmend auch Mädchen, die bei der Messe liturgische Hilfsfunktionen wahrnehmen. Sie sollen möglichst liturgische Kleidung, meist eine Albe, tragen.

**Misereor, Bischöfliches Hilfswerk Misereor e. V.,** katholisches Entwicklungshilfswerk mit Sitz in Aachen. 1958 von den deutschen Bischöfen als ›Aktion gegen Hunger und Krankheit in der Welt‹ gegründet, ist Misereor heute die weltweit größte kirchliche Hilfsorganisation für die Länder Afrikas, Asiens und Lateinamerikas. Seit seiner Gründung hat Misereor rd. 8 Mrd. DM für Hilfsmaßnahmen zugunsten von Armen und Not Leidenden ungeachtet ihrer Religion, Rasse oder Nation eingesetzt.

**Ministranten:** 1994 ließ der Vatikan offiziell auch Mädchen für den Dienst als Ministranten in der katholischen Kirche zu.

Die Projekte werden nach dem Prinzip ›Hilfe zur Selbsthilfe‹ durch einheimische Partner vor Ort realisiert. Wichtige Tätigkeitsfelder sind: Landwirtschaft und Ernährung, Gesundheit, Bildung sowie Menschenrechtsarbeit. Die finanziellen Mittel setzen sich aus Spenden, Kirchensteuergeldern und staatlichen Zuschüssen zusammen.

MISEREOR

**Missale, Messbuch,** *das,* lateinische Kirche: das liturgische Buch (Altarbuch), in dem die für die Zelebration der Messe notwendigen Texte (mit Ausnahme der Lesungen, die durch die Leseordnung festgelegt sind) und Rubriken (Anweisungen für die liturgischen Handlungen) sowie die einschlägigen Erlasse des Papstes und der Kongregation für den Gottesdienst und eine allgemeine Einführung (›Institutio Generalis‹) mit liturgischen und theologischen Erläuterungen zusammengestellt sind. Neben der Ordnung der Messe (›Ordo Missae‹) enthält das Missale entsprechend dem Verlauf des Kirchenjahres die Messformulare für Herrenfeste (›Temporale‹), Heiligenfeste (›Sanctorale‹, ›Commune Sanctorum‹), Votivmessen, Messen für verschiedene Anliegen.

**Missio, Missio Internationales Katholisches Missionswerk e. V.,** Hilfswerk der katholischen Kirche für die Kirchen in Afrika, Asien und Ozeanien; seit 1972 gemeinsamer Name der beiden deutschen Missionsvereine ›Franziskus-Xaverius-Verein‹ (gegründet 1832; Sitz: Aachen) und ›Ludwig-Missions-Verein‹ (gegründet 1838; Sitz: München).

**Missio canonica,** *die,* im katholischen Kirchenrecht die kirchenamtliche Beauftragung mit Lehr- und Verkündigungsaufgaben in Predigt, theologischer Lehre oder Religionsunterricht, entspricht in den evangelischen Kirchen der Vocatio.

**Mission,** *die,* in der *Religionsgeschichte* die Verbreitung einer Religion und die Gewinnung von Anhängern für sie. Die Bezeichnung geht zurück auf das Sendungsgelübde (›votum de missionibus‹) der Jesuiten, ein religionswissenschaftlicher Terminus, mit dem heute jegliche bewusst betriebene Ausbreitung einer Religion über ihre heimatliche Basis hinaus bezeichnet wird. Mission im eigentlichen Sinn ist dabei, ungeachtet dessen, dass auch Stammes- und Volksreligionen gelegentlich in angrenzenden Gebieten partiell Verbreitung finden können, nur bei solchen Religionen möglich, deren religiöse Botschaft universal ausgerichtet ist und damit prinzipiell alle Menschen erreichen soll (Weltreligionen). Diese haben Mission in sehr unterschiedlichem Maß betrieben:

Die *asiatischen Weltreligionen,* v. a. der Buddhismus, kennen Phasen dynamischer Ausbreitung, die aber im Wesentlichen auf den heimatlichen Kulturraum (Hinduismus, Taoismus, Konfuzianismus) oder die benachbarten fernöstlichen Regionen (Buddhismus) beschränkt blieb.

Der *Islam* breitete sich nach dem Tod Mohammeds schnell im Vorderen Orient, in Nordafrika und Südeuropa aus, später auch im übrigen Asien und heute weiterhin in Asien, besonders aber in Schwarzafrika.

Die *jüdische Religion* verzichtet de facto auf Mission, vertritt jedoch, theologisch an einen universalen Monotheismus gebunden, im Grundsatz ebenfalls den Missionsgedanken. Geschichtlich gab es v. a. in der Spätantike in größerer Zahl Übertritte zum Judentum (Proselyt); insgesamt bilden sie jedoch in der Geschichte und auch heute (nicht unwesentlich durch die mit dem Religionsübertritt verbundenen Verpflichtungen, u. a. die Beschneidung, beeinflusst) eine sehr kleine Zahl.

**Mission:** Christliche Missionare suchten das Christentum unter den Eingeborenen in Afrika zu verbreiten; Eingeborenenversammlung eines deutschen Missionars vor der Gründung einer Missionsstation (um 1891).

Am Anfang der *christlichen Mission,* die sich theologisch auf den so genannten Missionsbefehl Jesu Christi beruft, stand besonders die Missionstätigkeit des Paulus, dessen Konzept der ›Heidenmission‹ die ganze damals bekannte Welt im Blick hatte. Bis zur konstantinischen Wende (313) war die Mission im Römischen Reich für die christlichen Gemeinden und die frühe Kirche mit z. T. erheblichen Gefährdungen verbunden (▸ Christenverfolgungen); nach ihr erfuhr die Ausbreitung des Christentums dagegen eine umfassende Förderung seitens des römischen Staates. Sowohl bei der Mission der Germanen wie auch bei der von der lateinischen und byzantinischen Kirche betriebenen Mission der slawischen Völker (u. a. durch die Brüder

Kyrillos und Methodios) waren es v. a. die Mönchsorden, die zur Verbreitung des Christentums beitrugen. Mit dem Kolonialismus der Neuzeit weiteten sich die Missionsgebiete aus und umfassten schließlich Lateinamerika und weite Teile Afrikas und Asiens. Große Teile des eurasischen Kontinents (Sibirien) sowie Alaska wurden seit dem 16. Jh. durch die russisch-orthodoxe Kirche missioniert.

In der katholischen Kirche wurde die Mission nach der Reformation zentral geleitet und dafür 1622 die päpstliche Kongregation für die Glaubensverbreitung (›Congregatio de Propaganda Fide‹; heute ›Kongregation für die Evangelisation der Völker‹) geschaffen. Die Jesuiten, die die Missionsarbeit in dieser Zeit wesentlich trugen, entwickelten eine Missionsmethode, die von dem Grundsatz ausging, Rücksicht auf die kulturellen und religiösen Traditionen in den Missionsgebieten zu nehmen und die Mission in sprachlicher und ritueller Hinsicht den gegebenen Verhältnissen anzupassen.

Seit dem 17. Jh., besonders aber im 19. Jh., traten (innerhalb des Protestantismus v. a. unter dem Einfluss von Pietismus und Erweckungsbewegung) zahlreiche Missionsgesellschaften und Missionsorden neben die bisherigen Träger der Mission. Die von den protestantischen Missionsgesellschaften gegründeten Kirchen (besonders in Afrika und Asien) sind heute unabhängige Kirchen und wesentlich an neuen theologischen Entwicklungen beteiligt. In ihrer theologischen Arbeit stellen sie dabei auch das traditionelle (europäisch-nordamerikanische) Missionsverständnis infrage.

Eine geschichtliche Belastung stellt bis heute die Verflechtung von Mission und Kolonisation dar, die über Jahrhunderte in den Missionsgebieten oft mit der Zerstörung einheimischer Kulturen, der Verachtung anderer Religionen und mit Intoleranz gegenüber Andersgläubigen verbunden war. Moderne missionstheologische Entwürfe heben dagegen die Notwendigkeit der Inkulturation der christlichen Botschaft und den Gedanken der ›Einwohnung‹ des Evangeliums (Kontextualisierung) hervor.

**Missionsgesellschaften,** *evangelische Kirchen:* Vereinigungen zur Förderung der Mission. Die erste Missionsgesellschaft wurde 1649 in England zur Unterstützung der Indianermission in New England gegründet. Unter pietistischem Einfluss entstand 1698 in London die noch heute bestehende ›Society for Promoting Christian Knowledge‹. Ihre Blütezeit erlebten die Missionsgesellschaften im 19. Jh. In Deutschland bildeten sich u. a. in Berlin, Barmen, Dresden (Leipziger Mission), Neuendettelsau, Hermannsburg und Neukirchen Missionsgesellschaften, die z. T. auch mit Seminaren für die Ausbildung von Missionaren verbunden waren. Als deutsche Dachorganisation besteht das Evangelische Missionswerk in Deutschland e. V.

**Mitra,** *die,* christliche Liturgie: **Inful**, volkstümlich **Bischofsmütze**, in der katholischen Kirche die an der Rückseite mit zwei herabhängenden Zierbändern versehene Kopfbedeckung der Kardinäle, Bischöfe und ›infulierten Prälaten‹ (zum Tragen der Mitra berechtigte Amtsträger [▸ Ordinarius]) bei Pontifikalhandlungen. Auch die Bischöfe der unierten Ostkirchen tragen die Mitra in römischer Form; nur in der orthodoxen Kirche ist sie als hohe, gewölbte Mütze gestaltet, auf der ein Kreuz steht. Die Mitra ist seit dem 12. Jh. Teil der Amtstracht der Bischöfe und auch der Prälaten, denen diese zusteht. – Die anglikanischen, altkatholischen und lutherischen Bischöfe (Schweden, Finnland, Baltikum) und der (lutherische) Abt zu Loccum tragen bei ihren (bischöflichen) Gottesdiensten ebenfalls die Mitra.

**Modernismus,** *der,* von dem Freiburger Dogmatiker Carl Braig (* 1853, † 1923) geprägte Bezeichnung für die Ende des 19. Jh. innerhalb der *katholischen Kirche* (zuerst in Frankreich) einsetzenden, von Aufklärung und Liberalismus beeinflussten Bestrebungen katholischer Theologen um einen Ausgleich zwischen kirchlicher Lehre und modernem Denken. Im Gegensatz zur (päpstlich geförderten) Neuscholastik vertraten die ›Modernisten‹ einen historisch-kritischen Denkansatz (Bibelkritik; Erweis der Dogmen als geschichtlich gewordener und somit wandelbarer Beschreibungen christlicher Glaubensinhalte) und sahen sich kirchlicherseits den Vorwürfen des Historismus und Evolutionismus ausgesetzt.

In Deutschland wurden eher gemäßigt modernistische Positionen im Sinne eines Reformkatholizismus vertreten. 1899 wurden dem Modernismus verwandte Strömungen in den USA (Amerikanismus) von Leo XIII. als häretisch abgelehnt. 1907 erfolgte unter Pius X. die Verurteilung von Modernismusthesen. In der kurz darauf erschienenen Enzyklika ›Pascendi dominici gregis‹ wurde der Modernismus als ›Sammelbecken aller Häresien‹ feierlich verurteilt. 1910 wurde für alle in Seelsorge und Lehre tätigen Geistlichen der Antimodernisteneid vorgeschrieben, der über das Glaubensbekenntnis des Trienter Konzils hinaus die Verpflichtung auf wesentlichen Punkte der Enzyklika ›Pascendi‹ enthielt. Erst das 2. Vatikanische Konzil griff die Anliegen, die zum Modernismus geführt hatten, wieder auf und suchte ihnen im Kontext einer erneuerten Theologie gerecht zu werden.

**Mönch,** *Religionsgeschichte:* in verschiedenen Religionen ein Mann, der allein oder in einer Gemeinschaft (Orden) freiwillig ein durch asketisch-religiöse Grundsätze bestimmtes Leben führt.

**Mönchtum,** eine in vielen Religionen verbreitete, an asketischen Idealen (v. a. Ehelosigkeit und Verzicht auf persönlichen Besitz) orientierte, mit religiösen Motiven begründete, vorübergehend oder auf Lebenszeit gewählte Lebensform von Männern (Mönche) und Frauen (Nonnen). In der *Religionsgeschichte* wurde und wird das Mönchtum in den Formen des Eremitentums und der Wanderaskese, heute überwiegend in einem Leben in klösterlichen Gemeinschaften realisiert. *Religionsgeschichtlich* lassen sich zwei Wurzeln des Mönchtums unterscheiden:

1) In monistischen Religionen wird die (mystische) Einheit mit dem all-einen Göttlichen angestrebt, die prinzipiell nur durch – mehr oder weniger radikale – Formen der Abkehr von der Pluralität der Welt, des Lebens und der Geschichte erreicht werden kann (Selbsterlösung durch Rückzug aus der Geschichte). Im Mönchtum wird versucht, dieses Ziel durch eine besonders ausgeprägte Abwendung von den weltlichen Lebensformen und eine Konzentration auf das Göttliche zu verwirklichen. Dieser am weitesten verbreitete Typus des Mönchtums findet sich v. a. in den fernöstlichen Religionen (z. B. Hinduismus, Buddhismus, Jainismus, Taoismus). Manche dieser Religionen sind ›Mönchsreligionen‹ im eigentlichen Sinn: sie propagieren eine Lehre und Ethik, die in vollem Sinn nur für das Mönchtum praktikabel sind (z. B. Jainismus, Hinayana-Buddhismus, Lamaismus).

2) In monotheistischen Religionen geht es dem Mönchtum prinzipiell nicht um Rückzug aus, sondern um radikales Engagement in der Geschichte; es entstand in Situationen, in denen eine radikale Geschichtswende angestrebt wurde (z. B. im Christentum die eschatologisch begründete radikale Nachfolge Jesu Christi). Dabei werden neben der persönlichen Heiligung auch häufig Aktivitäten nach außen wichtig (Predigt, Unterricht, Seelsorge, Krankenpflege, Mission, Kultivierung von Land u. Ä.). Beispiele für das jüdische Mönchtum sind die Essener, für das islamische Mönchtum die Derwischorden.

**Mönchtum:** »Benedikt empfängt eine Gruppe von Mönchen«, Fresko von Sodoma im Kreuzgang des Klosters Monte Oliveto Maggiore bei Siena (1505).

Das *christliche Mönchtum* lebt aus beiden Wurzeln: Die radikale Nachfolge Jesu verband sich mit der Abkehr von der weltlicher Pluralität und dem Streben nach meditativer oder mystischer Einheit mit Gott. Seine Vorform, das frühchristliche (Wander-)Asketentum, war – bei gewollter ›Heimatlosigkeit‹ – stark missionarisch tätig, während das seit dem 3. Jh. in Unterägypten entstandene Mönchtum sowie das von diesem geprägte altkirchliche Mönchtum und bis heute das Mönchtum der Ostkirche v. a. aus der hellenistisch-christlichen Sehnsucht nach (meditativer) Einheit mit Gott lebte und lebt. Das Mönchtum in der ausgehenden lateinischen Antike verband beide Motive, was in der das mittelalterliche Mönchtum prägenden Formel der Benediktregel (›ora et labora‹ = ›bete und arbeite‹) deutlich wird. Seit dem Hochmittelalter (z. B. bei den Bettelorden mit starker Ausrichtung auf Predigt und Seelsorge) und vollends in der katholischen Kirche der Neuzeit tritt der Gesichtspunkt der weltweiten christlichen Sendung (Apostolat) noch mehr in den Vordergrund (z. B. bei den Jesuiten und den Missionsorden).

**Monismus,** *Religionswissenschaft:* Alternative zum ▸ Monotheismus: Der Mensch kann sich (monotheistisch) orientieren an der absolut geltenden

Person Gottes oder (monistisch) an einem unpersönlichen Prinzip, das die letzte Wirklichkeit von Welt und Mensch ist. Im Monismus erscheinen die Pluralität von Welt und Geschichte sowie das den Subjekt-Objekt-Gegensatz konstituierende Personsein als ›uneigentliche‹ oder sogar nichtseinsollende und zu überwindende Vorstufe zu einer schließlich zu erreichenden All-Einheit und Identität. Diesen Weg schlagen v. a. die östlichen Weltreligionen (Hinduismus, Buddhismus, Taoismus, Konfuzianismus) ein; aber auch der Hellenismus, die keltische und germanische Mentalität sowie die afrikanischen Religionen sind vom Monismus geprägt.

**Monotheismus,** das Bekenntnis und die Verehrung nur eines einzigen Gottes, der im Glauben als personales Gegenüber erfahren wird und im Verständnis der Gläubigen als Schöpfer und Erhalter der Welt gilt. Theologisch zeichnet sich der Monotheismus somit durch den Ausschließlichkeitscharakter und Universalitätsanspruch Gottes aus; religionswissenschaftlich wird er vom Monismus, der alle Weltwirklichkeit auf ein einziges unpersönliches Prinzip, ›Gott‹, zurückführt, und vom Polytheismus, der viele (mehr oder weniger personale) Gottheiten annimmt, unterschieden. Mit dem Monismus hat er gemeinsam den Glauben an die Einzigkeit Gottes, mit dem Polytheismus die personale Gottesvorstellung. Abzugrenzen ist der Monotheismus zudem vom **Henotheismus**, der eine Konzentration auf einen Gott innerhalb eines grundsätzlich weiter bestehenden Polytheismus versucht, und dem **Panentheismus**, in dem Monotheismus und Monismus miteinander verbunden werden (Gott ist sowohl transzendente ›Person‹ als auch inneres Prinzip der Welt).

Der Monotheismus ist erst im *Judentum* zur Zeit des Babylonischen Exils (6. Jh. v. Chr.) entstanden, das den nach Babylon deportierten Juden eine Glaubenskrise brachte: In einer Umgebung, in der andere Gottheiten im Mittelpunkt des öffentlichen Kults standen, war das Beibehalten des ererbten Monokults, der die ausschließliche Verehrung Jahwes forderte, die Existenz anderer Götter jedoch nicht bestritt, sondern lediglich ihren Kult untersagte, schwierig. In dem im Exil entstandenen Teil des Buches Jesaja (Deuterojesaja) wurde erstmals als Antwort auf diese Krise der ›theoretische Monotheismus‹ (die Götter ›alle sind nichts, ihr Tun ist ein Nichts‹, Jes. 41,29) formuliert und so die Möglichkeit geschaffen, den ererbten Monokult unter den neuen Bedingungen beizubehalten; der ehemalige Sippengott Jahwe, der personale Partner des Menschen, erlangte so universale Gültigkeit.

Der Monotheismus wurzelt also nicht in einer geistig-abstrakten Überlegung, dass es nur einen Allmächtigen, Unendlichen geben könne, sondern setzte die ausschließliche Verehrung eines individuellen Gottes durch und begründete sie. Diesen Monotheismus hat das *Christentum* übernommen und in oft schwierigen Auseinandersetzungen im Zusammenhang mit der Trinitätslehre verteidigt. Zur zentralen Glaubensaussage wurde er auch im *Islam*.

**Monsignore,** *der,* Abk. **Mgr., Msgr.**, Titel und Anrede höherer und niederer Prälaten der katholischen Kirche.

**Monstranz, Ostensorium,** *die,* liturgisches Gerät: ein gewöhnlich aus Fuß, Schaft und Aufsatz bestehendes, aus Edelmetall gefertigtes Gefäß, das dem Zeigen der konsekrierten Hostie dient, die in dem

**Monstranz:** Die so genannte Lepantomonstranz zeigt die Seeschlacht von Lepanto, die Halterung für die konsekrierte Hostie ist als Seeschiff gestaltet.

Aufsatz hinter Glas auf einer mondförmigen Halterung (Lunula) aufrecht sichtbar ist. Die Monstranz findet Verwendung bei der Aussetzung des Allerheiligsten, bei Prozessionen und zur Segenserteilung. In Anlehnung an Schaugefäße für Reliquien kam die Monstranz wohl im Zusammenhang mit dem Fronleichnamsfest auf (nachweisbar seit dem 14. Jh.). Das Gefäß wurde nach und nach mit Schmuckteilen umgeben und in verschiedenen künstlerischen Formen ausgestaltet: in der Gotik zur Turm- und Retabelmonstranz, im Barock zur Sonnen- oder Strahlenmonstranz.

**Moral,** Sammelbezeichnung für die der gesellschaftlichen Praxis zugrunde liegenden und als verbindlich akzeptierten ethisch-sittlichen Normen(systeme) des Handelns und der Werturteile, der Tugenden und Ideale einer bestimmten Gesellschaft, bestimmter gesellschaftlicher Gruppen und der ihnen integrierten Individuen bzw. einer historischen Epoche; sittliche Haltung eines Einzelnen oder einer Gruppe; lehrreiche Nutzanwendung, sittlicher Gehalt (Moral einer Geschichte; Moral des Friedens); Solidarität einer Gruppe, Bereitschaft sich einzusetzen, zu kämpfen.

In der *Philosophie* befassen sich Ethik und Metaethik mit der Moral. Die Ethik reflektiert die Moral, um ethische Handlungsregeln und Normensysteme zu begründen, die Metaethik untersucht den sprachlich-logischen Status moralischer Begriffe. Der empirischen Beschreibung und historisch-entwicklungsmäßigen Erklärung der Moral oder des moralischen Bewusstseins bei Individuen oder Gruppen widmen sich die empirischen Wissenschaften (v. a. Psychologie, Soziologie, Geschichte). Geltende Moral unterliegt dem gesellschaftlich-historischen Wandel. Unterschiedliche Gruppen- und Individualmoral bestehen nebeneinander. Moral ist aber nicht rein subjektiv und im Rahmen eines demokratischen Wertepluralismus beliebig wählbar und austauschbar.

**Moraltheologie,** Disziplin der *katholischen Theologie,* die sich im 16. Jh. aus der ▸ Dogmatik heraus entwickelt hat. Ihr Gegenstand sind der praktische Lebensvollzug des Christen sowie dessen normative Vorgaben. Zur Vorgeschichte der Moraltheologie gehören die im Frühmittelalter entstandenen Bußbücher mit ihren kasuistisch-legalistischen Vorschriften wie auch die v. a. in der Auseinandersetzung mit der aristotelischen Ethik entwickelte mittelalterliche Moralphilosophie, v. a. in ihrer theologisch-systematischen Ausformung durch Thomas von Aquino. Entgegen der reformatorischen Betonung der Gnade und der Überordnung des Glaubens über die Werke war die Moraltheologie geprägt von Individualismus und einem Rekurs auf ein als unabänderlich postuliertes Naturrecht. Im Gefolge von Aufklärung und Romantik entstanden gegenläufige Modelle, die sich bewusst mit den geistigen Bewegungen der Zeit auseinander setzten und auf eine stärkere Rückbindung an die Bibel Wert legten (J. M. Sailer, J. B. Hirscher). Seit dem 2. Vatikanischen Konzil sind diese Ansätze im Sinne eines dynamischen und dialogischen Welt- und Menschenverständnisses unter Hinzuziehung v. a. der Sozialwissenschaften (Anthropologie, Soziologie, Psychologie) weiterentwickelt worden. Hinzu kommt eine Ausweitung der moraltheologische Fragestellungen (über ›individuelle Sünden‹ hinaus auf ›strukturelle Sünden‹) unter Einbeziehung entwicklungspolitischer und ökologischer Aspekte. – In Abgrenzung zu den kasuistischen Verengungen und dem weitgehenden Naturrechtspositivismus der traditionellen Moraltheologie hat sich auch in der katholischen Theologie für Moraltheologie die Bezeichnung **theologische Ethik** herausgebildet.

**Mormonen,** Selbstbezeichnung **Church of Jesus Christ of Latter-Day Saints, Kirche Jesu Chrsti der Heiligen der letzten Tage,** eine 1830 in Fayette (N. Y.) von dem einer Farmersfamilie entstammenden Joseph Smith (* 1805, † 1844) gegründete Religionsgemeinschaft. Sie beruft sich auf die Bibel sowie auf Offenbarungen, die Smith in mehreren Visionen (erstmals 1820) erlangt hat. Sein Nachfolger und 1. Präsident der Mormonen, Brigham Young (* 1801, † 1877), brach 1846 mit 15 000 Anhängern nach Westen auf und errichtete nach 1847 in der Nähe des Großen Salzsees den Staat Utah mit der Hauptstadt Salt Lake City. Als Zentrum wurde dort 1853/59 aus weißem Granit ein Tempel errichtet. Seitdem ist Salt Lake City Sitz der ›Generalautoritäten‹ der Mormonen, zu denen neben dem Präsidenten (seit 1995 Gordon Hinkley, * 1910) und seinen beiden Ratgebern das ›Kollegium der Zwölf Apostel‹ gehört.

Grundlegend für Selbstverständnis und Lehre der Mormonen ist das **Buch Mormon** (erstmals 1830 gedruckt), angeblich die englische Übersetzung eines in ›reformägyptischer‹ Sprache und Schrift auf Goldplatten verzeichneten Textes, den 1827 ein Engel namens Moroni an Smith übergeben haben soll. Weitgehend vom A. T. beeinflusst, aus dem rund 400 Zitate übernommen sind, erzählt es, angefangen bei der angeblich ersten Besiedelung Amerikas 590 v. Chr., die amerikanische Geschichte zwischen 600 v. Chr. und 421 n. Chr. als Fortsetzung der biblischen Geschichte. Nach mormonischer Lehre kann sich der Geist des Menschen durch Erkenntnis der Wahrheit weiterentwickeln und zu göttlicher Wesenheit gelangen. Damit verbunden wird die chiliastische Vorstellung, dass Jesus Christus in der Endzeit auf der Spitze des Mormonentempels in Salt Lake City erscheinen und ein 1000-jähriges Reich in Amerika errichten wird. Die 1843 mit Berufung auf Offenbarungen Smith's eingeführte Mehrehe wurde 1890 abgeschafft. Charakteristisch für die Mormonen sind eine patriarchalisch-hierarische Ordnung, eine durch strenge moralische Grundsätze geprägte Lebensführung mit einer hohen Wertschätzung der Familie, der Verzicht auf Genussmittel und eine starke missionarische Orientierung. Sakramente sind die Taufe (ab dem 8. Lebensjahr, wird durch Untertauchen vollzogen), das sonntägliche Abendmahl und das die Taufe ergänzende Sakrament der Handauflegung zur Vermittlung der Gaben des Hl. Geistes. Die mit der mormonischen Endzeithoffnung verbundenen hl. Handlungen (›Siegelungen‹) und Belehrungen werden nach Empfehlungen durch die Gemeindeleiter (Bischöfe) im Tempel vollzogen, der Nicht-Mormonen nicht zugänglich ist. Jeder männliche Mormone soll wenigstens zwei Jahre lang missionarisch tätig sein. In Deutschland entstand die erste Mormonengemeinde 1843 in Darmstadt, Tempel gibt es in Freiberg/Sachsen und Friedrichsdorf/Taunus.

**Mose, Moses,** hebräisch **Moscheh**, arabisch **Musa**, biblische Gestalt, Prophet, Bruder des Aaron und der Mirjam. Die Bedeutung Moses in der jüdischen Religion ist in seiner zentralen Stellung bei der Ausprägung des monotheistischen Gottesglaubens (Jahwe) und der Grundlegung der israelitischen Rechtsordnung (Zehn Gebote) begründet, die er nach der biblischen Überlieferung als Anführer des Auszuges der Israeliten aus Ägypten (Exodus) und ihres Wüstenaufenthaltes und als Mittler des von Gott mit Israel geschlossenen Bundes innehatte. Durch die grundlegende Vermittlung von Kult und Recht am Sinai wurde Mose als Religionsstifter und Gesetzgeber im Judentum zur höchsten Autorität in allen religiösen Fragen. Die nach Mose benannten fünf ersten Bücher der Bibel, 1.–5. Mos. (Pentateuch), bilden die Thora, das jüdische ›Gesetz‹.

Nach der Bibel (Bücher 2.–5. Mos.) soll Mose, von hebräischen Eltern aus dem Stamme Levi in Ägypten geboren, als neugeborenes Kind ausgesetzt und von einer Pharaonentochter gerettet worden sein.

**Moses:** Michelangelo, Moses (1515/16, Rom, San Pietro in Vincoli).

Im Konflikt mit dem Pharao floh er nach Midian, wurde von dem Priester Jitro aufgenommen und heiratete dessen Tochter Zippora. Durch eine Gotteserscheinung im brennenden Dornbusch wurde er von Gott beauftragt, die Israeliten, die in Ägypten zu Zwangsarbeiten verpflichtet waren, in das Gelobte Land zu führen. Nachdem die Israeliten mithilfe Gottes vom Pharao den Auszug aus Ägypten erzwungen hatten (ägyptische Plagen), erneuerte Gott am Sinai seinen Bund mit Israel und gab Mose die Zehn Gebote. Unter Führung von Mose und Aaron wanderten die Israeliten 40 Jahre lang durch die Wüste, wobei sie auch immer wieder an der Richtigkeit des ihnen von Gott gewiesenen Weges zweifelten. Mose erreichte Kanaan nicht mehr und starb auf dem Berg Nebo. Historisch ist seine Gestalt nicht fassbar, ein fester Bezug scheint am ehesten in seiner Verbindung nach Midian vorzuliegen.

**Moslem,** Anhänger des Islam, ▸ Muslim.

**Motuproprio,** *das,* im *katholischen Kirchenrecht* ein vom Papst herausgegebener Erlass, i. e. S. ein aus eigener Initiative stammender Gesetzgebungsakt des Papstes für eine bestimmte, meist eng umgrenzte Materie.

**Muslim, Moslem,** *der,* veraltet Muselman, Selbstbezeichnung der Anhänger des Islam. Die Bezeichnung ›Mohammedaner‹ lehnen die Muslime ab, weil ihr Glaube auf die von Mohammed überbrachte Offenbarung Gottes, nicht aber auf den Propheten als ihren menschlichen Überbringer gerichtet ist. Nach der Lehre des Korans sind Muslime ›die Gläubigen‹. Alle Nicht-Muslime werden als ›Ungläubige‹ (Kafir) angesehen, unter denen die ›Schriftbesitzer‹ (Ahl al-Kitab) nach islamischem Recht eine Sonderstellung einnehmen.

**Mutter Gottes,** im kirchlichen Sprachgebrauch Bezeichnung für Maria, die Mutter Jesu; theologisch im besonderen Charakter ihrer Mutterschaft begründet (Gottesmutterschaft).

**Mysterium,** *das,* in *christlicher Theologie* und *Liturgie* sowohl Bezeichnung für die Offenbarung Gottes in Jesus Christus (als dem zentralen Geheimnis des christlichen Glaubens) als auch für den liturgischen Nachvollzug der Heilsgeschichte Jesu Christi im Gottesdienst der christlichen Kirchen.

In der *Religionsgeschichte* Bezeichnung für die Erfahrung des Numinosen, des Heiligen oder Gottes als den Menschen unzugängliches Geheimnis.

**Mystik,** *die,* ein vielschichtiges, schwer fixierbares Phänomen, das in unterschiedlicher kultureller Ausprägung allen Religionen gemeinsam ist. Mystik bezeichnet eine das alltägliche Bewusstsein und die verstandesmäßige Erkenntnis übersteigende unmittelbare Erfahrung einer göttlichen Realität. In ihren Erscheinungsformen ist Mystik soziokulturell wie geschichtlich eingebunden in religiöse Traditionen, Glaubensformen und Gemeinschaften.

*Phänomenologie:* Als Definition des Phänomens hat sich seit Thomas von Aquino die Umschreibung ›erfahrungsmäßige Gotteserkenntnis‹ (lateinisch ›cognitio Dei experimentalis‹) durchgesetzt. Demzufolge bezeichnet Mystik das Bestreben, durch Abkehr von der sinnlich wahrnehmbaren Welt und meditative Praktiken das Transzendente, Göttliche zu erfassen. Sie zielt darauf ab, durch Versenkung in sich selbst eine Vereinigung mit dem Transzendenten bis hin zur Aufgabe der eigenen Individualität herbeizuführen. In der mystischen Erfahrung der Einheit (›unio mystica‹) wird die Kluft zwischen Mensch und Gottheit überbrückt, der Eingeweihte (Myste) schaut unvermittelt die Gottheit und gelangt zu Einsichten in das Wesen der transzendenten Wirklichkeit.

Unterschiedliche Gottesbegriffe schlagen sich in verschiedenen Arten von Mystik nieder: Ein monotheistischer Gottesbegriff führt zur mystischen Erfahrung einer affektiven Vereinigung von Gott und Mensch als zweier freier Subjekte. Häufiger sind jedoch monistische Gottesvorstellungen, denen ein apersonales göttliches Prinzip zugrunde liegt (wie im Neuplatonismus oder Buddhismus). Hier wird das mystische Verhältnis zwischen Gott und Mensch im Sinne einer Teilhabe des Menschen am Göttlichen verstanden. Der Mystiker erstrebt, sich von der Welt zu lösen und zum Göttlichen zu erheben, um zu seinem göttlichen Ursprung zurückzukehren (Kreislaufgedanke).

In der Praxis zeigt Mystik Wege und Methoden auf, wie das Göttliche erfahrbar gemacht werden kann; so entwickelte sich z. B. im hellenistisch-christlichen Bereich eine Tugendlehre, mit deren Hilfe das menschliche Selbst zu Gott aufsteigen und ihn erfahren kann, oder im kulturellen Umfeld des Buddhismus ein Weg, auf dem man ins Nirvana eingehen kann. Askese und Kontemplation dienen der Vorbereitung auf das Zusammentreffen mit der Gottheit, sowohl als Methode des Aufstiegs als auch als reinigende Vorbereitung. Neben dem mystischen Erlebnis selbst wird von körperlichen Phänomenen berichtet, die spätestens seit der Aufklärung die Mystik in den Bereich des Übernatürlichen gerückt haben: Neben der Ekstase, Vision und Glossolalie finden sich parapsychologische Phänomene wie Stigmatisierungen, Tränengabe, Levitation (Elevation), Telepathie, Telekinese und Bilokation. Wegen des persönlichen Erfahrungscharakters und aufgrund der Sprachlosigkeit angesichts des Göttlichen ist Mystik in höchstem Maße individuell und nur schwer zu vermitteln.

Obwohl die Schriften des A. T. und N. T. keine mystischen Schilderungen i. e. S. enthalten, fanden Mystiker in ihnen ihre Erfahrungen wieder. Die Gottesbegegnungen des A. T. (z. B. 1. Mos. 15, 12f.; 28, 11–13; 32, 25–31; 2. Mos. 3, 1–3; 24, 15–18) und die Erscheinungen des auferstandenen Christus im N. T. sowie das Pfingsterlebnis (Lk. 24, 36–39; Apg. 2, 2–4) wurden den Mystikern ebenso wie die Berufungsgeschichten und die Berichte von Visionen zu Paradigmen ihrer eigenen existenziellen Erlebnisse und außerordentlichen Erfahrungen.

Unter Rückgriff auf die antiken Mysterienkulte mit ihrem mystischen Nachvollziehen des Sterbens und Wiederauferstehens der Gottheit und der hellenistischen, besonders der neuplatonischen Philosophie bildete sich in der alten Kirche eine reiche, christlich geprägte *mystische Tradition:* In der Christus-Mystik des Ignatius von Antiochia gilt das Abendmahl als ›Heilmittel der Unsterblichkeit‹; durch die Einwohnung Christi erlangt der Mensch Heil. Gregor von Nyssa wurde durch seine Predigten zum Hohen Lied und die allegorische Methode der Schriftinterpretation zum ›Vater der Mystik‹.

Im Mittelalter rückte durch Bernhard von Clairvaux neben der liebenden Beziehung des Individuums zu Jesus in der *Brautmystik* das Kreuz stärker in den Blickpunkt des Interesses, was auch seinen Niederschlag in der Kunst fand: Aus dem Pantokrator der Romanik wird der Schmerzensmann der Gotik. Auf dieser Grundlage entwickelte sich parallel zu den Anfängen des mittelalterlichen Dramas eine starke, meist monastische Tradition von *Passions- und Kreuzesmystik*, die besonders bei den Bettelorden (z. B. in der franziskanischen Leidensmystik) Verbreitung fand. Ebenfalls auf die Jesusverehrung gegründet waren die Krippen- und die ▸ Herz-Jesu-Verehrung, die im Rahmen der Volksfrömmigkeit seit der Einführung des Fronleichnamsfestes (1264) zunehmend das Herz Jesu als Quell des Lebens, der Gnade und der Sakramente verehrte. – Eine offizielle Darstellung dessen, was eine spezifisch christliche Mystik ausmacht, findet sich in der Erklärung der römischen Kongregation für die Glaubenslehre ›Über einige Aspekte der christlichen Meditation‹ vom 15. 10. 1989.

Das Verhältnis des *Protestantismus* zur Mystik war lange Zeit hindurch gestört, obwohl M. Luther selbst entscheidende Impulse von Tauler empfing und seine › Mystik des Wortes‹ Parallelen zur Mystik des Bernhard von Clairvaux erkennen lässt. Die synkretistische Mystik der schwärmerischen Kreise der Täufer, Spiritualisten (Schwenckfelder) und Rosenkreuzer wurde als Gefahr für den Rechtfertigungsglauben empfunden. Trotzdem beeinflusste J. Böhme mit seiner spekulativen Mystik, ihren kosmischen Bezügen und v. a. der ›Sophia‹-Lehre die Nachwelt nachhaltig. Breite Bevölkerungsschichten wurden vom Pietismus erfasst, in dem mystische Tendenzen wie der persönlich erfahrbare Glaube und das Prinzip der Vereinigung von Schöpfer und Geschöpf aufgegriffen wurden.

Für die *islamische* Mystik ist das Phänomen der ordensähnlichen Bruderschaft der Sufis besonders kennzeichnend. Ihr Leben war bestimmt von Askese und Meditation. Charakteristische mystische Elemente sind das Aufgehen (fana) der Individualität in der Gottheit in Form einer ekstatischen Vereinigung und das göttliche Durchdrungensein der menschlichen Natur.

*Gegenwärtige Tendenzen:* In der Gegenwart werden mystische Bestrebungen und Richtungen in den modernen Gesellschaften des Westens als Gegengewicht zu allzu starker Betonung von Rationalität durch verschiedene Gruppierungen aufgegriffen. Hierzu zählt neben einem wachsenden Interesse an Esoterik und verschiedenen Formen östlicher Religiosität auch ein Umdenken, das Kritik und Ablehnung der auf Leistung, Technisierung und Konsum ausgerichteten ›westlichen‹ Lebensweise mit einer Neuorientierung auf ›ganzheitliches Leben‹ hin verbindet. Besondere Bedeutung kommt dabei der New-Age-Bewegung zu.

**Mythos,** *der,* Bezeichnung für 1) die Erzählung von Göttern, Heroen u. a. Gestalten und Geschehnissen aus vorgeschichtlicher Zeit;

2) die sich darin aussprechende Weltdeutung eines frühen (mythischen) Bewusstseins;

3) das Resultat einer sich auch in der Moderne noch vollziehenden Mythisierung (›neue Mythen‹) im Sinne einer Verklärung von Personen, Sachen, Ereignissen oder Ideen zu einem Faszinosum von bildhaftem Symbolcharakter.

Seit über Mythos nachgedacht wird, sind Sache und Begriff umstritten. Bestimmungs- und Interpretationsversuche hängen dabei wesentlich von den Affinitäts-, Oppositions- oder Komplementaritätsbeziehungen ab, in denen er erscheint.

Spannungsreich erscheint das Verhältnis von *Mythos und Religion.* Hier geht es insbesondere um die (Wechsel-)Beziehungen von Mythos und religiösem Kult und Ritus, um den Zusammenhang zwischen mythisch-symbolischer Sprache und Darstellung und religiösem Gehalt und Gefühl, um das Brüchigwerden mythisch-religiöser Traditionen und den Verlust ihrer normativen Kraft (etwa in der Auseinandersetzung mit fremden Kulturen), v. a. auch um die Rolle des Mythos im Christentum und die Möglichkeiten und Grenzen einer ›Entmythologisierung‹, d. h. eines Verzichts auf den Mythos.

In der *Religionswissenschaft* und *Theologie* der Gegenwart setzt sich im Zusammenhang mit der Debatte um die ›Entmythologisierung‹ mehr und mehr die Auffassung durch, dass im Umgang mit dem Mythos zwar nicht hinter die kritische Wende des neuzeitlichen Denkens zurückgegangen werden kann, eine radikale Entmythologisierung dem Wahrheitsgehalt des Mythos aber nicht gerecht wird und v. a. seine unverzichtbare Funktion auch innerhalb der christlichen Lehre übersieht, die immer wieder auf die Sprache des Mythos zurückgreift.

Aber auch außerhalb der Theologie wird die ›Entmythologisierung‹ kontrovers diskutiert. Einerseits fordert man sie vehement aus so unterschiedlichen Richtungen wie der positivistischen Ideologiekritik (E. Topitsch), des französischen Strukturalismus (R. Barthes) und generell in der Überzeugung vom unaufhaltsamen historischen Fortschreiten der Menschheit zur Rationalität; andererseits halten viele den Versuch totaler Entmythologisierung auch hier, zumal vor dem Hintergrund eines erschütterten Glaubens an den Fortschritt von Wissenschaft und Technik, Zivilisation und Emanzipation des Menschen, für verfehlt und entdecken im Gegenzug dazu aufs Neue die Weltsicht des Mythos. Gerade in dieser Sichtweise erscheint er dann als die für den Menschen notwendige Lebensgrundlage, die das Verstehen empirischer Realitäten überhaupt erst gewährleistet.

Eine einfache Gleichsetzung des Mythos mit dem Irrationalen und der Wissenschaft mit Rationalität scheint gerade aufgrund neuerer naturwissenschaftlicher Erkenntnisse eher überholt. Wenngleich in der wissenschaftlichen Theoriebildung i. d. R. von ›rational‹, d. h. logisch widerspruchsfrei konstruierten Modellen der Wirklichkeit ausgegangen wird, zeigen doch insbesondere neuere Forschungen etwa in Physik (Quantenphysik, Chaostheorie) und Astronomie (chaotische Bahnverläufe einiger Himmelskörper) schon die Grenzen dieses dem Mythos entgegengehaltenen Begriffs von Rationalität selbst. Auch von daher stellt sich als Aufgabe ein besseres Verständnis des Mythos in seiner Vielschichtigkeit und damit die Überwindung der Konfrontation von Mythos und Rationalität.

Parallel zur wissenschaftlichen Diskussion des Mythosbegriffs vollzieht sich in der Gegenwart seine Inanspruchnahme auf unterschiedlichen Ebenen des politischen, gesellschaftlichen und religiösen Lebens bis hin zur Alltagswelt. Prägend wirkt hierbei, dass einerseits traditionelle religiöse und ethische Wertsysteme ihre bindende Kraft vielfach verloren haben, die (instrumentelle) Rationalität der modernen Wissenschaften das menschliche Bedürfnis nach Weltverständnis und Lebensorientierung andererseits nicht zu befriedigen scheint und Mythen jeder Art diese Lücke zu füllen versprechen. Wo es dann zur Bildung ›neuer Mythen‹ kommt, spiegeln diese somit v. a. die Suche nach Sinn in einer von technischen und bürokratischen Zwängen beherrschten und immer komplexer werdenden Welt und erfüllen als solche gleichsam ›religiöse‹ Funktionen: Auf Krisenbewusstsein antworten sie mit der Faszination des emotionalen Appells, versprechen Geborgenheit und gewährleisten Stabilisierung, Identität und Integration in einem kulturellen und sozialen Kontext.

Das Bedürfnis nach Mythen dieser Art findet dabei nicht zuletzt im Aufkommen neuer, alternativer weltanschaulicher und religiöser Bewegungen seinen Ausdruck (▸ neue Religionen, ▸ New Age). Im Unterschied zu den traditionellen (religiösen) Mythen werden die ›neuen‹ Mythen jedoch in der Regel nicht mehr von einer universalen Gemeinschaft getragen, sondern artikulieren sich in einer pluralistischen Gesellschaft meist innerhalb von Gruppen und erscheinen damit auch eher inhomogen. Im Extremfall treten sie auch in Form individueller Mythologien auf – als Ausdruck äußerster Subjektivität. Dabei lösen sie einander meist in relativ rascher Folge ab – z. T. mit der Schnelllebigkeit von Modeerscheinungen (z. B. bei so genannten Kultfiguren, -büchern, -filmen).

# N/O

**Nachfolge Christi,** lat. Imitatio Christi, auf dem Modell prophetischen Rufes (z. B. 1. Kön. 19,19 ff.) basierende Berufung durch Jesus zur umfassenden, vom ganzen Leben getragenen Teilhabe am Dienst für das nahende Reich Gottes (Mk. 1,16 – 20; 8,34–9,1; 10,28; Lk. 14,25–35); seit urchristlicher Zeit eine Grunddimension christlicher Existenzweise. In der Armutsbewegung des Mittelalters (besonders bei den Franziskanern) gewann die Nachfolge Christi einen sozialen Akzent. Im Gefolge der Reformation wurde Nachfolge Christi als Frucht der Rechtfertigung im Alltag verstanden; starke Betonung erfuhr sie im Pietismus und seit dem 19. Jh.; in der evangelischen Theologie des 20. Jh. hob besonders D. Bonhoeffer die Nachfolge Christi als Konsequenz christlicher Existenz hervor, die im Dienst für die anderen glaubwürdig Jesus Christus bezeugt. In der jüngsten Theologiegeschichte verstehen sich (nicht unbestritten) besonders die politische Theologie und die Befreiungstheologie als zeitgemäße Interpretationen der neutestamentlichen Forderung der Nachfolge Christi. – Das Thomas von Kempen zugeschriebene Werk ›Nachfolge Christi‹ beschreibt eine personale mystische Form des Sichversenkens in Gestalt und Weg Christi.

**neue Religionen,** *religionsgeschichtlicher* Fachbegriff für die in der Neuzeit (v. a. seit Mitte des 19. Jh.) entstandenen religiösen Bewegungen, die entweder von ihren Herkunftsreligionen als Häresien oder Sekten ausgegrenzt wurden, weil sie aufgrund ›neuer Erkenntnis‹ oder ›neuer Offenbarung‹ eine Gegenposition zu jenen einnahmen oder das traditionelle Religionssystem zu übertreffen meinten, oder verschiedenartige religiös und kulturell bestimmte Überlieferungsstränge zu einem neuen Religionssystem verbanden. Religionswissenschaftlich unterschieden werden von ihnen Sekten oder religiöse Schulen, die von ihrem Selbstverständnis her Sonderüberlieferungen oder eklektizistisch-fundamentalist. Glaubensformen innerhalb eines umfassenderen Religionssystems pflegen. *Religionssystematisch* gehören zu den neuen Religionen alle religiösen Bewegungen, die eine von bestehenden Traditionen mehr oder weniger unabhängige neue Lehre verkünden, einen in dieser Lehre begründeten neuen Kult leben und eine um Kult und Lehre zentrierte neue Gemeinschaft bilden. Die meisten der neuen Religionen entstanden und entstehen als Antwort (oft als bewusst gesuchter Gegensatz) auf die religiöse und zivilisatorische Ausbreitung des Christentums oder im Kontext der anderen großen Religionen ([Neo-]Hinduismus, Buddhismus, Islam). Insofern sind neue Religionen ein weltweites Phänomen. Ihre Schwerpunkte liegen in den außereuropäischen Ländern, von wo die meisten sich als missionierende Religionen weltweit ausbreiten konnten. Zu den vor christlichem Hintergrund entstandenen neuen Religionen gehören u. a. Adventisten, Mormonen, Vereinigungskirche, Zeugen Jehovas, Universelles Leben, ›Neue Kirche‹ (Swedenborg) und die Christengemeinschaft. Aus islamischem Kontext hervorgegangen sind z. B. die Ahmadija und die Bahai-Religion, aus hinduistischem Ananda Marga, Bhagwan-Bewegung, Hare-Krishna-Bewegung, Divine Light Mission und Transzendentale Meditation sowie neohinduistische Religionsgemeinschaften (z. B. Brahmasamaj), aus buddhistischem v. a. die zahlreichen neuen japanischen Religionen (darunter als die größten Nichiren-shôshû, Sôka-gakkai und Risshô-kôseikai). Eine Mischform aus buddhistischen, taoistischen, konfuzianischen und christlichen Elementen ist der Caodaismus in Vietnam.

Charakteristisch für die meisten neuen Religionen, die zugleich als Reaktion einheimischer Gesellschaften auf die als Überfremdung empfundene (christliche) Kultur der modernen Industriegesellschaften zu verstehen sind, ist die Rückbesinnung auf die Traditionen ihres Stammes oder Volkes. Beispiele für so entstandene synkretistische Religionen sind in Lateinamerika die afroamerikanischen Religionen wie Wodu, Candomblé und Umbanda, in Nordamerika die Black Muslims oder die neuen indianischen Religionen (z. B. Peyotekult), in Ozeanien die Cargo-Kulte und die neuen polynesischen Religionen. In Mitteleuropa sind damit vergleichbar die deutschgläubigen Bewegungen und das Neuheidentum.

Den neuen Religionen ist die Überzeugung gemeinsam, dass sie als ›Offenbarung‹, ›Erkenntnis‹ oder ›Weltgesetz‹ die letztgültige (oder zeitgemäße) Wahrheit besitzen und verkünden, die oft als die ursprüngliche, jetzt wiederhergestellte Wahrheit schlechthin verstanden wird. Häufig sind sie von der Vorstellung des nahen Weltendes – oder der Transformation dieser Welt in eine höhere und bessere – getragen, sind elitär oder auch autoritär. Ihre Heilsvorstellungen sind im Hinblick auf Heilsweg und Heilsziel fast ausschließlich immanent: Heil geschieht im Hier und Jetzt als Heilung des Einzelnen, der Gruppe oder auch (über die nähere Umwelt) der Welt, weshalb die religiöse Praxis in diesen meist überschaubaren Gemeinschaften weit wichtiger ist als die religiöse Theorie oder Doktrin. Viele von ihnen erheben dennoch einen universalen Anspruch, der jedoch über ihr historisches Erscheinungsbild weit hinausgeht.

Das *Selbstverständnis* der neuen Religionen ist eng verknüpft mit der Komplexität ihrer Entstehungsbedingungen. Ihre Gründer oder deren ›Urgemeinde‹ berufen sich auf religiöse Erlebnisse und verbinden die aus dem angestammten Traditionskontinuum nicht mehr beantwortbaren Fragen und die darauf inzwischen gefundenen Antworten zu einem neuen umfassenden System religiöser Wirklichkeit. Dieser Prozess wird als Erkenntnis, Schau oder Offenbarung erfahren. Zugleich ist dies eine spezifische Reaktion auf konkrete und verschiedenartige Infragestellungen, die religionsgeschichtlich bedingt, aber auch durch ökologische, ökonomische, geographische, klimatische, ethnische, soziologische, politische und andere Faktoren hervorgerufen sein können. Die neuen Religionen bieten damit ihren Anhängern neue Welterklärungs- und Lebensbewältigungssysteme als Möglichkeit zur Überwindung einer Krisen- oder Bedrohungssituation.

Zu den fragwürdigen und von der Religionswissenschaft heute als irreführend abgelehnten Bezeichnungen gehören u. a. **Jugendreligionen**. Die fünf ursprünglich so genannten neuen Religionen (Hare-Krishna-Bewegung, Vereinigungskirche, Scientology Church, Divine Light Mission, Children of God) kamen als missionierende Religionen um 1970 aus den USA auch in die Bundesrepublik Deutschland. Trotz ihres unterschiedlichen religiösen Herkommens schien ihnen eines gemeinsam: der ›Erfolg‹ nur innerhalb der jüngeren Generation. Dieses biografisch bedingte, für viele neue Religionen typische Kriterium wurde dahingehend verallgemeinert, dass mit dem Begriff ›Jugendreligionen‹ die Vorstellung verbunden wurde, es handele sich um Pseudoreligionen, die der Jugendverführung dienen, die jugendgefährdend, ja jugendverderbend sind. Im Zentrum der Kritik stehen die oft autoritären Strukturen der Gemeinschaften und die umfassende, geistig-psychische, aber auch finanzielle Vereinnahmung der Anhänger, die sich häufig ihrer Umgebung entziehen, die Verbindungen zu Familie und Freunden aufgeben und sich ganz in die Abhängigkeit der neuen Gemeinschaft begeben.

**Neues Testament,** Abk. **N. T.**, Bezeichnung für die Sammlung von 27 urchristlichen Schriften (größtenteils aus dem 1. Jh.), die den zweiten Teil der christlichen Bibel bildet. Abgefasst in der späthellenistischen Umgangssprache (Koine), divergiert der Sprachstil zwischen starkem semitischem Einfluss (Mk. und Apk.) und einem der Septuaginta entsprechenden hohen sprachlichen Niveau (Lk., Apg. und Hebr.). Der Kanon des N. T. bildete sich erst allmählich heraus. Vermittelt durch verschiedene Gattungen (Evangelien, Briefe, Apokalypse) spiegelt das N. T. den kerygmatischen Nachvollzug der Botschaft Jesu; dieser geschieht sowohl durch Fortentwicklung traditioneller theologischer und ethischer Ansätze besonders des A. T. als auch durch Neuentwicklungen auf der Basis der Verkündigung Jesu.

**New Age,** Begriff, der allgemein bekannt wurde als

1) die zentrale Botschaft einer im letzten Drittel des 20. Jh. in den USA aufgekommenen weltanschaulichen Bewegung,

2) Bezeichnung dieser Bewegung selbst, in der sich in lockerer Form Gruppen, Strömungen, Traditionen und Inhalte höchst unterschiedlicher Herkunft zusammenfinden,

**New Age:** Szene aus dem Musical Hair (1967).

3) Umschreibung für das religiöse ›feeling‹ dieses ›New-Age-Syndroms‹, das sich in vielen diffusen und vagen Tendenzen und Grundanliegen gegenwärtigen Lebensgefühls wiederfindet: die Sehnsucht nach Überwindung der Krise des modernen, technologischen Zeitalters durch Wiedergewinnung der Einheit der Menschheit und der Einheit des Menschen mit der Natur auf der Grundlage eines epochal ›neuen Denkens‹ und eines ›neuen Bewusstseins‹.

Die New-Age-Bewegung wurde neben anderen antimodernistischen Strömungen (z. B. Fundamentalismus) zu einem Sammelbecken von Vertretern eines Gegenprogramms zum ›Projekt der Moderne‹, wobei die Abgrenzungen zu Strömungen mit verwandten Intentionen (z. B. Alternativ-, Ökologiebewegung) fließend sind. Entsprechend den Positionen einiger Vertreter der Postmoderne soll die ›Entzauberung‹ der Welt durch die moderne Technik durch eine ›Wiederverzauberung der Welt‹ rückgängig gemacht werden. Diese Deutung des postindustriellen und postchristlichen Zeitalters als Anbruch des New Age hat Auswirkungen v. a. auf die Bereiche Naturwissenschaft, Psychologie, Esoterik und Religion.

**Noah,** in der Vulgata **Noe**, biblische Gestalt; nach 1. Mos. 5, 28 f. Sohn des Lamech. In der biblischen Erzählung über Noah (1. Mos. 6–9), deren Mittelpunkt die Flutsage bildet, sind verschiedene Traditionen miteinander verbunden. Noah wird als frommer Mann geschildert, der von Gott vor der Sintflut, die als Strafe die sündige Menschheit vernichten soll, gerettet wird. Gott schließt mit Noah einen Bund und lässt ihn mit seiner Familie in einer Arche die Flut überleben. Das nahende Ende der 150 Tage dauernden Flut erkennt Noah, der mit der Arche auf dem Ararat liegen geblieben ist, daran, dass eine von ihm ausgesandte Taube einen Ölzweig zurückbringt. Nach der Sintflut erneuert Gott den Bund mit Noah (symbolisiert durch den Regenbogen) und gibt ihm die noachidischen Gebote (Noachiden). Noah richtet sich als Landmann und (erster) Weinbauer auf der Erde ein. Durch seine Söhne Sem, Ham und Jafet wurde er zum Stammvater der neuen Menschheit (1. Mos. 10).

**Nonne,** *katholische Kirche:* Ordensfrau, i. e. S. die Angehörige eines weiblichen Ordens, i. w. S. jede Klosterschwester.

**Nothelfer,** in der katholischen Volksfrömmigkeit Heilige, die in bestimmten (Not-)Situationen um Hilfe angerufen werden; in Deutschland v. a. die *vierzehn Nothelfer*, eine Gruppe von Nothelfern, deren Verehrung sich im 14./15. Jh. besonders in den Diözesen Bamberg und Regensburg herausgebildet hatte. Zu ihnen gehören i. d. R.: die drei Bischöfe Dionysius von Paris, Erasmus, Blasius; die drei Jungfrauen Barbara, Margareta von Antiochia, Katharina von Alexandria; die drei ritterlichen Heiligen Georg, Achatius, Eustachius; der Arzt Pantaleon; der Mönch Ägidius; der Diakon Cyriacus von Rom; der Knabe Vitus; Christophorus als Träger des Christuskindes. Im bayerischen Raum tritt im Mittelalter an die Stelle des Cyriacus vielfach Leonhard; auch andere Heilige werden entsprechend lokalem Brauchtum gelegentlich ersetzt oder die Gruppe um einen weiteren Heiligen ergänzt, z. B. durch Sebastian, Nikolaus von Myra, Antonius d. Gr., Oswald und Wolfgang. V. a. in der Diözese Augsburg kamen Ende des 15. Jh. durch Hinzutreten des Abtes Magnus die 15 Nothelfer vor. Schwerpunkt der Verehrung der Nothelfer wurde nach 1445/46 Vierzehnheiligen.

**Offenbarung des Johannes,** die ▸ Apokalypse des Johannes.

**Ökumene,** *die,* im *christlichen Sprachgebrauch* die Bezeichnung für die Gesamtheit der christlichen Kirchen und für ihr Bestreben, auf der Grundlage des gemeinsamen christlichen Glaubens zusammenzuarbeiten, um in dieser Zusammenarbeit die eine weltweite (›ökumenische‹) christliche Gemeinschaft sichtbar und erfahrbar werden zu lassen.

*Begriffsentstehung* und *Begriffsinhalt:* Das Wort ›Ökumene‹ bezeichnet im Griechischen zunächst im geographischen Sinn ›die ganze (bewohnte) Erde‹, dann aber auch – in Abgrenzung zur Welt der ›Barbaren‹ – den Einflussbereich der hellenistischen Kultur und Zivilisation. Im N. T. ist Ökumene ist der Raum missionarischer Verkündigung (Mt. 24, 14) oder, eschatologisch verstanden, der Raum des endgültigen Sieges Jesu Christi nach dem Abschluss der Mission (Hebr. 2, 5). Im Gefolge der Ausbreitung des christlichen Glaubens bezeichnet Ökumene seit dem 2. Jh. immer häufiger den Ausdehnungsbereich der Kirche und schließlich die Kirche in ihrer Gesamtheit oder die ganze christliche Welt.

Die *römisch-katholische Kirche* als die zahlenmäßig größte und im Unterschied zu den anderen christlichen Kirchen über eine weltweite, im Papstamt zentrierte einheitliche Organisationsstruktur verfügende christliche Kirche arbeitet als Institution seit dem 2. Vatikanischen Konzil in der ökumenischen Bewegung mit (▸ Ökumenismus), gehört jedoch nicht dem ▸ Ökumenischen Rat der Kirchen (ÖRK) an. Die Gruppe der *protestantischen Kirchen* innerhalb der Ökumene besteht aus sieben konfessionellen ›Weltfamilien‹ (so die heute übliche Selbstbezeichnung): Anglikaner, Baptisten, Kongregationalisten, Lutheraner, Methodisten, Presbyterianer (reformierte Kirchen) und ›Disciples of

Christ‹, die sich jeweils durch einen hohen Grad innerer Differenzierung auszeichnen. So gibt es z. B. allein in den USA rd. 1 200 Denominationen. Die Gruppe der *Ostkirchen* umfasst die orthodoxe Kirche, die orientalischen Nationalkirchen, die ostsyrische Kirche (Nestorianer) und die mit der römisch-katholischen Kirche unierten Ostkirchen.

**Ökumene:** Aleksij II., der Patriarch von Moskau, Carlo Maria Kardinal Martini, Erzbischof von Mailand und Kerekin I., das Oberhaupt der Armenisch-Apostolischen Kirche bei der Eröffnung der 2. Europäischen Ökumenischen Versammlung 23. – 29. Juni 1997.

Die *konfessionelle Vielschichtigkeit* wird allerdings mit dem Hinweis auf die Vielzahl und Vielfalt christlicher Gemeinschaften nur unzureichend erfasst. Deutlich wird die ihr innewohnende Problematik u. a. darin, dass innerhalb der Gesamtchristenheit diese z. T. weltweit verbreiteten Körperschaften meist nicht einfach neben- und miteinander leben, sondern sich in zurückliegender Zeit in nicht wenigen Fällen gegenseitig ihre Christlichkeit oder ihren Charakter als Kirche abgesprochen haben und dies in einigen Fällen auch heute noch tun. Die einzige Gemeinsamkeit, die fast alle christlichen Kirchen und Gemeinschaften teilen, stellt die Taufe dar, deren Gültigkeit allerdings ebenfalls über lange Zeit hinweg wechselseitig bezweifelt wurde, sodass bei Übertritten eine Neutaufe erforderlich war. Zudem haben sich, nicht zuletzt unter dem Einfluss des jeweiligen gesellschaftlichen, politischen oder kulturellen Umfeldes, die Konfessionen unterschiedlich entwickelt und je eigene Denkweisen, Frömmigkeitsstile, kirchliche Strukturen und liturgische Traditionen herausgebildet. Daraus erklärt sich etwa die völlige Andersartigkeit der konfessionellen Verhältnisse in den USA im Vergleich zu Europa, das seinerseits von Land zu Land erhebliche Differenzen aufweist.

Die gegenwärtige Gestalt der Ökumene ist v. a. geprägt durch die übergreifenden Organe der konfessionellen ›Weltfamilien‹ (die konfessionellen Weltbünde), die Tätigkeit regionaler ökumenischer Organisationen (z. B. die Konferenz Europäischer Kirchen) sowie vielfältige, durch den ÖRK koordinierte Initiativen der ökumenischen Bewegung. Unter den ökumenischen Institutionen sind besonders die heute in rd. 100 Ländern bestehenden regionalen, nationalen und lokalen Christen- und Kirchenräte hervorzuheben, ferner zahlreiche dem ökumenischen Gedanken verpflichtete Gremien.

Die zahlreichen interkonfessionellen Gespräche haben eine kaum noch überschaubare Fülle von Konsens- und Konvergenztexten hervorgebracht. Als ein großes ökumenisches Ereignis der jüngsten Zeit gilt die vom ›Päpstlichen Rat für die Förderung der Einheit der Christen‹ und dem ›Lutherischen Weltbund‹ veröffentlichte ›Gemeinsame Erklärung zur Rechtfertigungslehre‹; als eines der wichtigsten Ergebnisse der auf ökumenischer Ebene geführten lutherisch/römisch-katholischen Lehrgespräche könnte ihr ihm Rahmen einer künftigen, von der ökumenischen Bewegung angestrebten größeren Kirchengemeinschaft eine zentrale Stellung zukommen.

Das wichtigste Ergebnis der offiziellen orientalisch/römisch-katholischen bzw. orientalisch-orthodoxen Lehrgespräche liegt heute in den nach fast 1 500 Jahren erreichten Übereinkünften über ein gemeinsames Verständnis der Christologie vor (▸ Monophysitismus). Hauptprobleme, die einer verbindlichen größeren Kirchengemeinschaft (und vielleicht auch künftigen kirchlichen Einheit) nach wie vor entgegenstehen, sind die unterschiedlichen Kirchenbegriffe der einzelnen Kirchen und die Frage der gegenseitigen Anerkennung der Ämter,

dabei v. a. der nach römisch-katholischem Verständnis mit dem römischen Bischofsamt verbundene Anspruch auf Unfehlbarkeit und Jurisdiktionsprimat, aber auch die Frage der Frauenordination.
Belastungen der ökumenischen Beziehungen werden gegenwärtig seitens der römisch-katholischen Kirche und der orthodoxen Kirche gegenüber der Kirche von England aufgrund der in ihr seit 1994 möglichen Priesterweihe von Frauen gesehen. Die seit Anfang der 1990er-Jahre in der orthodoxen Kirche zu beobachtenden antiökumenischen Tendenzen stehen im unmittelbaren Zusammenhang mit der Rekonstitution und Neuordnung der kirchlichen Strukturen der römisch-katholischen Kirche in den ehemals kommunistischen Staaten Mittel-, Südost- und Osteuropas und der nach 1990 dort einsetzenden protestantischen Mission, die von orthodoxer Seite als ›Errichtung kirchlicher Parallelstrukturen‹ und ›Proselytenmacherei‹ in traditionell ihren Kirchen zugehörigen Territorien angesehen werden.
Die ökumenische Praxis der Kirchen ›vor Ort‹ hat ihre Grundlage in ökumenischen Kontakten und Projekten auf der Ebene der Ortsgemeinden, sie hat darüber hinaus jedoch auch besondere ökumenische Formen kirchlichen Handelns ausgebildet. Beispiele hierfür sind: die ökumenische Gebetswoche für die Einheit der Christen und der ›Weltgebetstag der Frauen‹, ökumenische Gottesdienste und Trauungen, der Gebrauch gemeinsamer Bibelübersetzungen (z. B. die deutsche Einheitsübersetzung der Hl. Schrift) und nicht zuletzt gemeinsame Stellungnahmen zu sozialethischen Fragen.

**ökumenische Bewegung,** Bezeichnung für die im 19. Jh. beginnenden, im 20. Jh. eigene Institutionen ausbildenden Bestrebungen innerhalb der christlichen Kirchen, die konfessionelle Trennung des Christentums zu überwinden. Die ökumenische Bewegung nahm ihren Anfang in den reformatorischen Kirchen, getragen von Laienbünden und -bewegungen. So entstand 1846 mit der Gründung der Evangelischen Allianz ein erster interkonfessioneller Zusammenschluss protestantischer Christen. Die ökumenische Bewegung versteht sich v. a. als weltweite Arbeits- und Aktionsgemeinschaft von Christen und Kirchen und stellt heute ein kompliziertes Geflecht bilateraler und multilateraler Beziehungen auf allen Ebenen der Kirchen dar.
Bis zur Gründung des Ökumenischen Rats der Kirchen (ÖRK) wurde die ökumenische Bewegung überwiegend von protestantischen und anglikanischen Kirchen getragen. Die ersten positiven Stellungnahmen orthodoxer Kirchen zur ökumenischen Bewegung gaben 1919 die griechisch-orthodoxen Kirche und 1920 das Ökumenische Patriarchat ab. Nach den zehn Ostkirchen, die 1948 Gründungsmitglieder des ÖRK waren, traten ab 1950 alle orthodoxen und orientalischen Kirchen dem ÖRK bei, zuletzt 1992 die orthodoxe Kirche von Albanien. Die katholische Kirche stand der ökumenischen Bewegung – ungeachtet einzelner katholisch-ökumenischer Initiativen wie der Una-Sancta-Bewegung – bis in die 1950er-Jahre offiziell ablehnend gegenüber, öffnete sich ihr jedoch mit dem 2. Vatikanischen Konzil (▸ Ökumenismus) und begreift sich heute selbst als ihr Teil.

**ökumenische Glaubensbekenntnisse,** ökumenische Symbole, zusammenfassende Bezeichnung für die drei altkirchlichen Bekenntnisse, die in den christlichen Kirchen allgemeine und verbindliche Bedeutung erlangt haben: das Apostolische Glaubensbekenntnis, das Nicänische Glaubensbekenntnis in der Form des Nicänokonstantinopolitanums und das Athanasianische Glaubensbekenntnis.

**ökumenische Gottesdienstgemeinschaft,** *katholisches Kirchenrecht:* die Gemeinschaft zwischen katholischen und nichtkatholischen Christen in gottesdienstlicher Feier. Die ökumenische Gottesdienstgemeinschaft wird als ›Gemeinschaft im geistlichen Tun‹ (Communicatio in Spiritualibus) definiert, die die auf bestimmte Fälle und Situationen begrenzte Sakramentengemeinschaft (Communicatio in Sacris) einschließt.

**ökumenische Konzile, ökumenische Synoden,** in den christlichen Kirchen Konzile, deren Beschlüsse als gesamtkirchlich bindend angesehen werden und den Charakter von Bekenntnisschriften haben. In der katholischen Kirche gelten 21 Konzile als ökumenisch, in der orthodoxen Kirche die ersten sieben Konzile der byzantinischen Reichskirche. Die reformatorischen Kirchen erkennen die dogmatischen Entscheidungen der vier ersten ökumenische Konzile an, die sich im Nicänokonstantinopolitanum niedergeschlagen haben.

**Ökumenischer Rat der Kirchen, Weltrat der Kirchen, Weltkirchenrat,** Abk. **ÖRK**, englisch World Council of Churches, Abk. WCC, organisatorisches Instrument der ökumenischen Bewegung mit Sitz in Genf. Der ÖRK stellt eine Art ›Dachverband‹ christlicher Konfessionen dar, der den Mitgliedskirchen als Instrument des Dialogs und der Koordination ökumenischer Arbeit dienen soll. Nach der ›Basisformel‹ seiner Verfassung ist er ›eine Gemeinschaft von Kirchen, die den Herrn Jesus Christus gemäß der Hl. Schrift als Gott und Heiland bekennen und darum gemeinsam zu erfüllen trachten, wozu sie berufen sind, zur Ehre Gottes, des Vaters, des Sohnes und des Hl. Geistes‹. Als nicht staatliche Organisation ist der ÖRK bei den Vereinten Nationen akkreditiert.

Hervorgegangen aus den Bewegungen für praktisches Christentum (›Life and Work‹) und für Glauben und Kirchenverfassung (›Faith and Order‹), erarbeiteten Vertreter beider Bewegungen 1938 einen ersten Verfassungsentwurf für den ÖRK, dessen Gründung schließlich 1948 in Amsterdam erfolgte. An der konstituierenden Vollversammlung nahmen Delegierte von 147 (überwiegend protestantischen) Kirchen teil. Dem ÖRK gehören heute 332 Mitgliedskirchen an; darunter mit Ausnahme der georgischen Kirche (Austritt Juni 1997) alle orthodoxen und orientalischen Kirchen. Die Aufnahme erfolgt auf Antrag, wenn zwei Drittel der bei der Vollversammlung vertretenen Mitgliedskirchen zustimmen. Voraussetzung dafür ist, dass die antragstellende Kirche die Basisformel akzeptiert, bereits länger besteht und mindestens 25 000 Mitglieder hat. Gegenüber seinen Mitgliedskirchen besitzt der ÖRK keine Weisungsbefugnis, sodass die Beschlüsse der Vollversammlung ausschließlich empfehlenden Charakter besitzen.

Oberstes Organ des ÖRK ist die Vollversammlung, die i. d. R. alle sieben Jahre zusammentritt und aus den offiziellen Delegierten das Präsidium und den Zentralausschuss (150 Mitglieder) wählt, die Programmrichtlinien festlegt und über Verfassungs- oder Strukturveränderungen entscheidet. Die Geschäftsführung liegt in den Händen des vom Zentralausschuss gewählten Exekutivausschusses und des Generalsekretärs (seit 1992 der deutsche evangelische Theologe K. Raiser).

Die inhaltliche Arbeit des ÖRK ist in vier Programmeinheiten gegliedert: ›Einheit und Erneuerung‹ (Einheit I), ›Leben, Bildung und Mission‹ (Einheit II), ›Gerechtigkeit, Frieden und Schöpfung‹ (Einheit III), ›Teilen und Dienst‹ (Einheit IV); diese umfassen als Untereinheiten Kommissionen für die verschiedenen Arbeitsfelder (z. B. ›Kirchliche Einheit: Glauben und Kirchenverfassung‹; Faith and Order).

Die katholische Kirche gehört dem ÖRK als einzige große Glaubensgemeinschaft nicht an, unterhält jedoch eine ständige gemeinsame Arbeitsgruppe und nimmt an den Vollversammlungen und Weltkonferenzen des ÖRK durch offizielle Beobachter teil.

**Ökumenismus,** *der,* seit dem 2. Vatikanischen Konzil in der katholischen Kirche übliche Bezeichnung zur Beschreibung ihres ökumenischen Auftrags, dessen Grundzüge im ›Dekret über den Ökumenismus‹ (1964) formuliert wurden und in dessen Mittelpunkt der gleichberechtigte Dialog zwischen den christlichen Konfessionen steht. Die außerhalb der katholischen Kirche entstandene ökumenische Bewegung wird dabei ausdrücklich als vom Hl. Geist gewirkt, die Spaltung der Christenheit als im Widerspruch zum Willen Jesu Christi stehend angesehen. Die vorkonziliare Forderung nach Wiederherstellung der kirchlichen Einheit im Sinne einer ›Rückkehr‹ zur katholischen Kirche wurde aufgegeben.

**Oration,** *die,* in der *lateinischen Liturgie* allgemein jedes vom Zelebranten laut vorgetragene Gebet (›Präsidialgebete‹), v. a. das formal streng gebaute Abschlussgebet nach allgemeinen Gebeten und Gesängen. In der Messfeier werden i. e. S. das sie eröffnende Tagesgebet und die das Offertorium und die Kommunionspendung beschließenden Gebete (Gaben- und Schlussgebet) als Oration bezeichnet. Mit einer Oration schließen auch die Gebetszeiten des Stundengebets.

**Oratorianer,** katholisches Ordenswesen: die Mitglieder des ▸ Oratoriums.

**Oratorium,** *das,* im *katholischen Kirchenrecht* ein einer kirchlichen Gemeinschaft oder einem bestimmten Kreis von Gläubigen vorbehaltener Ort zur Feier des Gottesdienstes, zu dem jedoch prinzipiell auch andere Zugang erhalten können. Von der *Kapelle* (lat. ›oratorium‹) unterschieden wird die für eine Person (den Bischof) oder mehrere Einzelpersonen errichtete *Privatkapelle* (lat. ›sacellum privatum‹).

Im *katholischen Ordenswesen* Kurzbezeichnung für verschiedene religiöse Gemeinschaften, deren Mitglieder **(Oratorianer)** keine Ordensgelübde ablegen. Kirchenrechtlich gelten sie als ›Gesellschaften des apostolischen Lebens‹:

1) das *Oratorium des heiligen Filippo Neri* (lat. Confoederatio Oratorii Sancti Philippi Nerii), eine Vereinigung von Priestern und Laien; hervorgegangen aus einer 1552 von F. Neri in Rom gegrün-

deten, 1575 päpstlich anerkannten Gemeinschaft von Weltpriestern.

2) das *Oratorium von Jesus und Maria* (lat. Congregatio Oratorii Jesu et Mariae), eine 1611 von P. de Bérulle gegründete, 1613 päpstlich anerkannte französische Weltpriestervereinigung mit zentralistischer Leitung. Sitz des Generaloberen ist Paris. Sie ging in der Französischen Revolution unter und wurde 1864 wieder errichtet.

**Orden, Ordensgemeinschaft,** Zusammenschluss von Personen, die sich bestimmten Regeln unterworfen und gewisse Verpflichtungen übernommen haben; auch die Abzeichen solcher Gemeinschaften.

*Christliche Ordensgemeinschaften:* In der *katholischen Kirche* werden im deutschen Sprachgebrauch solche religiöse Gemeinschaften als Orden bezeichnet, deren Mitglieder die Gelübde der Keuschheit, des Gehorsams und der Armut abgelegt und sich zu einem gemeinschaftlichen Leben unter einem Oberen, oft in einem Kloster, und nach einer bestimmten Lebensordnung (Regel, Konstitutionen) verpflichtet haben; kirchenrechtliche Bezeichnung: *Institute des geweihten Lebens.* Nach ihrer Tätigkeit werden kontemplative (beschauliche Orden) und aktive (v. a. in der Seelsorge, der Krankenpflege und im Unterricht tätige) Orden unterschieden. Die Ordensangehörigen (Religiosen) heißen, wenn sie Priester sind, Pater, sonst Ordensbruder, auch Frater, und Ordensschwester oder Ordensfrau. Die meisten Orden besitzen einen männlichen und einen weiblichen Zweig, häufig ist ihnen ein Dritter Orden angeschlossen.

Eine Wurzel der Orden bildet das frühchristliche Mönchtum, eine zweite das im Mittelalter vielfach übliche gemeinsame Leben der Kleriker, auf dessen Grundlage die Chorherrengemeinschaften (▸ Chorherren) entstanden, später die Augustiner und Prämonstratenser. Im 13. Jh. entstanden die Bettelorden (u. a. Franziskaner, Dominikaner) mit starker Betonung der Armut, einer zentralistischen Verfassung und Ausrichtung auf die Seelsorge und Mission.

Seit der katholischen Reform im 16. Jh. besteht in der katholischen Kirche die Unterscheidung zwischen eigentlichen Orden mit öffentlichen (lebenslang bindenden) Gelübden und Kongregationen, deren Mitglieder nur ›einfache‹ Gelübde ablegen. Besonders im 19. Jh. entstanden zahlreiche neue, meist in der Krankenpflege und im Erziehungswesen tätige, v. a. weibliche Kongregationen. 1947 wurden die weltlichen Institute (Säkularinstitute) neben den eigentlichen Orden und den Kongregationen kirchenrechtlich als Institute des geweihten Lebens anerkannt. Ihre Konstitutionen richten sich wie die Ordensregeln an den Evangelischen Räten aus; die Mitglieder leben jedoch i. d. R. ›in der Welt‹ und gehen ihren bürgerlichen Berufen nach. Von ihnen unterschieden werden die ›Gesellschaften des apostolischen Lebens‹, seelsorglich ausgerichtete Gemeinschaften ohne Gelübde wie z. B. die Pallottiner.

Voraussetzung für die Aufnahme in einen Orden ist ein ein- bis zweijähriges Noviziat. Der Austritt kann durch päpstlich genehmigten Übertritt in eine andere Gemeinschaft, durch Exklaustration (zeitweilige Aussonderung des Ordensangehörigen, wobei er an seine Gelübde gebunden bleibt, soweit dies mit seinen neuen Lebensbedingungen vereinbar ist) oder Säkularisation (dauerndes Ausscheiden aus dem Orden mit Dispens von den Gelübden) erfolgen. Die Entlassung von Ordensleuten ist nur wegen kirchlicher Delikte möglich, wobei förmliche Verfahren mit Rechtsmitteln vorgesehen sind.

Innerhalb der *Ostkirchen* bestehen Orden nur in den unierten Kirchen (Basilianer; Mechitharisten). Träger des Mönchtums in der orthodoxen Kirche und in den orientalischen Kirchen sind dagegen die selbstständigen Klöster.

In den *evangelischen* und den *anglikanischen Kirchen* sind den Orden die ▸ Kommunitäten vergleichbar.

**Ordensrecht,** *katholisches Kirchenrecht:* ▸ Orden.

**Ordensregel,** *christliche Kirchen:* ▸ Regel.

**Ordenstracht,** die für jede Ordensgemeinschaft festgelegte einheitliche Kleidung. Traditionelle Bestandteile der Ordenstracht in katholischen Orden sind: lange Tunika, Gürtel, Kapuze, z. T. Skapulier.

**Ordinariat** *das,* im *katholischen Kirchenrecht* die Diözesankurie.

**Ordinarius,** *katholisches Kirchenrecht:* der Träger ordentlicher, kirchlicher Jurisdiktion. Ordinarien sind außer dem Papst der regierende Bischof, die diesem gleichgestellten Prälaten, der Generalvikar und Bischofsvikar sowie der Diözesanadministrator. Da ihre Jurisdiktion sich auf ein bestimmtes Territorium erstreckt, werden sie als *Ortsordinarien* (lat. ›ordinarius loci‹) bezeichnet. Zu den Ordinarien gehören auch die höheren Oberen der exemten Ordensgemeinschaften (Generaloberer, Provinzial, Abt).

**Ordination,** *Kirchenrecht:* 1) In den evangelischen Kirchen die während eines Gottesdienstes vorgenommene Einsetzung in das Pfarramt in Form der kirchlichen Bestätigung der Befähigung zum geistlichen Amt (Kirchenamt). Die Ordination ist keine Weihehandlung, die einen besonderen geistlichen Charakter verleiht oder aus der ein standesmäßiger Unterschied zwischen Priestern und Laien folgt. In der öffentlichen Ordinationsfeier werden dem Ordinanden unter Gebet und Handauflegung als dem vergewissernden Zeichen die Rechte zur Wortverkündigung und Sakramentsverwaltung übertragen. Er wird auf die Bekenntnisse seiner Landeskirche verpflichtet und bekennt sich zum Dienst im Rahmen der kirchlichen Ordnungen. Bei einem Gemeinde- oder Amtswechsel erfolgt eine Amtseinführung, da die Ordination einmalig ist und die dabei erhaltenen Rechte bestehen bleiben. Die Ordination wird als ›äußere Berufung‹ (vocatio externa) von der ›inneren Berufung‹ (vocatio interna) unterschieden.

2) In der *katholischen Kirche* und in den *Ostkirchen* die Weihe.

**Orthodoxie,** *die,* Bezeichnung für die orthodoxe Kirche (als christliche Konfession).

In der *evangelischen Theologie* die durch die Auseinandersetzungen um das authentische theologische Erbe der Reformation (die ›reine Lehre‹) geprägte Phase in der Geschichte der evangelischen Theologie. Mit dem Augsburger Religionsfrieden einsetzend und bis Anfang des 18. Jh. anhaltend, war sie Ausdruck der innerprotestantischen theologischen Einigungsbemühungen (im Luthertum zuerst in der Konkordienformel), damit aber zugleich auch Gegenbewegung zu der die Gegenreformation und die katholische Reform maßgeblich tragenden scholastischen Theologie der Jesuiten. Das Ziel der Orthodoxie war, der beginnenden innerprotestantischen Krise und der stärker werdenden äußeren Bedrohung des Protestantismus durch ein möglichst geschlossenes Lehrsystem zu begegnen. Maßgeblich war dabei das auch denkerisch klare Erfassen und Durchdringen der Hl. Schrift als inspiriertem Wort Gottes. Die Bibel galt als wortwörtlich vom Hl. Geist diktiert. So wurde neben der Lehre von der Verbalinspiration das Schriftprinzip formuliert und inhaltlich besonders unter zwei Gesichtspunkten entfaltet: Die Bibel als das Gefäß der Heilslehre genüge zum Heil und lege sich selbst aus (Formalprinzip), und das protestantische Verständnis der Rechtfertigung sei die inhaltliche Mitte der Hl. Schrift (Materialprinzip). Gleichzeitig mit diesen streng rationalen wurden auch mystische Begriffe aufgenommen und damit für die lutherische Orthodoxie der Weg zum Pietismus bereitet.

**Osterkerze,** *katholische Liturgie:* eine große, meist geschmückte Kerze, die nach vorwiegend römischem Ritus zu Beginn der Osternachtfeier (an dem neu geweihten Osterfeuer) entzündet und im Exsultet feierlich begrüßt wird. Während der 50-tägigen Osterzeit wird die Osterkerze als Symbol des auferstandenen Jesus Christus bei jeder Eucharistiefeier und beim Stundengebet entzündet. Nach dem Pfingstsonntag soll sie in der Taufkapelle aufgestellt werden, wo an ihr die Taufkerzen entzündet werden. Bei der Begräbnismesse (Requiem) brennt sie neben dem Sarg, um die Verbindung von Tod, Taufe und Auferstehung zu verdeutlichen.

**österliche Zeit,** christliche Liturgie: die 50-tägige Osterzeit, Ostern.

*katholisches Kirchenrecht:* die Zeit, in der der jährlichen Pflicht zum Kommunionempfang genügt werden muss; gemäß dem Codex Iuris Canonici von 1917 von Palmsonntag bis zum 1. Sonntag nach Ostern (›Weißer Sonntag‹), nach neuem Kirchenrecht (1983) nicht näher bestimmt. Die deutschen Bischöfe haben in einer Weisung zur Bußpraxis (1978) die österliche Zeit von Aschermittwoch bis Pfingstsonntag terminiert.

**Ostern,** ältestes christliches Fest und Hauptfest des Kirchenjahres; hervorgegangen aus der christlichen Umdeutung des jüdischen Passah, wird Ostern seit Mitte des 2. Jh. jährlich zum Gedächtnis des Todes und der Auferstehung Jesu Christi gefeiert.

In der Urkirche war Ostern zunächst kein eigenes Jahresfest; Höhepunkt des christlichen Kultes war die wöchentliche Eucharistiefeier am Sonntag. Ostern als christliche Jahresfeier setzte sich erst allmählich durch. Das 1. Konzil von Nicäa (325) legte den Ostertermin einheitlich auf den ersten Sonntag nach dem ersten Vollmond nach Frühlingsbeginn fest. Umstritten war jedoch weiterhin, wie der Termin faktisch anzusetzen sei.

Schon früh verbrachten die christlichen Gemeinden nach dem Vorbild der Passahliturgie (2. Mos. 12,42) die Osternacht wachend mit Lesung und Gebet in Erwartung des wiederkommenden Herrn (Parusie). Seit dem 3. Jh. erfolgte in dieser Nacht (›Hl. Nacht‹) auch die Taufe der Katechumenen; seit dem 4. Jh. wurde die Liturgie auf eine dreitägige Osterfeier (›österliches Triduum‹) – angefangen mit der Abendmahlsmesse am Gründonnerstag, über Karfreitag und Karsamstag bis zur Vesper am Ostersonntag – ausgedehnt; den Höhepunkt bildete die Osternacht **(Ostervigil)** von Karsamstag auf Ostersonntag. Durch Ausdehnung des vorbereitenden Fastens auf die vorausgehenden Wochen entstand die mit Aschermittwoch beginnende 40-tägige Fastenzeit (wobei die Sonntage keine Fastentage sind) als Zeit der Tauferinnerung (bei Erwachsenentaufen in der Osternacht auch der Taufvorbereitung) und der Buße. Der Ostersonntag ist zugleich Beginn der 50-tägigen Osterzeit (Pente-koste), die mit dem Pfingstsonntag abschließt. Die ersten acht Tage der **Osterzeit** bilden die **Osteroktav**. Das 4. Laterankonzil (1215) bestimmte, dass jeder Gläubige wenigstens zu Ostern kommunizieren müsse. Diese Kommunionpflicht (›Osterpflicht‹) wurde später auf die österliche Zeit ausgedehnt. Im Verlauf des Mittelalters verlegte man die Feier der Osternacht immer weiter vor; seit dem 14. Jh. fand sie am frühen Karsamstagmorgen statt. In der katholischen Kirche wurde die Ostervigil erst 1951 wieder für die Nacht gestattet; seit 1956 ist die nächtliche Feier vorgeschrieben.

Nach *lateinischer Liturgie* umfasst die Osternachtfeier folgende Teile: 1) die Lichtfeier (Segnung des Osterfeuers, eines Holzfeuers vor der Kirche, Entzünden der Osterkerze, Einzug mit der Osterkerze in die Kirche, Exsultet); 2) Wortgottesdienst mit bis zu sieben Lesungen (fünf aus dem A. T., u. a. 2. Mos. 14,15 ff., zwei aus dem N. T.) mit Zwischengesängen; 3) Tauffeier mit Erneuerung des Taufversprechens; 4) festliche Eucharistiefeier.

In den *evangelischen Kirchen* bildet der festliche Gottesdienst am Ostersonntag den liturgischen Höhepunkt; die Feier der Osternacht setzt sich jedoch auch in immer mehr Gemeinden der lutherischen und reformierten Kirchen durch. Die *anglikanischen Kirchen* feiern ebenfalls die Osternacht und am Ostersonntag festlich die Eucharistie und Evening-Prayer (Vesper). Zur Osterfeier der *orthodoxen Kirche* gehören die Vesper des Karsamstags (mit 15 Lesungen aus dem A. T.) sowie der Orthros (Morgengottesdienst) des Sonntags, der durch eine Lichtprozession um die Kirche eingeleitet wird. Seinen Kern bilden der Osterkanon des Johannes von Damaskus (mit dem Kehrvers ›Christ ist erstanden‹) und die Verlesung der Osterpredigt des Johannes Chrysostomos.

**Osterzyklus,** um 460 von Victorius von Aquitanien angegebene und nach ihm auch als ›victorinisch‹ bezeichnete Periode von 532 Jahren, die auf dem metonischen Zyklus (19 Jahre) und auf dem ›Sonnenzyklus‹ des julianischen Kalenders (28 Jahre) beruht (19 x 28 = 532). Nach einem metonischen Zyklus fallen die Mondphasen mit großer Genauigkeit wieder auf die gleichen Tage des Jahres, und nach dem Sonnenzyklus (Schaltperiode des julianischen Kalenders von 4 Jahren mal 7 Wochentage) fallen die Jahrestage des julianischen Kalenders wieder auf die gleichen Wochentage, sodass nach einem Osterzyklus die Mondphasen und damit das Osterfest (Osterrechnung) wieder auf die gleichen Jahres- und Wochentage fallen.

**Ostkirchen,** Sammelbezeichnung für die christlichen Kirchen, die nach der endgültigen Teilung des Römischen Reichs (395) zu dessen Osthälfte gehörten, nach der Reichsteilung dort sowie in den Grenzgebieten jenseits der östlichen Reichsgrenzen entstanden bzw. von dort aus durch Mission gegründet worden sind; als regionalisierende Bezeichnung heute überholt, da infolge von Migration und Emigration fast alle Ostkirchen auch in Mittel- und Westeuropa, Amerika und Australien verbreitet sind. Nach ihrer Glaubenslehre und Geschichte werden folgende, z. T. sehr unterschiedlichen Kirchen und Kirchengruppen unterschieden:

1) die im byzantinischen Kulturkreis entstandene orthodoxe Kirche,

2) die *orientalischen Nationalkirchen,* die auch als altorientalische Kirchen bezeichnet werden,

3) die *ostsyrische Kirche* (Nestorianer),

4) die Kirchen und Gemeinschaften, die sich in den letzten Jahrhunderten von den unter 1) bis 3) genannten Kirchen gelöst, sich dem Papst unterstellt haben und als *unierte Ostkirchen* Teilkirchen der römisch-katholischen Kirche bilden (griechisch-katholische Kirche; ▸unierte Kirchen). Allen Ostkirchen gemeinsam ist die Bindung an die frühkirchliche Tradition, die davon abgeleitete episkopal-synodale Struktur und die starke Betonung der Liturgie.

**Pantheismus,** *der,* auf J. Toland (›Socianism truly stated …‹, 1705) zurückgehende Bezeichnung für die sich im Zusammenhang mit der Aufklärung verbreitende Identifizierung von Gott und Welt und die Problematisierung der christlichen Gottesvorstellung; ›Gott‹ wird als unpersönliche Größe und als ›sachhaftes‹ Prinzip der Welt aufgefasst. Von daher ist der Pantheismus häufig als ein im Kontext des Monotheismus entstandenes, neuzeitliches Phänomen angesehen worden. Im Gegensatz dazu wird der Begriff Pantheismus heute meist zur Kennzeichnung aller philosophischen und religiösen Konzepte verwendet, in denen Natur und Welt als göttlich aufgefasst werden. Gemeinsam ist allen pantheistischen Strömungen eine Wendung nach innen; weil alles göttlich ist, kann ›Gott‹ in der gesamten Natur und im eigenen Selbst aufgespürt werden.

**Papst,** das Oberhaupt der katholischen Kirche mit den amtlichen Titeln ›Bischof von Rom, Stellvertreter Jesu Christi, Nachfolger des Apostelfürsten, Oberhaupt der universalen Kirche, Patriarch des Abendlandes, Primas von Italien, Erzbischof und Metropolit der römischen Kirchenprovinz, Souverän des Staates der Vatikanstadt‹. Ehrentitel und Anrede ist ›Heiliger Vater‹, Selbstbezeichnung oft ›servus servorum Dei‹ (›Diener der Diener Gottes‹; erstmals im 6. Jh.). Andere dem Papst vorbehaltene Titel, die seine Stellung innerhalb der kirchlichen Hierarchie kennzeichnen sollen, sind ›Summus Pontifex‹ (seit dem 13. Jh.) und ›Pontifex Maximus‹ (seit dem 14. Jh.). – Hinsichtlich seiner kirchenrechtlichen Stellung ist der Papst in der katholischen Kirche der Träger der obersten Leitungsvollmacht und (seit 1870) im Rahmen des kirchlichen Lehramtes der unfehlbaren Lehrautorität in Glaubensfragen (▸ Unfehlbarkeit); hinsichtlich seiner völkerrechtlichen Stellung ein Souverän eigenen Rechts mit allen sich daraus ergebenden Befugnissen (▸ Heiliger Stuhl). – Nach katholischem Verständnis steht der Papst in der direkten und ununterbrochenen Nachfolge des Apostels Petrus, woraus theologisch (heute exegetisch nicht unumstritten) unter ausdrücklicher Berufung auf Mt. 16,17–19 (auch nach dem 2. Vatikanischen Konzil) sein *Petrusamt,* der päpstliche Anspruch auf die höchste apostolische Amtsgewalt in der Ökumene, abgeleitet wird.

**Papst:** Auch heute noch ist Papst Johannes XXIII. wegen seiner Güte populär.

Die *Papstwahl* erfolgte im 1. Jt. durch den Klerus und das Volk von Rom. Nikolaus II. beschränkte die Wahl 1059 auf die Kardinalbischöfe; das 3. Laterankonzil (1179) forderte für die Gültigkeit eine Zweidrittelmehrheit. Die neueste Ordnung der Papstwahl wurde 1975 von Paul VI. erlassen (▸ Konklave). Ob der Papst seinen Nachfolger bindend bestimmen könne (Designation), ist strittig. Freiwillige Resignation eines Papstes (Cölestin V.) ist möglich, seine erzwungene Absetzung (durch ein Gericht oder Konzil) seit dem Mittelalter umstritten. Als *Gegenpapst* wird in der Kirchengeschichtsschreibung derjenige bezeichnet, der eine Papstwahl annimmt, obwohl ein Papst bereits nach kanonischem Recht gewählt ist (oft nicht zu entscheiden). Seit dem 11. Jh. legt der neu gewählte Papst seinen bürgerlichen Namen ab und nimmt einen *Papstnamen* an (Ausnahmen: Hadrian VI. und Marcellus II.). Den ersten Doppelnamen trug Johannes Paul I.

**Päpstliche Kapelle,** ein feierlicher Gottesdienst des Papstes bei besonderem Anlass (z. B. Heiligsprechung); auch Bezeichnung für die geistlichen und weltlichen Würdenträger des Päpstlichen Hauses, die dabei die Umgebung des Papstes bilden.

Dazu gehören außer den geistlichen Mitgliedern der Päpstlichen Familie das Kardinalskollegium, die ›geistlichen Thronassistenten‹ (die Patriarchen sowie bestimmte Bischöfe) und hohe Prälaten.

**Päpstliche Räte,** Institutionen der römischen Kurie, die im Unterschied zu den Kurienkongregationen keine regierungsähnlichen Funktionen haben, sondern dem Dialog und der Koordination verschiedener Aufgaben dienen oder die Seelsorge bestimmter (Berufs-)Gruppen in der Kirche fördern sollen. Die Päpstlichen Räte werden von einem Präsidenten (meist einem Kardinal) geleitet, dem ein Gremium von kirchlichen Amtsträgern und Laien beratend zur Seite steht. Gegenwärtig (1998) bestehen elf Päpstliche Räte: Päpstlicher Rat für die Laien, Päpstlicher Rat zur Förderung der Einheit der Christen, Päpstlicher Rat für die Familie, Päpstlicher Rat für Gerechtigkeit und Frieden, Päpstlicher Rat ›Cor unum‹ (zuständig für Karitas und kirchliche Entwicklungshilfe), Päpstlicher Rat für die Seelsorge der Auswanderer und Flüchtlinge, Päpstlicher Rat für die Pastoral im Krankendienst, Päpstlicher Rat für die Interpretation von Gesetzestexten (ihm obliegt die authentische Interpretation der kirchlichen Gesetze), Päpstlicher Rat für den interreligiösen Dialog, Päpstlicher Rat für die Kultur, Päpstlicher Rat für die sozialen Kommunikationsmittel (gemeint sind die : Massenkommunikationsmittel).

**Päpstlicher Segen,** der Apostolische Segen.

**Papsttum,** Amt und Institution des Oberhauptes der römisch-katholischen Kirche (▸ Papst).

Nach den Zeugnissen des N. T. kam Petrus unter den Jüngern Jesu wie auch in der ›Urgemeinde‹ nach Jesu Tod eine herausragende Rolle zu. Sein Aufenthalt in Rom, wo bereits eine Christengemeinde mit kollegialer Leitung bestand, und sein (historisch nicht nachweisbarer) Märtyrertod ließen seit Ende des 2. Jh. die Tradition entstehen, dass der Bischof von Rom Nachfolger des Petrus sei und ihm innerhalb der Gesamtkirche besondere Bedeutung zukomme. Diese Überlieferung sowie die politische und kulturelle Bedeutung Roms als Hauptstadt des Römischen Reiches verhalfen der römischen Kirche zu Ansehen und verschafften ihr allmählich eine Vorrangstellung.

Nach der konstantinischen Wende im 4. Jh. und mehr noch nach Verlegung der kaiserlichen Residenz von Rom nach Byzanz (Konstantinopel) erhöhte sich die Stellung des Bischofs von Rom, zumal ihm seither auch weltliche Aufgaben zufielen. Die Bischöfe von Rom erhoben vom 4. Jh. an immer deutlicher Anspruch auf den Jurisdiktionsprimat über die gesamte Kirche und den Universalepiskopat über alle Bischöfe.

Für die Beziehungen zwischen Kirche und Staat wurde in der Folge (besonders im Hochmittelalter) die von Gelasius I. (492–496) formulierte Zweigewaltenlehre richtungweisend, die dem Papst die oberste geistliche und dem Kaiser die höchste weltliche Gewalt zuteilte. Von entscheidender Bedeutung für die Erlangung der im Mittelalter überragenden machtpolitischen Stellung des Papsttums waren die Annahme des römisch-katholischen Christentums durch den Merowingerkönig Chlodwig I. (496) und die Franken, die Einführung der zentralen Verwaltung des päpstlichen Grundbesitzes (Patrimonium Petri) durch Gregor I., das Entstehen des Kirchenstaates und das politische Bündnis mit dem Fränkischen Reich. Hieran anknüpfend diente die Kaiserkrönung Karls d. Gr. durch Leo III. Weihnachten 800 in Rom den Päpsten im 11./12. Jh. als Beweis für die These, der Papst habe

**Papsttum:** Papst Gregor I., der Große, gilt wegen seines theologischen und liturgischen Wirkens sowie der vorbildlichen Verwaltung des Kirchenstaates als Verkörperung eines selbstbewussten Papstums.

**Papsttum:** Papst Johannes Paul II. hält den universalen Anspruch des Papsttums u.a. durch seine Reisen aufrecht.

das Kaisertum von den Byzantinern auf die Franken und danach auf die Deutschen übertragen (Translatio Imperii). Der den Kampf zwischen dem römischen (deutschen) Königtum und dem Papsttum prägende Investiturstreit erreichte in der Bannung König Heinrichs IV. durch Papst Gregor VII. (1076) seine schärfste Zuspitzung, die auch deutlich werden ließ, dass das Papsttum zu einem entscheidenden Machtfaktor im Abendland geworden war.

Das Verhältnis zwischen der durch das Papsttum repräsentierten lateinischen Kirche und der griechisch-byzantinischen Reichskirche war vor dem Hintergrund der z.T. auf kirchenrechtlichen Fälschungen (▸ Konstantinische Schenkung, Pseudoisidorische Fälschungen) gestützten Ansprüche einiger Päpste auf den Jurisdiktionsprimat in der Gesamtkirche seit dem 5. Jh. durch eine zunehmende Entfremdung gekennzeichnet. Deren Ausdruck waren besonders die Absetzungen der Patriarchen von Konstantinopel Akakios durch Papst Felix II. (484), Photios durch Nikolaus I. (863) und Michael Kerullarios, die 1054 zum Morgenländischen Schisma führten.

Seit dem 12. Jh. bauten die Päpste die päpstlichen Institutionen systematisch als oberste Verwaltungsbehörden (▸ römische Kurie) und oberste kirchliche Gerichtsbehörde (Inquisition) aus. Das Papsttum des 12. und 13. Jh. ist gekennzeichnet durch die Bekämpfung der häretischen Bewegungen im Westen (Katharer, Waldenser) und die Kreuzzüge mit dem Ziel der Rückeroberung an den Islam verlorener Territorien (besonders in Palästina).

Das 14. und 15. Jh. standen im Zeichen zahlreicher innerkirchlicher Reformbestrebungen (Reformkonzile), die jedoch nicht zur Überwindung der Krise des Papsttums führten. Deren schwerwiegendste Folge war das Auseinanderbrechen der abendländischen Kircheneinheit im Gefolge der Reformation, wobei die Überspannung des politischen Herrschaftsanspruchs durch die Renaissancepäpste und die damit meist verbundene Vernachlässigung ihres geistlichen Amtes sowie die Finanzpraktiken der Kirche (besonders der Ablasshandel) Hauptangriffspunkte der Reformatoren bildeten. Erst das in Abgrenzung zu den Positionen der Reformation durchgeführte Konzil von Trient (▸ Tridentinum) hatte eine innere Erneuerung des Papsttums zur Folge.

Die kirchlichen Auseinandersetzungen des ausgehenden 18. und des 19. Jh. hatten vonseiten des Papsttums drei Zielrichtungen: politisch gegen den Liberalismus; kirchenpolitisch gegen verschiedene nationalkirchliche Bestrebungen (Gallikanismus, Febronianismus, Josephinismus); theologisch gegen den Modernismus. Innerkirchlich wurden die Neuscholastik und der Ultramontanismus bestimmend. Gregor XVI. (Enzyklika ›Mirari vos‹, 1831) und Pius IX. (Syllabus und Enzyklika ›Quanta cura‹, 1864) brandmarkten zahlreiche Entwicklungen in Politik, Kultur und Wissenschaften als ›Zeitirrtümer‹.

Die papalistische Bewegung erlebte ihren Höhepunkt beim 1. Vatikanischen Konzil (1869–70) mit der Dogmatisierung von Jurisdiktionsprimat und Unfehlbarkeit des Papstes, musste jedoch 1870 mit dem Verlust des Kirchenstaates auch eine große Niederlage hinnehmen. Den sozialen Problemen des Industriezeitalters wandte sich als Erster Leo XIII. mit der Enzyklika Rerum novarum (1891) zu. Bedeutende Ereignisse der Geschichte des Papsttums im 20. Jh. waren die Bildung des souveränen Staates der Vatikanstadt (1929; ▸ Lateranverträge) und die Einberufung des 2. Vatikanischen Konzils (▸ Vatikanische Konzile) durch Johannes XXIII. Das Konzil leitete eine grundlegende Reform der katholischen Kirche, ihre (vorsichtige) ›Öffnung‹ zur Welt, den ökumenischen Dialog (▸ Ökumenismus) und das Gespräch mit den Weltreligionen ein. Das Pontifikat Johannes Pauls II. ist einerseits durch die Betonung der päpstlichen Autorität und des ›römischen Zentralismus‹ gekennzeichnet, worin verschiedene Seiten inner- und außerhalb der katholischen Kirche das durch das 2. Vatikanische Konzil Erreichte in Teilen zumindest gefährdet sehen, andererseits jedoch, besonders in Verbindung mit der Ausrufung des Jahres 2000 zum hl. Jahr, von dem Wunsch nach einer neuen Qualität der ökumenischen Gemeinschaft der christlichen Kirchen getragen.

**Papstwahl,** ▸ Konklave.

**Paradies,** *Religionswissenschaft:* Bezeichnung für die in vielen Religionen verbreitete, inhaltlich unterschiedliche Vorstellung von einer Stätte (bzw. einem Zustand) der Ruhe, des Friedens und des Heils am Anfang und Ende aller Zeiten; auch mit Begriffen wie Insel (Gefilde) der Seligen, Jenseits, Nirvana, goldenes Zeitalter oder im Märchen Schlaraffenland umschrieben.

Nachdem in der Vergangenheit das Paradies oft als realer Ort oder Zustand des Menschen nach seiner Erschaffung aufgefasst wurde, woraus sich in der christlichen Theologie eine differenzierte ›Urstandslehre‹ entwickelte (Sünden- und Leidlosigkeit des Menschen, Unsterblichkeit, Fehlen der Begierde), versteht die heutige Bibelwissenschaft das Paradies als symbolische Benennung der Hoffnung auf eine positive Herkunft und Zukunft des Menschen.

**Parusie,** *die,* ▸ Endzeitgemeinden.

**Passion,** *Christentum:* das Leiden Jesu Christi von seiner Gefangennahme bis zur Kreuzigung. Die *Passionsberichte* (Mt. 26f., Mk. 14f., Lk. 22f., Joh. 18f.) gehören in ihrem Kern zum ältesten Bestand des N. T. Sie sind wesentlicher Teil der Liturgie der Karwoche. In der orthodoxen Kirche werden im Anschluss an die alte Jerusalemer Tradition am Morgen des Freitags oder am späten Abend des Donnerstags der Karwoche zwölf Perikopen aus den verschiedenen Passionsberichten der Evangelien gelesen.

**Pastor,** *der,* besonders in Norddeutschland übliche Bezeichnung für katholische und evangelische Pfarrer; auch als Anrede.

**pastoral,** 1) den Pastor und sein Amt betreffend, seelsorgerisch; 2) auch abwertend: übertrieben würdig, salbungsvoll; 3) ländlich, idyllisch.

**Pastoral,** *die,* ▸ Seelsorge.

**Pastoralrat,** *katholisches Kirchenrecht:* das im neuen Kirchenrecht (c. 536 CIC) vorgesehene, in Deutschland seit 1975 vorgeschriebene diözesane Beratungsorgan des Bischofs für allgemeine Seelsorgefragen (daher auch **Seelsorgerat** genannt). Seine Mitglieder werden teils vom Priesterrat und vom Diözesanrat der Katholiken (das in den meisten deutschen Diözesen eingerichtete Gremium zur Vertretung der Laien) entsandt, teils vom Bischof ernannt oder gehören ihm von Amts wegen an.

**Pastoralreferent,** *katholische Kirche:* Theologe (oder Theologin), der (die) in den meisten deutschsprachigen Diözesen hauptberuflich Aufgaben in der Seelsorge u. a. kirchl. Aufgabenfeldern (z. B. Jugendarbeit, Katechese) wahrnimmt, für die die Weihe nicht erforderlich ist. Voraussetzungen sind das Studium der katholischen Theologie (i. d. R. mit Diplom) und eine anschließende praktische Ausbildung.

**Pastoraltheologie,** Grundlagen des Pfarrerberufs als ein Teilgebiet der praktischen Theologie.

**Patriarch,** *der,* 1) *A. T.:* in der Septuaginta Bezeichnung für ein Familien- oder Stammesoberhaupt; später besonders für Abraham, Isaak, Jakob (und dessen Söhne) als Stammväter Israels.

2) *christliches Altertum:* Titel des Oberhauptes eines Verbandes von Kirchenprovinzen **(Patriarchat)**, deren Bildung bereits seit dem 3. Jh. parallel zur Zusammenfassung staatlicher Provinzen zu Diözesen einsetzte und das Metropolitansystem überlagerte: Das Konzil von Nicäa (325) sanktionierte die Vorrechte der Bischöfe von Rom, Alexandria und Antiochia, das 1. Konzil von Konstantinopel (381) jene des Bischofs von Konstantinopel als Patriarch; seit dem Konzil von Chalkedon (451) zählt auch Jerusalem zu den Patriarchaten. Die Rechte der Patriarchen bestanden v. a. in der Weihe der Metropoliten, der Abhaltung von überregionalen Synoden und in richterlichen Befugnissen. Seit dem 6. Jh. führte der Patriarch von Konstantinopel den Titel Ökumenischer Patriarch und wurde Patriarch der östlichen Reichshälfte, nachdem im 7. Jh. die Patriarchate von Antiochia, Alexandria und Jerusalem unter arabische Herrschaft gekommen waren.

3) *lateinische Kirche:* Ehrentitel für den Papst (Patriarch des Abendlandes) sowie für einige Bischöfe wie den von Venedig (seit 1457), von Lissabon (seit 1716) und den Bischof des lateinischen Ritus von Jerusalem (seit 1847).

4) *orthodoxe und orientalische Kirchen:* im Anschluss an das christliche Altertum Titel des ersten Bischofs der meisten orthodoxen und altorientalischen autokephalen Kirchen; der Patriarch wird i. d. R. von den Bischöfen, Klerikern und Gemeindevertretern gewählt und als ›Primus inter Pares‹ von kollegialen Organen bei der Ausübung seines Amtes unterstützt.

**Patriarchalbasilika,** Titel einer dem Papst unmittelbar unterstehenden Basilika. Die Patriarchalbasiliken sind mit besonderen Privilegien, mit Papstaltar und -thron ausgestattet. Patriarchalbasilien sind v. a. in Rom die fünf Kirchen: Lateranbasilika, Peterskirche, San Paolo fuori le mura, Santa Maria Maggiore, San Lorenzo fuori le mura. Der Titel Patriarchalbasilika wurde außerdem den Kirchen San Francesco in Assisi (1756) und Santa Maria degli Angeli in Portiuncula (1909) verliehen.

**Patriarchat,** ▸ Patriarch.

**Patriarchenkreuz,** das einem Patriarchen vorbehaltene (tragbare) Kreuz mit zwei Querbalken.

**Patrimonium,** *Kirchenrecht:* die Kirchengüter, die einem Heiligen gewidmet sind; **Patrimonium Petri**, der Kirchenstaat.

**Patron,** *katholische Kirche*: Engel oder Heiliger, dessen besonderem Schutz man sich anvertraut *(Schutzpatron)*. Man unterscheidet Patrone einer Kirche (Kirchenpatron, ▸ Patrozinium), Patrone für verschiedene Berufe, Lebenslagen, Gefahren oder besondere Anliegen, Patrone eines Landes, einer Stadt oder Diözese. **Namenspatron** ist der Heilige, dessen Namen man bei der Taufe erhält und der als Schutzheiliger für das Leben gilt.

**Patrozinium,** *christliche Kirchen:* die Schutzherrschaft eines Heiligen (Patron) über die ihm geweihte Kirche. Bereits in frühchristlicher Zeit wurde eine Kirche nach einem Märtyrer benannt, später auch ihm geweiht, wenn sie über dessen Grabstätte errichtet worden war oder Reliquien von ihm besaß. Das jährliche Gedächtnis des Patrons wird festlich begangen *(Patronatsfest)*.

**Paulus,** jüdischer Name Saul, latinisiert Saulus, christlicher Missionar (›Apostel der Heiden‹) und Theologe, Verfasser der ältesten Schriften des N. T., * Tarsus Anfang des 1. Jh., † Rom 60 oder 62 (?). Quellen für die Biographie des Paulus sind v. a. seine im N. T. enthaltenen, zwischen 50 und 56 verfassten Briefe **(Paulusbriefe)** an die christlichen Gemeinden in Rom, Korinth, Galatien, Philippi, Thessalonike und an Philemon (Philemonbrief). Die erst relativ spät entstandene Apostelgeschichte, die zwar zahlreiche weitere Details über das Leben des Paulus enthält, z. T. aber im Widerspruch zu Paulus' eigenen Angaben steht, ist stark von den theologischen Intentionen ihres Verfassers und den Vorstellungen der Gemeinden in nachapostolischer Zeit geprägt und kann daher nur mit Vorbehalt als Quelle angesehen werden. Chronologie, Verlauf des Lebens des Paulus und Stationen seiner Missionsreisen lassen sich daher nur ungefähr rekonstruieren.

Die existenzielle Zäsur seines Lebens war die visionäre Begegnung mit Jesus Christus vor Damaskus, die Paulus selbst den Ostererfahrungen anderer Auferstehungszeugen zuordnet (1. Kor. 15,1 ff.) und als das Grunddatum seiner Berufung zum Apostel versteht. Im Anschluss an dieses ›Damaskuserlebnis‹ missionierte Paulus zunächst in der Arabia (32–34), hielt sich in Jerusalem auf, um Petrus kennen zu lernen (34), und verlegte dann seinen Wirkungskreis nach Nordsyrien und Kilikien (Gal. 1,17–21). Seit 36/37 hielt er sich zwölf Jahre lang bei der aus juden- und heidenchristlichen Mitgliedern bestehenden Gemeinde im syrischen Antiochia auf.

**Paulus:** »Die Bekehrung des Paulus«, Gemälde von Caravaggio (1600, Rom, Santa Maria del Popolo).

Im Mittelpunkt der Theologie des Paulus steht die vorbehaltlose Ausweitung der Evangeliumsverkündigung auf die Heiden durch die Betonung der Freiheit vom jüdischen Kultgesetz (Gesetz und der alleinigen Heilsrelevanz von Kreuz und Auferstehung Jesu Christi. Die Rechtfertigung des Menschen kann ausschließlich im Glauben an die Offenbarung in Jesus Christus erlangt werden. Der Zugang zur Gerechtigkeit Gottes, vor dem die gesamte Menschheit als Sünder und Erlösungsbedürftige (Röm. 1–3) steht, ist der gnadenhaft erworbene Glaube an Gottes Heilshandeln in Jesus Christus.

Die Entwicklung des Christentums hat Paulus geprägt durch seine Missionstätigkeit und mehr noch durch seine Theologie, die die Voraussetzung für eine universale Ausbreitung des Christentums schuf. Besonders beeinflusst von der paulinischen Theologie waren u. a. Augustinus, M. Luther und in der Neuzeit die dialektische Theologie.

**Peterspfennig,** eine ursprünglich freiwillige jährliche Abgabe des englischen Königs an den Papst, erstmals unter König Offa von Mercia (757–796). Im 10. Jh. wurde die Abgabe, von der Kurie verstanden als Anerkennungszins für die Lehnsherrschaft des Hl. Stuhls über England, auf die gesamte Bevölkerung ausgedehnt. Seit dem 12. Jh. wurde der Peterspfennig auch in Dänemark, Norwegen, Schweden, Polen, Ungarn und wahrscheinlich auch in einem Teil Russlands verlangt. Die Zahlungen, seit dem 14. Jh. bereits unregelmäßig geleistet, wurden im 16. Jh. ganz eingestellt.

Eine Wiederbelebung als freiwillige Spende der Katholiken für die Aufgaben des Papsttums erfuhr der Peterspfennig 1860 unter Pius IX. Seit der Auflösung des Kirchenstaates wurde die zunächst nur in Österreich und Irland eingeführte Spende allgemein. Heute ist der Peterspfennig die jährliche freiwillige Gabe (üblicherweise Kollekte am Fest ›Peter und Paul‹ [29. 6.]) der katholischen Bistümer für Aufgaben der Weltkirche.

**Petrus,** griech. Petros, aus dem Aramäischen abgeleitet auch Kephas, eigentlich Simon, Apostel und führende Persönlichkeit im Jüngerkreis Jesu und in der Urgemeinde, † Rom (?) zwischen 64 und 67 (?). Er trat als Wortführer der Jünger auf (z. B. Mk. 8, 29), gehörte zum Kreis der engeren Vertrauten Jesu (Mk. 9, 2) und wird in den Listen der ›Zwölf‹ (Apostel) an erster Stelle genannt. Das N. T. berichtet von der besonderen Nähe Petrus' zu Jesus (Messiasbekenntnis des Petrus, Mk. 8, 29; Jesu Ankündigung beim ›wunderbaren Fischfang‹, Petrus werde ›von nun an Menschen fangen‹, Lk. 5, 10; Petrus als Zeuge der ›Verklärung‹ Jesu, Mk. 9), aber auch von seinem Versagen während der Passion Jesu (Verleugnung Jesu durch Petrus, Mk. 14, 66–72). In alter Tradition erscheint Petrus auch als Erstzeuge der Auferstehung (1. Kor. 15, 5; Lk. 24, 34).

Über mehrere Jahre stand er in leitender Position der Jerusalemer Urgemeinde, zunächst als Erster

**Petrus:** Der Sage nach lehnte es Petrus ab, ebenso gekreuzigt zu werden wie Jesus, daher wurde er mit dem Kopf nach unten gekreuzigt (Gemälde von Caravaggio, 1600/01, Rom, Santa Maria del Popolo, Cerasi-Kapelle).

der ›Zwölf‹, später als wohl führendes Mitglied eines Dreierkollegiums (nach Gal. 2, 9 die ›Säulen‹ Petrus, der ›Herrenbruder‹ Jakobus und der Apostel Johannes). Der Bedrohung durch Herodes Agrippa I. (Apg. 12, 1 ff.) entzog er sich durch Flucht (möglicherweise nach Antiochia am Orontes, 41). Er widmete sich der Judenmission, wobei ihn seine Frau auf seinen Reisen begleitete (1. Kor. 9, 5). Beim Apostelkonzil (48/49) befand er sich wieder in Jerusalem. Während er dort die gesetzesfreie Heidenmission, wie sie Paulus praktizierte, befürwortete, kam es kurz darauf in Antiochia am Orontes wegen Petrus' widersprüchlichen Verhaltens zum Konflikt mit Paulus (Gal. 2, 11 ff.). Ende der 50er- oder Anfang der 60er-Jahre gelangte Petrus nach Rom. Über seinen Lebensausgang sind kaum verlässliche Nachrichten überliefert.

Während die besondere Bedeutung Petrus' im Jüngerkreis und in der Urgemeinde weitgehend unbestritten ist, wird von den verschiedenen Konfessionen und theologischen Richtungen unterschiedlich beurteilt, welche Rückschlüsse sich daraus für die Kirche und den Primat des römischen Bischofs ziehen lassen (▸ Papsttum). Im Mittelpunkt steht dabei die Interpretation der als Zitat Jesu formulierten Perikope Mt. 16,18 f. ›Du bist Petrus, und auf diesen Felsen werde ich meine Kirche bauen‹ mit der Übertragung der Binde- und Lösegewalt.

**Petrusamt, Petrusdienst,** Bezeichnung für den mit Berufung auf den Apostel Petrus begründeten Primat der Bischöfe von Rom. (▸ Papst)

**Pfarradministrator,** *katholisches Kirchenrecht:* Bezeichnung für den Priester, der bei Abwesenheit oder Behinderung des Pfarrers vorübergehend oder bei Pfarrerwechsel interimistisch eine Pfarrei leitet.

**Pfarramt,** das Amt des Pfarrers, gebunden an ein Gebiet oder an einen Personenstand; das Pfarramt ist Kirchenamt und öffentliche Behörde ohne staatliche Mitwirkung.

**Pfarrei, Pfarre,** *katholisches Kirchenrecht:* eine meist territorial umschriebene Gemeinschaft von Gläubigen, die auf Dauer errichtet ist, einem Pfarrer als ihrem Seelsorger anvertraut wird und eine eigene Kirche **(Pfarrkirche)** hat. Die nicht territorial umschriebene Personalpfarrei ist nur als Ausnahme vorgesehen. Mehrere Pfarreien können einem Pfarrer anvertraut werden; möglich ist auch, dass eine große Pfarrei mehreren Pfarrern unter Federführung eines von ihnen zugeordnet wird. Die staatlich anerkannte Pfarrei bildet zugleich die Kirchengemeinde. Nach deutschem Staatskirchenrecht ist die Pfarrei als katholische Kirchengemeinde Körperschaft des öffentlichen Rechts.

In den *evangelischen Kirchen* entspricht der Pfarrei der territorial bzw. personal und konfessionell begrenzte Bezirk der Kirchengemeinde (▸ Gemeinde).

**Pfarrer,** der Inhaber eines Pfarramtes, dem die selbstständige und verantwortliche Betreuung und Leitung der Pfarrei bzw. Gemeinde obliegt. Er wird in der katholischen Kirche vom Diözesanbischof, in der evangelischen Kirche durch landeskirchliche Verfügung oder Wahl der Gemeinde beauftragt. Seine Amtspflichten umfassen die Wortverkündigung, Sakramentenverwaltung, Seelsorge, Diakonie, Katechese, Unterricht und Verwaltungsaufgaben, wobei er mit den betreffenden Gemeindegremien zusammenarbeitet. Voraussetzung für die Amtseinsetzung des Pfarrers sind i. d. R. ein Theologiestudium, eine kirchlich-praktische Ausbildung (Prediger-, Priesterseminar) sowie in den evangelischen Kirchen die Ordination, in der katholischen Kirche die Priesterweihe. Im Unterschied zur katholischen Kirche können in den evangelischen Kirchen auch Frauen Pfarrer werden. In der Evangelischen Kirche in Deutschland sind seit 1978 die Pfarrerinnen rechtlich den Pfarrern gleichgestellt. In der katholischen Kirche kann der Bischof den Pfarrer aus Gründen der Seelsorge versetzen oder abberufen, gegen seinen Willen aber nur in einem Verwaltungsverfahren; spätestens bei Vollendung des 75. Lebensjahres soll der Pfarrer dem Bischof seinen Rücktritt anbieten. In den evangelischen Kirchen ist das Dienstverhältnis der Pfarrer durch Kirchengesetz in beamtenähnlicher Rechtsform geordnet; der Pfarrer untersteht der Dienstaufsicht (Visitationsordnung) der Landeskirche und übt seinen Dienst i. d. R. so lange aus, bis er gemäß der gesetzlichen Altersgrenze in den Ruhestand tritt.

**Pfarrgemeinderat,** *katholisches Kirchenrecht:* vom 2. Vatikanischen Konzil empfohlenes Gremium, in dem Laien mit der Pfarrgeistlichkeit die Seelsorgearbeit beraten und fördern sollen. In den deutschen Diözesen hat der Pfarrgemeinderat seit 1975 zugleich die Aufgabe, als Koordinierungsgremium des ganzen Laienapostolats tätig zu werden, weshalb ihm in diesen Bereichen beschließende Funktion zukommt und i. d. R. ein Laie Vorsitzender ist. In manchen deutschen Diözesen und in Österreich ist der Pfarrgemeinderat (evtl. durch einen Ausschuss) auch für die Verwaltung des Ortskirchenvermögens zuständig (statt des Kirchenvorstands). Die meisten Mitglieder werden frei gewählt, einige gehören von Amts wegen dazu (Seelsorger) oder können vom Pfarrer berufen werden.

**Pfarrzwang,** *katholisches* und *evangelisches* Kirchenrecht: die Zuweisung der Gemeindeglieder an den für ihren Wohnsitz zuständigen Pfarrer. Ausnahmen sind möglich.

**Pfingstbewegung,** Sammelbezeichnung für verschiedene aus der amerikanischen Heiligungsbewegung des 19. Jh. entstandene christliche Gemeinschaften. Der Name Pfingstbewegung hat seinen Ursprung in der von ihren ersten Anhängern *(Pfingstlern)* erwarteten erneuten (endzeitlichen) Ausgießung des Hl. Geistes nach dem Vorbild der Geistausgießung am Pfingsttag (Apg. 2,1 ff.). Die ›Geisttaufe‹ bildet im pfingstlerischen Verständnis die dritte geistliche Erfahrung nach ›Bekehrung‹ und ›Heiligung‹ und wird mit verschiedenen ›Geistesgaben‹ verbunden (Zungenrede [Glossolalie], Prophetie, Krankenheilungen). Allen Pfingstlern gemeinsam sind besonders ein von der buchstäblichen Unfehlbarkeit der Bibel ausgehendes Bibelverständnis, spontane Gebetspraxis, ekstatische Frömmigkeitsformen und ein mit dem Gebot der

Heiligung des Alltags begründeter moralischer Rigorismus.

Durch die von ihren Anhängern in besonders starker Weise empfundene Berufung zur Mission ist die Pfingstbewegung der am stärksten wachsende Zweig des Christentums im 20. Jh. Die traditionellen (›klassischen‹) Pfingstkirchen entstanden in den USA und in Europa (besonders in Skandinavien, Deutschland und Italien). Neben sie sind in der Folge zahlreiche *unabhängige Pfingstkirchen* und *neupfingstlerische (neopentekostale) Gruppen* getreten. In Ost- und Südosteuropa (Sowjetunion, Rumänien) fasste die Pfingstbewegung Anfang der 1920er-Jahre Fuß sowie erneut nach dem Zusammenbruch der kommunistischen Staatsordnungen (1989/90). In Deutschland wurde die Pfingstbewegung zuerst innerhalb der Gemeinschaftsbewegung (›Gnadauer Pfingstkonferenz‹) wirksam, führte 1909 zu deren Spaltung (›Berliner Erklärung‹) und organisierte sich danach als selbstständige religiöse Bewegung neben den Kirchen in mehreren unabhängigen Zusammenschlüssen, wie dem ›Christlichen Gemeinschaftsverband Mülheim/Ruhr‹, dem ›Bund Freikirchlicher Pfingstgemeinden‹ und der ›Volksmission entschiedener Christen‹, der ›Gemeinde Gottes‹ (Church of God) und der ›Apostolischen Kirche – Urchristliche Mission‹ sowie in zahlreichen Einzelgemeinden und Missionswerken.

**Pfingsten,** im *Judentum* das Fest Schawuot (›Wochenfest‹), das in jüdisch-hellenistischen Kreisen auch **Pentekoste** (›Fest des fünfzigsten Tages‹) genannt wurde; daraus ging die christliche Bezeichnung Pfingsten hervor. In den *Kirchen abendländischer Tradition* ist Pfingsten das Fest der Sendung des Hl. Geistes und der Begründung der Kirche, in der *orthodoxen Kirche* das Fest der Trinität (Pfingstsonntag) und der Geistsendung (Pfingstmontag). Die biblische Begründung des Pfingstfestes findet sich in der in Apg. 2,1 ff. geschilderten Ausgießung des Hl. Geistes zu Schawuot (›Pfingstwunder‹). Nach altchristlichem Verständnis war Pfingsten Höhepunkt und Abschluss der Osterzeit. In der römischen Liturgie wurde es – neben Ostern – zu einem zweiten Tauftermin und entwickelte sich, erweitert um die Feier der Vigil (seit dem 5. Jh.) und der Oktav (seit dem 7. Jh.), zu einem eigenständigen ›Fest des Hl. Geistes‹. Die Liturgiereform in der *katholischen Kirche* hat Vigil und Oktav gestrichen und die Bedeutung von Pfingsten als festliche Beendigung der 50-tägigen Osterfeier in den Mittelpunkt gerückt (Lesung: Joh. 20,19–23). In den *evangelischen Kirchen* wird Pfingsten als Ausrüstung der Jünger mit dem Hl. Geist (und damit zur Mission) und als Geburtsfest der Kirche gefeiert. Der Pfingstmontag ist trotz Wegfall der Pfingstoktav in Deutschland, Österreich und der Schweiz (kirchlicher und staatlicher) Feiertag.

**Pilger,** älter Pilgrim, ursprünglich der aus religiösen Motiven zeitweise oder dauernd heimatlos Wandernde. Die häufigste Form des Pilgerns ist die Wallfahrt zu einer heiligen Stätte; z. B. im Islam der Hadjdj, im Christentum die Pilgerreisen nach Rom, ins Heilige Land, auf dem Jakobsweg nach Santiago de Compostela oder in der orthodoxen Kirche auf den Athos. Eine Pilgerschaft kann auch von der Erfahrung der Unterdrückung und der Suche nach einem anderen (verheißenen) Land motiviert sein; z. B. der Auszug der Israeliten aus Ägypten, der Auszug der Pilgerväter aus England, die Züge der südamerikanischen Guaraní nach dem ›Land ohne Übel‹. Pilgerschaft als dauernder Verzicht auf Sesshaftigkeit kann Bestandteil asketischer Forderungen (z. B. im frühchristlichen

**Pilger:** »Pilgerfahrt zur Schönen Maria von Regensburg«, Holzschnitt von Michael Ostendorfer (16. Jh.).

Mönchtum) oder eschatologischer Vorstellungen sein und mit missionarischen Intentionen verbunden werden.

**politischer Katholizismus,** im 19. Jh. entstandene Bezeichnung für das Auftreten der Katholiken als politische Kraft in modernen Staats- und Gesellschaftssystemen; häufig abschätzig gebraucht als Inbegriff einseitig klerikaler, päpstlicher und kirchenorientierter Sonderinteressen, aber auch als Ausdruck für eine kirchlich geprägte Politik mit dem Ziel der Unabhängigkeit von staatlicher Bevormundung. Träger des politischen Katholizismus waren und sind die Vertreter der kirchlichen Hierarchie (›Amtskirche‹), aber auch Laien, oft innerhalb und außerhalb der Kirche organisiert in Vereinen, Verbänden, Parteien.

**politische Theologie,** allgemein jede Theologie, insofern sie gesellschaftliche Auswirkungen zeigt oder zur Legitimation gesellschaftlicher und politischer (Herrschafts-)Strukturen eingesetzt wird; i. e. S. das von J. B. Metz entwickelte theologische Konzept, die eschatologischen Inhalte des christlichen Glaubens als kritisches Korrektiv innerhalb gesamtgesellschaftlicher Entwicklung zu interpretieren und so zur Überwindung ungerechter (gesellschaftlicher) Strukturen beizutragen. Aus der Verkündigung des Evangeliums müsse eine eindeutige Parteinahme und ein konkretes Engagement für die durch diese Strukturen Bedrohten, Benachteiligten und Diskriminierten folgen. Die politische Theologie ist damit eng verwandt mit Befreiungstheologie, ›schwarzer Theologie‹ und feministischer Theologie.

**Polytheismus,** *der,* Bezeichnung für den Glauben an mehrere oder viele Gottheiten, die meist nach Art menschlicher Personen vorgestellt werden; sie werden im Kult mittels eines mehr oder weniger differenzierten Priestertums verehrt und in der Vorstellung von einem Pantheon zu einer gewissen Einheit zusammengefasst. Polytheismus findet sich erst in den frühen Hochkulturen (ab 3000 v. Chr.). Meist sind die Gottheiten genealogisch miteinander verbunden, wobei oft Elternpaare oder Schöpfungsgottheiten an der Spitze des Pantheons stehen; bisweilen ziehen sich Schöpfergötter nach Vollendung ihres Werks zurück und werden zu ›dei otiosi‹, die nicht mehr ins Weltgeschehen eingreifen. Allen diesen Religionen gemeinsam ist die Überzeugung, dass die Götter trotz aller Macht unter einem nichtpersönlichen Gesetz stehen und selbst aus Zeugungsprozessen der Natur entstanden sind.

**Prädestination, Prädestinationslehre,** *Theologie und Religionswissenschaft:* die aus dem Glauben an die absolute Souveränität Gottes resultierende und daher von einer anonymen Schicksalsbestimmung zu unterscheidende Erwählung oder Verwerfung (▸ Verdammnis) des Menschen. Beide entspringen allein dem persönlichen Willen Gottes und betreffen vornehmlich das jenseitige Geschick des Menschen.

In der Bibel findet sich im A. T. die Vorstellung des auserwählten Volkes, nicht aber die der Prädestination; dagegen gibt es im N. T., besonders in den paulinischen Schriften, Aussagen, die in Betonung der absoluten Souveränität Gottes seine Freiheit, Menschen zu erwählen oder zu verdammen, sowie die Unwiderstehlichkeit seines Willens hervorheben (besonders Röm. 8, 28–30; 9–11; Eph. 1, 3–14). Die in der frühen Kirche darauf aufbauende Lehrauffassung, dass Gott seine Wahl auf die Voraussicht der auf freiem Willen beruhenden menschlichen Taten stützt, wurde zur Grundaussage der Prädestinationslehre in der ostkirchlichen Theologie. Im Westen hat Augustinus die **Prädestinationslehre** gegenüber dem Glauben an einen allgemeinen Heilswillen Gottes in den Vordergrund gerückt und systematisch entwickelt. Das theologische Problem lag dabei in der Fragestellung, inwieweit die Prädestination als ›Ratschluss Gottes‹ von Ewigkeit her feststeht und ob bzw. inwieweit der Mensch kraft seines (freien) Willens den Glauben wählen und durch sein Handeln an seinem Heil mitwirken kann, was Augustinus so beantwortete, dass aus der durch die Erbsünde verlorenen Masse der Sünder (›massa damnata‹) nur wenige Auserwählte gerettet und zum ewigen Leben bestimmt werden **(Gnadenwahl)**; ihnen wird die Gnade, die untrüglich (›irresistibel‹) wirkt, ohne Vorleistungen (›Verdienste‹) zuteil. Lucidus († nach 474) und Gottschalk von Orbais entwickelten die augustinische Lehre weiter zu der einer **doppelten Prädestination** (der Erwählten zum ewigen Leben, der anderen zur Verdammnis).

Die *Reformatoren* nahmen den Gedanken einer doppelten Prädestination im Kontext der Verborgenheit Gottes und der Unerforschlichkeit seines Willens erneut auf und modifizierten ihn. Bei J. Calvin wurde die Prädestination zur zentralen Wahrheit, die als unwiderstehlich und teilweise auch als aus dem Lebenserfolg erfahrbar galt.

Im Sinne der Auffassung, dass das Schicksal des Menschen unter dem ausschließlichen Willen eines allmächtigen Gottes steht und der Mensch das von Gott für ihn bestimmte Leben in der gläubigen Unterordnung unter dessen Willen aufgrund von Willensentscheidungen, die er subjektiv als die seinen empfindet, auch führen kann, wird die Prädestination vom *Islam* vertreten (z. B. Sure 6,125), wobei sie im Volksislam eher fatalistisch betrachtet wird (▸ Kismet). – Das *rabbinische Judentum* betonte im Zusammenhang mit der Vorsehung und Allwissenheit Gottes, dass ›alles in Gottes Hand steht, ausgenommen die Gottesfurcht‹ (Rabbi Chanina, 3. Jh.). Diese ist göttliche Forderung, ihre Erfüllung hängt jedoch von der eigenverantworteten Entscheidung des Menschen ab.

**Prälat,** *der,* im *evangelischen Kirchenrecht* in den evangelischen Landeskirchen von Baden und Württemberg ein geistlicher Amtsträger mit besonderen Aufgaben; in der Evangelischen Kirche von Kurhessen-Waldeck Titel des ständigen geistlichen Stellvertreters des Landesbischofs.

*Katholisches Kirchenrecht:* im eigentlichen Sinn der Träger ordentlicher Jurisdiktion, also der Vorsteher einer Teilkirche; auch Bezeichnung für andere Ordinarien und hohe Amtsträger der römischen Kurie. Darüber hinaus gibt es die Bezeichnung Prälat als geistlichen Ehrentitel, wobei drei Grade unterschieden werden: Apostolischer Protonotar, Ehrenprälat Seiner Heiligkeit und Kaplan Seiner Heiligkeit.

**Prälatur,** *die,* im *katholischen Kirchenrecht* ein vorläufiger kirchlicher Jurisdiktionsbezirk; Vorform einer Diözese. Eine Sonderform bildet die Personalprälatur.

**Predigt,** in den christlichen Kirchen die öffentliche Verkündigung der biblischen Botschaft (des Wortes Gottes); i. e. S. die Kanzelrede während des Gottesdienstes. Sie ist i. d. R. an verbindlich vorgeschriebene Bibeltexte (Perikopen) gebunden und wird theologisch als ›Übersetzung‹ der biblischen Botschaft in den Sprach- und Lebenskontext der konkreten christlichen Gemeinde verstanden. Ihre Ziele sind die Stärkung im bzw. die Einladung zum Glauben und die Vermittlung der christlichen (kirchlichen) Lehre.

Die Institutionalisierung des *Predigtamtes* durch die Kirche wurde zunächst durch die Frage nach der rechten Lehre (als Abgrenzung gegenüber Häresien) und der damit verbundenen eigenen Identitätsfindung der christlichen Kirche hervorgerufen. Die Predigt war Instrument der Mission und Medium der öffentlichen Kommunikation überhaupt. Bis in die Zeit der Reformation stand die *Volkspredigt* (J. Geiler von Kaysersberg, später auch Abraham a Sancta Clara) im Mittelpunkt der politischen und religiösen Bildung, da sie sich nicht mehr der lateinischen, sondern der Volkssprache bediente. M. Luther verstand die Predigt als die ›lebendige Stimme des Evangeliums‹ und daher als ›kein menschliches Werk‹. Die schriftgemäße Predigt wurde bei den Reformatoren zum Zentrum des evangelischen Gottesdienstes. Wachsende Bedeutung erlangte die Predigt auch in der katholischen Kirche zur Zeit der Gegenreformation: Durch das Konzil von Trient wurden die Pfarrer verpflichtet, regelmäßig an Sonn- und Feiertagen die Schrift auszulegen.

**Predigt:** Martin Luther auf der Kanzel, Ausschnitt aus dem Gemälde »Die Predigt« von Lucas Cranach d. Ä.

Die neuzeitliche Gestalt der Predigt ist v. a. von Pietismus und Aufklärung geprägt. Der Pietismus betonte die persönliche Heilsaneignung und -gewissheit des Einzelnen und rief durch die Predigt zu engagiertem Glauben und demgemäßem Handeln und Leben auf. Die Aufklärung verband in der Predigt stärker rationale und allgemein moralische Elemente mit der Forderung nach gelebtem Glauben zu erbaulichen Reden mit pädagogischer Tendenz.

In der katholischen Kirche erhielt die Predigt neue Impulse durch die Liturgiereform seit dem 2. Vatikanischen Konzil. Im Gottesdienst der Ostkirchen tritt sie heute, ungeachtet bedeutender orthodoxer Prediger der Neuzeit i. d. R. hinter die übrigen liturgischen Vollzüge zurück.

**Priester,** in der *Religionsgeschichte* ein Mittler zwischen der menschlichen Gemeinschaft und der Welt des Göttlichen (Numen), den Göttern oder Gott. Die vermittelnde Funktion wird v. a. im Kult ausgeübt, kann sich aber auch in Orakelwesen und Ekstase vollziehen und ist oft mit einem bestimmten Heiligtum verbunden. Die dem Priester zugeschriebene numinose Potenz oder Kraft verlangt von ihm das Einhalten von Taburegeln, z. B. kultische Reinheit, eine asketische Lebensweise im Hinblick auf Ernährung und Sexualität (bis hin zur Forderung der Ehelosigkeit), das Tragen einer besonderen Kleidung (z. B. Amtstracht) und die Befolgung bestimmter Verhaltensvorschriften. Innerhalb der sozialen Gemeinschaft (Großfamilie, Stamm, Volk, Religionsgemeinschaft) ist die besondere Stellung des *Priesteramtes* im Allgemeinen mit zahlreichen Vorrechten verbunden, z. B. einer exklusiven Ausbildung, der Befreiung von Erwerbsarbeit und dem Anspruch auf Unterhaltung durch die Gemeinschaft. Das *Priestertum* kann erblich sein. Zahlenmäßig dominierend sind in den Religionen männliche Priester; *Priesterinnen* sind meist weiblichen Gottheiten zugeordnet.

Als eigener Berufsstand finden sich Priester erst in differenzierteren Gesellschafts- und Religionsformen (in Vorderasien seit der Jungsteinzeit; in den frühen Hochkulturen), die aufgrund immer komplexer werdender theologischer und kultischer Anforderungen die Entstehung eines Spezialistentums notwendig machten. Der Priester ist Kenner der Mythen und aufgrund seines ›Wissens‹ oder seiner ›Berufung‹ zum Umgang mit der Gottheit autorisiert; seine Aufgabe ist der Vollzug religiöser Riten und kultischer Handlungen; nicht selten umfasst seine Vermittlung des Numinosen auch prophetische Elemente. Zum Amt des Priesters kann es auch gehören, die Rechts- und Schrifttradition zu hüten (und sie durch Lehren weiterzugeben); häufig obliegen ihm dann auch richterliche Aufgaben.

Das *Christentum* war ursprünglich eine Laienbewegung, in der sich neben anderen Dienstfunktionen (z. B. Diakonat) erst nach einigen Generationen ein zunächst kollegiales Presbyteramt und gegen Ende des 1. Jh. ein Bischofsamt (von griech. epískopos ›Aufseher‹) ausbildete. Diese Ämter der Gemeindeleitung werden im N. T. nicht mit den Begriffen eines sakralen Priestertums umschrieben; noch im späten Hebräerbrief wird ausschließlich Jesus Christus als Priester bezeichnet. Die starke Orientierung der christlichen Gemeinden am A. T. und ihre Prägung durch das Judentum, in dem sich ein hierarchisches Priestertum für den Opferkult am Jerusalemer Tempel ausgebildet hatte, sowie die Übernahme sakraler Vorstellungen aus dem Hellenismus und der römischen Religion führten dazu, die Funktionen der Gemeindeleiter zunehmend zu sakralisieren und die Presbyter und Bischöfe als Priester zu verstehen; ihr Priestertum wurde aber prinzipiell nicht als eigenständiges Mittleramt, sondern als Stellvertretung des ›einzigen und ewigen Hohepriesters‹ Jesus Christus (Hebr. 4–9) interpretiert. Als ein eigener geistlicher Stand (Klerus) nimmt das Priestertum in der katholischen Kirche wie auch in den Ostkirchen seit dem Mittelalter eine dominierende Stellung ein, dem in der katholischen Kirche erst seit Ende des 19. Jh. mit der in ihrer kirchlichen Bedeutung seither stetig wachsenden Laienbewegung ein wichtiges Element an die Seite getreten ist (z. B. in den Pfarrgemeinderäten). In der katholischen und in der orthodoxen Kirche sind Priester die Inhaber einer bestimmten Stufe des Weihesakraments und dadurch von Bischöfen und Diakonen unterschieden; in beiden Kirchen werden – im Unterschied zur altkatholischen Kirche und zur anglikanischen. Kirche – nur Männer zum Priesteramt zugelassen.

**Priesterrat,** *katholisches Kirchenrecht:* das vom 2. Vatikanischen Konzil gewünschte (1965) und im CIC von 1983 näher ausgestaltete Beratungsorgan des Diözesanbischofs (cc. 495–502). Die Mitglieder des Priesterrats werden überwiegend frei gewählt, teils vom Bischof berufen oder gehören ihm kraft Amtes an. Aus seiner Mitte wird das Konsultorenkollegium gebildet.

**Priestertum der Gläubigen, allgemeines Priestertum,** in den *evangelischen Kirchen* ein von M. Luther formulierter, auf das N. T. zurückgeführter (z. B. 1. Petr. 2; Apk. 1,6 unter Bezug auf 2. Mos. 19,5f.) Grundsatz, der, ausgehend von der geistlichen Gleichheit aller Kirchenglieder (aufgrund der Taufe), den Verkündigungs- und Seelsorgeauftrag aller Christen lehrt (›Priestertum aller Gläubigen‹). Spannungsreich ist dabei das Verhältnis von Priestertum der Gläubigen und ›geistlichem Amt‹ (Kirchenamt), da das (i. d. R. Theologen vorbehaltene) ›Amt‹ des Pfarrers auch in den evangelischen Kirchen mit geistlichen Befugnissen verbunden ist, die kirchlich nicht besonders dazu beauftragte (ordinierte) Gemeindemitglieder außer in Notfällen (z. B. Nottaufe) nicht ausüben können. Unter dem Einfluss des Pietismus entwickelte sich ein Amtsverständnis in Richtung einer funktionalen Ämterpluralität, nach dem das Pfarramt eine von der Gemeinde delegierte Funktion unter anderen ist. Demgegenüber betont das konfessionelle Luthertum das der Gemeinde gegenüberstehende besondere, weil funktional unabhängige Amt der Kirche, das der Berufung (Ordination) bedarf.

Die *katholische Kirche* spricht ebenfalls vom gemeinsamen Priestertum aller Gläubigen, unterscheidet jedoch zwischen dem allgemeinen Sendungs- und Zeugnisamt der Laien (Laienapostolat) und dem besonderen, in der Weihe verliehenen Priesteramt.

Ähnlich betont die *orthodoxe Kirche,* dass der Dienst des Priesters dem Priestertum der Gläubigen entspringt und auf dieses hingeordnet ist.

**Priesterweihe,** in der katholischen Kirche die sakramentale Übertragung des Priesteramtes (▸ Weihe).

**Prophet,** *der,* in der *Religionswissenschaft* Sammelbegriff für eine Fülle von vergleichbaren, im Einzelnen jedoch sehr unterschiedlichen religiösen Figuren. Aus Vorformen wie der schon in sehr frühen Stadien von Religion praktizierten ekstatischen Magie, der Zauberheilkunde und dem Schamanismus haben sich die ursprünglich im Kult beheimateten verschiedenen Formen von **Prophetie** entwickelt: Ekstatiker oder Priester geben rituelle Anweisungen, damit durch richtige Sakralpraxis, Sühneriten und Opfer sowie durch die Einhaltung von Tabus böse Folgen (z. B. Krankheit, Not) verhindert und positive Wirkungen (z. B. Gesundheit, gutes Wetter, Jagdglück) erzielt werden können. Weil dabei das Handeln in der Gegenwart Auswirkungen auf die Zukunft hat und es um deren Gestaltung geht, sprechen Propheten ›futurisch‹. Indem sich dieser Aspekt verselbstständigt, erscheint der Prophet als Kenner der sonst verborgenen Zukunft und seine Rede als ›Weissagung‹. Alle Propheten verstehen sich als Künder übermenschlicher Willensäußerungen von Geistern oder Göttern, von denen sie sich getrieben empfinden, sodass sie reden müssen.

Als zwei Grundtypen lassen sich das ekstatische und das Zeichen deutende Prophetentum unterscheiden. In der Ekstase, die oft manipulativ herbeigeführt wird, um in einem Zustand der ›Besessenheit‹ durch einen Geist oder Gott prophetische Antwort auf eine Frage zu erhalten, kündet der Prophet aufgrund von Visionen oder Auditionen und ist zugleich ›Seher‹. Die Propheten des zweiten Typs erfahren den numinosen Willen durch Beobachtung und Deutung von Objekten oder Zeichen (Medium, Fetisch, Naturerscheinungen, Würfel, Opfer; **Orakelprophetismus**).

Im *Judentum* hat sich das Prophetentum aus zwei altorientalischen Traditionslinien entwickelt: dem nomadischen Seher- und dem ortsansässigen, agrarisch geprägten Berufsprophetentum.

Im *Christentum* wurden die alttestamentlichen Propheten als kanonische Gestalten der Vergangenheit rezipiert, aber auch Johannes der Täufer gilt im N. T. als Prophet. Weil in Jesus Christus die ›Verheißungen‹ der Propheten erfüllt sind, wird er als Ende und Höhepunkt der Prophetie verstanden. Dennoch finden sich seit frühchristlicher Zeit bis in die Gegenwart prophetische Bewegungen (Montanisten, Täufer, Quäker, Mormonen, Pfingstbewegung), die häufig auch sozialpolitische Forderungen aufgreifen und mit Berufung auf neue Offenbarungen zur Entstehung neuer Religionen beigetragen haben.

Im *Islam* knüpfte Mohammed an die prophetischen Redeformen der vorislamischen ›Kahin‹ (Seher, Wahrsager) an. Der Koran erkennt die Propheten der ›Schriftreligionen‹ Judentum und Christentum an, sieht Mohammed aber als den endgültigen Propheten (das ›Siegel der Propheten‹), durch den Gottes Offenbarung – die Religion Abrahams – unverfälscht vermittelt wurde.

**Protestanten,** Bezeichnung für die Mitglieder der Kirchen, die aus der Reformation hervorgegangen sind.

**Protestantismus,** *der,* Bezeichnung für die Gesamtheit der aus der Reformation hervorgegangenen organisierten christlichen Kirchen und Gemeinschaften sowie für das ihnen entsprechende und zugrunde liegende theologische Selbstverständnis.

Der ursprünglich politische Begriff leitet sich ab von der feierlich ı Protestation von Speyer (19. 4. 1529). Als Bezeichnung für eine spezifische Form des konfessionellen Christentums, das sich in eigenständig organisierten Kirchen herausgebildet hat, ist der Protestantismus jedoch erst im Zusammenhang mit der Ausbildung einer eigenen theologischen Konzeption zu verstehen, die sich im Anschluss an die Reformation, geprägt v. a. von M. Luther, U. Zwingli und J. Calvin, entwickelte und vor dem historischen Hintergrund der Reformationsbewegungen seit dem frühen 15. Jh. steht.

**Protestantismus:** Die Vertreter der verschiedenen protestantischen Richtungen sitzen einträchtig um den Tisch (in der Mitte Martin Luther zwischen Melanchthon und Calvin), während Kardinal, Papst, Mönch und ein dämonischer Lügengeist das Licht als Symbol für das Wort Gottes auszublasen versuchen Kupferstich, 17. Jh.).

Auf den durch Luthers Veröffentlichung der ›95 Thesen‹ eingeleiteten reformatorischen Umbruch folgten die krisenbeladenen Jahre der theologischen und kirchlichen Identitätsfindung (Auseinandersetzung mit dem Humanismus, Abgrenzung gegenüber Schwärmertum und Täuferbewegung, Streit um das Abendmahl). Erst 1555 fand der Protestantismus mit dem ▸ Augsburger Religionsfrieden seine politische Anerkennung und war damit als eigenständige Konfession samt einer daraus folgenden Kirchenbildung konstituiert. Den Landesfürsten wurde mit dem Religionsfrieden das Ius reformandi nach der Formel cuius regio, eius religio zugestanden, nach dem jeder Fürst für sein Gebiet die Konfession frei bestimmen konnte. Die daraus resultierenden Territorialkirchen waren der Beginn des ▸ Landeskirchentums.

Neben das Luthertum traten auch in den übrigen europäischen Ländern z. T. eigenständige Reformbewegungen, die von der Schweiz ausgehend zunächst durch Zwingli und darauf folgend v. a. durch Calvin zu selbstständigen Formen evangelischen Kirchentums, den reformierten Kirchen, führten. Der Westfälische Friede (1648) stellte im Heiligen Römischen Reich die reformierten Kirchen der lutherischen Kirche gleich.

Charakteristisch für den Protestantismus sind die Lehre von der Rechtfertigung, die Vorstellung vom Priestertum der Gläubigen, die Berufung allein auf die Schrift, aus der sich sowohl die wissenschaftliche Bibelkritik (historisch-kritische Exegese) als auch ein biblizistischer Fundamentalismus entwickelt haben, und die Betonung der Gewissensfreiheit des Einzelnen, die von vornherein zu einer gewissen konfessionellen und kirchlichen Pluralität geführt hat. Die Eigenart des Protestantismus spiegelt sich in verschiedenen theologischen Grundsätzen wie ›sola scriptura‹ (allein die Hl. Schrift ist Offenbarungsquelle), ›solus Christus‹ (Christus allein ist Heilsgrund), ›sola gratia‹ (allein aus Gnade ist der Mensch von Gott gerechtfertigt), ›sola fide‹ (allein im Glauben wird der Mensch gerecht) und ›ecclesia semper reformanda‹ (die Kirche muss ständig reformiert werden).

**Psalmen,** Einzahl Psalm *der,* im biblisch-alttestamentlichen Buch der Psalmen (*Psalter,* Abk. **Ps.**) gesammelte religiöse Dichtungen Israels. Im Christentum wurden die Psalmen seit früher Zeit eschatologisch-messianisch auf Jesus Christus hin gedeutet.

In der *christlichen Liturgie* verdrängten die Psalmen seit dem 3. Jh. n. Chr. im Gottesdienst die Hymnen u. a. Lieder und bildeten den Grundstock des Stundengebets in den abendländischen Liturgien, während im christliche Osten weiterhin die Hymnendichtung gepflegt und entwickelt wurde. Der Psalmenvortrag erfolgte allgemein im gehobenen Sprechgesang der **Psalmodie**. Für den liturgischen Gebrauch wurden die Psalmen in den einzelnen Teilkirchen zu **Psalterium** genannten liturgischen Büchern zusammengefasst (Psalterium Ambrosianum, Mozarabicum, Romanum).

In der katholischen Messe findet man Psalmengesang im Introitus, nach der Epistellesung, beim Offertorium und bei der Kommunion. Auch in den Ostkirchen ist Psalmengesang in Morgen- und Abendgottesdienst zu finden, wenn auch mit geringerer Dominanz. Die evangelischen Kirchen greifen auf den Psalter meist als Umdichtung in Kirchenliedform zurück.

**Puritanismus,** *der,* die Geisteshaltung der Puritaner. Im Mittelpunkt des Puritanismus steht das ›studium purioris religionis‹ (Studium der reineren Religion); seinen Ausdruck findet er in einem biblizistischen Bibelverständnis, der sabbatähnlichen Sonntagsheiligung, einer durch strenge Selbstzucht geprägten Ethik und der Ablehnung von Unterhaltung, Vergnügungen und Zerstreuung im weitesten Sinn (z. B. Tanz, Theater, Kunst). Der Puritanismus stand mit seiner Innerlichkeit, die sich u. a. in einer eigenen, tendenziell weltflüchtigen Erbauungsliteratur darstellte, in Opposition zur anglikanisch-katholischen Politik und Kirchenstruktur und zeigte erst nach dem Ausbruch der Revolution 1642 das eigene politische Potenzial. Sein presbyterianisches Gesellschafts- und Kirchenverständnis hat England sowie die Einflussgebiete in Nordamerika bis in die Gegenwart stark beeinflusst.

**Qumran, Kumran, Khirbet Qumran,** Ruinenstätte einer klosterähnlichen Anlage mit Nekropole am Nordwestende des Toten Meeres, nahe dem Wadi Qumran (Westjordanland); seit Mitte des 19. Jh. bekannt, jedoch erst 1952 und 1956 systematisch ausgegraben. Die Anlage von Qumran wurde Mitte des 2. Jh. v. Chr. auf älteren Fundamenten errichtet und bis zu ihrer Zerstörung im römisch-jüdischen Krieg (68 n. Chr.) wohl von verschiedenen jüdischen Gruppen bewohnt.

Im Unterschied zum wissenschaftlichen Konsens der älteren Qumranforschung, der die ›Qumrangemeinde‹ bzw. ›Qumranleute‹ weitgehend mit den ▸ Essenern identifizierte, geht die gegenwärtige Forschung aufgrund der Vielgestaltigkeit der Qumrantexte von mehreren Gruppen unterschiedlichen Selbstverständnisses bzw. von einer differenzierteren Sicht der Essener aus. Das alle Gruppen Einende wird dabei in dem Bestreben gesehen, außerhalb der hellenistisch-römischen Stadtkultur in bewusster Abgrenzung von den so genannten ›hellenistischen‹ (hellenisierten) Juden ›in der Wüste‹ zu den Quellen des Judentums zurückzukehren und ein an authentischer jüdischer Tradition ausgerichtetes Leben zu führen. Dabei verstanden sich einige wohl als der ›heilige Rest‹ des Volkes Israel, in dessen Mitte der davidische Königsmessias und der hohepriesterliche Messias auftreten werden.

Zwischen 1947 und Mitte der 1960er-Jahre wurden in elf Höhlen in Qumran und Umgebung eine große Anzahl in Tonkrügen verborgener Schriftrollen (Leder, Papyrus sowie eine Rolle aus Kupfer) aus der Zeit zwischen dem 3. Jh. v. Chr. und dem 1. Jh. n. Chr. entdeckt: Handschriften von Büchern der hebräischen Bibel (u. a. eine vollständige Handschrift des Buches Jesaja, Teile des Buches Daniel, Reste mehrerer Psalmenhandschriften, althebräische Fragmente von 3. Mos. sowie hebräische und aramäische Fragmente), Kommentare zu biblischen Texten, pseudepigraphische Schriften und gemeindeinternes Schrifttum (Regelbuch, Kriegsrolle, Loblieder, Tempelrolle, rituelle und zivilrechtliche Bestimmungen). Die Textfunde sind von großer Bedeutung für die Forschungen zur vorkanonischen Textgestalt der hebräischen Bibel.

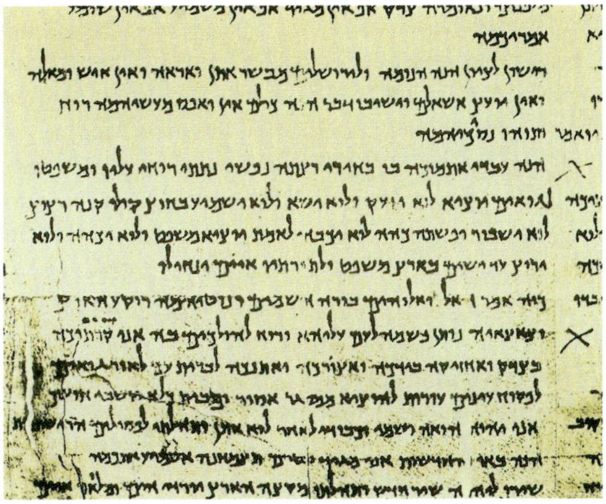

**Qumran:** Der Auszug aus den Qumranschriften zeigt einen Text aus dem Buch Jesaja des Alten Testaments.

**Rechtfertigung,** *Theologie:* die ›Gerechterklärung‹ des Menschen durch Gott. Grundlagen des biblischen Begriffes Rechtfertigung sind ein Gottesbild, das Gott als personales Gegenüber des Menschen und seinen Richter beschreibt, die Frage des Menschen nach dem Heil und der Wunsch, dieses kollektiv (als das von Gott auserwählte Volk), v. a. aber auch individuell zu erlangen. Im Zusammenhang mit der Frage nach dem Weg, die Rechtfertigung zu erlangen, kam es dabei sowohl im Judentum wie auch im Christentum zu einer starken Betonung des ethischen (›Gott wohlgefälligen‹) Verhaltens, mit dem der Mensch vor Gottes Gericht bestehen (sich ›rechtfertigen‹) könne.

Als originär theologischer Begriff geht Rechtfertigung auf Paulus zurück, der die ›Gerechtigkeit Gottes‹ (Röm. 1,17) in den Mittelpunkt seiner Theologie stellte; ›gerecht‹ ist der Mensch vor Gott allein durch seinen Glauben an Jesus Christus. In ihm hat Gott den Menschen seine Gnade zu ihrem Heil geschenkt, ohne dass diese einen Anspruch auf dieses Geschenk noch ein eigenes Verdienst an seiner Erlangung haben (Röm. 3,21 ff.). Der theologische Ansatz des Paulus wurde v. a. durch Augustinus aufgegriffen: Aufgrund der Erbsünde sei der Mensch prinzipiell unfähig zum Guten; nur durch das Kreuz Jesu Christi könne er von Gott Rechtfertigung erlangen, wenn er durch die Vorherbestimmung Gottes (▸ Prädestination) Anteil an der Gnade erhalte. Dadurch aber werde der Mensch innerlich neu geschaffen und frei zum Tun des Guten (Heiligung).

Die augustinische Lehre wurde grundlegend für die mittelalterliche Theologie. Der Gedanke der unverdienten Rechtfertigung trat dabei jedoch zunehmend hinter den Gedanken der im Stande der Gnade zu vollbringenden guten Werke zurück, was in der mittelalterlichen Volksfrömmigkeit Formen einer ausgeprägten, kirchlich sanktionierten Lohn-Leistungs-Ethik annahm. Dagegen traten im Spätmittelalter die Reformatoren auf und stellten die Grundaussage der paulinischen Theologie wieder in den Mittelpunkt des theologischen Denkens, die zugleich die Grundaussage der reformatorischen Theologie schlechthin bildet: Der Mensch ist von Gott freigesprochen, obwohl er Sünder bleibt (simul iustus et peccator), und erlangt die subjektive Gewissheit seiner Rechtfertigung allein durch den Glauben an Jesus Christus, ohne dass es dazu zwingend kirchlicher ›Vermittlungsinstanzen‹ bedarf.

**Rechtfertigungslehre:** Der Generalsekretär des Lutherischen Weltbundes Ishmael Noko und Bischof Walter Kasper als Vertreter der katholischen Kirche unterzeichnen am 31. Oktober 1999 die Gemeinsame Erklärung zur Rechtfertigungslehre.

Die *katholische Rechtfertigungslehre* wurde 1547 vom Trienter Konzil formuliert und deckt sich – trotz polemischer Formulierungen – weitgehend mit der der Reformatoren, versteht aber die Rechtfertigung stärker auch als Gerechtmachung des Menschen und betont die die Gnade Gottes (in den Sakramenten) vermittelnde Rolle der Kirche.

Als ein qualitativ neuer Schritt in den Beziehungen zwischen den Kirchen gilt die vom ›Päpstlichen Rat für die Förderung der Einheit der Christen‹ und dem ›Lutherischen Weltbund‹ veröffentlichte ›Gemeinsame Erklärung zur Rechtfertigungslehre‹. Die Erklärung stellt Übereinstimmungen in der Rechtfertigungslehre heraus und wird von beiden Seiten als ein weit reichender lutherisch-katholischer Konsens ›in Grundwahrheiten‹ beschrieben. Unterschiedliche Positionen bestehen dabei nach wie vor in der Frage der Interpretation und Gewichtung der reformatorischen Aussage ›allein durch den Glauben‹ (sola fide) innerhalb der Rechtfertigungslehre sowie in der Bestimmung der Rechtfertigungslehre als die *kritische Norm* (lutherisch) bzw. eine *unverzichtbare Norm* (katholisch) für die gesamte Lehre und Praxis der Kirche, weshalb verschiedene Mitgliedskirchen des Lutherischen Weltbundes der Erklärung bislang ihre Zustimmung verweigert haben.

**Reformation,** i. w. S. jeder Versuch, eine Gemeinschaft, Institution o. Ä. durch Rückgriff auf ihre Ursprünge in ihrem Wesen zu erneuern, wie z. B. die spätmittelalterlichen Bemühungen um eine ›Reformation der Kirche an Haupt und Gliedern‹ (Reformkonzile) oder um eine ›Reformation des Reiches‹ (Reformatio Sigismundi). I. e. S. die durch M. Luther ausgelöste Bewegung, die als zunächst innerkirchliches Bestreben um geistliche Erneuerung die Wiederherstellung einer dem Evangelium gemäßen Kirche anstrebte, in der nachfolgenden Entwicklung jedoch zur Auflösung der kirchlichen Einheit der lateinischen (abendländischen) Kirche, zur Herausbildung eigenständiger ›evangelischer‹ Kirchen und Gemeinschaften (lutherische Kirchen; reformierte Kirchen) und zur Formierung des Protestantismus als christliche Konfession führte. Als Bezeichnung dieser historischen Entwicklung ist der Begriff Reformation erstmals 1688 bei V. L. von Seckendorff nachweisbar, der den ›Lutheranismus‹ der ›reformatio religionis D. Martini Lutheri‹ gleichsetzte.

*Ursachen:* Voraussetzungen der Reformation waren die Krisen des Spätmittelalters und der beginnenden Renaissance: das Abendländische Schisma, die Überspannung des päpstlichen Herrschaftsanspruchs und die Vernachlässigung des geistlichen Amtes durch die Renaissancepäpste, die Finanzpraktiken der Kirche, hier Anfang des 16. Jh. besonders der Ablasshandel (▸ Ablass), eine von der Bibel entfernte und z. T. dogmatisch erstarrte spätscholastische Theologie (▸ Scholastik) und die mangelnde theologische Bildung großer Teile des Klerus. Die Klage über die kirchlichen Missstände hatte zwar zu vielfältigen Reformversuchen, doch nicht zu deren Beseitigung geführt. Neu setzte die Kritik des Humanismus an der Lebensführung des geistlichen Standes ein; diese führte, ebenso wie der Individualismus der Mystik, zu einer schleichenden Erosion der kirchlichen Autorität und verstärkte die Neigung, an die Ursprünge des Christentums anzuknüpfen, was durch die philologische Studien der Humanisten gefördert wurde. Die breite Wirkung der Reformation ergab sich auch aus der Reibung zwischen den aufstrebenden Städten und der Kirche sowie aus dem Erstarken des Landesfürstentums, das seinen Einfluss auf die Kirche zu steigern suchte.

*Geschichte:* Als Beginn der Reformation wird traditionell die Veröffentlichung der 95 Thesen M. Luthers über den Ablass (31. 10. 1517) angesehen. Diese von Luther als Aufruf zu einer akademischen Disputation gedachten Thesen fanden ein für ihn völlig überraschendes gewaltiges Echo in der Öffentlichkeit.

Die Frühphase der Reformation (1517–21) war gekennzeichnet durch das öffentliche Auftreten Luthers, die Herausbildung und Formulierung seiner reformatorischen Lehren, den eskalierenden Konflikt zwischen ihm und dem Papsttum sowie die schnelle Ausbreitung der lutherischen Ideen und endete mit dem Kirchenbann gegen Luther und seine Anhänger (1520) sowie der Verhängung der Reichsacht durch das Wormser Edikt (1521). Zugleich wurden in dieser Phase viele der später wichtigsten Reformatoren für das Anliegen einer grundlegenden Reformation der Kirche gewonnen. Ungeachtet der Reichsacht breitete sich die reformatorische Bewegung in den folgenden Jahren (1521–25) aus. Geistige Unterstützung erhielt die Reformation durch die Humanisten (Erasmus); politisch verbanden zeitweilig antirömisch-nationale (die Reichsritterschaft) und sozialrevolutionäre Kräfte (die aufständischen Bauern im Bauernkrieg) ihre Anliegen mit dieser Bewegung. Unterstützung fand die Reformation durch das Stadtbürgertum und verschiedene Reichsfürsten (v. a. durch Kurfürst Friedrich III., den Weisen, von Sachsen), ihre Ausbreitung als eine Bewegung ›von unten‹ erfolgte jedoch v. a. durch das Wirken von zahlreichen umherziehenden Predigern. In diese Phase fallen auch die ersten theologischen Auseinandersetzungen innerhalb der reformatorischen Bewegung. So entwickelte sich v. a. in der Schweiz, von U. Zwingli ausgehend, eine besonders im Abendmahlsverständnis von den Wittenberger Theologen um Luther sich unterscheidende reformatorische Gruppierung. Diese stand unter der Bezeichnung ›Reformierte‹ nach dem Scheitern vielfältiger Ausgleichsbemühungen seit der Mitte des 16. Jh. zusammen mit dem von J. Calvin geprägten Kalvinismus in Deutschland dem Luthertum gegenüber. Daneben entstanden auf dem Boden der Reformation auch spiritualistische Bewegungen, deren Frömmigkeit und Theologie im Allgemeinen stark mystisch und durch ein prophetisches Sendungsbewusstsein gekennzeichnet war. Von Luther abgelehnt und als Schwärmer verurteilt, verbanden sie die theologischen Anliegen der Reformation mit sozialen und politischen Anliegen (z. B. T. Müntzer), aber auch mit noch radikaleren Forderungen nach der Wiederherstellung des ursprünglichen Christentums (besonders Täufer)

**Reformation:** Martin Luther vor Kaiser Karl V. und dem Reichstag in Worms 1521, Holzschnitt, Straßburg 1557.

Nach 1525 war die Reformation ausschließlicher als zuvor eine Sache der Landesherren (›Fürstenreformation‹). Sie wurde jetzt in den Territorien durch von der Obrigkeit geleitete Kirchen- und Schulvisitationen durchgeführt, erstmals 1526 in Kursachsen. Es entstanden die evangelischen ▸Landeskirchen, wobei der Landesherr im Rahmen des von ihm ausgeübten landesherrlichen Kirchenregiments als so genannter ›Notbischof‹ an die Spitze der Kirche seines Landes trat **(Summepiskopat)**. Kirchlich führte der Abendmahlsstreit zwischen Luther auf der einen und Zwingli und Calvin auf der anderen Seite zu einer inneren Spaltung des Protestantismus, die im Grundsatz erst im 20. Jh. mit dem Abschluss der Leuenberger Konkordie für deren Mitgliedskirchen beigelegt werden konnte.

**Reformationsfest,** evangelisches Fest zum Gedächtnis der Reformation. Zunächst neben dem 31. 10. (Tag der Thesenveröffentlichung M. Luthers) auch an seinem Geburts- oder Todestag (10. 11. oder 18. 2.) begangen, setzte sich seit 1667 (zuerst in Kursachsen) der 31. 10. durch.

**reformierte Kirchen,** Sammelbezeichnung für die Konfessionsgemeinschaft, die durch die Kirchen gebildet wird, deren Entstehung v. a. auf das Wirken der oberdeutscher und schweizerischer Reformatoren (U. Zwingli, J. Oekolampad, M. Bucer, G. Farel, J. Calvin, H. Bullinger, T. Beza), aber auch andere zurückzuführen ist; als Konfessionsbezeichnung durch den Westfälischen Frieden (1648) im Hl. Röm. Reich rechtlich endgültig anerkannt. Die reformierten Kirchen bilden einen Hauptzweig des Protestantismus.

Die Kirchenverfassungen sind presbyterial-synodal und verzichten auf das Bischofsamt. Die Kirchengemeinden werden meist durch eine presbyterial gegliederte Gemeindeleitung geleitet, bestehend aus vier Leitungsdiensten: Pfarrer, theologischen Lehrer, Presbyter (Älteste), Diakone. Die Leitung der einzelnen Kirchen erfolgt durch paritätisch zusammengesetzte Synoden. Die Kirchengebäude der reformierten Kirchen zeichnen sich durch die Schlichtheit der Gottesdiensträume und das Fehlen von Bildern und figürlichen Darstellungen aus. Im Mittelpunkt des Gottesdienstes steht die Konzentration auf das ›Wort Gottes‹ in der Verkündigung (Predigt). Kanzel- und Abendmahlsgemeinschaft besteht mit den der Leuenberger Konkordie (1973) beigetretenen lutherischen und unierten Kirchen. Schwerpunkte reformierter Ethik sind die Heiligung des Alltags, ein hohes Arbeits- und Berufsethos und die bewusste ›Bürgerschaft‹ als Christ in der Gesellschaft.

**Reformjudentum,** im 19. Jh. entstandene Richtung innerhalb des Judentums, die, ausgehend von der Assimilation breiter Schichten, über die Bildungs- und Sozialreformen der jüdischen Aufklärung **(Haskala)** hinaus religiöse Reformen anstrebte. Seit 1810 wurden in privaten Zirkeln, seit 1817 in einer in Hamburg gegründeten Reformgemeinde (›Hamburger Tempel‹) Änderungen im Gottesdienst eingeführt (Kürzung der Liturgie, Gebrauch der Landessprache). Ein Großteil der rituellen Vorschriften wurde als unzeitgemäß abgelehnt, der Inhalt der Offenbarung v. a. in den Prophetenbüchern gesehen. Zu den theologischen Neuerungen, die sich in der Folgezeit abzeichneten, gehörten der Verzicht auf die traditionelle messianische Hoffnung und auf die Bindung an Palästina, eine zunehmende ethische Akzentuierung der Religiosität und die Tendenz zum aufgeklärten Rationalismus. Unter dem Eindruck der nationalsozialistischen Herrschaft zerbrach der für weite Teile des Reformjudentum grundlegende Glaube an einen moralischen Fortschritt der Menschheit und führte zu einer Hinwendung zu Tradition und Zionismus.

**Reformkatholizismus,** Richtung innerhalb des Katholizismus zu Beginn des 20. Jh., wandte sich gegen Neuscholastik und Ultramontanismus und suchte einen Anschluss des Katholizismus an die moderne Kultur und Wissenschaft.

**Reformkonzile,** in der Kirchengeschichtsschreibung gebräuchliche Sammelbezeichnung für die Konzile des 15. Jh., deren Hauptziele die Behebung kirchlicher Missstände und die Beendigung des ▸Abendländischen Schismas waren: die Konzile von Pisa (1409), Konstanz (1414 – 18), Basel (Basler Konzil, 1431–49) und Ferrara-Florenz-Rom (1438–45). Die Reformkonzile bildeten eine der Voraussetzungen für die katholische Reform im 16./17. Jh., unmittelbar brachten jedoch weder die Papstabsetzungen (in Pisa, Konstanz und Basel) noch die Reformdekrete die gewünschten Erfolge.

**Reich Gottes,** *jüdische* und *christliche Theologie:* im A. T. das endzeitliche ewige Reich der Gerechtigkeit (▸Eschatologie, ▸Messianismus); im N. T. die durch das Heilsangebot und die Heilszusage Gottes charakterisierte neue Wirklichkeit (›Herrschaft Gottes‹), die mit Jesus Christus in die Welt kam und im Jüngsten Gericht ihre Vollendung findet.

**Reinheit,** in der *Religionsgeschichte* die Voraussetzung für die Kontaktaufnahme und den rechten Umgang mit Gott, den Göttern oder der numinosen Macht. Die Wurzel von Reinheitsvorschriften ist wohl in Mana- und Tabuvorstellungen zu sehen; was oder wer Mana besaß, durfte nicht berührt werden. Reinheitsvorstellungen schlossen dabei die Anfänge einer Ethik und kultisch-rituelle Regelungen ein. Mit der Ausbildung von Priestertümern seit der Jungsteinzeit und in den Polytheismen der Hochreligionen trat zunächst die *kultische* Reinheit in den Vordergrund, deren Wahrung durch eine Fülle von Vorschriften den Zugang zum Heiligen (das Betreten hl. Stätten; die Teilnahme an kultischen Handlungen) regelte. Kultisch unrein machte der Kontakt mit Schmutz, Blut, Toten, bestimmten Tieren, nicht zur eigenen Kultgemeinschaft gehörenden Menschen oder Territorien, aber auch mit numinosen Gegenständen oder Bezirken. Reinheit konnte durch Einhaltung bestimmter Regeln (z. B. Enthaltsamkeit, Ausziehen der Schuhe, Speisevorschriften, rituelle Waschungen, Vollzug von Rites de Passage) erreicht und wieder hergestellt werden. Mit der zunehmenden Transzendierung der Gottesvorstellung gewann die *ethische* Reinheit neben der kultischen an Bedeutung, so in Teilen des Judentums seit dem Babylonischen Exil und im Islam. Buddha und Jesus lehnten die kultische Reinheit ab; Reinheitsvorstellungen wirken jedoch auch im Buddhismus und im Christentum weiter.

**Religio,** *die,* im früheren *katholischen Kirchenrecht:* die Ordensgemeinschaft.

**Religion,** zusammenfassende Bezeichnung für eine Fülle historischer Erscheinungen, denen ein spezifischer Bezug zwischen dem ›Transzendenten‹ einerseits und den Menschen andererseits in einer deren Verhalten normativ bestimmenden Weise zugrunde liegt.

*Begriff:* Etymologisch ist das lateinische ›religio‹ unklar. Cicero (›De natura deorum‹, 2,72) stellt ›religio‹ zu dem Verbum ›relegere‹ (sorgsam beachten) und definiert demgemäß Religion als ›die sorgfältige Beachtung alles dessen, was zum Kult der Götter gehört‹. Der christliche Schriftsteller Lactantius leitet ›religio‹ von ›religare‹ (verbinden) ab; diese Deutung vertritt auch Augustinus, für den die wahre Religion diejenige ist, ›durch die sich die Seele mit dem einen Gott, von dem sie sich gewissermaßen losgerissen hat, in der Versöhnung wieder verbindet‹.

Der vielschichtige Bedeutungszusammenhang von Religion spiegelt sich in den zahlreichen, z. T. eher in der Religionsphilosophie als in der Religionswissenschaft begründeten Definitionsversuchen wider, die allerdings meist bestimmte Einzelaspekte in den Mittelpunkt stellen. Allen gemeinsam ist, dass Religion als ein existenz- und situationsbezogenes (und entsprechend uneinheitliches und uneindeutiges) Phänomen erscheint, als eine spezifische Funktion des Menschseins, die es außerhalb der Welt des Menschen nicht gibt. Formal lässt sich Religion beschreiben als ein (Glaubens-)System, das in Lehre, Praxis und Gemeinschaftsformen die ›letzten‹ (Sinn-)Fragen menschlicher Gesellschaft und Individuen aufgreift und zu beantworten versucht.

Vereinfacht lassen sich zwei Grundlinien unterscheiden: In Kulturen, die v. a. an der Natur orientiert sind und in denen der Mensch sich und sein Leben primär als Teil des Naturgeschehens begreift, steht die Frage nach der Sinnhaftigkeit der Naturwelt oder der Ordnung des Kosmos im Vordergrund. Religionen, die darauf Antwort zu geben versuchen, sind primär monistische Religionen (▸Monismus). Demgegenüber haben die v. a. an der Geschichte und am menschlichen Handeln in der Geschichte orientierten Kulturen die monotheistischen Religionen (Judentum, Christentum, Islam) mit ihrer personalisierten Gottesvorstellung hervorgebracht (▸Monotheismus). Die Tatsache, dass traditionelle Religionen in einem anderen Lebenszusammenhang häufig als ungenügend empfunden werden, ist ein Grund dafür, dass im Laufe der Geschichte immer wieder ein Ungenügen an den bestehenden Religionen empfunden wird und neue Religionen entstehen.

Entsprechend den jeweiligen Heilsvorstellungen, die ihr zugrunde liegen, und in Relation zur jeweiligen ›Unheils‹-Erfahrung hat jede Religion ein ›Heilsziel‹ und zeigt einen ›Heilsweg‹. Das Heilsziel kann als Leben bei Gott oder in Gott, zukünftiges Leben in einem Heilsreich (Paradies; ▸ Eschatologie), Vereinigung mit Gott, ›Verklärung‹ des Menschen und der Welt vorgestellt werden (Christentum, Islam), aber auch als Aufrechterhaltung oder Wiederherstellung der einmal gegebenen Ordnung (Stammesreligionen) oder als Zur-Ruhe-Kommen, Überwindung des Kreislaufs der Wiedergeburten (Buddhismus, Hinduismus). Es steht in enger Beziehung zur jeweiligen ›Unverfügbarkeit‹, die als personale (Gott, Götter) und nicht personale (Weltgesetz, Erkenntnis, Wissen) Transzendenz vorgestellt wird.

**Religionsgeschichte,** allgemein die historische Entwicklung einzelner Religionen und die sich in ihr vollziehenden Wandlungen; als wissenschaftliche Disziplin der historische Teil der Religionswissenschaft. Sie stellt das Werden und Vergehen von Religionen dar und untersucht sie innerhalb einzelner Zeitabschnitte, stellt mögliche Abhängigkeiten zwischen verschiedenen Religionen oder das Hervorgehen von neuen Religionen aus vorausgehenden Religionssystemen fest und arbeitet die jeweils charakteristischen religiösen Traditionen heraus.

**Religionskritik,** die kritische Auseinandersetzung mit den Grundlagen und zentralen Aussagen der Religionen, ihrem Wahrheitsanspruch und ihrer postulierten und tatsächlichen Rolle innerhalb der Gesellschaft. Als innerhalb einer Religion auftretende, theologisch begründete Religionskritik, die Anstoß an Erscheinungen der eigenen Religion nimmt, die in ihrer Sicht Fehlentwicklungen darstellen, gab die Religionskritik oft die entscheidenden Anstöße zu Reformbewegungen und/oder führte zu neuen religiösen Gemeinschaftsbildungen.

Seit der europäischen Aufklärung trat die Religionskritik – die überwiegend philosophisch begründete Religionskritik war – v. a. als Kritik am Christentum auf. Dabei richtete sich die Kritik der Aufklärer zunächst auf wichtige Einzelphänomene (Gottes- und Offenbarungsbegriff, heteronome Ethik), wurde jedoch seit dem 19. Jh. grundsätzlich betrieben und bildete ein Instrument zur Begründung des ▸ Atheismus. In Religionswissenschaft und Theologie hat die (kritische) Auseinandersetzung mit der Religionskritik zu einem differenzierteren Verständnis von Religion geführt.

**Religionssoziologie,** eine Teildisziplin der Soziologie mit Berührungspunkten zur Religionswissenschaft. Gegenstände der religionssoziologischen Forschung sind v. a. die sozialen Bedingungen für Entstehung und Entwicklung von Religionen, die soziale Gestaltung von Religionen (Kirchen, religiöse Sondergemeinschaften, Kulte usw.), die sozialen Funktionen von Religionen für Gruppen und Gesellschaften. Die Grenzen zwischen Religionswissenschaft und Religionssoziologie sind mit der Zeit fließend geworden.

**Religionsstifter, Religionsgründer,** eine große religiöse Autorität verkörpernde Person, die bewusst eine neue Religion begründet oder durch ihre Person und Verkündigung einen Jüngerkreis zur Religionsbildung anregt. Religionsstifter formulieren eine neue ›Wahrheitswirklichkeit‹, die ein neues Welterklärungs- und Lebensbewältigungssystem freisetzt. Häufig im Zusammenhang mit einem Berufungserlebnis (Audition und Vision), das zuerst (meist dreimaligen) Widerstand hervorruft (oft als Versuchung dargestellt), legitimieren sie sich durch göttliche Offenbarung oder eigene Erleuchtung. Sie beweisen diese durch Wundertaten, Lehre und Lebensstil. Nach Gewinnung des ersten Anhängers bildet sich ein Jüngerkreis, der sich ins ›Volk‹ erweitert. Dies führt zu Auseinandersetzungen mit den angestammten Religionssystemen und i. d. R. zu Verfolgungen durch diese, was oft den unnatürlichen Tod des Religionsstifters zur Folge hat. Um Geburt, Jugend und Tod des Religionsstifters ranken sich Legenden, später oft Glaubenssätze, die von Präexistenz über unbefleckte Geburt bis hin zu Auferstehung, Entrückung und Wiederkunft am Ende der Zeit oder bis zur Vergöttlichung des Religionsstifters reichen. Phänomenologisch gehören Religionsstifter in den Bereich des ›heiligen Menschen‹. Historisch gesehen treten sie in (nicht nur religiös bestimmten) Krisenzeiten auf, wobei das Durchsetzungsvermögen der durch sie vollzogenen Modifikation, teilweisen Übernahme, Fortführung oder Selektion vorgegebener religiöser Traditionen nicht selten von historischen Zufällen abhängig ist und sich nur durch die Gestaltwerdung eines neuen Religionssystems ›beweist‹.

**Reliquie,** *die,* Gegenstand einer besonderen Form der Heiligenverehrung. Die Reliquie besteht aus Gebeinen oder der Asche religiöser Persönlichkeiten, aus ihren Kleidern oder Gebrauchsgegenständen oder Teilen von Gegenständen, die für ihr Leben bedeutsam waren. Die *Reliquienverehrung* ist in verschiedenen Religionen verbreitet (neben dem Christentum z. B. auch im Buddhismus, Kandy) und gründet sich auf den Glauben, Überreste des Körpers oder des Besitzes hl. Menschen seien besonders machthaltig und ihre Verehrung durch Prozessionen, durch Berührung oder Kuss, selbst die Nähe ihrer Gegenwart bedeute eine Übertragung dieser Macht.

Der *christliche Reliquienkult* begann in der frühen Kirche mit der Verehrung der Gebeine der Märtyrer. Über ihren Grabstätten wurden seit dem 4. Jh. oft die Altäre der Märtyrerkirchen errichtet. Im Westen ist seit dem 5. Jh. kein Altar mehr ohne Reliquie nachweisbar. Auch in der Ostkirche verbreitete sich die Reliquienverehrung, besonders im Zusammenhang mit dem Glauben an die Unverweslichkeit oder langsamere Verwesung der Körper der Heiligen (v. a. in der russischen Tradition); sie blieb jedoch v. a. in der Volksfrömmigkeit weit hinter der Bedeutung der Ikonen zurück. Die Kritik an der Reliquienverehrung setzte in der Reformation ein. Demgegenüber entschied sich das Konzil von Trient ausdrücklich für die Verehrung der Reliquien der Heiligen. – Kunstgeschichtlich wurden die Reliquien bedeutsam durch Reliquiare.

**Requiem,** *das,* in der *katholischen Kirche* die Eucharistiefeier im Rahmen der Begräbnisliturgie, benannt nach dem Anfangswort ihres Introitus: ›Requiem aeternam dona eis, Domine‹ (›Herr, gib ihnen die ewige Ruhe‹); früher auch **Totenmesse**. Das Requiem ist Bestandteil des liturgischen Totengeleits (Exsequien); es fehlen die üblichen Messtexte und -riten freudigen Charakters (z. B. Gloria und Credo). Seit dem 11. Jh. schließt das ›Agnus Dei‹ mit ›dona eis requiem‹, im 13. Jh. wurde die Sequenz ›Dies irae, dies illa‹ eingefügt. Nach dem 2. Vatikanischen Konzil und seiner Neuordnung der Liturgie wurden u. a. das Alleluja nach dem Graduale wieder eingefügt und die Sequenz eliminiert.

**Reue,** *christliche Kirchen:* wesentlicher Akt der Buße; im *katholischen Kirchenrecht* eine der Voraussetzungen für den Empfang des Bußsakraments.

**römische Kurie,** *katholische Kirche:* die Gesamtheit der kirchlichen Behörden, durch die der Papst die katholische Kirche leitet. Für das Bistum Rom und für die Vatikanstadt bestehen besondere päpstliche Behörden. Zur römischen Kurie gehören seit der Reform 1988 fünf Behördengruppen:

**Reliquie:** Im Mettlacher Tryptichon verbergen sich hinter den Türen des Schreins die Reliquien verschiedener Heiliger, in der Mitte die große Reliquie des Wahren Kreuzes (13. Jh., Mettlach, Sankt Luitwinus).

1) das Staatssekretariat unter Leitung des Kardinalstaatssekretärs; 2) neun Kurienkongregationen; 3) drei Gerichtshöfe (Apostolische Paenitentiarie, Apostolische Signatur, Rota Romana); 4) elf ▸ päpstliche Räte; 5) drei Ämter (die Apostolische Kammer, die Präfektur der wirtschaftlichen Angelegenheiten des Hl. Stuhles, die Vermögensverwaltung des Apostolischen Stuhles). Außerdem zählen zur römischen Kurie die Präfektur des Päpstlichen Hauses sowie das dem Staatssekretariat zugeordnete Zentralamt für kirchliche Statistik. Der römischen Kurie sind auch die zurzeit fünf Päpstlichen Kommissionen (für die kulturellen Güter der Kirche; für kirchliche Archäologie; für die Vulgata; die Päpstliche Bibelkommission; die Päpstliche Kommission ›Ecclesia Dei‹) und die Internationale Theologenkommission zugeordnet, ebenso die Päpstlichen Ausschüsse für die Durchführung der internationalen eucharistischen Kongresse und für Geschichtswissenschaften. Mit der römischen Kurie verbunden sind u. a. das Vatikanische Geheimarchiv, die Vatikanbibliothek, Radio Vatikan, das Fernsehzentrum des Vatikan und die Vermögensverwaltung von St. Peter. Leitende Behörde für die gesamte Vermögens- und Wirtschaftsverwaltung des Heiligen Stuhles ist die 1967 geschaffene Präfektur der wirtschaftlichen Angelegenheiten. Das 1942 errichtete ›Istituto per le opere di Religione‹ (›Institut für die Werke der Religion‹) besorgt die Bankgeschäfte

des Hl. Stuhles und der großen Ordensgemeinschaften. Über die finanziellen Verhältnisse des Hl. Stuhles gibt es keine amtlichen Veröffentlichungen. Allerdings wurden in den letzten Jahren nach Prüfung durch einen Kardinalsrat summarisch einige Angaben zum jährlichen Haushalt veröffentlicht.

**Rota,** *die,* amtliche Bezeichnung (seit 1988) **Rota Romana** (Römische Rota), das ordentliche päpstliche Gericht für Berufungen in kirchlichen Prozessen, im Allgemeinen erst in dritter oder weiterer Instanz, überwiegend in Ehesachen. In erster Instanz ist sie für Streitsachen unter Bischöfen und anderen hohen kirchlichen Personen sowie für ihr direkt vom Papst übertragene Verfahren zuständig. Die Richter führen die lateinische Bezeichnung ›Auditor‹ und bilden ein eigenes Prälatenkollegium; an seiner Spitze steht der Dekan als Primus inter Pares. Die Rota wird nur ausnahmsweise in voller Besetzung tätig, im Allgemeinen in Kammern von drei Auditoren. Aufsichtsbehörde für die Rota ist die Apostolische Signatur.

# S

**sakral,** allgemein: heilig; religiösen Zwecken dienend; Gegensatz: profan.

**Sakramentalien,** *katholische Kirche:* religiöse Zeichenhandlungen (Weihungen, Segnungen), die nicht zu den sieben Sakramenten gerechnet werden, die jedoch ähnlich wie diese aufgrund der Fürbitte der Kirche Gnade vermitteln sollen. Im Unterschied zu den Sakramenten hängt die Heilsamkeit der Sakramentalien ganz von der subjektiven Frömmigkeit der Handelnden ab.

**Sakramente,** Einzahl Sakrament *das,* in der *christlichen Theologie* die Gnade Gottes vermittelnde kirchliche Zeichenhandlungen. Die Einsetzung der Sakramente wird auf Jesus Christus zurückgeführt; in ihrem Vollzug wird die im Erlösungswerk Jesu Christi vermittelte Gnade an die Glaubenden weitergegeben, wodurch die Nähe und Zuwendung Gottes für sie persönlich ›sichtbar‹ und erlebbar wird.

In der altkirchlichen Theologie ist Sakrament lateinische Übersetzung des in der orthodoxen Theologie beibehaltenen griechischen Begriffs ›mysterion‹ (Mysterium), worunter sowohl Glaubenswahrheiten als auch rituelle Vollzüge gefasst wurden. In der juridisch-praktisch denkenden lateinischen Theologie wurde der Begriff Sakramente meist eingeengt auf konkrete zeichenhafte Vollzüge. Nach der von Augustinus entwickelten Sakramentenlehre sind Sakramente Zeichen (›signa‹), die selbst wieder aus dem ›Element‹ (z. B. Essen von Brot und Trinken von Wein in der Eucharistie) und einem Deutewort (›verbum‹) bestehen und – richtig vollzogen – die Gnade vermitteln, auf die das Zeichen hinweist. Augustinus unterscheidet wiederholbare Sakramente von anderen, die nur einmal empfangen werden (wie Taufe, Firmung, Ordination).

Während es in der frühen Kirche noch keine Festlegung auf eine bestimmte Zahl von Sakramenten gab, kam es im Mittelalter im Abendland zu einer allmählichen Beschränkung des Sakramentebegriffs auf wenige, für die kirchliche Praxis zentrale Vollzüge. Die Zahl von sieben Sakramenten ist erstmals im 12. Jh. bezeugt und setzte sich in der Folgezeit durch. Sakramente spiegeln im Sinne von Rites de Passage entscheidende Zäsuren des (christlichen) Lebens (Taufe, Firmung, Ehe, Krankensalbung) und weitere konstitutive Elemente des Christentums: die Darstellung und Feier des Glaubens (Eucharistie), die neue Umkehr (Buße) und die Organisation von Kirche (Ordination). Andere Zeichenhandlungen (z. B. galt in der frühen Kirche die Überreichung von Salz an Taufbewerber als Sakrament) wurden seither unter dem Begriff Sakramentalien von den sieben Sakramenten unterschieden. Charakteristisch für die Sakramente ist in der westlichen Theologie des Mittelalters, dass sie allein aufgrund ihres richtigen Vollzugs (›ex opere operato‹) zumindest ein Gnadenangebot gewährleisten, das aber zu seiner Verwirklichung die Intention des Spenders und Empfängers (›zu tun, was die Kirche tut‹) und die Disposition (z. B. den Glauben) des Empfängers erfordert. Theologischer Maßstab für die Auswahl der sieben Sakramente war ihre (vermeintliche) Einsetzung durch Jesus Christus. Aufgrund dieses Maßstabes erkennen die reformatorischen Kirchen i. d. R. nur zwei

(Taufe und Eucharistie) oder drei (außerdem die Buße) Vollzüge als Sakramente an; die orthodoxe Kirche hat erst im 17. Jh. die Siebenzahl der Sakramente übernommen, die heute von vielen orthodoxen Theologen wieder infrage gestellt wird.
In der ökumenischen Diskussion wird darauf verwiesen, dass der Sakramentebegriff nicht biblisch begründet, sondern ein späterer Ordnungsbegriff ist und so die Zahl dessen, was Sakramente genannt wird, kein gravierendes Problem darstellt. Auch in der katholischen und orthodoxen Theologie wird zwischen mehr oder weniger wesentlichen Sakramenten unterschieden (›Hierarchie‹ der Sakramente); andererseits werden in den evangelischen Kirchen die nicht als Sakramente anerkannten Vollzüge (z. B. Ehe oder Ordination) als wichtig für ein christliches Leben eingeschätzt.

**Säkularisation,** *die,* die ohne kirchliche Genehmigung erfolgte Einziehung oder Nutzung kirchlichen Eigentums – meist Vermögen, Landbesitz oder Territorien – durch weltliche Gewalt, i. d. R. durch den Staat. Säkularisationen größeren Stils bildeten z. B. die Umwandlung des Deutschordensstaates in das erbliche Herzogtum Preußen 1525 durch Albrecht d. Ä. und die Übernahme des gesamten Kirchenbesitzes in Frankreich in Nationaleigentum 1789. Umfassend war 1802/03 die eigentliche Säkularisation in Deutschland (Beseitigung der Reichskirche): Der Reichsdeputationshauptschluss vom 25. 2. 1803 legitimierte die vielfach bereits erfolgte und in früheren Jahren vereinbarte Inbesitznahme der geistlichen Territorien durch weltliche Fürsten als Entschädigung für an Frankreich verlorene linksrheinische Besitzungen (Säkularisation der Hoheitsrechte von vier Erzbistümern, 18 Bistümern und etwa 300 Abteien, Stiften und Klöstern). Heutige kirchliche Ansprüche an Staatsleistungen (GG Art. 140) gründen letztlich auf der Säkularisation (z. B. Kirchensteuer). Weitere wichtige Säkularisationen waren die Aufhebung des Kirchenstaates durch Italien (1870), die Säkularisation des Kirchenvermögens in Frankreich (1901–05), in Russland (nach 1918) sowie nach 1945 in anderen kommunistisch gewordenen Staaten.

**Säkularisierung,** allgemein jede Form der Verweltlichung. Der Begriff Säkularisierung sowie der oft synonym verwendete Terminus Säkularisation bezeichnen im Wesentlichen drei Phänomene:
1) die historischen Vorgänge, die zur Überleitung geistlicher Besitztümer in die Verfügungsgewalt des Staates geführt haben (▸ Säkularisation);

**Säkularisierung:** Klosterkirche und Klausurgebäude des 1080 entstandenen das Benediktinerklosters Huysburg bei Halberstadt, 1804 erfolgte die Säkularisierung , 1972 konnten wieder Mönche einziehen.

2) jenen gesamtkulturellen Prozess, der in der europäischen Neuzeit zu einer immer größeren Autonomie der Lebensgestaltung und Weltanschauung gegenüber kirchlichen und religiösen Ordnungssystemen geführt hat;
3) die ideelle Transformation und das Weiterwirken ursprünglich christlicher Sinngehalte außerhalb des i. e. S. religiösen Bereichs. Von der Säkularisierung zu scheiden ist der ähnliche Begriff ›Säkularismus‹, der sowohl die definitive Lösung von der Religion als auch eine Art historisch feststellbares Resultat der Säkularisierung bezeichnet; dieses antireligiöse Selbstverständnis ist zwar eine Möglichkeit innerhalb der Formen der Säkularisierung, aber nicht mit ihr identisch.
Eine Auswirkung der Säkularisierung ist der Rückgang kirchlich-religiöser Praxis, den soziologische Analysen heute statistisch erfassen. Hierbei darf aber nicht übersehen werden, dass die äußerlich ablesbaren Fakten und Zahlen (z. B. Kirchenmitgliedschaft, Kirchenbesuch) keinen erschöpfenden Aussagewert hinsichtlich religiöser (Teil-)Identifikationen und der nicht institutionalisierten Dimension der Religiosität haben, wie sie z. B. in (dogmatisch ›ungebundenen‹) religiösen Gefühlen und Vorstellungen gegeben ist. Zur Säkularisierung gehört auch die Privatisierung der Religion, die sich im Aufbau individueller religiöser Orientierungen, im Rückzug der Religiosität auf den familiären Raum oder in der Herausbildung von neuen religiösen Gemeinschaften (▸ Sekte, ▸ neue Religionen) zeigt.

Die These, dass Grundelemente des modernen Selbstverständnisses als Folgewirkungen des biblischen Glaubens interpretiert werden können, ist auch in der Theologie vertreten worden. Theologisch begründet wurde diese These v. a. damit, dass die Gottesbeziehung dem glaubenden Menschen die Freiheit gegenüber der Welt und den sie beherrschenden Mächten, einschließlich mythisch verstandener göttlicher Gewalten, vermittle; die Jenseitigkeit Gottes im Christentum lasse die Welt in ihrer Eigenständigkeit und Profanität hervortreten. Auch in der katholischen Theologie (v. a. bei J. B. Metz) wurde die Säkularisierungsthese vom christllichen Glauben her interpretiert: Die neuzeitliche Anthropozentrik und Säkularität wird als eine indirekte Folge des Glaubens an die Menschwerdung Gottes gedeutet; erst durch sie werde die Welt ganz als weltlich und Gott ganz als göttlich erfahrbar. Hinter der positiven Aufnahme des Säkularisierungsbegriffs durch die christliche Theologie steht die geschichtliche Erfahrung, dass das Bedürfnis der Menschen nach Religion, wenn es sich von den (traditionellen) religiösen Institutionen gelöst hat oder nachdem es in den ehemaligen kommunistischen Staaten, die sich dezidiert atheistisch verstanden, als ›unwissenschaftlich‹ und ›nicht mehr zeitgemäß‹ gesellschaftlich stigmatisiert worden war, ›Befriedigung‹ in Form der unterschiedlichsten Quasireligionen findet.

**Satan,** im A. T. ursprünglich Bezeichnung für Personen, die als Feind angesehen werden, etwa militärische, politische oder Prozessgegner (1. Sam. 29,4; 1. Kön. 5,18). In frühnachexilischer Zeit findet sich dann die Vorstellung, dass ein solcher ›Feind‹ auch zur ›himmlischen Ratsversammlung‹ gehört (Hiob 1,6 ff.; Sach. 3,1 ff.), wobei der Satan dort noch eine Gott untergeordnete Gestalt ist. Das Böse wird auf Gott zurückgeführt (Jes. 45,7), später dann auf Satan übertragen (1. Chron. 21,1); erst im dualistischen Denken der Apokryphen wird der Satan ganz zum Widerpart Gottes. Satan, auch **Belial** oder **Beelzebub** genannt, ist das Haupt der Dämonen und wird durch den Erzengel Michael und dessen Engel bekämpft. – Im N. T., das diese Vorstellungen voraussetzt, ist Satan Gegenspieler Jesu (Mk. 1,13) und veranlasst Judas Ischariot zu seinem Verrat (Lk. 22,3). In der frühen Kirche kam es zur Identifizierung Satans mit Luzifer; seit dem Mittelalter wird Satan weitgehend synonym mit Teufel (griech. diabolos) gebraucht.

**Satanismus,** zusammenfassende Bezeichnung für geistige Strömungen und (quasireligiöse) Bewegungen, deren Anschauungen und (rituelle) Praktiken sich teils auf die Umwertung der überlieferten christlichen Satansvorstellungen stützen, teils völlig losgelöst davon (d. h. ohne Bezug auf einen personifizierten Satan oder Teufel) eine allgemeine Philosophie der Unmoral und des Bösen zur Grundlage haben; als Begriff im 19. Jh. aufgekommen. Der heutige moderne Satanismus ist antichristlich bzw. achristlich, aber auch anarchistisch oder nihilistisch ausgerichtet, vereint sehr heterogene Elemente und drückt sich in Form organisierter **Satanskulte**, z. B. der kalifornischen ›Church of Satan‹ (schwarze Messe), und – als ›Ad-hoc-Satanismus‹ – in spontanen Formen satanistischer Praxis aus. In stark kommerzialisierter Form beeinflusst der Satanismus den Lebensstil Jugendlicher (›Gruftis‹, ›schwarze Szene‹), die Musik (Heavy Metal) und hat auch seinen Ausdruck in der Literatur (S. King) gefunden. Allen Formen des Satanismus gemeinsam ist die bewusste Entwertung allgemein geltender ethischer Prinzipien bis hin zur ›religiösen‹ Verklärung des Bösen und der Selbstidentifizierung mit ihm.

**Schisma,** *das,* in der *Kirchengeschichte* die Kirchenspaltung, d. h. eine von den Schismatikern i. d. R. aus kirchenpolitischen Gründen und nicht aufgrund von Lehrdifferenzen vollzogene Spaltung der kirchlichen Einheit; im Verständnis der katholischen Kirche die Verweigerung der Unterordnung unter den Papst oder der Gemeinschaft mit den dem Papst untergebenen Gliedern der Kirche (den Teilkirchen), nach katholischem Kirchenrecht ein Glaubensdelikt. – Die beiden folgenreichsten Schismen der Kirchengeschichte sind das trotz Wiederannäherung bis heute bestehende Morgenländische Schisma (1054) und das ▸ Abendländische Schisma (1378-1417). Die jüngsten Schismen der Kirchengeschichte sind das 1988 in der katholischen Kirche von dem suspendierten Bischof M. Lefebvre vollzogene Schisma und das seit 1992 faktisch innerhalb der bulgarisch-orthodoxen Kirche bestehende Schisma.

**Scholastik,** *die,* 1) die ›mittelalterliche‹ Philosophie als Schullehre,

2) i. e. S. die in Schulen des Mittelalters (besonders Laon, Melun, Paris, Schulen von St. Victor und Chartres) ausgebildete Theologie und Philosophie. Inhaltlich ist sie gekennzeichnet durch die harmonische Verbindung der christlichen Offenbarungs-

lehre mit philosophischem Denken auf dem Grund einer angenommenen Einheit des menschlichen Geistes, methodisch durch die scholastische Methode: klares Herausarbeiten der Fragen (Quaestio), scharfe Abgrenzung und Unterscheidung der Begriffe (Distinctio), logisch geformte Urteile und geführte Beweise sowie Erörterung der Gründe und Gegengründe in formstrenger Disputation. Die dialektische Schulung findet ihr Gegengewicht in der Hochschätzung der philosophischen und theologischen Autoritäten und im Anknüpfen an die antike und die christliche Überlieferung. Grundsätzlich geht die Scholastik, v. a. die an Aristoteles ausgerichtete Scholastik, von der Erfahrung aus. Die scholastische Theologie sucht, im Gegensatz zu einer rein positiven, z. B. rein biblischen Theologie, die christliche Offenbarung mithilfe des philosophischen Denkens zu begründen und ihre Inhalte in einem einheitlichen System zusammenzufassen. Die Gefahr ihrer Methode besteht darin, dass sie trotz formal richtiger Beweisführung zu inhaltlich falschen, d. h. wirklichkeitsfremden Resultaten führen kann.

**Schöpfung,** Abgeleitet von biblischen Vorstellungen meint Schöpfung in einem engeren Sinn sowohl den Akt der Erschaffung der Welt durch Gott (oder Götter) wie auch dessen Ergebnis (Schöpfung im Sinne von Welt, Kosmos). Dieser Sprachgebrauch wird auch übertragen angewandt auf alle Vorstellungen über die Welt und ihre Entstehung **(Kosmogonie)**, selbst wenn sie religiösen oder philosophischen Kontexten entstammen, die Gott oder Göttern keine Funktion zuschreiben.

In allen Stadien der Religionsgeschichte, die noch keine personale Gottesvorstellung ausgebildet (prähistorische Religionen, Stammesreligionen) oder diese in die Einheit eines monistischen Prinzips (▸ Monismus) aufgehoben haben (z. B. die fernöstlichen Weltreligionen), entstehen die Welt und der Mensch aus der dynamischen Bewegung unpersönlicher Kräfte, sodass Kosmogonie und Kosmos nicht als Schöpfung in engerem Verständnis gedeutet sind. Letzteres ist nur in den theistischen Religionen (polytheistischen Hochreligionen, ▸ Monotheismus) der Fall: Mehrere Götter oder ein Gott schaffen alles.

In den Mythen der Hochreligionen wird zwar die chaotische Natur vorausgesetzt, die in Bewegung gerät und meist zuerst die Götter hervorbringt (Kosmogonie ist Theogonie), danach aber übernehmen diese das Werk der Gestaltung der Welt; Schöpfung bedeutet so viel wie ›Ordnen‹ der vorgegebenen chaotischen Natur. So verstehen auch der ältere zweite Schöpfungsbericht der Bibel (1. Mos. 2, 4–25) und der Koran Schöpfung als Ordnen des noch ungestaltet Vorhandenen, wenn auch Gott selbst nicht mehr generativ aus diesem hergeleitet wird.

In der jüdischen Religion bildete sich erst seit dem Exil im 6. Jh. v. Chr. die Vorstellung aus, die sich zuerst bei Deuterojesaja und später z. B. im ersten Schöpfungsbericht (1. Mos. 1, 1–2,4) findet, dass Gott den Anfang allen Werdens gesetzt und auch das ursprüngliche Chaos, das er danach ordnet, geschaffen hat. Schöpfung gewinnt hier eine vertiefte Bedeutung im Sinne einer Verursachung von allem, die später in den von hellenistischem Denken beeinflussten jüdischen Gemeinden als ›Schöpfung aus dem Nichts‹ interpretiert wird (zuerst nachweisbar in 2. Makk. 7, 23 und 28); das Christentum hat diesen Schöpfungsglauben übernommen.

**Schriftauslegung,** die Erklärung der Hl. Schrift.

**Schriftgelehrte,** seit der Zeit Esras Bezeichnung für die jüdischen Gesetzeslehrer (Esra 7, 11); im N. T. mehrfach – in beide kritisierender Absicht – zusammen mit den Pharisäern genannt.

**Schutzengel,** *Religionsgeschichte:* nach jüdischem, christlichem (katholischem und orthodoxem) und islamischem Glauben ein dem Menschen zum Schutz beigegebener Engel. In der jüdisch-christlichen Tradition tritt der Schutzengel erst im außerkanonischen jüdischen Schrifttum auf. Die christliche Verehrung der Schutzengel ist seit dem 9. Jh. belegt; ein *Schutzengelfest* entstand im 15. Jh. in Spanien und wird seit 1670 in der katholischen Kirche am 2. 10. begangen.

**Schwangerschaftsabbruch,** künstliches Herbeiführen einer Fehlgeburt durch gynäkologische Maßnahmen; umgangssprachlich auch als **Abtreibung** bezeichnet, womit i. e. S. der rechtswidrige Schwangerschaftsabbruch gemeint ist.

Als Mittel der Geburtenkontrolle, der Lebens- und Familienplanung sowie als Reaktion auf Notsituationen hat der Schwangerschaftsabbruch zu allen Zeiten und in allen Kulturen eine bedeutsame Rolle gespielt. In vielen Gesellschaften hat es Bestrebungen gegeben, den Schwangerschaftsabbruch unter Kontrolle zu stellen, wobei religiöse Überzeugungen und philosophisch-ethische Werthaltungen eine ebenso wichtige Rolle gespielt haben wie staatliche (bevölkerungspolitische) Interessen. Zu einem Instrument staatlicher Politik wurde die Kri-

**Schwangerschaftsabbruch:** Die Aufforderung der römischen Kurie an die deutschen Bischöfe, den katholischen Beratungsstellen für Schwangerschafts- und Konfliktberatung die Ausstellung der staatlich vorgeschriebenen Beratungsbescheinigungen zu verbieten, sorgte für erhebliche Spannungen im Verhältnis zum Staat und für heftige Proteste beim katholischen Kirchenvolk.

minalisierung des Abbruchs im Laufe des 19. Jhdts. Während die profane Ethik zu keiner eindeutigen Aussage über die Zulässigkeit oder das Verbot des Schwangerschaftsabbruchs findet, vertreten Lehramt und Moraltheologie der katholischen Kirche eine restriktive Auffassung: In Fortführung der traditionellen Beseelungslehre, wobei der Zeitpunkt der Beseelung jedoch heute als mit dem Zeitpunkt der Befruchtung identisch angesehen wird, liegt nach katholischer Lehre mit der Empfängnis ein beseeltes Individuum und damit eine Person vor, damit unterliegt der Schwangerschaftsabbruch dem Tötungsverbot. Moraltheologisch erlaubt ist ein Schwangerschaftsabbruch nur bei Vorliegen einer so genannten doppelt-vitalen Indikation, bei der im Falle der Fortsetzung der Schwangerschaft Schwangere und Fetus zu Tode kämen. Im Falle der lediglich einfach-vitalen Indikation, bei der allein die Schwangere ihr Leben riskiert, genießt angesichts der Schuldlosigkeit der Leibesfrucht deren Lebensrecht den Vorrang. Allerdings wird dem weltlichen Recht konzediert, hier auf eine Strafverfolgung zu verzichten. Nach katholischem Kirchenrecht wird der unerlaubte Schwangerschaftsabbruch mit der Exkommunikation bestraft.

Von der grundlegenden Schutzwürdigkeit und Unantastbarkeit des werdenden bzw. ungeborenen Lebens gehen auch die evangelischen Kirchen aus, doch wird von ihnen die Eigenverantwortlichkeit der elterlichen Gewissensentscheidung stärker in den Vordergrund gerückt. Kein einheitliches Bild vermittelt die medizinische Ethik. Grundsätzlich der Lebenserhaltung verpflichtet, zeichnet sich aber in der Ärzteschaft die Tendenz ab, an der Schutzwürdigkeit vorgeburtlichen Lebens deutliche Abstriche zu machen.

In der Kontroverse, von welchem Zeitpunkt an Leben als Rechtssubjekt zu schützen ist, auch gegen den Willen der schwangeren Frau, spielt die Entwicklung von Humangenetik, Pränatalmedizin und Reproduktionsmedizin eine entscheidende Rolle, da durch sie Eingriffsmöglichkeiten Dritter und die Kontrolle von Lebensprozessen eröffnet werden sowie die Ersetzbarkeit von Mutterschaft und Vaterschaft suggeriert wird. In dieser Betrachtung tritt die Person der Frau zurück, gewinnt sie die Stellung eines Mittels zum Zweck der Entwicklung eines anderen Lebens. Diese Entwicklung hat ihren Niederschlag in einer unterschiedlichen Festlegung des Zeitpunktes gefunden, ab dem artspezifisches menschliches und damit vom rechtlichen Standpunkt schützenswertes Leben besteht; laut Embryonenschutzgesetz vom Zeitpunkt der Kernverschmelzung von Ei und Samenzelle an, nach § 218 StGB ab dem Zeitpunkt der Nidation. Diese unterschiedlichen gesetzgeberischen Wertentscheidungen zeigen, dass es sich bei der Festlegung, ab wann der Schutz des menschlichen Lebens einzusetzen hat, nicht um eine naturwissenschaftlich begründete, sondern um eine politische Entscheidung handelt, die von religiösen und weltanschaulichen Werturteilen geprägt wird.

**Scientology,®**, von dem amerikanischen Science-Fiction-Autor L. R. Hubbard zwischen 1948 und 1950 unter dem Namen Dianetics® entwickelte, ab 1952 unter der Bezeichnung Scientology® propagierte Philosophie und Technologie (eventuell beeinflusst von der Schrift des Deutsch-Argentiniers Anastasius Nordenholz ›Scientologie‹, 1934); zugleich eine weltweit verbreitete Organisation, deren deutscher Zweig 1971 als ›Scientology Kirche Deutschland‹ gegründet wurde. Nach Hubbards Handbuch ›Dianetics‹ (1950) versteht sich Scientology® als eine ›Wissenschaft vom menschlichen Geist‹, durch die über herkömmliche Psychologie, Medizin und Religion hinaus vollkommene ›geistige Gesundheit‹ erreicht werde. Diese könne über ein umfangreiches, von Scientology® zu hohen Preisen angebotenes Kurssystem erlangt werden, in das der Einstieg i. d. R. durch einen kostenlosen ›Persönlichkeitstest‹ erfolgt. Jedes menschliche Wesen ist nach Scientology® eine unsterbliche

Geistseele (›Thetan‹), die den Körper bewohnt. Durch Eindrücke aus dem gegenwärtigen und aus früheren Leben (›Engramme‹) sei der Thetan behindert. Diese geistige Behinderung jedes Menschen soll im ›Auditing‹, einer Abfragetechnik mithilfe eines elektronischen Messgeräts (›E-Meter‹), analysiert und gelöscht werden. Damit werde der von Scientology® versprochene Zustand des ›Clear‹ erreicht, den nach Scientology® weltweit bereits einige Zehntausend Menschen erreicht haben sollen. Auf den ›Clear‹-Status folgen weitere Kurse, in denen das Ziel von Scientology® erreicht werden soll, ein ›Operierender Thetan‹ (Abk. OT), d. h. ›völlige Ursache über Materie, Energie, Raum, Zeit und Denken‹ zu sein. Scientology®, die in den letzten Jahren auch verstärkte Aktivitäten im Bereich von Managementschulung, Lern- und Kommunikationstraining und Motivationsberatung entwickelt hat, ist mit zahlreichen Unterorganisationen und ihr nahe stehenden selbstständigen Unternehmen (z. B. ›Narconon‹ für die Rehabilitation Drogenabhängiger, ›ZIEL – Zentrum für Individuelles und Effektives Lernen‹, ›New Ära Publications‹, ›Kommission für Verstöße der Psychiatrie gegen Menschenrechte‹, ›Gesellschaft zur Förderung religiöser Toleranz und zwischenmenschlicher Beziehungen‹, ›MUT – Menschen gegen Unterdrückung der Toleranz‹, ›AMK – Akademie für Management und Kommunikation‹, ›VEM – Verband engagierter Manager‹) eine der umstrittensten weltanschaulichen Organisationen. In Deutschland wird besonders die Frage diskutiert, ob Scientology® eine Religion sei oder eine neuartige Form des politischen Extremismus darstelle. Kritiker verweisen auf die fehlenden religiösen Elemente in der Scientology® sowie auf demokratiefeindliche Passagen in Hubbards Werken. Das Bundesarbeitsgericht hat 1995 entschieden, dass die ›Scientology®-Kirche Hamburg e. V.‹ keine Religions- oder Weltanschauungsgemeinschaft im Sinne der Art. 4 und 140 GG ist, da ihre Tätigkeit geschäftliche mit anderen Aktivitäten untrennbar verknüpft und im erheblichen Umfang wirtschaftlich ausgerichtet ist. Die Innenministerkonferenz der Länder fasste 1997 den Beschluss, die Scientology®-Organisation ein Jahr lang bundesweit auf mögliche Aktivitäten im staatlich-politischen Bereich hin durch den Verfassungsschutz beobachten zu lassen; erstmals in einem Verfassungsschutzbericht aufgeführt wurde sie 1996 in Bayern. Unter Hinweis auf Vorwürfe, nach denen Scientology® Menschen aus ihren sozialen Bindungen herauslöse, abhängig mache und finanziell ausbeute, wurde in jüngster Zeit vereinzelt auch das Verbot der Scientology®-Organisation gefordert.

**Seele,** *Religionsgeschichte, Philosophie* und *Psychologie:* im allgemeinen philosophischen Sinne metaphysisches Prinzip des Lebens und der Ganzheit, das allen Lebewesen zukommt und mit dem in den verschiedenen Kulturen, Religionen und philosophischen Systemen der Menschheit eine Vielzahl unterschiedlicher Vorstellungen verbunden sind. Häufig als immateriell oder auch von luft- oder geistartiger Gestalt vorgestellt, findet sie sich v. a. in den Bildern des Windes, Wehens, des Hauches (der den Sterbenden beim letzten Atemzug zu verlassen scheint), des Atems beschrieben, woher in vielen Sprachen die Begriffe für Seele etymologisch abgeleitet sind (z. B. griech. ›psyche‹, ›pneuma‹, lat. ›spiritus‹, ›anima‹, ›animus‹, indisch ›atman‹, ägyptisch ›ba‹, ›ka‹, semitisch ›ruach‹, chinesisch ›guai‹). Oft wird die ›windartige‹ Seele auch mit dem Wasser assoziiert.

Der Begriff der Seele kann auf ein individuelles oder ein nicht individuelles Prinzip verweisen, auf eine mit bestimmten Gegenständen verbundene numinose Kraft, auch auf überindividuelle Zusammenhänge (Volksseele) oder ein Allbeseelendes bezogen sein. Wissenschaftlich wie alltagssprachlich wird der Begriff Seele vielfach auf die menschliche Seele eingeschränkt. Er kann nicht oder nur phänomenal in einzelnen Aspekten empirisch erfasst und beschrieben werden. Im abendländischen Kulturraum wird Seele v. a. in den von der christlichen Tradition (Geist) oder der modernen Psychologie geprägten Varianten verwendet.

*Jüdisch-christliche Tradition:* Das A. T. kennt keine Zweiteilung des Menschen in Leib und Seele. Der mit Seele übersetzte hebräische Begriff ›näphäsch‹ (deutsch ›Kehle, Hals, Leben‹), oft im Blut konkretisiert, gehört in die Vorstellungsreihe der Körperseele, sie stirbt mit dem Leib. Daher war die im nachexilischen Judentum sich herausbildende Hoffnung auf ein Weiterleben nach dem Tod verknüpft mit der Vorstellung vom Leben des ganzen Menschen (›Auferstehung des Fleisches‹); dies gilt ebenso für Jesus und das palästinensische Judenchristentum. Erst in den späten Schriften des A. T., die von der griechischen Vorstellung einer Zweiteilung des Menschen in Leib und Seele beeinflusst waren, wurde das Leben nach dem Tod mit der Seele verbunden (z. B. Weish. 3, 1; 9, 15), ebenso in der christlichen Theologie vom 2. Jh. an, die die Lehre von einer unsterblichen Geistseele (bis ins 3. Jh. als eine Art feiner Stofflichkeit gedacht) übernahm. Lange Zeit wurde das Verhältnis der Seele zum Leib nach hellenistischen Modellen dualistisch im Sinne einer Höherbewertung der Seele, die den Leib zu lenken hat, verstanden, bis sich im Hochmittelalter die Überzeugung von der leibseelischen Einheit (Thomas von Aquino: Seele als einzige Form des Leibes) durchsetzte. In den ersten christlichen Jahrhunderten wurde der Generatianismus, dem zufolge jede Seele Teil einer durch Zeugung übertragenen Gesamtsele der Menschheit ist, vertreten, danach wurde im Kreatianismus die Überzeugung vorherrschend, dass Gott jede einzelne Seele neu erschafft.

**Seelsorge,** im Sprachgebrauch der katholischen Kirche auch **Pastoral**, in den christlichen Kirchen die Unterstützung und Begleitung des Einzelnen in Fragen des Glaubens und der Lebensführung durch dafür ausgebildete und beauftragte Mitarbeiter (neben Geistlichen und Ordensleuten z. B. Diakone, Diakonissen, Gemeinde- und Pastoralreferenten); im Sinne spontaner Glaubens- und Lebenshilfe jedoch auch die geistliche Gemeinschaft und die praktischen Hilfeleistungen der Gemeindeglieder untereinander. Seelsorge wird als umfassende Zuwendung zum Menschen verstanden und geht theologisch von der einem jeden Menschen von Gott verliehenen unaustauschbaren Individualität aus. Formen der Seelsorge sind Gottesdienst, Predigt, Katechese, Spendung der Sakramente sowie Beratung und Hilfe im psychosozialen Bereich im Sinne von Diakonie und Karitas. – Die wissenschaftliche Analyse und Darstellung der Seelsorge ist Gegenstand der praktischen Theologie.

**Segen,** in der *Religionsgeschichte* ein Wort *(Segensformel)*, durch das dem Gesegneten das Heil, der Schutz und/oder der Beistand der von ihm verehrten Gottheit oder Götter zugesprochen wird; wie sein Gegensatz, der Fluch, ursprünglich ein Zauberwort. Die Segenerteilung erfolgt durch autorisierte Personen (Priester, Stammes- und Familienoberhäupter, Medizinmänner) im Namen Gottes bzw. der Götter, meist (im Rahmen des Kults) in festen liturgischen Formen (z. B. durch Handauflegung). Neben Menschen können auch Tiere, Gebäude und Gegenstände gesegnet werden. Religionsphänomenologisch gehört der Segen in die Bereiche hl. Wort und hl. Handlung.

Die *christlichen Kirchen* verstehen den Segen als an Gott gerichtete Bitte, das Leben der Gesegneten unter seine Heilszusagen zu stellen. Er wird durch Handauflegung, den Gestus des Kreuzzeichens und seit dem Mittelalter auch mit der in der Monstranz enthaltenen Eucharistie (sakramentaler Segen) erteilt. In der katholischen Kirche gehört der Segen (Benediktion) zu den Sakramentalien; eine große Bedeutung im Glaubensleben der katholischen Christen hat der Apostolische Segen (besonders urbi et orbi). Wichtige Formen der Segenserteilung in den evangelischen Kirchen sind die ›Einsegnungen‹ in den Gottesdiensten zur Konfirmation, Trauung und Ordination und der als Schlusssegen im evangelischen Gottesdienst erteilte Aaronitische Segen.

**Sein,** griech. On, lat. Esse, zentraler Begriff der Ontologie und Metaphysik (Metaphysica generalis) seit der Antike wie auch der Existenzphilosophie und Fundamentalontologie des 20. Jh., Gegenbegriff zum Nichts; er bestimmt entsprechend seiner idealistischen oder materialistischen Auslegung die Hauptrichtungen und großen Einzelsysteme der Philosophiegeschichte. Dem Begriff des nicht gegenständlichen Seins steht der des Seienden als konkretes Dasein eines Gegenstandes in der Zeit gegenüber. Sein ist der mit Abstand umfassendste, aber auch unbestimmteste aller philosophischen Begriffe. Dies hat die sprachanalytische Philosophie des 20. Jh., deren Analysen viel zur Differenzierung und Präzisierung des Seinsbegriffs beigetragen haben, zu der Auffassung des Seins als ›sein‹ geführt; alle metaphysischen und ontologischen Seinsprobleme der traditionellen Philosophie sind demzufolge auf die unterschiedlichen Verwendungsweisen des ›sein‹ (›ist‹) zurückführbar. Den sprachanalytischen Untersuchungen des 20. Jh. zufolge dient ›sein‹ u. a. zur Aussage der Existenz, von Eigenschaften oder Zusammenhängen der Gleichheit (Mathematik) und der Identität. Insgesamt steht der Begriff Sein für jenen absolut selbstverständlichen Zustand, aus dem heraus wir beständig in die Welt hineinleben. Sein besagt, dass die Gegenstände der Außenwelt, die wir sehen, hören, tasten usw., ebenso wie unsere immanenten Sinnesdaten, dass das, worüber wir sprechen, wie die Sprache selbst, dass unsere Handlungsweisen, Ideen, Fiktionen usw., kurz: dass all das uns Umgebende (Welt, Natur, Kultur) mitsamt unserem je eigenen Ich (Bewusstseinsleistungen) schlicht ›ist‹. – Sein ist ein nicht mehr zu hinterfragender, universaler Boden, von dem her sich alles begreift. In diesem Sinne ist Sein selbst noch dem Nichts vorgeordnet; denn das Nichts lässt sich nur definieren als ein Nicht-Sein oder ein ›Ausfall‹ des Seins. Da der denkende Mensch selbst Bestandteil des Seins ist, ist in einem umfassenden Sinne alle Philosophie Seinsphilosophie. Sein ist dann der Grund und gleichzeitig der Logos des Denkens. Der klassische ›Nichts‹-Standpunkt, der Nihilismus, leugnet demnach nicht das Sein schlechthin, sondern bestreitet i. d. R. nur die philosophisch überkommenen Wertvorstellungen hinsichtlich des Seienden, z. B. F. Nietzsche, der Gott als Inbegriff allen Seins für tot erklärt, oder Sartre, der im menschlichen Dasein allenfalls eine fragwürdige, jegliche Beständigkeit ermangelnde Existenz sieht.

**Sekte,** ursprünglich neutrale Bezeichnung einer (philosophischen, religiösen oder politischen) Richtung oder ›Gefolgschaft‹, heute meist negativ wertende Bezeichnung einer Gemeinschaft. Die Problematik des Sektenbegriffs liegt darin, dass er auf zwei unterschiedlichen Ebenen benutzt wird. Im *theologischen Sprachgebrauch* (v. a. der christlichen Großkirchen) beschreibt er die Abspaltung von einer Mutterreligion: Aufgrund neuer Offenbarungsquellen oder der Überbewertung einzelner Glaubensaspekte beansprucht eine Gruppe für sich, den einzig wahren Weg zum Heil, zur Erlösung oder zum Glück des Menschen zu kennen. In der *Umgangssprache* wird als Sekte i. d. R. eine Gruppe bezeichnet, deren Mitglieder ›fanatisch‹, d. h. in einem sehr hohen Grad ideologisiert, allein die eigene Weltsicht gelten lassen, womit allerdings auch nicht religiöse Gruppierungen in den Sektenbegriff einbezogen werden. Für die Definition des mit dem Phänomen Sekte verbundenen Sachverhaltes hilfreicher ist die Verwendung von **sektiererisch**, das Haltungen beschreibt, die eine Gemeinschaft zur Sekte werden lassen: die kompromisslose Fixierung auf das eigene religiöse bzw. ideologische Lehrsystem (Fanatismus), darauf aufbauend die Postulierung religiöser bzw. ideologischer Absolutheitsansprüche mit universellem Geltungsanspruch, damit verbunden die Unfähigkeit und der Unwille, Andersdenkenden und ›Abtrünnigen‹ (Aussteigern, Dissidenten) wahrheitsrelevante Erkenntnisse zuzubilligen (Intoleranz) und i. d. R. ein ausgeprägter, Nichtmitglieder strikt ausgrenzender Gruppenegoismus.

**Selige,** *katholische Kirche:* durch Seligsprechung als herausragende ›Diener Gottes‹ anerkannte Verstorbene, die in der Kirche liturgische Verehrung (im Unterschied zu den Heiligen jedoch nach Bereich und Form eingeschränkt) erfahren. Die Unterscheidung zwischen Seligen und Heiligen kam im Mittelalter auf. Als Selige wurden jene Verstorbenen bezeichnet, deren liturgische Verehrung die Bischöfe für den Bereich ihrer Diözesen gestatteten, als Heilige jene, die vom Papst als verehrungswürdig für die Gesamtkirche erklärt wurden. Seit dem 17. Jh. erfolgt auch die Seligsprechung durch den Papst.

**Seligkeit, himmlische Seligkeit,** *christliche Theologie:* das völlige Umfasstsein von der Liebe Gottes, das mit der unmittelbaren, für immer fortdauernden (ewigen) Gottesschau gegeben ist; nach *katholischer Glaubenslehre* im Jenseits die Existenzweise der sündlos Gestorbenen und jener, die ihre Sündenstrafen im Fegefeuer verbüßt haben; nach *evangelischem Verständnis* der durch die Rechtfertigung erreichte Zustand des Glaubenden.

**Seligpreisungen,** im N. T. die eschatologischen Verheißungen der Bergpredigt.

**Seligsprechung, Beatifikation,** *katholisches Kirchenrecht:* die feierliche päpstliche Erklärung nach einem entsprechenden Prüfungsverfahren, dass ein verstorbenes Glied der Kirche von Gott in die Zahl der Seligen (›beati‹) aufgenommen worden ist; eine der Voraussetzungen für die Heiligsprechung.

**Sendungsbewusstsein,** die in einer Einzelperson, einer Nation oder einer weltanschaulichen Gemeinschaft wirksame Überzeugung, dass die eigenen Wertvorstellungen, die eigene politisch-soziale Ordnung oder der im eigenen Raum ausgebildete Lebensstil auch für andere Menschen, Gruppen oder Völker verbindlich sei. Sendungsbewusstsein ist vielfach ein konstitutiver Bestandteil einer Ideologie und eine starke Triebkraft kriegerischer Auseinandersetzungen; über ein starkes Sendungsbewusstsein verfügen messianische Führergestalten.

**Sexualethik,** die ethische Reflexion, die sich mit den Sinngehalten, Äußerungsformen, Folgen und Normen sexuellen Verhaltens von Mann und Frau beschäftigt, wie sie im Zusammenhang gesellschaftlichen Lebens in Form einer bestimmten Sexualkultur und -moral zum Ausdruck kommen. Sie stützt sich dabei auf die Bedeutungsbreite, die der Sexualität im Zusammenhang individuellen und gesellschaftlichen Lebens zukommt. Dabei wird besonders ihre unterschiedliche Bedeutung in den verschiedenen Phasen des Lebens (Kindheit,

Jugend, Reife, Alter) hervorgehoben. Gegenstand der sexualethischen Betrachtung sind aber auch Sinnesreize und symbolische Bedeutungen, die Objekten und Handlungen beigemessen werden, wie auch das sexuelle Verhalten im Sinne eines komplexen Sprachgeschehens.

Grundlage der *christlichen* Sexualethik bilden die schöpfungstheologischen Aussagen der Bibel, nach denen Gott den Menschen als Mann und Frau erschaffen hat (1. Mos. 1,27), angelegt auf die geschlechtliche Gemeinschaft von Mann und Frau (1. Mos. 2,24). Geschlechtlichkeit (Sexualität) ist damit theologisch als Schöpfung Gottes qualifiziert, deren von Gott gesetzter Zweck die ganzheitliche (leibseelische) Gemeinschaft von Mann und Frau ist, verbunden mit dem unter dem besonderen Segen Gottes stehenden Auftrag zur Zeugung von Nachkommenschaft (1. Mos. 1,28). Die Liebe zwischen Mann und Frau – als der ureigenste Ausdruck dieser Gemeinschaft – wird im A. T. auch als Abbild der Beziehung zwischen Gott und Mensch angesehen.

Die relativ wenigen Aussagen des N. T. zur Sexualität beziehen sich (u. a. unter Bezugnahme auf sexuellen Libertinismus in der hellenistischen Umwelt, v. a. aber mit Hinweis auf die Heiligung des Menschen als Gottes Geschöpf) besonders auf die Unauflöslichkeit der Ehe und stellen Sexualität unter die Forderung bedingungsloser Liebe und Treue der Partner zueinander (so 1. Kor. 6,12–7,40). Kennzeichnend für die spätere abendländisch-christliche Tradition war bis in das 20. Jh. hinein, maßgeblich beeinflusst durch in die Patristik eingeflossene neuplatonische und auch gnostische Denkansätze, eine weithin leibfeindliche Betrachtungsweise, wobei Sexualität v. a. unter dem Aspekt der Zeugung verstanden wurde und (zumindest die unkontrollierte) Lust als sündhaft galt. Erst im 20. Jh. fasst die christliche Theologie Sexualität stärker unter dem Gesichtspunkt der personalen Begegnung zwischen Mann und Frau, die an die Liebe und Verantwortung der Partner füreinander gebunden sein muss, aber vielfältige Ausdrucksformen haben kann.

Einen wesentlichen Streitpunkt innerhalb der christlichen Sexualethik bildet allerdings nach wie vor die theologisch-ethische Bewertung der Homosexualität; in jüngster Zeit besonders im Zusammenhang mit der 1996 veröffentlichten Orientierungshilfe der EKD (›Mit Spannungen leben‹) zum kirchlichen Umgang mit Homosexualität. – Themen der gegenwärtigen sexualethischen Diskussion in Kirche und Gesellschaft sind darüber hinaus Geburtenkontrolle, Empfängnisverhütung, Schwangerschaftsabbruch, aber auch Themen wie die (zunehmende) Bedeutung nichtehelicher Lebensgemeinschaften in der Gesellschaft und der gesellschaftliche Umgang mit in sexuellen Beziehungen praktizierter Gewalt.

**Simonie,** *die,* im *katholischen Kirchenrecht* der vorsätzliche Austausch (›Verkauf‹) eines geistlichen Gutes (z. B. eines kirchlichen Amtes) oder geistlich-weltlichen Gutes (z. B. eines kirchlichen Benefiziums) gegen einen zeitlichen Wert (Geld, Vermögenswerte u. a.). Simonistische Rechtsakte sind ungültig, simonistische Sakramentenspendung ist mit Kirchenstrafe bedroht (c. 1380 CIC).

**Sinn,** ein durch zahlreiche Bedeutungen gekennzeichneter Begriff, dessen Vielfalt sich 1) auf die Wahrnehmungen, 2) auf geistige Inhalte, 3) auf das Handeln des Menschen und die Deutung seiner Umwelt und 4) auf das Selbstverständnis individuellen Lebens bezieht. Im Rahmen dieser Ebenen werden vier Verwendungsweisen des Begriffs unterschieden:

Die zunehmende Komplexität menschlicher Lebenswelt und menschlicher Lebensvollzüge, die mit der Entwicklung von Technik und Industrie seit dem 19. Jh. einhergeht, wie auch die Durchsetzung einer wissenschaftlich-technischen Rationalität der Welt- und Lebensbewältigung (von M. Weber als ›Entzauberung der Welt‹ charakterisiert) und die Tatsache, dass Leitideen und Werte nur noch partikulare, auf einzelne Gruppen oder Lebensbereiche bezogene Anerkennung erfahren, haben ein geistiges Vakuum entstehen lassen, das als Sinnverlust und Mangel an Sinnerfüllung in der heutigen Welt erfahren wird (›Sinnkrise‹). Demgegenüber zeichnet die modernen Industriegesellschaften eine Pluralität heterogener und wechselnder Sinnangebote (›Sinn-Industrie‹) aus, die dem Einzelnen in Politik, Freizeit, Metaphysik vorgegeben werden und mit denen er in kritische Sinn-Auseinandersetzung treten muss, um eine eigene Entscheidung oder Wahl treffen zu können. Ein Kennzeichen naturwissenschaftlich-technologischen Fortschritts ist die erweiterte Verfügungsmacht menschlichen Handelns, etwa im Hinblick auf irreversible Veränderungen der Erde und bestehender Kulturen durch die Technik.

Bestimmt sich das Handeln aus den Werten, zu denen Menschen sich jeweils verstehen, können Sinnsuche und Sinn-Auseinandersetzung, aufgefasst als ein Fragen nach verbindlichen Werten (›Sinn-Universalien‹) und als geistige Verarbeitung des eigenen Lebens und des Lebens der überschaubaren Gemeinschaft, als Voraussetzungen für eine Sinnerfüllung angesehen werden; dieser kommt sowohl in Bezug auf individuelles Leben als auch auf eine zukunftsorientierte Verantwortlichkeit für die menschliche Gemeinschaft eine zentrale Bedeutung zu (H. Benesch).

**Sintflut,** eine meist in mythologischen oder sagenhaften Zusammenhängen berichtete allgemeine urzeitliche Flut, die alles Leben auf der Erde vernichtet, mit einem Sintfluthelden (▸ Noah), der auf oft wunderbare Weise überlebt. Flutsagen sind über die ganze Welt verbreitet. In der biblischen Sintflutgeschichte (1. Mos. 6,5–9,17) sind zwei Fassungen der Sintflutsage redaktionell miteinander verzahnt (Jahwist und Priesterschrift). Nach ihr baute Noah auf Gottes Befehl ein Schiff (Arche), in dem er mit seiner Familie und einem Paar aller Tiere vor der Sintflut gerettet wird, die als Strafe die sündige Menschheit vernichten soll. Nach der Flut schließt Gott einen neuen Bund mit den Menschen (Noachiden). Den biblischen Fassungen am nächsten stehen die sumerisch-babylonischen Sintflutsagen (sumerisch Ziusudra, babylonisch Atrachasis bzw. Utnapischtim in der 11. Tafel des ›Gilgameschepos‹).
Untersuchungen haben ergeben, dass die biblische Überlieferung auf altmesopotamischen Überlieferungen beruht. Die Frage nach der physikalischen oder archäologischen Nachweisbarkeit einer universalen Sintflut verkennt den literarischen Charakter der Flutsagen. Vielmehr haben lokal begrenzte Überschwemmungskatastrophen das Material für die Sintflutsagen in aller Welt gegeben, in denen sich die Erfahrung totaler Bedrohtheit der menschlichen Existenz schon in ältester Zeit Ausdruck verschafft.

**Sitte,** die in einer Gesellschaft oder Teilgesellschaft vorhandenen und angewendeten Regeln des Sozialverhaltens, sofern diese nicht durch Gesetze festgelegt, sondern durch alltägliche Anwendung verankert sind, die sich durch den Verweis auf Traditionen, Kultur, Brauch, moralische oder religiöse Vorstellungen rechtfertigt.
Sitte wird im Verlauf des Sozialisationsprozesses (besonders über die Erziehung) von den Individuen einer Gesellschaft verinnerlicht, wobei die unbewusste Teilnahme an alltäglichen Vollzügen, Nachahmung und Gewohnheit den Vorrang vor bewusster Aneignung haben. Sitte und die sie stützenden Wertvorstellungen sind nicht unbedingt gesamtgesellschaftlich gleich, sie hängen von den in jeweiligen Teilgesellschaften (z. B. sozialen Schichten) vorhandenen Rahmenbedingungen (regionale, konfessionelle, kulturelle Verschiedenheiten, unterschiedlich starke Orientierung an Traditionsbeständen) ab und unterscheiden sich auch nach dem Grad der Verbindlichkeit, den entsprechenden Sanktionen und den Abweichungsmöglichkeiten. Verständnis für die jeweils in einer Gesellschaft gültige Sitte und die Bereitschaft zu ihrer Übernahme hängen stärker von der ›Eingelebtheit‹ (M. Weber) der Individuen in die jeweilige Gesellschaft und Kultur ab als von bestimmten Sanktionen.
Anders als bei Gesetzen wird die Verletzung der Sitte i. d. R. nicht formal und deutlich sanktioniert, sondern kann durch allgemeine Missachtung oder Ausschluss aus der Gruppe bestraft werden. Als eine ›Grammatik des Handelns‹ statten Sitten den Einzelnen mit einem Repertoire an Wissen über das erwartete Verhalten in bestimmten Situationen aus, sie stabilisieren die Verhaltenssicherheit, erzwingen aber u. U. auch eine für das Individuum leidvolle Form des sozialen Verhaltens.
In nahezu allen menschlichen Gesellschaften finden sich Sitten für die Regelung bestimmter sozialer Sachverhalte (Trachten, Grußformen, Sprachregeln, Tischsitten, Regeln zum Verhalten der Geschlechter, der Lebensalter; Verhaltensregeln für Todesfälle, Geburten; nicht zuletzt Werbungs- und Heiratssitten). Die Gleichförmigkeit und das Ansehen von Sitten hängen u. a. von der Größe und Bedeutung der jeweiligen sozialen Gruppe ab, die sie vertritt; ebenso von deren Homogenität und Geschlossenheit sowie von der Funktion der durch die Sitten vertretenen Regelung.

**Sittengesetz,** *Philosophie:* die oberste Norm, unter der die menschliche Sittlichkeit steht. Das Sittengesetz ist als Gebot des sittlich Guten und Verbot des sittlich Schlechten ein von positiven Gesetzen und menschlichen Konventionen unabhängiges Gesetz, das aus der für den Menschen geltenden Natur- oder Seinsordnung folgt. Es hat unbedingten Verpflichtungscharakter für das freie, sittliche Handeln des Individuums.

**Sittlichkeit,** umgangssprachlich die Sexualmoral; i. e. S. dem Sittengesetz entsprechendes Denken und Handeln, das auf freier Entscheidung beruht. ›Moral‹ bezeichnet darüber hinausgehend auch die Gesamtheit herrschender ethischer Normen, ›Ethos‹ eine sittlichen Prinzipien entsprechende

Haltung, die aber auf einen Bereich (z. B. Berufsethos) eingegrenzt sein kann; die Begriffe werden z. T. synonym verwendet.
Sittlichkeit stellt einen Anspruch an den Menschen als freies Vernunftwesen dar, der nicht aufgrund einer zu erwartenden Anerkennung, sondern um ihrer selbst willen zu realisieren ist. Sie ist nicht auf einen bestimmten Gegenstandsbereich beschränkt, sondern bezieht sich auf die Gesamtheit menschlichen Tuns. Der Mensch handelt dann sittlich (moralisch, ethisch) gut, wenn er sich ihrem Anspruch stellt, sich die Ziele seines Handelns selbst gibt und das Gute zu verwirklichen sucht. Hier liegt der Gedanke zugrunde, dass der Mensch in seinem Verhalten zwar biologisch, psychologisch und soziokulturell bedingt ist, aber nicht vollständiger Determination unterliegt. Vielmehr kann er diese Bedingungen aufgrund seines sittlichen Wesens benennen, kritisch befragen und sich dann zu ihnen ablehnend oder anerkennend verhalten. So trägt der Mensch im Unterschied zum Tier Verantwortung für sein Verhalten.

**Sonntag,** der siebte Tag der Woche; in der spätantiken ›Planetenwoche‹ der zweite, dem Sonnenkult gewidmete Tag (unter Einfluss des Mithraskultes dann der erste Tag der Woche); erster Werktag der jüdischen Woche (nach dem Sabbat); im christlichen Verständnis (und bis 1975 auch offiziell) der erste Tag der Woche (lat. dominica ›Herrentag‹), an dem schon in frühchristlicher Zeit der Tag der Auferstehung Jesu Christi gefeiert wurde. Konstantin I. verordnete 321 die volle Sonntagsruhe (analog der jüdischen Sabbatruhe) mit Verbot von Gerichtshandlungen und ›knechtlicher Arbeit‹. In der katholischen Kirche sind die Gläubigen am Sonntag zur Teilnahme an der Eucharistie und zur Sonntagsheiligung verpflichtet.

**Sonntagsruhe,** das aufgrund von Art. 140 GG in Verbindung mit Art. 139 der Weimarer Reichsverfassung grundsätzlich bestehende Verbot, an Sonntagen und staatlich anerkannten Feiertagen öffentlich bemerkbare Arbeitshandlungen vorzunehmen, die die äußere Ruhe stören oder dem Wesen des Sonntags als einem tradierten Element sozialen Ausgleichs widersprechen. Die Regelungen zur Sonntagsruhe sind aus der Gewerbeordnung in die §§ 9 ff. Arbeitszeitgesetz vom 6. 6. 1994 übernommen und an die technische und soziale Entwicklung angepasst worden. Danach dürfen Arbeitnehmer an Sonn- und gesetzlichen Feiertagen von 0 bis 24 Uhr grundsätzlich nicht beschäftigt werden.
Als Ausnahmen vom Verbot der *Sonntagsarbeit* sieht § 10 Abs. 1 Arbeitszeitgesetz u. a. die Beschäftigung in folgenden Bereichen vor: Not- und Rettungsdienste, Feuerwehr, Krankenhäuser u. a. Pflegeeinrichtungen, Gaststätten, Beherbergungsbetriebe, Theater- und Filmaufführungen, Rundfunk, Presse, Messen, Ausstellungen, Verkehrsbetriebe,

**Sonntagsruhe:** Der verkaufsoffene Sonntag sorgt für Konflikte zwischen den Kirchen und kommunalen Behörden.

Energie- und Wasserversorgung, Bäckereien, Landwirtschaft, Bewachungsgewerbe, Reinigung und Instandhaltung von Betriebseinrichtungen, Aufrechterhaltung der Funktionsfähigkeit von Datennetzen. Weitere Ausnahmen vom Beschäftigungsverbot sind in Notfällen kraft Gesetzes möglich bzw. können durch Rechtsverordnung geregelt werden.

**Sozialethik,** 1868 von dem baltischen lutherischen Theologen Alexander von Oettingen (* 1827, † 1906) geprägter Begriff für die Konzeption einer Ethik, die die sittlichen Normen und Prinzipien menschlichen Handelns im institutionalisierten und nicht institutionalisierten Rahmen gesellschaftlichen Lebens untersucht. Im Unterschied zur Individualethik, die sich mit den Werten und Normen für das Verhalten des Individuums gegenüber sich selbst, gegenüber anderen Menschen (und auch gegenüber Gott) beschäftigt, will die Sozialethik die ethischen Grundsätze und Leitbilder gesellschaftlichen Lebens ermitteln, wie sie in den verschiedenen Lebensordnungen (z. B. Familie, Ehe, Schule, Wirtschaft, Recht) zum Ausdruck kommen. V. a. im Umkreis der *evangelischen Soziallehre* verbindet sich mit der Sozialethik der Gedanke, dass ethische Probleme erst im Zusammenleben der Menschen und dessen institutioneller Regelung entstehen, d. h., dass alle Ethik Sozialethik ist. Im Verständnis der *katholischen Soziallehre* bezeichnet der Begriff ein Teilgebiet der Ethik, das neben der Individualethik besteht. Hiernach legt die Sozialethik die Pflichten von Gruppen (Familie, Verbände, Gesellschaft) und die gegenseitigen Pflichten von Gruppen dar.

**Soziallehren der christlichen Kirchen,** Sammelbezeichnung für die aus der Bibel und kirchlichen (Lehr-)Tradition abgeleiteten (Lehr-)Auffassungen der einzelnen Kirchen über die Grundlagen und Normen des Zusammenlebens der Menschen innerhalb der gesellschaftlichen Ordnungen.

**Spiritismus,** *der,* in *Parapsychologie* und *Religionswissenschaft* eine Lehre, die auf zwei Annahmen beruht: 1) dass die menschliche Psyche (oder ein Teil von ihr) den körperlichen Tod überdauert; 2) dass mithilfe bestimmter Personen (›Medien‹) oder Techniken eine direkte Verbindung mit Verstorbenen möglich ist, die sich experimentell beweisen lässt. Spiritismus hat es in Verbindung mit der Frage des Menschen nach Leben und Tod in allen Kulturen und Religionen gegeben.

Aus religionswissenschaftlicher und soziologischer Sicht spielen spiritistische Glaubensinhalte heute in Privatzirkeln und bei Einzelpersonen wie auch in den unterschiedlichsten weltanschaulich-religiösen Gruppen und Bewegungen eine wichtige Rolle, z. B. als ›Offenbarungs-Spiritismus ‹ (u. a. Geistige Loge Zürich) oder im ›Channeling‹, der behaupteten Kontaktaufnahme durch Medien (als ›Kanälen‹ oder ›Channels‹) mit höheren Wesenheiten des Kosmos. Dass die Ausübung spiritistischer Praktiken nicht ohne psychische Gefahren ist (mediumistische Psychosen), zeigt sich nicht zuletzt im so genannten Jugendspiritismus. Schwerpunkte des Spiritismus sind die USA (›National Spiritualist Association‹), Großbritannien und Lateinamerika. Für den religiösen Spiritismus in den deutschsprachigen Ländern haben das Werk von Johannes Greber (* 1876, † 1944) ›Der Verkehr mit der Geisterwelt, …‹ (1932) und Grebers Übersetzung des N. T. eine grundlegende Bedeutung. Darüber hinausgehend zeigt der Spiritismus sich auch als ein Bestandteil der Weltsicht des New Age und anderer synkretistischer ▸ neuer Religionen (z. B. Caodaismus, Vereinigungskirche).

**Spiritualismus,** *religiöser Spiritualismus,* von christlichen Bewegungen vertretene Lehre, nach der (allein) die unmittelbare Ergriffenheit des Einzelnen durch den Geist Gottes die Voraussetzung für ein authentisches Leben als Christ bilde, dagegen der konfessionell verfassten Kirche, ihrem Kultus und ihren Sakramenten nur geringe Bedeutung beizumessen sei bzw. diese gänzlich abgelehnt werden müssten. Ihnen setzen die spiritualistischen Gemeinschaften, die sich als unmittelbar vom Hl. Geist geführt verstehen, ihre eigenen, ›dem Hl. Geist gemäßen‹ Gemeinschaftsformen und Lehrinhalte entgegen. Im Zeitalter der Reformation (Schwärmer) und danach (etwa im radikalen Pietismus) gehörten die Vertreter des Spiritualismus zum radikalen, kirchenkritischen Flügel, der eine innere und äußere Reform der Kirche anstrebte. Die Schwenckfelder und die Quäker repräsentieren heute noch Kirchengemeinschaften auf der Grundlage des Spiritualismus. Im starken Maße durch spiritualistische Frömmigkeitsformen geprägt sind die ▸ Pfingstbewegung und die charismatische Bewegung.

**Spiritualität,** heute weitgehend gleichbedeutend mit Frömmigkeit; bezeichnet jedoch weniger die subjektive Haltung der Religiosität, sondern eine vom Glauben getragene und grundsätzlich die gesamte menschliche Existenz unter den konkreten Lebensbedingungen prägende ›geistige‹ Orientierung und Lebensform. Dieser unspezifischen Definition entsprechen die zahlreichen, sehr unterschiedlichen Formen von Spiritualität: abendländisch-christliche, jüdische, fernöstliche, indische, afrikanische, mystische, orthodoxe, ökumenische, liturgische, monastische Spiritualität. Dabei berufen sich die einzelnen religiösen oder weltanschaulichen Bewegungen auf eine jeweils unterschiedlich geartete Spiritualität, so z. B. die charismatischen Bewegungen, verschiedene ▸ neue Religionen, die Esoterik, die New-Age-Bewegung und psychologisch orientierte Richtungen. Betont wird v. a. die Bedeutung der Spiritualität als Alternative oder Korrektiv zur vorherrschenden materialistisch-mechanistischen Weltsicht.

Die aus dem Christentum stammende mittelalterliche Wortbildung ›spiritualitas‹ meint ursprünglich Geistigkeit, das innere geistige Wesen, im Gegensatz zur Materialität, und zielt damit auf das christliche Leben im eigentlichen, geistlichen (griech. ›pneumatikos‹, lat. ›spiritualis‹) Sinne, das als Leben aus und in dem Geist Gottes (Röm. 8, 15; Joh. 3, 8) verstanden wird. Diese Lebensform versuchte die Armutsbewegung der Bettelorden (Spiritualen) zu konkretisieren; sie erhielt in der Scholastik eine begrifflich-theologische Ausformung und gewann in der Mystik als eine von theologisch-dogmatischen Vorgaben unabhängige, unmittelbare Hinwendung des Menschen zu Gott prägende Züge. Schließlich mit der Amtsbezeichnung der Priester (die ›Geistlichen‹, ›Geistlichkeit‹) verknüpft und im kirchenrechtlichen Sinn (Spiritualien) verwendet, gab der Begriff Spiritualität wichtige Anstöße zur Reform einer verweltlichten Kirche (▸ Spiritualismus). Unter dem Einfluss der Aufklärung wich die Bedeutung von Spiritualität einem rationalen Reflexionsbewusstsein. Im 19. Jh. erlebte die katholische Spiritualität mit der Heiligen- und Marienverehrung einen neuen Aufschwung. In der evangelischen Kirche entwickelte sich mit dem aufkommenden Pietismus und den Splittergruppen und Freikirchen eine v. a. von Bibelfrömmigkeit (Biblizismus) bestimmte Spiritualität.

**Staatskirche,** die innerhalb der Grenzen eines Staates einzige oder vorherrschend als Kirche anerkannte, vom Staat direkt (z. B. über Parlament, Kirchenministerium und Staatsgesetze) beeinflusste bzw. geleitete Religionsgemeinschaft.

**Staatskirchenrecht,** ein spezielles Rechtsgebiet, dessen Einzelnormen als Teil der staatlichen Rechtsordnung die besonderen Beziehungen zwischen dem Staat und den Religionsgesellschaften auf der Basis des öffentlichen Rechts regeln (in der katholischen Kirche in ▸ Konkordaten, in den evangelischen Kirchen in ▸ Kirchenverträgen). Innere Angelegenheiten der Religionsgesellschaften werden von diesen staatlichen Normen nicht berührt.

**Staatskirchentum,** Bezeichnung für ein kirchenpolitisches System, wie es sich nach antiken und (spät)mittelalterlichen Vorformen in Europa vom 16. bis 18. Jh. im Zusammenhang mit Reformation, Gegenreformation und Absolutismus herausbildete. Im Staatskirchentum bilden die einzige oder jedenfalls die vorrangig zugelassene Kirche und der Staat eine Gesamtkörperschaft. Die Staatskirche ist Staatsanstalt mit dem Staatsoberhaupt als i. d. R. höchstem kirchlichen Würdenträger (Summepiskopat); der Staat übt die Gesetzgebung für die Kirche aus, greift administrativ in Kirchensachen ein, besetzt die höheren Kirchenämter, v. a. die Bischofsstühle, bestimmt alle öffentlichen Institutionen als konfessionell und zieht u. U. alle Einwohner ohne Rücksicht auf ihre Konfessionszugehörigkeit zu Abgaben an die Staatskirche heran. – Die Weimarer Reichsverfassung von 1919 (Art. 137 Abs. 1) und entsprechend Art. 140 GG stellen fest, dass eine Staatskirche nicht besteht, ohne jedoch jede institutionelle Verbindung zwischen Staat und Kirche auszuschließen.

**Staat und Kirche,** Kurzformel zur Bezeichnung des Verhältnisses von Staat und Kirche; als in der Theologie, der Geschichts- und der Rechtswissenschaft eingebürgerter Begriff für dessen verschiedene Ebenen stehend: *theologisch* für das Verhältnis der Träger zweier unterschiedlicher, von Gott gegebener ›Gewalten‹, *historisch* für das Verhältnis von Staat und Kirche als geschichtlich gewachsenen und vielfältig aufeinander bezogenen Größen; *juristisch* für die im Rahmen der gegenseitigen Interessenwahrnehmung zwischen beiden bestehenden Rechtsbeziehungen.

Das N. T. kennt keine Lehre über das Verhältnis von Staat und Kirche, wohl aber finden sich Aussagen über das angemessene Verhalten des Christen gegenüber den ›obrigkeitlichen Gewalten‹ (Röm. 13,1 ff.) und die Grenzen obrigkeitlichen Anspruchs auf den Menschen (Mk. 12,17). Demnach endet die Loyalitätspflicht des Christen der weltlichen Obrigkeit gegenüber, wenn diese von ihm fordert, was gegen Gottes Willen ist, denn im Konfliktfall muss er ›Gott mehr gehorchen als den Menschen‹ (Apg. 5,29). Da aber auch die Obrigkeit als irdische Ordnungsmacht von Gott ist, gehört es zu den Aufgaben des Christen, an dieser vorläufigen Ordnung wie an der Weltgestaltung insgesamt verantwortlich mitzuwirken.

Die enge Verbindung von Staatsgewalt und Christentum nach der konstatinischen Wende 313 hat das Verhältnis von Staat und Kirche in Europa bis in die Neuzeit geprägt. Sie führte im Mittelalter zu Auseinandersetzungen zwischen dem römischen (deutschen) Königtum und dem Papsttum, die ihren Höhepunkt im Investiturstreit erreichten.

Nach der Reformation bildete sich in den evangelisch gewordenen Gebieten Deutschlands ein territoriales Kirchenwesen heraus; das neu entstandene landesherrliche Kirchenregiment räumte dem evangelischen Territorialherrn die Stellung des ›obersten Bischofs‹ seiner Landeskirche ein. Der reformierte Zweig der Reformation sah in der Vereinigung von Kirche und Welt in der christlichen Gemeinde die Heilsordnung Gottes abgebildet.

Im 19. und 20. Jh. erfolgte schließlich im Zusammenhang mit der Entstehung des ›modernen‹ Staates und korrespondierend mit dem Prozess allgemeiner gesellschaftlicher Säkularisierung die weitgehende gegenseitige Emanzipation von Staat und

Kirche. Die dabei (mehr oder weniger radikal) vertretenen Auffassungen von der **Trennung von Staat und Kirche** basierten auf aufklärerisch-liberalen Staatstheorien, die die christliche Religion nicht mehr als ihre Grundlage begriffen (▸ Kulturkampf). Während die evangelischen Kirchen in Deutschland in diesem Prozess bis weit ins 20. Jh. hinein grundsätzlich am Fortbestand staatskirchlicher Verhältnisse interessiert blieben und sich häufig mit den staatstragenden Eliten politisch identifizierten, suchte die katholische Kirche durch Konkordate, kirchliche Diplomatie, eine eigene Presse sowie durch die Bildung politischer Parteien und katholischer Verbände und Organisationen die Mittel des modernen Staates zu nutzen, um unabhängig von diesem ihren gesellschaftlichen (politischen) Einfluss geltend zu machen. Anders als die evangelischen Kirchen entwickelte die katholische Kirche dabei eine weitgehende Flexibilität gegenüber unterschiedlichen Staatsformen.

Die *Ausgestaltung des Staatskirchenrechts in Deutschland:* Die katholische Kirche und die Gliedkirchen der EKD besitzen den Rechtsstatus von Körperschaften des öffentlichen Rechts. Diese Sonderform soll die rechtliche Eigenständigkeit und Unabhängigkeit der Institutionen Staat und Kirche voneinander gewährleisten und dabei sowohl der gewachsenen Rechtsstellung der Kirchen in der Gesellschaft Rechnung tragen als auch eine Identifikation des Staates mit einer bestimmten Religionsgesellschaft ausschließen. Das kirchliche Selbstbestimmungsrecht findet seine Schranken in den für alle geltenden Gesetzen.

Das Verhältnis zwischen Staat und Kirche bleibt potenziell konfliktträchtig, da Umfang und Reichweite positiver Berücksichtigung religiöser Institutionen und die staatliche Kooperation mit ihnen vor dem Hintergrund einer sich ständig verändernden gesellschaftlichen Akzeptanz dieses Verhältnisses immer wieder neu ausbalanciert werden müssen. In diesem Prozess kann sich der Staat leicht dem Vorwurf einseitiger Privilegierung oder Marginalisierung gesellschaftlich relevanter Gruppen ausgesetzt sehen.

Konfliktfelder im Verhältnis von Staat und Kirche in der jüngsten Zeit bildeten die von verschiedenen (v.a. evangelischen) Kirchengemeinden geübte Praxis des Kirchenasyls, die Abschaffung des Buß- und Bettages als bezahlter Feiertag im Zusammenhang mit der Einführung der Pflegeversicherung (1995), das seitens des Bundesverfassungsgerichts am 10. 8. 1995 ergangene so genannte ›Kruzifix-Urteil‹, das in der Anbringung von Kreuzen oder Kruzifixen in den Unterrichtsräumen staatlicher Pflichtschulen eine Verletzung der Glaubens-, Gewissens- und Bekenntnisfreiheit von Nichtchristen und einen Verstoß gegen die religiöse und weltanschauliche Neutralitätspflicht des Staates gegeben sah, die Einführung des Pflichtfaches Lebensgestaltung – Ethik – Religionskunde 1996 in Brandenburg, der im selben Jahr gestellte Antrag zweier Duisburger Moscheevereine, die öffentliche Verbreitung des islamischen Gebetsrufes über Lautsprecher zuzulassen, sowie die Frage, inwieweit die satirischen Verwendung von religiösen Symbolen in den Medien durch das Grundrecht der Meinungsfreiheit abgedeckt ist oder den Straftatbestand eines Religionsdelikts erfüllt.

**Stigma,** *das,* Kirchengeschichte: ein bei stigmatisierten Personen auftretendes (als Leidensmal Jesu gedeutetes) Wundmal.

**Stigmatisation, Stigmatisierung,** *die,* Kirchengeschichte: das plötzliche Auftreten der Leidensmale Jesu (Stigmata) am Leib eines lebenden Menschen, besonders an Händen, Füßen und an der Seite, aber auch an Kopf, Schultern oder Rücken *(äußere Stigmatisation)*; sie wird psychologisch als psychogener Effekt, theologisch als charismatisches Zeichen gedeutet, wissenschaftlich gesicherte Erklärungen gibt es bisher nicht. Die Male sind bleibend, eitern nicht, widersetzen sich medizinischer Behandlung, bleiben oft lange offen und bluten an bestimmten Tagen (z. B. freitags, in der Passionszeit); sie treten meist bei Menschen mit außergewöhnlicher Passionsmystik und erhöhter Beeinflussbarkeit auf, oft begleitet von ekstatischem oder visionärem Verhalten (nicht selten klischeehaft), Nahrungs- und Schlafenthaltung. Davon zu unterscheiden ist die *innere Stigmatisation*, die den Stigmatisierten an den betreffenden Stellen Schmerz empfinden lässt, ohne dass Wunden auftreten. – Die erste geschichtlich belegte Stigmatisation hatte Franz von Assisi (1224); bis heute wurden einige Hundert Fälle von Stigmatisation, fast ausschließlich bei Frauen bekannt (die Zahl ist unsicher wegen der nicht einheitlichen Beurteilungsmaßstäbe).

**Sukzession, apostolische Sukzession,** *Theologie:* die Amtsnachfolge der Bischöfe in einer auf die Apostel zurückgeführten direkten und ununterbrochenen Reihenfolge, die die Legitimität des Amtsträgers und damit die Apostolizität der Kirche und ihren Wahrheitsanspruch gewährleisten soll. Wesentlich für die apostolische Sukzession sind Weihe und Handauflegung, durch die das kirchliche Amt vermittelt wird. Als wesentlich für den Seinsbestand ihrer Kirchen werten die katholische, die anglikanische sowie die orthodoxe Kirche die apostolische Sukzession, die Kirchen der Reformation dagegen die Sukzession der Evangeliumsverkündigung.

**Sühnekreuze,** in Form, Beschaffenheit und Inschrift recht unterschiedlich gestaltete, dem Andenken an Ermordete (nach jahrhundertelang geltendem Rechtsbrauch mussten Sühnekreuze nach verübter Tat errichtet werden) oder durch Unglücksfälle zu Tode Gekommene errichtete Steinkreuze. Um sie entstanden im Lauf der Zeit oftmals Sagen mit abergläubischen Begleitmotiven (Licht- und Stimmenerscheinungen, unheimliche Gestalten).

**Sünde,** in der christlichen Theologie geprägte und von dort auch auf die allgemeine Religionsgeschichte übertragene Bezeichnung für ein das Gott-Mensch-Verhältnis störendes Handeln des Menschen ohne bzw. gegen Gott. Etwa seit dem 16. Jh.

**Stigmatisierung:** Franz von Assisi erhielt die Stigmata, die Wundmale Jesu Christi.

bedeutet Sünde im Deutschen auch allgemein ›Übertretung eines Sittengesetzes‹; seit dem 18. Jh. steht der Begriff auch ohne besondere Wertung im Sinne von ›Fehler, Irrtum, Torheit‹ oder wird synonym zu Schuld gebraucht.

In der *Religionswissenschaft* steht der Begriff Sünde im Allgemeinen für die Schuld, die in einem bestimmten religiösen Kontext die Verbindung zum Numinosen, zu Göttern oder Gott stört. Ursprünglich handelt es sich dabei v. a. um die Verletzung von Tabus, die durch die Erfahrung von numinosen Kräften aufgerichtet worden sind. In diesen Vorstellungskreis gehören Frevel (Hochmut gegenüber Göttern [in den monotheistischen Weltreligionen besonders die Lästerung des Gottesnamens], Verletzung bzw. Profanierung heiliger Orte, Zeiten, Gegenstände oder Personen), kultische Vergehen oder Versagen (Unterlassung oder fehlerhafte Verrichtung gebotener Kultformen), Unreinheit oder Verunreinigung durch Unterlassung von kultischen oder anderen religiösen Pflichten (Waschungen, asketische Vorschriften, Meidungsgebote u. a.), aber auch soziale Vergehen und antisoziales Verhalten wie Rechtsbruch und Verstöße gegen die vorgegebenen und als von Gott gesetzt angesehenen natürlichen und sozialen Ordnungen. Diesen Vorstellungen komplementär sind die – rituell vielfältig ausgestalteten – ›Mechanismen‹ der Vergeltung und Abgeltung (Buße), die als religiöse ›Wiedergutmachung‹ auf die Wiederherstellung des im religiösen Verständnis lebensnotwendigen Gott-Mensch-Verhältnisses abzielen. In den polytheistischen Religionen verstärkte sich die Tendenz, Sünde als Verletzung des Willens von personalen Gottheiten zu begreifen. Die Universalreligionen verstehen Sünde mehr im existenziellen Sinn, als Schuld des Individuums und Verfehlen des eigenen Lebenssinns. Monistische Religionen fassen Sünde aufgrund ihres apersonalen Gottesverständnisses dabei eher als eine durch Unwissenheit oder Verblendung bewirkte Selbstschädigung auf, die im fehlenden Wissen um die wahren Zusammenhänge und den rechten Weg zum Heil begründet und daher vor niemandem zu verantworten ist. In den monotheistischen Weltreligionen (Judentum, Christentum, Islam) tritt die Absolutheit des persönlichen Gottes in den Vordergrund, der allein Normen setzt und vor dessen Gericht es zu bestehen gilt. Sünde wird dabei grundsätzlich als Ungehorsam oder Untreue gegenüber dem Willen Gottes beschrieben. Für die jüdische und die christliche Theologie liegt die Sünde in der

›Ursünde‹ des Menschen (seinem so genannten Sündenfall) begründet. Im jüdischen wie im christlichen Verständnis ist daher kein Mensch ohne Sünde. Im Anschluss an das A. T. betont die jüdische Tradition allerdings ausdrücklich die dem Menschen von Gott gegebene Freiheit, die Gottesgebote (Thora) einzuhalten oder kraft eigener (Willens-)Entscheidungen zu übertreten, womit jeder Einzelne vor Gott für seine Taten verantwortlich ist, für die Gott von ihm Rechenschaft verlangen wird. In der christlichen Theologiegeschichte sind Sünde und Schuld eng verknüpft mit der Interpretation der Erlösung durch Jesus Christus und des Verhältnisses von (göttlicher) Gnade und menschlichem freiem Willen. Die Vorstellung von der grundsätzlichen Sündhaftigkeit jedes Menschen hat ihren Niederschlag in der Lehre von der Erbsünde gefunden. Das Bekenntnis der Sünde **(Beichte)** ist in allen Konfessionen ein zentraler religiöser Akt. Die katholische Theologie schließt dabei an die scholastische Unterscheidung zwischen lässlicher Sünde und schwerer Sünde **(Todsünde)** an und konzentriert sich auf das individuelle Verhältnis des Einzelnen zu Gott und auf den Grad seiner Schuld. Auf dem 2. Vatikanischen Konzil wurde darüber hinaus jedoch auch die soziale Dimension von Sünde und Schuld betont. Grundlegend für die evangelische Theologie ist die Vorstellung, dass die Rechtfertigung des sündigen Menschen allein in der Gnade Gottes gründet und allein durch den Glauben (sola fide) erfolgen kann. Die bleibende Sündhaftigkeit des Menschen wird damit nicht aufgehoben (simul iustus et peccator). Für die orthodoxe Theologie ist Sünde v. a. die Verdunkelung, jedoch nicht völlige Zerstörung der Gottebenbildlichkeit (Imago Dei) des Menschen. Die neuere Theologie bezieht zunehmend auch Erkenntnisse der Sozialforschung und Tiefenpsychologie ein. Sie verweist auf die psychosozialen Bedingungen von Sünde und Schuld und die Notwendigkeit einer Differenzierung zwischen individueller und (in überindividuellen Strukturen verobjektivierter) struktureller Sünde.

**Sündenbock,** *Religionsgeschichte:* im israelitischen Tempelkult ein Ziegenbock, auf den am Jom Kippur (Versöhnungstag) durch den Hohen Priester unter Sündenbekenntnis und Handauflegung symbolisch die Sünden des Volkes übertragen wurden und der anschließend, mit diesen ›beladen‹, in die Wüste geschickt wurde (3. Mos. 16).

**Sündenfall,** in der christlichen Tradition Bezeichnung für den in 1. Mose 3 geschilderten Ungehorsam Adams und Evas gegenüber Gott; theologisch als ›Einbruch der Sünde‹ in die Schöpfung Gottes und Verlust der unmittelbaren Gottesgemeinschaft des Menschen (Paradies) gedeutet. Der Erzählung in 1. Mos. 3 liegen besonders im Motiv der Anstiftung zunächst der Frau durch die (im Hebräischen männliche!) Schlange (vorisraelitisch-mythologische) Vorstellungen von der Erlangung der Sexualität als Möglichkeit der (ekstatischen) Vergöttlichung zugrunde, die zu einer Erzählung von Schuld und Strafe und der Erklärung für die Gebrochenheit menschlicher Existenz umgestaltet wurden. Demnach besteht die ›Ursünde‹ weder im sexuellen Begehren noch im Ungehorsam an sich, sondern in der Hybris, sein zu wollen wie Gott.
In der jüdisch-christlichen Tradition wurde die Schlange der Sündenfallerzählung, später oft verbunden mit einer negativen Überinterpretation der Rolle der Frau (Sir. 25, 24), zum Inbegriff des Bösen und der historisch verstandene Sündenfall selbst zum Ursprung des Todes (Weish. 2, 24) und des Übels (Paulus betont vor diesem Hintergrund das Heilswerk Jesu Christi in Röm. 5, 12 ff. und 1. Kor. 15, 21 f.) und schließlich zur Quelle der Erbsünde.

**Synodalverfassung,** Form der evangelischen kirchlichen Verfassung auf der Grundlage gleichberechtigter Repräsentanz der (an sich autonomen) Kirchengemeinden. Die Synodalverfassung betont die durch Kollegialorgane kirchlichen Rechts (Synoden) gebildete Vertretung und Mitsprache der Gemeinden an den kirchlichen Leitungsaufgaben. Sie bildet die Grundlage der Kirchenverfassungen der reformierten Kirchen in Schottland, den Niederlanden, England, den USA, Kanada, Polen und Deutschland und fand seit dem 19. Jh. auch Eingang in die evangelisch-lutherischen deutschen Landeskirchen.

**Synode,** *die,* in den *christlichen Kirchen* die Versammlung von kirchlichen Repräsentanten zur Beratung und Entscheidung kirchlicher Angelegenheiten. Die *katholische Kirche* verstand bis zum 2. Vatikanischen Konzil unter Synode v. a. das allgemeine Konzil; seither nimmt die Bedeutung von Synoden als Organen der Beratung und Unterstützung in der Leitung der Kirche über die Bischofssynoden auf gesamtkirchlicher und die Diözesansynoden auf teilkirchlicher Ebene zu. In den *evangelischen Landeskirchen* sind die Synoden die kirchlichen Gesetzgebungs- und Entscheidungsorgane. Die Synoden bestehen aus gewählten, (durch die Kirchenleitungen) berufenen und so genannten ›geborenen‹ Mitgliedern **(Synodalen)**

und haben entsprechend ihren Verantwortungsbereichen unterschiedliche Kompetenzen in der kirchlichen Gesetzgebung, im Haushaltsrecht und in Personalentscheidungen. Neben den Landes- und Kreissynoden (für die Landeskirchen und die Kirchenkreise) bestehen Synoden der landeskirchlichen Zusammenschlüsse (EKD, EKU, VELKD). Die (Landes-)Synoden der *orthodoxen (Landes-)Kirchen* entscheiden als oberste (landes-)kirchliche Organe Fragen der kirchlichen Administration in ihrem Territorium. Für die Gesamtorthodoxie verbindliche Entscheidungen obliegen *ökumenischen Synoden.* Eine solche fand nach orthodoxem Verständnis zuletzt 787 mit dem 2. Konzil von Nicäa statt; seit 1968 dienen panorthodoxe Konferenzen der Vorbereitung eines orthodoxen Gesamtkonzils, der ›Hl. und Großen Synode der orthodoxen Kirche‹.

**Synopse,** *Bibelwissenschaft:* besonders in der neutestamentlichen Exegese verwendetes Verfahren, die miteinander übereinstimmenden oder einander entsprechenden Paralleltexte der drei ersten Evangelien (Mt., Mk., Lk., **Synoptiker**) sowohl nach ihrer eigenen Perikopenanordnung als auch nach der synoptischen Ordnung (orientiert an Markus) einander gegenüberzustellen, um so z. B. Abhängigkeiten und Redaktion der Texte feststellen zu können.

# T

**Taizé,** Gemeinde im Département Saône-et-Loire, Frankreich, Sitz einer von R. Schutz (* 1915) gegründeten und geleiteten überkonfessionellen Mönchsgemeinschaft mit weltweiter Ausstrahlung. Die Brüder der *Communauté de Taizé* verpflichten sich zu Ehelosigkeit, Gütergemeinschaft und Gehorsam. Nach ersten Anfängen seit etwa 1940 wurde die Gemeinschaft mit der Profess der ersten sieben Brüder im Jahre 1949 offiziell begründet. Sie vertritt keine ausformulierte, dogmatisierte Theologie, sondern versteht sich als ständig im Werden. Grundlage ist die Berufung auf Jesus Christus und die Bibel. Das gemeinsame Leben konfessionsverschiedener Christen soll gleichnishaft auf die Einheit der Kirche hindeuten. Große Anziehungskraft üben die jährlichen ökumenischen Jugendtreffen aus.

**Tempel,** Kultbau, der geweihte Wohnsitz der Gottheit. In den meisten Kulturen ist im Tempel das Kultbild aufgestellt, oder er birgt ein sonstiges Idol (z. B. einen Meteoriten, Holzpfahl, Lingam). Dem Tempelbau gingen in frühester Zeit Kultstätten an als numinos erlebten natürlichen Plätzen (Hain, Höhle, Berggipfel) voraus, und der spätere Tempel steht immer in einem hl. Bezirk (griech. Temenos), in dem auch weitere Tempel, Altäre und Bauten für kultische und andere Zwecke angeordnet sein können (Versammlungshallen, Schatzhäuser u. a.).

**Teufel,** die Personifikation der widergöttlichen Macht, ein böser Geist (▸ Dämon). Die Gestalt des Teufels geht im christlichen Bereich auf den Satan des A. T. zurück und ist von der gottesfeindlichen Figur des Ahriman im Parsismus, vom Gott Pan und von den dämonischen Satyrn der griechischen Religion beeinflusst, vielleicht auch vom germanischen Gott Loki.

In der Vorstellung des Mittelalters erscheint der Teufel als Tier (Kröte, Fisch, Drache, Katze, Hund, Wolf, Bär, Schwein, Ochse), aber auch in Menschengestalt. Die Sage kennt ihn als dämonisches, gefürchtetes Wesen, z. B. als den unheimlichen Überzähligen, den höllischen Helfer und in tierähnlicher Gestalt mit Hörnern, Vogelkrallen,

**Taizé:** Mitglieder der Communauté de Taizé auf dem Weg zum gemeinsamen Gebet; die evangelische Bruderschaft ist v. a. bei Jugendlichen sehr populär.

Bocksbeinen, Flügeln, Hufen und Schwanz. Zur Verkörperung des absolut Bösen treten burleske Züge hinzu, in denen das Dämonische hinter schwankhaft-menschlichen Zügen zurücktritt. Seit dem 12. Jh. erscheint der Teufel auch in Gerichtsszenen vor Gott als Ankläger der Menschheit oder Christi. Der Teufel galt als gefallener Engel, der vom Menschen angerufen und durch Pakt zu Hilfeleistungen veranlasst werden kann. Die in der mittelalterlichen Theologie verbreitete Lehre vom Teufelspakt (Hexe), oft verbunden mit der Inkubus-Sukkubus-Vorstellung (Alb), hatte großen Einfluss auf den spätmittelalterlichen und neuzeitlichen Hexenwahn. Im 16. Jh. kam es – auch im Gefolge von M. Luthers Teufelserfahrungen – zu einer ausgedehnten Teufelsliteratur, in der der Teufel zu einer stets gegenwärtigen, für alles Unglück und Böse zuständigen Instanz wurde. Auf die ›Austreibung‹ des Teufels zielt der ▸ Exorzismus.

In der Gegenwart finden sich Teufelsvorstellungen außer im Christentum v. a. im Okkultismus und ▸ Satanismus. Die neuere christliche (›entmythologisierte‹) Theologie orientiert sich bei der Erklärung der Teufelsvorstellung an den konkreten Erscheinungen des Bösen in der Welt (Unterdrückung, Ungerechtigkeit, Gewalt) und setzt sich mit der Frage auseinander, in welchem Sinn ein personales Verständnis der Macht des Bösen (der Teufel als ›der‹ Böse oder ›das‹ Böse?) theologisch angemessen ist.

**Theologie,** *die,* systematisch reflektierende Entfaltung religiöser Glaubensaussagen. Der Begriff ist erstmals bei Platon bezeugt, für den er Aufdeckung des Wahrheitsgehalts der von allen Abstrusitäten gereinigten religiösen Mythenerzählungen bedeutet.

*Theologie* und *Religionswissenschaft:* Die Theologie als Wissenschaft und die Religionswissenschaft beziehen sich grundsätzlich auf denselben Gegenstand: die religiöse Verfasstheit des Menschen sowie die Ausprägung von Religionen in der Geschichte. Während aber die glaubensneutral forschende und wertende Religionswissenschaft die religiöse Wahrheitsfrage und/oder Wahrheitsbehauptung ausklammert bzw. alle Religionen als prinzipiell ›gleichwertige‹ Artikulationen menschlicher Religiosität voraussetzt, geht die Theologie, die immer an eine bestimmte Glaubenstradition gebunden ist, prinzipiell von der nach ihrer Auffassung von Gott bzw. (den) Göttern geoffenbarten ›Wahrheit‹ der eigenen Tradition aus. In ihren konkreten Einzelforschungen können Religionswissenschaft und Theologie durchaus die gleichen wissenschaftlichen Methoden anwenden. Eine den methodisch-kritischen Anforderungen heutiger wissenschaftlicher Tätigkeit genügende Theologie findet sich innerhalb der Religionen dabei nach wie vor v. a. im Christentum.

*Theologie als Wissenschaft:* Die christliche Theologie kann in dreifacher Weise als Wissenschaft verstanden werden:

1) Theologie als methodisch exakte Reflexion und Darlegung des sich auf Jesus gründenden Glaubens an Gott. Hierbei wird (im Glauben) die Wahrheit der christlichen Sache vorausgesetzt und selbst nicht in Zweifel gezogen, sondern lediglich in Auseinandersetzung mit den jeweils gegebenen Wissenschaften (mit ›dem Denken‹) sich selbst und anderen gegenüber verantwortet (Apologetik, Fundamentaltheologie). Im Altertum, Mittelalter und auch weithin in der Neuzeit (v. a. in der katholischen Theologie) geschah dies in Konfrontation und mit den Mitteln der hellenistischen Philosophien, sodass diese Theologie hellenistisch-metaphysische Theologie ist.

Erst mit der ›kritischen Wende‹ der Neuzeit und dem Aufkommen der modernen Wissenschaft entfaltet die Theologie ihre Aussagen in der Auseinandersetzung mit kritischer Philosophie, Natur- und Humanwissenschaften. Dieser Theologie fehlt nach modernem Wissenschaftsverständnis das Kriterium der Voraussetzungslosigkeit; sie wäre demnach zwar in der Anwendung der Methoden, nicht aber als solche wissenschaftlich. Dennoch führte diese Art der Theologie zu einer radikalen systemimmanenten Kritik der Möglichkeit des Redens von Gott. Diese Infragestellung verlagerte sich in den Bereich der Erkenntniskritik, indem im Anschluss an kritische Philosophien die Legitimität von Aussagen über metaempirische Sachverhalte bestritten wurde und wird. Die heutige theologische Auseinandersetzung wird wesentlich geprägt von der Aufgabe, die traditionelle metaphysische Theologie so umzuformen, dass sie dem ›Ende der Metaphysik‹ Rechnung trägt.

2) Theologie als historische Wissenschaft: Sie erhebt nicht den Anspruch, Gott zum Gegenstand der Theologie zu machen, sondern die historischen Gestaltformen, die das Reden von Gott im Verlauf der christlichen Geschichte gefunden hat.

3) Theologie als Erfahrungswissenschaft: Ausgangspunkt ist die kritische Erkenntnis, dass alles Reden von Gott, also auch alle Aussagen der christ-

lichen Tradition auf menschlicher religiöser Erfahrung beruhen, die sich im Kontext und in den Sprach- und Handlungsmodellen der je eigenen geschichtlichen Situation ausdrückt, und nur von daher verstanden und weitervermittelt werden können (kontextuelle Theologie, Kontextualisierung). Von anderen Erfahrungswissenschaften unterscheidet sich Theologie dann nur noch darin, dass in ihr ›letzte‹ bzw. ›erste‹ menschliche Erfahrungen reflektiert werden.

**theologische Ethik,** in der *evangelischen Theologie* entstandene Bezeichnung für die Lehre über die vom christlichen Glauben her gebotenen Normen und Weisen menschlichen Handelns; dort im Allgemeinen eine Teildisziplin der systematischen Theologie. Die theologische Ethik begründet auf der Grundlage der Bibel und in Rückbindung an die Lehre von der Rechtfertigung und dem Gewissen die praktischen Konsequenzen (Ethik) des christlichen Glaubens. Christliche Existenz wird als Nachfolge des Gekreuzigten angesehen; das im christlichen Glauben gebundene Gewissen als die Grundlage evangelischer Ethik beschrieben. Diese realisiert sich in einem freien, vor Gott verantworteten Handeln, wobei der Ort und die soziale Gemeinschaft, in der der Glaubende lebt, als die Plätze angesehen werden, auf die er von Gott gestellt ist, um im Sinne des Evangeliums zu wirken. Innerhalb der Lehrentwicklung der evangelischen Ethik erlangten im Luthertum die Zweireichelehre, innerhalb des Kalvinismus die Lehre von der Prädestination besondere Bedeutung.

**Thomas von Aquino, Thomas von Aquin, Thomas Aquinas,** der bedeutendste Theologe und Philosoph des Mittelalters (Ehrentitel ›Doctor communis‹ und ›Doctor angelicus‹), * Burg Roccasecca (bei Aquino) 1224 oder 1225, † Fossanova 7. 3. 1274. Aus neapolitanischem Adel stammend und als Benediktineroblate im Kloster Monte Cassino, später an der Universität Neapel erzogen, trat Thomas 1244 gegen den Widerstand seiner Familie in den Dominikanerorden ein. In Köln war er Schüler von Albertus Magnus (1248–52); danach lehrte er in Paris, Orvieto, Viterbo und Rom. 1272 wurde ihm die Leitung des neuen Generalstudiums seines Ordens in Neapel übertragen. Er starb auf der Reise zum Konzil von Lyon. Thomas wurde 1323 heilig gesprochen (Festtag: 28. 1.; bis 1969: 7. 3.) und 1567 zum Kirchenlehrer erhoben.

Thomas verband den überlieferten Augustinismus mit den Lehren des Aristoteles, die dem lateinischen Abendland erst zu seiner Zeit durch neue Übersetzungen in ihrem ganzen Umfang bekannt geworden waren, zu einer philosophisch-theologischen Synthese. Dabei stützte er sich besonders auf Aristoteles, dessen Hauptwerke er Satz für Satz kommentierte; über Augustinus, Boethius, Dionysius Areopagita, den ›Liber de causis‹ (lateinische Übersetzung eines arabischen Werkes über das reine Gute; Ergänzung zur aristotelischen Metaphysik) und den arabischen Philosophen Ibn Sina wirkten aber auch platonische (besonders die Vorstellung der Teilhabe) und neuplatonische Gedanken (besonders das Konzept einer stufenförmigen Hierarchie des Seins) auf ihn ein.

**Thomas von Aquino:** »Der Triumph des heiligen Thomas von Aquino«, Fresko von Andrea da Firenze (um 1365, Ausschnitt; Spanische Kapelle von Santa Maria Novella, Florenz).

Thomas erkannte die Berechtigung des vernünftigen Wissens neben dem Glauben und den selbstständigen Wert, den eine nach eigenen Prinzipien und Methoden arbeitende Philosophie auch gegenüber der Theologie behält. Weil aber das natürliche Wissen seine Grenzen hat und die Philosophie die Frage nach dem letzten Lebensziel des Menschen nicht sicher beantworten kann, wird sie von Thomas in den umgreifenden Rahmen einer theologischen Glaubenswissenschaft eingeordnet, die ihre obersten Prinzipien der göttlichen Offenbarung entnimmt. Erst die Verbindung von Wissen und Glauben, Vernunft und Offenbarung stellt die ganze christliche Weisheit dar.

Die Einheit des thomanischen Denkens ist darin begründet, dass alle Einzelsätze auf wenige ontologische Grundprinzipien und formale Axiome zurückgeführt werden. Besondere Bedeutung hat dabei die Weiterbildung des aristotelischen Akt-Potenz-Schemas bzw. die Lehre von Form und Materie: Jedes endlich Seiende ist aus Potenz (Anlage, Möglichkeit) und Akt (Wirklichkeit, Seinsmächtigkeit) zusammengesetzt; die reale, nicht bloß gedachte Unterscheidung von Wesen und Sein und der Vorrang des Seinsaktes vor dem ›Was‹ (quidditas) der Dinge gehört zu den wichtigsten Eigentümlichkeiten der thomanischen *Ontologie*, durch die sie sich von der späteren thomistischen Wesensmetaphysik unterscheidet. Wahrhcit ist dabei die Übereinstimmung von Geist und Sein.

Bei den körperlichen Wesen ist die von ihren Akzidenzien unterschiedene Substanz selbst wieder aus ›erster Materie‹ (materia prima) und ihrer Wesensform zusammengesetzt. Die erste Materie stellt jedoch nur einen notwendigen Grenzbegriff des Denkens dar; als völlig bestimmungslose ›reine Potenz‹ kann sie nicht allein für sich bestehen. Die Wesensform, durch die es Anteil am Sein erhält, ist in jedem Seienden nur eine einzige; in den Lebewesen ist dies die Seele. Die menschliche Seele ist einerseits als ›Form des Leibes‹ mit der Materie zu einer Wesenseinheit verbunden, andererseits ist sie geistig und immateriell und kann so nach dem Tod auch getrennt vom Leibe weiterbestehen. In der universalen Erkenntnisfähigkeit der geistigen Seele und in ihrer Unmittelbarkeit zu Gott wurzelt der ontologische Rang der menschlichen Person. Weil in ihr alles Sein in unwiederholbarer Weise gegeben ist, kann die Person nicht mehr als Teil eines höheren Ganzen, sei es als Glied eines politischen Organismus oder als Segment einer allgemeinen Wesensnatur, verstanden werden. Sie ist vielmehr selbst ein Ganzes und in der doppelten Fähigkeit zur Erkenntnis und zur Gottesliebe auf den Horizont des Unendlichen hin geöffnet.

Alles innerweltlich Seiende erweist seine Endlichkeit für Thomas dadurch, dass es ›durch Teilhabe‹ am göttlichen Sein in unterschiedlichen Graden der Vollkommenheit existiert und darum verursacht ist; erst in Gott, der aus sich selbst und vollkommen eins ist, kommt es zur Einheit alles Verschiedenen. So steigt Thomas in seinen ›fünf Wegen‹ oder Gottesbeweisen von der Vielfalt des irdischen Seins zu Gott als der ›ersten Ursache‹ und dem ›reinen Akt‹ (Actus purus) auf. Voraussetzung dieser natürlichen Gotteserkenntnis ist das universale Band der Analogie (Analogia Entis), d. h. eine trotz aller größeren Unähnlichkeit bleibende Ähnlichkeit des Geschöpfes mit Gott, in der die Gleichnisfähigkeit des Endlichen für das Unendliche und die Symbolstruktur aller irdischen Wirklichkeit gründet. Über den Gedanken des obersten Grundes und des göttlichen Selbstseins kommt die philosophische Gotteserkenntnis jedoch nicht hinaus; die Manifestation des obersten Seinsgrundes als Trinität vermag die menschliche Vernunft ebenso wie den Gedanken der Menschwerdung Gottes erst im Nachhinein zu erfassen, indem sie nach Gründen für die heilsgeschichtliche Offenbarung Gottes fragt.

Thomas' *Ethik* beruht auf dem Grundgedanken, dass sittlich handeln heißt, der Ordnung des Seins entsprechend zu handeln, wie sie von der praktischen Vernunft erkannt wird. Auch die Erkenntnis des sittlichen Naturgesetzes und des der staatlichen und politischen Gemeinschaft vorgeordneten Naturrechtes entspringt einer Ordnungsleistung der praktischen Vernunft; dabei werden konkrete Normen nicht auf deduktivem Weg, sondern durch ›Auffindung‹ und ›Bestimmung‹ (Inventio und Determinatio) im Licht der obersten Prinzipien des natürlichen Sittengesetzes festgelegt. Drei formale Grundzüge kennzeichnen die Ethik: Philosophisch ist sie als Entfaltung der Freiheitslehre, theologisch als Rückkehrbewegung des freien Geschöpfs in die Gemeinschaft mit Gott konzipiert; den gesamten Stoff der konkreten Ethik ordnet Thomas in Anlehnung an den aristotelischen Gedanken einer umrissartigen ›Topik‹ nach dem Schema der vier Kardinaltugenden (Klugheit, Gerechtigkeit, Tapferkeit, Maß) an, dem er die paulinische Trias der theologischen Tugenden (Glaube, Hoffnung, Liebe) zur Seite stellt.

In der *Theologie* entfaltet Thomas die scholastische Wissenschaft von Gottes Offenbarung, indem er ihr neue Quellen (griechische Kirchenväter, altkirchliche Konzilien, Augustinusrezeption) erschließt und sich um eine umfassende Begründung aus der Hl. Schrift bemüht. Charakteristisch für die theologische Synthese des Thomas ist v. a. die Zuordnung von Schöpfungs- und Gnadenlehre: Danach wird das von Gott begnadete Geschöpf zu wirklichem Eigensein befreit.

Die später von der reformatorischen Theologie kritisierte Aufnahme des philosophischen Substanzgedankens und der aristotelischen ›habitus‹-Lehre zur Deutung des Rechtfertigungsgeschehens bringt dabei zum Ausdruck, dass Gottes Beziehung zum Menschen immer eine schöpferische Relation ist, die diesen bleibend in seinem Sein qualifiziert und zur freien Antwort auf den Ruf Gottes befähigt. Das Wesen der Theologie sieht Thomas nicht nur als Eigenleistung und begriffliche Reflexion der menschlichen Vernunft, sondern zugleich als einen im Glauben geschehenden Nach- und Mitvollzug der Gedanken Gottes über Welt, Mensch und Geschichte. Die nähere Klärung des Verhältnisses, in dem Heilsgeschichte und theologische Wissenschaft zueinander stehen, gehört zu den dringenden Aufgaben der gegenwärtigen Thomasforschung. Gegenläufige Interpretationstendenzen zeigen sich v. a. im Bereich der Ethik, wo Thomas als Vorläufer des autonomen und geschichtlichen Denkens der Neuzeit, aber auch (noch immer) als Vertreter einer objektiven Gesetzesethik in Anspruch genommen wird.

**Thomismus,** *der,* Sammelbezeichnung für philosophische und theologische Positionen und Schulrichtungen, die sich auf Thomas von Aquino und seine Lehre berufen und diese z. T. stark verändert haben.

**Thron und Altar,** auf die sakrale Wurzel der Monarchie verweisende Formel der französischen Geistlichkeit des Ancien Régime (›le trône et l'autel‹); im Preußen der Restauration zur Losung eines den Staat stützenden antirevolutionären Denkens erhoben. Die Formel wandelte sich seit den 1830er-Jahren (H. Heine) zum polemischen Schlagwort des Liberalismus und Sozialismus gegen das den monarchischen Obrigkeitsstaat charakterisierende Bündnis von Monarchie und Staatskirche.

**Tod,** Zustand eines Organismus nach dem irreversiblen Ausfall der Lebensfunktionen. Als Abschluss eines Alterungsprozesses, dem jedes Lebewesen von Geburt an unterworfen ist, ist der Tod genetisch programmiert und somit ein in der organischen Verfassung des Lebens begründetes biologisches Ereignis; nur Einzeller besitzen eine potenzielle Unsterblichkeit, da ihre Zellteilungen unter geeigneten Bedingungen auch über Tausende von Generationen keine Alterungsvorgänge erkennen lassen. – Von dem Tod anderer Lebewesen unterscheidet sich der menschliche Tod dadurch, dass der Mensch mit dem Bewusstsein seiner eigenen Sterblichkeit begabt ist und daher besonders der menschliche Tod ebenso wie das Leben über die biologischen Fakten hinaus auch metaphysische Erklärungen herausfordert.

Im N. T. wird die geistige Dimension von Leben und Tod v. a. in den Schriften des Paulus ausgeführt: Leben als Daseinsweise des Gläubigen und Gottesbeziehung, Tod als Ausdruck und Folgeerscheinung der Sünde im Sinne von menschlichen Zerrissenheit, Nichtigkeitsverfallenheit und Gottesferne (Röm. 5,12). Indem sich das wahre Wesen von Leben und Tod christozentrisch – von Leben, Tod und Auferstehung Jesu Christi her – erschließt, geht das Christentum von der Gewissheit aus, dass mit der Auferstehung und dem neuen Leben Jesu Christi die Macht des Todes prinzipiell überwunden ist (Joh. 11,25f.; Röm. 6,8–11). Der leibliche Tod gibt dem Leben eines Menschen mit seinen Grundentscheidungen eine letzte Gültigkeit, macht es ›endgültig‹ und nimmt die im Glauben Verstorbenen in die ewige Gemeinschaft mit Gott (den ›Himmel‹) auf. Die wissentlich und willentlich im Unglauben Verstorbenen dagegen verharren nach

**Tod:** »Der Tod«, Grabfigur von Ligier Richier auf dem Grab Renés de Châlons (1544, Bar-le-Duc, Meuse, Sainte Étienne).

dem Tod endgültig in der Gottesferne und -verlassenheit (Hölle).

**Totemismus,** *der,* die gefühlsmäßige oder auf mythische Abstammung zurückgeführte Bindung von Menschen an bestimmte Tiere, Pflanzen oder Naturphänomene **(Totem)**. Dahinter steht wohl der Wunsch, den menschlichen Lebenskreis mit der meist als Bedrohung empfundenen Wildnis zu versöhnen (und somit die Zweiteilung des Kosmos aufzuheben), indem man die Natur systematisch zu ordnen sucht und zwischen deren Erscheinungsformen und eigenen Sozialeinheiten verwandtschaftliche Beziehungen konstruiert. Religiöse Bedeutung gewinnt dieser Prozess durch Sakralisierung der auf die Totems bezogenen Symbole, Orte, Zeiten und Verhaltensweisen.

**Totengericht,** in vielen Religionen ausgebildete Vorstellung von einem individuellen oder kollektiven Gericht am Weltende. Im Allgemeinen wird der Begriff Totengericht für das Gericht über den einzelnen Menschen verwendet; Beispiele hierfür finden sich im Parsismus und in der altägyptischen Religion sowie in Judentum, Christentum und Islam.

**Totenkult,** die Gesamtheit der aus Anlass des Todes an einem Verstorbenen und in Bezug auf ihn vollzogenen rituellen und brauchtümlichen Handlungen. Der Totenkult ist Bestandteil aller Kulturen und Religionen und wird mit unterschiedlichen Anliegen verbunden: Moderne Gesellschaften verstehen ihn vorrangig als Ausdruck der Pietät gegenüber dem Verstorbenen; in Stammesreligionen ist er in besonderer Weise mit dem Bestreben verbunden, die als numinos empfundene Macht des Verstorbenen in ihren positiven Aspekten der Gemeinschaft der Hinterbliebenen zu vermitteln und ihre negativen Auswirkungen von ihr abzuwenden (Mana, Ahnenverehrung). Viele Religionen alter Kulturen verstanden den Totenkult (auch) als Ausstattung des Verstorbenen für seine Reise ins Totenreich, dabei davon ausgehend, dass sich im Tod Geist und Seele trennen, der Geist noch in der Nähe des Leichnams verweilt, die Seele sich aber in ein Jenseits begibt.

Christlicher Totenkult äußert sich z. B. in Totenmessen, im Gedenken an die verstorbenen Gläubigen zu Allerseelen und in der Reliquienverehrung sowie stark säkularisiert in Toten- und Gefallenenfeiern (z. B. am Volkstrauertag). Wesentliche, die einzelnen Kulturen und Religionen übergreifende Elemente des Totenkults sind die Totenbestattung und die Totenklage. Der Wunsch, dass das Ansehen, das ein Mensch im Leben genoss, seinen Tod überdauern soll, findet seinen Ausdruck besonders in der Errichtung, Pflege und Verehrung von Grabmälern.

**Tradition,** die gesellschaftlich vermittelte, historisch überkommene oder auch bewusst gewählte Übernahme und Weitergabe von Wissen, Lebenserfahrungen, Sitten, Bräuchen, Konventionen und den sie tragenden Einrichtungen (Institutionen) und Medien. Als Bezeichnung für die Fähigkeit und das Medium zur Übertragung bzw. Speicherung von Informationen und Handlungs- bzw. Verhaltensmustern benennt Tradition eine zentrale Dimension menschlicher Kultur und Selbstauslegung.

In den *Religionen* bezeichnet Tradition alles Überkommene innerhalb eines Glaubens-, Kult- und Sozialsystems, das eine Religion zu einer mit sich selbst identischen Größe macht. Eine besondere Bedeutung erhält Tradition in Religionen mit einem kanonischen Schrifttum (hl. Schriften), zu dem sich ergänzend oder auch im Widerspruch eine mündliche Überlieferung entwickelt, die im Laufe der Zeit meist ebenfalls schriftlich fixiert wird und autoritative Bedeutung erlangen kann.

Im Christentum hat mit der zeitlichen Distanz zu seinem historischen Ursprung, dem Auftreten und der Lehre Jesu, die Herausbildung einer Tradition begonnen. Maßgeblich wurden das Zeugnis der Apostel und die überlieferte Interpretation der Urkirche. Das Lukasevangelium vertritt die Vorstellung einer Kette von Traditionsvermittlern, die, ausgehend von Jesus, über die Augenzeugen die Authentizität der Christusereignisse garantiert (Lk. 1, 1–4); die Distanz zu den Ereignissen lässt die Ersttradenten zu autoritativen Größen werden. Diese Konzeptionen wurden in den ersten Jahrhunderten auf die Kirche angewendet und weiterentwickelt.

Gegen M. Luthers Prinzip der alleinigen Geltung der Schrift formulierte das Konzil von Trient die Geltung von Schrift *und* Tradition, wie sie von Christus verkündet oder, vermittelt durch den Hl. Geist und die Apostel, von der Kirche bewahrt worden ist. Damit erschien die mündliche Tradition (die inhaltlich allerdings nicht näher bestimmt wurde) als mit der Schrift formell gleichwertig. In der Folgezeit konnte sich in der katholischen Theologie mehr und mehr das Verständnis von Tradition als einer zweiten Quelle von Offenbarung durchsetzen. Verstärkt wurde dies durch das 1. Vatikanische Konzil, das mit der Definition der päpstlichen Unfehlbarkeit, die sich nicht aus der Schrift, sondern nur aus der Tradition begründen lässt, das Gewicht der Tradition weiter betonte. Im Gegensatz dazu näherte sich das 2. Vatikanische Konzil der protestantischen Position an, indem es die Bedeutung von Tradition als einer Art interpretativer Begleitung der Schrift hervorhob.

**transzendent,** *Philosophie:* Der Gedanke des Transzendenten geht ursprünglich zurück auf Platons Entgegensetzung der unsinnlichen, sich gleich bleibenden Ideen und der sich wandelnden Erscheinungswelt und seine Lehre von der über alles hinausreichenden Idee des Guten; sie wurde in der neuplatonischen Fassung zur Grundlage der philosophischen und theologischen Lehre von der Jenseitigkeit (Transzendenz) Gottes. Sprachlich lassen sich folgende Bedeutungen von transzendent unterscheiden: 1) einen Erfahrungs-, Gegenstands- oder Seinsbereich überschreitend (im höchsten Sinn: das Absolute); 2) in erkenntnistheoretischer Einschränkung die Grenzen des Bewusstseins hinter sich lassend (so bei I. Kant, für den die ›Dinge an sich‹ transzendent und daher unerkennbar sind); 3) Welt und Wirklichkeit im Sinne des Überweltlichen und Übernatürlichen, Übersinnlichen übersteigend; 4) in der Scholastik: jenseits aller speziellen Kategorien und Gattungsbegriffe liegend (Transzendentalien) und bei jedem möglichen Gegenstand als notwendig vorausgesetzt; 5) was im Hinausgehen über die Grenzen der jeweils vermittelten objektiven Weltgegebenheiten zur ›Erhellung‹ gelangt (K. Jaspers) oder im Überstieg über das Seiende im Ganzen als ›Hineingehaltensein in das Nichts‹ existenziell ein Seinsverstehen ermöglicht (M. Heidegger).

**Transzendenz,** *die,* das jenseits des Bereichs der (sinnlichen) Erfahrung und ihrer Gegenstände Liegende im Gegensatz zur Immanenz (immanent); das Jenseitige, Übersinnliche, auch die Jenseitigkeit Gottes; bisweilen synonym zu Gott gebraucht. In der von Theologie und Philosophie geprägten üblichen Begriffsverwendung bezeichnet Transzendenz einen logisch-ontologischen Bereich, der seine Geltung nicht aus der sinnlichen Erfahrungswelt bezieht und insofern ihr gegenüber transzendent ist, andererseits aber zu ihr einen seinsstiftenden Bezug hat und insofern zugleich immanent ist, für sie seiend und aus ihr erkennbar oder erfahrbar, ohne von ihr zu sein.

**Trauer,** das schmerzliche Innewerden eines Verlustes von Dingen, Lebensumständen und v. a. von Personen (durch den Tod), zu denen Sinnbezug und Bindung bestanden haben, sowie die damit zusammenhängenden Ausdrucksphänomene.

Die v. a. religiös bestimmten Ausdrucksformen der im Zusammenhang mit dem Tod eines Menschen erlebten Trauer sind Gegenstand der Religionswissenschaft, Ethnologie, Soziologie und Kulturgeschichte. Neben Bestattungsriten (Totenbestattung) kennen alle Kulturen vielfältige Trauerbräuche. Hierzu gehören in religiös unterschiedlicher Ausprägung für die näheren Angehörigen Trauerbemalung (des Gesichts oder ganzen Körpers), Totenklage oder Schweigegebote, Totenwache, Heirats- und Arbeitsverbote, Meidung bestimmter Speisen und Getränke, feststehende Trauerzeiten, in denen etwa gesellschaftliche Aktivitäten gemieden werden und Trauerkleidung angelegt wird, auch das Verhüllen (Schleier), das Zerreißen der Kleider, das Bestreuen mit Asche (Israel) oder Dung (Afrika); auch Haarscheren und Verstümmelung sind belegt.

**Tridentinum, Tridentinisches Konzil, Konzil von Trient, Trienter Konzil,** das zwischen 1545 und 1563 in Trient tagende Konzil; nach Zählung der katholischen Kirche das 19. ökumenische Konzil.

Die wichtigsten dogmatischen Verhandlungsthemen waren: die Frage nach den Offenbarungsquellen (Betonung des autoritativen Charakters auch der Tradition gegenüber dem sola scriptura Luthers), die Erbsünde, Rechtfertigungslehre, Siebenzahl der Sakramente und deren Einsetzung durch Jesus Christus, Eucharistie (Realpräsenz), Krankensalbung, Weihe, Opfercharakter der Messe, Reinigungsort (Fegefeuer), Ehe, Buße, Heiligen- und Bilderverehrung, ▸ Ablass. Die Beschlüsse fanden ihren Niederschlag auch im Tridentinischen Glaubensbekenntnis. Dazu kamen Reformdekrete über die Residenzpflicht der Bischöfe und Pfarrer, Ordensreform, religiöse Unterweisung, Einrichtung von Priesterseminaren, Verpflichtung der Bischöfe zur Abhaltung von regelmäßigen Provinzial- bzw. Diözesansynoden und zur regelmäßigen Visitation ihres Sprengels.

Das Tridentinum hat den neuzeitlichen Katholizismus so entscheidend geprägt, dass theologiegeschichtlich die folgende Zeit bis zum 2. Vatikanischen Konzil (1962–65) als ›nachtridentinisch‹ bezeichnet wird; v. a. wurde eine einheitliche, erneuerte (tridentinische) Liturgie durchgesetzt.

Theologisch trug das Tridentinum durch seine dogmatischen Beschlüsse und Reformdekrete zu einer Erneuerung der katholischen Kirche bei, brachte zugleich aber auch zum Ausdruck, dass sich die katholische Kirche in Auseinandersetzung mit der Reformation nun zu einer Konfession entwickelt hatte, die sich deutlich von den anderen Konfessionen abgrenzte. Innerkirchlich festigte das Tridentinum die in den vorangegangenen Jahrzehnten in Misskredit geratene päpstliche Gewalt.

**Tugend,** Bezeichnung für die Lebenshaltung, die das sittlich Gute erstrebt und die der Mensch in Freiheit durch permanente Übung erwirbt; ursprünglich Tauglichkeit oder Tüchtigkeit einer Sache. Tugend bezeichnete zunächst allgemein jede vollkommen entwickelte menschliche Fähigkeit auf geistigem und seelischem Gebiet, das Vermögen, Leistungen zu vollbringen, die man als wertvoll anerkennt. Die Frage nach Wesen und Möglichkeit von Tugend wurde bereits von den antiken Philosophen als Thema der Ethik erörtert. Während noch die Sophisten Tugend als Technik des bestmöglichen Sichbehauptens in einer feindlichen Umwelt bestimmten, begann mit Sokrates ein Prozess der Vergeistigung des Begriffs: Tugend wurde im Zusammenhang des sozialen und sittlichen Handelns definiert als Gesinnung des inneren Menschen, die auf Verwirklichung moralischer Werte ausgerichtet ist. Platon konzentrierte den Katalog verschiedener Einzeltugenden auf die vier Grund- oder Haupttugenden (Kardinaltugenden) Weisheit, Tapferkeit, Besonnenheit und Gerechtigkeit. Aristoteles hob die dianoetischen (Verstandes-) Tugend von den ethischen Tugend ab, die im Finden und Einhalten der jeweils richtigen Mitte zwischen Extremen bestehen. Die Stoiker und die Epikureer bestimmten die Tugend von ihren philosophischen Denkgebäuden her, die einen als vernunft- und naturgemäßes (asketisches) Leben, die anderen als Suche nach wahrer und dauerhafter (d. h. nicht zügelloser) Lust.

# U/V

**Ultramontanismus,** *der,* im 18. Jh. aufgekommene, meist als Schlagwort benutzte Bezeichnung für einen streng papsttreuen Katholizismus. Im 19. und Anfang des 20. Jh. die herrschende Strömung innerhalb des Katholizismus, bildete er auch den Hintergrund für die Entscheidungen des 1. Vatikanischen Konzils. In Deutschland war Ultramontanismus v. a. politischer Kampfbegriff im ▸ Kulturkampf; in der Publizistik der Weimarer Republik stand er für als reichs- und fortschrittsfeindlich angesehene Entwicklungen innerhalb des Katholizismus. Die Verwendung des an sich wertneutralen Begriffs Ultramontanismus war deshalb in der Wissenschaft lange umstritten.

**Unbefleckte Empfängnis,** lat. Conceptio immaculata, *katholische Theologie:* die Lehre, dass Maria, die Mutter Jesu Christi – natürlich als Kind ihrer Eltern geboren –, im Augenblick ihrer Empfängnis durch die besondere Gnade Gottes vor der Erbsünde bewahrt blieb. In der Bibel nicht ausdrücklich enthalten, wurde die Auffassung von der Unbefleckten Empfängnis zunächst (u. a. in Interpretation von Lk 1,28: Maria die ›Gnadenvolle‹) besonders von östlichen Theologen vertreten. Seit dem 16. Jh. kirchlich besonders gegen die Reformatoren und die Jansenisten propagiert, wurde die Unbefleckte Empfängnis 1854 von Papst Pius IX. als Dogma verkündet. Das Fest der Unbefleckte Empfängnis (›Mariä Erwählung‹) wird am 8. 12. gefeiert.
Die evangelische Theologie lehnt die Unbefleckte Empfängnis als nicht schriftgemäß ab.

**Unfehlbarkeit,** lat. Infallibilität, *katholische Kirche:* die dogmatisch definierte Irrtumslosigkeit der kirchlichen Lehrverkündigung; theologisch in dem ihr nach kirchlicher Auffassung zugrunde liegenden Beistand des Hl. Geistes begründet und innerhalb der Kirche an das kirchliche Lehramt gebunden. Träger der Unfehlbarkeit ist die Gesamtheit der Bischöfe; als päpstliche Unfehlbarkeit ist sie im Rahmen des 1870 durch das 1. Vatikanische Konzil dogmatisierten päpstlichen Primates in besonderer Weise mit dem Papstamt verbunden. Mit Unfehlbarkeit gefasste Entscheidungen (Glaubensurteile) gelten als definitive Auslegungen der in der Bibel und Tradition niedergelegten christlichen Offenbarung und sind für die gesamte Kirche verbindlich. Solche Glaubensurteile sind die Lehrentscheidungen der allgemeinen Konzilien und die Lehrverkündigung des Papstes ex cathedra; bislang nur einmal (1950; nach vorheriger Befragung der Bischöfe)

**Unfehlbarkeit:** Das Dogma von der Unfehlbarkeit rief großen Widerspruch innerhalb der katholischen Kirche hervor und lieferte zahlreichen Karikaturisten Stoff: Der Papst ist im Begriff, den vom »Genius der Menschheit« verteidigten Baum der Erkenntnis fällen zu lassen.

durch Papst Pius XII. mit der Dogmatisierung der Aufnahme Marias ›mit Leib und Seele‹ in den Himmel (Himmelfahrt Marias) erfolgt.

Kirchengeschichtlich findet sich die Vorstellung von der römischen Kirche als der Garantin für Glaubensreinheit und Irrtumslosigkeit seit dem 5. Jh., wobei nicht einzelne Entscheidungen oder Anordnungen, sondern der Glaube als Ganzes gemeint war. Seit der Scholastik wurde eine Irrtumslosigkeit der lehramtlichen Repräsentanz der Gesamtkirche (z. B. Kardinalskollegium oder Konzil) diskutiert, wobei der Konsens mit der Gemeinschaft der Glaubenden vorausgesetzt wurde. Seit dem 16. Jh. propagierten besonders die Jesuiten und römischen Theologen die Unfehlbarkeit des Papstes. Den Höhepunkt dieser Entwicklung bildete die gegen den Widerstand einer beträchtlichen Minorität der Konzilsteilnehmer erfolgte Dogmatisierung auf dem 1. Vatikanischen Konzil. Das 2. Vatikanische Konzil hat an der Unfehlbarkeit festgehalten, zugleich jedoch das Prinzip der Kollegialität von Papst und Gesamtepiskopat herausgestellt.

**unierte Kirchen,** *Ostkirchen:* mit der römisch-katholischen Kirche unter Beibehaltung ihres eigenen Ritus und Wahrung eigener kirchenrechtlichen Traditionen verbundene (unierte) Kirchen orthodoxer und orientalischer Tradition. Die unierten Kirchen erkennen den Primat des Papstes und die katholische Glaubenslehre an, bilden kirchenrechtlich Teilkirchen und unterstehen seitens der römischen Kurie der Kurienkongregation für die Ostkirchen. Die zahlenmäßig größten unierten Kirchen sind die unierten Ostkirchen des byzantinischen Ritus (griechisch-katholische Kirche); die einzige vollständig mit der römisch-katholischen Kirche unierte Ostkirche ist die Syrisch-maronitische Kirche.

*Protestantismus:* die im 19. und 20. Jh. entstandenen Zusammenschlüsse (Unionen) von protestantischen Kirchen gleichartiger oder unterschiedlicher Konfession. Sie sind entweder lediglich Verwaltungsunionen, in denen eine gemeinsame Kirchenleitung die vereinigten Kirchen unter Wahrung ihrer jeweiligen Rechte vertritt, oder Bekenntnisunionen (Konsensusunionen), die beim Abschluss des Unionsvertrages eine für das Verständnis des christlichen Glaubens und der kirchlichen Gemeinschaft ausreichende theologische Übereinstimmung proklamiert, sich auf ein gemeinsames Bekenntnis geeinigt oder ein neues Bekenntnis formuliert haben.

Von Bedeutung ist in Deutschland v. a. die Evangelische Kirche der Union (EKU). Aus ökumenischer Sicht erscheinen die unierten Kirchen als ein Modell für die Überwindung der Konfessionsunterschiede im Hinblick auf die erstrebte Einheit der Kirche. Andere Modelle gehen im Gegensatz dazu von einer strukturellen theologischen und ekklesiologischen Pluralität des Christentums aus und entwickeln Konzepte für die Abendmahls- und Kirchengemeinschaft im Sinne einer ›versöhnten Verschiedenheit‹ oder ›konziliaren Gemeinschaft‹.

**Unsterblichkeit, Athanasie,** *Religionsgeschichte:* die Vorstellung von der Unvernichtbarkeit des Lebens bzw. vom Tod als Übergang in eine andere (höhere oder niedere) Existenz. Sie steht in Zusammenhang mit dem Mythos vom ewigen Leben in einem uranfänglichen Paradies oder goldenen Zeitalter, in das der Tod durch Zufall, Versäumnis oder Sünde gekommen ist. In vielen Religionen ist sie mit der Vorstellung von der Wiedergeburt, Reinkarnation oder Seelenwanderung verbunden (Stammesreligionen, Hinduismus, Buddhismus, Jainismus) und wird u. a. in der Ahnenverehrung zum Ausdruck gebracht. Sie wird aber auch als Vergöttlichung (z. B. in den Mysterienreligionen) oder als das endgültige Sein bei Gott bzw. der Zustand oder Ort der absoluten Gottesferne und -verlassenheit (Parsismus, Judentum, Christentum, Islam) verstanden und steht hier theologisch i. d. R. im Zusammenhang mit Auffassungen von der Belohnung, Läuterung oder Bestrafung der Verstorbenen.

**Vaterunser,** in den evangelischen Kirchen auch Unser Vater, lat. Paternoster; *christliche Kirchen:* das auf das N. T. zurückgehende grundlegende Gebet aller christlichen Konfessionen, benannt nach seinen Anfangsworten. Als auf Jesus zurückzuführendes Gebet (›Gebet des Herrn‹, ›Herrengebet‹) ist es in drei Versionen überliefert (Mt. 6,9–13; Lk. 11,2–4; Didache Kap. 8). Während die längere, aus sieben Bitten bestehende Matthäusversion im Wortlaut der ursprünglich aramäischen Fassung des Gebetes wohl am nächsten kommt, dürfte die kürzere Lukasfassung (fünf Bitten) in Umfang und Stil der Urform näher stehen. Der erste Teil (Bitte 1–2 bei Lk., 1–3 bei Mt.) richtet sich an Gott als den Herrn der Geschichte, der zweite spricht die elementaren Dimensionen der menschlichen Existenz an. Die Verwurzelung des Vaterunsers in der jüdischen Tradition zeigt sich im Vergleich mit ähnlichen jüdischen Gebeten, z. B. dem Schemone Esre. Liturgisch wurde das Vaterunser zunächst in den Taufritus, seit dem 5. Jh. auch in den Gemeindegottesdienst übernommen. Bereits in altkirchlicher Zeit wurde es mit einer doxologischen Schlussformel verbunden.

**Vatikan, Vatikanpalast,** die Residenz des Papstes bei der Peterskirche auf dem Monte Vaticano in Rom, danach auch Kurzbezeichnung für die oberste Behörde der katholischen Kirche und die Vatikanstadt. Der Vatikan ist nicht Teil der Stadt Rom, sondern eine Enklave. Die Gebäude waren ursprünglich bescheiden, da die römischen Bischöfe bis ins 14. Jh. v. a. im Lateran residierten; sie wurden erst Mitte des 9. Jh. gegen die Überfälle der Sarazenen ummauert (Leostadt) und unter Innozenz IV. und Nikolaus III. verändert. Nach der Rückkehr aus dem Exil von Avignon wohnten die Päpste meist im Vatikan, der im 15./16. Jh. weitläufig ausgebaut wurde. Nikolaus V. plante eine eigene Vatikanstadt mit Neubau der Peterskirche. Der Palast wurde von seinen Nachfolgern ausgebaut, die die bedeutendsten Künstler der Zeit heranzogen (G. L. Bernini, Bramante, D. Fontana, Michelangelo, B. Peruzzi, Giulio Romano, A. da Sangallo d. J., Raffael u. a.). Sixtus IV. ließ die Sixtinische Kapelle erbauen, Julius II. das Belvedere (zur Aufstellung von Skulpturen), unter Leo X. wurden die Stanzen und die Loggien ausgemalt. Sixtus V. ließ den heutigen Wohnpalast und die Bibliothek, Alexander VII. die Prunktreppe zwischen Peterskirche und dem Damasushof (Scala Regia) von Bernini erbauen. P. L. Nervi schuf 1966–71 die Audienzhalle.

**Vatikanische Konzile,** die nach ihrem Tagungsort, der Peterskirche im Vatikan, benannten Konzile der katholischen Kirche; nach der Zählung der katholischen Kirche das 20. und 21. ökumenische Konzil:

*1. Vatikanisches Konzil* (*Vaticanum I;* 1869/70), von Pius IX. am 8. 12. 1869 eröffnet, am 20. 10. 1870 nach der Einnahme Roms durch italienische Truppen abgebrochen und auf unbestimmte Zeit vertagt. Insgesamt nahmen 774 stimmberechtigte Bischöfe und Ordensobere teil. Verabschiedet wurden die Konstitution ›Dei Filius‹, die im Sinne des Syllabus die katholische Lehre gegenüber den modernen Zeitströmungen (Rationalismus, Materialismus, Liberalismus u. a.) bekräftigte, und die Konstitution ›Pastor aeternus‹, in der der Primat des Papstes (Jurisdiktionsprimat) und die päpstliche Unfehlbarkeit (bei Entscheidungen ex cathedra) dogmatisiert wurden. Bereits vor der Konzilseröffnung hatten Gerüchte über eine geplante Dogmatisierung der Unfehlbarkeit zu heftigen Auseinandersetzungen zwischen Gegnern (u. a. I. von Döllinger sowie etliche deutsche Bischöfe) und Befürwortern (›Infallibilisten‹) geführt. Die Entscheidung des Konzils wurde zwar im Nachhinein von sämtlichen Bischöfen anerkannt, blieb aber bis heute innerkirchlich umstritten. In Deutschland, Österreich und der Schweiz führte sie zur Gründung der Altkatholischen bzw. Christkatholischen Kirche (▸ Altkatholiken).

*2. Vatikanisches Konzil* (*Vaticanum II;* 1962–65), von Johannes XXIII. am 25. 1. 1959 angekündigt und am 11. 10. 1962 eröffnet, ab 1963 von Paul VI. weitergeführt. Mehr als 200 Theologen (darunter H. Küng und J. Ratzinger) wurden als Berater (›Periti‹) hinzugezogen. Ab der 2. Sitzungsperiode waren Laien, darunter auch Frauen, als Hörer zugelassen. Zahlreiche nicht mit Rom verbundene Kirchen entsandten Beobachter. Ziel des von Johannes XXIII. unter dem Leitmotiv des Aggiornamento einberufenen Konzils war die Erneuerung der Lehre und des Lebens der Kirche, verbunden mit der ›Öffnung‹ der katholischen Kirche zur modernen Welt und der Neubestimmung ihres Verhältnisses zu den anderen christlichen Kirchen und den nichtchristlichen Religionen.

Bis zur feierlichen Schließung des Konzils am 8. 12. 1965 waren in vier Sitzungsperioden (11. 10.–8. 12. 1962, 29. 9.–4. 12. 1963, 14. 9.–21. 11. 1964, 14. 9.–8. 12. 1965) 16 Texte debattiert und verabschiedet worden: vier Konstitutionen (über die Liturgie, die Kirche, die Offenbarung, Kirche und moderne Welt), neun Dekrete (über die Hirtenaufgabe der Bischöfe, den Ökumenismus, die katholischen Ostkirchen, Dienst und Leben der Priester, die Priesterausbildung, das Ordensleben, die Mission, das Laienapostolat, die Medien) und drei Erklärungen (über die Religionsfreiheit, die nichtchristlichen Religionen, die Erziehung).

Zu den bedeutendsten Ergebnissen des 2. Vatikanischen Konzils gehören die Liturgiereform, die Stärkung der Ortskirchen und der nationalen Bischofskonferenzen sowie die Öffnung gegenüber den nichtkatholischen Kirchen und nichtchristlichen Religionen. Die von Papst Paul VI. als Beratergremium eingesetzte Bischofssynode und die von ihm angeordnete Umgestaltung der römischen Kurie sind ebenfalls wichtige Auswirkungen. Neben der breiten Zustimmung, die das Konzil in der katholischen Kirche erfuhr, wurden in der Folgezeit auch kritische Stimmen laut, die entweder weitergehende Reformen erwartet hatten oder die Veränderungen als zu weitgehend ansahen (z. B. M. Lefebvre) und sich im Sinne des Traditionalismus für ihre Revision einsetzten.

**Vatikanstadt, Staat der Vatikanstadt,** italienisch Stato della Città del Vaticano, selbstständiges, im Bereich von Rom durch die Lateranverträge 1929 geschaffenes päpstliches Staatsgebiet rechts des Tiber, umfasst 0,44 km2 mit etwa 850 Einwohnern (1997). Das Bürgerrecht ist in der Regel an den Wohnsitz im Vatikan und eine entsprechende Funktion gekoppelt. Die Vatikanstadt wurde von der UNESCO zum Weltkulturerbe erklärt. Der souveräne Staat Vatikanstadt ist eine absolute Wahlmonarchie. Der Papst ist Souverän und nach dem Staatsgrundgesetz vom 7. 6. 1929 Inhaber aller legislativen, exekutiven und richterlichen Gewalt. Er übt seine Vollmachten über die römische Kurie aus, die als Hauptverwaltung der Gesamtkirche fungiert. Die meisten weltlichen Funktionen delegiert der Papst an den Kardinalstaatssekretär. Bei Sedisvakanz liegen seine Kompetenzen beim Kardinalskollegium, das Gesetze jedoch nur für deren Dauer erlassen kann.

Von der Vatikanstadt, dem weltlichen Herrschaftsbereich des Papstes, ist das selbstständige Völkerrechtssubjekt ▸ Heiliger Stuhl zu unterscheiden. Zur Vatikanstadt gehören der Vatikanpalast mit den Vatikanischen Museen und Gärten, die Peterskirche und der Petersplatz. Freies Eigentum des Hl. Stuhls sind außerhalb des Vatikans ferner die auf italienischem Staatsgebiet in Rom gelegenen, aber exterritorialen Kirchen San Giovanni in Laterano, Santa Maria Maggiore, San Paolo fuori le mura, der Lateran, mehrere Paläste als Sitz von Kurialorganen sowie der päpstliche Sommerpalast und die Villa Barberini in Castel Gandolfo in den Albaner Bergen. Seit 1951 ist auch der auf italienischem Staatsgebiet gelegene vatikanische Rundfunksender der päpstlichen Hoheit unterstellt.

**Verdammnis,** in der traditionellen christlichen Glaubenslehre Bezeichnung für die als ›ewiger Tod‹ vorgestellte völlige Trennung von Gott als Strafe für den unbußfertigen Sünder, z. T. (besonders im Mittelalter) auch mit der Vorstellung körperlicher (Höllen-)Qualen verbunden. Die heutige Theologie beschreibt die Verdammnis weithin als Gottferne aufgrund der individuell bewusst vollzogenen Abkehr von Gott.

**Verkündigung,** die Vergegenwärtigung der Heilsbotschaft des Evangeliums (▸ Kerygma) durch die christlichen Kirchen. Traditionelle Formen kirchlichen Verkündigung sind die Predigt und die Katechese. Eine Verkündigungsform neben ihnen bildet die religiöse Literatur. Dem kirchlichen Verkündigungsauftrag verpflichtet sieht sich ebenso im Rahmen bestimmter Angebote (Kirchenfunk, konfessionelle Presse) die kirchliche Öffentlichkeitsarbeit.

**Verkündigung Mariä, Verkündigung an Maria,** die im N. T. (Lk. 1,26–38) berichtete Mitteilung des Engels Gabriel an Maria über die Empfängnis Jesu (Englischer Gruß, Ave-Maria). Die theologische Tradition sieht in dem Lukastext die exegetische und dogmatische Grundlage für die Lehren der Mariologie, besonders der Jungfrauengeburt. – Das Fest ›Verkündigung des Herrn‹ (früher: ›Mariä Verkündigung‹) wird in der katholischen Kirche am 25. 3. gefeiert.

**Versöhnung,** *christliche Theologie:* im N. T., besonders bei Paulus, entwickelter zentraler theologischer Begriff, der zum Ausdruck bringt, dass die dem Menschen von Gott her als freie Tat in Jesus Christus, besonders in seinem Tod, zugewandte göttliche Gerechtigkeit (Gnade) als eschatologischer Neubegründung einer Lebensgemeinschaft Gottes mit dem Menschen wirklich ist und im Glauben erfahren wird (Röm. 5), indem der

Mensch bedingungslos der ihm im Evangelium (dem ›Wort von der Versöhnung‹ [2. Kor. 5,19]) gemachten Heilszusage vertraut.

**Versuchung, Anfechtung,** der (innere) Anreiz, etwas dem moralisch, rechtlich oder religiös Vorgeschriebenen Widersprechendes zu denken, zu wollen oder zu tun; in den Religionen oft in Gestalt von Versuchern personifiziert (Dämonen; Gegenspielern Gottes [z. B. Satan]; listenreichen Göttern [z. B. Loki]). Als religionspsychologischer Begriff beschreibt Versuchung Erfahrungen, durch die glaubende Menschen von ihrem Gehorsam gegenüber Gott oder den Göttern abgebracht bzw. in ihrer Glaubenstreue erprobt werden (sollen). Das Motiv der Versuchung begegnet v. a. in Heiligenlegenden sowie in der Lebensgeschichte von Religionsgründern; z. B. die Versuchung Jesu durch den Satan (Mk. 1,12f.; Mt. 4,1 ff.; Lk. 4,1 ff.). Im A. T. wird die Bewährung des Gerechten angesichts der Versuchung beispielhaft im Buch Hiob dargestellt; im N. T. wird hervorgehoben, dass Gott Versuchung nur in dem Maße zulasse, dass ihr der Mensch widerstehen könne (1. Kor. 10,13) und ihn selber nicht versuche (Jak. 1,13 ff.).

**Volk Gottes, Gottesvolk,** als Zentralbegriff des Judentums das Volk Israel, das Gott nach dem A. T. erwählt hat **(auserwähltes Volk)** und dessen politische Geschichte von dieser Erwählung her interpretiert wird. Angesichts vielfältiger Gefährdungen und Versuchungen ist auch vom ›hl. Rest‹ die Rede, dem endzeitlichen Volk Gottes, dem der Messias und das Reich Gottes verheißen ist. Die christlichen Urgemeinde übernahm dieses Selbstverständnis und erweiterte es zur Idee einer universellen, für Gläubige aller Völker zugänglichen Glaubensgemeinschaft. Im Anschluss daran wurden die Begriffe ›christliche Kirche‹ und Volk Gottes weitgehend austauschbar; besonders die katholische Theologie beschreibt heute die Kirche als Volk Gottes. Die Kirche theologisch kennzeichnend und biblisch beschreibend, fand der Begriff Volk Gottes auch Eingang in das katholische Kirchenrecht.

**Volksfrömmigkeit,** Bezeichnung für eine Vielzahl von religiösen Praktiken und Vorstellungen, die in einem Volk (oft regional eingebunden) im Rahmen der ›offiziellen‹ Religion gepflegt und in ihrem Sinne gedeutet werden, jedoch streng genommen nicht immer in Einklang mit deren Glaubenslehre zu bringen sind; sie stellen oft ›Überreste‹ früherer Religionen dar, sind vielfach mit magischen Vorstellungen verbunden und oft schwer vom Aberglauben abzugrenzen.

**Volksglaube,** Bezeichnung für die Gesamtheit dessen, was Menschen in Bezug auf die außer- und übernatürliche Welt außerhalb der herrschenden Religion für wahr halten und das daher ihr Fühlen, Denken und Handeln nicht unwesentlich mitbestimmt; es ist zeit-, schichten- und kulturspezifisch. Die Volkskunde versucht, Inhalte und Formen des Volksglaubens aus der Bewusstseinslage zu verstehen, aus der sie entstanden sind. Dabei sind vielfältige Überschneidungen mythischer, magischer und religiöser Art gegeben, sodass verschiedentlich auch von ▸Aberglaube gesprochen werden kann. Diese Bezeichnung ist aber zu eng, da nicht jeder Aberglaubensinhalt zum Volksglaube gehört.
Ausdruck des Volksglaubens sind z. B. Amulett und Talisman und viele andere Unheil abwendende (apotropäische) bzw. Schutz gewährende Gegenstände (z. B. Alraun), Zeichen (Drudenfuß) und Sprüche (gesprochen und an bestimmte Stellen geschrieben; Zauberformeln), oft auch mit betont

**Volksfrömmigkeit:** Die Verehrung von Reliquien spielt in der Volksfrömmigkeit eine große Rolle (Legendentafel, um 1500, Köln, Sankt Severin).

religiösem Anteil (Votive, Reliquien). Praktiken des Volksglaubens sind u. a. Beobachtung von Vorzeichen, Voraussage der Zukunft (Horoskop, Handlesen [Chiromantie], Orakel [z. B. Wachs- bzw. Bleigießen], Traumdeutung; Mantik), Fruchtbarkeits- bzw. Liebeszauber (u. a. Gebildbrote) und Weihehandlungen. In jüngster Zeit hat aufgrund der technisch-rationalistischen Aufklärung, die aber innerliche Lebenssicherung nicht bieten und existenzielle und emotionale Krisen nicht beseitigen kann, oftmals kommerziell genutzter moderner Aberglaube als Mischung aus religiösen, therapeutischen und exotischen Quellen (Pendel, Raten, Astrologie, Hellsehen u. a.; Esoterik) an Bedeutung gewonnen.

**Volkskirche,** eine christliche Kirche, die sich in ihrem Selbstverständnis und ihrer Organisationsstruktur als Kirche eines Volkes bzw. eines bestimmten Volksteils versteht und damit (nominell) die Mehrheit der Bevölkerung bzw. große Teile von ihr umfasst. Traditionell wird der Einzelne in die Volkskirche ›hineingeboren‹, d. h. er wird durch die Kindertaufe auf der Grundlage konfessioneller (Familien-)Tradition Mitglied. Die Volkskirche kann zugleich auch Staatskirche sein; von ihr unterschieden sind die Freikirchen.

Innerhalb der Evangelischen Kirche in Deutschland ist in jüngster Zeit eine Diskussion in Gang gekommen, ob bzw. inwieweit der Begriff Volkskirche die konfessionelle Wirklichkeit in Deutschland (noch) widerspiegelt, wobei besonders die Entwicklung der Kirchenaustrittszahlen seit Anfang der 1990er-Jahre sowie die Konfessionsstruktur in den neuen Ländern, wo nur etwa 25 % der Bevölkerung einer evangelischen Landeskirche angehören, im Blick stehen. Schlagwortartige Formulierungen wie ›Krise der Volkskirche‹ und ›Abschied von der Volkskirche‹ versuchen dabei die Situation in den alten Ländern zu charakterisieren, während Kirchenvertreter in den neuen Ländern die Entwicklung ihrer Kirchen klar als den Weg von Volkskirchen hin zu Minderheitskirchen beschreiben.

**Volksreligion,** eine im Unterschied zu einer Weltreligion auf ein Volk oder auf einen bestimmten geographischen Bereich begrenzte Religion, aber auch die durch Volksfrömmigkeit und Volksglauben bestimmte *Volksreligiosität* innerhalb einer Weltreligion.

**Vollkommenheit,** *katholische Theologie:* Aufgrund von Mt. 19,21, wonach die über die gebotene Pflichterfüllung hinausgehende Vollkommenheit den Verzicht auf Reichtum und die dadurch ermöglichte besondere Nachfolge Jesu fordert, entwickelte die katholische Theologie eine Theorie des ›Standes der (angestrebten) Vollkommenheit‹. Diesem ›Stand‹ gehört nach katholischer Auffassung an, wer in einer kirchlich anerkannten Gemeinschaft (Orden) nach den Evangelischen Räten (Armut, Ehelosigkeit und Gehorsam) lebt. Bei aller Hochschätzung (oft auch Überbewertung) dieses institutionellen Weges der Vollkommenheit betont die katholische Theologie die Möglichkeit und die Pflicht jedes Christen, über Mindestforderungen gerechten Zusammenlebens hinaus nach der Vollkommenheit, deren ›Band die Liebe ist‹ (Kol. 3,14), d. h. nach einem durch die vorbehaltlose Liebe zu Gott und den Nächsten bestimmten Leben, zu streben.

Die *evangelische Theologie* stimmt mit der katholischen in dieser Forderung überein, kann jedoch der theologischen Aussage eines besonderen (im reformatorischen Verständnis ›ausgesonderten‹) ›Standes der Vollkommenheit‹ nicht folgen.

**Vorsehung,** *Religionsgeschichte* und *Theologie:* die über der Welt waltende Macht; in der christlichen Theologie die in der Liebe Gottes begründete Zielbestimmung von Welt, Geschichte und Menschen auf das Reich Gottes hin (Vorherwissen Gottes), wobei Gott jedoch die dem Menschen in seinem Wollen und Handeln gegebene Freiheit ›respektiert‹. – Gegensatz: Schicksalsglauben (Schicksal).

**Votiv,** *das,* aufgrund eines Gelöbnisses oder Versprechens (ex voto) dargebrachtes Bitt- oder Dankopfer; ein an einer Kultstätte niedergelegtes dingliches Zeugnis, das öffentlich Kunde gibt von dem Gelübde und dem Gnadenerweis der angerufenen höheren Macht. Die Votivgaben können Bildform haben *(Votivbild)* oder figürlich sein, und zwar direkt gestaltet (z. B. Nachbildungen von Gliedmaßen oder Tieren) oder symbolisch (flammendes Herz, Attribut des angerufenen Heiligen u. a.). Als Material dienen v. a. Eisen, Holz, Wachs, Silber, Papier, Keramik. Andere Formen der Votivgabe sind die Errichtung von Votivkirchen, -kapellen und -kreuzen, die Hinterlassung einer Spur, z. B. Hand- oder Fußabdruck, und schriftliche Äußerungen, z. B. Inschriften, Graffiti.

**Votivmesse,** lat. missa votiva, *lateinische Liturgie:* eine zu einem bestimmten Thema oder für ein besonderes Anliegen gefeierte Messe.

**Vulgata,** *die,* seit dem 13. Jh. Bezeichnung für die von Hieronymus auf Initiative von Papst Damasus I.

angefertigte lateinische Bibelübersetzung. Die Übersetzung des N. T. stellt dabei eine zwischen 383 und 385 durchgeführte Revision altlateinischer Texte (Vetus Latina) unter Hinzuziehung griechischer Textversionen dar; die Fassung des A. T. besteht weitgehend aus einer Übersetzung aus dem Hebräischen bzw. Aramäischen, die Hieronymus nach 390 anfertigte.

# W/Z

**Wahrheit,** allgemein der im Rahmen eines sprachlich-intersubjektiven Bezugssystems (Kategorien-, Normen- oder Wertesystems) stehende, mit Gründen einlösbare und insofern haltbare Geltungsanspruch von Aussagen bzw. Urteilen über einen Sachverhalt in Bezug auf das Sichverhalten der Sache (Gegenstand, Handlung, Person); Sachverhalt und Sache (Gegenstand usw.) werden als so und nicht anders sich verhaltend oder bestehend (existierend) gekennzeichnet und dabei in größtmöglicher Annäherung zur Deckung (Identität) gebracht.

In der formalen Logik meint Wahrheit in einem exakt eingegrenzten Sinne den Anspruch einer Aussage, wahr zu sein; in der Ontologie bezeichnet sie die transzendentale Bestimmung, die dem Sein und dem Seienden selbst zukommt (ontologische bzw. ontische Wahrheit). Thomas von Aquino prägte die klassische Formel der Wahrheit (›veritas‹) als der ›adaequatio intellectus et rei‹ (›Übereinstimmung des urteilenden Denkens und der Sache‹), insofern der Verstand ›vom Seienden sagt, dass es ist, und vom Nichtseienden, dass es nicht ist‹. Die thomanische Formel wurde grundlegend für alle Explikationsversuche des Wahrheitsbegriffs in den modernen Wahrheitstheorien.

**Wallfahrt, Pilgerfahrt,** religiös motivierte Fahrt oder Wanderung zu einer hl. Stätte; in den meisten Religionen verbreitet; bei den **Wallfahrern** (Pilgern) i. d. R. mit der Vorstellung verbunden, am Wallfahrtsort Gott besonders nahe zu sein, und verknüpft mit der Erwartung, dort Stärkung des persönlichen Glaubens, Gewinn religiöser Erkenntnis, Heilung von Krankheiten und Hilfe in persönlichen Notlagen zu erlangen. Für die Gläubigen wichtige Wallfahrtsmotive sind die Danksagung für eine empfangene Wohltat (z. T. verbunden mit dem Darbringen von ▸ Votiven) und das Erleben der religiösen Gemeinschaft in den für die Geschichte der eigenen Religion bedeutendsten Orten (z. B. Mekka im Islam, Jerusalem im Judentum, Rom im Christentum).

**Weihe,** *Religion:* rituelle Handlung, durch die eine Person, ein Ort, ein Gebäude oder eine Sache aus dem profanen Bereich herausgehoben und in besonderer Weise für den Dienst (Kult) Gottes, der Götter bzw. des als hl. Macht Verehrten bestimmt wird; bei Personen mit der Übertragung der entsprechenden (exklusiven) Vollmachten verbunden. Die katholische Kirche und die Ostkirchen verstehen die Weihe von Personen (Ordination) als ein Sakrament. Nach dem *katholischen Kirchenrecht* unterscheidet das **Weihesakrament** die Kleriker (Klerus) von den Laien. Es ist die Grundlage der Weihehierarchie und Voraussetzung für die Übertragung kirchlicher Jurisdiktion (Kirchengewalt); seine Spendung ist durch das Weiherecht geordnet. Seit der frühen Kirche wurde zwischen vier niederen Weihestufen (Ostiarier, Lektor, Exorzist, Akolyth) und vier höheren (Subdiakon, Diakon, Presbyter/Priester, Bischof) unterschieden. Seit 1972 wird das Weihesakrament nur noch in die drei Stufen Diakonat, Presbyterat und Episkopat gegliedert. Zum Vollzug der Weihe gehören in allen Stufen Handauflegung und Weihegebet. Spender des Weihesakraments ist der Bischof. Der Eintritt in den Klerus und die Eingliederung (Inkardination) in eine bestimmte Diözese vollziehen sich durch den Empfang der Diakonweihe. Zum gültigen Empfang einer Weihe ist nur ein getaufter Mann befähigt. Zu den Voraussetzungen für den Empfang der Weihe gehört auch, dass der Priesteramtskandidat und der unverheiratete Kandidat für das dauernde (ständige) Diakonat das Zölibatsversprechen oder die ewigen Gelübde in einem Orden ablegen. Die gültige Weihe eines Klerikers verliert ihre Rechtswirkungen nur durch die Entlassung aus dem Klerikerstand.

Nach der Lehre der katholischen Kirche sind die von einem in der apostolischen Sukzession stehenden, gültig geweihten Bischof in gehöriger Form und mit hinreichender Intention gespendeten Weihen gültig, auch wenn der Weihende selbst außerhalb der katholischen Kirche steht. Demgemäß erkennt die katholische Kirche die in den orthodoxen und altkatholischen Kirchen gespendeten Weihen an, nicht aber die Weihe bzw. Ordination der lutherischen Kirchen (als nicht in der apostolischen Sukzession stehend) und der anglikanischen Kirchen (Formfehler und mangelnder Intention wegen).

**Weihe:** Mit der Weihe von 32 Diakoninnen zu Priesterinnen vollzog die anglikanische Kirche 1994 eine ihrer wichtigsten Reformen und vertiefte zugleich die Spaltung zur römisch-katholischen Kirche.

Die *evangelischen Kirchen* kennen keine Weihe von Personen und Sachen und verstehen entsprechende Handlungen als feierliche Beauftragungen (Ordination) und Indienststellungen. – In den *Ostkirchen* werden die drei am Altar vollzogenen höheren Weihen (Diakon, Priester, Bischof) sowie die im Kirchenschiff vollzogene Cheirotonie (griech. ›Handausstreckung‹) zum Lektor (mit Tonsur) und Subdiakon unterschieden; alle Weihen sind nur für Männer möglich.

**Weihnachten, Weihnachtsfest, Christfest,** lat. Nativitatis Domini, Natalis Domini, das Fest der Geburt Jesu Christi; eines der Hauptfeste im Kirchenjahr. Seit dem 4. Jh. (erstmals 336 in Rom) am 25. 12. gefeiert. Die Gründe für die Festlegung auf diesen Tag sind nicht eindeutig. Einige Quellen des 3. Jh. ›errechneten‹ den 25. 12. als tatsächlichen Geburtstag Jesu unter Annahme des 25. 3. (Zeit des Frühlingsanfangs) als Tag seiner Empfängnis. Wahrscheinlicher ist jedoch, dass Weihnachten dem am gleichen Tag begangenen römischen Staatsfest der Geburt des unbesiegbaren Sonnengottes Sol invictus – dieses im christlichen Sinne umdeutend – gegenübergestellt wurde, sodass die Tradition von Weihnachten wohl in die 2. Hälfte des 3. Jh. zurückreicht. V. a. im Westen löste Weihnachten schon bald das ältere Fest Epiphanie ab (als Geburtsfest Jesu heute nur noch in der armenischen Kirche begangen) und verbreitete sich rasch. Seit dem 5. Jh. wurde Weihnachten mit einer Zeit der Vorbereitung verbunden (▸ Advent). Im 6./7. Jh. entstand im Westen die seither in der katholischen Kirche bewahrte Tradition, Weihnachten mit drei Messen zu feiern: in der Nacht vor dem Weihnachtstag mit der Christmette (›Missa in nocte‹), am Morgen des Weihnachtstages mit der ›Hirtenmesse‹ (›Missa in aurora‹) und am Weihnachtstag selbst mit der eigentlichen Festmesse (›Missa in die‹). Im Brauchtum verlagerte sich die Weihnachtsfeier zunehmend auf die Weihnachtsvigil, den Abend des 24. 12. (Christnacht, Hl. Abend, Hl. Nacht).

**Weihnachtslieder,** die brauchmäßig an die Weihnachtszeit gebundenen Lieder. Sie sind seit dem 11./12. Jh. v. a. als Krippen- und Hirtenlieder bezeugt und wurden, wie auch die Ansinge- und Sternsingelieder, oft den Weihnachtsspielen entnommen. Die Kurrenden verbreiteten die seit dem 14. Jh. überlieferten, vielfach aus lateinischen Hymnen gewonnenen Weihnachtslieder in deutsch-lateinischer Mischpoesie, z. B. ›In dulci jubilo, nun singet und seid froh‹. Die gebräuchlichsten Weihnachtslieder stammen aus dem 18. und 19. Jh., u. a. ›Stille Nacht, heilige Nacht‹, ›O du fröhliche, o du selige‹, ›Alle Jahre wieder‹, ›Ihr Kinderlein kommet‹.

**Weißer Sonntag,** lat. Dominica in albis, der Sonntag nach Ostern (Quasimodogeniti), so genannt, weil an ihm in der frühen Kirche und im Frühmittelalter die in der Osternacht Getauften zum letzten Mal ihre weiße Taufkleidung trugen; seit dem 18. Jh. in der katholischen Kirche der bevorzugte Tag für die Erstkommunion.

**Weiße Väter,** Missionare für Afrika, amtlich Missionarii Africae, Patres Albi, Abk. **M. Afr.**, katholische Ordensgemeinschaft; 1868 von C. M. A. Lavigerie als Missionsorden für Afrika gegründet; Sitz des Generalsuperiors ist Rom. – Mit den **Weißen Schwestern** *(Missionsschwestern Unserer Lieben Frau von Afrika)* gründete Lavigerie 1869 auch einen weiblichen Zweig; das Mutterhaus ist in Rom. – Zunächst v. a. im französischsprachigen Afrika wirkend, unterhalten beide Zweige heute Niederlassungen in ganz Afrika. Zentrales Anliegen der Weißen Väter ist seit ihrer Gründung der Aufbau selbstständiger Ortskirchen; die Weißen Schwestern sind in Mission, Unterricht und Karitas tätig.

**Weltreligionen,** Bezeichnung für jene Religionen, die im Sinne von Universalreligionen mit ihrer Botschaft universelle Geltung beanspruchen, überregionale (weltweite) Mission betreiben und/oder sich über einen größeren Teil der Erde erstrecken bzw. einen größeren Teil der Weltbevölkerung umfassen.

**Wiedergeburt, Palingenese,** *Religionswissenschaft* und *Theologie:* die Vorstellung von Geburt und erneutem (Erden-)Leben Verstorbener. Der Glaube an die Wiedergeburt begegnet in unterschiedlichen Formen in vielen Religionen. Eine in Stammesreligionen verbreitete Form ist der Glaube an das Fortleben bzw. die Wiederverkörperung (Reinkarnation) eines Vorfahren (Ahnen) in einem neugeborenen Kind. Grundlage des Wiedergeburtsglaubens in den indischen Religionen (Buddhismus, Hinduismus, Jainismus), wo dieser mit der Vorstellung von der Seelenwanderung verknüpft ist, bildet die Lehre vom unendlichen Kreislauf von Geburt, Tod und Wiedergeburt (Samsara). Im tibetischen Buddhismus gilt die Wiedergeburt dabei als besondere Form religiöser Nachfolge durch Reinkarnation bestimmter Bodhisattvas und Heiliger (Tulku).

Die christliche Theologie deutet Wiedergeburt als die durch die Gnade Gottes ermöglichte, vom Hl. Geist geleitete neue Existenz des Menschen im Glauben. Der Begriff ›Wiedergeburt‹ (griech. paligenesia) wird im N. T. mit dem Gedanken der Welterneuerung im Zusammenhang von Gericht und Parusie verbunden (Mt. 19,28) und in Bezug auf die Taufe, dem ›Bad der Wiedergeburt‹ (Tit. 3,5), gebraucht. Nach Joh. 3,3–8 wird der Mensch durch die Taufe und im Glauben von neuem, aus dem Geist, geboren. Paulus, bei dem sich der Begriff ›Wiedergeburt‹ nicht findet, spricht in diesem Zusammenhang von der geistlichen ›Neuschöpfung‹ des Menschen in Jesus Christus.

**Wort, heiliges Wort,** eine der wesentlichen Erscheinungsformen der Religion; in den einzelnen Religionen die rituell (liturgisch) gebundene Rede beim Vollzug kultischer Handlungen (Kultsprache) wie auch die schriftlich-sakralen Überlieferungen (z. B. das Wort Gottes).

**Wort Gottes,** *christliche Theologie:* zusammenfassende Bezeichnung für die im A. T. und N. T. niedergelegte Offenbarung Gottes. Im A. T. ist der Begriff ›Wort Jahwes‹ v. a. in der prophetischen Literatur belegt und bezeichnet sowohl das von Gott empfangene als auch das in seinem Auftrag von Menschen weitergegebene Wort. Insbesondere gehören dazu die Zehn Gebote. Im N. T. wird die Vorstellung vom Wort Gottes mit der Person Jesu Christi verbunden, am ausgeprägtesten in der Logostheologie des Johannesevangeliums: Jesus Christus selbst ist das Wort Gottes, durch das Gott sich den Menschen offenbart (Joh. 1, 14).

**Wortgottesdienst,** *christliche Kirchen:* ein Gottesdienst, in dessen Mittelpunkt die Verkündigung des Wortes Gottes (Lesung aus der Hl. Schrift, Predigt) steht; in der katholischen Kirche der erste Hauptteil der Messe, das gemeinsam verrichtete Stundengebet und liturgische Andachten. In den evangelischen Kirchen hat jeder Gottesdienst sein Zentrum in der Verkündigung (Predigt) des Wortes Gottes. Die Form des Wortgottesdienstes haben auch ökumenische Gottesdienste.

**Zehn Gebote, Dekalog,** im A. T. die Gebote, die Mose von Gott auf dem Sinai empfing; sie sind in zwei weitgehend übereinstimmenden Fassungen überliefert: In 2. Mos. 20, 2–17 sind sie in die Sinaierzählung eingegliedert und erscheinen dort als die erste und wichtigste Rechtsbekundung Gottes; in 5. Mos. 5, 6–21 werden sie in der Abschiedsrede des Mose vor dem Einzug Israels in das verheißene Land zitiert. Die Zehn Gebote sind Reihen von Rechtssätzen apodiktischen Rechts, wie sie im A. T. auch sonst vorkommen (z. B. ›kultischer Dekalog‹ 2. Mos. 34). Diese Rechtssatzform enthält im Gegensatz zum kasuistischen Recht absolute und universale Verbote, die als Ausdruck göttlichen Willens verstanden werden und die Richtschnur für Glauben und Handeln des Menschen darstellen sollen. Im N. T. bleibt die Bedeutung der Zehn Gebote erhalten (Mk. 7, 8–13); es werden jedoch einzelne Gebote verschärft bzw. durch radikalere Forderungen ergänzt. Unterschiedlich ist in den christlichen Kirchen und im Judentum die Zählung der Zehn Gebote. Der Talmud, Philon von Alexandria, die frühen Kirchenväter, die griechisch-orthodoxe Kirche und die reformierten Kirchen rechnen das Bilderverbot (›Du sollst dir kein Bildnis von Gott machen!‹) als das zweite Gebot und fassen die Verbote des Begehrens (›Du sollst nicht ehebrechen!‹, ›Du sollst nicht stehlen!‹) zusammen. Augustinus, die katholische und die lutherischen Kirche fassen das Verbot der Abgötterei (›Du sollst keine anderen Götter neben mir haben!‹) und das Bilderverbot als erstes Gebot zusammen, unterscheiden aber die beiden Verbote des Begehrens. Nach traditioneller jüdischer Auslegung verteilen sich die Gebote auf die beiden ›Gesetzestafeln‹, wobei die eine die Gebote Gottes, die andere die Gebote des Menschen betrifft. Auch im Christentum gehören die Zehn Gebote zu den Hauptquellen der christlichen Ethik.

**Zeugen Jehovas,** englisch Jehovah's Witnesses, bis 1931 **Ernste Bibelforscher**, in den USA entstandene, auf einer eigenständigen Bibelauslegung beruhende Religionsgemeinschaft. Ihr Gründer ist der einer presbyterianischen Familie entstammende Kaufmann Charles Taze Russell (* 1852, † 1916). Grundlage der von den Zeugen Jehovas vertretenen Lehre ist der aus der Bibel abgeleitete ›Plan Gottes mit der Menschheit‹, wobei Berechnungen des Weltendes und der Wiederkunft Jesu Christi (ursprünglich für 1914 vorausgesagt, dann für 1918, 1925, zuletzt für 1975) und der Errichtung des Königreichs Gottes (Jehovas) im Zentrum stehen. Staatliche Organisationen, andere Religionen und Kirchen gelten als Bestandteile der von Satan beherrschten Welt. Die Vernichtung alles Schlechten wird in der ›Schlacht von Harmagedon‹ (Apk. 16,16) erwartet, während die ›wahren Anbeter Jehovas‹ in einem neuen Paradies auf Erden leben und die 144 000 ›Geweihten‹ mit Christus im Himmel regieren werden. Die Zeugen Jehovas lehnen die Trinitätslehre und die Sakramente als ›unbiblisch‹ ab und feiern weder Weihnachtsfest noch Geburtstage. Aufgrund ihres Bibelverständnisses, nach dem die Bibel (die in einer eigenen englischen Übersetzung vorliegt, die ihrerseits in andere Sprachen übersetzt wurde) wortwörtlich inspiriert ist, befolgen sie strenge Moralvorschriften und lehnen Eid, Militärdienst und öffentliche oder politische Betätigung ab. Die religiöse Praxis der Zeugen Jehovas wird bestimmt durch den Predigtdienst, die Weitergabe ihrer theologischen Erkenntnisse und die weltweite Mission. Charakteristisch sind dabei das persönliche Ansprechen Außenstehender (besonders individuelle Besuche) und der Schriftenvertrieb auf der Straße.

**Zölibat,** *das,* auch *der,* die aus religiösen Motiven gewählte Ehelosigkeit, besonders die den Geistlichen der lateinischen Kirche sowie z. T. der unierten Ostkirchen auferlegte Standespflicht, nicht zu heiraten. Nach *katholischem Kirchenrecht* dürfen Geistliche (Diakone, Priester und Bischöfe) nicht heiraten und sind zu völliger geschlechtlicher Enthaltsamkeit verpflichtet (c. 277 CIC). Die Verpflichtung zum Zölibat ist dabei zu unterscheiden vom (feierlichen) Gelübde der Keuschheit, das die Ordensleute ablegen. Sie wird von den Kandidaten zum Priestertum und von den nicht verheirateten Kandidaten zum Diakonat mit der Diakonweihe übernommen. Die Weihe ist ein trennendes Ehehindernis (c. 1 087); eine Eheschließung führt zum Verlust des ggf. innegehabten Kirchenamtes. Mit der Rückversetzung von Diakonen und Priestern in den Laienstand ist i. d. R. die Aufhebung der Verpflichtung zum Zölibat verbunden. Umgekehrt dürfen Verheiratete nicht geweiht werden, außer es handelt sich um Kandidaten für den ständigen ▸ Diakonat (c. 1 042). In einzelnen Fällen können ehemalige nichtkatholisch verheiratete Geistliche, die zum katholischen Glauben konvertiert sind, mit päpstlicher Dispens zu Diakonen oder Priestern geweiht werden. Theologisch (mit Berufung auf Mt. 19,12 und 1. Kor. 7) als ein besonderes Geschenk Gottes gedeutet, soll das Zölibat den Geistlichen einen freien und ungeteilten Dienst an Gott und den Menschen ermöglichen. Das erstmals auf der Synode von Elvira (um 306) erlassene Verbot für Geistliche, eine bestehende Ehe auszuüben, wurde in der Folgezeit immer wieder betont und auch auf Subdiakone ausgedehnt, ließ sich aber nur schwer durchsetzen. Allgemeine Verbindlichkeit in der lateinischen Kirche erlangte das Zölibat durch den Beschluss des 2. Laterankonzils (1139), der alle von Geistlichen höherer Weihestufen (Majoristen) geschlossenen Ehen für ungültig und die Weihe ab der Weihestufe des Subdiakonats zum trennenden Ehehindernis erklärte. Das Konzil von Trient bestätigte die Zölibatsverpflichtung für Geistliche 1563 ausdrücklich, die in der katholischen Kirche auch nach dem 2. Vatikanischen Konzil weiter besteht. Innerkirchliche Kritik erfährt das Zölibat in jüngster Zeit in Deutschland und in Westeuropa v. a. vor dem Hintergrund dort rückläufiger Priesterweihen (seit 1978 bis zu einem Drittel). Generell betonen die Kritiker, dass es sich beim Zölibat nicht um eine Glaubenswahrheit handle, sondern um eine (revidierbare) kirchenrechtliche Vorschrift. Die *evangelischen Kirchen* lehnen das Pflichtzölibat ab. In der *orthodoxen Kirche* besteht eine Zölibatsverpflichtung für Bischöfe; Diakone und Priester dürfen die vor der Diakonatsweihe geschlossene Ehe fortsetzen, jedoch nach der Weihe keine Ehe mehr eingehen.

*Die Literatur zum Thema Glauben ist vielfältig; die nachfolgende Liste ist eine kleine Auswahl aus dem Angebot und erhebt keinen Anspruch auf Vollständigkeit.*


BAUMANN, URS *(Hrsg.): Glaubenswelten. Zugänge zu einem Christentum in multireligiöser Gesellschaft.* Frankfurt am Main (Lembeck) 1998. ISBN 3-87476-341-2

BESIER, GERHARD / SCHEUCH, ERWIN K. *(Hrsg.): Die neuen Inquisitoren. Religionsfreiheit und Glaubensneid.* Zürich (Edition Interfrom) 1999, 2 Bände.

DAIBER, KARL-FRITZ: *Religion unter den Bedingungen der Moderne. Die Situation in der Bundesrepublik Deutschland.* Marburg (Diagonal-Verlag) 1995. ISBN 3-927165-33-6

DEUTSCHER BUNDESTAG, ENQUETE-KOMMISSION »SOGENANNTE SEKTEN UND PSYCHOGRUPPEN« *(Hrsg.): Neue religiöse und ideologische Gemeinschaften und Psychogruppen. Forschungsprojekte und Gutachten der Enquete-Kommission »Sogenannte Sekten und Psychogruppen«.* Hamm (Hoheneck) 1998. ISBN 3-7781-0895-6

EBERTZ, MICHAEL N.: *Kirche im Gegenwind. Zum Umbruch der religiösen Landschaft.* Freiburg u. a. (Herder) 1999. ISBN 3-451-26367-x

EGGENBERGER, OSWALD: *Die Kirchen, Sondergruppen und religiöse Vereinigungen. Ein Handbuch.* Zürich (Theologie Verlag) 1994. ISBN 3-290-11639-5

GASPER, HANS U. A.: *Lexikon der Sekten, Sondergruppen und Weltanschauungen. Fakten, Hintergründe, Klärungen.* Freiburg (Herder) 2000. (Herder-Spektrum) ISBN 3-451-05528-7

HAFEZ, KAI *(Hrsg.): Juden und Muslime in Deutschland. Minderheitendialog als Zukunftsaufgabe. Tagung des Deutschen Orient-Instituts am 21. Januar 1999 in Hamburg.* Hamburg (Deutsches Orient-Institut) 1999. ISBN 3-89173-054-3

(Bibel, Kirche, Gemeinde 12) ISBN 3-7673-8012-9

JASCHINSKI ECKHARD *(Hrsg.): Das Evangelium und die anderen Botschaften. Situation und Perspektiven des christlichen Glaubens in Deutschland.* Nettetal (Steyler Verlag) 1997. (Veröffentlichungen des Missionspriesterseminars St. Augustin bei Bonn 47) ISBN 3-8050-0394-3

JÖRNS, KLAUS-PETER: *Die neuen Gesichter Gottes. Was die Menschen heute wirklich glauben.* München (Beck) $^{2}$1999. ISBN 3-406-45050-4

KOCHANEK, HERMANN *(Hrsg.): Ich habe meine eigene Religion. Sinnsuche jenseits der Kirchen.* Zürich u. a. (Benziger) 1999. ISBN 3-545-20159-7

LORETAN, ADRIAN *(Hrsg.): Kirche – Staat im Umbruch. Neuere Entwicklungen im Verhältnis von Kirchen und anderen Religionsgemeinschaften zum Staat.* Zürich (NZN-Buchverlag) 1995. ISBN 3-85827-106-3

RELLER, HORST / KRECH, HANS / KLEIMINGER, MATTHIAS *(Hrsg): Handbuch religiöse Gemeinschaften und Weltanschauungen. Freikirchen, Sondergemeinschaften, Sekten, synkretistische Neureligionen und Bewegungen, esoterische und neugnostische Weltanschauungen und Bewegungen, missionierende Religionen des Ostens, Neureligionen, kommerzielle Anbieter von Lebensbewältigungshilfen,* hrsg. im Auftrag des Lutherischen Kirchenamtes. Gütersloh (Gütersloher Verlagshaus) 2000. (Bis 4. Aufl. unter dem Titel: *Handbuch religiöse Gemeinschaften*). ISBN 3-579-03585-1

SEIFFERT, HELMUT: *Christen und Nichtchristen heute. Glaube und Rationalität am Ende des 20. Jahrhunderts.* München (Beck) 1999. ISBN 3-406-44952-2

TIBUSEK, JÜRGEN: *Ein Glaube, viele Kirchen. Die christlichen Religionsgemeinschaften – wer sie sind und was sie glauben.* Giessen u.a. (Brunnen-Verlag) $^{2}$1996. ISBN 3-7655-1593-0

Archiv für Kunst und Geschichte, Berlin
46, 48, 49, 50, 51, 52, 64, 74, 84, 91, 110, 119, 124, 133, 136, 139, 143, 147, 157, 169, 170, 182, 184, 189, 202, 206, 209, 211, 215, 218, 223, 240, 246
Artothek, J. Hinrichs, Peissenberg 57, 94
A. Bednorz, Köln 163
Bibliographisches Institut & F. A. Brockhaus, Mannheim 78, 186
Bibliothéque Nationale de France, Paris 115, 118, 203
Bibliothéque publique et universitaire, Genf 214
Bildarchiv Preuflischer Kulturbesitz, Berlin 180
British Library, London 65
Diakonisches Werk der EKD, Stuttgart 68
dpa Bildarchiv, Frankfurt am Main und Stuttgart 25, 26, 28, 35, 38, 44, 71, 116, 117, 123, 159, 170, 196, 216, 226, 232, 252
Edinburgh University Library 130
epd-Film, Frankfurt am Main 49
Faksimile-Verlag, Luzern 137
Photographie Giraudon, Paris 130
Interfoto Pressebild-Agentur Bildarchiv, München 56, 89, 103, 194
Jüdisches Museum, Frankfurt am Main 142
KNA - Kath. Nachrichten Agentur, Frankfurt am Main 5, 37, 39, 66, 150, 167, 183, 204
Kunsthaus Zürich 173
Prof. Dr. H. Künzl, Heidelberg 141
laenderpress, Mainz 70
laif, Köln 132
Bildagentur Mauritius, Mittenwald 131, 134, 172
Misereor, Aachen 183
Musée de Picardie, Amiens 75
Museo-Tesoro Basilica di San Francesco, Assisi 102
Nationalbibliothek, Neapel 43
W. Neumeister (+), München 187
NIPPON TELEVISION NETWORK CORPORATION, Tokio 33
G. Dagli Orti, Paris 122, 242
Österreichische Nationalbibliothek, Wien 127
R. Panjaabi, Neu-Delhi 126
Rheinisches Bildarchiv, Köln 221, 249
AGENZIA FOTOGRAFICA L. RICCIARINI, Mailand 59
M. Rinderspacher, Mannheim 133
A. Rocklage, Münster 93
G. Ruf, Assisi 102
SCALA, Florenz 60, 152, 168, 171, 179, 207, 236
Bildarchiv Schneiders, Lindau am Bodensee 238
Tretjakow-Galerie, Moskau 129
Zentralbibliothek, Zürich 45

Weitere grafische Darstellungen, Karten und Zeichnungen Bibliographisches Institut & F. A. Brockhaus, Mannheim